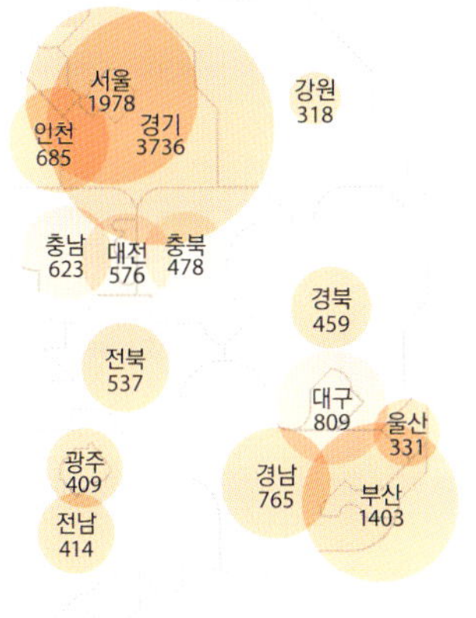

분석 시험지 총 수

13,688 장

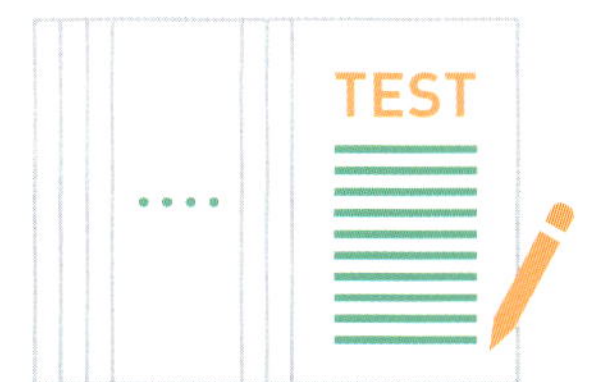

분석 기출문제 수

301,137 문제

트렌드 A

분석

평가원·교육청 기출문제와 동일
혹은 변형한 기출문제
출제율 증가

16% 23%

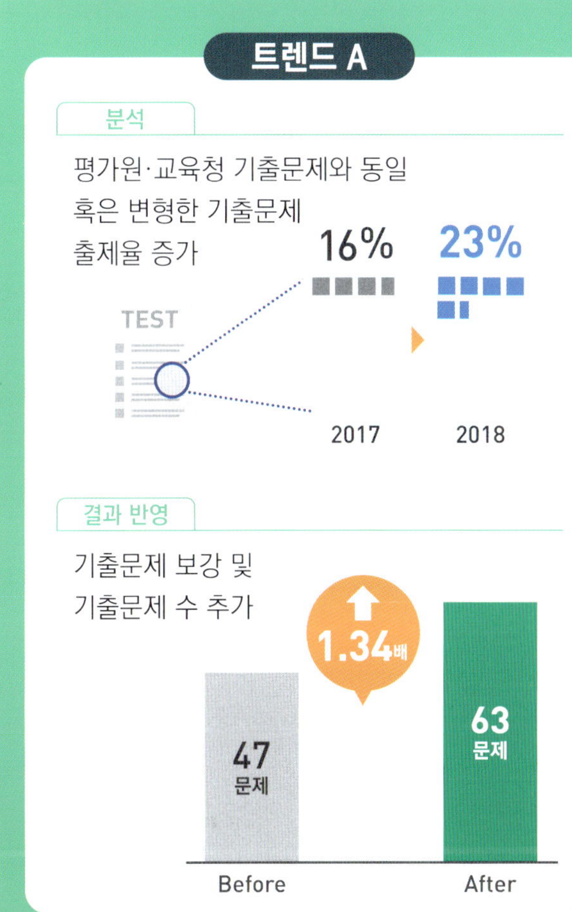

결과 반영

기출문제 보강 및
기출문제 수 추가

1.34배

47
문제
Before

63
문제
After

트렌드 B

분석

변별력을 요하는
고난도 문제 평균
1-2 문제씩 출제

$$\sqrt{2} \times \int_{2} \cdots (a+\beta)^2$$

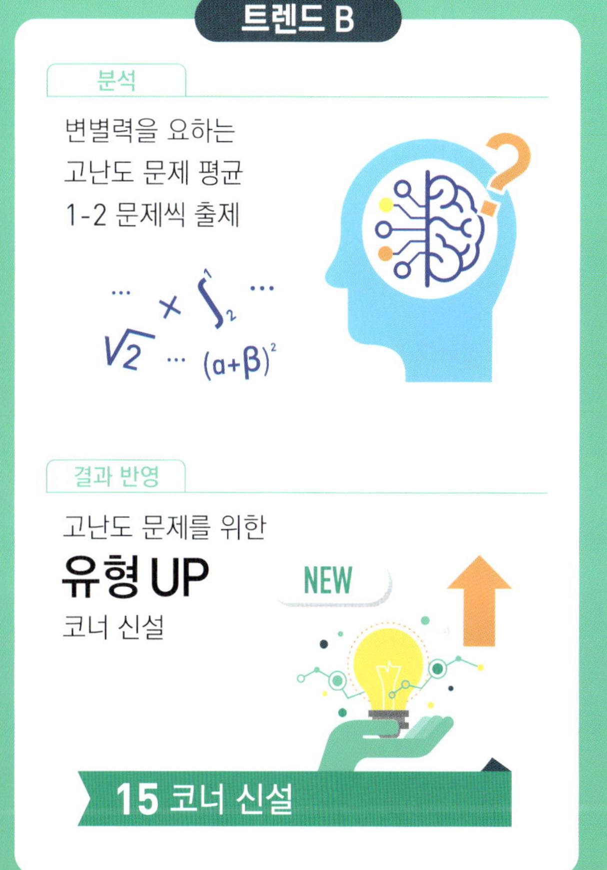

결과 반영

고난도 문제를 위한
유형 UP
코너 신설

NEW

15 코너 신설

개념을 알면 원리가 보인다
유형의 완성, RPM

개념원리

발행일	2024년 8월 15일 2판 6쇄
지은이	이홍섭
기획 및 개발	개념원리 수학연구소

사업 책임	정현호
마케팅 책임	권가민
제작/유통 책임	이미혜, 이건호
콘텐츠 개발 총괄	한소영
콘텐츠 개발 책임	오영석, 김경숙, 오지애, 모규리, 김현진
디자인	스튜디오 에딩크, 손수영

펴낸이	고사무열
펴낸곳	(주)개념원리
등록번호	제 22-2381호
주소	서울시 강남구 테헤란로 8길 37, 7층(역삼동, 한동빌딩) 06239
고객센터	1644-1248

| 유형의 완성 | 개념원리

이홍섭 지음

RPM

수학 I

개념원리
인강

개념원리 수학연구소

함께 만드는 최상의 수학 콘텐츠, RPM

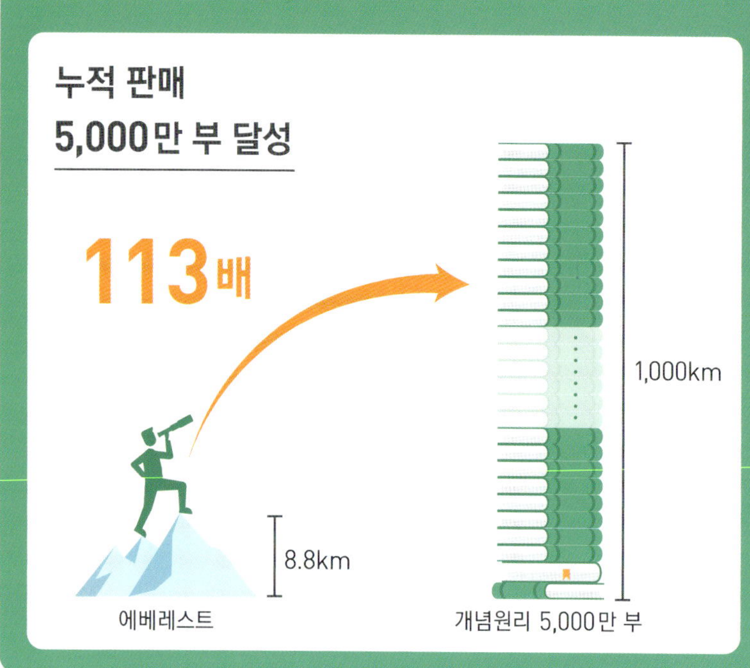

01 실사용자 의견 반영

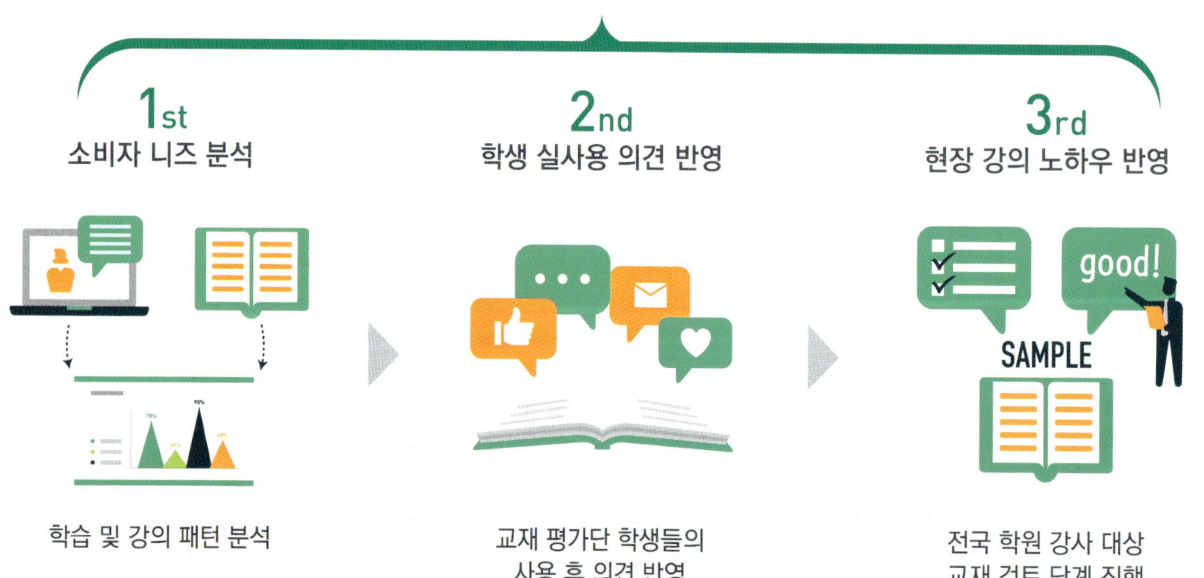

개념원리 RPM
수학 I

한눈에 보이는 정답

1021 $\sum\limits_{k=1}^{9}(3k-2)$ 1022 $\sum\limits_{k=1}^{6}6$ 1023 $\sum\limits_{k=1}^{n}\dfrac{1}{2k}$ 1024 13

1025 30   1026 240   1027 615   1028 1260   1029 210

1030 2025   1031 1210   1032 $\dfrac{n}{2(n+2)}$ 1033 $\dfrac{19}{20}$

1034 -2 1035 8   1036 -2 1037 $9\cdot2^{10}+1$

1038 17   1039 ②   1040 ③   1041 100   1042 100

1043 3   1044 ①   1045 ②   1046 ③   1047 ③

1048 9   1049 2870   1050 9   1051 750   1052 ⑤

1053 ①   1054 3410   1055 ④   1056 ③   1057 440

1058 $\dfrac{8}{7}(8^{n}-1)$ 1059 ①   1060 6   1061 ④

1062 25   1063 45   1064 ①   1065 ②   1066 4

1067 $\dfrac{14}{45}$ 1068 $\dfrac{1}{25}$ 1069 $\dfrac{11}{6}$ 1070 ②   1071 10

1072 6   1073 ①   1074 $8+4\sqrt{5}$ 1075 10

1076 $p=\dfrac{3}{4},\ q=\dfrac{1}{2},\ r=-\dfrac{1}{15}$ 1077 105   1078 ②

1079 21   1080 ②   1081 78   1082 36   1083 ②

1084 ④   1085 $\dfrac{4}{9}$ 1086 ④   1087 101   1088 ⑤

1089 ③   1090 23   1091 1451   1092 80   1093 496

1094 ③   1095 8   1096 ②   1097 ③   1098 ①

1099 ④   1100 ①   1101 ②   1102 4   1103 1550

1104 65   1105 15   1106 750   1107 1302   1108 ①

1109 99   1110 ③   1111 ④   1112 45   1113 $10-\sqrt{2}$

1114 3   1115 ④   1116 27   1117 23   1118 1530

1119 5   1120 $\dfrac{1}{9}$ 1121 20   1122 329   1123 122

1124 860

1137 181   1138 102   1139 $\dfrac{1}{5}$ 1140 2^{45}

1141 ㈎ $\dfrac{1}{(k+1)(k+2)}$ ㈏ $\dfrac{k+1}{k+2}$ 1142 ④   1143 30

1144 24   1145 $\dfrac{1}{5}$ 1146 ②   1147 ④   1148 19680

1149 ⑤   1150 144   1151 100   1152 255   1153 ④

1154 ③   1155 $\dfrac{30}{17}$ 1156 ②   1157 8   1158 512

1159 ③   1160 ④   1161 ④

1162 ㈎ k ㈏ 2^{k} ㈐ $2^{k+1}-1$ ㈑ $k+1$ 1163 ㈎ $2k+1$ ㈏ $(k+1)^{2}$

1164 ㈎ $(k+1)^{3}$ ㈏ $\left\{\dfrac{(k+1)(k+2)}{2}\right\}^{2}$ 1165 ㈎ $\dfrac{2k-1}{k}$ ㈏ $\dfrac{2k+1}{k+1}$

1166 ①   1167 ④   1168 ③   1169 ②   1170 155

1171 5   1172 $a_{1}=9,\ a_{n+1}=\dfrac{4}{3}a_{n}-2$ 1173 $\dfrac{7}{4}$ 1174 175

1175 ②   1176 ③   1177 ②   1178 $\dfrac{15}{8}$ 1179 ⑤

1180 45   1181 11   1182 ③   1183 ⑤   1184 ①

1185 ㈎ $\dfrac{1}{2}$ ㈏ $\dfrac{k+1}{2^{k+1}}$ 1186 2   1187 ④   1188 ④

1189 21   1190 10   1191 0   1192 $\dfrac{1}{55}$

1193 풀이 참조   1194 15

1195 ㈎ $\dfrac{1}{k+1}$ ㈏ $<$ ㈐ $\dfrac{2}{3k+3}$ 1196 $\dfrac{544}{125}$

10 수학적 귀납법 본문 146~157쪽

1125 19   1126 -6 1127 17   1128 $\dfrac{17}{7}$

1129 $a_{1}=2,\ a_{n+1}=a_{n}+3\ (n=1,\ 2,\ 3,\ \cdots)$

1130 $a_{1}=10,\ a_{n+1}=a_{n}-4\ (n=1,\ 2,\ 3,\ \cdots)$

1131 $a_{1}=1,\ a_{n+1}=2a_{n}\ (n=1,\ 2,\ 3,\ \cdots)$

1132 $a_{1}=9,\ a_{n+1}=-\dfrac{1}{3}a_{n}\ (n=1,\ 2,\ 3,\ \cdots)$

1133 $a_{n}=-3n+6$ 1134 $a_{n}=3\cdot2^{n-1}$

1135 $a_{n}=-n+4$ 1136 $a_{n}=2^{n-1}$

0001 -2 **0002** -3.3 **0003** 0.3 **0004** -2.2 **0005** 없다.

0006 0.2 **0007** -3 **0008** 1 **0009** $-\dfrac{2}{3}$ **0010** ㄱ, ㄴ

0011 16 **0012** 2 **0013** 4 **0014** 2 **0015** 12

0016 1 **0017** 1 **0018** $\dfrac{1}{16}$ **0019** $\dfrac{1}{25}$ **0020** 9

0021 81 **0022** $\dfrac{1}{4}$ **0023** $\dfrac{4}{5}$ **0024** $-\dfrac{2}{3}$ **0025** $\dfrac{1}{3}$

0026 $a^{\frac{7}{4}}$ **0027** $a^{\frac{19}{12}}b^{\frac{7}{6}}$ **0028** $a^{\frac{2}{5}}$ **0029** $a^{-\frac{7}{4}}$ **0030** 3^{10}

0031 1 **0032** $2^{4\sqrt{2}}$ **0033** $6^{\sqrt{2}}$ **0034** $x-y$ **0035** $x+y$

0036 ㄷ, ㄹ **0037** 2 **0038** ⑤ **0039** ⑤ **0040** ④

0041 (1) 2 (2) $\sqrt[6]{ab^5}$ **0042** 4 **0043** 1 **0044** ④

0045 ⑤ **0046** 174 **0047** ⑤ **0048** 5 **0049** 3

0050 (1) 28 (2) 9 **0051** 2 **0052** 2 **0053** ②

0054 $\dfrac{26}{3}$ **0055** 6 **0056** ④ **0057** $\dfrac{8}{3}$

0058 (1) 29 (2) 5 **0059** 2 **0060** ④ **0061** ①

0062 $\dfrac{9}{4}$ **0063** 3 **0064** a^2-b^2 **0065** ① **0066** 7

0067 ㄱ, ㄴ **0068** ⑤ **0069** 54 **0070** 6

0071 (1) 7 (2) 8 **0072** $\dfrac{9}{11}$ **0073** 2 **0074** ④

0075 $\dfrac{13}{6}$ **0076** $\dfrac{3}{4}$ **0077** $\sqrt{30}$ **0078** (1) $\dfrac{4}{3}$ (2) 0

0079 6 **0080** 9 **0081** 52만 명

0082 1200년 후 **0083** ② **0084** ④ **0085** ③

0086 ② **0087** ③ **0088** ④ **0089** ② **0090** ④

0091 -7 **0092** 8 **0093** (1) 17 (2) 17 **0094** ①

0095 ② **0096** -80 **0097** 194 **0098** 2 **0099** 33

0100 49 **0101** ⑤ **0102** $\dfrac{7+3\sqrt{2}}{2}$ **0103** -2

0104 $\dfrac{2}{3}$ **0105** 48 **0106** 64마리 **0107** $\dfrac{1}{3}$ **0108** 12

0109 $\dfrac{\sqrt{2}}{2}$ **0110** $2\pm\sqrt{3}$ **0111** $-\dfrac{75}{4}$ **0112** $\dfrac{81}{16}$ **0113** ③

0114 $4=\log_3 81$ **0115** $-3=\log_{\frac{1}{3}}27$ **0116** 8

0117 9 **0118** 2 **0119** $\sqrt[3]{2}$ **0120** $x>-1$

0121 $5<x<6$ 또는 $x>6$ **0122** 7 **0123** 4 **0124** -1

0125 $2a+b$ **0126** $2a-3b$ **0127** $\dfrac{4a}{b}$ **0128** $\dfrac{2b}{a+b}$ **0129** $\dfrac{4}{3}$

0130 $-\dfrac{3}{2}$ **0131** 10 **0132** 2 **0133** 3 **0134** -2

0135 -3 **0136** $\dfrac{2}{3}$ **0137** 0.7101 **0138** 0.7007 **0139** 2.7275

0140 -1.2725

0141 정수 부분 : 1, 소수 부분 : 0.6830

0142 정수 부분 : 3, 소수 부분 : 0.6830

0143 정수 부분 : -1, 소수 부분 : 0.6830

0144 정수 부분 : -2, 소수 부분 : 0.6830

0145 3 **0146** -3 **0147** 54.3 **0148** 54300 **0149** 0.543

0150 0.00543 **0151** ② **0152** ⑤ **0153** ④

0154 ⑤ **0155** ② **0156** ④ **0157** 22 **0158** 2

0159 $\dfrac{1}{2}$ **0160** (1) 1 (2) -3 (3) 3 **0161** 25 **0162** -5

0163 2 **0164** 2 **0165** (1) 1 (2) 1 (3) 3 **0166** 60

0167 8 **0168** 2 **0169** $\dfrac{1}{4}$ **0170** $\dfrac{9}{4}$ **0171** ②

0172 $2a-3b+4c$ **0173** $\dfrac{2ab+a}{1+ab}$

0174 $\dfrac{3(2a+1)}{4a(a+1)}$ **0175** 0 **0176** 3 **0177** $\dfrac{6}{11}$

0178 $\dfrac{1}{2}$ **0179** ③ **0180** 3 **0181** $\dfrac{9}{2}$ **0182** ①

0183 ⑤ **0184** ① **0185** $C<A<B$ **0186** 56

0187 $\dfrac{5}{16}$ **0188** ② **0189** 5.304 **0190** ② **0191** ㄱ

0192 -5.46 **0193** $\dfrac{1}{2}+\dfrac{a}{2}$ **0194** 0.0182 **0195** ③ **0196** 33762

0197 ⑤ **0198** ② **0199** 3 **0200** ③ **0201** ②

0202 195 **0203** ⑤ **0204** 74째 자리

0205 13째 자리 **0206** ② **0207** 3자리 **0208** 3

0209 ① **0210** 21 **0211** 5 **0212** ① **0213** 2

0214 ③ **0215** ③ **0216** 280 **0217** ④ **0218** $\dfrac{1}{2}$

0219 ⑤ **0220** 7년 후 **0221** ④ **0222** 27dB **0223** ⑤

0224 ② **0225** ② **0226** 12 **0227** ④ **0228** 4

0229 ④ **0230** ② **0231** ④ **0232** $\dfrac{5}{2}$ **0233** 2

0234 ② **0235** ② **0236** ④ **0237** 292 **0238** ⑤

0239 3 **0240** 13 **0241** 2 **0242** 275 **0243** ①

0244 $\dfrac{3}{5}$ **0245** ② **0246** 6배 **0247** $-\dfrac{5\sqrt{3}}{3}$ **0248** $\dfrac{7}{12}$

0249 0.4 **0250** 33 **0251** ② **0252** 3 **0253** ④

0254 6

0255 ㄱ, ㄹ, ㅁ **0256** 풀이 참조

0257 풀이 참조 **0258** 풀이 참조

0259 풀이 참조 **0260** 풀이 참조

0261 x축, 2 **0262** $y=-\left(\dfrac{1}{2}\right)^x$ **0263** $y=2^x$ **0264** $y=-2^x$

0265 최댓값 : 3, 최솟값 : $\dfrac{1}{3}$ **0266** 최댓값 : 16, 최솟값 : $\dfrac{1}{16}$

0267 최솟값 : $\dfrac{1}{27}$ **0268** 최댓값 : $\dfrac{1}{4}$ **0269** $x=7$

0270 $x=-\dfrac{3}{4}$ **0271** $x<-1$ **0272** $x>\dfrac{3}{2}$

0273 $\dfrac{1}{6}<x<2$ **0274** $\dfrac{7}{4}<x<\dfrac{9}{2}$

0275 $-1<x<1$ **0276** $0\le x\le 2$

0277 $-2<x<-1$ **0278** $1\le x\le 2$ **0279** ④

0280 ㄱ, ㄴ, ㄷ **0281** ③ **0282** 4 **0283** -8

0284 ㄱ **0285** 5 **0286** 3 **0287** 7 **0288** 6

0730 3 　0731 ② 　0732 ⑤ 　0733 ④ 　0734 ⑤

0735 ④ 　0736 -4 　0737 $\dfrac{2}{3}\pi$ 　0738 π 　0739 ③

0740 ① 　0741 $\dfrac{5}{2}$ 　0742 $\dfrac{3}{4}$ 　0743 $\dfrac{2}{3}$ 　0744 ④

0745 $\dfrac{\pi}{3}$ 　0746 $\dfrac{13}{6}\pi$ 　0747 $\theta=\dfrac{4}{3}\pi$ 또는 $\theta=\dfrac{5}{3}\pi$ 　0748 ②

0749 $-2\sqrt{2}$ 　0750 ③ 　0751 3π 　0752 $\dfrac{\pi}{3}\leq x\leq\dfrac{5}{3}\pi$

0753 $2\sqrt{2}$ 　0754 -1 　0755 $-\dfrac{3}{8}$ 　0756 $\dfrac{1}{4}$

0757 $\dfrac{5}{6}\pi\leq\theta\leq\dfrac{3}{2}\pi$ 　0758 10 　0759 0 　0760 $a<-1$

0761 ②

0762 $\dfrac{4\sqrt{6}}{3}$ 　0763 $\dfrac{5\sqrt{2}}{2}$ 　0764 $4\sqrt{3}$ 　0765 $30°$

0766 $45°$ 또는 $135°$ 　0767 $60°$ 또는 $120°$ 　0768 1

0769 6 　0770 2 　0771 144π 　0772 $\sqrt{39}$ 　0773 $3\sqrt{3}$

0774 $6\sqrt{7}$ 　0775 $\dfrac{7\sqrt{2}}{10}$ 　0776 $30°$ 　0777 24 　0778 $\dfrac{15\sqrt{3}}{2}$

0779 $18\sqrt{2}$ 　0780 $10\sqrt{3}$ 　0781 2 　0782 $3\sqrt{3}$ 　0783 $6\sqrt{2}$

0784 10 　0785 $35\sqrt{3}$ 　0786 ② 　0787 ④ 　0788 ②

0789 6 　0790 $b=2, R=\sqrt{2}$ 　0791 ⑤ 　0792 ②

0793 4 　0794 ③ 　0795 ② 　0796 ① 　0797 $\dfrac{9}{2}$

0798 ③ 　0799 ④ 　0800 ④ 　0801 ③

0802 $3+\sqrt{3}$ 　0803 7 　0804 ② 　0805 $\dfrac{7}{8}$ 　0806 ⑤

0807 $\dfrac{35\sqrt{6}}{24}$ 　0808 ④ 　0809 $135°$ 　0810 $120°$ 　0811 ②

0812 $\dfrac{4}{5}$ 　0813 ④ 　0814 ⑤ 　0815 ⑤ 　0816 ③

0817 ④ 　0818 ② 　0819 ④ 　0820 $\sqrt{26}$ 　0821 ⑤

0822 ③ 　0823 $\dfrac{17\sqrt{2}}{8}$ 　0824 16 　0825 $\sqrt{46}$ 　0826 $8+3\sqrt{7}$

0827 ④ 　0828 $3\sqrt{6}+8\sqrt{3}$ 　0829 ⑤ 　0830 ④

0831 $9\sqrt{3}$ 　0832 3 　0833 ② 　0834 20 　0835 ②

0836 ③ 　0837 75π 　0838 $15(\sqrt{3}+1)\,\mathrm{m}$ 　0839 ⑤

0840 ⑤ 　0841 $\sqrt{7}$ 　0842 ② 　0843 ⑤ 　0844 ④

0845 $\sqrt{10}$ 　0846 ④ 　0847 ⑤ 　0848 $\dfrac{19}{5}$ 　0849 ①

0850 ④ 　0851 ⑤ 　0852 ② 　0853 ④ 　0854 $\dfrac{15\sqrt{3}-5}{13}$

0855 ③ 　0856 8 　0857 39 　0858 2 　0859 $\dfrac{25}{4}$

0860 ① 　0861 88 　0862 ⑤ 　0863 $5\sqrt{21}\,\mathrm{m}$

0864 $B=90°$인 직각삼각형 　0865 $3\sqrt{3}$ 　0866 8 　0867 $7\sqrt{15}$

0868 $30°, 90°, 150°$ 　0869 ⑤ 　0870 $2\sqrt{3}$ 　0871 ⑤

0872 $5, 7$ 　0873 $15, 0$ 　0874 $a_n=3n$ 　0875 $a_n=4n-5$

0876 31 　0877 43 　0878 5 　0879 -7 　0880 10

0881 198 　0882 301 　0883 930 　0884 -750

0885 $12, 24$ 　0886 $2, -2$ 　0887 $a_n=0.1^n$

0888 $a_n=2\cdot(\sqrt{2})^{n-1}$ 　0889 3^9 　0890 $2\cdot(-3)^9$

0891 3 　0892 $\dfrac{1}{3}$ 　0893 682 　0894 $2\left\{1-\left(\dfrac{1}{2}\right)^{10}\right\}$

0895 $\dfrac{2}{3}(4^n-1)$ 　0896 $\dfrac{3}{2}\left\{1-\left(\dfrac{1}{3}\right)^n\right\}$

0897 제47항 　0898 (1) -40 (2) $-\dfrac{1}{2}$ 　0899 ③ 　0900 3

0901 ③ 　0902 ④ 　0903 34 　0904 12 　0905 ②

0906 ③ 　0907 제14항 　0908 ④ 　0909 $x=8, y=13, z=18$

0910 29 　0911 34 　0912 ③ 　0913 ③ 　0914 10

0915 ④ 　0916 147 　0917 (1) $\dfrac{35}{3}$ (2) 54 　0918 ②

0919 399 　0920 7 　0921 284 　0922 12 　0923 ④

0924 117 　0925 ⑤ 　0926 360 　0927 ④ 　0928 8

0929 ② 　0930 100 　0931 551 　0932 ④ 　0933 408

0934 ③ 　0935 ② 　0936 16 　0937 7 　0938 61

0939 ③ 　0940 첫째항 : $\dfrac{2}{3}$, 공비 : $\dfrac{1}{9}$

0941 (1) 제11항 (2) $(\sqrt{2}-1)^{98}$ 　0942 ⑤ 　0943 ①

0944 4 　0945 ④ 　0946 13 　0947 28 　0948 ④

0949 ③ 　0950 ⑤ 　0951 7 　0952 ④ 　0953 ③

0954 55 　0955 10 　0956 ⑤ 　0957 -5 　0958 ④

0959 14 　0960 8 　0961 216 　0962 ② 　0963 ①

0964 -1023 　0965 $\dfrac{(2x+1)^n-1}{2x}$

0966 $x\neq0$일 때 $x+1-\left(\dfrac{1}{x+1}\right)^{n-1}$, $x=0$일 때 0 　0967 ③

0968 ② 　0969 $\sqrt{2}$ 　0970 425 　0971 9 　0972 ②

0973 7 　0974 ② 　0975 ② 　0976 $-\dfrac{1}{3}$ 　0977 8

0978 ⑤ 　0979 -9 　0980 1260만 원

0981 24만 원 　0982 ⑤ 　0983 ③ 　0984 $3\sqrt{5}$ 　0985 ④

0986 ④ 　0987 62 　0988 ② 　0989 ④ 　0990 ②

0991 ② 　0992 5 　0993 870 　0994 ④ 　0995 137

0996 ③ 　0997 ② 　0998 제8항 　0999 ② 　1000 23

1001 8 　1002 648 　1003 ⑤ 　1004 $6\sqrt{3}$ 　1005 ①

1006 ④ 　1007 ① 　1008 ⑤ 　1009 ⑤ 　1010 6

1011 20 　1012 6

1013 $x\neq0$일 때 $2x+1-\left(\dfrac{1}{2x+1}\right)^{n-1}$, $x=0$일 때 0 　1014 90

1015 48 　1016 4

1017 $2+4+6+8+10$ 　1018 $2+4+8+16+32$

1019 $1^2+2^2+3^2+\cdots+n^2$ 　1020 $\displaystyle\sum_{k=1}^{10}3^{k-1}$

289 ②	**290** ②	**291** ②	**292** ①	**293** ②
294 4	**295** -8	**296** ⑤	**297** ⑤	**298** ②
299 -35	**300** 1	**301** $\dfrac{10}{3}$	**302** ⑤	**303** 3
304 22	**305** -9	**306** ①	**307** 15	**308** ③
309 $\dfrac{1}{5}$	**310** ③	**311** 24	**312** (1) $\dfrac{2}{3}$ (2) 6	
313 3	**314** ③	**315** ①	**316** ①	**317** $-\dfrac{7}{2}$

318 ③

319 (1) $x=-\dfrac{10}{9}$ (2) $x=-4$ 또는 $x=1$ (3) $x=0$ 또는 $x=\dfrac{4}{3}$

320 6	**321** 5	**322** ②

323 (1) $x=0$ 또는 $x=3$ (2) $x=0$ (3) $x=-1$ 또는 $x=-3$

324 81	**325** 3	**326** (1) $-\dfrac{1}{3}$ (2) 25	**327** -4

328 6   **329** (1) $x=3$ (2) $x=1$ 또는 $x=-1$

330 (1) $x=2$ (2) $x=-3$ 또는 $x=0$ 또는 $x=1$

331 5	**332** 5	**333** ①	**334** ①	**335** 5
336 ②	**337** -4			

338 (1) $-2\le x\le 1$ (2) $x<-2$ (3) $-2\le x\le 1$

339 -33	**340** 30	**341** ③	**342** ①	**343** ④

344 1   **345** $-\dfrac{1}{2}\le x\le 1$

346 (1) $-\dfrac{11}{4}<x<\dfrac{3}{4}$ (2) $-1<x<1$ (3) $-4\le x\le -3$

347 3	**348** 3	**349** ③	**350** ②	**351** ⑤
352 600년	**353** 6	**354** 30시간	**355** 6시간 후	**356** 88
357 ③	**358** ④	**359** 9	**360** 3	**361** 3
362 4	**363** ③	**364** ③	**365** ②	**366** 8
367 ②	**368** ③	**369** ③	**370** ①	**371** 13
372 ②	**373** ①	**374** 6	**375** ④	**376** 11
377 ②	**378** $\dfrac{49}{10}$	**379** $\{x\,|\,-6\le x\le 2\}$		**380** 160
381 4	**382** -4	**383** $\dfrac{1}{16}$	**384** 17	**385** 28

04 로그함수   본문 50~64쪽

386 $\{x\,|\,x<2\}$	**387** $\{x\,|\,x>0\}$
388 $y=\log x$	**389** $y=\log_2\dfrac{x}{3}+1$
390 풀이 참조, 직선 $x=2$	**391** 풀이 참조, 직선 $x=0$
392 풀이 참조, 직선 $x=0$	**393** 풀이 참조, 직선 $x=0$
394 $\log_2 10>2\log_2 3$	**395** $\dfrac{1}{3}\log_{\frac{1}{2}}27<\dfrac{1}{2}\log_{\frac{1}{2}}7$
396 $\log_3 2<\log_9 16$	**397** 최댓값 : 6, 최솟값 : 0
398 최댓값 : 1, 최솟값 : -3	**399** 최댓값 : 2, 최솟값 : 0

400 $x=7$	**401** $x=-\dfrac{8}{9}$	**402** $x=2$	**403** $x=2$
404 $x=5$	**405** $x=2$	**406** $x=3$ 또는 $x=27$	

407 $-4<x<4$	**408** $1<x<\dfrac{10}{9}$
409 $x>\dfrac{1}{2}$ **410** $0<x<2$	**411** $0<x<2$ 또는 $5<x<7$

412 ③	**413** ⑤	**414** ②	**415** ④	**416** -3
417 ㄴ	**418** -1	**419** -6	**420** 2	
421 ㄱ, ㄴ, ㄹ		**422** ①		

423 (1) $B<C<A$ (2) $C<B<A$ **424** $B<A<C$

425 ⑤   **426** -2

427 (1) $y=\log_{\frac{1}{2}}(x+1)+3$ (2) $y=2^{x-3}+4$

428 14	**429** 36	**430** 6	**431** 12	**432** 1
433 27	**434** ④	**435** (1) 5 (2) 1		

436 (1) 최솟값 : 1 (2) 최댓값 : -2 **437** $\dfrac{\sqrt{2}}{2}$ **438** 5

439 ①	**440** 7	**441** 5	**442** ④

443 (1) $2\sqrt{6}$ (2) 2   **444** 10^{-2} **445** $3^4(3^{12}+1)$

446 ④   **447** (1) $x=2$ (2) $x=5$ (3) $x=9$ **448** 5

449 ③

450 (1) $x=2$ 또는 $x=32$ (2) $x=2$ 또는 $x=16$ (3) $x=\dfrac{1}{4}$ 또는 $x=4$

451 27   **452** ②

453 (1) $x=\dfrac{1}{27}$ 또는 $x=3$ (2) $x=\dfrac{1}{100}$ 또는 $x=10$ **454** 2

455 29	**456** ④	**457** 2	**458** ④	**459** $-\dfrac{1}{3}$

460 0   **461** (1) $3<x<7$ (2) $2\le x<\sqrt{5}$ (3) $1<x<3$

462 ⑤   **463** 32   **464** $0<x\le\dfrac{1}{9}$ 또는 $x\ge 1$

465 -12	**466** ④	**467** ②	**468** ②

469 (1) $\dfrac{1}{4}<x<8$ (2) $0<x\le\dfrac{1}{10000}$ 또는 $x\ge 10$ **470** 1

471 $-1<x<2$ **472** $k>4$ **473** $k\ge 5$

474 $\dfrac{1}{100}<a<10^6$ **475** 6   **476** ④   **477** 6

478 12	**479** 2	**480** 7	**481** ②, ⑤	**482** 1
483 16	**484** ②	**485** ②	**486** 3	**487** 3
488 38	**489** ⑤	**490** 0	**491** 4	**492** 13
493 ③	**494** 4	**495** ④	**496** 8	**497** 27
498 27	**499** $\dfrac{37}{2}$	**500** 6	**501** ②	**502** ②
503 27	**504** 338	**505** $3<x<4$		**506** 80
507 ①	**508** 0	**509** 5	**510** $\dfrac{1}{2}$	

05 삼각함수   본문 66~77쪽

511 풀이 참조	**512** 풀이 참조

513 $\theta=360°\times n+120°$ (n은 정수)

514 $\theta=360°\times n+230°$ (n은 정수)

515 $360°\times n+140°$	**516** $360°\times n+70°$
517 제3사분면	**518** 제4사분면

519 $\dfrac{4}{3}\pi$	**520** $315°$ **521** $-\dfrac{5}{3}\pi$	**522** $-120°$

523 $2n\pi+\pi$	**524** $2n\pi+\dfrac{5}{6}\pi$
525 $2n\pi+\dfrac{2}{3}\pi$	**526** $2n\pi+\dfrac{5}{4}\pi$

0527 $l=\pi$, $S=2\pi$　　0528 $l=3\pi$, $S=\dfrac{45}{2}\pi$

0529 $r=3$, $\theta=\dfrac{4}{3}$

0530 (1) $-\dfrac{\sqrt{10}}{10}$ (2) $\dfrac{3\sqrt{10}}{10}$ (3) $-\dfrac{1}{3}$

0531 $\sin\theta=\dfrac{\sqrt{2}}{2}$, $\cos\theta=-\dfrac{\sqrt{2}}{2}$, $\tan\theta=-1$

0532 $\sin\theta>0$, $\cos\theta<0$, $\tan\theta<0$

0533 제3 사분면　　0534 제4 사분면

0535 $\sin\theta=\dfrac{4}{5}$, $\tan\theta=-\dfrac{4}{3}$　　0536 $-\dfrac{3}{8}$　0537 ④

0538 ④　　0539 ㄱ, ㄷ, ㄹ　　0540 제2, 4 사분면

0541 ㄴ, ㄷ　0542 ③　0543 $120°$　0544 ④　0545 $144°$

0546 $36°$　0547 ⑤　0548 ④　0549 ㄱ, ㄷ, ㄹ

0550 ⑤　0551 3π　0552 ④　0553 $S=36$, $r=6$

0554 ①　0555 $\dfrac{1}{2}$　0556 $\dfrac{3}{10}$　0557 $\dfrac{1-3\sqrt{3}}{2}$

0558 ①　0559 ⑤　0560 ②　0561 ②　0562 ⑤

0563 (1) $-\sin\theta$ (2) $\sin\theta+\cos\theta$　　0564 제2, 4 사분면

0565 ①　0566 (1) 1 (2) 1 (3) 5　0567 ②　0568 ④

0569 (1) $\dfrac{9\sqrt{2}}{4}$ (2) $\dfrac{13}{3}$　0570 $-\dfrac{5}{7}$　0571 $-\dfrac{\sqrt{3}}{4}$　0572 ②

0573 $\dfrac{7\sqrt{5}}{16}$　0574 $\dfrac{\sqrt{15}}{3}$　0575 $\dfrac{46}{9}$　0576 $-\dfrac{8}{5}$　0577 ①

0578 37　0579 $x^2+2x+1=0$　0580 ③　0581 ⑤

0582 제3 사분면　　0583 π　0584 ④

0585 6 cm　0586 $\dfrac{\sqrt{3}-3}{6}$　0587 $\dfrac{7}{13}$　0588 ⑤　0589 1

0590 $3\cos\theta$　0591 $-2\sin\theta+2\tan\theta$　0592 ⑤

0593 $-\dfrac{\sqrt{3}+\sqrt{6}}{3}$　　0594 -1　0595 2　0596 55

0597 ②　0598 ②　0599 $\dfrac{2\sqrt{15}}{9}$　0600 ③　0601 $\dfrac{1}{4}$

0602 0　0603 6　0604 $\dfrac{2\sqrt{10}}{5}+\dfrac{1}{3}$　　0605 64

0606 24　0607 ③　0608 ⑤　0609 50

06 삼각함수의 그래프
본문 78~95쪽

0610 1

0611 풀이 참조, 치역 : $\{y\,|\,-2\le y\le2\}$, 주기 : 2π

0612 풀이 참조, 치역 : $\{y\,|\,-1\le y\le1\}$, 주기 : π

0613 풀이 참조, 치역 : $\{y\,|\,-1\le y\le1\}$, 주기 : 2π

0614 풀이 참조, 치역 : $\{y\,|\,-2\le y\le2\}$, 주기 : π

0615 풀이 참조, 치역 : $\left\{y\,\middle|\,-\dfrac{1}{2}\le y\le\dfrac{1}{2}\right\}$, 주기 : 2π

0616 풀이 참조, 치역 : $\{y\,|\,-3\le y\le3\}$, 주기 : 2π

0617 풀이 참조, 치역 : $\{y\,|\,-1\le y\le3\}$, 주기 : 2π

0618 풀이 참조, 치역 : $\{y\,|\,-2\le y\le2\}$, 주기 : π

0619 풀이 참조, 치역 : 실수 전체의 집합, 주기 : 2π,
점근선의 방정식 : $x=2n\pi+\pi$ (n은 정수)

0620 풀이 참조, 치역 : 실수 전체의 집합, 주기 : $\dfrac{\pi}{4}$,
점근선의 방정식 : $x=\dfrac{n}{4}\pi+\dfrac{\pi}{8}$ (n은 정수)

0621 풀이 참조, 치역 : 실수 전체의 집합, 주기 : π,
점근선의 방정식 : $x=n\pi+\pi$ (n은 정수)

0622 최댓값 : $\dfrac{1}{4}$, 최솟값 : $-\dfrac{1}{4}$, 주기 : π

0623 최댓값 : 3, 최솟값 : -1, 주기 : 2π

0624 최댓값, 최솟값 : 없다., 주기 : 2

0625 π　0626 π　0627 2π　0628 π　0629 $\dfrac{\sqrt{3}}{2}$

0630 $\dfrac{\sqrt{3}}{2}$　0631 $\sqrt{3}$　0632 $-\dfrac{\sqrt{2}}{2}$　0633 $\dfrac{\sqrt{3}}{2}$

0634 $-\dfrac{\sqrt{3}}{3}$　0635 $\dfrac{1}{2}$　0636 $-\dfrac{\sqrt{2}}{2}$　0637 $\dfrac{\sqrt{3}}{3}$

0638 $x=\dfrac{7}{6}\pi$ 또는 $x=\dfrac{11}{6}\pi$　0639 $x=\dfrac{\pi}{6}$ 또는 $x=\dfrac{11}{6}\pi$

0640 $x=\dfrac{\pi}{3}$ 또는 $x=\dfrac{4}{3}\pi$　0641 $\dfrac{5}{4}\pi<x<\dfrac{7}{4}\pi$

0642 $0\le x\le\dfrac{\pi}{6}$ 또는 $\dfrac{11}{6}\pi\le x<2\pi$

0643 $\dfrac{\pi}{3}<x<\dfrac{\pi}{2}$ 또는 $\dfrac{4}{3}\pi<x<\dfrac{3}{2}\pi$　　0644 1　0645 $\dfrac{1}{2}$

0646 5　0647 2　0648 ⑤　0649 $\dfrac{5}{2}$　0650 $\dfrac{3}{8}\pi$

0651 ④　0652 ㄱ, ㄹ　0653 $\dfrac{20}{3}$

0654 (가) $\dfrac{\pi}{2}$ (나) $-\dfrac{\pi}{4}$ (다) 1 (라) $x=\dfrac{n}{2}\pi$ (n은 정수)　　0655 ④

0656 ④　0657 ②　0658 9　0659 $\dfrac{10}{3}$　0660 π

0661 $2+\pi$　0662 $\dfrac{3}{2}\pi$　0663 $\dfrac{13}{2}$　0664 $\dfrac{5}{2}$　0665 ⑤

0666 2　0667 8　0668 ⑤　0669 8　0670 ①

0671 ②　0672 ①　0673 0.1904

0674 (1) $2\sqrt{2}$ (2) $-\dfrac{3+3\sqrt{3}}{2}$　0675 (1) -1 (2) 2　　0676 ①

0677 ①　0678 ②　0679 ②　0680 $\dfrac{5}{2}$

0681 (1) $\dfrac{45}{2}$ (2) $\dfrac{89}{2}$　0682 $\dfrac{5}{2}$　0683 6　0684 5

0685 ③　0686 ③　0687 ③　0688 -1　0689 -1

0690 ②　0691 $\sqrt{2}$　0692 $\dfrac{3}{2}$　0693 $\dfrac{1}{2}$　0694 $\dfrac{7}{6}\pi$

0695 $x=\dfrac{2}{3}\pi$　0696 ②　0697 $\dfrac{\pi}{3}$　0698 ③　0699 π

0700 $x=\dfrac{7}{6}\pi$ 또는 $x=\dfrac{11}{6}\pi$　0701 $x=\dfrac{\pi}{4}$　0702 ①　0703 ⑤

0704 $\dfrac{\sqrt{3}}{2}$　0705 $-\dfrac{1}{2}$　0706 ②　0707 $-\dfrac{\sqrt{2}}{2}$　0708 $-\dfrac{1}{2}$

0709 ①　0710 $-\dfrac{5}{4}\le a\le1$　0711 $-2\le a\le2$

0712 $-5\le k\le0$　0713 $\dfrac{5}{3}\pi$　0714 ④　0715 ⑤

0716 $\dfrac{3}{4}\pi\le\beta<\dfrac{5}{6}\pi$　0717 ⑤　0718 $\dfrac{\pi}{6}<x<\dfrac{5}{6}\pi$

0719 9　0720 $a\ge2$　0721 $\dfrac{\pi}{4}\le\theta\le\dfrac{3}{4}\pi$

0722 (1) $-\dfrac{1}{2}$ (2) $\pi\le\theta<2\pi$　0723 ③　0724 $\dfrac{\sqrt{3}}{2}$

0725 ㄱ, ㄷ　0726 ㄴ, ㄷ　0727 ④　0728 ④　0729 3

®개념원리 **RPM**
수학 I

수학의 자신감은
많은 문제들을 반복해서 풀어 봄으로써
얻을 수 있습니다.

**이 책을
펴내면서**

수학 공부에도 비결이 있나요?

예. 있습니다.
무조건 암기하거나 문제를 풀기만 하는 수학 공부는 잘못된 학습방법입니다.
공부는 많이 하는 것 같은데 효과를 얻을 수 없는 이유가 여기에 있지요.

그렇다면 효과적인 수학 공부의 비결은 무엇일까요?

첫째. 개념원리 기본서를 통하여 개념과 원리를 정확히 이해합니다.
둘째. RPM의 다양한 문제를 풀어 봄으로써 수학의 자신감을 얻습니다.

이처럼 개념원리 기본서와 RPM을 함께 공부해 나간다면 수학의 자신감을 얻고
학교 시험에서 고득점을 얻는 데 큰 도움이 될 것입니다.
개념원리 기본서와 RPM으로 열심히 공부하여 수학에서 만점을 받아 보세요.

1 핵심 개념 정리

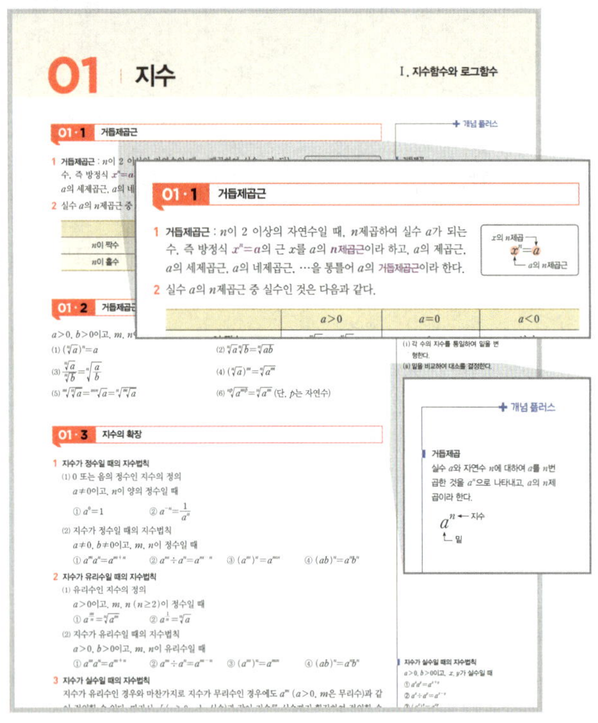

교과서 내용을 꼼꼼히 분석하여 핵심 개념만을 모아 알차고 이해하기 쉽게 정리하였습니다.

핵심 개념

각 단원에서 반드시 알아야 할 개념만을 모아 자세한 부가설명과 함께 수록하였습니다.

개념 플러스

혼동하기 쉬운 개념이나 새로운 개념을 이해하는데 필요한 내용과 문제해결에 유용한 내용 등을 제공하였습니다.

2 교과서 문제 정복하기

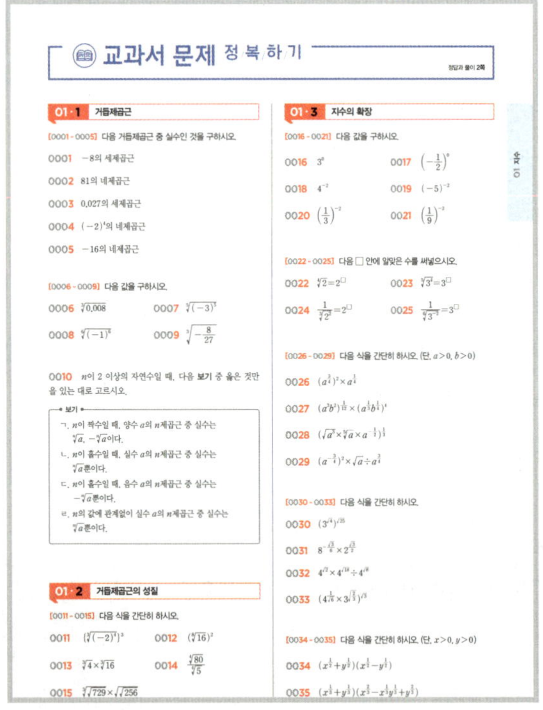

학습한 정의와 공식을 적용하여 해결할 수 있는 기본적인 문제를 충분히 연습하여 개념을 확실하게 익힐 수 있도록 구성하였습니다.

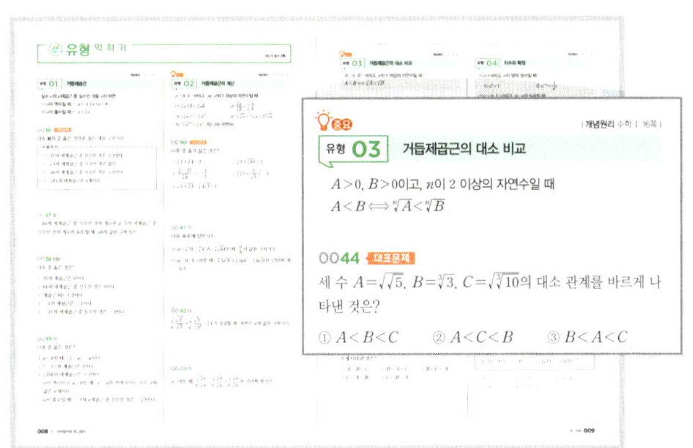

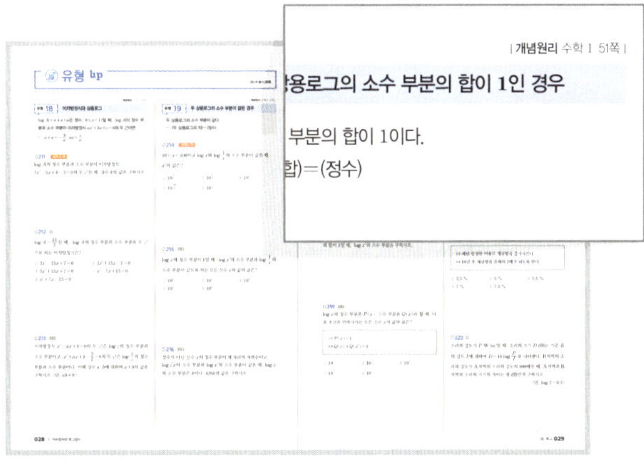

3 유형 익히기 / 유형 UP

문제 해결에 사용되는 핵심 개념과 문제의 형태 및 풀이 방법
등에 따라 문제를 유형화하였습니다.

핵심 개념

유형 연습에 필요한 핵심 개념 및 풀이 방법을 실었습니다.
중요 유형은 중단원별로 세분화된 유형 중 시험 출제율이 70 % 이상인
유형입니다. 모든 유형의 학습이 다 중요하겠지만 중요 유형은 반드시
알아두어야 합니다.

개념원리 수학기본서 피드백

각 유형에 대한 개념과 공식의 적용 및 접근 방법을 좀 더 자세히 볼
수 있는 개념원리 수학기본서 쪽수입니다.

4 시험에 꼭 나오는 문제

실제 학교 시험에 나왔던 출제율이 높은 문제를 통해 유형을
익혔는지 확인할 수 있을 뿐만 아니라 실전력을 기를 수 있
도록 하였습니다.

서술형 주관식

비중이 높아진 서술형 문제의 풀이 방법을 확인할 수 있도록 구성하였
습니다.

실력 UP

난이도 높은 문제를 풀어 봄으로써 어려워지는 학교 시험을 더욱 완벽
하게 대비할 수 있습니다.

차례

Ⅰ 지수함수와 로그함수

01 지수   006

02 로그   018

03 지수함수   034

04 로그함수   050

Ⅱ 삼각함수

05 삼각함수   066

06 삼각함수의 그래프   078

07 삼각함수의 활용   096

Ⅲ 수열

08 등차수열과 등비수열   112

09 수열의 합   132

10 수학적 귀납법   146

I

지수함수와 로그함수

01 지수

02 로그

03 지수함수

04 로그함수

01 | 지수

01·1 거듭제곱근

1 **거듭제곱근** : n이 2 이상의 자연수일 때, n제곱하여 실수 a가 되는 수, 즉 방정식 $x^n=a$의 근 x를 a의 **n제곱근**이라 하고, a의 제곱근, a의 세제곱근, a의 네제곱근, …을 통틀어 a의 **거듭제곱근**이라 한다.

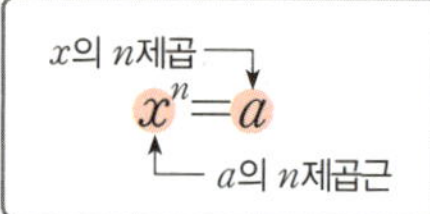

2 실수 a의 n제곱근 중 실수인 것은 다음과 같다.

	$a>0$	$a=0$	$a<0$
n이 짝수	$\sqrt[n]{a},\ -\sqrt[n]{a}$	0	없다.
n이 홀수	$\sqrt[n]{a}$	0	$\sqrt[n]{a}$

> **거듭제곱**
> 실수 a와 자연수 n에 대하여 a를 n번 곱한 것을 a^n으로 나타내고, a의 n제곱이라 한다.
> $$a^n \overset{}{\leftarrow} \text{지수}$$
> $\uparrow$ 밑

01·2 거듭제곱근의 성질

$a>0$, $b>0$이고, m, n이 2 이상의 자연수일 때

(1) $(\sqrt[n]{a})^n=a$

(2) $\sqrt[n]{a}\sqrt[n]{b}=\sqrt[n]{ab}$

(3) $\dfrac{\sqrt[n]{a}}{\sqrt[n]{b}}=\sqrt[n]{\dfrac{a}{b}}$

(4) $(\sqrt[n]{a})^m=\sqrt[n]{a^m}$

(5) $\sqrt[m]{\sqrt[n]{a}}=\sqrt[mn]{a}=\sqrt[n]{\sqrt[m]{a}}$

(6) $\sqrt[np]{a^{mp}}=\sqrt[n]{a^m}$ (단, p는 자연수)

> **거듭제곱근의 대소 관계**
> (ⅰ) 각 수의 지수를 통일하여 밑을 변형한다.
> (ⅱ) 밑을 비교하여 대소를 결정한다.

01·3 지수의 확장

1 **지수가 정수일 때의 지수법칙**

(1) 0 또는 음의 정수인 지수의 정의

$a\neq0$이고, n이 양의 정수일 때

① $a^0=1$　　　② $a^{-n}=\dfrac{1}{a^n}$

(2) 지수가 정수일 때의 지수법칙

$a\neq0$, $b\neq0$이고, m, n이 정수일 때

① $a^m a^n=a^{m+n}$　　② $a^m \div a^n=a^{m-n}$　　③ $(a^m)^n=a^{mn}$　　④ $(ab)^n=a^n b^n$

2 **지수가 유리수일 때의 지수법칙**

(1) 유리수인 지수의 정의

$a>0$이고, m, n $(n\geq2)$이 정수일 때

① $a^{\frac{m}{n}}=\sqrt[n]{a^m}$　　　② $a^{\frac{1}{n}}=\sqrt[n]{a}$

(2) 지수가 유리수일 때의 지수법칙

$a>0$, $b>0$이고, m, n이 유리수일 때

① $a^m a^n=a^{m+n}$　　② $a^m \div a^n=a^{m-n}$　　③ $(a^m)^n=a^{mn}$　　④ $(ab)^n=a^n b^n$

3 **지수가 실수일 때의 지수법칙**

지수가 유리수인 경우와 마찬가지로 지수가 무리수인 경우에도 a^m ($a>0$, m은 무리수)과 같이 정의할 수 있다. 따라서 a^r ($a>0$, r는 실수)과 같이 지수를 실수까지 확장하여 정의할 수 있다.

> **지수가 실수일 때의 지수법칙**
> $a>0$, $b>0$이고, x, y가 실수일 때
> ① $a^x a^y=a^{x+y}$
> ② $a^x \div a^y=a^{x-y}$
> ③ $(a^x)^y=a^{xy}$
> ④ $(ab)^x=a^x b^x$

01·1 거듭제곱근

[0001 ~ 0005] 다음 거듭제곱근 중 실수인 것을 구하시오.

0001 -8의 세제곱근

0002 81의 네제곱근

0003 0.027의 세제곱근

0004 $(-2)^4$의 네제곱근

0005 -16의 네제곱근

[0006 ~ 0009] 다음 값을 구하시오.

0006 $\sqrt[3]{0.008}$

0007 $\sqrt[5]{(-3)^5}$

0008 $\sqrt[6]{(-1)^6}$

0009 $\sqrt[3]{-\dfrac{8}{27}}$

0010 n이 2 이상의 자연수일 때, 다음 **보기** 중 옳은 것만을 있는 대로 고르시오.

● 보기 ●

ㄱ. n이 짝수일 때, 양수 a의 n제곱근 중 실수는 $\sqrt[n]{a}$, $-\sqrt[n]{a}$이다.

ㄴ. n이 홀수일 때, 실수 a의 n제곱근 중 실수는 $\sqrt[n]{a}$뿐이다.

ㄷ. n이 홀수일 때, 음수 a의 n제곱근 중 실수는 $-\sqrt[n]{a}$뿐이다.

ㄹ. n의 값에 관계없이 실수 a의 n제곱근 중 실수는 $\sqrt[n]{a}$뿐이다.

01·2 거듭제곱근의 성질

[0011 ~ 0015] 다음 식을 간단히 하시오.

0011 $\left\{\sqrt[3]{(-2)^4}\right\}^3$

0012 $(\sqrt[8]{16})^2$

0013 $\sqrt[3]{4}\times\sqrt[3]{16}$

0014 $\dfrac{\sqrt[4]{80}}{\sqrt[4]{5}}$

0015 $\sqrt[3]{\sqrt{729}}\times\sqrt{\sqrt{256}}$

01·3 지수의 확장

[0016 ~ 0021] 다음 값을 구하시오.

0016 3^0

0017 $\left(-\dfrac{1}{2}\right)^0$

0018 4^{-2}

0019 $(-5)^{-2}$

0020 $\left(\dfrac{1}{3}\right)^{-2}$

0021 $\left(\dfrac{1}{9}\right)^{-2}$

[0022 ~ 0025] 다음 □ 안에 알맞은 수를 써넣으시오.

0022 $\sqrt[4]{2}=2^{\square}$

0023 $\sqrt[5]{3^4}=3^{\square}$

0024 $\dfrac{1}{\sqrt[3]{2^2}}=2^{\square}$

0025 $\dfrac{1}{\sqrt[6]{3^{-2}}}=3^{\square}$

[0026 ~ 0029] 다음 식을 간단히 하시오. (단, $a>0$, $b>0$)

0026 $(a^{\frac{3}{4}})^2\times a^{\frac{1}{4}}$

0027 $(a^3b^2)^{\frac{1}{12}}\times(a^{\frac{1}{3}}b^{\frac{1}{4}})^4$

0028 $(\sqrt{a^3}\times\sqrt[5]{a}\times a^{-\frac{1}{2}})^{\frac{1}{3}}$

0029 $(a^{-\frac{3}{4}})^2\times\sqrt{a}\div a^{\frac{3}{4}}$

[0030 ~ 0033] 다음 식을 간단히 하시오.

0030 $(3^{\sqrt{4}})^{\sqrt{25}}$

0031 $8^{-\frac{\sqrt{3}}{6}}\times2^{\frac{\sqrt{3}}{2}}$

0032 $4^{\sqrt{2}}\times4^{\sqrt{18}}\div4^{\sqrt{8}}$

0033 $(4^{\frac{1}{\sqrt{6}}}\times3^{\frac{2}{3}})^{\sqrt{3}}$

[0034 ~ 0035] 다음 식을 간단히 하시오. (단, $x>0$, $y>0$)

0034 $(x^{\frac{1}{2}}+y^{\frac{1}{2}})(x^{\frac{1}{2}}-y^{\frac{1}{2}})$

0035 $(x^{\frac{1}{3}}+y^{\frac{1}{3}})(x^{\frac{2}{3}}-x^{\frac{1}{3}}y^{\frac{1}{3}}+y^{\frac{2}{3}})$

유형 익/히/기

| 개념원리 수학 I 14쪽 |

유형 01 거듭제곱근

실수 a의 n제곱근 중 실수인 것을 x라 하면
(1) n이 짝수일 때 $\Rightarrow x=\pm\sqrt[n]{a}\ (a>0)$
(2) n이 홀수일 때 $\Rightarrow x=\sqrt[n]{a}$

0036 대표문제

다음 **보기** 중 옳은 것만을 있는 대로 고르시오.

> **보기**
> ㄱ. 27의 세제곱근 중 실수인 것은 ±3이다.
> ㄴ. $\sqrt{4}$의 세제곱근 중 실수인 것은 없다.
> ㄷ. 16의 네제곱근 중 실수인 것은 ±2이다.
> ㄹ. $\sqrt{81}$의 네제곱근은 4개이다.

0037 하

-64의 세제곱근 중 실수인 것의 개수를 a, 5의 네제곱근 중 실수인 것의 개수를 b라 할 때, ab의 값을 구하시오.

0038 중하

다음 중 옳은 것은?

① 25의 제곱근은 5이다.
② 81의 네제곱근 중 실수인 것은 3이다.
③ 제곱근 9는 ±3이다.
④ -1의 제곱근은 -1이다.
⑤ -27의 세제곱근 중 실수인 것은 -3이다.

0039 중

다음 중 옳은 것은?

① $a<0$일 때, $(\sqrt[3]{-a})^3=a$이다.
② $(-2)^2$의 제곱근은 2이다.
③ $\sqrt{256}$의 네제곱근은 ±2이다.
④ n이 짝수이고 $a>0$일 때, $x^n=a$를 만족시키는 실수 x의 값은 n개이다.
⑤ n이 홀수일 때, -3의 n제곱근 중 실수인 것은 $-\sqrt[n]{3}$이다.

| 개념원리 수학 I 15쪽, 16쪽 |

유형 02 거듭제곱근의 계산

$a>0,\ b>0$이고, $m,\ n$이 2 이상의 자연수일 때
(1) $\sqrt[n]{a}\sqrt[n]{b}=\sqrt[n]{ab}$
(2) $\dfrac{\sqrt[n]{a}}{\sqrt[n]{b}}=\sqrt[n]{\dfrac{a}{b}}$
(3) $(\sqrt[n]{a})^m=\sqrt[n]{a^m}$
(4) $\sqrt[m]{\sqrt[n]{a}}=\sqrt[mn]{a}=\sqrt[n]{\sqrt[m]{a}}$
(5) $\sqrt[np]{a^{mp}}=\sqrt[n]{a^m}$ (단, p는 자연수)

0040 대표문제

다음 중 옳지 **않은** 것은?

① $\sqrt[3]{2}\times\sqrt[3]{4}=2$
② $\sqrt[3]{2}\times\sqrt[3]{64}=2$
③ $\dfrac{\sqrt[3]{-27}}{\sqrt[3]{8}}=-\dfrac{3}{2}$
④ $\left(\sqrt[3]{5}\times\dfrac{1}{\sqrt{5}}\right)^6=5$
⑤ $\sqrt{2\times\sqrt[3]{4}}\div\sqrt[3]{4\sqrt{2}}=1$

0041 중

다음 물음에 답하시오.

(1) $a=\sqrt{32}\div\sqrt[4]{4}$, $b=\sqrt[3]{\sqrt{64}}$일 때, $\dfrac{a}{b}$의 값을 구하시오.

(2) $a>0,\ b>0$일 때, $\sqrt[12]{2a^5b^4}\times\sqrt[4]{2ab^2}\div\sqrt[6]{4a^3b}$를 간단히 하시오.

0042 중

$\sqrt[4]{\dfrac{\sqrt{2^5}}{\sqrt[3]{3}}}\times\sqrt[6]{\dfrac{\sqrt{3}}{\sqrt[n]{2^9}}}=\sqrt[8]{4}$가 성립할 때, 자연수 n의 값을 구하시오.

0043 중

$a>0$일 때, $\sqrt[3]{\dfrac{\sqrt[4]{a}}{\sqrt[5]{a}}}\div\sqrt[4]{\dfrac{\sqrt[3]{a}}{\sqrt[5]{a}}}\times\sqrt[5]{\dfrac{\sqrt[3]{a}}{\sqrt[4]{a}}}$를 간단히 하시오.

 중요

유형 03   거듭제곱근의 대소 비교

$A>0$, $B>0$이고, n이 2 이상의 자연수일 때
$$A<B \iff \sqrt[n]{A}<\sqrt[n]{B}$$

0044 대표문제
세 수 $A=\sqrt{\sqrt{5}}$, $B=\sqrt[3]{3}$, $C=\sqrt{\sqrt[3]{10}}$의 대소 관계를 바르게 나타낸 것은?

① $A<B<C$ ② $A<C<B$ ③ $B<A<C$
④ $B<C<A$ ⑤ $C<B<A$

0045 중하
세 수 $A=\sqrt[3]{\dfrac{1}{4}}$, $B=\sqrt[4]{\dfrac{1}{6}}$, $C=\sqrt[3]{\sqrt{\dfrac{1}{17}}}$의 대소 관계를 바르게 나타낸 것은?

① $A<B<C$ ② $A<C<B$ ③ $B<A<C$
④ $B<C<A$ ⑤ $C<A<B$

0046 중 서술형
네 수 $\sqrt{2}$, $\sqrt[3]{3}$, $\sqrt[4]{5}$, $\sqrt[3]{\sqrt{7}}$ 중 가장 큰 수를 a, 가장 작은 수를 b라 할 때, $a^{12}+b^{12}$의 값을 구하시오.

0047 중
세 수 $A=\sqrt{2\times\sqrt[3]{3}}$, $B=\sqrt[3]{3\sqrt{2}}$, $C=\sqrt[3]{2\sqrt{3}}$의 대소 관계를 바르게 나타낸 것은?

① $A<B<C$ ② $B<A<C$ ③ $B<C<A$
④ $C<A<B$ ⑤ $C<B<A$

유형 04   지수의 확장

(1) $a\neq 0$이고, n이 양의 정수일 때
   ① $a^0=1$ ② $a^{-n}=\dfrac{1}{a^n}$

(2) $a>0$, $b>0$이고, m, n이 실수일 때
   ① $a^m a^n=a^{m+n}$ ② $a^m\div a^n=a^{m-n}$
   ③ $(a^m)^n=a^{mn}$ ④ $(ab)^n=a^n b^n$

0048 대표문제
$\left(\dfrac{27}{5}\right)^{\frac{1}{2}}\times\left\{\left(\dfrac{27}{125}\right)^{-\frac{1}{3}}\right\}^{\frac{3}{2}}$의 값을 구하시오.

0049 중하
$a^{-8}\times(a^{-3})^{-2}\div a^{-5}=a^k$이 성립할 때, 정수 k의 값을 구하시오. (단, $a\neq 0$, $a\neq 1$)

0050 중하
다음 식의 값을 구하시오.

(1) $27^0+\left(\dfrac{1}{3}\right)^{-3}$

(2) $\dfrac{3^{-10}+3^{12}}{3^{10}+3^{-12}}$

0051 중
다음 **보기** 중 옳은 것만을 있는 대로 고른 것은?

┌─ 보기 ─────────────────────────┐
ㄱ. $2^{\frac{1}{3}}\times 2^{\frac{1}{6}}=\sqrt{2}$ ㄴ. $(9^{-2})^{\frac{1}{4}}=\dfrac{1}{3}$

ㄷ. $\{(-3)^2\}^{\frac{3}{2}}=-27$ ㄹ. $(\sqrt{2})^{2\sqrt{2}}=(2\sqrt{2})^{\sqrt{2}}$
└──────────────────────────────┘

① ㄱ   ② ㄱ, ㄴ   ③ ㄱ, ㄹ
④ ㄴ, ㄹ   ⑤ ㄱ, ㄴ, ㄷ

유형 익/히/기

0052 중
$(a^{\sqrt{2}})^{4\sqrt{2}} \div a^{2\sqrt{3}} \div (a^5 \div a^{2+\sqrt{3}})^2 = a^k$일 때, 상수 k의 값을 구하시오. (단, $a>0$, $a\neq1$)

0053 중
$(a^{-\frac{1}{3}}b^{\frac{1}{2}})^{\frac{1}{2}} \times (a^{\frac{4}{3}}b^{-\frac{3}{4}})^{-1}$을 간단히 하면? (단, $a>0$, $b>0$)

① $\dfrac{\sqrt{a}}{a^2}$ ② $\dfrac{b\sqrt{a}}{a^2}$ ③ $\dfrac{b\sqrt[3]{a}}{a^2}$

④ $\dfrac{b\sqrt{a}}{a}$ ⑤ $\dfrac{b\sqrt[3]{a}}{a}$

0054 중
$18^{\frac{3}{2}} \times 24^{\frac{2}{3}} \div 9^{-\frac{3}{4}} = 2^x \times 3^y$일 때, 유리수 x, y의 합 $x+y$의 값을 구하시오.

0055 상중 서술형
$\left(\dfrac{1}{2^{12}}\right)^{\frac{1}{n}}$이 정수가 되도록 하는 정수 n의 개수를 구하시오.

유형 05 거듭제곱근을 유리수인 지수로 나타내기

$a>0$이고, m, n ($n\geq2$)이 정수일 때
$$\sqrt[n]{a^m}=a^{\frac{m}{n}},\ \sqrt[n]{a}=a^{\frac{1}{n}}$$

0056 대표문제
$\sqrt{\sqrt[4]{a}} \times \sqrt{a\sqrt{a\sqrt{a}}}$를 간단히 하면? (단, $a>0$)

① $a^{\frac{3}{8}}$ ② $a^{\frac{5}{8}}$ ③ $a^{\frac{7}{8}}$

④ a ⑤ $a^{\frac{11}{8}}$

0057 중
1이 아닌 양수 a에 대하여 $P=\sqrt{a\sqrt[3]{a}\sqrt[4]{a}}$, $Q=a\sqrt{a\sqrt{a^k}}$일 때, $P=\sqrt{Q}$를 만족시키는 유리수 k의 값을 구하시오.

0058 중
다음 식을 만족시키는 자연수 n의 값을 구하시오.

(1) $\sqrt{a^2 \times \sqrt{a \times \sqrt[3]{a^4}}}=\sqrt[3]{\dfrac{\sqrt[4]{a^n}}{\sqrt{a^5}}}$ (단, $a>0$, $a\neq1$)

(2) $\sqrt[n]{27 \times \sqrt[3]{9} \times \sqrt[4]{3}}=\sqrt[4]{3^3}$

0059 중
$A=\sqrt[3]{4\sqrt{4} \times \dfrac{4}{\sqrt[4]{4}}}$라 할 때, A^n이 정수가 되도록 하는 자연수 n의 최솟값을 구하시오.

유형 **06**　유리수인 지수로 나타내기

(ⅰ) $a^x = k$ ($a > 0$, $x \neq 0$인 정수)일 때, $a = k^{\frac{1}{x}}$으로 나타낸다.

(ⅱ) 지수법칙을 이용한다.

0060 · 대표문제

$5^8 = a$, $8^6 = b$일 때, 200^{10}을 a, b로 나타낸 것은?

① $a^{\frac{1}{8}} b^{\frac{1}{6}}$
② $a^{\frac{1}{6}} b^{\frac{1}{8}}$
③ $a^{\frac{5}{2}} b^{\frac{2}{3}}$
④ $a^{\frac{5}{2}} b^{\frac{5}{3}}$
⑤ $a^5 b^{\frac{2}{3}}$

0061 중

$a = \sqrt[3]{2}$, $b = \sqrt[4]{3}$일 때, $\sqrt[12]{6^7}$을 a, b로 나타낸 것은?

① $a^{\frac{7}{4}} b^{\frac{7}{3}}$
② $a^{\frac{7}{4}} b^{\frac{7}{2}}$
③ $a^{\frac{5}{2}} b^{\frac{7}{3}}$
④ $a^{\frac{5}{2}} b^{\frac{5}{2}}$
⑤ $a^{\frac{7}{2}} b^{\frac{7}{3}}$

0062 중

$a = 25^2$일 때, $125^3 = a^k$을 만족시키는 유리수 k의 값을 구하시오.

0063 중

두 양수 a, b에 대하여 $a^4 = 2$, $b^{10} = 8$일 때, $(\sqrt[6]{a^2 b^5})^k$이 자연수가 되도록 하는 자연수 k의 최솟값을 구하시오.

유형 **07**　지수법칙과 곱셈 공식

$a > 0$, $b > 0$이고, p, q가 실수일 때

(1) $(a^p + b^q)(a^p - b^q) = a^{2p} - b^{2q}$

(2) $(a^p \pm b^q)^2 = a^{2p} \pm 2a^p b^q + b^{2q}$ (복부호동순)

(3) $(a^p \pm b^q)^3 = a^{3p} \pm 3a^{2p} b^q + 3a^p b^{2q} \pm b^{3q}$ (복부호동순)

0064 · 대표문제

$a > 0$, $b > 0$일 때, $(a^{\frac{1}{2}} - b^{\frac{1}{2}})(a^{\frac{1}{2}} + b^{\frac{1}{2}})(a + b)$를 간단히 하시오.

0065 중 하

$\{2^{\sqrt{2}} + (\sqrt{2})^{\sqrt{2}}\}\{2^{\sqrt{2}} - (\sqrt{2})^{\sqrt{2}}\}$을 간단히 하면?

① $2^{\sqrt{2}}(2^{\sqrt{2}} - 1)$
② $2^{\sqrt{2}}(2^{\sqrt{2}} + 1)$
③ $2^{\sqrt{2}} - 1$
④ $(\sqrt{2})^{\sqrt{2}} - 1$
⑤ 2

0066 중

$x = 2$일 때, $(x^{\frac{1}{3}} + x^{-\frac{2}{3}})^3 + (x^{\frac{1}{3}} - x^{-\frac{2}{3}})^3$의 값을 구하시오.

0067 중

다음 **보기** 중 옳은 것만을 있는 대로 고르시오.

(단, $a > 0$, $b > 0$)

┌─ 보기 ─
ㄱ. $(a^{\frac{1}{4}} + b^{\frac{1}{4}})(a^{\frac{1}{4}} - b^{\frac{1}{4}}) = \sqrt{a} - \sqrt{b}$

ㄴ. $(a^{\frac{1}{2}} + a^{-\frac{1}{2}} + 1)(a^{\frac{1}{2}} + a^{-\frac{1}{2}} - 1) = a + \dfrac{1}{a} + 1$

ㄷ. $(\sqrt[3]{2} + 1)(\sqrt[3]{4} - \sqrt[3]{2} + 1) = 1$

유형 익/히/기

유형 **08** 지수법칙과 곱셈공식을 이용하여 식의 값 구하기

양수 a에 대하여

(1) $(a^{\frac{1}{2}} \pm a^{-\frac{1}{2}})^2 = a \pm 2 + a^{-1}$ (복부호동순)

(2) $(a^{\frac{1}{3}} \pm a^{-\frac{1}{3}})^3 = a \pm 3(a^{\frac{1}{3}} \pm a^{-\frac{1}{3}}) \pm a^{-1}$ (복부호동순)

0068 대표문제

$a^{\frac{1}{3}} + a^{-\frac{1}{3}} = \sqrt{5}$일 때, $a + a^{-1}$의 값은? (단, $a > 0$)

① $\dfrac{\sqrt{5}}{5}$ ② $\dfrac{2\sqrt{5}}{5}$ ③ $\dfrac{3\sqrt{5}}{5}$

④ $\sqrt{5}$ ⑤ $2\sqrt{5}$

0069 중하

$5^x + 5^{1-x} = 8$일 때, $25^x + 25^{1-x}$의 값을 구하시오.

0070 중 서술형

$x > 0$이고 $\sqrt{x} + \dfrac{1}{\sqrt{x}} = 3$일 때, $\dfrac{x^2 + x^{-2} + 7}{x + x^{-1} + 2}$의 값을 구하시오.

0071 중

다음 물음에 답하시오.

(1) $5^{\frac{a}{2}} + 5^{-\frac{a}{2}} = \sqrt{10}$일 때, $\dfrac{5^{3a} - 5^{2a} + 5^a}{5^{2a}}$의 값을 구하시오.

(2) $x = 3^{\frac{1}{3}} - 3^{-\frac{1}{3}}$일 때, $3x^4 + 3x^3 + 9x^2 + x$의 값을 구하시오.

유형 **09** $\dfrac{a^x - a^{-x}}{a^x + a^{-x}}$ 꼴의 식의 값 구하기

a^{-x}, a^{-2x} $(a > 0)$ 등을 포함한 분수식의 계산

⇨ 분모, 분자에 각각 a^x, a^{2x} 등을 곱하여 식을 간단히 한다.

0072 대표문제

$a^{2x} = 10$일 때, $\dfrac{a^x - a^{-x}}{a^x + a^{-x}}$의 값을 구하시오. (단, $a > 0$)

0073 중하

$a > 0$이고 $\dfrac{a^x + a^{-x}}{a^x - a^{-x}} = 3$일 때, a^{2x}의 값을 구하시오.

0074 중

$\dfrac{3^x - 3^{-x}}{3^x + 3^{-x}} = \dfrac{1}{3}$일 때, $9^x - 9^{-x}$의 값은?

① $\dfrac{1}{3}$ ② $\dfrac{1}{2}$ ③ 1

④ $\dfrac{3}{2}$ ⑤ 2

0075 중

$2^{4x} = 3$일 때, $\dfrac{2^{6x} - 2^{-6x}}{2^{2x} + 2^{-2x}}$의 값을 구하시오.

유형 **10** 밑을 같게 하여 식의 값 구하기

$a^x=k$, $b^y=k$ $(a>0, b>0, xy\neq0)$일 때

$\Rightarrow a=k^{\frac{1}{x}}$, $b=k^{\frac{1}{y}}$

0076 대표문제

두 양수 a, b에 대하여 $ab=8$, $a^x=b^y=16$일 때, $\dfrac{1}{x}+\dfrac{1}{y}$의 값을 구하시오. (단, $xy\neq0$)

0077 중

$2^x=3^y=5^z=a$, $\dfrac{1}{x}+\dfrac{1}{y}+\dfrac{1}{z}=2$일 때, 상수 a의 값을 구하시오. (단, $xyz\neq0$)

0078 상 중

다음 물음에 답하시오.

(1) $8^x=9^y=12^z$일 때, $\dfrac{a}{x}+\dfrac{1}{y}=\dfrac{2}{z}$를 만족시키는 실수 a의 값을 구하시오. (단, $xyz\neq0$)

(2) $4^x=5^y=10^z$일 때, $\dfrac{1}{2x}+\dfrac{1}{y}-\dfrac{1}{z}$의 값을 구하시오.

(단, $xyz\neq0$)

0079 상

두 실수 x, y에 대하여 $2^{2x}=3^{2y}=k$이고 $x+y-2xy=0$일 때, 상수 k의 값을 구하시오. (단, $xy\neq0$)

유형 **11** 지수법칙의 실생활에의 응용

(1) 식이 주어진 경우 ⇨ 주어진 식에 알맞은 값을 대입한다.

(2) 식을 구하는 경우 ⇨ 조건에 맞도록 식을 세운 후 지수법칙을 이용한다.

0080 대표문제

글자 ⒜를 어떤 비율로 확대 복사하여 큰 글자 ⒜를 만들고, 확대한 ⒜를 같은 비율로 확대 복사하여 더 큰 글자 ⒜를 만들었다. 이와 같은 작업을 계속하였더니 5회째의 복사본의 글자 크기가 처음 원본의 글자 크기의 2배가 되었다. 8회째의 복사본의 글자 크기가 4회째의 복사본의 글자 크기의 $2^{\frac{n}{m}}$배일 때, $m+n$의 값을 구하시오.

(단, m과 n은 서로소인 자연수이다.)

0081 상 중

어느 도시의 인구는 1995년 말에 약 4만 명이었고, 매년 일정한 비율로 증가하여 2015년 말에는 약 676만 명이었다. 2005년 말의 이 도시의 인구는 약 몇 명인지 구하시오.

0082 상 중

어떤 방사능 물질이 시간이 지남에 따라 일정한 비율로 붕괴되어 a년 후에는 처음 양의 $\dfrac{1}{2}$이 된다고 할 때, a년을 이 물질의 반감기라 한다. 반감기가 a년인 방사능 물질의 처음의 양을 m_0이라 할 때, t년 후 이 방사능 물질의 양 $m(t)$는

$$m(t)=m_0\cdot\left(\frac{1}{2}\right)^{\frac{t}{a}}$$

인 관계가 성립한다. 반감기가 300년인 방사능 물질의 양이 현재 m이라 할 때, 이 물질의 양이 $\dfrac{m}{16}$이 되는 것은 지금으로부터 약 몇 년 후인지 구하시오.

0083

-27의 세제곱근 중 실수인 것의 개수를 a, 10의 네제곱근 중 실수인 것의 개수를 b라 할 때, $a+b$의 값은?

① 2   ② 3   ③ 4

④ 5   ⑤ 6

0084

다음 **보기** 중 옳은 것만을 있는 대로 고른 것은?

(단, n은 2 이상의 자연수이다.)

> **보기**
>
> ㄱ. n이 홀수이면 $x^n=a\,(a<0)$를 만족시키는 실수 x는 1개이다.
> ㄴ. n이 짝수이면 3의 n제곱근 중 실수인 것은 n의 값에 관계없이 항상 2개이다.
> ㄷ. n이 짝수이면 $\sqrt[n]{-a}=-\sqrt[n]{a}$이다.
> ㄹ. 81의 네제곱근은 $-3,\ 3,\ -3i,\ 3i$이다.

① ㄱ   ② ㄱ, ㄴ   ③ ㄷ, ㄹ

④ ㄱ, ㄴ, ㄹ   ⑤ ㄴ, ㄷ, ㄹ

0085

$\sqrt[3]{-27}+\dfrac{\sqrt[4]{48}}{\sqrt[4]{3}}+\sqrt[3]{\sqrt{64}}$를 간단히 하면?

① -2 ② -1 ③ 1

④ 2   ⑤ 5

0086

$\left(\sqrt[6]{9}-\sqrt[3]{24}-2\times\sqrt[9]{-27}\right)^6$을 간단히 하면?

① 3   ② 9   ③ $9\sqrt[3]{3}$

④ $9\sqrt{3}$ ⑤ 27

0087

$a>0,\ b>0$일 때, $\sqrt[6]{8a^3b^3}\times\sqrt[16]{256a^6b^4}\div\sqrt{4ab}$를 간단히 하면?

① $\sqrt[4]{a^3b^2}$ ② $\sqrt[6]{a^3b^2}$ ③ $\sqrt[8]{a^3b^2}$

④ $\sqrt[6]{a^2b^3}$ ⑤ $\sqrt[8]{a^2b^3}$

0088

2 이상의 자연수 $x,\ y$에 대하여 $xy=18$일 때, $\sqrt[x]{2}\times\sqrt[y]{4}$의 최솟값은?

① $\sqrt{2}$ ② $\sqrt{5}$ ③ $\sqrt[3]{4}$

④ $\sqrt[3]{5}$ ⑤ $\sqrt[3]{6}$

0089 중요

세 수 $A=\sqrt[3]{2\sqrt{4}}$, $B=\sqrt{2\times\sqrt[3]{4}}$, $C=\sqrt[3]{3\sqrt{3}}$의 대소 관계를 바르게 나타낸 것은?

① $A<B<C$ ② $A<C<B$ ③ $B<A<C$

④ $B<C<A$ ⑤ $C<A<B$

0090

다음 중 가장 큰 수는?

① $\sqrt{\sqrt[3]{5\times6}}$ ② $\sqrt{6\times\sqrt[3]{5}}$ ③ $\sqrt{5\times\sqrt[3]{6}}$

④ $\sqrt[3]{5\sqrt{6}}$ ⑤ $\sqrt[3]{6\sqrt{5}}$

0091

$\left(\dfrac{1}{27}\right)^{\frac{4}{n}}$과 $16^{-\frac{1}{n}}$이 모두 자연수가 되도록 하는 모든 정수 n의 값의 합을 구하시오.

0092

두 자리 자연수 n에 대하여 $(\sqrt[3]{5^5})^{\frac{1}{4}}$이 어떤 자연수의 n제곱근이 되도록 하는 n의 개수를 구하시오.

0093

다음 물음에 답하시오.

(1) $\sqrt[3]{a^5}=\sqrt[4]{a\times\sqrt[3]{a^k}}$일 때, 상수 k의 값을 구하시오.

(단, $a>0$, $a\neq1$)

(2) $\sqrt{2\times\sqrt[3]{2\times\sqrt[4]{2}}}=2^{\frac{n}{24}}$일 때, 자연수 n의 값을 구하시오.

0094

$a=\sqrt{2}$, $b=\sqrt[3]{3}$일 때, $\sqrt[12]{12}$를 a, b로 나타낸 것은?

① $a^{\frac{1}{3}}b^{\frac{1}{4}}$
② $a^{\frac{1}{2}}b^{\frac{1}{4}}$
③ $a^{\frac{1}{4}}b^{\frac{1}{3}}$
④ $a^{\frac{1}{4}}b^{\frac{1}{2}}$
⑤ $a^{\frac{1}{3}}b^{\frac{1}{3}}$

0095

$2^a=c$, $2^b=d$일 때, $\left(\dfrac{1}{2}\right)^{a-2b}$을 c, d로 나타낸 것은?

① $\dfrac{d^3}{c^2}$
② $\dfrac{d^2}{c}$
③ $\dfrac{c^2}{d}$
④ $\dfrac{d^2}{c^3}$
⑤ $\dfrac{d}{c}$

0096 중요

$(1+3^2)(1+3)(1+3^{\frac{1}{2}})(1+3^{\frac{1}{4}})(1+3^{\frac{1}{8}})(1-3^{\frac{1}{8}})$을 간단히 하시오.

0097 중요

양수 x에 대하여 $\sqrt[3]{x}+\dfrac{1}{\sqrt[3]{x}}=4$일 때, $\sqrt[3]{x^4}+\dfrac{1}{\sqrt[3]{x^4}}$의 값을 구하시오.

0098

$x=3^{\frac{1}{3}}+3^{-\frac{1}{3}}$일 때, $3x^3-9x-8$의 값을 구하시오.

0099 💡중요

$2^x + 2^{-x} = 4$일 때, $\dfrac{8^x + 8^{-x}}{4^x + 4^{-x}} = \dfrac{n}{m}$이다. $m+n$의 값을 구하시오. (단, m과 n은 서로소인 자연수이다.)

0100

양수 a에 대하여 $a^5 = 7$일 때,

$$\frac{a^5 + a^4 + a^3 + a^2 + a}{a^{-9} + a^{-8} + a^{-7} + a^{-6} + a^{-5}}$$

의 값을 구하시오.

0101

$\dfrac{3^x - 3^{-x}}{3^x + 3^{-x}} = k$일 때, $9^x + 9^{-x}$을 k로 나타낸 것은? (단, $x \neq 0$)

① $\dfrac{1-k^2}{1+k^2}$ ② $\dfrac{k^2}{1+k^2}$ ③ $\dfrac{2k}{1+2k^2}$

④ $\dfrac{2k}{1-2k^2}$ ⑤ $\dfrac{2(1+k^2)}{1-k^2}$

0102

$a^{2x} = \sqrt{2}$일 때, $\dfrac{a^{5x} - a^{-5x}}{a^x - a^{-x}}$의 값을 구하시오. (단, $a > 0$)

0103

$5^x = 27$, $45^y = 81$일 때, $\dfrac{3}{x} - \dfrac{4}{y}$의 값을 구하시오.

0104 💡중요

세 양수 a, b, c가 $abc = 9$, $a^x = b^y = c^z = 27$을 만족시킬 때, $\dfrac{1}{x} + \dfrac{1}{y} + \dfrac{1}{z}$의 값을 구하시오.

0105

$\dfrac{1}{x} + \dfrac{1}{y} = 3$, $8^x = 27^y$을 만족시키는 두 실수 x, y에 대하여 $(2^x + 3^y)^3$의 값을 구하시오. (단, $xy \neq 0$)

0106

어떤 바이러스는 한 시간마다 일정한 비율로 그 개체수가 늘어난다고 한다. 이 바이러스 한 마리가 8시간 후에 8마리로 늘어난다고 할 때, 이 바이러스 한 마리가 16시간 후에는 몇 마리로 늘어나는지 구하시오.

 서술형 주관식

0107 중요

$$\sqrt{\sqrt{a}\times\dfrac{a}{\sqrt[3]{a}}}\div\dfrac{\sqrt{\sqrt{a}\times\sqrt[3]{a}}}{\sqrt[4]{\sqrt[3]{a^2}}}=a^m$$일 때, m의 값을 구하시오.

(단, $a>0$, $a\neq1$)

0108

세 양수 a, b, c에 대하여 $a^3=5$, $b^4=11$, $c^6=13$일 때, $(abc)^n$이 자연수가 되도록 하는 자연수 n의 최솟값을 구하시오.

0109

$x^{\frac{1}{2}}+x^{-\frac{1}{2}}=2\sqrt{2}$를 만족시키는 양수 x에 대하여

$$\dfrac{x^{\frac{3}{2}}+x^{-\frac{3}{2}}}{x+x^{-1}+14}$$의 값을 구하시오.

0110 중요

양수 a와 실수 x에 대하여 $\dfrac{a^{-3x}+a^{3x}}{a^{-x}+a^x}=3$일 때, a^{-2x}의 값을 구하시오.

 실력 up

0111

이차방정식 $x^2+2kx+6=0$의 두 근 α, β가

$$\dfrac{\alpha^{-1}-\beta^{-1}}{\alpha^{-2}-\beta^{-2}}=\dfrac{4}{25}$$

를 만족시킬 때, 상수 k의 값을 구하시오. (단, $\alpha>0$, $\beta>0$)

0112

$a+b+c=-1$, $2^a+2^b+2^c=\dfrac{13}{4}$, $2^{-a}+2^{-b}+2^{-c}=\dfrac{11}{2}$ 을 모두 만족시키는 세 실수 a, b, c에 대하여 $4^a+4^b+4^c$의 값을 구하시오.

0113 창의·융합

실수 a의 n제곱근 중 실수인 것의 개수를 $f(a,n)$이라 할 때, **보기** 중 옳은 것만을 있는 대로 고른 것은?

(단, n은 2 이상의 자연수이다.)

보기

ㄱ. $f(10,2018)=f(10,2017)+f(-10,2017)$

ㄴ. $f(a,2n+1)+f(a^2,2n)=3$

ㄷ. $4f(\sqrt{3},4)+3f(\sqrt[3]{-6},7)+2f(-\sqrt[4]{8},6)=11$

① ㄱ ② ㄴ ③ ㄱ, ㄷ

④ ㄴ, ㄷ ⑤ ㄱ, ㄴ, ㄷ

02 | 로그

02·1 로그의 정의

$a>0$, $a\neq1$, $N>0$일 때, $a^x=N$을 만족시키는 실수 x를 $\log_a N$으로 나타내고, a를 밑으로 하는 N의 **로그**라 한다.

02·2 로그의 성질

$a>0$, $a\neq1$, $x>0$, $y>0$일 때

(1) $\log_a 1=0$, $\log_a a=1$

(2) $\log_a xy=\log_a x+\log_a y$

(3) $\log_a \dfrac{x}{y}=\log_a x-\log_a y$

(4) $\log_a x^n=n\log_a x$ (단, n은 실수)

(5) **로그의 밑의 변환** : $a>0$, $a\neq1$, $b>0$일 때

① $\log_a b=\dfrac{\log_c b}{\log_c a}$ (단, $c>0$, $c\neq1$) 　② $\log_a b=\dfrac{1}{\log_b a}$ (단, $b\neq1$)

02·3 상용로그의 정의와 상용로그표

1 **상용로그** : 10을 밑으로 하는 로그, 즉 $\log_{10} N$ $(N>0)$을 **상용로그**라 하고, 보통 밑 10을 생략하여 $\log N$과 같이 나타낸다.

2 **상용로그표** : 상용로그표는 0.01의 간격으로 1.00에서 9.99까지의 수에 대한 상용로그의 값을 반올림하여 소수점 아래 넷째 자리까지 나타낸 것이다.
예를 들어 $\log 5.73$의 값을 구하려면 상용로그표에서 5.7의 가로줄과 3의 세로줄이 만나는 곳의 수를 찾으면 된다.
즉 $\log 5.73=0.7582$

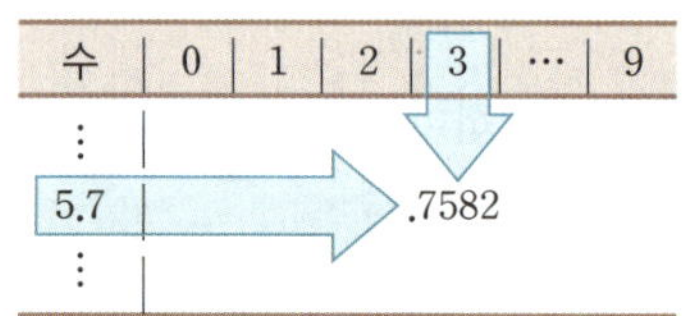

02·4 상용로그의 표현 및 성질

1 임의의 양수 N에 대하여 상용로그 $\log N$의 값을

$$\log N=n+\log a \ (n\text{은 정수},\ 0\leq\log a<1)$$

（$\log N$의 정수 부분은 n, $\log N$의 소수 부분은 $\log a$）

와 같이 나타낼 수 있다.

2 상용로그의 정수 부분

(1) 정수 부분이 n자리인 수의 상용로그의 정수 부분은 $n-1$이다.

(2) 소수점 아래 n째 자리에서 처음으로 0이 아닌 숫자가 나타나는 수의 상용로그의 정수 부분은 $-n$이다.

3 상용로그의 소수 부분

숫자의 배열이 같고 소수점의 위치만 다른 양수들의 상용로그의 소수 부분은 모두 같다.

+ 개념 플러스

로그의 밑과 진수
$\log_a N$에서 a를 $\log_a N$의 밑, N을 $\log_a N$의 진수라 한다.
$$\log_a N \ \leftarrow \text{진수}$$
（↑ 밑）
① 밑의 조건 : $a>0$, $a\neq1$
② 진수의 조건 : $N>0$

로그의 여러 가지 성질
$a>0$, $a\neq1$, $b>0$일 때
① $\log_{a^m} b^n=\dfrac{n}{m}\log_a b$ (단, $m\neq0$)
② $a^{\log_c b}=b^{\log_c a}$ (단, $c>0$, $c\neq1$)
③ $a^{\log_a b}=b$

$\log_a b\cdot\log_b a=1$

상용로그표에 있는 상용로그의 값은 어림한 값이지만 편의상 $=$를 사용하여 나타낸다.

양수 N을
$N=a\cdot10^n$ $(1\leq a<10$, n은 정수$)$
의 꼴로 변형하면
$\log N=\log(a\cdot10^n)=n+\log a$
이므로 상용로그표를 이용하여 $\log N$의 값을 구할 수 있다.

$N>1$일 때, $\log N$의 정수 부분이 n이다.
$\iff n\leq\log N<n+1$
$\iff N$의 정수 부분은 $(n+1)$자리이다.

$\log A$와 $\log B$의 소수 부분이 같다.
$\Rightarrow \log A-\log B=(\text{정수})$

$\log A$와 $\log B$의 소수 부분의 합이 1이다.
$\Rightarrow \log A+\log B=(\text{정수})$
(단, 역은 성립하지 않는다.)

교과서 문제 정/복/하/기

02·1 로그의 정의

[0114 ~ 0115] 다음 등식을 $x=\log_a N$의 꼴로 나타내시오.

0114 $3^4=81$

0115 $\left(\dfrac{1}{3}\right)^{-3}=27$

[0116 ~ 0119] 다음 식을 만족시키는 x의 값을 구하시오.

0116 $\log_2 x=3$

0117 $\log_{\frac{1}{3}} x=-2$

0118 $\log_x 16=4$

0119 $\log_x 2=4$

[0120 ~ 0121] 다음이 정의되기 위한 실수 x의 값의 범위를 구하시오.

0120 $\log_3 (x+1)$

0121 $\log_{x-5} 4$

02·2 로그의 성질

[0122 ~ 0124] 다음 값을 구하시오.

0122 $3\log_2 4+2\log_2 \sqrt{2}$

0123 $\log_3 24+3\log_3 \dfrac{3}{2}$

0124 $\log_2 18-2\log_2 6$

[0125 ~ 0128] $\log_{10} 2=a$, $\log_{10} 3=b$일 때, 다음을 a, b로 나타내시오.

0125 $\log_{10} 12$

0126 $\log_{10} \dfrac{4}{27}$

0127 $\log_3 16$

0128 $\log_6 9$

[0129 ~ 0132] 다음 값을 구하시오.

0129 $\log_{27} 81$

0130 $\log_4 \dfrac{1}{8}$

0131 $3^{\log_3 10}$

0132 $\log_3 2\cdot\log_2 9$

02·3 상용로그의 정의와 상용로그표

[0133 ~ 0136] 다음 상용로그의 값을 구하시오.

0133 $\log 1000$

0134 $\log \dfrac{1}{100}$

0135 $\log 0.001$

0136 $\log \sqrt[3]{100}$

[0137 ~ 0140] 상용로그표를 이용하여 다음 값을 구하시오.

수	0	1	2	3	4
5.0	.6990	.6998	.7007	.7016	.7024
5.1	.7076	.7084	.7093	.7101	.7110
5.2	.7160	.7168	.7177	.7185	.7193
5.3	.7243	.7251	.7259	.7267	.7275
5.4	.7324	.7332	.7340	.7348	.7356

0137 $\log 5.13$

0138 $\log 5.02$

0139 $\log 534$

0140 $\log 0.0534$

02·4 상용로그의 표현 및 성질

[0141 ~ 0144] $\log 4.82=0.6830$임을 이용하여 다음 상용로그의 정수 부분과 소수 부분을 각각 구하시오.

0141 $\log 48.2$

0142 $\log 4820$

0143 $\log 0.482$

0144 $\log 0.0482$

[0145 ~ 0146] 다음 상용로그의 정수 부분을 구하시오.

0145 $\log 2814$

0146 $\log 0.007988$

[0147 ~ 0150] $\log 5.43=0.7348$임을 이용하여 다음 등식을 만족시키는 x의 값을 구하시오.

0147 $\log x=1.7348$

0148 $\log x=4.7348$

0149 $\log x=-0.2652$

0150 $\log x=-2.2652$

| 개념원리 수학 I 32쪽 |

유형 **01**   로그의 정의

$a>0$, $a\neq1$일 때, 양수 N에 대하여

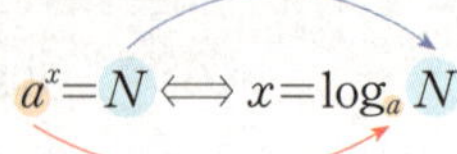
$$a^x=N \Longleftrightarrow x=\log_a N$$

0151   대표문제

$\log_{\sqrt3} a=4$, $\log_{\frac19} b=-\dfrac12$일 때, ab의 값은?

① 18   ② 27   ③ 48
④ 63   ⑤ 81

0152   중하

다음 중 옳지 <u>않은</u> 것은?

① $2^4=16 \Longleftrightarrow \log_2 16=4$
② $9^0=1 \Longleftrightarrow \log_9 1=0$
③ $\left(\dfrac12\right)^{-2}=4 \Longleftrightarrow \log_{\frac12} 4=-2$
④ $125^{-\frac13}=\dfrac15 \Longleftrightarrow \log_{125} \dfrac15=-\dfrac13$
⑤ $7^{\frac12}=\sqrt7 \Longleftrightarrow \log_{\sqrt7} 7=\dfrac12$

0153   중

$\log_7(\log_3(\log_2 x))=0$일 때, x의 값은?

① 2   ② 4   ③ 6
④ 8   ⑤ 10

0154   중

$x=\log_4(3-2\sqrt2)$일 때, 4^x+4^{-x}의 값은?

① -6 ② $-4\sqrt2$ ③ $2\sqrt2$
④ $4\sqrt2$ ⑤ 6

| 개념원리 수학 I 32쪽 |

유형 **02**   로그의 밑과 진수의 조건

$\log_a N$이 정의되려면
(1) 밑의 조건 $\Rightarrow a>0$, $a\neq1$
(2) 진수의 조건 $\Rightarrow N>0$

0155   대표문제

$\log_{x-2}(-x^2+8x-7)$이 정의되기 위한 정수 x의 개수는?

① 2   ② 3   ③ 4
④ 5   ⑤ 6

0156   중하

$\log_2(x-1)+\log_2(x-2)$가 정의될 때,
$|x-1|+|x-2|$를 간단히 하면?

① 3   ② $-2x$ ③ $2x-3$
④ $2x$ ⑤ $3x-2$

0157   중

모든 실수 x에 대하여 $\log_{a-2}(x^2+ax+2a)$가 정의되기 위한 모든 정수 a의 값의 합을 구하시오.

0158   중   서술형

$\log_{|x-2|}(8+2x-x^2)$이 정의되기 위한 정수 x의 개수를 구하시오.

유형 **03** 로그의 성질

$a>0$, $a\neq1$, $x>0$, $y>0$일 때

(1) $\log_a 1=0$, $\log_a a=1$

(2) $\log_a xy=\log_a x+\log_a y$

(3) $\log_a \dfrac{x}{y}=\log_a x-\log_a y$

(4) $\log_a x^n=n\log_a x$ (단, n은 실수)

0159 대표문제

$5\log_5 \sqrt[5]{2}+\log_5 \sqrt{10}-\dfrac{1}{2}\log_5 8$의 값을 구하시오.

0160 중

다음 값을 구하시오.

(1) $\log_2 \sqrt{3}+\dfrac{1}{2}\log_2 \dfrac{8}{3}-\log_4 2$

(2) $\log_3 \dfrac{\sqrt[5]{5}}{27}-\dfrac{1}{5}\log_3 \dfrac{5}{9}-\dfrac{1}{5}\log_3 9$

(3) $\log_2 \left(\log_2 32+\log_{\frac{1}{2}} \dfrac{3}{4}+\log_4 36\right)$

0161 중

세 양수 x, y, z가 $\log_5 x+2\log_5 \sqrt{y}-2\log_5 z=2$를 만족시킬 때, $\dfrac{xy}{z^2}$의 값을 구하시오.

0162 상중

$\log_2 \left(1-\dfrac{1}{2}\right)+\log_2 \left(1-\dfrac{1}{3}\right)+\log_2 \left(1-\dfrac{1}{4}\right)$
$$+\cdots+\log_2 \left(1-\dfrac{1}{32}\right)$$

의 값을 구하시오.

유형 **04** 로그의 밑의 변환

밑이 다를 때는 밑의 변환 공식을 이용하여 밑을 같게 한다.

a, b, c가 1이 아닌 양수일 때

$\Rightarrow \log_a b=\dfrac{\log_c b}{\log_c a}$, $\log_a b=\dfrac{1}{\log_b a}$

0163 대표문제

$\log_3 5\cdot\log_5 7\cdot\log_7 9$의 값을 구하시오.

0164 중하

$\dfrac{1}{\log_2 12}+\dfrac{1}{\log_3 12}+\dfrac{1}{\log_{24} 12}$의 값을 구하시오.

0165 중

다음 값을 구하시오.

(1) $(\log_{10} 2)^2+\dfrac{1+\log_{10} 2}{\log_5 2+1}$

(2) $\log_2 (\log_3 5)+\log_2 (\log_5 7)+\log_2 (\log_7 9)$

(3) $\log_3 45-\dfrac{\log_5 35}{\log_5 3}+\dfrac{\log_{10} 21}{\log_{10} 3}$

0166 중

1이 아닌 세 양수 a, b, c에 대하여 $\log_c a=2$, $\log_b c=3$일 때, $70\log_{\sqrt{ab}} c$의 값을 구하시오.

유형 05 로그의 여러 가지 성질

a, b, c가 양수이고, $a \neq 1$, $c \neq 1$일 때

(1) $\log_{a^m} b^n = \dfrac{n}{m} \log_a b$ (단, $m \neq 0$)

(2) $a^{\log_c b} = b^{\log_c a}$

(3) $a^{\log_a b} = b$

0167 대표문제

$27^{4\log_9 2 + \log_3 4 - \log_3 8}$의 값을 구하시오.

0168 중 하

$\log_2 81 + \log_4 9 - \log_8 9 = a \log_2 3$일 때, 상수 a의 값은?

① $\dfrac{11}{3}$ ② $\dfrac{13}{3}$ ③ 5

④ $\dfrac{17}{3}$ ⑤ $\dfrac{19}{3}$

0169 중

$\left(\log_3 5 + \log_9 \dfrac{1}{5} \right)\left(\log_5 \sqrt{\dfrac{1}{3}} + \log_{25} 9 \right)$의 값을 구하시오.

0170 중

$\dfrac{\left(5^{\log_5 2 + \log_5 6} \right)^2}{2^{(\log_3 2 + \log_3 4)\cdot\log_2 9}}$의 값을 구하시오.

유형 06 로그의 성질의 활용

(ⅰ) 주어진 식과 구하는 식의 밑을 통일한다.

(ⅱ) 구하는 식의 진수를 곱의 형태로 바꾼 다음 로그의 합으로 나타낸다.

(ⅲ) 로그의 성질을 이용하여 문자로 나타낸다.

0171 대표문제

$\log_7 2 = a$, $\log_7 3 = b$일 때, $\log_{12} \sqrt{24}$를 a, b로 나타내면?

① $\dfrac{2(3a+b)}{2a+b}$ ② $\dfrac{3a+b}{2(2a+b)}$ ③ $\dfrac{2(2a+b)}{3a+b}$

④ $\dfrac{2a+b}{2(3a+b)}$ ⑤ $\dfrac{3a+b}{3(2a+b)}$

0172 중

$10^a = x$, $10^b = y$, $10^c = z$일 때, $\log_{10} \dfrac{x^2 z^4}{y^3}$을 a, b, c로 나타내시오.

0173 중

$\log_2 5 = a$, $\log_5 3 = b$일 때, $\log_6 45$를 a, b로 나타내시오.

0174 상 중

$\log_2 3 = a$일 때, $\log_3 \sqrt{6\sqrt{6}} - \log_6 \sqrt{3\sqrt{3}}$을 a로 나타내시오.

| 개념원리 수학 Ⅰ 39쪽 |

유형 **07** 조건을 이용하여 식의 값 구하기

로그의 정의와 성질을 이용하여 주어진 조건을 변형한 후 주어진
식에 대입하여 식의 값을 구한다.

O175 〈대표문제〉

0이 아닌 세 실수 x, y, z에 대하여 $5^x = 2^y = \sqrt{10^z}$일 때,
$\dfrac{1}{x} + \dfrac{1}{y} - \dfrac{2}{z}$의 값을 구하시오.

O176 중

$108^x = 27$, $4^y = 81$일 때, $\dfrac{3}{x} - \dfrac{4}{y}$의 값을 구하시오.

O177 중

1이 아닌 양수 a, b, c, x에 대하여 $\log_a x = 1$, $\log_b x = 2$,
$\log_c x = 3$일 때, $\log_{abc} x$의 값을 구하시오.

O178 중 〈서술형〉

1이 아닌 세 양수 a, b, c가 다음 조건을 만족시킨다.

> (가) $a^x = b^y = c^z = 256$
> (나) $abc = 16$

이때 $\dfrac{1}{x} + \dfrac{1}{y} + \dfrac{1}{z}$의 값을 구하시오.

유형 **08** 로그와 이차방정식

이차방정식 $ax^2 + bx + c = 0$의 두 근이 $\log_p \alpha$, $\log_p \beta$이면

$$\log_p \alpha + \log_p \beta = -\frac{b}{a} \Rightarrow \log_p \alpha\beta = -\frac{b}{a}$$
$$\Rightarrow \alpha\beta = p^{-\frac{b}{a}}$$

O179 〈대표문제〉

이차방정식 $x^2 - 6x + 3 = 0$의 두 근이 $\log_{10} a$, $\log_{10} b$일 때,
$\log_a b + \log_b a$의 값은?

① 6 ② 9 ③ 10
④ 11 ⑤ 14

O180 중하

이차방정식 $x^2 - 10x + 8 = 0$의 두 근을 α, β라 할 때,
$\log_2 \alpha + \log_2 \beta$의 값을 구하시오.

O181 중

이차방정식 $x^2 - 2x \log_2 3 + 1 = 0$의 두 근을 α, β라 할 때,
$2^{\alpha + \beta - \alpha\beta}$의 값을 구하시오.

O182 중

이차방정식 $x^2 - ax + b = 0$의 두 근이 1, $\log_3 4$일 때, 실수
a, b에 대하여 $\dfrac{a}{b}$의 값은?

① $\log_4 12$ ② 2 ③ $\log_3 10$
④ $\log_2 10$ ⑤ $\log_2 12$

유형 09 로그의 대소 관계

로그의 성질을 이용하여 A, B, C의 값을 구하고 대소 관계를 알아본다.

0183 대표문제

세 수 $A=\log_{\frac{1}{2}}\dfrac{1}{8}$, $B=5\log_4 2$, $C=4^{\log_4 2}$의 대소 관계를 바르게 나타낸 것은?

① $A<B<C$ ② $B<A<C$ ③ $B<C<A$
④ $C<A<B$ ⑤ $C<B<A$

0184 중

세 수 $A=3\log_2\dfrac{1}{4}$, $B=9^{\log_3 7-2}$, $C=\log_4 8-\log_{\frac{1}{3}}27$의 대소 관계를 바르게 나타낸 것은?

① $A<B<C$ ② $A<C<B$ ③ $B<A<C$
④ $B<C<A$ ⑤ $C<A<B$

0185 중

세 수 $A=3^{1-\log_3 2}$, $B=\log_2 3\cdot\log_3 4$, $C=\log_4 2+\log_9 3$의 대소 관계를 나타내시오.

유형 10 로그의 정수 부분과 소수 부분

$a>1$이고 양수 N과 정수 n에 대하여
$\log_a a^n\leq\log_a N<\log_a a^{n+1}$일 때
⇨ $n\leq\log_a N<n+1$이므로 $\log_a N$의 정수 부분은 n, 소수 부분은 $\log_a N-n$이다.

0186 대표문제

$\log_3 20$의 정수 부분을 a, 소수 부분을 b라 할 때, $9(2^a+3^b)$의 값을 구하시오.

0187 중

$\log_5 10$의 정수 부분을 x, 소수 부분을 y라 할 때, $\dfrac{5^y-5^{-y}}{5^x-5^{-x}}$의 값을 구하시오.

유형 11 상용로그의 값과 계산

양수 N에 대하여 $N=a\times10^n$ $(1\leq a<10$, n은 정수)일 때, $\log N=n+\log a$

0188 대표문제

$\log 2=0.3010$, $\log 3=0.4771$일 때, $\log 72$의 값은?

① 1.5562 ② 1.8572 ③ 2.0333
④ 2.1582 ⑤ 2.3343

0189 중

양수 x에 대하여 $\log\sqrt{x}=0.612$일 때, $\log x^4+\log\sqrt[3]{x}$의 값을 구하시오.

유형 **12** 상용로그의 정수 부분과 소수 부분

양수 N에 대하여 $\log N$의 정수 부분이 n, 소수 부분이 α이면

(1) $10^n \leq N < 10^{n+1}$

(2) $\alpha = \log N - n$

0190 대표문제

$\log x = -1.3796$일 때, $\log x^2 + \log \sqrt{x}$의 정수 부분과 소수 부분을 차례로 적은 것은?

① -4, 0.3796 ② -4, 0.5510 ③ -5, 0.3796

④ -5, 0.5510 ⑤ -5, 0.6204

0191 중

$\log 2 = 0.3010$, $\log 6.54 = 0.8156$일 때, 다음 **보기** 중 옳은 것만을 있는 대로 고르시오.

─● 보기 ●─

ㄱ. $\log 654$의 정수 부분은 2이다.

ㄴ. $\log 0.0654$의 소수 부분은 0.1844이다.

ㄷ. $\log 13.08$의 소수 부분은 0.6312이다.

0192 중 서술형

$\log x = -2.54$를 만족시키는 x에 대하여 $\log x^2$의 정수 부분을 n, $\log \dfrac{1}{x}$의 소수 부분을 α라 할 때, $n + \alpha$의 값을 구하시오.

0193 상중

$10 \leq x < 100$인 x에 대하여 $\log x$의 소수 부분이 α일 때, $\log \sqrt{x}$의 소수 부분을 구하시오.

유형 **13** 상용로그의 소수 부분의 성질을 이용한 로그의 계산

(1) 진수의 숫자의 배열이 같으면 상용로그의 소수 부분이 같다.

(2) 상용로그의 소수 부분이 같으면 진수의 숫자의 배열이 같다.

0194 대표문제

$\log 1.82 = 0.2601$일 때, $\log A = -1.7399$를 만족시키는 A의 값을 구하시오.

0195 중하

$\log 67.4 = 1.8287$일 때, 다음 중 옳지 **않은** 것은?

① $\log 6740 = 3.8287$ ② $\log 674 = 2.8287$

③ $\log 0.674 = 0.8287$ ④ $\log 0.0674 = -1.1713$

⑤ $\log 0.00674 = -2.1713$

0196 상중

양수 y에 대하여 $\log y = -1.5986$일 때, $10^4(\log 2520 - y)$의 값을 구하시오. (단, $\log 2.52 = 0.4014$)

유형 익/히/기

유형 **14** 상용로그의 정수 부분의 성질 활용

(1) $\log A$의 정수 부분이 n이면
   $\Rightarrow n \leq \log A < n+1$ $\therefore 10^n \leq A < 10^{n+1}$
(2) $\log B$의 정수 부분이 $-n$이면
   $\Rightarrow -n \leq \log B < -n+1$ $\therefore 10^{-n} \leq B < 10^{-n+1}$

0197 대표문제
$\log a$의 정수 부분이 3일 때, 자연수 a의 개수는?

① 90　　　　② 99　　　　③ 900
④ 999　　　　⑤ 9000

0198 하
양수 A는 정수 부분이 4자리인 수일 때, $\log A$의 값의 범위는?

① $1 \leq \log A < 2$　　　② $2 \leq \log A < 3$
③ $3 \leq \log A < 4$　　　④ $4 \leq \log A < 5$
⑤ $5 \leq \log A < 6$

0199 중 서술형
$\log A$의 정수 부분이 4인 자연수 A의 개수를 x, $\log \dfrac{1}{B}$의 정수 부분이 -2인 자연수 B의 개수를 y라 할 때, $\log x - \log y$의 값을 구하시오.

유형 **15** 자릿수 결정 (1)

자릿수 결정
   $\Rightarrow$ 로그를 취하여 정수 부분을 구한다.
   $\Rightarrow \log N$의 정수 부분이 n일 때, N은 $(n+1)$자리의 정수이다.

0200 대표문제
$A = 2^{10}$, $B = 5^{10}$일 때, $A^3 B$는 몇 자리의 정수인가?
(단, $\log 2 = 0.3010$)

① 17　　　　② 18　　　　③ 19
④ 20　　　　⑤ 21

0201 중 하
5^{30}은 몇 자리의 정수인가? (단, $\log 2 = 0.3010$)

① 20　　　　② 21　　　　③ 22
④ 23　　　　⑤ 24

0202 중
2^n이 20자리의 수가 되도록 하는 모든 자연수 n의 값의 합을 구하시오. (단, $\log 2 = 0.3$)

0203 상 중
24^{100}이 139자리의 수일 때, 24^{19}은 몇 자리의 정수인가?

① 23　　　　② 24　　　　③ 25
④ 26　　　　⑤ 27

유형 **16**   자릿수 결정 (2)

(1) $\log N$의 정수 부분이 $-n$이다.

⇨ N은 소수점 아래 n째 자리에서 처음으로 0이 아닌 숫자가 나타난다.

(2) $\log \left(\dfrac{1}{A}\right)^k = \log A^{-k} = -k \log A$

0204   대표문제

$\log A = -3.69$일 때, A^{20}은 소수점 아래 몇째 자리에서 처음으로 0이 아닌 숫자가 나타나는지 구하시오.

0205   중하

0.25^{20}은 소수점 아래 몇째 자리에서 처음으로 0이 아닌 숫자가 나타나는지 구하시오. (단, $\log 2 = 0.3010$)

0206   중

자연수 a에 대하여 a^{10}이 14자리의 정수일 때, $\left(\dfrac{1}{a}\right)^2$은 소수점 아래 몇째 자리에서 처음으로 0이 아닌 숫자가 나타나는가?

① 2째 자리　　② 3째 자리　　③ 4째 자리

④ 5째 자리　　⑤ 6째 자리

0207   중

두 자연수 A, B에 대하여 $\dfrac{A^3}{B^2}$의 정수 부분은 6자리의 수이고, $\dfrac{B^2}{A}$은 소수점 아래 첫째 자리에서 처음으로 0이 아닌 숫자가 나타날 때, A는 몇 자리의 자연수인지 구하시오.

유형 **17**   최고 자리의 숫자

a^k의 최고 자리의 숫자는 다음과 같은 순서로 구한다.

(ⅰ) $\log a^k$의 소수 부분 α를 구한다.

(ⅱ) $\log N \leq \alpha < \log (N+1)$을 만족시키는 한 자리의 자연수 N의 값을 구한다.

⇨ a^k의 최고 자리의 숫자는 N이다.

0208   대표문제

$\log 2 = 0.3010$, $\log 3 = 0.4771$일 때, 6^{20}의 최고 자리의 숫자를 구하시오.

0209   중

$2^{20} \cdot 3^{40}$의 최고 자리의 숫자는?

(단, $\log 2 = 0.3010$, $\log 3 = 0.4771$)

① 1　　　　② 2　　　　③ 4

④ 8　　　　⑤ 9

0210   상중   서술형

2^{50}은 a자리의 정수이고, 일의 자리의 숫자는 b이며, 최고 자리의 숫자는 c이다. 이때 $a+b+c$의 값을 구하시오.

(단, $\log 2 = 0.3010$)

| 개념원리 수학 I 50쪽 |

유형 18　이차방정식과 상용로그

$\log A = n + \alpha$ (n은 정수, $0 \leq \alpha < 1$)일 때, $\log A$의 정수 부분과 소수 부분이 이차방정식 $ax^2 + bx + c = 0$의 두 근이면

$$\Rightarrow n + \alpha = -\frac{b}{a},\ n\alpha = \frac{c}{a}$$

0211　대표문제

$\log A$의 정수 부분과 소수 부분이 이차방정식 $2x^2 - 5x + k - 3 = 0$의 두 근일 때, 상수 k의 값을 구하시오.

0212　중

$\log A = \dfrac{15}{2}$일 때, $\log A$의 정수 부분과 소수 부분을 두 근으로 하는 이차방정식은?

① $2x^2 - 15x + 7 = 0$ 　② $2x^2 + 15x - 7 = 0$
③ $2x^2 + 15x + 7 = 0$ 　④ $x^2 - 7x + 15 = 0$
⑤ $x^2 + 7x - 15 = 0$

0213　상중

이차방정식 $x^2 - ax + b = 0$의 두 근은 $\log z$의 정수 부분과 소수 부분이고, $x^2 + ax + b - \dfrac{3}{2} = 0$의 두 근은 $\log \dfrac{1}{z}$의 정수 부분과 소수 부분이다. 이때 상수 a, b에 대하여 $a + b$의 값을 구하시오. (단, $ab \neq 0$)

| 개념원리 수학 I 51쪽 |

유형 19　두 상용로그의 소수 부분이 같은 경우

두 상용로그의 소수 부분이 같다.
　⇨ (두 상용로그의 차)=(정수)

0214　대표문제

$10 < x < 100$이고 $\log x$와 $\log \dfrac{1}{x}$의 소수 부분이 같을 때, x^2의 값은?

① $10^{\frac{5}{2}}$ 　② $10^{\frac{8}{3}}$ 　③ 10^3
④ $10^{\frac{10}{3}}$ 　⑤ $10^{\frac{7}{2}}$

0215　상중

$\log x$의 정수 부분이 1일 때, $\log x^2$의 소수 부분과 $\log \dfrac{1}{x}$의 소수 부분이 같도록 하는 모든 실수 x의 값의 곱은?

① 10^2 　② 10^3 　③ 10^4
④ 10^5 　⑤ 10^6

0216　상중

정수가 아닌 실수 x의 정수 부분이 세 자리의 자연수이고, $\log \sqrt{x}$의 소수 부분과 $\log x^2$의 소수 부분이 같을 때, $\log x$의 소수 부분은 k이다. $420k$의 값을 구하시오.

유형 **20**　두 상용로그의 소수 부분의 합이 1인 경우

두 상용로그의 소수 부분의 합이 1이다.
⇨ (두 상용로그의 합)=(정수)

0217 　대표문제

$\log x$의 정수 부분이 2이고, $\log x$의 소수 부분과 $\log \sqrt{x}$의 소수 부분의 합이 1일 때, $\log x$의 소수 부분은?

① 0　　　　② $\dfrac{1}{3}$　　　　③ $\dfrac{1}{2}$

④ $\dfrac{2}{3}$　　　　⑤ $\dfrac{3}{4}$

0218 　중

$10^3 \le x < 10^4$이고, $\log x$의 소수 부분과 $\log \sqrt[3]{x}$의 소수 부분의 합이 1일 때, $\log x^2$의 소수 부분을 구하시오.

0219 　상 중

$\log x$의 정수 부분을 $P(x)$, 소수 부분을 $Q(x)$라 할 때, 다음 조건을 만족시키는 모든 실수 x의 값의 곱은?

> (개) $P(x)=1$
> (내) $Q(x)+Q(x^2)=1$

① 10　　　　② $10^{\frac{3}{2}}$　　　　③ 10^2

④ $10^{\frac{5}{2}}$　　　　⑤ 10^3

유형 **21**　상용로그의 실생활에의 활용

올해의 양이 A이고, 매년 $a\,\%$씩 증가할 때, n년 후의 양은
⇨ $A\left(1+\dfrac{a}{100}\right)^n$

0220 　대표문제

어느 자동차 회사의 올해 매출액이 작년에 비해 28 % 증가하여 100억 원이었다. 이와 같이 자동차 회사의 매출액이 매년 28 %씩 증가한다면 매출액이 올해 매출액의 5배가 되는 것은 앞으로 몇 년 후인지 구하시오. (단, $\log 2 = 0.3$)

0221 　중

철광석을 생산하는 어느 철광 회사는 다음과 같은 사업 방향에 맞도록 회사를 운영하려고 한다. 매년 몇 %씩 채굴량을 증가시켜야 하는가? (단, $\log 1.07 = 0.03$, $\log 2 = 0.3$)

> (개) 매년 일정한 비율로 채굴량을 증가시킨다.
> (내) 10년 후 채굴량을 올해의 2배가 되도록 한다.

① $3.5\,\%$　　　　② $5\,\%$　　　　③ $5.5\,\%$

④ $7\,\%$　　　　⑤ $7.5\,\%$

0222 　중

소리의 강도가 $P\ \mathrm{W/m^2}$일 때, 소리의 크기 $D\ \mathrm{dB}$는 기준 음의 강도 I에 대하여 $D = 10 \log \dfrac{P}{I}$로 나타낸다. B지역의 소리의 강도가 A지역의 소리의 강도의 500배일 때, A지역과 B지역의 소리의 크기의 차이는 몇 dB인지 구하시오.

(단, $\log 2 = 0.3$)

0223 중요

$\log_{a+2}(-a^2+a+12)$의 값이 정의되기 위한 모든 정수 a의 값의 합은?

① 2 ② 3 ③ 4
④ 5 ⑤ 6

0224

$5\log_3\sqrt{3}+\dfrac{1}{2}\log_3 2-\log_3\sqrt{6}$의 값은?

① 1 ② 2 ③ 3
④ 4 ⑤ 5

0225

양의 실수 x, y, z가 $\log_3 x+\log_3 2y+\log_3 3z=1$을 만족시킬 때, $\{(81^x)^y\}^z$의 값은?

① $\sqrt{3}$ ② 3 ③ 9
④ 18 ⑤ 27

0226

$\left(\log_2 3+\log_{\sqrt{4}} 9\right)\left(2\log_3 2+\dfrac{1}{2}\log_3 4\right)$의 값을 구하시오.

0227

다음 **보기** 중 옳은 것만을 있는 대로 고른 것은?

> **• 보기 •**
>
> ㄱ. $\log_2\dfrac{1}{8}=-3$ ㄴ. $\log_4 32=\dfrac{5}{2}$
>
> ㄷ. $\log_{\sqrt{2}} 4=1$ ㄹ. $\log_3(\log_{27} 3)=-1$

① ㄱ, ㄴ ② ㄱ, ㄹ ③ ㄴ, ㄷ
④ ㄱ, ㄴ, ㄹ ⑤ ㄴ, ㄷ, ㄹ

0228

$x=\log_3 64$일 때, $3^{\frac{x}{3}}$의 값을 구하시오.

0229

$2^{\log_2 9\cdot\log_3 5\cdot\log_5 8}$의 값은?

① $16\sqrt{2}$ ② 32 ③ $32\sqrt{2}$
④ 64 ⑤ $64\sqrt{2}$

0230 중요

$\log 2=a$, $\log 3=b$일 때, $\log_{0.2} 45$를 a, b로 나타내면?

① $\dfrac{a-2b+1}{a-1}$ ② $\dfrac{a+2b+1}{a-1}$

③ $\dfrac{a-2b-1}{1-a}$ ④ $\dfrac{a+2b+1}{1-a}$

⑤ $\dfrac{a-2b-1}{a-1}$

0231 중요

1이 아닌 양수 a, b, c, x에 대하여 $\log_a x = \dfrac{1}{2}$, $\log_b x = \dfrac{1}{3}$, $\log_c x = \dfrac{1}{4}$일 때, $\dfrac{1}{\log_{abc} x}$의 값은?

① $\dfrac{1}{24}$ ② $\dfrac{1}{9}$ ③ $\dfrac{13}{12}$

④ 9 ⑤ 24

0232

1보다 큰 세 실수 a, b, c에 대하여 $\log_a c : \log_b c = 2 : 1$일 때, $\log_a b + \log_b a$의 값을 구하시오.

0233

이차방정식 $x^2 - 4x + 2 = 0$의 두 근을 $\log_3 a$, $\log_3 b$라 할 때, $\log_a \sqrt[3]{b} + \log_b \sqrt[3]{a}$의 값을 구하시오.

0234

1이 아닌 세 양수 x, y, z에 대하여 $x^3 = y^4 = z^5$이 성립할 때, 세 수 $A = \log_x y$, $B = \log_y z$, $C = \log_z x$의 대소 관계를 바르게 나타낸 것은?

① $A < B < C$ ② $A < C < B$ ③ $B < A < C$

④ $B < C < A$ ⑤ $C < B < A$

0235

$\log_2 5$의 정수 부분을 x, 소수 부분을 y라 할 때, $\dfrac{2^x + 2^y}{2^{-x} + 2^{-y}}$의 값은?

① $\dfrac{1}{2}$ ② $\dfrac{5}{4}$ ③ 2

④ 4 ⑤ 5

0236

다음은 상용로그표의 일부이다.

수	0	1	2	3
2.6	0.4150	0.4166	0.4183	0.4200
2.7	0.4314	0.4330	0.4346	0.4362
2.8	0.4472	0.4487	0.4502	0.4518

$\log(28.2 \times 260)$의 값은?

① 2.8702 ② 2.8801 ③ 3.8513

④ 3.8652 ⑤ 3.8990

0237

자연수 N에 대하여 $\log N$의 정수 부분을 $f(N)$이라 할 때, $f(1) + f(2) + f(3) + \cdots + f(199) + f(200)$의 값을 구하시오.

0238 중요

5^{100}은 70자리의 정수, 11^{100}은 105자리의 정수일 때, 55^{10}은 몇 자리의 정수인가?

① 10 ② 12 ③ 14

④ 16 ⑤ 18

0239

10보다 작은 자연수 n에 대하여 $\left(\dfrac{n}{10}\right)^{10}$이 소수점 아래 여섯째 자리에서 처음으로 0이 아닌 숫자가 나타날 때, n의 값을 구하시오. (단, $\log 2 = 0.3010$, $\log 3 = 0.4771$)

0240

$\left(\dfrac{1}{2}\right)^{24}$을 소수로 나타내면 소수점 아래 a째 자리에서 처음으로 0이 아닌 숫자 b가 나온다. $a+b$의 값을 구하시오.

(단, $\log 2 = 0.3010$, $\log 3 = 0.4771$)

0241

이차방정식 $x^2 - \dfrac{5}{3}x + \dfrac{k}{3} = 0$의 두 근이 $\log N$의 정수 부분과 소수 부분일 때, 상수 k의 값을 구하시오.

0242

다음 조건을 모두 만족시키는 실수 x의 최댓값을 k라 할 때, $100 \log k$의 값을 구하시오.

> ㈎ $\log x$의 정수 부분은 2이다.
>
> ㈏ $\log x^3$의 소수 부분과 $\log \dfrac{1}{x}$의 소수 부분이 같다.

0243

$100 \le x < 1000$이고 $\log x$의 소수 부분과 $\log x^4$의 소수 부분이 같을 때, 모든 실수 x의 값의 곱은?

① 10^7 ② 10^6 ③ 10^5
④ 10^4 ⑤ 10^3

0244

$\log x$의 정수 부분이 3이고, $\log \sqrt{x}$의 소수 부분과 $\log \sqrt[3]{x}$의 소수 부분의 합이 1일 때, $\log x$의 소수 부분을 구하시오.

0245

어느 자동차 보험회사에서는 자동차의 차량 가격에 대하여 보상 기준 가격을 1년에 20 %씩 떨어뜨리는 방식으로 보험료를 산정하고 있다. 10년 전에 1000만 원을 주고 구입한 자동차의 현재 보상 기준 가격은 얼마인가? (단, $\log 2 = 0.30$)

① 50만 원 ② 100만 원 ③ 150만 원
④ 200만 원 ⑤ 250만 원

0246

산성도를 나타내는 단위 pH는 용액에 포함된 수소 이온의 농도가 X일 때, $-\log X$를 산성도 pH의 값으로 나타낸다. 정상적인 비의 산성도는 pH 5.6이고, 어느 지역에 내린 비의 산성도가 pH 4.82이었다면 그 지역의 대기 중에 포함되어 있는 오염 물질의 양은 정상적인 상태의 몇 배인지 구하시오.
(단, 빗물에 포함된 수소 이온의 농도는 대기 중에 포함되어 있는 오염 물질의 양에 비례한다고 가정하고, $\log 2 = 0.30$, $\log 3 = 0.48$로 계산한다.)

0247

$a=\log_9(2-\sqrt{3})$일 때, $\dfrac{27^a-27^{-a}}{3^a+3^{-a}}$의 값을 구하시오.

0248

이차방정식 $x^2+x\log_2 12+2\log_2 3=0$의 두 근을 α, β라 할 때, $2^\alpha+2^\beta$의 값을 구하시오.

0249

$\log x$의 정수 부분이 7이고 $\log\sqrt{x}$의 소수 부분이 0.8일 때, $\log\dfrac{1}{x}$의 소수 부분을 구하시오.

0250

27^{20}은 a자리의 자연수이고, 27^{20}의 최고 자리의 숫자는 b이다. $a+b$의 값을 구하시오.

(단, $\log 2=0.3010$, $\log 3=0.4771$)

0251

1이 아닌 서로 다른 두 양수 a, b에 대하여 $\log_a b=\log_b a$가 성립할 때, $ab+3a+12b$의 최솟값은?

① 9　　　　② 13　　　　③ 18

④ 21　　　　⑤ 25

0252

1이 아닌 세 양수 a, b, c에 대하여 $a^x=(\sqrt[3]{b^2})^y=(\sqrt[5]{c})^z=64$이고 $\dfrac{ab}{c}=2^{18}$이 성립할 때, $\dfrac{1}{x}+\dfrac{3}{2y}-\dfrac{5}{z}$의 값을 구하시오.

0253

다음 **보기** 중 $\log A$와 소수 부분이 같은 것만을 있는 대로 고른 것은? (단, A는 정수가 아닌 양의 실수이다.)

• 보기 •

ㄱ. $\log A-2$ 　　　　ㄴ. $3-\log A$

ㄷ. $\log 100A$ 　　　　ㄹ. $100\log A$

ㅁ. $\log\dfrac{A}{100}$

---

① ㄱ, ㄴ　　　② ㄴ, ㄹ　　　③ ㄷ, ㅁ

④ ㄱ, ㄷ, ㅁ　　　⑤ ㄴ, ㄹ, ㅁ

0254 　창의·융합

최대공약수가 1인 네 자연수 a, b, c, d에 대하여

$$a\log_{180} 5+b\log_{180} 2+c\log_{180} 3=d$$

가 성립할 때, $a+b+c+d$의 값을 구하시오.

03 | 지수함수

03·1 지수함수의 정의

임의의 실수 x에 a^x을 대응시키는 함수 $y=a^x$ $(a>0,\ a\neq1)$을 a를 밑으로 하는 **지수함수**라 한다.

03·2 지수함수 $y=a^x$ $(a>0,\ a\neq1)$의 성질

1 정의역은 실수 전체의 집합이고, 치역은 양의 실수 전체의 집합이다.

2 그래프는 점 $(0,\ 1)$과 점 $(1,\ a)$를 지나고, 그래프의 점근선은 x**축 (직선 $y=0$)**이다.

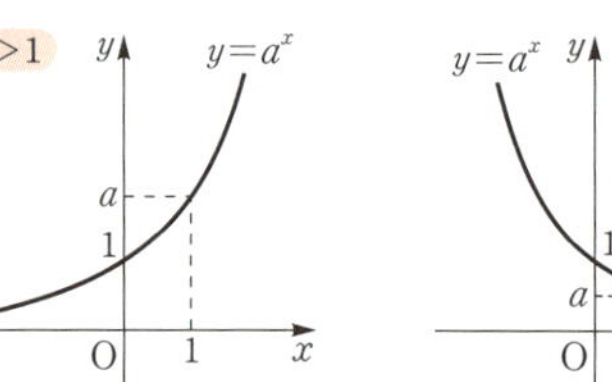

3 $a>1$일 때, x의 값이 **증가**하면 y의 값도 **증가**한다.
$0<a<1$일 때, x의 값이 **증가**하면 y의 값은 **감소**한다.

4 $y=a^x$의 그래프와 $y=\left(\dfrac{1}{a}\right)^x$의 그래프는 **$y$축에 대하여 대칭**이다.

03·3 지수함수의 최대·최소

지수함수 $y=a^{f(x)}(a>0,\ a\neq1)$에서
(1) $a>1$인 경우 ⇨ $f(x)$가 최대이면 y도 최대, $f(x)$가 최소이면 y도 최소
(2) $0<a<1$인 경우 ⇨ $f(x)$가 최대이면 y는 최소, $f(x)$가 최소이면 y는 최대

03·4 지수함수의 활용 — 방정식

1 **밑을 같게 할 수 있을 때** ⇨ 지수를 비교한다.
$a^{f(x)}=a^{g(x)} \Longleftrightarrow f(x)=g(x)$ (단, $a>0,\ a\neq1$)

2 **지수가 같을 때** ⇨ 밑이 같거나 지수가 0이다.
$a^{f(x)}=b^{f(x)} \Longleftrightarrow a=b$ 또는 $f(x)=0$ (단, $a>0,\ b>0$)

3 **밑에도 미지수가 포함될 때** ⇨ $x>0$일 때, $x^{f(x)}=x^{g(x)} \Longleftrightarrow f(x)=g(x)$ 또는 $x=1$

4 **a^x의 꼴이 반복될 때** ⇨ $a^x=t\ (t>0)$로 치환하여 t에 대한 방정식을 푼다.

03·5 지수함수의 활용 — 부등식

1 **밑을 같게 할 수 있을 때** ⇨ 지수를 비교한다.
$\begin{cases} (밑)>1 ⇨ 지수의 부등호 방향 그대로 \\ 0<(밑)<1 ⇨ 지수의 부등호 방향 반대로 \end{cases}$

2 **a^x의 꼴이 반복될 때** ⇨ $a^x=t\ (t>0)$로 치환하여 t에 대한 부등식을 푼다.

+ 개념 플러스

① 함수 $y=a^x$에서 지수 x는 실수이므로 $a>0$인 경우만 생각한다.
② $y=a^x$에서 $a=1$이면 모든 실수 x에 대하여 $y=1$이므로 상수함수가 된다. 따라서 $a=1$인 경우는 지수함수에서 제외한다.

점근선
곡선이 어떤 직선에 한없이 가까워질 때, 이 직선을 그 곡선의 점근선이라 한다.

함수 $y=a^x$ $(a>0,\ a\neq1)$의 그래프를 x축의 방향으로 m만큼, y축의 방향으로 n만큼 평행이동하면
⇨ $y=a^{x-m}+n$

a^x의 꼴이 반복되는 함수의 최대·최소는 $a^x=t\ (t>0)$로 치환하여 구한다.

지수방정식
지수에 미지수가 있는 방정식을 지수방정식이라 한다.

지수함수를 이용한 대소 비교
함수 $y=a^x$ $(a>0,\ a\neq1)$에서
① $a>1$일 때
$x_1<x_2 \Longleftrightarrow a^{x_1}<a^{x_2}$
② $0<a<1$일 때
$x_1<x_2 \Longleftrightarrow a^{x_1}>a^{x_2}$

지수부등식
지수에 미지수가 있는 부등식을 지수부등식이라 한다.

정답과 풀이 **28쪽**

03·1 지수함수의 정의

0255 다음 **보기** 중 지수함수인 것만을 있는 대로 고르시오. (단, x는 실수이다.)

● 보기 ●

ㄱ. $y=2^x$ ㄴ. $y=x^3$ ㄷ. $y=(-1)^x$

ㄹ. $y=0.5^x$ ㅁ. $y=3.5^x$

03·2 지수함수 $y=a^x\,(a>0,\ a\neq1)$의 성질

[0256 ~ 0257] 다음 지수함수의 그래프를 그리시오.

0256 $y=2^x$

0257 $y=\left(\dfrac{1}{2}\right)^x$

[0258 ~ 0260] 함수 $y=a^x$의 그래프가 오른쪽 그림과 같을 때, 다음 함수의 그래프를 그리시오.

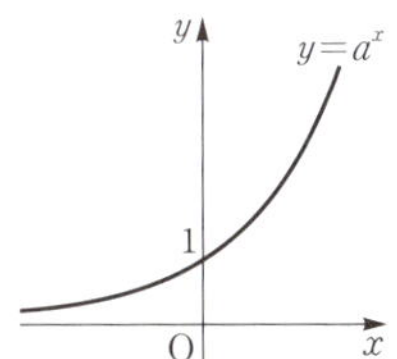

0258 $y=-a^x$

0259 $y=\left(\dfrac{1}{a}\right)^x$

0260 $y=-\left(\dfrac{1}{a}\right)^x$

0261 다음 ☐ 안에 들어갈 알맞은 것을 써넣으시오.

함수 $y=-2^{x-2}$의 그래프는 $y=2^x$의 그래프를 ☐에 대하여 대칭이동한 후, x축의 방향으로 ☐만큼 평행이동한 것이다.

[0262 ~ 0264] 함수 $y=\left(\dfrac{1}{2}\right)^x$의 그래프를 다음과 같이 대칭이동한 그래프의 식을 구하시오.

0262 x축에 대하여 대칭이동

0263 y축에 대하여 대칭이동

0264 원점에 대하여 대칭이동

03·3 지수함수의 최대·최소

[0265 ~ 0266] 다음 함수의 최댓값과 최솟값을 각각 구하시오.

0265 $y=3^x\,(-1\leq x\leq1)$

0266 $y=\left(\dfrac{1}{4}\right)^x\,(-2\leq x\leq2)$

[0267 ~ 0268] 다음 함수의 최댓값 또는 최솟값을 구하시오.

0267 $y=3^{x^2-6x+6}$

0268 $y=\left(\dfrac{1}{2}\right)^{x^2-2x+3}$

03·4 지수함수의 활용 - 방정식

[0269 ~ 0270] 다음 방정식을 푸시오.

0269 $2^x=128$

0270 $\left(\dfrac{1}{9}\right)^x=3\sqrt{3}$

03·5 지수함수의 활용 - 부등식

[0271 ~ 0272] 다음 부등식을 푸시오.

0271 $3^{2x+1}<3^x$

0272 $\left(\dfrac{1}{5}\right)^{2x}<\left(\dfrac{1}{5}\right)^3$

[0273 ~ 0275] 다음 부등식을 푸시오.

0273 $\sqrt{2}<2^{3x}<64$

0274 $\left(\dfrac{1}{2}\right)^{2x-1}<\left(\dfrac{1}{2}\right)^{\frac{5}{2}}<\left(\dfrac{1}{2}\right)^{x-2}$

0275 $\left(\dfrac{1}{3}\right)^{x+2}<\left(\dfrac{1}{3}\right)^{x^2}<\left(\dfrac{1}{3}\right)^{3x-2}$

[0276 ~ 0278] 다음 부등식을 푸시오.

0276 $3^{2x}-10\cdot3^x+9\leq0$

0277 $\left(\dfrac{1}{9}\right)^x-12\cdot\left(\dfrac{1}{3}\right)^x<-27$

0278 $4^x-3\cdot2^{x+1}+8\leq0$

| **개념원리** 수학 Ⅰ 61쪽 |

유형 **01** 지수함수의 성질

지수함수 $y=a^x$ $(a>0,\ a\neq1)$에 대하여
(1) 정의역 : 실수 전체의 집합
(2) 치역 : $\{y\,|\,y>0\}$
(3) 그래프의 점근선 : x축 (직선 $y=0$)

0279 `대표문제`

다음 중 지수함수 $y=a^x$ $(a>0,\ a\neq1)$에 대한 설명으로 옳지 <u>않은</u> 것은?

① 그래프의 점근선은 x축이다.
② 그래프는 점 $(0,\ 1)$을 지난다.
③ 그래프는 제1, 2사분면을 지난다.
④ x의 값이 증가하면 y의 값도 증가한다.
⑤ 치역은 양의 실수 전체의 집합이다.

0280 `하`

다음 **보기** 중 지수함수 $f(x)=\left(\dfrac{1}{5}\right)^x$에 대한 설명으로 옳은 것만을 있는 대로 고르시오.

> **보기**
> ㄱ. 정의역은 실수 전체의 집합이다.
> ㄴ. 그래프의 점근선은 직선 $y=0$이다.
> ㄷ. $y=5^x$의 그래프와 y축에 대하여 대칭이다.
> ㄹ. $x_1<x_2$이면 $f(x_1)<f(x_2)$이다.

0281 `하`

다음 함수 중 임의의 실수 $a,\ b$에 대하여 $a<b$일 때, $f(a)<f(b)$를 만족시키는 함수는?

① $f(x)=2^{-x}$　　② $f(x)=0.1^x$
③ $f(x)=\left(\dfrac{1}{3}\right)^{-x}$　　④ $f(x)=\left(\dfrac{1}{4}\right)^x$
⑤ $f(x)=\left(\dfrac{4}{5}\right)^x$

| **개념원리** 수학 Ⅰ 62쪽 |

유형 **02** 지수함수의 그래프의 평행이동과 대칭이동

지수함수 $y=a^x$ $(a>0,\ a\neq1)$의 그래프를
(1) x축의 방향으로 m만큼, y축의 방향으로 n만큼 평행이동하면
　⇨ $y=a^{x-m}+n$
(2) x축에 대하여 대칭이동하면 ⇨ $y=-a^x$
(3) y축에 대하여 대칭이동하면 ⇨ $y=\left(\dfrac{1}{a}\right)^x$
(4) 원점에 대하여 대칭이동하면 ⇨ $y=-\left(\dfrac{1}{a}\right)^x$

0282 `대표문제`

함수 $y=a^x$ $(a>0,\ a\neq1)$의 그래프를 y축에 대하여 대칭이동한 후 x축의 방향으로 4만큼, y축의 방향으로 -5만큼 평행이동한 그래프가 점 $(2,\ 11)$을 지난다. 이때 a의 값을 구하시오.

0283 `중 하`

함수 $y=\left(\dfrac{1}{2}\right)^x$의 그래프를 x축의 방향으로 2만큼 평행이동한 후 원점에 대하여 대칭이동한 그래프가 점 $(1,\ k)$를 지날 때, k의 값을 구하시오.

0284 `중 하`

다음 **보기**의 함수 중 그 그래프가 함수 $y=2^x$의 그래프를 평행이동하여 겹칠 수 있는 것만을 있는 대로 고르시오.

> **보기**
> ㄱ. $y=\sqrt{2}\cdot2^x$　　ㄴ. $y=\dfrac{1}{2^x}$　　ㄷ. $y=-2^x+3$

0285 `중`

함수 $y=a^{2x-4}+2$ $(a>0,\ a\neq1)$의 그래프가 a의 값에 관계없이 항상 점 $(\alpha,\ \beta)$를 지날 때, $\alpha+\beta$의 값을 구하시오.

유형 **03** 지수함수의 그래프에서의 함숫값

함수 $f(x)=a^x$ $(a>0,\ a\neq1)$에서 $f(\alpha)$의 값을 구할 때에는 x에 α를 대입하고, 지수법칙을 이용한다.

0286 대표문제

오른쪽 그림은 함수 $y=2^x$의 그래프와 직선 $y=x$를 나타낸 것이다. 색칠한 부분의 넓이를 구하시오. (단, 점선은 x축 또는 y축에 평행하다.)

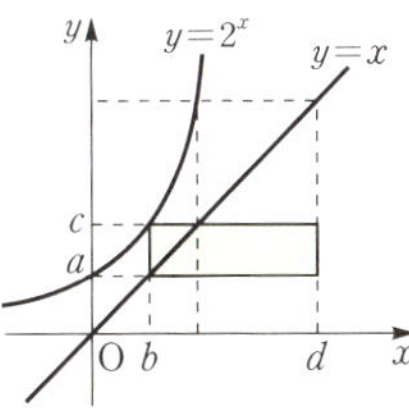

0287 하

오른쪽 그림은 함수 $y=4^x$의 그래프이다. 이때 $a+b$의 값을 구하시오.
(단, 점선은 x축 또는 y축에 평행하다.)

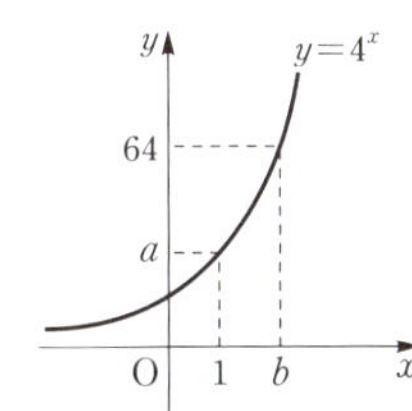

0288 중 서술형

두 함수 $y=2^x$, $y=4^x$의 그래프가 직선 $y=8$과 만나는 점을 각각 A, B라 할 때, 삼각형 OAB의 넓이를 구하시오.
(단, O는 원점이다.)

0289 상중

오른쪽 그림과 같이 곡선 $y=\left(\dfrac{1}{2}\right)^x$에 정사각형을 원점에서 x축의 양의 방향으로 계속 그려 나갈 때, 세 번째 정사각형의 넓이는?

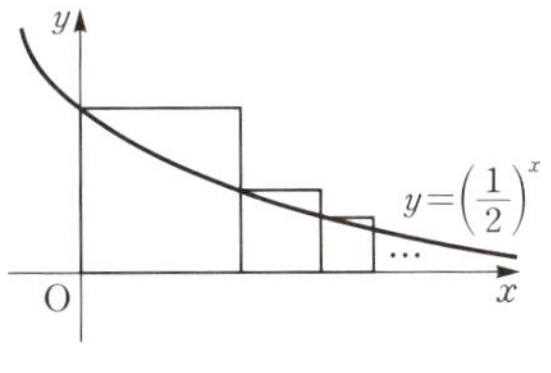

① $\dfrac{1}{16}$ ② $\dfrac{1}{8}$ ③ $\dfrac{3}{16}$

④ $\dfrac{1}{4}$ ⑤ $\dfrac{3}{8}$

유형 **04** 지수함수를 이용한 대소 관계

지수함수 $y=a^x$ $(a>0,\ a\neq1)$에서
(1) $a>1$일 때, $x_1<x_2 \iff a^{x_1}<a^{x_2}$
(2) $0<a<1$일 때, $x_1<x_2 \iff a^{x_1}>a^{x_2}$

0290 대표문제

세 수 $A=8^{\frac{1}{4}}$, $B=\sqrt[3]{16}$, $C=\sqrt[5]{32}$의 대소 관계를 바르게 나타낸 것은?

① $A<B<C$ ② $A<C<B$ ③ $B<A<C$
④ $B<C<A$ ⑤ $C<B<A$

0291 중

다음 세 수 A, B, C의 대소 관계를 바르게 나타낸 것은?

$$A=\sqrt{2},\ B=0.25^{-\frac{1}{3}},\ C=\sqrt[5]{8}$$

① $A<B<C$ ② $A<C<B$ ③ $B<A<C$
④ $B<C<A$ ⑤ $C<B<A$

0292 중

다음 세 수 A, B, C의 대소 관계를 바르게 나타낸 것은?

$$A=\dfrac{1}{3^2},\ B=\dfrac{1}{\sqrt[3]{3}},\ C=\sqrt[5]{\dfrac{1}{3}}$$

① $A<B<C$ ② $A<C<B$ ③ $B<A<C$
④ $B<C<A$ ⑤ $C<B<A$

0293 상중

$0<a<b<1$일 때, 네 수 a^a, a^b, b^a, b^b 중 가장 작은 수와 가장 큰 수를 순서대로 적은 것은?

① $a^a,\ b^b$ ② $a^b,\ b^a$ ③ $a^b,\ b^b$
④ $b^a,\ a^b$ ⑤ $b^b,\ a^a$

유형 05 지수함수의 역함수

함수 $y=f(x)$의 역함수를 $y=g(x)$라 할 때
(1) $f(g(x))=x$
(2) $f(a)=b \Longleftrightarrow g(b)=a$

0294 대표문제

함수 $f(x)=\left(\dfrac{1}{3}\right)^{x-2}+3$의 역함수 $g(x)$가 $g(a)=2$, $g(12)=b$를 만족시킬 때, 상수 a, b에 대하여 $a+b$의 값을 구하시오.

0295 중하

함수 $f(x)=2^x$의 역함수를 $g(x)$라 할 때, $g(4) \cdot g\left(\dfrac{1}{16}\right)$의 값을 구하시오.

0296 중

함수 $f(x)=a^x\ (a>0,\ a\neq 1)$의 역함수가 $g(x)$이고 $f(m)=n$일 때, $g(\sqrt{n})$의 값을 m으로 나타내면?

① $\dfrac{1}{2m}$ ② $\dfrac{1}{m}$ ③ $\dfrac{2}{m}$
④ $\dfrac{4}{m}$ ⑤ $\dfrac{m}{2}$

0297 중

오른쪽 그림은 함수 $y=3^x$과 그 역함수 $y=g(x)$의 그래프이다. 이때 k의 값은?

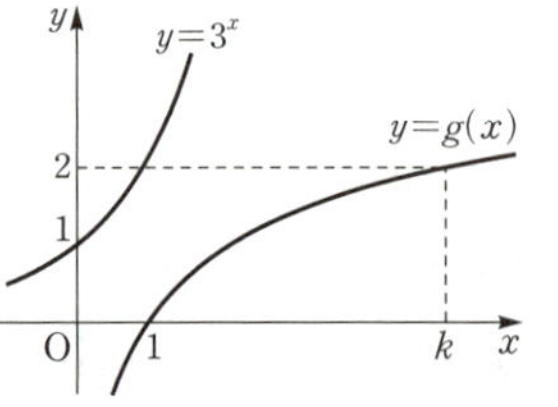

① 3 ② $3\sqrt{2}$
③ 8 ④ $8\sqrt{2}$
⑤ 9

유형 06 지수함수의 최대·최소

정의역이 $\{x \mid m \leq x \leq n\}$인 지수함수 $f(x)=a^{px+q}+r\ (p>0)$에 대하여
(1) $a>1$일 때 ⇨ 최댓값 : $f(n)$, 최솟값 : $f(m)$
(2) $0<a<1$일 때 ⇨ 최댓값 : $f(m)$, 최솟값 : $f(n)$

0298 대표문제

정의역이 $\{x \mid -2 \leq x \leq 1\}$인 함수 $y=\left(\dfrac{1}{2}\right)^{x+1}-2$의 최댓값과 최솟값의 합은?

① -2 ② $-\dfrac{7}{4}$ ③ $-\dfrac{3}{2}$
④ $-\dfrac{5}{4}$ ⑤ -1

0299 중

정의역이 $\{x \mid 0 \leq x \leq 2\}$인 함수 $y=3^x \cdot 4^{-x}-1$의 치역이 $\{y \mid m \leq y \leq M\}$일 때, $80(M+m)$의 값을 구하시오.

0300 중 서술형

정의역이 $\{x \mid -1 \leq x \leq 2\}$인 함수 $f(x)=3^{a-x}$의 최댓값이 27일 때, 최솟값을 구하시오. (단, a는 상수이다.)

0301 상중

정의역이 $\{x \mid -1 \leq x \leq 2\}$인 함수 $f(x)=a^x$의 최댓값이 최솟값의 27배가 되도록 하는 모든 양수 a의 값의 합을 구하시오.

| 개념원리 수학 Ⅰ 70쪽 |

유형 **07** a^x의 꼴이 반복되는 함수의 최대·최소

함수 $y=(a^x)^2+pa^x+q$의 꼴의 최대·최소

$\Rightarrow a^x=t \ (t>0)$로 치환하여 t에 대한 이차함수의 최대, 최소를 구한다. 이때 x의 값의 범위에 따른 t의 값의 범위에 주의한다.

0302 ◀ 대표문제

정의역이 $\{x \mid -1 \le x \le 1\}$인 함수 $y=3^{x+1}-9^x$의 최댓값을 M, 최솟값을 m이라 할 때, $M+m$의 값은?

① $\dfrac{1}{4}$ ② $\dfrac{3}{4}$ ③ $\dfrac{5}{4}$

④ $\dfrac{7}{4}$ ⑤ $\dfrac{9}{4}$

0303 중

함수 $y=4^x-2^{x+a}+b$가 $x=1$에서 최솟값 -3을 가질 때, 상수 a, b의 합 $a+b$의 값을 구하시오.

0304 중

정의역이 $\{x \mid -2 \le x \le 1\}$인 함수 $y=4^{-x}-2^{1-x}+3$은 $x=a$에서 최솟값 b, $x=c$에서 최댓값 d를 갖는다. $ab-cd$의 값을 구하시오.

0305 중

함수 $y=9^x-2 \cdot 3^{x+1}+k \ (1 \le x \le 2)$의 최댓값이 18일 때, 상수 k의 값을 구하시오.

| 개념원리 수학 Ⅰ 71쪽 |

유형 **08** 지수함수 $y=a^{f(x)}$의 꼴의 최대·최소

(1) $a>1$인 경우 $\Rightarrow f(x)$가 최대이면 y도 최대,
   $f(x)$가 최소이면 y도 최소

(2) $0<a<1$인 경우 $\Rightarrow f(x)$가 최대이면 y는 최소,
   $f(x)$가 최소이면 y는 최대

0306 ◀ 대표문제

정의역이 $\{x \mid -1 \le x \le 2\}$인 함수 $y=\left(\dfrac{1}{2}\right)^{x^2-2x+3}$의 최댓값을 M, 최솟값을 m이라 할 때, $\dfrac{m}{M}$의 값은?

① $\dfrac{1}{16}$ ② $\dfrac{1}{8}$ ③ $\dfrac{1}{4}$

④ 4 ⑤ 16

0307 중

두 함수 $f(x)=2^x$, $g(x)=x^2+2x+5$에 대하여 함수 $(f \circ g)(x)$는 $x=a$일 때 최솟값 m을 갖는다. 이때 $a+m$의 값을 구하시오.

0308 중

$0<a<1$일 때, 함수 $y=a^{-x^2+2x+2}$의 최솟값이 $\dfrac{1}{64}$이다. 이때 실수 a의 값은?

① $\dfrac{1}{2}$ ② $\dfrac{1}{3}$ ③ $\dfrac{1}{4}$

④ $\dfrac{1}{5}$ ⑤ $\dfrac{1}{6}$

0309 중

정의역이 $\{x \mid 0 \le x \le 3\}$인 함수 $y=a^{-x^2+4x-3} \ (0<a<1)$의 치역이 $\{y \mid m \le y \le 125\}$일 때, m의 값을 구하시오.

유형 익/히/기

유형 09 산술평균과 기하평균을 이용한 지수함수의 최대·최소

$a>0$, $a\neq1$일 때, 모든 실수 x에 대하여 $a^x>0$, $a^{-x}>0$이므로
$$a^x+a^{-x}\geq2\sqrt{a^x\cdot a^{-x}}=2 \text{ (단, 등호는 } x=0 \text{일 때 성립)}$$

0310 대표문제

두 함수 $f(x)=2^x$, $g(x)=\left(\dfrac{1}{2}\right)^x$에 대하여 함수 $h(x)$가 $h(x)=f(x)+g(x)+4$일 때, $h(x)$의 최솟값은?

① 2   ② 4   ③ 6
④ 8   ⑤ 10

0311 중 서술형

함수 $f(x)=4^x+4^{-x+3}$이 $x=a$에서 최솟값 b를 가질 때, ab의 값을 구하시오.

0312 중

다음 물음에 답하시오.

(1) 실수 x, y가 $x-y=2$를 만족시킬 때, $\dfrac{1}{3^x}+3^y$의 최솟값을 구하시오.

(2) 실수 x, y가 $2x+y+1=0$을 만족시킬 때, 9^x+3^{y+3}의 최솟값을 구하시오.

0313 상중

함수 $y=3^{a+x}+3^{a-x}$의 최솟값이 54일 때, 실수 a의 값을 구하시오.

유형 10 공통부분이 a^x+a^{-x}의 꼴인 함수의 최대·최소

$a^x+a^{-x}=t$ $(t\geq2)$로 놓고 산술평균과 기하평균의 관계를 이용한다.

0314 대표문제

함수 $y=6(3^x+3^{-x})-(9^x+9^{-x})$의 최댓값은?

① 9   ② 10   ③ 11
④ 12   ⑤ 13

0315 중

함수 $y=2^x+2^{-x}-(\sqrt{2^x}+\sqrt{2^{-x}})$의 최솟값은?

① 0   ② 2   ③ 3
④ 4   ⑤ 5

0316 중

함수 $y=2(5^x+5^{-x})-(25^x+25^{-x})+3$의 최댓값은?

① 3   ② 4   ③ 5
④ 6   ⑤ 7

0317 상중

함수 $y=4^x+4^{-x}-3(2^x+2^{-x})+\dfrac{1}{2}$이 $x=\alpha$에서 최솟값 β를 가질 때, $\alpha+\beta$의 값을 구하시오.

| 개념원리 수학 I 76쪽 |

유형 **11** 밑을 같게 할 수 있는 지수방정식

(ⅰ) 방정식의 양변의 밑을 같게 하여 $a^{f(x)}=a^{g(x)}$의 꼴로 변형한다.

(ⅱ) 다음을 이용한다.

$$a^{f(x)}=a^{g(x)} \Longleftrightarrow f(x)=g(x) \ (단, \ a>0, \ a\neq1)$$

0318 대표문제

방정식 $\left(\dfrac{1}{9}\right)^{x^2}\cdot27^x=\sqrt{3}$의 두 근의 합은?

① $\dfrac{1}{2}$　　　② 1　　　③ $\dfrac{3}{2}$

④ 2　　　⑤ $\dfrac{5}{2}$

0319 중하

다음 방정식을 푸시오.

(1) $8^{2x+3}=4\sqrt[3]{2}$

(2) $\left(\dfrac{2}{3}\right)^{x^2}=\left(\dfrac{3}{2}\right)^{3x-4}$

(3) $(64^x)^x=4^{4x}$

0320 중

x에 대한 방정식 $3^{x^2-10x}-27^{-2x+a}=0$의 한 근이 -2일 때, 다른 한 근을 구하시오. (단, a는 상수이다.)

0321 중

방정식 $\dfrac{2^{x^2+1}}{2^{x-1}}=16$의 두 근을 α, β라 할 때, $\alpha^2+\beta^2$의 값을 구하시오.

| 개념원리 수학 I 76쪽 |

유형 **12** a^x의 꼴이 반복되는 지수방정식

$a^x \ (a>0, \ a\neq1)$의 꼴이 반복되는 경우

(ⅰ) $a^x=t \ (t>0)$로 치환한다.

(ⅱ) t에 대한 방정식을 푼다. 이때 $t>0$임에 유의한다.

0322 대표문제

방정식 $9^x+27^x=10\cdot3^{x+2}$의 실근을 α라 할 때, 2^α의 값은?

① 2　　　② 4　　　③ 8

④ 16　　　⑤ 32

0323 중

다음 방정식을 푸시오.

(1) $4^x-9\cdot2^x+8=0$

(2) $5^{x+1}-5^{-x}=4$

(3) $4^{-x}-5\cdot2^{-x+1}+16=0$

0324 중

x에 대한 방정식 $a^{2x}-a^x=6$의 한 근이 $\dfrac{1}{4}$이 되도록 하는 실수 a의 값을 구하시오. (단, $a>0$, $a\neq1$)

| 개념원리 수학 I 77쪽 |

유형 13 — a^x의 꼴이 반복되는 지수방정식의 활용

$(a^x)^2-pa^x+q=0$ $(a>0,\ a\neq1)$의 두 근이 $\alpha,\ \beta$이면
$\Rightarrow t^2-pt+q=0$의 두 근은 $a^\alpha,\ a^\beta$이다.

0325 대표문제

방정식 $9^x-4\cdot3^{x+1}+27=0$의 두 근을 $\alpha,\ \beta$라 할 때, $\alpha+\beta$의 값을 구하시오.

0326 상중

다음 물음에 답하시오.

(1) 방정식 $3^{2x}-4\cdot3^x-k=0$의 두 근을 $\alpha,\ \beta$라 할 때, $\alpha+\beta=-1$이다. 상수 k의 값을 구하시오.

(2) 방정식 $4^x-7\cdot2^x+12=0$의 두 근을 $\alpha,\ \beta$라 할 때, $2^{2\alpha}+2^{2\beta}$의 값을 구하시오.

| 개념원리 수학 I 77쪽 |

유형 14 — 밑에 미지수가 포함된 지수방정식

(1) ① $a^{f(x)}=b^{f(x)}$ $(a>0,\ a\neq1,\ b>0,\ b\neq1)$의 꼴
    $\Rightarrow a=b$ 또는 $f(x)=0$
② $x^{f(x)}=x^{g(x)}$ $(x>0)$의 꼴
    $\Rightarrow f(x)=g(x)$ 또는 $x=1$
(2) $\{f(x)\}^x=\{g(x)\}^x$의 꼴
    $\Rightarrow f(x)=g(x)$ 또는 $x=0$

0327 대표문제

방정식 $(x+7)^{x+1}=4^{x+1}$의 모든 근의 합을 구하시오.
(단, $x>-7$)

0328 중

방정식 $x^{x^2-8}=x^{2x+7}$의 모든 근의 합을 구하시오. (단, $x>0$)

0329 중

다음 방정식을 푸시오.

(1) $(x-2)^{x-3}=(2x-3)^{x-3}$ (단, $x>2$)

(2) $(x+2)^{3-2x}=(x+2)^{x^2}$ (단, $x>-2$)

0330 중

다음 방정식을 푸시오.

(1) $(x-1)^{x^2-3x+2}=1$ (단, $x>1$)

(2) $(x^2-x+1)^{x+3}=1$

| 개념원리 수학 I 78쪽 |

유형 15 — 지수함수의 식이 포함된 연립방정식

주어진 식이 $a^x,\ b^y$ $(a>0,\ a\neq1,\ b>0,\ b\neq1)$에 대한 연립방정식인 경우
$\Rightarrow a^x=X\ (X>0),\ b^y=Y\ (Y>0)$로 치환하여 $X,\ Y$에 대한 연립방정식을 푼다.

0331 대표문제

연립방정식 $\begin{cases} 2^x+2\cdot3^y=26 \\ 2^{x+1}-3^y=7 \end{cases}$의 근을 $x=\alpha,\ y=\beta$라 할 때, $\alpha+\beta$의 값을 구하시오.

0332 중

연립방정식 $\begin{cases} 3^x+3^y=\dfrac{28}{3} \\ 3^x\cdot3^y=3 \end{cases}$의 근을 $x=\alpha,\ y=\beta$라 할 때, $\alpha^2+\beta^2$의 값을 구하시오.

유형 16 | 밑을 같게 할 수 있는 지수부등식

(1) $a>1$일 때
$$a^{f(x)}<a^{g(x)} \Longleftrightarrow f(x)<g(x) \text{ (부등호 방향 그대로)}$$
(2) $0<a<1$일 때
$$a^{f(x)}<a^{g(x)} \Longleftrightarrow f(x)>g(x) \text{ (부등호 방향 반대로)}$$

0333 　대표문제

부등식 $\left(\dfrac{1}{3}\right)^{2x+1}<\left(\dfrac{1}{\sqrt{3}}\right)^{-x}$ 을 풀면?

① $x>-\dfrac{2}{5}$　　② $x<-\dfrac{2}{5}$　　③ $x>-2$

④ $x<\dfrac{2}{5}$　　⑤ $x>2$

0334 　중하

부등식 $4^x>\left(\dfrac{1}{2}\right)^{1-x}$ 의 해의 집합은?

① $\{x\,|\,x>-1\}$　② $\{x\,|\,x>-2\}$　③ $\{x\,|\,x>-3\}$

④ $\{x\,|\,x>-4\}$　⑤ $\{x\,|\,x>-5\}$

0335 　중

두 집합 $A=\left\{x\,\middle|\,\left(\dfrac{1}{2}\right)^{3x}\geq\dfrac{1}{64}\right\}$, $B=\{x\,|\,27^{x^2-5x-8}<9^{x^2-5x}\}$ 에 대하여 집합 $A\cap B$에 속하는 정수인 원소의 개수를 구하시오.

0336 　상중

곡선 $y=f(x)$와 직선 $y=g(x)$가 오른쪽 그림과 같을 때, 부등식 $\left(\dfrac{1}{10}\right)^{f(x)}\leq\left(\dfrac{1}{10}\right)^{g(x)}$ 의 해는?

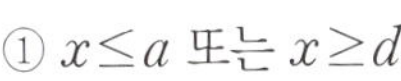

① $x\leq a$ 또는 $x\geq d$
② $x\leq a$ 또는 $0\leq x\leq c$
③ $a<x<0$ 또는 $x\geq c$
④ $a<x<b$ 또는 $c<x<d$
⑤ $a\leq x\leq b$ 또는 $x\geq c$

유형 17 | a^x의 꼴이 반복되는 지수부등식

$a^x\,(a>0,\ a\neq 1)$의 꼴이 반복되는 경우
(i) $a^x=t\,(t>0)$로 치환한다.
(ii) t에 대한 부등식을 푼다. 이때 $t>0$임에 유의한다.

0337 　대표문제

부등식 $4^{-x}-5\cdot\left(\dfrac{1}{2}\right)^{x-1}+16<0$을 만족시키는 실수 x의 값의 범위가 $\alpha<x<\beta$일 때, $\alpha+\beta$의 값을 구하시오.

0338 　중

다음 부등식을 푸시오.

(1) $4^{x+1}-9\cdot 2^x+2\leq 0$
(2) $\left(\dfrac{1}{3}\right)^{2x}+\left(\dfrac{1}{3}\right)^{x+2}>\left(\dfrac{1}{3}\right)^{x-2}+1$
(3) $3^{x+2}+3^{1-x}\leq 28$

0339 　중

x에 대한 부등식 $4^{x+1}+a\cdot 2^x+b\leq 0$의 해가 $-3\leq x\leq 2$일 때, 상수 a, b에 대하여 ab의 값을 구하시오.

0340 　상중

x에 대한 부등식 $a^{2x}-28\cdot a^x+b<0$의 해가 $0<x<3$일 때, $a+b$의 값을 구하시오. (단, $a>1$, b는 상수이다.)

유형 익/히/기

| **개념원리** 수학 I 84쪽 |

유형 18 밑에 미지수가 포함된 지수부등식

$x^{f(x)} < x^{g(x)}$의 꼴의 부등식은 $0<x<1$, $x=1$, $x>1$일 때로 나누어서 푼다. $\Rightarrow$ $0<(밑)<1$, $(밑)=1$, $(밑)>1$

0341 대표문제

부등식 $x^{x-1} \geq x^{-x+5}$을 풀면? (단, $x>0$)

① $0<x\leq1$ 또는 $x>3$ 　② $0<x<1$ 또는 $x\geq3$

③ $0<x\leq1$ 또는 $x\geq3$ 　④ $0<x\leq3$

⑤ $0<x\leq1$ 또는 $x>2$

0342 중 하

부등식 $x^{x^2+3} < x^{4x}$을 풀면? (단, $x>1$)

① $1<x<3$ 　② $2<x<4$

③ $3<x<5$ 　④ $4<x<6$

⑤ $5<x<7$

0343 중

부등식 $x^{3x+1} > x^{x+5}$을 풀면? (단, $x>0$)

① $0<x\leq1$ 　② $0<x<1$

③ $x\geq2$ 　④ $0<x<1$ 또는 $x>2$

⑤ $1\leq x<2$

0344 상 중

부등식 $x^{2x^2-5x} > \dfrac{1}{x^2}$의 해가 $\alpha<x<\beta$ 또는 $x>\gamma$일 때, $\alpha\beta\gamma$의 값을 구하시오. (단, $x>0$)

| **개념원리** 수학 I 84쪽 |

유형 19 연립부등식으로 표현된 지수부등식

$A<B<C$의 꼴인 경우 $\begin{cases} A<B \\ B<C \end{cases}$로 푼다.

0345 대표문제

부등식 $2^{-x-1} \leq 2^x \leq 8 \cdot 2^{-2x}$의 해를 구하시오.

0346 중

다음 부등식을 푸시오.

(1) $\left(\dfrac{1}{4}\right)^{x+2} < \sqrt{8} < \left(\dfrac{1}{2}\right)^{2x-3}$

(2) $\left(\dfrac{1}{3}\right)^{x+2} < \left(\dfrac{1}{3}\right)^{x^2} < \left(\dfrac{1}{3}\right)^{3x-2}$

(3) $\begin{cases} \dfrac{1}{81} \leq 3^x \leq \dfrac{1}{9} \\ \left(\dfrac{1}{2}\right)^{x+1} \leq 64 \leq \left(\dfrac{1}{4}\right)^x \end{cases}$

0347 중

두 집합 $A=\{x \mid 9^x - 12\cdot3^x + 27 \leq 0\}$, $B=\left\{x \mid \left(\dfrac{1}{4}\right)^x - \left(\dfrac{1}{2}\right)^x < 12\right\}$에 대하여 집합 $A\cap B$에 속하는 모든 정수인 원소의 합을 구하시오.

0348 중

연립부등식 $\begin{cases} 2^{2x+1} - 33\cdot2^{x-2} \leq -1 \\ 9^x + 3^x > 12 \end{cases}$를 만족시키는 x의 값의 범위가 $\alpha<x\leq\beta$일 때, $\alpha+\beta$의 값을 구하시오.

유형 **20** 지수부등식이 항상 성립할 조건

$a^x=t\ (t>0)$로 치환한 후 $t>0$에서 이차부등식이 항상 성립할 조건을 이용한다.

참고 이차방정식 $ax^2+bx+c=0$의 판별식을 D라 할 때

(1) $ax^2+bx+c>0\ (a\neq0) \Longleftrightarrow a>0,\ D<0$

(2) $ax^2+bx+c<0\ (a\neq0) \Longleftrightarrow a<0,\ D<0$

0349 대표문제

모든 실수 x에 대하여 부등식 $2^{2x}-2^{x+1}+k>0$을 만족시키는 정수 k의 최솟값은?

① 0 　　　　② 1 　　　　③ 2

④ 3 　　　　⑤ 4

0350 중

모든 실수 x에 대하여 부등식 $2^{x+1}-2^{\frac{x+4}{2}}+a\geq0$이 항상 성립하도록 하는 실수 a의 최솟값은?

① $\dfrac{1}{2}$ 　　　　② 2 　　　　③ $\dfrac{8}{3}$

④ $\dfrac{13}{4}$ 　　　　⑤ 5

0351 상중

모든 실수 x에 대하여 부등식

$$3x^2-(3^t+3)x+(3^t+3)>0$$

을 만족시키는 실수 t의 값의 범위는?

① $t>-2$ 　　② $t>-1$ 　　③ $t>0$

④ $t<1$ 　　　⑤ $t<2$

유형 **21** 지수방정식과 지수부등식의 실생활에의 활용

처음의 양을 a, 한 시간에 일정한 비율 p로 그 양이 변화할 때 x시간 후의 양을 y라 하면 ⇨ $y=a\cdot p^x$

0352 대표문제

어느 방사성 물질은 일정한 비율로 붕괴되어 50년이 지날 때마다 그 양이 절반으로 감소한다고 한다. 이 방사성 물질의 양이 1024 g에서 $\dfrac{1}{4}$ g으로 감소하는 데에는 몇 년이 걸리는지 구하시오.

0353 중

1마리의 박테리아 A는 x시간 후 $a^x\ (a>0,\ a\neq1)$마리로 분열한다고 한다. 10마리의 박테리아 A가 2시간 후 90마리가 되었다고 할 때, 10마리의 박테리아 A가 7290마리 이상이 되는 것은 최소 n시간 후이다. n의 값을 구하시오.

0354 중 서술형

어떤 살충제를 농장에 살포하면 해충 수가 일정한 비율로 줄어들고 전체 해충의 수가 절반으로 줄어드는 데 6시간이 소요된다. 이때 살충제 살포 직후부터 처음 해충 수의 $\dfrac{1}{32}$이 되기까지 몇 시간이 걸리는지 구하시오.

0355 상

조건이 다른 두 배양기 A, B에 박테리아를 넣었더니 배양기 A에서는 박테리아가 1시간마다 2배로 늘어났고, 배양기 B에서는 박테리아가 3시간마다 4배로 늘어났다. 일정한 수의 박테리아를 두 배양기에 똑같이 넣었을 때, 두 배양기에 있는 박테리아 수의 합이 처음 넣은 박테리아 수의 합의 40배가 되는 것은 몇 시간 후인지 구하시오.

0356

두 함수 $f(x)=2^x-1$, $g(x)=\left(\dfrac{1}{3}\right)^x$에 대하여 $f(3)+\{g(-2)\}^2$의 값을 구하시오.

0357

다음 **보기** 중 지수함수 $y=4^{2x-1}-2$에 대한 설명으로 옳은 것만을 있는 대로 고른 것은?

보기

ㄱ. x의 값이 증가하면 y의 값은 감소한다.

ㄴ. 그래프는 직선 $y=-2$를 점근선으로 갖는다.

ㄷ. 정의역은 $\left\{x\,\middle|\,x>\dfrac{1}{2}\right\}$, 치역은 $\{y\,|\,y>-2\}$이다.

ㄹ. 그래프는 점 $\left(\dfrac{1}{2},\,-1\right)$을 지난다.

ㅁ. 그래프를 평행이동하거나 대칭이동하여 $y=2^x$의 그래프와 겹칠 수 있다.

---

① ㄱ 　② ㄴ 　③ ㄴ, ㄹ

④ ㄴ, ㄷ, ㅁ 　⑤ ㄴ, ㄹ, ㅁ

0358

다음 중 함수 $y=-3^{x+1}+2$의 그래프를 y축에 대하여 대칭이동한 그래프의 개형은?

① 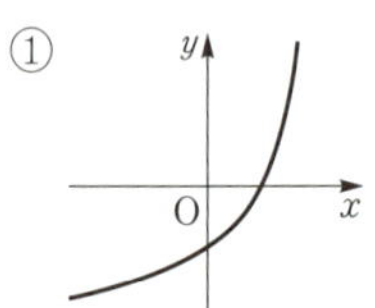　② 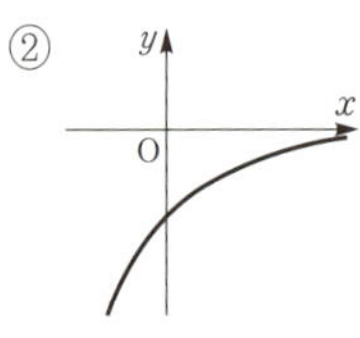　③ 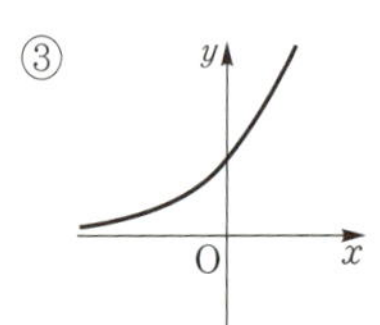

④ 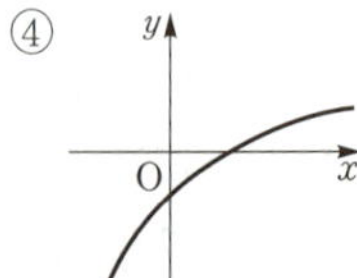　⑤ 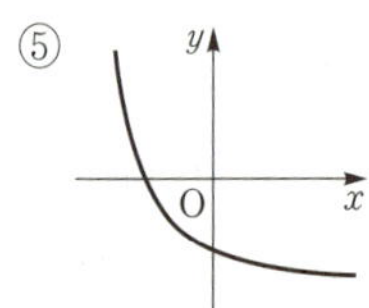

0359

함수 $y=\left(\dfrac{1}{2}\right)^x$의 그래프를 x축에 대하여 대칭이동한 후 x축의 방향으로 a만큼, y축의 방향으로 b만큼 평행이동한 그래프가 두 점 $(-1,\,-1)$, $(-2,\,-9)$를 지날 때, $a+b$의 값을 구하시오.

0360

오른쪽 그림은 함수 $y=2^x$의 그래프를 y축에 대하여 대칭이동한 후 x축의 방향으로 a만큼, y축의 방향으로 b만큼 평행이동한 그래프와 그 점근선을 나타낸 것이다. 이때 $a-b$의 값을 구하시오. 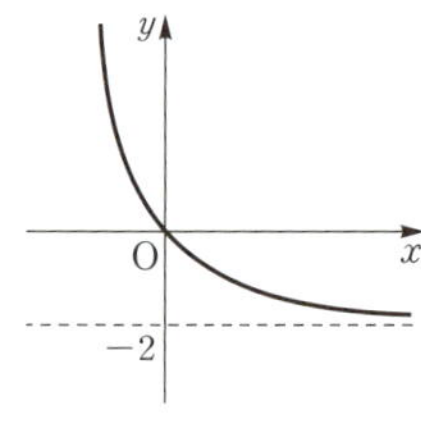

0361

오른쪽 그림과 같이 두 함수 $y=3^x$, $y=3^x+3$의 그래프와 두 직선 $x=0$, $x=1$로 둘러싸인 부분의 넓이를 구하시오. 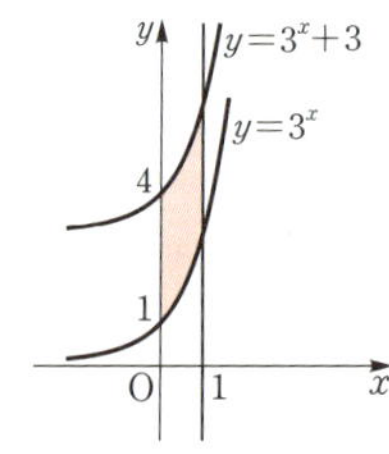

0362

오른쪽 그림은 함수 $y=a^x\,(0<a<1)$의 그래프이다. 상수 a, b에 대하여 $3(a+b)$의 값을 구하시오. 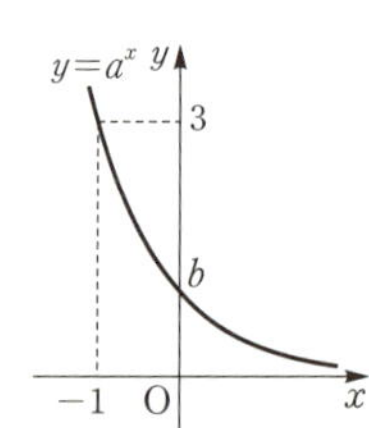

0363

오른쪽 그림은 함수 $y=2^x$의 그래프와 직선 $y=x$를 나타낸 것이다. 이때 2^{a+b-c}의 값은?

(단, 점선은 x축 또는 y축에 평행하다.)

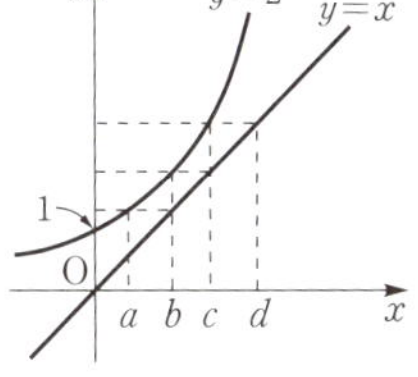

① bcd ② $\dfrac{ab}{c}$ ③ $\dfrac{bc}{d}$

④ $\dfrac{c}{ab}$ ⑤ $\dfrac{a^2}{bc}$

0364

세 수 $A=\sqrt[3]{0.25}$, $B=2^{-\frac{3}{2}}$, $C=\sqrt[4]{32^{-1}}$의 대소 관계를 바르게 나타낸 것은?

① $A<B<C$ ② $B<A<C$ ③ $B<C<A$
④ $C<A<B$ ⑤ $C<B<A$

0365

함수 $f(x)=\left(\dfrac{1}{2}\right)^{x+1}-3$의 역함수 $g(x)$가 $g(a)=-1$, $g(5)=b$를 만족시킬 때, 상수 a, b에 대하여 ab의 값은?

① 2   ② 4   ③ 6
④ 8   ⑤ 10

0366

정의역이 $\{x\,|\,-2\leq x\leq 3\}$인 두 함수 $f(x)=4^x$, $g(x)=\left(\dfrac{1}{8}\right)^{x-2}$에 대하여 $f(x)$의 최댓값을 M, $g(x)$의 최솟값을 m이라 할 때, Mm의 값을 구하시오.

0367

$0\leq x\leq 3$에서 함수 $y=4^x-2^{x+1}+k$의 최댓값이 50일 때, 상수 k의 값은?

① 1   ② 2   ③ 3
④ 4   ⑤ 5

0368

함수 $y=4\cdot 3^x+36\cdot 3^{-x}$이 $x=\alpha$에서 최솟값 β를 가질 때, $\alpha+\beta$의 값은?

① 21   ② 23   ③ 25
④ 27   ⑤ 29

0369 

방정식 $\left(\dfrac{1}{3}\right)^{-3x}=3^{x^2-4}$의 모든 해의 곱은?

① 0   ② -3 ③ -4
④ -7 ⑤ -8

0370

x에 대한 방정식 $a^{2x}-8\cdot a^x+5=0$의 두 근의 합이 3일 때, 실수 a의 값은? (단, $a>0$, $a\neq 1$)

① $\sqrt[3]{5}$ ② $\sqrt{3}$ ③ $\sqrt{5}$
④ 5   ⑤ 8

0371

연립방정식 $\begin{cases} 3\cdot 2^x - 2\cdot 3^y = 6 \\ 2^{x-2} - 3^{y-1} = -1 \end{cases}$ 의 해를 $x=\alpha$, $y=\beta$라 할 때, $\alpha^2 + \beta^2$의 값을 구하시오.

0372

부등식 $125^{x-2} < 0.2^{4-x}$을 풀면?

① $x < -1$ ② $x < 1$ ③ $x > -2$

④ $x > -1$ ⑤ $x > 1$

0373

두 집합

$$A = \{x \mid 4^x - 2^{x+1} - 8 < 0, \ x \text{는 정수}\},$$

$$B = \left\{x \mid \left(\frac{1}{2}\right)^{x^2} > \left(\frac{1}{2}\right)^{2x+3}, \ x \text{는 정수}\right\}$$

에 대하여 $n(A \cap B)$의 값은?

(단, $n(A)$는 집합 A의 원소의 개수이다.)

① 2   ② 4   ③ 6

④ 8   ⑤ 10

0374

$x > 0$일 때, 부등식 $x^{x^2-5} > x^{4x}$의 해가 $0 < x < \alpha$ 또는 $x > \beta$ 이다. $\alpha + \beta$의 값을 구하시오.

0375 🔆중요

부등식 $\left(\frac{1}{8}\right)^{2x+1} < 32 < \left(\frac{1}{2}\right)^{3x-9}$을 만족시키는 정수 x의 개수는?

① 0   ② 1   ③ 2

④ 3   ⑤ 4

0376

모든 실수 x에 대하여 부등식 $4^x - 2^{x+3} + 2a - 6 \geq 0$이 성립할 때, 실수 a의 최솟값을 구하시오.

0377

2500만 원짜리 어떤 새 자동차의 중고가는 구입 후 1년마다 20 %씩 떨어진다고 한다. 이 자동차의 중고가가 1024만 원 이하가 되는 것은 구입한 날로부터 최소 몇 년 후인가?

① 3년 후   ② 4년 후   ③ 5년 후

④ 6년 후   ⑤ 7년 후

 **서술형 주관식**

0378

정의역이 $\{x \mid -1 \le x \le 1\}$인 함수 $y=2^x \cdot 5^{-x}+1$의 치역이 $\{y \mid a \le y \le b\}$일 때, ab의 값을 구하시오.

0379

두 집합 $A=\left\{x \,\middle|\, \left(\dfrac{1}{3}\right)^{2x} \ge \dfrac{1}{81}\right\}$, $B=\{x \mid 8^{x^2+2x-4} \le 4^{x^2+x}\}$에 대하여 집합 $A \cap B$를 구하시오.

0380

x에 대한 부등식 $4^x - m \cdot 2^x + n < 0$의 해가 $1 < x < 3$일 때, 상수 m, n에 대하여 mn의 값을 구하시오.

0381

모든 실수 x에 대하여 부등식 $\left(\dfrac{1}{2}\right)^{x^2+3k} \le 4^{2-kx}$이 성립하도록 하는 실수 k의 최댓값을 구하시오.

 **실력 up**

0382

함수 $y=2^{-2x+2}+n$의 그래프가 제1사분면을 지나지 않도록 하는 상수 n의 최댓값을 구하시오.

0383

정의역이 $\{x \mid -1 \le x \le 2\}$인 함수 $y=a^{|x-1|+2}$의 최댓값이 $\dfrac{1}{4}$일 때, 최솟값을 구하시오. (단, $a>0$)

0384

함수 $y=4^x+4^{-x}+6(2^x+2^{-x})+3$은 $x=a$에서 최솟값 b를 갖는다. $a+b$의 값을 구하시오.

0385 창의·융합

오른쪽 그림과 같이 원점을 지나는 직선이 함수 $y=3^x$의 그래프와 두 점 $A(a, b)$, $B(a+3, c)$에서 만날 때, $\dfrac{\log_3 bc}{a}$의 값을 구하시오.

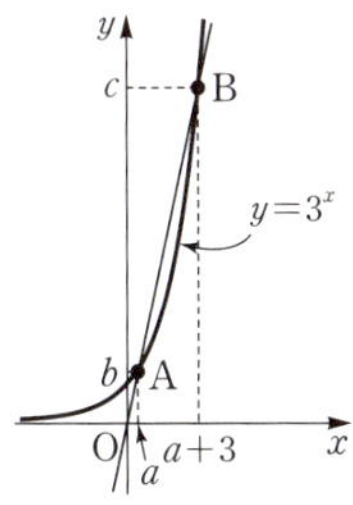

04 | 로그함수

+ 개념 플러스

04·1   로그함수의 정의

$a>0$, $a\neq1$일 때, $y=\log_a x$를 a를 밑으로 하는 x의 로그함수라 한다.

> **지수함수와 로그함수의 관계**
> $a>0$, $a\neq1$일 때
> ① $y=\log_a x \Longleftrightarrow x=a^y$
> ② 로그함수 $y=\log_a x$는 지수함수 $y=a^x$의 역수이다.

04·2   로그함수 $y=\log_a x$ $(a>0, a\neq1)$의 성질

1 정의역은 양의 실수 전체의 집합이고, 치역은 실수 전체의 집합이다.

2 그래프는 점 $(1, 0)$과 점 $(a, 1)$을 지나고, 그래프의 점근선은 y축 (직선 $x=0$)이다.

3 $a>1$일 때, x의 값이 증가하면 y의 값도 증가한다.
  $0<a<1$일 때, x의 값이 증가하면 y의 값은 감소한다.

4 그래프는 지수함수 $y=a^x$의 그래프와 직선 $y=x$에 대하여 대칭이다.

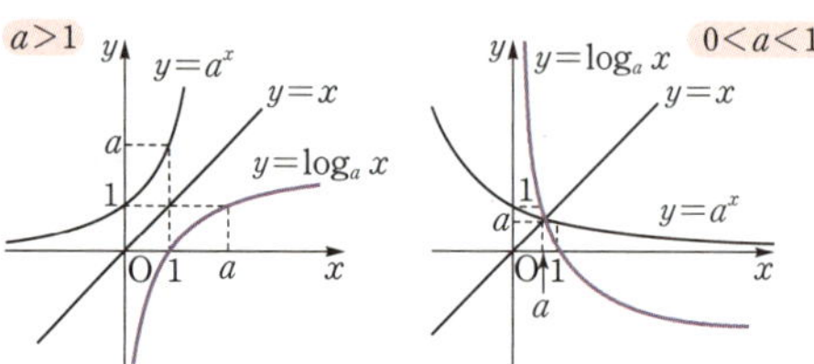

> ① $y=\log_a \dfrac{1}{x}=\log_a x^{-1}$
> $=-\log_a x$
>   이므로 $y=\log_a \dfrac{1}{x}$의 그래프는 $y=\log_a x$의 그래프와 x축에 대하여 대칭이다.
> ② 함수 $y=\log_a (x-m)+n$의 그래프
>   ⇨ 함수 $y=\log_a x$의 그래프를 x축의 방향으로 m만큼, y축의 방향으로 n만큼 평행이동한 것이다.

04·3   로그함수의 최대·최소

로그함수 $y=\log_a f(x)$에서
(1) $a>1$인 경우 ⇨ $f(x)$가 최대이면 y도 최대, $f(x)$가 최소이면 y도 최소
(2) $0<a<1$인 경우 ⇨ $f(x)$가 최대이면 y는 최소, $f(x)$가 최소이면 y는 최대

> **로그함수의 최대·최소**
> ① 로그함수에서 $\log_a x$ 꼴이 반복될 때에는 $\log_a x=t$로 치환한 후 t의 값의 범위 내에서 최대·최소를 구한다.
> ② 합 또는 곱이 일정한 경우의 최대·최소 ⇨ 산술평균과 기하평균의 관계 이용
> $a>0$, $b>0$일 때 $a+b\geq2\sqrt{ab}$
>   (단, 등호는 $a=b$일 때 성립)
> ③ 지수에 로그가 있는 함수의 최대·최소
>   ⇨ 양변에 로그를 취한다.

04·4   로그함수의 활용 – 방정식

1 $\log_a f(x)=b$의 꼴일 때 ⇨ $f(x)=a^b$ (단, $a>0$, $a\neq1$, $f(x)>0$)

2 밑을 같게 할 수 있을 때 ⇨ 진수를 비교한다.
  $\log_a f(x)=\log_a g(x) \Longleftrightarrow f(x)=g(x)$ (단, $a>0$, $a\neq1$, $f(x)>0$, $g(x)>0$)

3 $\log_a f(x)$의 꼴이 반복될 때 ⇨ $\log_a f(x)=t$로 치환하여 t에 대한 방정식을 푼다.

4 지수에 로그가 있을 때 ⇨ 양변에 로그를 취하여 푼다.

5 진수가 같을 때 ⇨ 밑이 같거나 진수가 1이다.
  $\log_a f(x)=\log_b f(x) \Longleftrightarrow a=b$ 또는 $f(x)=1$ (단, $a>0$, $a\neq1$, $b>0$, $b\neq1$, $f(x)>0$)

04·5   로그함수의 활용 – 부등식

1 밑을 같게 할 수 있을 때 ⇨ 진수를 비교한다.
  $\begin{cases} (\text{밑})>1 ⇨ 진수의 부등호 방향 그대로 \\ 0<(\text{밑})<1 ⇨ 진수의 부등호 방향 반대로 \end{cases}$

2 $\log_a f(x)$의 꼴이 반복될 때 ⇨ $\log_a f(x)=t$로 치환하여 t에 대한 부등식을 푼다.

3 지수에 로그가 있을 때 ⇨ 양변에 로그를 취하여 푼다.

> 로그의 진수 또는 밑에 미지수가 있는 방정식과 부등식을 풀 때에는 구한 해가 로그의 정의 및 조건에 맞는지 반드시 확인한다.
> $(\text{밑})>0$, $(\text{밑})\neq1$, $(\text{진수})>0$

교과서 문제 정/복/하/기

04·1 로그함수의 정의

[0386 ~ 0387] 다음 함수의 정의역을 구하시오.

0386 $y=\log_2(2-x)$

0387 $y=\log_{\frac{1}{2}} 2x$

[0388 ~ 0389] 다음 함수의 역함수를 구하시오.

0388 $y=10^x$

0389 $y=3 \cdot 2^{x-1}$

04·2 로그함수 $y=\log_a x\ (a>0,\ a \neq 1)$의 성질

[0390 ~ 0393] 함수 $y=\log_5 x$의 그래프를 이용하여 다음 로그함수의 그래프를 그리고, 점근선을 구하시오.

0390 $y=\log_5(x-2)$

0391 $y=\log_5(-x)$

0392 $y=-\log_5 x$

0393 $y=\log_5 5x$

[0394 ~ 0396] 로그함수를 이용하여 다음 두 수의 대소를 비교하시오.

0394 $\log_2 10,\ 2\log_2 3$

0395 $\dfrac{1}{3}\log_{\frac{1}{2}} 27,\ \dfrac{1}{2}\log_{\frac{1}{2}} 7$

0396 $\log_3 2,\ \log_9 16$

04·3 로그함수의 최대·최소

[0397 ~ 0399] 다음 함수의 최댓값과 최솟값을 각각 구하시오.

0397 $y=\log_2 x\ (1 \leq x \leq 64)$

0398 $y=\log_{\frac{1}{2}}(x+1)\left(-\dfrac{1}{2} \leq x \leq 7\right)$

0399 $y=-\log_5(x-2)+3\ (7 \leq x \leq 127)$

04·4 로그함수의 활용 – 방정식

[0400 ~ 0406] 다음 방정식을 푸시오.

0400 $\log_3(2x-5)=2$

0401 $\log_{\frac{1}{3}}(x+1)=2$

0402 $\log_{x+1} 9=2$

0403 $\log_2(x-1)=\log_2(2x-3)$

0404 $\log x+\log(x-3)=1$

0405 $\log_2(x-1)=2-\log_2(x+2)$

0406 $(\log_3 x)^2-4\log_3 x+3=0$

04·5 로그함수의 활용 – 부등식

[0407 ~ 0411] 다음 부등식을 푸시오.

0407 $\log_2(x+4)<3$

0408 $\log_{\frac{1}{3}}(x-1)>2$

0409 $\log_{\frac{1}{2}}(2x-1) \geq \log_{\frac{1}{2}}(3x+1)$

0410 $\log_2 2x<\log_2(x+2)$

0411 $\log x+\log(7-x)<1$

유형 익/히/기

| 개념원리 수학 I 93쪽 |

유형 01 로그함수의 함숫값

함수 $f(x)=\log_a x\ (a>0,\ a\neq1)$의 식에 x의 값을 대입한 후 로그와 지수의 성질을 이용한다.

0412 대표문제

함수 $f(x)=\log_a(3x+1)+1\ (a>0,\ a\neq1)$에 대하여 $f(1)=3$일 때, $f(0)+f(5)$의 값은?

① 2 ② 4 ③ 6
④ 8 ⑤ 10

0413 하

두 함수 $f(x)=3^x,\ g(x)=\log_{\frac{1}{9}} x$에 대하여 $(g\circ f)(-4)$의 값은?

① -2 ② -1 ③ 0
④ 1 ⑤ 2

0414 중하

함수 $f(x)=\log_{\frac{1}{3}}\sqrt{x}$에 대하여 $f(75)-f(25)$의 값은?

① -1 ② $-\dfrac{1}{2}$ ③ 0
④ $\dfrac{1}{2}$ ⑤ 1

| 개념원리 수학 I 93쪽, 94쪽 |

유형 02 로그함수의 성질

로그함수 $y=\log_a x\ (a>0,\ a\neq1)$에 대하여

(1) 정의역 : $\{x\,|\,x>0\}$, 치역 : 실수 전체의 집합
(2) 그래프는 점 $(1,0)$과 점 $(a,1)$을 지나고, 그래프의 점근선은 y축$(x=0)$이다.
(3) 그래프는 $y=a^x$의 그래프와 직선 $y=x$에 대하여 대칭이다.
(4) $y=\log_a(x-p)+q \Rightarrow \begin{cases} \text{정의역} : \{x\,|\,x>p\} \\ \text{점근선의 방정식} : x=p \end{cases}$

0415 대표문제

다음 중 로그함수 $y=\log_{\frac{1}{a}}\dfrac{1}{x}\ (0<a<1)$의 그래프에 대한 설명으로 옳지 <u>않은</u> 것은?

① 함수 $y=\log_a x$의 그래프와 일치한다.
② 점 $(1,0)$을 반드시 지난다.
③ 그래프의 점근선은 직선 $x=0$이다.
④ $x>0$에서 x의 값이 증가하면 y의 값도 증가한다.
⑤ 정의역은 양의 실수 전체의 집합이고, 치역은 실수 전체의 집합이다.

0416 중하

함수 $y=\log_5(x+a)+b$의 그래프의 점근선은 직선 $x=2$이고 x절편이 7이다. 이때 상수 a, b에 대하여 $a+b$의 값을 구하시오.

0417 중

오른쪽 그림과 같은 함수 $y=a^x$과 $y=\log_a x$의 그래프에 대한 다음 **보기**의 설명 중 옳은 것만을 있는 대로 고르시오. (단, $a>0,\ a\neq1$)

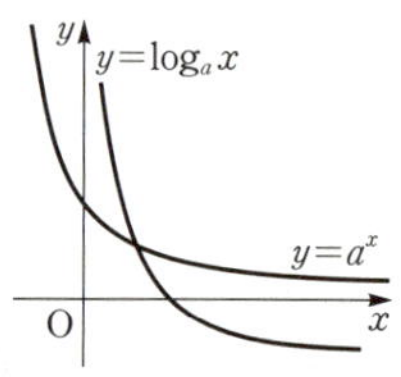

┌─ 보기 ─
ㄱ. 두 그래프의 교점의 좌표는 $(1,1)$이다.
ㄴ. 두 그래프는 직선 $y=x$에 대하여 대칭이다.
ㄷ. 두 함수에서 a의 값의 범위는 $a>1$이다.

유형 **03**　로그함수의 그래프의 평행이동과 대칭이동

로그함수 $y=\log_a x\ (a>0,\ a\neq 1)$의 그래프를

(1) x축의 방향으로 m만큼, y축의 방향으로 n만큼 평행이동하면
$$\Rightarrow y=\log_a(x-m)+n$$

(2) x축에 대하여 대칭이동하면 $\Rightarrow y=\log_a \dfrac{1}{x}$

(3) y축에 대하여 대칭이동하면 $\Rightarrow y=\log_a(-x)$

(4) 원점에 대하여 대칭이동하면 $\Rightarrow y=\log_a\left(-\dfrac{1}{x}\right)$

(5) 직선 $y=x$에 대하여 대칭이동하면 $\Rightarrow y=a^x$

0418　대표문제

함수 $y=\log_2(2x+4)$의 그래프는 함수 $y=\log_2 x$의 그래프를 x축의 방향으로 m만큼, y축의 방향으로 n만큼 평행이동한 것이다. 이때 $m+n$의 값을 구하시오.

0419　중하

함수 $y=\log_{\frac{1}{4}} x$의 그래프를 x축의 방향으로 m만큼, y축의 방향으로 n만큼 평행이동한 그래프가 오른쪽 그림과 같을 때, $\dfrac{m}{n}$의 값을 구하시오.

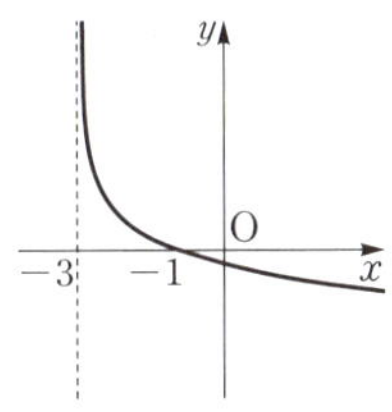

0420　중

함수 $y=\log_2 4x$의 그래프를 y축의 방향으로 -3만큼 평행이동시킨 다음, x축에 대하여 대칭이동시킨 그래프가 함수 $y=\log_2 \dfrac{a}{x}$의 그래프와 일치할 때, 상수 a의 값을 구하시오.

0421　중

다음 **보기**의 함수 중 그 그래프가 함수 $y=\log_2 x$의 그래프를 평행이동 또는 대칭이동하여 겹칠 수 있는 것만을 있는 대로 고르시오.

┌─ 보기 ─────────────────────────
ㄱ. $y=\log_2(-x)$　　　ㄴ. $y=\log_2(x-3)$

ㄷ. $y=2\log_2 x$　　　　ㄹ. $y=\log_2 2x$
──────────────────────────────

유형 **04**　로그함수를 이용한 대소 관계

(1) $a>1$일 때 $\Rightarrow$ 진수가 큰 수가 크다.
$$0<A<B \Longleftrightarrow \log_a A<\log_a B$$

(2) $0<a<1$일 때 $\Rightarrow$ 진수가 작은 수가 크다.
$$0<A<B \Longleftrightarrow \log_a A>\log_a B$$

0422　대표문제

세 수
$$A=-\log_{\frac{1}{2}}\frac{1}{6},\ B=2\log_{\frac{1}{2}}\frac{1}{5},\ C=-3\log_{\frac{1}{2}}3$$
의 대소 관계는?

① $A<B<C$　　② $A<C<B$　　③ $B<A<C$

④ $B<C<A$　　⑤ $C<B<A$

0423　중하

다음 세 수의 대소를 비교하시오.

(1) $A=\log_3 \sqrt{2},\ B=\log_{\frac{1}{3}} 4,\ C=\log_{\frac{1}{3}} \sqrt{10}$

(2) $A=5,\ B=\log_2 7,\ C=\log_4 25$

0424　중

$1<x<2$일 때, 세 수
$$A=\log_2 x,\ B=(\log_2 x)^2,\ C=\log_x 2$$
의 대소를 비교하시오.

0425　상중

$0<b<a<1$일 때, 세 수
$$A=\log_a b,\ B=\log_b a,\ C=\log_a \frac{a}{b}$$
의 대소 관계는?

① $A<B<C$　　② $B<A<C$　　③ $B<C<A$

④ $C<A<B$　　⑤ $C<B<A$

유형 05 로그함수의 역함수

(1) $a>0$, $a\neq1$일 때, 함수 $f(x)=\log_a x$의 역함수
$$f^{-1}(x)=a^x$$
(2) $f^{-1}(a)=b \Longleftrightarrow f(b)=a$

▶ 역함수 구하는 방법
(ⅰ) $y=f(x)$를 정리하여 $x=g(y)$ 꼴로 고친다.
(ⅱ) x와 y를 서로 바꾼다. 이때 $y=f(x)$의 치역을 그 역함수의
정의역으로 한다.

0426 대표문제

함수 $f(x)=a^x (0<a<1)$에 대하여 $y=f(x)$의 그래프가 오른쪽 그림과 같다. $f(x)$의 역함수를 $g(x)$라 할 때, $g(4)$의 값을 구하시오.

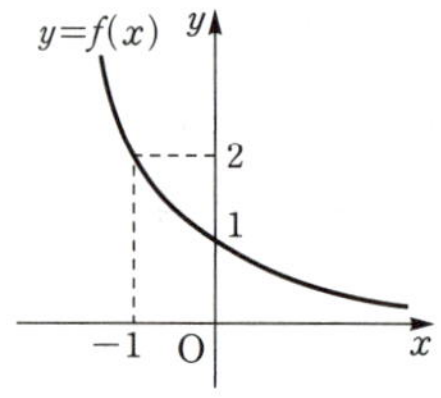

0427 중 하

다음 함수의 역함수를 구하시오.
(1) $y=2^{-x+3}-1$
(2) $y=\log_2(x-4)+3$

0428 중

함수 $f(x)=\log_3 x$의 역함수 $g(x)$에 대하여 $g(\alpha)=2$, $g(\beta)=7$일 때, $g(\alpha+\beta)$의 값을 구하시오.

0429 상 중

함수 $y=\log_2(x-1)$의 그래프와 그 역함수 $y=g(x)$의 그래프가 오른쪽 그림과 같다. 점 A는 x축 위의 점이고, 점 A를 지나고 y축에 평행한 직선과 $y=g(x)$의 그래프가 만나는 점을 B, 점 B를 지나고 x축에 평행한 직선이 $y=\log_2(x-1)$의 그래프와 만나는 점을 C라 할 때, $\overline{AB}+\overline{BC}$의 값을 구하시오.

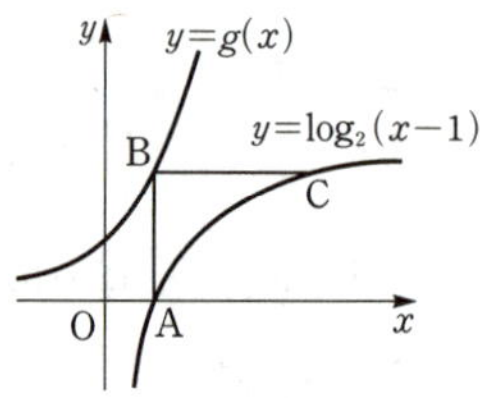

유형 06 로그함수의 그래프에서의 함숫값

$y=\log_a x (a>0, a\neq1)$의 그래프가 점 (m, n)을 지나면
$$\Rightarrow n=\log_a m \qquad \therefore a^n=m$$

0430 대표문제

오른쪽 그림은 함수 $y=\log_5 x$의 그래프이다. 점 M이 선분 PQ의 중점일 때, a의 값을 구하시오.
(단, 점선은 x축 또는 y축에 평행하다.)

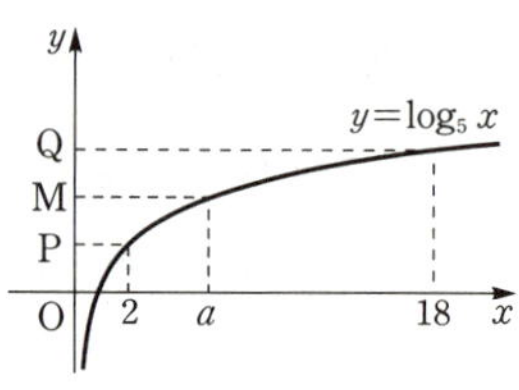

0431 중

오른쪽 그림과 같이 정사각형 ABCD의 한 변의 길이가 4이고, 점 D는 함수 $y=\log_2 x$의 그래프 위에 있을 때, 점 B의 x좌표를 구하시오.
(단, 두 점 B, C는 x축 위의 점이다.)

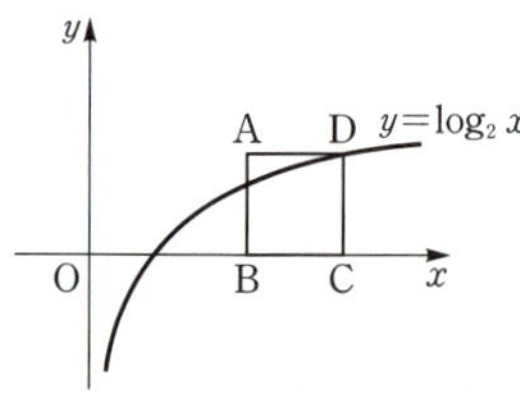

0432 중

오른쪽 그림과 같이 두 곡선 $y=\log_2 x$, $y=\log_2 x+1$과 직선 $x=2$, $x=3$으로 둘러싸인 부분의 넓이를 구하시오.

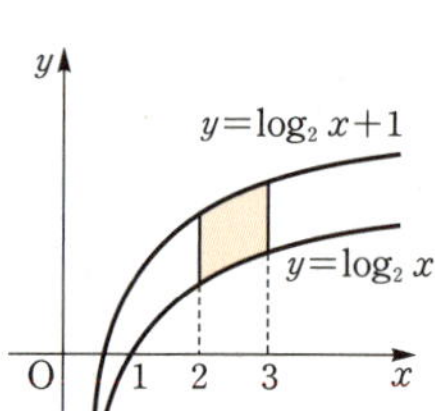

0433 상 중 서술형

오른쪽 그림은 세 함수 $y=2^x$, $y=x$, $y=\log_4 x$의 그래프이다. $\alpha+\beta=12$일 때, $\alpha\beta$의 값을 구하시오. (단, 점선은 x축 또는 y축에 평행하다.)

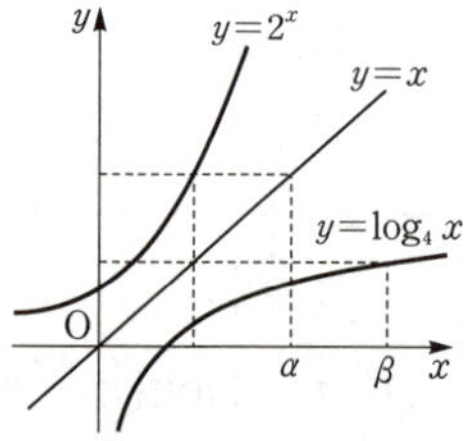

| 개념원리 수학 I 102쪽, 103쪽 |

유형 **07** 로그함수의 최대 · 최소 (1)

$y=\log_a f(x)$의 최대 · 최소

(1) $a>1$인 경우

　　⇨ $f(x)$가 최대이면 y도 최대, $f(x)$가 최소이면 y도 최소

(2) $0<a<1$인 경우

　　⇨ $f(x)$가 최대이면 y는 최소, $f(x)$가 최소이면 y는 최대

0434 대표문제

정의역이 $\{x\,|\,2\leq x\leq 6\}$인 함수 $y=\log_{\frac{1}{2}}(x^2-2x+8)$의 최댓값을 M, 최솟값을 m이라 할 때, $M-m$의 값은?

①　$\dfrac{1}{2}$　　　　② $\dfrac{2}{3}$　　　　③ 1

④ 2　　　　⑤ 3

0435 중

다음 물음에 답하시오.

(1) 함수 $y=\log_3(x+3)+k$ $(0\leq x\leq 6)$의 최댓값이 7일 때, 상수 k의 값을 구하시오.

(2) 정의역이 $\{x\,|-1\leq x\leq 2\}$인 함수 $y=\log_{\frac{1}{2}}(x+2)+k$의 최댓값이 3일 때, 최솟값을 구하시오. (단, k는 상수이다.)

0436 중

다음 함수의 최댓값 또는 최솟값을 구하시오.

(1) $y=\log_2(x^2-6x+11)$

(2) $y=\log_{\frac{1}{3}}(x^2+4x+13)$

0437 상중 서술형

함수 $y=\log_a(x+1)+\log_a(3-x)$의 최솟값이 -4일 때, 실수 a의 값을 구하시오. (단, $a>0$, $a\neq 1$)

| 개념원리 수학 I 104쪽 |

유형 **08** 로그함수의 최대 · 최소 (2)

$y=f(x)$에서 $f(x)$가 $\log_a x$에 대한 이차식인 경우

⇨ $\log_a x=t$로 치환한 후 t의 값의 범위 내에서 최대 · 최소를 구한다.

0438 대표문제

$1\leq x\leq 8$에서 함수 $y=\left(\log_{\frac{1}{2}} x\right)^2+4\log_{\frac{1}{2}} x+5$의 최댓값을 M, 최솟값을 m이라 할 때, Mm의 값을 구하시오.

0439 중

$\dfrac{1}{4}\leq x\leq 2$일 때, 함수 $y=\left(\log_2 4x\right)\left(\log_2 \dfrac{2}{x^2}\right)$의 최댓값과 최솟값의 합은?

①　$\dfrac{1}{8}$　　　　② $\dfrac{1}{6}$　　　　③ $\dfrac{1}{4}$

④ $\dfrac{1}{3}$　　　　⑤ $\dfrac{1}{2}$

0440 중

함수 $y=5^{2\log x}-(x^{\log 5}+5^{\log x})+7$이 $x=a$에서 최솟값 b를 가질 때, $a+b$의 값을 구하시오.

0441 중 서술형

함수 $y=(\log_3 x)^2+a\log_{27} x^2+b$가 $x=\dfrac{1}{3}$에서 최솟값 1을 가질 때, 상수 a, b에 대하여 $a+b$의 값을 구하시오.

유형 09 산술평균과 기하평균을 이용한 로그함수의 최대 · 최소

합 또는 곱이 일정한 경우

⇨ 산술평균과 기하평균의 관계를 이용

$a>0$, $b>0$일 때
$a+b \geq 2\sqrt{ab}$ (단, 등호는 $a=b$일 때 성립)

0442 대표문제

$x>0$, $y>0$일 때, $\log_2\left(x+\dfrac{1}{y}\right)+\log_2\left(y+\dfrac{9}{x}\right)$의 최솟값은?

① 1　　　　② 2　　　　③ 3
④ 4　　　　⑤ 5

0443 중

다음 물음에 답하시오.

(1) $x>1$일 때, $2\log_5 x+\log_x 125$의 최솟값을 구하시오.

(2) $x>0$, $y>0$이고, $x+4y=12$일 때, $\log_3 x+\log_3 y$의 최댓값을 구하시오.

유형 10 지수에 로그가 있을 때의 최대 · 최소

지수에 로그가 있을 때

⇨ 양변에 로그를 취하여 최대 · 최소를 구한다.

0444 대표문제

정의역이 $\{x \,|\, 1 \leq x \leq 1000\}$인 함수 $y=x^{2-\log x}$의 최댓값을 M, 최솟값을 m이라 할 때, Mm의 값을 구하시오.

0445 상 중

함수 $y=\dfrac{x^8}{x^{\log_3 x}}$이 $x=m$에서 최댓값 n을 가질 때, $m+n$의 값을 구하시오.

유형 11 로그가 포함된 방정식

(1) 밑이 같을 때 ⇨ 진수가 같아야 한다.

(2) 밑이 같지 않을 때

　　⇨ 밑의 변환 공식을 이용하여 밑을 같게 한다.

(3) 진수가 같을 때 ⇨ 밑이 같거나 진수가 1이어야 한다.

▶ 로그의 밑과 진수의 조건에 맞는지 반드시 확인한다.

　　(밑)>0, (밑)$\neq 1$, (진수)>0

0446 대표문제

방정식 $\log_4(x-2)+\log_{\frac{1}{4}}(x-5)=\dfrac{1}{2}$을 풀면?

① $x=2$　　　　② $x=5$
③ $x=2$ 또는 $x=5$　　　　④ $x=8$
⑤ $x=5$ 또는 $x=8$

0447 중 하

다음 방정식을 푸시오.

(1) $\log_{\sqrt{2}} x=\log_2(4x-4)$

(2) $\log_{\frac{1}{2}}(x-2)=\log_{\frac{1}{4}}(2x-1)$

(3) $\log_3(x+3)-\log_9(x+7)=1$

0448 중 서술형

방정식 $\log_{x^2+1}(x-1)=\log_{x+7}(x-1)$의 모든 근의 합을 구하시오.

유형 **12** $\log_a x$의 꼴이 반복되는 로그방정식

$\log_a x\,(a>0,\ a\neq1)$의 꼴이 반복될 때
⇨ $\log_a x=t$로 치환하여 t에 대한 방정식을 푼다.

0449 `대표문제`

방정식 $\log_3 x-\log_9 x=2(\log_3 x)(\log_9 x)$의 두 실근을 α, β라 할 때, $\alpha\beta$의 값은?

① $\dfrac{1}{3}$ ② 1 ③ $\sqrt{3}$

④ 3 ⑤ $3\sqrt{3}$

0450 `중`

다음 방정식을 푸시오.

(1) $(\log_2 x)^2-\log_2 x^6+5=0$

(2) $(\log_{16} x^2)^2-5\log_{16} x+1=0$

(3) $(\log_2 2x)\left(\log_2 \dfrac{x}{2}\right)=3$

0451 `중`

방정식 $\log_x 9-\log_3 x=1$의 두 실근을 α, β라 할 때, $\dfrac{\alpha}{\beta}$의 값을 구하시오. (단, $\alpha>\beta$)

유형 **13** 지수에 로그가 있는 방정식

지수에 로그가 있을 때 ⇨ 양변에 로그를 취하여 푼다.

0452 `대표문제`

방정식 $x^{\log_3 x}=\dfrac{1}{3}x^2$을 풀면?

① $x=2$ ② $x=3$ ③ $x=6$

④ $x=8$ ⑤ $x=9$

0453 `중`

다음 방정식을 푸시오.

(1) $x^{\log_3 x}=\dfrac{27}{x^2}$

(2) $x^{1-\log x}=\dfrac{x^2}{100}$

유형 **14** 연립방정식으로 표현된 로그방정식

$\log_a x$, $\log_b y\,(a>0,\ a\neq1,\ b>0,\ b\neq1)$에 대한 연립방정식인 경우
⇨ $\log_a x=X$, $\log_b y=Y$로 치환하여 푼다.

0454 `대표문제`

연립방정식 $\begin{cases}\log_x 4-\log_y 2=2\\[4pt]\log_x 16+\log_y 8=-1\end{cases}$의 해가 $x=\alpha$, $y=\beta$일 때, $\alpha\beta$의 값을 구하시오.

0455 `상 중`

연립방정식 $\begin{cases}\log_3 x+\log_2 y=4\\[4pt](\log_2 x)(\log_3 y)=3\end{cases}$의 해가 $x=\alpha$, $y=\beta$일 때, $\alpha+\beta$의 값을 구하시오. (단, $0<\beta<\alpha$)

| 개념원리 수학 Ⅰ 113쪽 |

유형 15 　로그가 포함된 방정식의 응용

$p(\log_a x)^2 + q \log_a x + r = 0 \ (a > 0,\ a \neq 1)$의 두 근이 α, β
이면
$\Rightarrow pt^2 + qt + r = 0$의 두 근은 $\log_a \alpha$, $\log_a \beta$이다.

0456 　대표문제

방정식 $(\log_2 2x)^2 - 3 \log_2 x^2 = 0$의 두 실근을 α, β라 할 때,
$\alpha\beta$의 값은?

① 2　　　　　　② 4　　　　　　③ 8
④ 16　　　　　　⑤ 32

0457 　중　서술형

방정식 $(\log x)^2 - k \log x - 5 = 0$의 두 근의 곱이 100일 때,
상수 k의 값을 구하시오.

0458 　상중

x에 대한 이차방정식 $x^2 - x \log a + 2 \log a - 3 = 0$이 중근
을 갖도록 하는 모든 상수 a의 값의 곱은?

① 10^5　　　　② 10^6　　　　③ 10^7
④ 10^8　　　　⑤ 10^9

0459 　상중

방정식 $p(\log x)^2 - 2p \log x + 1 = 0$의 두 근 α, β에 대하여
$\log \alpha - \log \beta = 4$가 성립할 때, 상수 p의 값을 구하시오.
　　　　　　　　　　　　　　　　　　(단, $p \neq 0$)

| 개념원리 수학 Ⅰ 119쪽, 120쪽 |

💡 중요

유형 16 　로그가 포함된 부등식

밑을 같게 할 수 있을 때 ⇨ 진수를 비교한다.
(1) $a > 1$일 때
　$\log_a f(x) < \log_a g(x)$
　$\Longleftrightarrow 0 < f(x) < g(x)$ (부등호 방향 그대로)
(2) $0 < a < 1$일 때
　$\log_a f(x) < \log_a g(x)$
　$\Longleftrightarrow f(x) > g(x) > 0$ (부등호 방향 반대로)
▶ 로그의 밑과 진수의 조건에 맞는지 반드시 확인한다.
　(밑) > 0, (밑) ≠ 1, (진수) > 0

0460 　대표문제

부등식 $\log(6-x) + \log(x+5) \leq 1$의 해가 $a < x \leq -4$ 또
는 $b \leq x < 6$일 때, $a+b$의 값을 구하시오.

0461 　중

다음 부등식을 푸시오.

(1) $\log_{\frac{1}{2}}(x-3) > -2$

(2) $\log_2(x-1) \geq \log_4(5-x^2)$

(3) $\log_{\frac{1}{4}}(x^2+4x-5) > \log_{\frac{1}{2}}(x+1)$

0462 　중

부등식 $\log_2(x+4) + \log_2(8-x) > k$의 해가 $0 < x < 4$일
때, 상수 k의 값은?

① 1　　　　　　② 2　　　　　　③ 3
④ 4　　　　　　⑤ 5

0463 　중

부등식 $\log_5(\log_2 x) \leq 1$의 해가 $\alpha < x \leq \beta$일 때, $\alpha\beta$의 값을
구하시오.

| 개념원리 수학 Ⅰ 120쪽 |

유형 17 $\log_a x$의 꼴이 반복되는 부등식

$\log_a x\,(a>0,\ a\neq1)$ 꼴이 반복될 때

⇨ $\log_a x=t$로 치환하여 t에 대한 부등식을 푼다.

0464 ◀ 대표문제

부등식 $\left(\log_{\frac{1}{3}} x\right)^2-\log_{\frac{1}{3}} x^2\geq0$을 푸시오.

0465 중 서술형

부등식 $\left(\log_2 x\right)^2-\log_2 x^6+8<0$의 해가 $a<x<b$일 때, $a-b$의 값을 구하시오.

0466 중

부등식 $\left(2+\log_{\frac{1}{2}} x\right)\log_2 x>-3$을 만족시키는 정수 x의 최댓값은?

① 5　　　　② 6　　　　③ 7

④ 8　　　　⑤ 9

0467 중

부등식 $(\log_2 4x)(\log_2 8x)<2$의 해가 $\alpha<x<\beta$일 때, $\dfrac{\beta}{\alpha}$의 값은?

① 7　　　　② 8　　　　③ 9

④ 10　　　　⑤ 11

| 개념원리 수학 Ⅰ 121쪽 |

유형 18 지수에 로그가 있는 부등식

지수에 로그가 있을 때 ⇨ 양변에 로그를 취하여 푼다.

0468 ◀ 대표문제

부등식 $x^{\log_3 x}<9x$를 만족시키는 모든 정수 x의 개수는?

① 6　　　　② 7　　　　③ 8

④ 9　　　　⑤ 10

0469 중

다음 부등식을 푸시오.

(1) $x^{\log_2 x}<64x$

(2) $x^{\log x+3}\geq10000$

| 개념원리 수학 Ⅰ 121쪽 |

유형 19 로그가 포함된 연립부등식

두 개 이상의 로그부등식의 해를 구하여 공통 범위를 찾는다.

0470 ◀ 대표문제

연립부등식 $\begin{cases}\log_4(x+4)^2\geq\log_2 3x\\ \log_{\frac{1}{3}}(x+2)\geq-1\end{cases}$ 을 만족시키는 자연수 x의 값을 구하시오.

0471 중

연립부등식 $\begin{cases}2\log(x+3)<\log(5x+15)\\ 2^{x+3}>4\end{cases}$ 를 푸시오.

| 개념원리 수학 I 122쪽 |

유형 20 로그를 포함한 부등식이 항상 성립할 조건

$\log_a x = t$로 치환하여 x에 대한 부등식을 t에 대한 부등식으로
바꾼 후
(모든 양수 x에 대하여 x에 대한 부등식이 성립할 조건)
=(모든 실수 t에 대하여 t에 대한 부등식이 성립할 조건)
임을 이용한다.

0472 대표문제

모든 양수 x에 대하여 부등식

$$(\log_2 x)^2 + 8\log_2 x + 8\log_2 k > 0$$

이 성립하도록 하는 양수 k의 값의 범위를 구하시오.

0473 중

모든 양수 x에 대하여 부등식

$$(\log_{\frac{1}{5}} x)(\log_5 x + 10) \leq 25\log_5 k$$

가 성립하도록 하는 양수 k의 값의 범위를 구하시오.

| 개념원리 수학 I 122쪽 |

유형 21 로그를 포함한 부등식의 응용

모든 실수 x에 대하여 이차부등식이 항상 성립할 조건
이차방정식 $ax^2 + bx + c = 0$의 판별식을 D라 할 때
(1) $ax^2 + bx + c > 0 \Rightarrow a > 0, D < 0$
(2) $ax^2 + bx + c < 0 \Rightarrow a < 0, D < 0$
(3) $ax^2 + bx + c \geq 0 \Rightarrow a > 0, D \leq 0$
(4) $ax^2 + bx + c \leq 0 \Rightarrow a < 0, D \leq 0$

0474 대표문제

x에 대한 이차방정식 $x^2 - x\log a + \log a + 3 = 0$이 실근을
갖지 않도록 하는 실수 a의 값의 범위를 구하시오.

0475 상

모든 실수 x에 대하여 부등식

$$(1 - \log_3 a)x^2 - 2(1 - \log_3 a)x + \log_3 a > 0$$

이 성립하도록 하는 모든 정수 a의 값의 곱을 구하시오.

| 개념원리 수학 I 114쪽, 123쪽 |

유형 22 로그함수의 실생활에의 활용

주어진 조건에 맞게 방정식 또는 부등식을 세운다.

0476 대표문제

자동차의 소음의 세기가 P W/m²일 때의 소음의 크기를
D dB라 하면 P와 D 사이에는 다음과 같은 관계가 성립한다.

$$D = 10(\log P + 12)$$

올해 A사, B사에서 출시한 자동차의 소음의 크기가 각각
40 dB, 60 dB일 때, B사에서 출시한 자동차의 소음의 세기
는 A사에서 출시한 자동차의 소음의 세기의 몇 배인가?

① $\dfrac{1}{100}$배 ② $\dfrac{1}{10}$배 ③ 10배

④ 100배 ⑤ $100\sqrt{2}$배

0477 중

지진에 의하여 발생하는 에너지 E erg와 리히터 규모 M 사
이에는

$$\log 10E = 11.8 + 1.5M$$

과 같은 관계가 성립한다고 할 때, 리히터 규모 7인 지진에 의
하여 발생하는 에너지는 리히터 규모 3인 지진에 의하여 발생
하는 에너지의 10^k배이다. k의 값을 구하시오.

0478 상중

실험실에서 배양 중인 어떤 미생물의 개체수는 1시간마다 일
정한 비율로 증가한다. 배양을 시작한 지 10시간 후 이 미생물
의 개체수가 처음의 $\dfrac{5}{2}$배가 되었다고 할 때, 이 미생물의 개체
수가 처음의 3배 이상이 되는 것은 배양을 시작한 지 최소 n
시간 후이다. 자연수 n의 값을 구하시오.

(단, $\log 2 = 0.3010$, $\log 3 = 0.4771$로 계산한다.)

0479

함수 $f(x)=\log_{\sqrt{3}}\left(1+\dfrac{1}{x}\right)$에 대하여

$f(3)+f(4)+f(5)+\cdots+f(8)$의 값을 구하시오.

0480

함수 $f(x)=\log_2(x+1)-2$에 대하여 함수 $g(x)$가

$(f\circ g)(x)=3x$를 만족시킬 때, $g\left(\dfrac{1}{3}\right)$의 값을 구하시오.

0481

다음 중 함수 $y=\log_2(2-x)-1$의 그래프에 대한 설명으로 옳지 <u>않은</u> 것을 모두 고르면? (정답 2개)

① 정의역은 $\{x\,|\,x<2\}$이다.
② 치역은 $\{y\,|\,y>-1\}$이다.
③ 점근선은 직선 $x=2$이다.
④ x의 값이 증가하면 y의 값은 감소한다.
⑤ 역함수는 함수 $y=2^{x+1}+2$이다.

0482

오른쪽 그림과 같이 함수 $y=\log_5(x-a)+b$의 그래프의 점근선은 직선 $x=2$이고, 그래프는 x축과 점 $(7,\,0)$에서 만날 때, 상수 a, b에 대하여 $a+b$의 값을 구하시오.

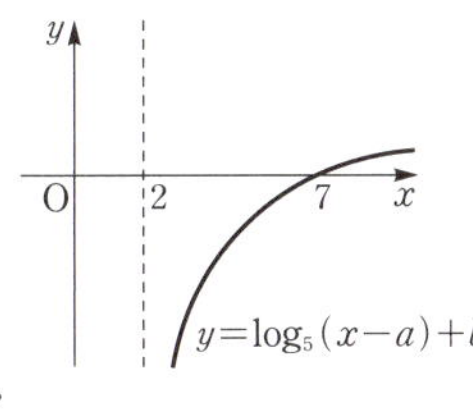

0483 중요

함수 $y=\log_a 2x\ (a>0,\ a\neq1)$의 그래프를 x축의 방향으로 m만큼, y축의 방향으로 n만큼 평행이동하면 함수 $y=\log_3(6x-72)$의 그래프와 일치한다. 상수 a, m, n에 대하여 $a+m+n$의 값을 구하시오.

0484

다음 **보기**의 함수 중 그 그래프가 함수 $y=\log_3 x$의 그래프를 평행이동 또는 대칭이동하여 겹칠 수 있는 것만을 있는 대로 고른 것은?

┌─ 보기 ─

ㄱ. $y=3^{x-2}-1$　　　　ㄴ. $y=2\log_9(x-3)$

ㄷ. $y=\dfrac{3}{3^x}$　　　　　ㄹ. $y=\log_9 x^2$

① ㄱ, ㄴ　　　② ㄱ, ㄴ, ㄷ　　　③ ㄱ, ㄷ, ㄹ
④ ㄴ, ㄷ, ㄹ　　　⑤ ㄱ, ㄴ, ㄷ, ㄹ

0485

세 수 $A=\dfrac{1}{2}\log_{0.1}2$, $B=\log_{0.1}\sqrt{3}$, $C=\dfrac{1}{3}\log_{0.1}8$의 대소 관계를 바르게 나타낸 것은?

① $A<C<B$　　② $B<A<C$　　③ $B<C<A$
④ $C<A<B$　　⑤ $C<B<A$

0486

오른쪽 그림과 같이 함수 $y=\log_a x+k\ (a>1)$의 그래프와 그 역함수 $y=g(x)$의 그래프가 두 점에서 만난다. 두 교점의 x좌표가 각각 1, 2일 때, 상수 a, k에 대하여 $a+k$의 값을 구하시오.

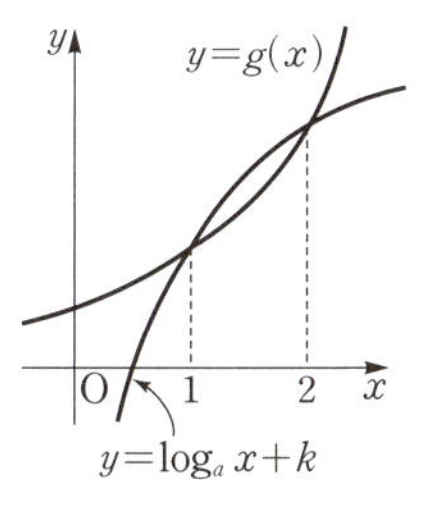

0487

오른쪽 그림과 같이 함수 $y=3^x$의 그래프와 직선 $x=1$ 및 x축, y축으로 둘러싸인 도형의 넓이를 A, 함수 $y=\log_3 x$의 그래프와 직선 $x=3$ 및 x축으로 둘러싸인 도형의 넓이를 B라 할 때, $A+B$의 값을 구하시오.

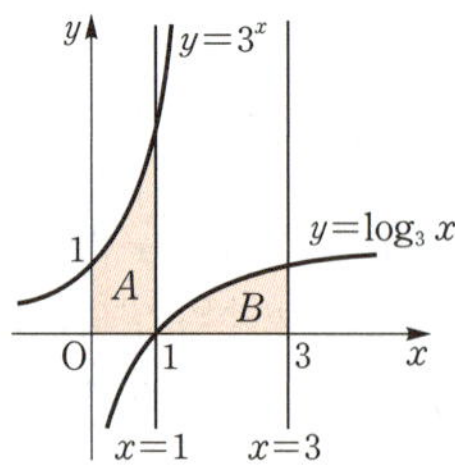

0488

함수 $y=g(x)$의 그래프는 함수 $y=\log_2 (x-1)$의 그래프와 직선 $y=x$에 대하여 대칭이다.
점 $\mathrm{P}(2,\,b)$는 곡선 $y=g(x)$ 위에 있고, 점 $\mathrm{Q}(a,\,b)$는 곡선 $y=\log_2 (x-1)$ 위에 있을 때, $a+b$의 값을 구하시오.

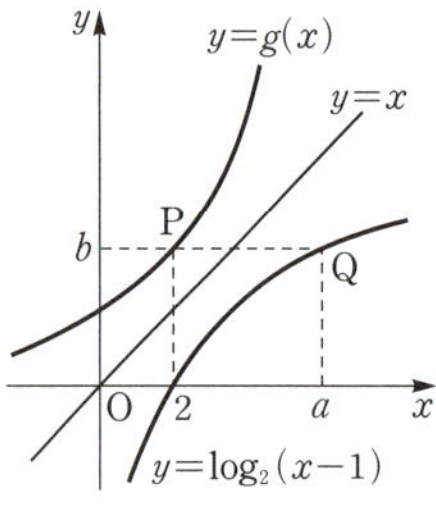

0489

정의역이 $\{x\,|\,5\leq x\leq 8\}$인 함수 $y=\log_{\frac{1}{2}}(x-a)$의 최솟값이 -2일 때, 상수 a의 값은?

① 0 　② 1 　③ 2
④ 3 　⑤ 4

0490 🔆중요

함수 $y=\log_{\frac{1}{3}}(-x^2+4x+5)$가 $x=a$에서 최솟값 b를 가질 때, $a+b$의 값을 구하시오.

0491

두 함수 $f(x)=\log_2 \dfrac{x}{4}$, $g(x)=x^2-8x+80$에 대하여 $y=(f\circ g)(x)$의 최솟값을 구하시오.

0492

정의역이 $\{x\,|\,1\leq x\leq 81\}$인 함수
$$y=(\log_3 x)(\log_{\frac{1}{3}} x)+2\log_3 x+10$$
의 최댓값을 M, 최솟값을 m이라 할 때, $M+m$의 값을 구하시오.

0493

$\dfrac{1}{4}<x<25$일 때, 함수 $y=(\log 4x)\left(\log \dfrac{25}{x}\right)$는 $x=a$에서 최댓값 b를 갖는다. 이때 $a+b$의 값은?

① $\dfrac{5}{2}$ 　② 3 　③ $\dfrac{7}{2}$
④ 4 　⑤ $\dfrac{9}{2}$

0494

방정식 $\log_{2x^2+1}(2x-1)=\log_{7x-2}(2x-1)$의 모든 근의 합을 구하시오.

0495

방정식 $x^{\log x}=100x^3$의 두 근을 α, β라 할 때, $\log \alpha\beta$의 값은? (단, $x>0$)

① $-\dfrac{1}{2}$ ② -1 ③ $\dfrac{2}{3}$

④ $\dfrac{3}{2}$ ⑤ 2

0496

연립방정식 $\begin{cases} \log_2(x+y)=2 \\ \log_2 x+\log_2 y=1 \end{cases}$ 을 만족시키는 x, y에 대하여 $(x-y)^2$의 값을 구하시오.

0497

방정식 $(\log_3 x)^2-6\log_3 \sqrt{x}+2=0$의 서로 다른 두 실근을 α, β라 할 때, $\alpha\beta$의 값을 구하시오.

0498

방정식 $(\log x)\left(\log \dfrac{x}{27}\right)=1$의 두 근을 α, β라 할 때, $\alpha\beta$의 값을 구하시오.

0499 중요

부등식 $\log(-x^2+ax-4)\geq \log x+1$의 해가 $\dfrac{1}{2}\leq x\leq 8$일 때, 상수 a의 값을 구하시오.

0500

부등식 $(\log_3 x)^2+a\log_3 x+b\leq 0$의 해가 $\dfrac{1}{9}\leq x\leq 27$일 때, 상수 a, b에 대하여 ab의 값을 구하시오.

0501

x에 대한 부등식 $x^2-2(1+\log_2 a)x+1-(\log_2 a)^2>0$이 항상 성립하도록 하는 실수 a의 값의 범위는?

① $0<a<\dfrac{1}{2}$ ② $\dfrac{1}{2}<a<1$

③ $a>1$ ④ $0<a<\dfrac{1}{2}$ 또는 $a>1$

⑤ $0<a<1$ 또는 $a>1$

0502

물에 섞여 있는 중금속은 여과기를 한 번 통과할 때마다 그 양이 $20\ \%$씩 감소한다고 한다. 중금속의 양을 처음 양의 $2\ \%$ 이하로 줄이려면 여과 장치를 최소한 몇 번 통과시켜야 하는가? (단, $\log 2=0.3010$으로 계산한다.)

① 17번 ② 18번 ③ 19번
④ 20번 ⑤ 21번

0503

오른쪽 그림과 같이 두 함수 $y=\log_3 x$, $y=\log_{27} x$의 그래프와 직선 $x=k$의 교점을 각각 A, B라 할 때, $\overline{AB}=2$를 만족시키는 실수 k의 값을 구하시오. (단, $k>1$)

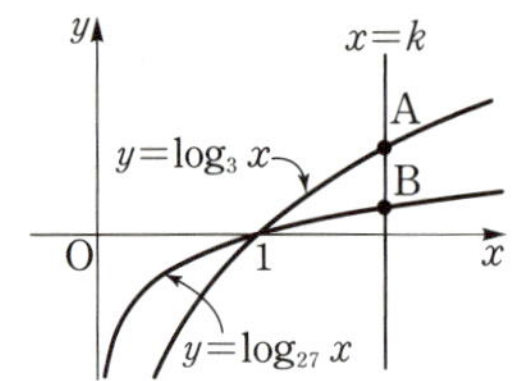

0504

함수 $y=2(\log_2 x)^2-\log_{\sqrt{2}} x^3+a$가 $x=b$에서 최솟값 2를 가질 때, a^2b^2의 값을 구하시오. (단, a는 상수이다.)

0505

양수 a가 $\dfrac{\sqrt{a}}{\sqrt{a-1}}=-\sqrt{\dfrac{a}{a-1}}$ 를 만족시킬 때, 부등식 $\log_a x>\log_a 4-\log_a(x-3)$의 해를 구하시오.

0506

연립부등식
$$\begin{cases} \log_3|x-3|<4 \\ \log_2 x+\log_2(x-2)\geq 3 \end{cases}$$
을 만족시키는 정수 x의 개수를 구하시오.

0507

오른쪽 그림과 같이 두 곡선 $y=2^{x+1}$, $y=\log_3(x+1)+1$이 y축과 만나는 점을 각각 A, B라 하자. 점 A를 지나고 x축에 평행한 직선이 곡선 $y=\log_3(x+1)+1$과 만나는 점을 C, 점 B를 지나고 x축에 평행한 직선이 곡선 $y=2^{x+1}$과 만나는 점을 D라 할 때, 사각형 ADBC의 넓이는?

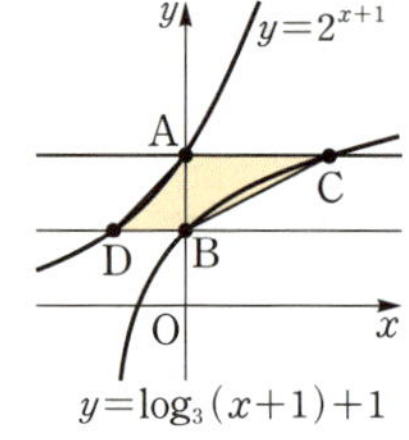

① $\dfrac{3}{2}$ 　　② $\log_2 3$ 　　③ 2

④ $\dfrac{5}{2}$ 　　⑤ $2\log_2 3$

0508

방정식 $\log(x^2-2x+1)+\log(x^2+2x+1)=\log 9$의 두 실근을 α, β라 할 때, $\alpha+\beta$의 값을 구하시오.

0509

두 집합 $A=\{x\,|\,|\log_4(x+1)-1|<1\}$, $B=\{x\,|\,x(x-3a)<0\}$에 대하여 $A\cap B=A$가 성립할 때, 상수 a의 최솟값을 구하시오.

0510 　창의·융합

오른쪽 그림과 같이 곡선 $y=|\log_3 x|$와 직선 l의 세 교점 A, B, C에서 x축에 내린 수선의 발을 각각 A′, B′, C′이라 하자. $\overline{OA'}=\overline{A'B'}=\overline{B'C'}$일 때, 점 B의 y좌표를 구하시오. (단, O는 원점이다.)

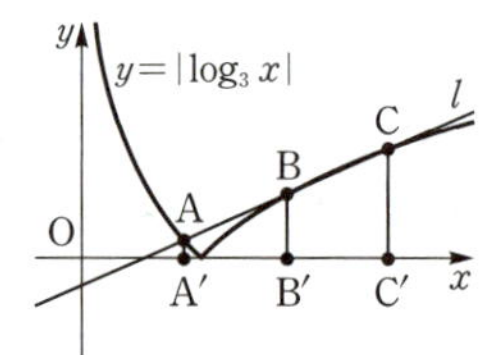

II

삼각함수

05 삼각함수

06 삼각함수의 그래프

07 삼각함수의 활용

05 | 삼각함수

05·1 일반각과 호도법

1 일반각 ∠XOP의 크기를 $\overrightarrow{OX}$의 위치에서 $\overrightarrow{OP}$가 점 O를 중심으로 회전한 양으로 정의할 때, $\overrightarrow{OX}$를 시초선, $\overrightarrow{OP}$를 동경이라 한다.

<u>시초선 OX와 동경 OP가 나타내는 한 각의 크기를 $\alpha°$라</u> 하면

$$\angle XOP = 360° \times n + \alpha° \ (단, \ n은 \ 정수)$$

의 꼴로 나타낼 수 있고 이것을 동경 OP가 나타내는 일반각이라 한다.

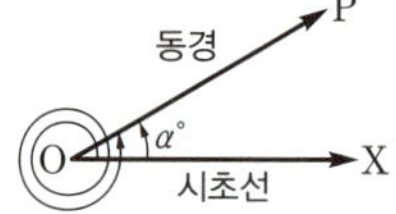

2 호도법

(1) 1라디안 : 반지름의 길이가 r인 원에서 길이가 r인 호의 중심각의 크기

(2) 호도법 : 라디안을 단위로 하여 각의 크기를 나타내는 방법

(3) 1라디안 $= \dfrac{180°}{\pi}$, $1° = \dfrac{\pi}{180}$ 라디안

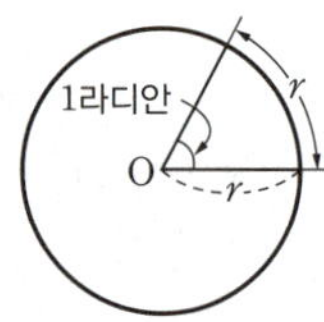

■ 일반각으로 나타낼 때 $\alpha°$는 보통 $0° \leq \alpha° < 360°$인 것을 택한다.

■ 각의 크기는 회전 방향이 양의 방향이면 ＋를, 음의 방향이면 －를 붙여서 나타낸다.

■ 도(°)를 단위로 하여 각의 크기를 나타내는 방법을 육십분법이라 한다.

■ 각의 크기를 호도법으로 나타낼 때에는 단위인 '라디안'은 생략하고, 1, $\dfrac{\pi}{6}$, π와 같이 실수로 나타낸다.

05·2 부채꼴의 호의 길이와 넓이

반지름의 길이가 r, 중심각의 크기가 θ(라디안)인 부채꼴의 호의 길이를 l, 넓이를 S라 하면

$$l = r\theta, \ S = \frac{1}{2}r^2\theta = \frac{1}{2}rl$$

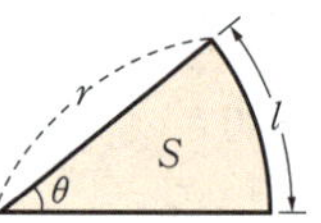

■ 부채꼴의 중심각의 크기 θ는 반드시 호도법으로 나타낸 각임에 유의한다.

05·3 삼각함수의 정의

동경 OP가 나타내는 일반각 θ에 대하여

$$\sin\theta = \frac{y}{r}, \ \cos\theta = \frac{x}{r}, \ \tan\theta = \frac{y}{x} \ (x \neq 0)$$

로 정의하고, 이 함수들을 통틀어 θ에 대한 삼각함수라 한다.

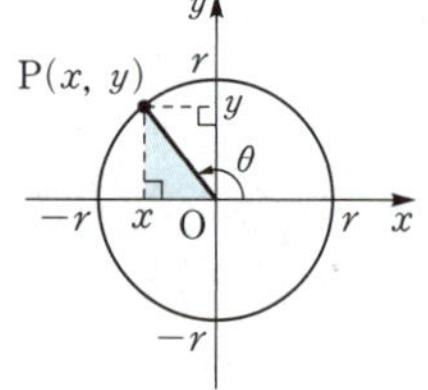

05·4 삼각함수의 값의 부호

삼각함수의 값의 부호는 θ의 동경이 위치한 사분면에 따라 다음과 같이 정해진다.

사분면 삼각함수	제1사분면 $(x>0, y>0)$	제2사분면 $(x<0, y>0)$	제3사분면 $(x<0, y<0)$	제4사분면 $(x>0, y<0)$
$\sin\theta$	＋	＋	－	－
$\cos\theta$	＋	－	－	＋
$\tan\theta$	＋	－	＋	－

■ 각 사분면에서 삼각함수의 값의 부호가 ＋인 것을 좌표평면 위에 나타내면 다음과 같다.

05·5 삼각함수 사이의 관계

삼각함수 사이에는 다음과 같은 관계가 성립한다.

(1) $\tan\theta = \dfrac{\sin\theta}{\cos\theta}$

(2) $\sin^2\theta + \cos^2\theta = 1$

05·1 일반각과 호도법

[0511 ~ 0512] 시초선이 반직선 OX일 때, 다음 각을 나타내는 동경 OP의 위치를 그림으로 나타내시오.

0511 $60°$

0512 $-210°$

[0513 ~ 0514] 다음 그림에서 시초선이 반직선 OX일 때, 동경 OP가 나타내는 일반각 θ를 구하시오.

0513 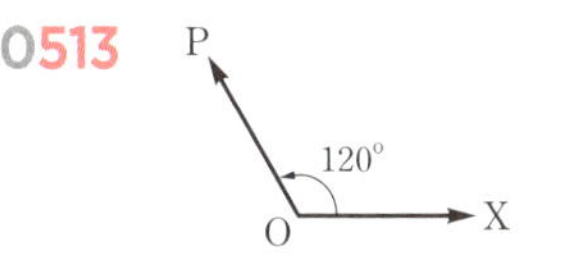

0514

[0515 ~ 0516] 다음 각의 동경이 나타내는 일반각을 $360°\times n+\alpha°$의 꼴로 나타내시오. (단, n은 정수, $0°\leq\alpha°<360°$)

0515 $500°$

0516 $-650°$

[0517 ~ 0518] 크기가 다음과 같은 각은 제몇 사분면의 각인지 말하시오.

0517 $550°$

0518 $-380°$

[0519 ~ 0522] 다음에서 육십분법으로 나타낸 각은 호도법으로, 호도법으로 나타낸 각은 육십분법으로 나타내시오.

0519 $240°$

0520 $\dfrac{7}{4}\pi$

0521 $-300°$

0522 $-\dfrac{2}{3}\pi$

[0523 ~ 0526] 다음 각의 동경이 나타내는 일반각을 $2n\pi+\theta$의 꼴로 나타내시오. (단, n은 정수, $0\leq\theta<2\pi$)

0523 5π

0524 $\dfrac{17}{6}\pi$

0525 $-\dfrac{16}{3}\pi$

0526 $-\dfrac{3}{4}\pi$

05·2 부채꼴의 호의 길이와 넓이

[0527 ~ 0528] 반지름의 길이와 중심각의 크기가 다음과 같은 부채꼴의 호의 길이 l과 넓이 S를 구하시오.

0527 반지름의 길이 4, 중심각의 크기 $\dfrac{\pi}{4}$

0528 반지름의 길이 15, 중심각의 크기 $36°$

0529 호의 길이가 4, 넓이가 6인 부채꼴의 반지름의 길이 r와 중심각의 크기 θ를 구하시오.

05·3 삼각함수의 정의

0530 원점 O와 점 $P(3,\ -1)$에 대하여 동경 OP가 나타내는 각의 크기를 θ라 할 때, 다음 값을 구하시오.

⑴ $\sin\theta$　　　⑵ $\cos\theta$　　　⑶ $\tan\theta$

0531 $\theta=\dfrac{3}{4}\pi$일 때, $\sin\theta$, $\cos\theta$, $\tan\theta$의 값을 각각 구하시오.

05·4 삼각함수의 값의 부호

0532 $\theta=\dfrac{14}{3}\pi$일 때, $\sin\theta$, $\cos\theta$, $\tan\theta$의 값의 부호를 말하시오.

[0533 ~ 0534] 다음 조건을 만족시키는 θ는 제몇 사분면의 각인지 말하시오.

0533 $\sin\theta<0$, $\cos\theta<0$

0534 $\cos\theta>0$, $\tan\theta<0$

05·5 삼각함수 사이의 관계

0535 θ가 제2사분면의 각이고 $\cos\theta=-\dfrac{3}{5}$일 때, $\sin\theta$, $\tan\theta$의 값을 구하시오.

0536 $\sin\theta+\cos\theta=\dfrac{1}{2}$일 때, $\sin\theta\cos\theta$의 값을 구하시오.

유형 익/히/기

유형 **01** 일반각

시초선 OX와 동경 OP가 나타내는 한 각의 크기를 $\alpha\degree$라 하면 동경 OP가 나타내는 일반각 θ는
$$\theta=360\degree\times n+\alpha\degree \ (단, n은 정수)$$

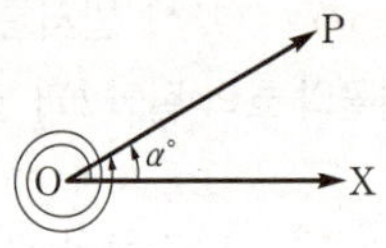

0537 대표문제

오른쪽 그림과 같이 시초선 OX와 동경 OP의 위치가 주어질 때, 동경 OP가 나타내는 각이 될 수 <u>없는</u> 것은?

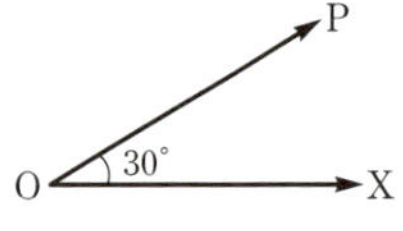

① $390\degree$ ② $750\degree$ ③ $-330\degree$
④ $-390\degree$ ⑤ $-690\degree$

0538 중하

정수 n에 대하여 다음 각을
$$360\degree\times n+\alpha\degree \ (0\degree\leq\alpha\degree<360\degree)$$
의 꼴로 나타낼 때, α의 값이 가장 작은 것은?

① $-500\degree$ ② $-300\degree$ ③ $-100\degree$
④ $400\degree$ ⑤ $700\degree$

0539 중하

다음 **보기**의 각을 나타내는 동경 중 $240\degree$를 나타내는 동경과 일치하는 것만을 있는 대로 고르시오.

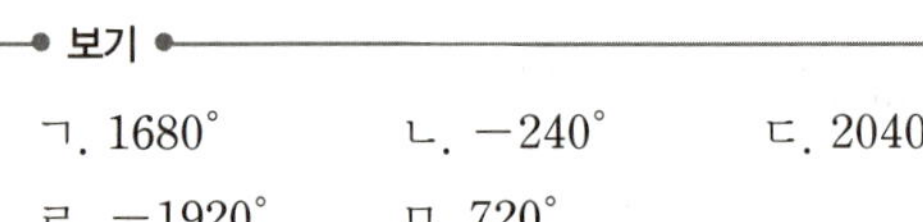

유형 **02** 사분면의 각

(1) θ가 제1사분면의 각 : $360\degree\times n<\theta<360\degree\times n+90\degree$
(2) θ가 제2사분면의 각 : $360\degree\times n+90\degree<\theta<360\degree\times n+180\degree$
(3) θ가 제3사분면의 각 : $360\degree\times n+180\degree<\theta<360\degree\times n+270\degree$
(4) θ가 제4사분면의 각 : $360\degree\times n+270\degree<\theta<360\degree\times n+360\degree$

(단, n은 정수)

0540 대표문제

θ가 제3사분면의 각일 때, $\dfrac{\theta}{2}$를 나타내는 동경이 존재할 수 있는 사분면을 모두 구하시오.

0541 중하

다음 **보기** 중에서 제2사분면의 각을 있는 대로 고르시오.

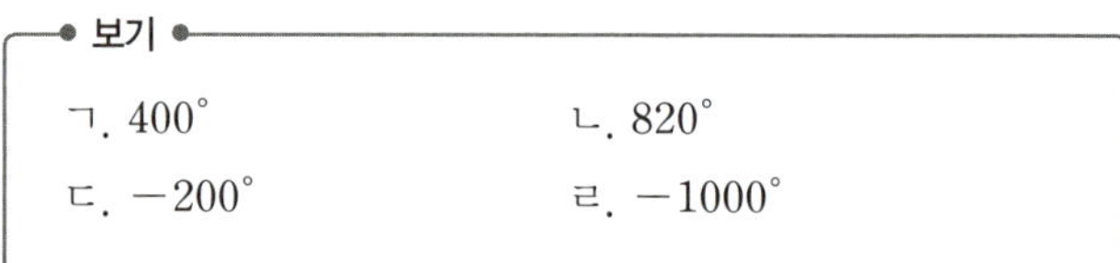

0542 중

θ가 제4사분면의 각일 때, $\dfrac{\theta}{3}$를 나타내는 동경이 속하는 모든 영역을 좌표평면 위에 나타낸 것은? (단, 경계선은 제외한다.)

① 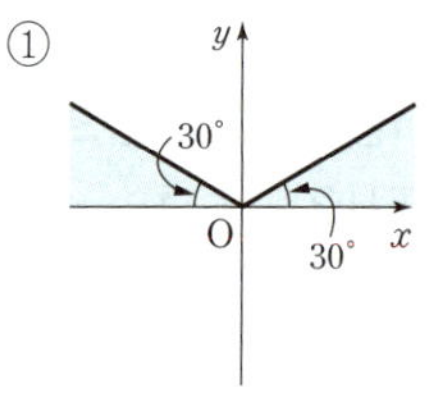 ② 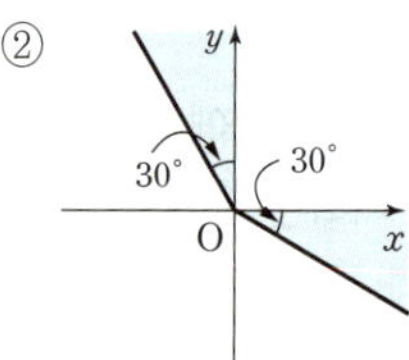

③ 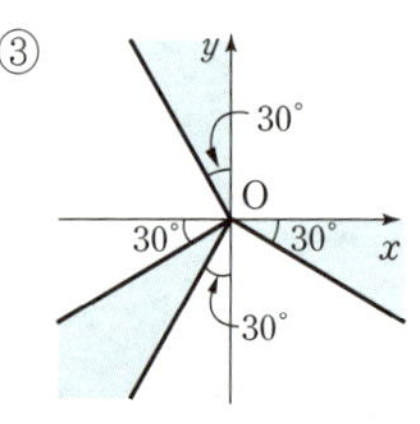 ④ 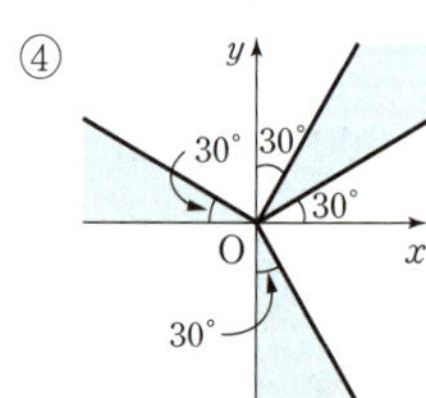

⑤ 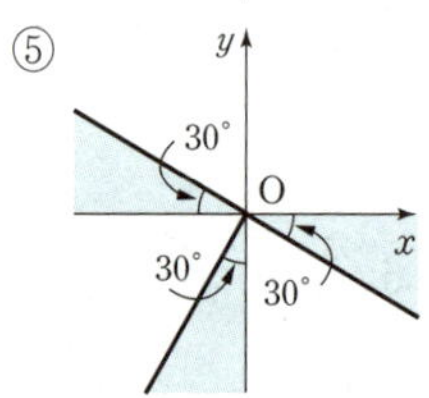

유형 03 두 동경의 위치 관계

두 각 α, β를 나타내는 동경이

(1) 일치한다. $\Rightarrow \alpha-\beta=360°\times n$ (n은 정수)

(2) 일직선 위에 있고 방향이 반대이다.

$\quad\Rightarrow \alpha-\beta=360°\times n+180°$ (n은 정수)

(3) x축에 대하여 대칭이다. $\Rightarrow \alpha+\beta=360°\times n$ (n은 정수)

(4) y축에 대하여 대칭이다. $\Rightarrow \alpha+\beta=360°\times n+180°$ (n은 정수)

(5) 직선 $y=x$에 대하여 대칭이다.

$\quad\Rightarrow \alpha+\beta=360°\times n+90°$ (n은 정수)

0543 대표문제

각 θ를 나타내는 동경과 각 7θ를 나타내는 동경이 일치할 때, 각 θ의 크기를 구하시오. (단, $90°<\theta<180°$)

0544 중하

두 각 α, β를 나타내는 동경이 직선 $y=x$에 대하여 대칭일 때, 다음 중 $\alpha+\beta$의 값이 될 수 있는 것은?

① $30°$ ② $45°$ ③ $60°$
④ $90°$ ⑤ $180°$

0545 중

각 θ를 나타내는 동경과 각 4θ를 나타내는 동경이 x축에 대하여 대칭일 때, 각 θ의 크기를 구하시오. (단, $90°<\theta<180°$)

0546 상중

각 θ를 나타내는 동경과 각 6θ를 나타내는 동경이 일직선 위에 있고 방향이 반대일 때, 각 θ의 크기를 구하시오.

(단, $0°<\theta<90°$)

유형 04 육십분법과 호도법

1라디안$=\dfrac{180°}{\pi}$, $1°=\dfrac{\pi}{180}$라디안이므로

(1) 육십분법을 호도법으로 나타낼 때

$\quad\Rightarrow$ (육십분법의 각)$\times\dfrac{\pi}{180}$

(2) 호도법을 육십분법으로 나타낼 때

$\quad\Rightarrow$ (호도법의 각)$\times\dfrac{180°}{\pi}$

0547 대표문제

다음 중 옳은 것은?

① $45°=\dfrac{\pi}{2}$ ② $160°=\dfrac{6}{7}\pi$

③ $-144°=-\dfrac{5}{4}\pi$ ④ $\dfrac{5}{12}\pi=70°$

⑤ $\dfrac{9}{5}\pi=324°$

0548 하

다음 중 옳지 <u>않은</u> 것은?

① $120°=\dfrac{2}{3}\pi$ ② $210°=\dfrac{7}{6}\pi$

③ $\dfrac{3}{5}\pi=108°$ ④ $\dfrac{11}{6}\pi=300°$

⑤ $\dfrac{7}{12}\pi=105°$

0549 중

다음 **보기** 중에서 옳은 것만을 있는 대로 고르시오.

──● 보기 ●──

ㄱ. $16°=\dfrac{4}{45}\pi$

ㄴ. $-\dfrac{4}{3}\pi$는 제3사분면의 각이다.

ㄷ. 2라디안$=\dfrac{360°}{\pi}$

ㄹ. $-\dfrac{5}{4}\pi$, $\dfrac{3}{4}\pi$, $\dfrac{19}{4}\pi$를 나타내는 동경은 모두 일치한다.

유형 05   부채꼴의 호의 길이와 넓이

반지름의 길이가 r, 중심각의 크기가 θ(라디안)인 부채꼴의 호의 길이를 l, 넓이를 S라 하면

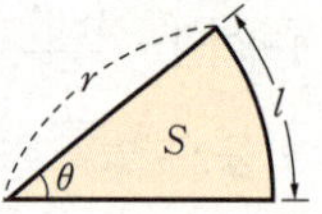

(1) $l=r\theta$, $S=\dfrac{1}{2}r^2\theta=\dfrac{1}{2}rl$

(2) (부채꼴의 둘레의 길이)$=2r+r\theta$

0550 `대표문제`

호의 길이가 6π이고 넓이가 12π인 부채꼴의 중심각의 크기는?

① $\dfrac{\pi}{6}$ ② $\dfrac{\pi}{3}$ ③ $\dfrac{\pi}{2}$

④ $\dfrac{2}{3}\pi$ ⑤ $\dfrac{3}{2}\pi$

0551 `중 하`

반지름의 길이가 3인 원의 넓이와 반지름의 길이가 6인 부채꼴의 넓이가 같을 때, 이 부채꼴의 호의 길이를 구하시오.

0552 `중`

중심각의 크기가 $\dfrac{5}{6}\pi$이고 호의 길이가 10π인 부채꼴의 반지름의 길이를 a, 넓이를 $b\pi$라 할 때, $b-a$의 값은?

① 12   ② 24   ③ 36

④ 48   ⑤ 60

0553 `중`

둘레의 길이가 24인 부채꼴의 넓이의 최댓값 S와 그때의 반지름의 길이 r를 구하시오.

유형 06   삼각함수의 정의

동경 OP가 나타내는 일반각 θ에 대하여

$\sin\theta=\dfrac{y}{r}$

$\cos\theta=\dfrac{x}{r}$

$\tan\theta=\dfrac{y}{x}$ $(x\neq0)$

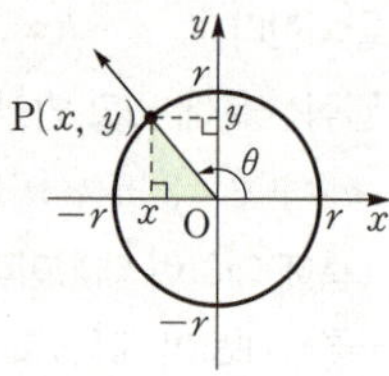

0554 `대표문제`

원점 O와 점 $P(12,\ -5)$를 지나는 동경 OP가 나타내는 각의 크기를 θ라 할 때, $13\sin\theta-13\cos\theta+12\tan\theta$의 값은?

① -22 ② -12 ③ 2

④ 12   ⑤ 22

0555 `중 하`

오른쪽 그림과 같이 제2사분면에 있는 점 $P\left(a,\ \dfrac{3}{2}\right)$에 대하여 $\overline{\mathrm{OP}}$를 동경으로 하는 각의 크기를 θ라 하면 $\tan\theta=-\dfrac{3}{4}$이다. $\overline{\mathrm{OP}}=r$라 할 때, $a+r$의 값을 구하시오.

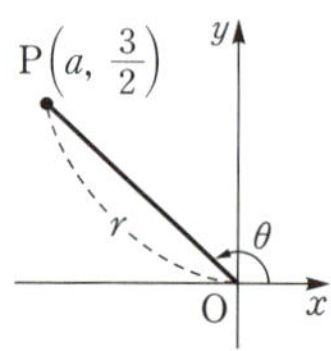

0556 `중`

오른쪽 그림과 같이 가로의 길이가 6, 세로의 길이가 2인 직사각형 ABCD가 원 $x^2+y^2=10$에 내접하고 있다. 두 동경 OA, OD가 나타내는 각의 크기를 각각 α, β라 할 때, $\sin\alpha\cos\beta$의 값을 구하시오.

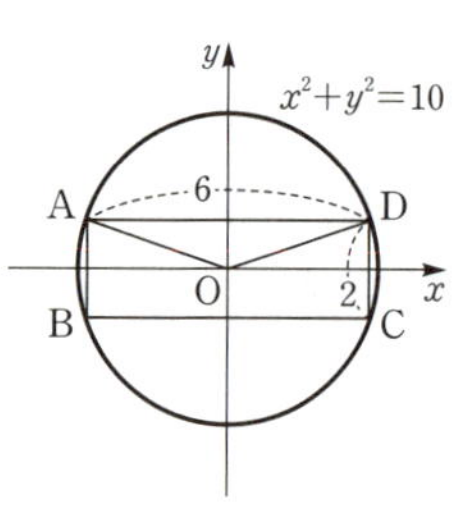

(단, 직사각형의 각 변은 좌표축과 평행하다.)

0557 `상 중` `서술형`

제4사분면의 점 $P(a,\ b)$가 직선 $y=-\sqrt{3}x$ 위에 있다. 동경 OP가 나타내는 각의 크기를 θ라 할 때, $\sin\theta+\cos\theta+\tan\theta$의 값을 구하시오. (단, O는 원점이다.)

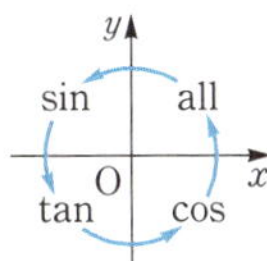

유형 07 삼각함수의 값의 부호

| 개념원리 수학 I 144쪽 |

(1) 제1사분면에서 양의 부호는 all
(2) 제2사분면에서 양의 부호는 sin
(3) 제3사분면에서 양의 부호는 tan
(4) 제4사분면에서 양의 부호는 cos

0558 대표문제

$\sin \theta \cos \theta > 0$, $\cos \theta \tan \theta > 0$을 동시에 만족시키는 θ는 제몇 사분면의 각인가?

① 제1사분면 　② 제3사분면 　③ 제1, 2사분면
④ 제2, 3사분면 　⑤ 제2, 4사분면

0559 하

다음 중 $\tan \theta < 0$, $\cos \theta > 0$을 동시에 만족시키는 θ의 크기가 될 수 있는 것은?

① $\dfrac{\pi}{4}$ 　② $\dfrac{\pi}{3}$ 　③ $\dfrac{2}{3}\pi$
④ $\dfrac{5}{4}\pi$ 　⑤ $\dfrac{5}{3}\pi$

0560 하

θ가 제3사분면의 각일 때, 다음 중 옳은 것은?

① $\sin \theta \tan \theta > 0$ 　② $\sin \theta \cos \theta > 0$
③ $\cos \theta \tan \theta > 0$ 　④ $\sin \theta \cos \theta \tan \theta < 0$
⑤ $\dfrac{\sin \theta}{\tan \theta} > 0$

0561 중 하

$\sin \theta \cos \theta < 0$일 때, 다음 중 항상 옳은 것은?

① $\tan \theta > 0$ 　② $\tan \theta < 0$ 　③ $\sin \theta > 0$
④ $\sin \theta < 0$ 　⑤ $\cos \theta < 0$

0562 중

$\dfrac{\sqrt{\cos \theta}}{\sqrt{\sin \theta}} = -\sqrt{\dfrac{\cos \theta}{\sin \theta}}$를 만족시키는 θ의 값의 범위가

$a\pi < \theta < b\pi$일 때, 상수 a, b에 대하여 $a+b$의 값은?

(단, $0 < \theta < 2\pi$, $\sin \theta \cos \theta \neq 0$)

① $\dfrac{3}{2}$ 　② 2 　③ $\dfrac{5}{2}$
④ 3 　⑤ $\dfrac{7}{2}$

0563 중

다음 식을 간단히 하시오.

(1) $\pi < \theta < \dfrac{3}{2}\pi$일 때,
$$\sqrt{\sin^2 \theta} + \sqrt{\cos^2 \theta} + \cos \theta - \tan \theta + |\tan \theta|$$

(2) $\dfrac{3}{2}\pi < \theta < 2\pi$일 때,
$$\sqrt{(\cos \theta - \tan \theta)^2} - \sqrt{(\sin \theta + \tan \theta)^2}$$

0564 중

$\sin \theta \tan \theta > 0$, $\cos \theta \tan \theta < 0$일 때, $\dfrac{\theta}{2}$를 나타내는 동경이 존재할 수 있는 사분면을 모두 구하시오.

중요

| 개념원리 수학 Ⅰ 146쪽 |

유형 08 삼각함수 사이의 관계를 이용하여
식 간단히 하기

(1) $\tan\theta=\dfrac{\sin\theta}{\cos\theta}$

(2) $\sin^2\theta+\cos^2\theta=1$

0565 대표문제

$\dfrac{\cos^2\theta-\sin^2\theta}{1+2\sin\theta\cos\theta}+\dfrac{\tan\theta-1}{\tan\theta+1}$ 을 간단히 하면?

① 0   ② $\cos\theta$ ③ 1

④ $-\sin\theta$ ⑤ 2

0566 중

다음 식을 간단히 하시오.

(1) $\dfrac{1-\cos^2\theta}{\tan^2\theta}+\sin^2\theta$

(2) $\left(1+\dfrac{1}{\sin\theta}\right)\left(1+\dfrac{1}{\cos\theta}\right)\left(1-\dfrac{1}{\sin\theta}\right)\left(1-\dfrac{1}{\cos\theta}\right)$

(3) $\left(\sin\theta+\dfrac{1}{\sin\theta}\right)^2+\left(\cos\theta+\dfrac{1}{\cos\theta}\right)^2$
$\qquad\qquad\qquad -\left(\tan\theta+\dfrac{1}{\tan\theta}\right)^2$

0567 상중

$0<\cos\theta<\sin\theta$일 때,
$\sqrt{1-2\sin\theta\cos\theta}-\sqrt{1+2\sin\theta\cos\theta}$
를 간단히 하면?

① $-2\sin\theta$ ② $-2\cos\theta$ ③ $2\sin\theta$

④ $2\cos\theta$ ⑤ 1

중요

| 개념원리 수학 Ⅰ 146쪽, 147쪽 |

유형 09 삼각함수 사이의 관계를 이용하여
식의 값 구하기

삼각함수의 값과

$\sin^2\theta=1-\cos^2\theta,\ \cos^2\theta=1-\sin^2\theta,\ \tan^2\theta+1=\dfrac{1}{\cos^2\theta}$

임을 이용하여 주어진 식의 값을 구한다.

0568 대표문제

θ가 제3사분면의 각이고 $\cos\theta=-\dfrac{4}{5}$일 때,

$5\sin\theta+8\tan\theta$의 값은?

① -6 ② -3 ③ 0

④ 3   ⑤ 6

0569 중

다음 물음에 답하시오.

(1) $\sin\theta=-\dfrac{1}{3}$일 때, $\tan\theta+\dfrac{1}{\tan\theta}$의 값을 구하시오.

$\qquad\qquad\qquad\left(\text{단, }\pi<\theta<\dfrac{3}{2}\pi\right)$

(2) $\dfrac{1}{1+\cos\theta}+\dfrac{1}{1-\cos\theta}=\dfrac{8}{3}$일 때, $\tan^2\theta+\dfrac{1}{\sin^2\theta}$의 값
을 구하시오. $\left(\text{단, }\dfrac{\pi}{2}<\theta<\pi\right)$

0570 중

θ가 제2사분면의 각이고 $\tan\theta=-\dfrac{2}{3}$일 때,

$\dfrac{\sin^2\theta-\cos^2\theta}{1+\cos\theta\sin\theta}$의 값을 구하시오.

0571 상중

$\dfrac{\pi}{2}<\theta<\pi$이고 $\dfrac{1+\tan\theta}{1-\tan\theta}=2-\sqrt{3}$일 때, $\sin\theta\cos\theta$의 값
을 구하시오.

| 개념원리 수학 Ⅰ 148쪽 |

유형 10 $\sin\theta+\cos\theta$, $\sin\theta\cos\theta$의 관계를 이용하여 식의 값 구하기

$\sin\theta\pm\cos\theta$의 값 또는 $\sin\theta\cos\theta$의 값이 주어지는 경우
$\Rightarrow (\sin\theta\pm\cos\theta)^2=1\pm 2\sin\theta\cos\theta$ (복부호동순)
임을 이용한다.

0572 ◀ 대표문제

θ는 제2사분면의 각이고 $\sin\theta+\cos\theta=\dfrac{1}{2}$일 때, $\sin^2\theta-\cos^2\theta$의 값은?

① $\dfrac{\sqrt{5}}{4}$ ② $\dfrac{\sqrt{7}}{4}$ ③ 1

④ $\dfrac{7}{3}$ ⑤ 3

0573 중

$\dfrac{\pi}{2}<\theta<\pi$이고 $\sin\theta\cos\theta=-\dfrac{1}{8}$일 때, $\sin^3\theta-\cos^3\theta$의 값을 구하시오.

0574 중

$0<\theta<\dfrac{\pi}{2}$이고 $\tan\theta+\dfrac{1}{\tan\theta}=3$일 때, $\sin\theta+\cos\theta$의 값을 구하시오.

0575 상중

$\sin\theta+\cos\theta=-\dfrac{1}{2}$일 때, $\tan^2\theta+\dfrac{1}{\tan^2\theta}$의 값을 구하시오.

| 개념원리 수학 Ⅰ 149쪽 |

유형 11 삼각함수와 이차방정식

x에 대한 이차방정식 $ax^2+bx+c=0$의 두 근이 $\sin\theta$, $\cos\theta$일 때, 근과 계수의 관계에 의하여
$\Rightarrow \sin\theta+\cos\theta=-\dfrac{b}{a}$, $\sin\theta\cos\theta=\dfrac{c}{a}$

0576 ◀ 대표문제

이차방정식 $5x^2+3x+k=0$의 두 근이 $\sin\theta$, $\cos\theta$일 때, 상수 k의 값을 구하시오.

0577 중

이차방정식 $x^2-x+a=0$의 두 근이 $\sin\theta+\cos\theta$, $\sin\theta-\cos\theta$일 때, 상수 a의 값은?

① $-\dfrac{1}{2}$ ② $-\dfrac{1}{3}$ ③ $-\dfrac{1}{4}$

④ $\dfrac{1}{4}$ ⑤ $\dfrac{1}{2}$

0578 중

이차방정식 $12x^2+ax+b=0$의 두 근이 $\tan\theta$, $\dfrac{1}{\tan\theta}$이고 $\sin\theta+\cos\theta=-\dfrac{1}{5}$일 때, $a+b$의 값을 구하시오.

(단, a, b는 상수)

0579 상중 서술형

이차방정식 $2x^2-1=0$의 두 근이 $\sin\theta$, $\cos\theta$일 때, $\tan\theta$, $\dfrac{1}{\tan\theta}$을 두 근으로 하고 x^2의 계수가 1인 이차방정식을 구하시오.

0580

다음 각 중에서 같은 위치의 동경을 나타내는 것이 <u>아닌</u> 것은?

① $-300°$ ② $60°$ ③ $120°$
④ $420°$ ⑤ $780°$

0581

다음 중 각을 나타내는 동경이 존재하는 사분면이 나머지 넷과 <u>다른</u> 하나는?

① $950°$ ② $-500°$ ③ $-\dfrac{5}{6}\pi$
④ $\dfrac{4}{3}\pi$ ⑤ $\dfrac{11}{4}\pi$

0582

3θ가 제2사분면의 각일 때, θ를 나타내는 동경이 존재할 수 없는 사분면을 구하시오.

0583

각 θ를 나타내는 동경과 각 5θ를 나타내는 동경이 y축에 대하여 대칭이고 각 θ를 나타내는 동경과 각 2θ를 나타내는 동경이 직선 $y=x$에 대하여 대칭일 때, 모든 θ의 값의 합을 구하시오. (단, $0<\theta<\pi$)

0584

중심각의 크기가 $\dfrac{2}{3}$이고 둘레의 길이가 24인 부채꼴의 넓이는?

① 20 ② 24 ③ 25
④ 27 ⑤ 29

0585 중요

길이가 12 cm인 철사로 넓이가 최대인 부채꼴을 만들 때, 이 부채꼴의 호의 길이를 구하시오.

0586

원점 O와 점 $P(-1, \sqrt{3})$를 지나는 동경 OP가 나타내는 각의 크기를 θ라 할 때, $\dfrac{\sin\theta+\cos\theta}{\tan\theta}$의 값을 구하시오.

0587

직선 $12x+5y=0$이 x축의 양의 부분과 이루는 각의 크기를 θ라 할 때, $\sin\theta+\cos\theta$의 값을 구하시오. (단, $0<\theta<\pi$)

0588

$\dfrac{\pi}{2}<\theta<\pi$일 때, $\sqrt{\sin^2\theta}-\sqrt{\cos^2\theta}+|\sin\theta-\cos\theta|$를 간단히 하면?

① $\sin\theta$ ② $\cos\theta$ ③ 1

④ $2\cos\theta$ ⑤ $2\sin\theta$

0589

$\dfrac{4}{3}\pi<\theta<\dfrac{3}{2}\pi$일 때,

$$\sqrt{\left(\sin\theta-\dfrac{1}{2}\right)^2}+\left|\cos\theta-\dfrac{1}{2}\right|-|\sin\theta+\cos\theta|$$

를 간단히 하시오.

0590

$\dfrac{\sqrt{\cos\theta}}{\sqrt{\tan\theta}}=-\sqrt{\dfrac{\cos\theta}{\tan\theta}}$를 만족시키는 각 θ에 대하여

$$\sqrt{(\sin\theta-\cos\theta)^2}-\sqrt[4]{\sin^4\theta}+\sqrt{\cos^2\theta}+\sqrt[3]{\cos^3\theta}$$

를 간단히 하시오. (단, $\cos\theta\tan\theta\neq0$)

0591  중요

$\sqrt{\cos\theta}\sqrt{\tan\theta}=-\sqrt{\cos\theta\tan\theta}$일 때,

$$\sqrt{\tan^2\theta}\sqrt[3]{\cos^3\theta}+\sqrt{\cos^2\theta}-|\cos\theta+\tan\theta|$$
$$-|\sin\theta-\tan\theta|$$

를 간단히 하시오. (단, $0<\theta<2\pi$, $\cos\theta\tan\theta\neq0$)

0592

다음 중 옳지 <u>않은</u> 것은?

① $\tan^2\theta-\sin^2\theta=\tan^2\theta\sin^2\theta$

② $\dfrac{1}{1+\sin\theta}+\dfrac{1}{1-\sin\theta}=\dfrac{2}{\cos^2\theta}$

③ $\dfrac{\tan\theta}{\cos\theta}+\dfrac{1}{\cos^2\theta}=\dfrac{1}{1-\sin\theta}$

④ $\dfrac{1-\sin^2\theta}{1-\cos^2\theta}\cdot\tan^2\theta=1$

⑤ $\dfrac{\tan^2\theta}{1-\cos\theta}+\dfrac{\tan^2\theta}{1+\cos\theta}=1$

0593

$\pi<\theta<\dfrac{3}{2}\pi$이고, $\sqrt{2}\sin\theta-\cos\theta=0$일 때, $\sin\theta+\cos\theta$의 값을 구하시오.

0594

θ가 제2사분면의 각이고 $\dfrac{1}{1+\cos\theta}+\dfrac{1}{1-\cos\theta}=5$일 때, $\sqrt{15}\cos\theta+3\tan^2\theta$의 값을 구하시오.

0595

다음 ㈎, ㈏의 식의 값을 각각 α, β라 할 때, $\alpha+\beta$의 값을 구하시오.

> ㈎ $(1-\tan^4\theta)\cos^2\theta+\tan^2\theta$
>
> ㈏ $\dfrac{1}{\sin^2\theta}(1-\sin^2\theta)(1-\cos^2\theta)(1+\tan^2\theta)$

0596

$$\left(\dfrac{1}{\cos^2 1°}+\dfrac{1}{\cos^2 2°}+\cdots+\dfrac{1}{\cos^2 55°}\right)$$
$$-(\tan^2 1°+\tan^2 2°+\cdots+\tan^2 55°)$$

의 값을 구하시오.

0597

$\sin\theta-\cos\theta=\sqrt{2}$일 때, $\dfrac{1}{\cos\theta}-\dfrac{1}{\sin\theta}$의 값은?

① -2 ② $-2\sqrt{2}$ ③ $-2\sqrt{3}$

④ $-\dfrac{\sqrt{2}}{2}$ ⑤ $-\dfrac{\sqrt{3}}{2}$

0598

$\sin^4\theta-\cos^4\theta=\dfrac{\sqrt{7}}{4}$, $\sin\theta+\cos\theta=\dfrac{\sqrt{7}}{2}$일 때, $\sin^3\theta-\cos^3\theta$의 값은?

① -1 ② $\dfrac{11}{16}$ ③ $\dfrac{11}{8}$

④ 2 ⑤ $\sqrt{7}$

0599

각 θ가 다음 조건을 만족시킬 때, $\sin^3\theta-\cos^3\theta$의 값을 구하시오. (단, $\sin\theta\cos\theta\neq 0$)

> ㈎ $\dfrac{\sqrt{\sin\theta}}{\sqrt{\cos\theta}}=-\sqrt{\tan\theta}$
>
> ㈏ $\sin\theta+\cos\theta=\dfrac{\sqrt{3}}{3}$

0600

x에 대한 이차방정식 $x^2+2(1-\cos\theta)x-\sin^2\theta=0$의 두 근의 차가 2일 때, 각 θ의 크기는? (단, $0\leq\theta\leq\pi$)

① 0 ② $\dfrac{\pi}{6}$ ③ $\dfrac{\pi}{3}$

④ $\dfrac{\pi}{2}$ ⑤ π

0601 🔦중요

계수가 유리수인 이차방정식

$x^2-\left(\tan\theta+\dfrac{1}{\tan\theta}\right)x+1=0$의 한 근이 $2+\sqrt{3}$일 때, $\sin\theta\cos\theta$의 값을 구하시오.

 **서술형 주관식**

0602 중요

각 θ를 나타내는 동경과 각 5θ를 나타내는 동경이 일치할 때, $\cos(\theta-\pi)$의 값을 구하시오. (단, $\pi < \theta < 2\pi$)

0603

길이가 16인 끈을 사용하여 넓이가 12 이상이 되는 부채꼴을 만들려고 한다. 이때 부채꼴의 중심각의 크기의 최댓값을 구하시오.

0604

오른쪽 그림과 같이 직선 $x-3y+3=0$이 x축의 양의 방향과 이루는 각의 크기를 θ라 할 때, $\sin\theta + \cos\theta + \tan\theta$의 값을 구하시오.

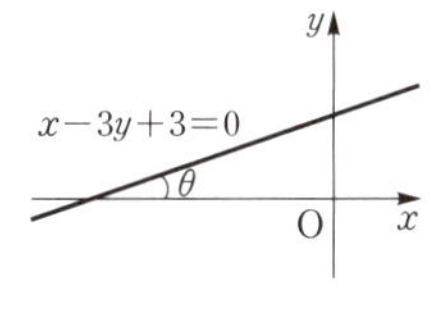

0605

이차방정식 $2x^2+ax+1=0$의 두 근이 $\sin\theta$, $\cos\theta$일 때, $\dfrac{1}{\sin\theta}$, $\dfrac{1}{\cos\theta}$을 두 근으로 하는 이차방정식은 $2x^2+bx+c=0$이다. 이때 상수 a, b, c의 곱 abc의 값을 구하시오. (단, $a>0$)

 **실력 up**

0606

$1 \le n \le 100$인 자연수 n에 대하여 크기가 $360° \times n + (-1)^n \times 90° \times n$인 각을 나타낸 동경을 OP_n이라 하자. 동경 OP_2, OP_3, $\cdots$, OP_{100} 중에서 동경 OP_1과 같은 위치에 있는 동경 OP_n의 개수를 구하시오. (단, O는 원점이다.)

0607

자연수 n과 각 θ에 대하여 $f(n) = \sin^n\theta + \cos^n\theta$일 때, 다음 중 그 값이 $4f(6)+2$의 값과 같은 것은?

① $4f(4)$ ② $4f(4)+3$ ③ $6f(4)$
④ $6f(4)+1$ ⑤ $6f(4)+3$

0608

x에 대한 이차방정식 $x^2-ax+a=0$의 두 실근을 $\sin\theta$, $\cos\theta$라 할 때, $\dfrac{1}{\sin^3\theta+\cos^3\theta}$의 값은? (단, $|a| \le \sqrt{2}$)

① $\sqrt{2}+2$ ② $\dfrac{\sqrt{2}+2}{2}$ ③ $2-\sqrt{2}$
④ $\dfrac{\sqrt{2}-2}{2}$ ⑤ $\dfrac{-2-\sqrt{2}}{2}$

0609 창의·융합

오른쪽 그림은 승용차의 와이퍼 (wiper)가 부채꼴 모양으로 움직이며 유리창을 닦는 모양이다. 와이퍼의 암(arm) OC의 한쪽 끝 C가 와이퍼의 블레이드(blade) PQ를 3 : 2로 내분하는 점과 연결되어 있다. 선분 OA의 길이는 70이고 와이퍼가 움직이는 각도는 120°이다. 와이퍼의 블레이드로 닦은 부분의 넓이가 1500π일 때, 와이퍼의 암 OC의 길이를 구하시오.

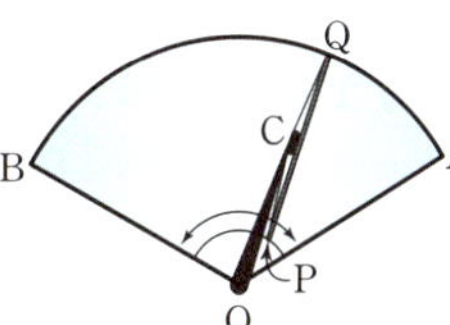

(단, 네 지점 O, P, C, Q는 일직선 위에 있다.)

06 | 삼각함수의 그래프

06·1 삼각함수의 그래프와 성질

	$y=\sin x$	$y=\cos x$	$y=\tan x$
그래프			
정의역	실수 전체의 집합	실수 전체의 집합	$x=n\pi+\dfrac{\pi}{2}\ (n$은 정수$)$를 제외한 실수 전체의 집합
치역	$\{y\,\|\,-1\leq y\leq 1\}$	$\{y\,\|\,-1\leq y\leq 1\}$	실수 전체의 집합
대칭성	원점에 대하여 대칭	y축에 대하여 대칭	원점에 대하여 대칭
주기	2π	2π	π

→ 점근선

■ 함수 f의 정의역에 속하는 모든 x에 대하여
$$f(x+p)=f(x)$$
를 만족시키는 0이 아닌 상수 p가 존재할 때, 함수 f를 주기함수라 하고, p의 값 중에서 최소인 양수를 함수 f의 주기라 한다.

■ $y=a\sin bx$ (또는 $y=a\cos bx$)
⇨ 치역 : $\{y\,\|\,-|a|\leq y\leq |a|\}$
  주기 : $\dfrac{2\pi}{|b|}$

■ $y=a\tan bx$
⇨ 정의역 : $x=\dfrac{1}{b}\Big(n\pi+\dfrac{\pi}{2}\Big)$
  $(n$은 정수$)$를 제외한 실수 전체의 집합
  주기 : $\dfrac{\pi}{|b|}$

■ $y=a\sin (bx+c)+d$
  $=a\sin b\Big(x+\dfrac{c}{b}\Big)+d$
의 그래프는 $y=a\sin bx$의 그래프를 x축의 방향으로 $-\dfrac{c}{b}$만큼, y축의 방향으로 d만큼 평행이동한 것이다.

06·2 삼각함수의 최대·최소와 주기

삼각함수	최댓값	최솟값	주기
$y=a\sin (bx+c)+d$	$|a|+d$	$-|a|+d$	$\dfrac{2\pi}{|b|}$
$y=a\cos (bx+c)+d$	$|a|+d$	$-|a|+d$	$\dfrac{2\pi}{|b|}$
$y=a\tan (bx+c)+d$	없다.	없다.	$\dfrac{\pi}{|b|}$

06·3 삼각함수의 성질

1 $2n\pi+x$의 삼각함수 (단, n은 정수)
$$\sin (2n\pi+x)=\sin x,\ \cos (2n\pi+x)=\cos x,\ \tan (2n\pi+x)=\tan x$$

2 $-x$의 삼각함수
$$\sin (-x)=-\sin x,\ \cos (-x)=\cos x,\ \tan (-x)=-\tan x$$

3 $\pi\pm x$의 삼각함수
$$\sin (\pi\pm x)=\mp\sin x,\ \cos (\pi\pm x)=-\cos x,\ \tan (\pi\pm x)=\pm\tan x\ (복부호동순)$$

4 $\dfrac{\pi}{2}\pm x$의 삼각함수
$$\sin \Big(\dfrac{\pi}{2}\pm x\Big)=\cos x,\ \cos \Big(\dfrac{\pi}{2}\pm x\Big)=\mp\sin x,\ \tan \Big(\dfrac{\pi}{2}\pm x\Big)=\mp\dfrac{1}{\tan x}\ (복부호동순)$$

■ $\dfrac{n}{2}\pi\pm x\ (n$은 정수$)$의 삼각함수의 변환
(ⅰ) n이 짝수이면
  $\sin \longrightarrow \sin,\ \cos \longrightarrow \cos,$
  $\tan \longrightarrow \tan$
  n이 홀수이면
  $\sin \longrightarrow \cos,\ \cos \longrightarrow \sin,$
  $\tan \longrightarrow \dfrac{1}{\tan}$
  로 고친다.
(ⅱ) x를 예각으로 생각하고 $\dfrac{n}{2}\pi\pm x$가 나타내는 동경이 존재하는 사분면에서의 원래 삼각함수의 부호를 따른다.

06·4 삼각함수가 포함된 방정식과 부등식

1 삼각함수가 포함된 방정식의 풀이
(ⅰ) 주어진 방정식을 $\sin x=k$ (또는 $\cos x=k$, $\tan x=k$)의 꼴로 변형한다.
(ⅱ) 함수 $y=\sin x$ (또는 $y=\cos x$, $y=\tan x$)의 그래프와 직선 $y=k$의 교점의 x좌표를 구한다.

2 삼각함수가 포함된 부등식의 풀이 : $\sin x>k$ (또는 $\cos x>k$ 또는 $\tan x>k$)의 꼴의 부등식
(ⅰ) 부등호를 등호로 바꾸어 삼각방정식을 푼다.
(ⅱ) 삼각함수의 그래프를 이용하여 주어진 부등식을 만족하는 미지수의 값의 범위를 구한다.

■ 두 종류 이상의 삼각함수가 포함된 방정식과 부등식의 경우 한 종류의 삼각함수에 대한 방정식과 부등식으로 변형한 후 해결한다.

06 · 1   삼각함수의 그래프와 성질

0610 함수 $f(x)$의 주기가 2이고, $f(1)=1$일 때, $f(9)$의 값을 구하시오.

[0611 ~ 0614] 다음 함수의 그래프를 그리고, 치역과 주기를 구하시오.

0611 $y=2\sin x$

0612 $y=\sin 2x$

0613 $y=\sin\left(x-\dfrac{\pi}{2}\right)$

0614 $y=2\sin(2x-\pi)$

[0615 ~ 0618] 다음 함수의 그래프를 그리고, 치역과 주기를 구하시오.

0615 $y=\dfrac{1}{2}\cos x$

0616 $y=3\cos\left(x-\dfrac{\pi}{4}\right)$

0617 $y=2\cos x+1$

0618 $y=2\cos\left(2x+\dfrac{\pi}{2}\right)$

[0619 ~ 0621] 다음 함수의 그래프를 그리고, 치역, 주기, 점근선의 방정식을 구하시오.

0619 $y=\tan\dfrac{x}{2}$

0620 $y=\dfrac{1}{2}\tan 4x$

0621 $y=\tan\left(x-\dfrac{\pi}{2}\right)+2$

06 · 2   삼각함수의 최대 · 최소와 주기

[0622 ~ 0624] 다음 함수의 최댓값, 최솟값, 주기를 구하시오.

0622 $y=\dfrac{1}{4}\sin\left(2x-\dfrac{\pi}{3}\right)$

0623 $y=2\cos\left(x+\dfrac{\pi}{3}\right)+1$

0624 $y=2\tan\dfrac{\pi}{2}x$

[0625 ~ 0628] 다음 함수의 주기를 구하시오.

0625 $y=|\sin x|$

0626 $y=|\cos x|$

0627 $y=\cos|x|$

0628 $y=|\tan x|$

06 · 3   삼각함수의 성질

[0629 ~ 0631] 다음 삼각함수의 값을 구하시오.

0629 $\sin 780°$

0630 $\cos\dfrac{25}{6}\pi$

0631 $\tan\dfrac{7}{3}\pi$

[0632 ~ 0634] 다음 삼각함수의 값을 구하시오.

0632 $\sin\left(-\dfrac{\pi}{4}\right)$

0633 $\cos 330°$

0634 $\tan\dfrac{11}{6}\pi$

[0635 ~ 0637] 다음 삼각함수의 값을 구하시오.

0635 $\sin\dfrac{5}{6}\pi$

0636 $\cos\dfrac{5}{4}\pi$

0637 $\tan 210°$

06 · 4   삼각함수가 포함된 방정식과 부등식

[0638 ~ 0640] 다음 방정식을 푸시오. (단, $0\le x<2\pi$)

0638 $\sin x=-\dfrac{1}{2}$

0639 $2\cos x-\sqrt{3}=0$

0640 $\tan x=\sqrt{3}$

[0641 ~ 0643] 다음 부등식을 푸시오. (단, $0\le x<2\pi$)

0641 $\sqrt{2}\sin x+1<0$

0642 $2\cos x\ge\sqrt{3}$

0643 $\tan x>\sqrt{3}$

| 개념원리 수학 I 163쪽, 164쪽 |

유형 **01** 주기함수

함수 $f(x)$가 주기가 p인 주기함수이다.

$\Rightarrow f(x)=f(x+p)=f(x+2p)=f(x+3p)=\cdots$

즉, $f(x+np)=f(x)$ (단, n은 정수)

0644 대표문제

함수 $f(x)=\sin 2x+\cos 2x+\tan^2 4x$의 주기를 p라 할 때, $f(p)$의 값을 구하시오.

0645 하

함수 $f(x)$가 다음 조건을 만족시킬 때, $f\left(\dfrac{91}{3}\right)$의 값을 구하시오.

> (가) 모든 실수 x에 대하여 $f(x+3)=f(x)$
> (나) $0\le x<3$일 때, $f(x)=\cos \pi x$

0646 중

함수 $f(x)=\dfrac{\sin 4x+\cos 2x+1}{3\sin x+4}$의 주기를 p라 할 때,

$f(2p)+f(4p)+f(6p)+\cdots+f(20p)$

의 값을 구하시오.

0647 상중

모든 실수 x에 대하여 함수 $f(x)$가 $f(x-2)=f(x+1)$을 만족시키고, $f(-1)=2$, $f(0)=-1$, $f(1)=1$일 때, $f(2018)+f(2020)+f(2022)$의 값을 구하시오.

유형 **02** 함수 $y=a\sin(bx+c)+d$의 그래프의 성질

(1) $y=a\sin bx$의 그래프

$y=\sin x$의 그래프를 y축의 방향으로 $|a|$배, x축의 방향으로 $\left|\dfrac{1}{b}\right|$배 한 그래프이다.

(2) $y=a\sin(bx+c)+d$의 그래프

① $y=a\sin bx$의 그래프를 x축의 방향으로 $-\dfrac{c}{b}$만큼, y축의 방향으로 d만큼 평행이동한 그래프이다.

② 최댓값 : $|a|+d$, 최솟값 : $-|a|+d$, 주기 : $\dfrac{2\pi}{|b|}$

0648 대표문제

다음 중 함수 $f(x)=2\sin\left(2x+\dfrac{\pi}{6}\right)-1$에 대한 설명으로 옳지 <u>않은</u> 것은?

① 최댓값은 1이다.
② 최솟값은 -3이다.
③ 주기가 π인 주기함수이다.
④ $f\left(\dfrac{5}{12}\pi\right)=-1$
⑤ 그래프는 함수 $y=2\sin 2x$의 그래프를 x축의 방향으로 $-\dfrac{\pi}{6}$만큼, y축의 방향으로 -1만큼 평행이동한 것이다.

0649 중 서술형

함수 $y=\sin 3x+1$의 그래프를 x축에 대하여 대칭이동한 후 y축의 방향으로 $-\dfrac{3}{2}$만큼 평행이동한 그래프의 식이 $y=a\sin 3x+b$일 때, 상수 a, b에 대하여 ab의 값을 구하시오.

0650 중

함수 $y=-\dfrac{1}{2}\sin\left(4x-\dfrac{\pi}{6}\right)+1$의 주기를 p, 최댓값을 M, 최솟값을 m이라 할 때, pMm의 값을 구하시오.

유형 03   함수 $y=a\cos(bx+c)+d$의 그래프의 성질

(1) $y=a\cos bx$의 그래프

$y=\cos x$의 그래프를 y축의 방향으로 $|a|$배, x축의 방향으로 $\left|\dfrac{1}{b}\right|$배 한 그래프이다.

(2) $y=a\cos(bx+c)+d$의 그래프

① $y=a\cos bx$의 그래프를 x축의 방향으로 $-\dfrac{c}{b}$만큼, y축의 방향으로 d만큼 평행이동한 그래프이다.

② 최댓값 : $|a|+d$, 최솟값 : $-|a|+d$, 주기 : $\dfrac{2\pi}{|b|}$

0651   대표문제

다음 중 함수 $f(x)=2\cos\left(\dfrac{x}{2}-\dfrac{\pi}{3}\right)-1$에 대한 설명으로 옳지 <u>않은</u> 것은?

① 최댓값은 1이다.

② 최솟값은 -3이다.

③ 주기가 4π인 주기함수이다.

④ 그래프가 점 $(\pi,\ 0)$을 지난다.

⑤ 그래프는 $y=2\cos\dfrac{x}{2}$의 그래프를 x축의 방향으로 $\dfrac{2}{3}\pi$만큼, y축의 방향으로 -1만큼 평행이동한 것이다.

0652   중

다음 **보기** 중 함수 $y=\cos 2x$의 그래프를 평행이동 또는 대칭이동하여 겹쳐질 수 있는 그래프의 식인 것만을 있는 대로 고르시오.

┌─ 보기 ────────────────────────
ㄱ. $y=\cos(2x-5\pi)$ ㄴ. $y=\cos 4x+2$

ㄷ. $y=2\cos 2x-3$ ㄹ. $y=-\cos 2x-1$
└────────────────────────────

0653   중

함수 $y=-2\cos\left(-3\pi x+\dfrac{1}{6}\right)+3$의 주기를 p, 최댓값을 M, 최솟값을 m이라 할 때, $p+M+m$의 값을 구하시오.

유형 04   함수 $y=a\tan(bx+c)+d$의 그래프의 성질

(1) $y=a\tan bx$의 그래프

점근선의 방정식 : $x=\dfrac{1}{b}\left(n\pi+\dfrac{\pi}{2}\right)$ (단, n은 정수)

(2) $y=a\tan(bx+c)+d$의 그래프

① $y=a\tan bx$의 그래프를 x축의 방향으로 $-\dfrac{c}{b}$만큼, y축의 방향으로 d만큼 평행이동한 그래프이다.

② 최댓값, 최솟값 : 없다., 주기 : $\dfrac{\pi}{|b|}$

0654   대표문제

함수 $y=3\tan\left(2x+\dfrac{\pi}{2}\right)+1$에 대한 다음 설명 중 (개)~(라)에 알맞은 것을 구하시오.

┌────────────────────────────
• 주기는 (개) 이다.

• $y=3\tan 2x$의 그래프를 x축의 방향으로 (내) 만큼, y축의 방향으로 (대) 만큼 평행이동한 것이다.

• 점근선의 방정식은 (라) 이다.
└────────────────────────────

0655   중

다음 중 함수 $y=-2\tan\left(\dfrac{x}{3}+\pi\right)+3$과 주기가 같은 함수는?

① $y=2\cos\dfrac{x}{3}$ ② $y=\sin\pi x+3$

③ $y=-2\tan x+1$ ④ $y=-2\sin\left(\dfrac{2}{3}x-\pi\right)$

⑤ $y=-2\cos\dfrac{\pi}{2}x+3$

0656   중

다음 중 함수 $y=\tan\left(\pi x-\dfrac{\pi}{2}\right)$의 주기와 점근선의 방정식을 차례대로 나열한 것은? (단, n은 정수)

① $2,\ x=n-\dfrac{1}{3}$ ② $2,\ x=n-\dfrac{1}{2}$ ③ $1,\ x=n+\dfrac{1}{2}$

④ $1,\ x=n$ ⑤ $\pi,\ x=n$

유형 05 삼각함수의 최대·최소와 미정계수 구하기

(1) $y=a\sin(bx+c)+d$ 또는 $y=a\cos(bx+c)+d$

$\Rightarrow$ 최댓값 : $|a|+d$, 최솟값 : $-|a|+d$, 주기 : $\dfrac{2\pi}{|b|}$

(2) $y=a\tan(bx+c)+d$

$\Rightarrow$ 최댓값, 최솟값 : 없다., 주기 : $\dfrac{\pi}{|b|}$

0657 ◀ 대표문제

함수 $f(x)=a\sin\left(x+\dfrac{\pi}{2}\right)+b$의 최댓값이 4이고

$f\left(-\dfrac{\pi}{3}\right)=\dfrac{3}{2}$일 때, $f(x)$의 최솟값은?

(단, $a>0$, b는 상수이다.)

① -7 ② -6 ③ -5

④ -4 ⑤ -3

0658 중하

함수 $f(x)=a\tan bx$의 주기가 $\dfrac{\pi}{3}$이고 $f\left(\dfrac{\pi}{12}\right)=3$일 때, 상수 a, b에 대하여 ab의 값을 구하시오. (단, $b>0$)

0659 중

함수 $f(x)=a\cos bx+c$가 다음 조건을 만족시킬 때, 상수 a, b, c에 대하여 $a+b+c$의 값을 구하시오.

(단, $a>0$, $b>0$)

> (개) 최댓값과 최솟값의 차가 6이다.
>
> (내) 주기가 $\dfrac{3}{2}\pi$이다.
>
> (대) 점 $\left(\dfrac{\pi}{4},\ \dfrac{1}{2}\right)$을 지난다.

유형 06 그래프가 주어진 삼각함수의 미정계수 구하기

주어진 그래프에서 최댓값, 최솟값, 주기를 구한 후 이를 이용하여 삼각함수의 미정계수를 구한다.

0660 ◀ 대표문제

오른쪽 그림은 함수
$y=a\sin(bx-c)$의 그래프이다.
이때 상수 a, b, c에 대하여
$a-b+2c$의 값을 구하시오.

(단, $a>0$, $b>0$, $0<c<\pi$)

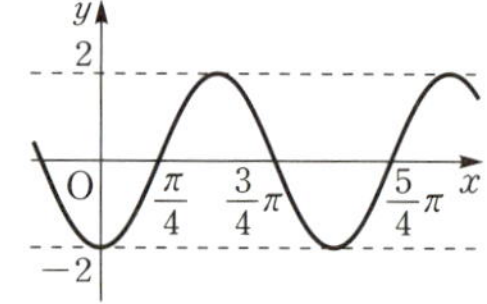

0661 중

오른쪽 그림은 함수
$y=\tan(ax-b)$의 그래프이다.
상수 a, b에 대하여 $a+2b$의 값을
구하시오. (단, $a>0$, $0<b<\pi$)

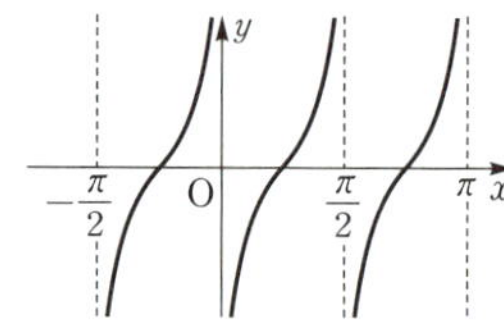

0662 중 서술형

오른쪽 그림은 함수
$y=a\cos(bx+c)$의 그래프이다.
이때 상수 a, b, c에 대하여 abc의
값을 구하시오.

(단, $a>0$, $b>0$, $0<c<2\pi$)

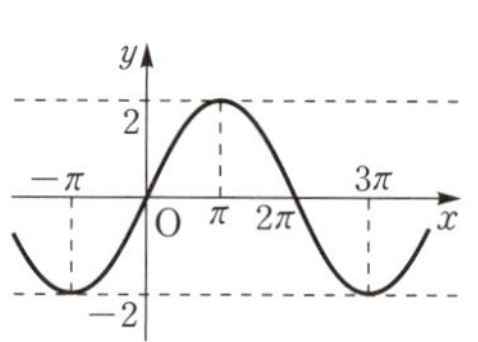

0663 상중

오른쪽 그림은 함수
$y=a\cos\dfrac{\pi}{4}(2x+1)+b$의 그래
프이다. 이때 $a+b+c$의 값을 구
하시오. (단, a, b는 상수, $a>0$)

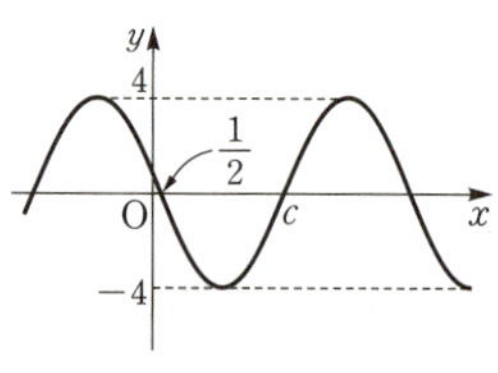

| 개념원리 수학 I 166쪽 |

유형 07 절댓값 기호를 포함한 삼각함수

(1) $y=|a\sin bx|$ 또는 $y=|a\cos bx|$

  ① 최댓값 : $|a|$ ② 최솟값 : 0 ③ 주기 : $\dfrac{\pi}{|b|}$

(2) $y=|\tan bx|$

  ① 최댓값 : 없다.   ② 최솟값 : 0 ③ 주기 : $\dfrac{\pi}{|b|}$

0664 대표문제

함수 $y=|\tan ax|$의 주기와 함수 $y=3\cos 5x$의 주기가 서로 같을 때, 양수 a의 값을 구하시오.

0665 중 하

다음 중 함수 $y=|\tan x|$에 대한 설명으로 옳은 것은?

① 주기는 $\dfrac{\pi}{2}$이다.

② 최댓값은 1이다.

③ 최솟값은 -1이다.

④ 그래프는 원점에 대하여 대칭이다.

⑤ 점근선의 방정식은 $x=n\pi+\dfrac{\pi}{2}$ (n은 정수)이다.

0666 중

함수 $f(x)=a|\cos bx|+c$의 주기가 $\dfrac{\pi}{3}$, 최댓값이 5,

$f\left(\dfrac{\pi}{6}\right)=1$일 때, 상수 a, b, c에 대하여 $a-b+c$의 값을 구하시오. (단, $a>0$, $b>0$)

0667 중

함수 $f(x)=a|\sin bx|+c$가 다음 조건을 만족시킬 때, 상수 a, b, c에 대하여 $a+b+c$의 값을 구하시오.

(단, $a>0$, $b>0$)

> (가) 최댓값과 최솟값의 차가 2이다.
> (나) 함수 $y=\cos 6x$와 주기가 같다.
> (다) y절편은 3이다.

유형 08 삼각함수의 그래프에서의 넓이

삼각함수의 그래프의 대칭성을 이용하여 길이 또는 넓이가 같은 부분을 찾아 도형의 넓이를 구한다.

0668 대표문제

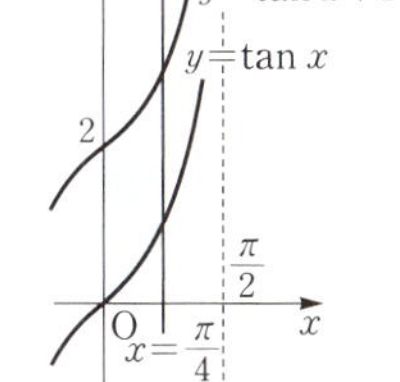

오른쪽 그림에서 두 함수 $y=\tan x$, $y=\tan x+2$의 그래프와 y축 및 직선 $x=\dfrac{\pi}{4}$로 둘러싸인 부분의 넓이는?

① $\dfrac{\pi}{8}$ ② $\dfrac{\pi}{6}$

③ $\dfrac{\pi}{4}$ ④ $\dfrac{\pi}{3}$

⑤ $\dfrac{\pi}{2}$

0669 중

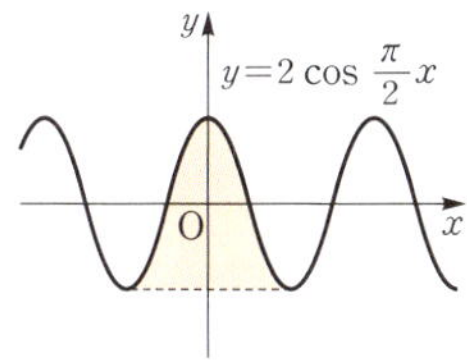

오른쪽 그림은 함수 $y=2\cos\dfrac{\pi}{2}x$의 그래프이다. 이때 색칠한 부분의 넓이를 구하시오.

0670 중

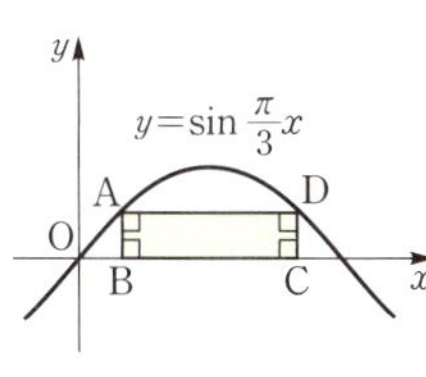

오른쪽 그림과 같이 함수 $y=\sin\dfrac{\pi}{3}x$의 그래프와 x축으로 둘러싸인 도형의 내부에 직사각형 ABCD가 접해 있다. $\overline{BC}=2$일 때, 직사각형 ABCD의 넓이는?

① 1   ② 2   ③ 3

④ 4   ⑤ 5

| 개념원리 수학 I 175쪽 |

유형 **09** 일반각에 대한 삼각함수의 성질

$\dfrac{n}{2}\pi \pm x$ 또는 $90° \times n \pm x$ (n은 정수)의 삼각함수의 값은 다음과 같은 순서로 구한다.

(i) n이 짝수이면 ⇨ 그대로

$\sin \to \sin,\ \cos \to \cos,\ \tan \to \tan$

n이 홀수이면 ⇨ 바꾼다.

$\sin \to \cos,\ \cos \to \sin,\ \tan \to \dfrac{1}{\tan}$

(ii) x를 예각으로 생각하여 원래 삼각함수의 부호를 따른다.

0671 `대표문제`

$$\frac{\sin(\pi+\theta)\tan^2(\pi-\theta)}{\cos\left(\frac{3}{2}\pi-\theta\right)} + \frac{\sin\left(\frac{3}{2}\pi+\theta\right)}{\sin\left(\frac{\pi}{2}+\theta\right)\cos^2(2\pi-\theta)}$$

를 간단히 하면?

① -2 ② -1 ③ 0

④ 1 ⑤ 2

0672 `중하`

다음 **보기**의 삼각함수의 값 중 $\sin\theta$의 값과 같은 것의 개수는?

┌─ 보기 ─────────────

ㄱ. $\sin(-\theta)$ ㄴ. $\sin\left(\dfrac{\pi}{2}-\theta\right)$

ㄷ. $\sin(\pi-\theta)$ ㄹ. $\sin\left(\dfrac{3}{2}\pi-\theta\right)$

ㅁ. $\sin\left(\dfrac{\pi}{2}+\theta\right)$ ㅂ. $\sin(\pi+\theta)$

└────────────────

① 1 ② 2 ③ 3

④ 4 ⑤ 5

0673 `중하`

다음 삼각함수표를 이용하여 $\cos 100° + \tan 200°$의 값을 구하시오.

θ	$\sin\theta$	$\cos\theta$	$\tan\theta$
$10°$	0.1736	0.9848	0.1763
$20°$	0.3420	0.9397	0.3640

0674 `중`

다음 식을 간단히 하시오.

(1) $\dfrac{\sin 150°}{\sin 120° - \sin 135°} - \dfrac{\cos 120°}{\cos 135° + \cos 150°}$

(2) $\dfrac{\cos^2 390° + \tan 300°}{\sin 420°} + \dfrac{\sin^2 210° + \tan 120°}{\cos(-300°)}$

0675 `중`

다음 식을 간단히 하시오.

(1) $\dfrac{\cos\theta \cos\left(\frac{\pi}{2}+\theta\right)}{\tan(\pi+\theta)} + \sin\theta \tan(\pi-\theta)\sin\left(\dfrac{\pi}{2}-\theta\right)$

(2) $\cos^2(\pi-\theta) + \cos^2\left(\dfrac{3}{2}\pi+\theta\right) + \cos^2\left(\dfrac{3}{2}\pi-\theta\right)$
$\qquad\qquad\qquad\qquad + \cos^2(2\pi-\theta)$

0676 `중`

$\cos(-110°)=\alpha$일 때, $\sin 250°$를 α를 사용하여 바르게 나타낸 것은?

① $-\sqrt{1-\alpha^2}$ ② $\sqrt{1-\alpha^2}$ ③ $\alpha-1$

④ $1-\alpha^2$ ⑤ α^2-1

0677 `상중`

$\theta=9°$일 때, $\cos\theta + \cos 2\theta + \cdots + \cos 40\theta$의 값은?

① 0 ② $\dfrac{1}{2}$ ③ $\dfrac{\sqrt{2}}{2}$

④ $\dfrac{\sqrt{3}}{2}$ ⑤ 1

| 개념원리 수학 I 176쪽 |

유형 **10** $\sin^2 x + \cos^2 x = 1$을 이용한 식의 값

$\sin(90°-x)=\cos x$, $\cos(90°-x)=\sin x$임을 이용하여
주어진 식을 $\sin^2 x + \cos^2 x = 1$의 형태로 정리한다.

0678 대표문제

$0 < \theta < \dfrac{\pi}{4}$일 때, $\sin^2\left(\dfrac{\pi}{4}+\theta\right)+\sin^2\left(\dfrac{\pi}{4}-\theta\right)$의 값은?

① 2 ② 1 ③ $\dfrac{1}{2}$

④ $\dfrac{1}{3}$ ⑤ 0

0679 중

$\cos^2(\theta-40°)+\cos^2(\theta+50°)$의 값은?

① 0 ② 1 ③ 2
④ 3 ⑤ 4

0680 중

$\cos^2\dfrac{\pi}{20}+\cos^2\dfrac{3}{20}\pi+\cos^2\dfrac{5}{20}\pi+\cos^2\dfrac{7}{20}\pi+\cos^2\dfrac{9}{20}\pi$
의 값을 구하시오.

0681 상중

다음 식의 값을 구하시오.

(1) $\cos^2 1° + \cos^2 3° + \cos^2 5° + \cdots + \cos^2 87° + \cos^2 89°$
(2) $\sin^2 1° + \sin^2 2° + \sin^2 3° + \cdots + \sin^2 88° + \sin^2 89°$

| 개념원리 수학 I 182쪽 |

유형 **11** 삼각함수가 포함된 함수의 최대·최소 — 일차식 꼴

(i) 삼각함수를 t로 치환한다.
(ii) t의 값의 범위를 구한다.
(iii) t에 대한 함수의 그래프를 이용하여 (ii)의 범위에서 최댓값과
　　　최솟값을 구한다.

0682 대표문제

함수 $y=-|\sin x+2|+k$의 최댓값과 최솟값의 합이 1일
때, 상수 k의 값을 구하시오.

0683 중

함수 $y=\cos\left(x+\dfrac{\pi}{2}\right)-2\sin x-1$의 최댓값을 M, 최솟값
을 m이라 할 때, $M-m$의 값을 구하시오.

0684 중

함수 $y=a|\cos 2x-1|+b$의 최댓값이 7, 최솟값이 3일 때,
상수 a, b에 대하여 $a+b$의 값을 구하시오. (단, $a>0$)

0685 상중

함수 $y=|2+3\cos(x-\pi)|-1$의 최댓값과 최솟값을 각각
M, m이라 할 때, $M+m$의 값은?

① 2 ② $\dfrac{5}{2}$ ③ 3

④ $\dfrac{7}{2}$ ⑤ 4

유형 익/히/기

유형 12 삼각함수가 포함된 함수의 최대·최소 — 이차식 꼴

(ⅰ) $\sin^2 x + \cos^2 x = 1$을 이용하여 한 종류의 삼각함수로 정리한다.

(ⅱ) $\sin x$ (또는 $\cos x$)를 t로 치환한다.

(ⅲ) t의 값의 범위를 구한다.

(ⅳ) t에 대한 함수의 그래프를 이용하여 (ⅲ)의 범위에서 최댓값과 최솟값을 구한다.

0686 대표문제

함수 $y = -2\sin^2 x + 2\cos x + 1$의 최댓값을 M, 최솟값을 m이라 할 때, $M+m$의 값은?

① $\dfrac{1}{2}$ ② 1 ③ $\dfrac{3}{2}$

④ 2 ⑤ $\dfrac{5}{2}$

0687 중

함수 $y = \cos^2 x + 2\sin x + 2$는 $x=a$에서 최댓값 M을 갖는다. 이때 aM의 값은? (단, $-\pi \leq x \leq \pi$)

① π ② $\dfrac{3}{2}\pi$ ③ 2π

④ $\dfrac{5}{2}\pi$ ⑤ 3π

0688 중 서술형

함수 $y = \sin^2 x - 4\cos x + k$의 최댓값이 3일 때, 상수 k의 값을 구하시오.

0689 상중

함수 $y = \cos\left(\dfrac{\pi}{2}-x\right)\cos\left(\dfrac{\pi}{2}+x\right) - 2\sin(\pi+x) + a$의 최댓값이 3일 때, 최솟값을 구하시오. (단, a는 상수이다.)

유형 13 삼각함수가 포함된 함수의 최대·최소 — 유리함수 꼴

(ⅰ) 삼각함수를 t로 치환하여 t에 대한 유리함수를 만든다.

(ⅱ) t의 값의 범위를 구한다.

(ⅲ) t에 대한 함수의 그래프를 이용하여 (ⅱ)의 범위에서 최댓값과 최솟값을 구한다.

0690 대표문제

함수 $y = \dfrac{-\sin x + 1}{\sin x + 2}$의 최댓값과 최솟값을 각각 M, m이라 할 때, $M+m$의 값은?

① $\dfrac{3}{2}$ ② 2 ③ $\dfrac{5}{2}$

④ 3 ⑤ $\dfrac{7}{2}$

0691 중

함수 $y = \dfrac{-\cos x}{\cos x - 1}$의 최댓값과 최솟값을 각각 M, m이라 할 때, $M-m$의 값을 구하시오. $\left(\text{단, } \dfrac{\pi}{4} \leq x \leq \dfrac{\pi}{3}\right)$

0692 중

함수 $y = \dfrac{2\tan x + 1}{\tan x + 2}$의 최댓값과 최솟값을 각각 M, m이라 할 때, $M+m$의 값을 구하시오. $\left(\text{단, } 0 \leq x \leq \dfrac{\pi}{4}\right)$

0693 상중

함수 $y = \dfrac{|\sin x|}{|\sin x| + 1}$의 치역이 $\{y \mid a \leq y \leq b\}$일 때, $a+b$의 값을 구하시오.

유형 **14**　삼각함수가 포함된 방정식 − 일차식 꼴

(1) $\sin x = k$ (또는 $\cos x = k$, $\tan x = k$)의 꼴의 방정식

　⇨ $y = \sin x$ (또는 $y = \cos x$, $y = \tan x$)의 그래프와 직선 $y = k$의 교점의 x좌표를 구한다.

(2) $\sin(ax+b) = k$의 꼴의 방정식

　⇨ $ax+b = t$로 치환한 후 삼각함수가 포함된 방정식의 풀이 순서대로 푼다. 이때 t의 값의 범위에 유의한다.

0694　대표문제

$0 \le x < \pi$일 때, 방정식 $2\sin\left(2x + \dfrac{\pi}{3}\right) = 1$의 모든 근의 합을 구하시오.

0695　중하

$0 \le x < 2\pi$일 때, 방정식 $\tan \dfrac{1}{2}x = \sqrt{3}$을 푸시오.

0696　중하

$0 \le x < 2\pi$일 때, 다음 중 방정식 $\sin 2x = -\dfrac{1}{2}$의 근이 <u>아닌</u> 것은?

① $\dfrac{7}{12}\pi$　　　② $\dfrac{11}{12}\pi$　　　③ $\dfrac{17}{12}\pi$

④ $\dfrac{19}{12}\pi$　　　⑤ $\dfrac{23}{12}\pi$

0697　중

$0 \le x < 2\pi$일 때, 방정식 $\cos\left(x - \dfrac{\pi}{4}\right) = -\dfrac{\sqrt{3}}{2}$의 두 근의 차를 구하시오.

유형 **15**　삼각함수가 포함된 방정식 − 이차식 꼴

(ⅰ) $\sin^2 x + \cos^2 x = 1$을 이용하여 한 종류의 삼각함수에 대한 방정식으로 고친다.

(ⅱ) 삼각함수에 대한 이차방정식을 푼다.

(ⅲ) 그래프를 이용하여 x의 값을 구한다.

0698　대표문제

$0 \le x \le \pi$일 때, 방정식 $2\sin^2 x - \cos x - 1 = 0$을 풀면?

① $x = \dfrac{\pi}{2}$ 또는 $x = \dfrac{5}{6}\pi$　　　② $x = \dfrac{\pi}{3}$ 또는 $x = \dfrac{\pi}{2}$

③ $x = \dfrac{\pi}{3}$ 또는 $x = \pi$　　　④ $x = 0$ 또는 $x = \dfrac{\pi}{3}$

⑤ $x = \dfrac{\pi}{3}$ 또는 $x = \dfrac{2}{3}\pi$

0699　중

$0 \le x < 2\pi$일 때, 방정식 $3\sin x - 2\cos^2 x = 0$의 모든 근의 합을 구하시오.

0700　상중

$0 \le x < 2\pi$일 때, 방정식 $\sqrt{2\sin^2 x + 2\sin x + \cos^2 x} = \dfrac{1}{2}$을 푸시오.

0701　상중　서술형

$0 \le x \le \dfrac{\pi}{2}$일 때, 방정식 $3\cos^2 x - 1 = \sin x \cos x$를 푸시오.

삼각형 ABC에서 $A+B+C=\pi$임을 이용하여 삼각형의 내각의 크기에 대한 삼각함수가 포함된 방정식을 푼다.

0702 대표문제

삼각형 ABC에서 $3\cos^2 A-7\cos A+2=0$이 성립할 때, $\sin(B+C)$의 값은?

① $\dfrac{2\sqrt{2}}{3}$　　② $\dfrac{\sqrt{3}}{2}$　　③ $\dfrac{\sqrt{6}}{3}$

④ $\dfrac{1}{2}$　　⑤ $\dfrac{1}{3}$

0703 중

예각삼각형 ABC에서 $4\cos^2 A+4\sqrt{3}\sin A-7=0$이 성립할 때, $\tan\{\pi-(B+C)\}$의 값은?

① $\dfrac{\sqrt{3}}{3}$　　② $\dfrac{\sqrt{2}}{2}$　　③ $\dfrac{\sqrt{3}}{2}$

④ 1　　⑤ $\sqrt{3}$

0704 중

삼각형 ABC에서 $2\sin^2\dfrac{B+C}{2}+\cos\dfrac{A}{2}-1=0$이 성립할 때, $\sin A$의 값을 구하시오.

0705 상중 서술형

삼각형 ABC에 대하여 $4\cos^2 A+4\sin A=5$가 성립할 때, $\cos\left(\dfrac{\pi}{2}+B+C\right)$의 값을 구하시오.

$y=\sin x$ (또는 $y=\cos x$)의 그래프와 직선 $y=k$의 교점의 x좌표의 합은 삼각함수의 그래프의 대칭성을 이용하여 바로 구할 수 있다.

⑴ 삼각함수 $f(x)=\sin x\ (0\le x<\pi)$에서
　　$f(a)=f(b)=k \Rightarrow a+b=\pi$ (단, $a\ne b$)
⑵ 삼각함수 $f(x)=\cos x\ (0\le x<2\pi)$에서
　　$f(a)=f(b)=k \Rightarrow a+b=2\pi$ (단, $a\ne b$)

0706 대표문제

오른쪽 그림과 같이 $0\le x\le 3\pi$에서 함수 $y=\sin x$의 그래프가 직선 $y=k\ (0<k<1)$와 만나는 점의 x좌표를 작은 것부터 차례로 a, b, c, d라 할 때, $a+b+c+d$의 값은?

① 4π　　② 5π　　③ 6π

④ 7π　　⑤ 8π

0707 상중

오른쪽 그림과 같이 $0\le x<2\pi$에서 두 함수 $y=\sin x$와 $y=\cos x$의 그래프가 직선 $y=k(-1<k<0)$와 만나는 점의 x좌표를 작은 것부터 차례로 a, b, c, d라 할 때, $\sin\dfrac{a+b+c+d}{4}$의 값을 구하시오.

0708 상중

오른쪽 그림과 같이 함수 $y=\cos\dfrac{1}{2}x$의 그래프가 두 직선 $y=k$, $y=-k$와 만나는 점의 양수인 x좌표 중 작은 것부터 차례로 a, b, c, d, $\cdots$라 할 때, $\cos\dfrac{b+2c+d}{3}$의 값을 구하시오. (단, $0<k<1$)

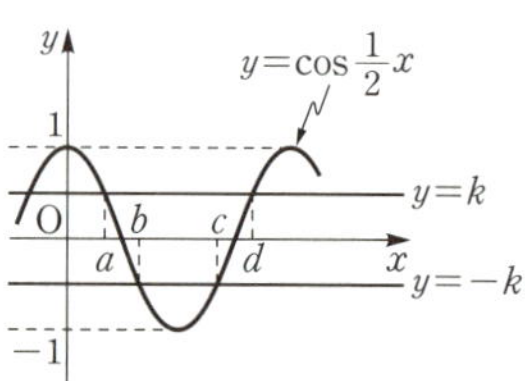

| 개념원리 수학 I 190쪽 |

유형 **18**　삼각함수가 포함된 방정식이 실근을 가질 조건

삼각함수를 포함한 방정식 $f(x)=k$가 실근을 가지려면
⇨ $y=f(x)$의 그래프와 직선 $y=k$가 교점을 가져야 한다.

0709　대표문제

방정식 $\sin^2 x + 2\cos\left(x+\dfrac{\pi}{2}\right)+k=0$이 실근을 갖도록 하는 실수 k의 최댓값과 최솟값의 곱은?

① -3　　　　② -2　　　　③ -1
④ 2　　　　⑤ 4

0710　중

방정식 $\sin^2 x + \cos x + a = 0$이 실근을 갖도록 하는 실수 a의 값의 범위를 구하시오.

0711　중　서술형

방정식 $\sin^2\theta - 2\cos\left(\theta+\dfrac{3}{2}\pi\right)-a-1=0$을 만족시키는 θ가 존재할 때, 상수 a의 값의 범위를 구하시오.

0712　중

방정식 $\cos\left(\dfrac{\pi}{2}+x\right)\cos\left(\dfrac{\pi}{2}-x\right)+4\sin(\pi+x)=k$가 실근을 갖도록 하는 실수 k의 값의 범위를 구하시오.
$$\text{(단, } 0 \leq x < \pi)$$

중요　유형 **19**　삼각함수가 포함된 부등식 − 일차식 꼴

⑴ 부등식 $\sin x > k$ (또는 $\cos x > k$ 또는 $\tan x > k$)의 해
　⇨ $y=\sin x$ (또는 $y=\cos x$ 또는 $y=\tan x$)의 그래프가
　　직선 $y=k$보다 위쪽에 있는 x의 값의 범위
⑵ 부등식 $\sin x < k$ (또는 $\cos x < k$ 또는 $\tan x < k$)의 해
　⇨ $y=\sin x$ (또는 $y=\cos x$ 또는 $y=\tan x$)의 그래프가
　　직선 $y=k$보다 아래쪽에 있는 x의 값의 범위

0713　대표문제

$0 \leq x \leq 2\pi$일 때, 부등식 $\sin\left(x-\dfrac{\pi}{3}\right) \geq \dfrac{1}{2}$의 해가 $\alpha \leq x \leq \beta$일 때, $\alpha+\beta$의 값을 구하시오.

0714　중하

$0 \leq \theta < \pi$일 때, 부등식 $-\dfrac{\sqrt{3}}{2} \leq \cos\theta < \dfrac{1}{2}$의 해는?

① $\dfrac{\pi}{6} < \theta \leq \dfrac{2}{3}\pi$　　　　② $\dfrac{\pi}{6} < \theta \leq \dfrac{5}{6}\pi$

③ $\dfrac{\pi}{3} < \theta \leq \dfrac{2}{3}\pi$　　　　④ $\dfrac{\pi}{3} < \theta \leq \dfrac{5}{6}\pi$

⑤ $\dfrac{\pi}{3} < \theta \leq \pi$

0715　중

$0 \leq x < 2\pi$일 때, 다음 중 부등식 $\sin x \geq \cos x$의 해가 <u>아닌</u> 것은?

① $\dfrac{1}{2}\pi$　　　　② $\dfrac{3}{4}\pi$　　　　③ π
④ $\dfrac{5}{4}\pi$　　　　⑤ $\dfrac{3}{2}\pi$

0716　상중

연립부등식 $\begin{cases} 2\cos\alpha < \sqrt{3} \\ 2\sin\alpha \leq \sqrt{2} \end{cases}$ 를 만족시키는 각 α를 나타내는 동경과 각 β를 나타내는 동경이 y축에 대하여 대칭일 때, β의 값의 범위를 구하시오. $\left(\text{단, } 0 < \alpha < \dfrac{\pi}{2},\ 0 \leq \beta < 2\pi\right)$

| 개념원리 수학 Ⅰ 191쪽 |

유형 20 삼각함수가 포함된 부등식 — 이차식 꼴

(i) $\sin^2 x + \cos^2 x = 1$을 이용하여 한 종류의 삼각함수에 대한 부등식으로 고친다.

(ii) 삼각함수에 대한 이차부등식을 푼다.

(iii) 그래프를 이용하여 x의 값의 범위를 구한다.

0717 대표문제

$0 \le x \le 2\pi$에서 부등식 $2\sin^2 x > 3\cos x$의 해가 $a < x < b$ 일 때, $a+b$의 값은?

① $\dfrac{4}{3}\pi$ ② $\dfrac{3}{2}\pi$ ③ $\dfrac{5}{3}\pi$

④ $\dfrac{11}{6}\pi$ ⑤ 2π

0718 중

$0 \le x \le 2\pi$에서 부등식 $2\cos^2 x < \sin x + 1$의 해를 구하시오.

0719 중

$0 \le x < 2\pi$에서 부등식

$$2\cos^2\left(x - \frac{\pi}{3}\right) - \cos\left(x + \frac{\pi}{6}\right) - 1 \ge 0$$

의 해가 $\alpha \le x \le \beta$이다. 이때 $\dfrac{\beta}{\alpha}$의 값을 구하시오.

0720 상중

부등식 $\cos^2\theta + 4\sin\theta \le 2a$가 모든 실수 θ에 대하여 항상 성립하도록 하는 실수 a의 값의 범위를 구하시오.

| 개념원리 수학 Ⅰ 192쪽 |

유형 21 삼각함수가 포함된 방정식과 부등식의 활용

a, b, c가 실수인 이차방정식 $ax^2 + bx + c = 0$의 판별식을 $D = b^2 - 4ac$라 하면

(1) $D > 0 \iff$ 서로 다른 두 실근

(2) $D = 0 \iff$ 중근 (서로 같은 두 실근)

(3) $D < 0 \iff$ 서로 다른 두 허근

0721 대표문제

모든 실수 x에 대하여 이차부등식

$x^2 - 2x\sin\theta - 3\cos^2\theta + 2 \ge 0$이 항상 성립할 때, θ의 값의 범위를 구하시오. (단, $0 \le \theta < \pi$)

0722 중

다음 물음에 답하시오.

(1) x에 대한 이차방정식 $x^2 - 4x\sin\theta + 1 = 0$이 중근을 갖도록 하는 θ의 값을 α, $\beta\,(\alpha < \beta)$라 할 때, $\cos(\beta - \alpha)$의 값을 구하시오. (단, $0 < \theta < \pi$)

(2) x에 대한 이차방정식 $x^2 + 2x\cos\theta + \sin\theta + 1 = 0$의 실근이 존재하도록 하는 θ의 값의 범위를 구하시오.

(단, $0 < \theta < 2\pi$)

0723 중

다음 중 x에 대한 이차방정식 $x^2 - 3x + \sin^2\theta - 3\cos^2\theta = 0$ 이 서로 다른 부호의 실근을 갖도록 하는 θ의 값으로 옳지 <u>않</u>은 것은? (단, $0 \le \theta \le 2\pi$)

① 0 ② $\dfrac{\pi}{6}$ ③ $\dfrac{2}{5}\pi$

④ $\dfrac{7}{6}\pi$ ⑤ $\dfrac{7}{4}\pi$

0724 중 서술형

x에 대한 이차방정식

$$x^2 - 2x\cos\theta + \cos^2\theta + 2\sin\theta - 1 = 0$$

이 허근을 갖도록 하는 θ의 값의 범위가 $\alpha < \theta < \beta$이다. 이때 $\sin(\beta - \alpha)$의 값을 구하시오. (단, $0 \le \theta < 2\pi$)

유형 22   일반각에 대한 삼각함수의 성질의 활용

$\cos\left(\dfrac{\pi}{2}-A\right)=\sin A$, $\cos(\pi-A)=-\cos A$,

$\tan(\pi-A)=-\tan A$, $\sin(\pi-A)=\sin A$

등의 성질을 이용한다.

0725 〈대표문제〉

삼각형 ABC의 세 내각의 크기를 각각 A, B, C라 할 때, 다음 **보기** 중에서 옳은 것만을 있는 대로 고르시오.

> • 보기 •
>
> ㄱ. $\cos\dfrac{A}{2}=\sin\left(\dfrac{B+C}{2}\right)$
>
> ㄴ. $\tan(B+C)=-\dfrac{1}{\tan A}$
>
> ㄷ. $\tan A+\tan(B+C)=0$
>
> ㄹ. $\cos(B+C)>0$이면 삼각형 ABC는 예각삼각형이다.

0726 〈상 중〉

사각형 ABCD가 원에 내접할 때, 다음 **보기** 중에서 옳은 것만을 있는 대로 고르시오.

(단, $\angle$A, $\angle$B, $\angle$C, $\angle$D는 모두 직각이 아니다.)

> • 보기 •
>
> ㄱ. $\sin A+\sin B+\sin C+\sin D=0$
>
> ㄴ. $\cos A+\cos B+\cos C+\cos D=0$
>
> ㄷ. $\tan A+\tan B+\tan C+\tan D=0$

0727 〈상〉

오른쪽 그림과 같이 좌표평면 위의 단위원을 10등분하여 각 분점을 차례로 P_1, P_2, $\cdots$, P_{10}이라 하자. $P_{10}(1,\,0)$, $\angle P_1OP_{10}=\theta$일 때, 다음 중 옳은 것은?

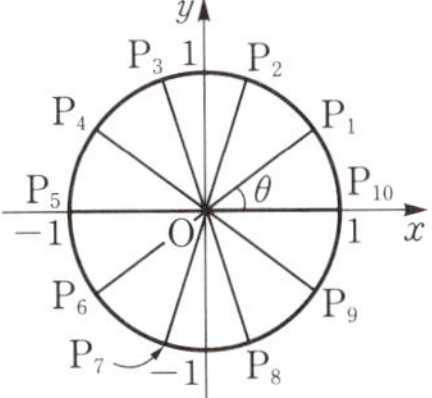

① $\sin\theta+\sin 6\theta=1$ ② $\sin\theta+\sin(-5\theta)=0$

③ $\cos 2\theta+\cos 4\theta=0$ ④ $\cos 4\theta=\cos 6\theta$

⑤ $\sin\theta=\cos 3\theta$

유형 23   삼각함수가 포함된 방정식의 실근의 개수

삼각함수가 포함된 방정식 $f(x)=k$의 서로 다른 실근의 개수
$\Rightarrow y=f(x)$의 그래프와 직선 $y=k$의 교점의 개수와 같다.

0728 〈대표문제〉

방정식 $\sin\pi x=\dfrac{3}{10}x$의 서로 다른 실근의 개수는?

① 1   ② 3   ③ 5

④ 7   ⑤ 9

0729 〈중〉

$0\leq x\leq 2\pi$일 때, 방정식 $\sin x=\cos 2x$의 서로 다른 실근의 개수를 구하시오.

0730 〈중〉

방정식 $|\cos 2x|=\dfrac{2}{\pi}x$의 서로 다른 실근의 개수를 구하시오.

0731 〈상 중〉

두 함수 $f(x)=\sqrt{1-\cos^2\pi x}$, $g(x)=|x-2|$에 대하여 방정식 $f(x)-g(x)=0$의 서로 다른 실근의 개수는?

① 2   ② 3   ③ 4

④ 5   ⑤ 6

0732

다음 함수 중 주기가 가장 긴 것은?

① $y=\cos x$ ② $y=2\sin x+1$

③ $y=|\cos x|$ ④ $y=\tan \dfrac{1}{2}x+1$

⑤ $y=3\sin \dfrac{1}{2}x-1$

0733

함수 $f(x)$가 다음과 같을 때, 모든 실수 x에 대하여 $f(x+8)=f(x)$를 만족시키지 <u>않는</u> 것은?

① $f(x)=\sin \pi x$ ② $f(x)=\sin \dfrac{3}{2}\pi x$

③ $f(x)=\cos \dfrac{5}{2}\pi x$ ④ $f(x)=\cos \dfrac{\pi}{3}x$

⑤ $f(x)=\tan 2\pi x$

0734

다음 중 함수 $f(x)=\sin\left(2x-\dfrac{\pi}{4}\right)+1$에 대한 설명으로 옳지 <u>않은</u> 것은?

① 최댓값은 2이다.
② 최솟값은 0이다.
③ 주기는 π이다.
④ 그래프는 점 $\left(0, \dfrac{2-\sqrt{2}}{2}\right)$를 지난다.

⑤ $y=\sin 2x$의 그래프를 x축의 방향으로 $\dfrac{\pi}{4}$만큼, y축의 방향으로 1만큼 평행이동한 것이다.

0735

다음 중 함수 $y=\cos 2x+1$의 그래프를 x축의 방향으로 $\dfrac{\pi}{2}$만큼 평행이동한 후 y축에 대하여 대칭이동한 그래프의 식은?

① $y=\sin 2x+1$ ② $y=-\sin 2x-1$

③ $y=\cos 2x-1$ ④ $y=-\cos 2x+1$

⑤ $y=-\cos 2x-1$

0736

두 함수 $f(x)=a\sin x-b$, $g(x)=-3x+2$에 대하여 $(g\circ f)(x)$의 최댓값이 11, 최솟값이 -13일 때, ab의 값을 구하시오. (단, $a>0$, a, b는 상수이다.)

0737

오른쪽 그림은 함수 $y=\cos a(x+b)+1$의 그래프이다. 상수 a, b에 대하여 ab의 값을 구하시오.
    (단, $a>0$, $0<b<\pi$)

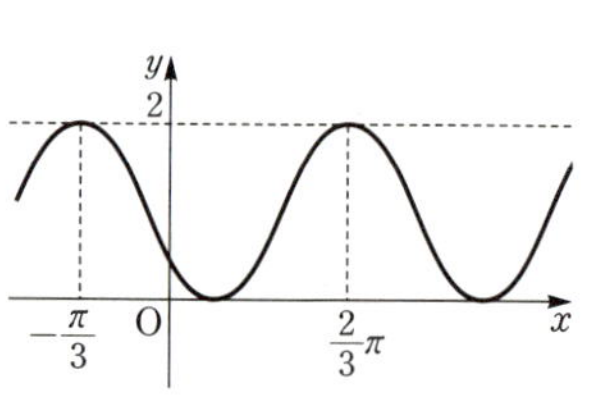

0738

오른쪽 그림과 같이 두 직선 $x=\pi$, $x=3\pi$를 점근선으로 하는 함수 $y=\tan ax$ $(0\leq x<3\pi)$의 그래프와 x축 및 직선 $y=a$로 둘러싸인 부분의 넓이를 구하시오.

(단, $a>0$)

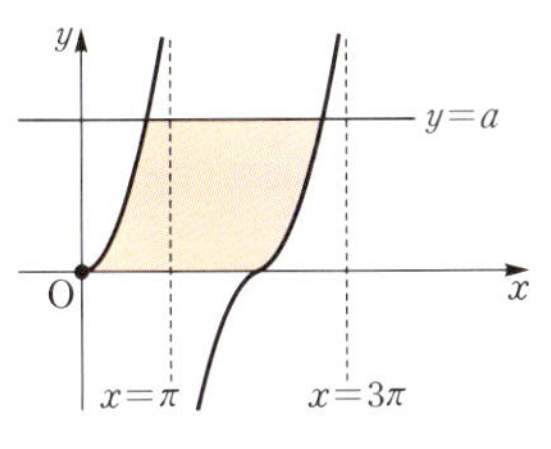

0739 🔅중요

$\dfrac{\cos(\pi+\theta)\tan(2\pi-\theta)}{\sin\left(\dfrac{5}{2}\pi+\theta\right)}-\dfrac{\sin(3\pi-\theta)\tan(-\theta)}{\cos\left(\dfrac{3}{2}\pi-\theta\right)}$ 를

간단히 하면?

① $-2\tan\theta$ ② $\dfrac{2}{\tan\theta}$ ③ 0

④ $-\dfrac{2}{\tan\theta}$ ⑤ $\cos\theta-\sin\theta$

0740

$\left(\cos^2\dfrac{\pi}{10}+\cos^2\dfrac{2}{10}\pi+\cdots+\cos^2\dfrac{9}{10}\pi\right)-\cos^2\dfrac{\pi}{2}$ 의 값은?

① 4 ② 3 ③ 2
④ 1 ⑤ 0

0741

함수 $y=|\cos x-a|+2a$의 최솟값이 1일 때, 최댓값을 구하시오. (단, $0<a<1$)

0742

함수 $y=\sin^2 x-\cos x-a$의 최댓값이 $\dfrac{1}{4}$일 때, 상수 a의 값을 구하시오. $\left(\text{단, } 0\leq x\leq\dfrac{\pi}{2}\right)$

0743

$0\leq\theta\leq\dfrac{\pi}{4}$일 때, 함수 $y=\dfrac{\sin\theta+\cos\theta}{3\cos\theta-\sin\theta}$의 최댓값을 α, 최솟값을 β라 한다. 이때 $\alpha-\beta$의 값을 구하시오.

0744

$0\leq\theta\leq2\pi$에서 방정식

$\sin\left(\dfrac{\pi}{2}-\theta\right)+\sin(\pi-\theta)=\sin\left(\dfrac{3}{2}\pi-\theta\right)+\sin(2\pi-\theta)$

를 만족시키는 모든 θ의 값의 합은?

① 4π ② $\dfrac{7}{2}\pi$ ③ 3π
④ $\dfrac{5}{2}\pi$ ⑤ 2π

0745

$0<\theta<\dfrac{\pi}{2}$일 때, $\log(\sin\theta)-\log(\cos\theta)=\dfrac{1}{2}\log 3$을 만족시키는 θ의 값을 구하시오.

0746

$\dfrac{\pi}{2}<x<\dfrac{3}{2}\pi$일 때, 방정식

$$\sqrt{3}\sin^2 x-2\sin x\cos x-\sqrt{3}\cos^2 x=0$$

의 모든 근의 합을 구하시오.

0747

이차함수 $y=x^2-2x\sin\theta-\cos^2\theta$의 그래프의 꼭짓점이 직선 $y=2\sqrt{3}x+2$ 위에 있을 때, 모든 θ의 값을 구하시오.

(단, $0\le\theta<2\pi$)

0748

삼각형 ABC에서 $\cos A=-\dfrac{1}{2}$일 때, $\sin\dfrac{B+C-2\pi}{2}$의 값은?

① $-\dfrac{\sqrt{3}}{2}$ ② $-\dfrac{1}{2}$ ③ 1

④ $\dfrac{1}{2}$ ⑤ $\dfrac{\sqrt{3}}{2}$

0749

오른쪽 그림과 같이 원에 내접하는 사각형 ABCD에 대하여 $\angle BAD=\alpha$, $\angle BCD=\beta$라 할 때, $\cos\alpha=\dfrac{1}{3}$이다. $\tan\beta$의 값을 구하시오.

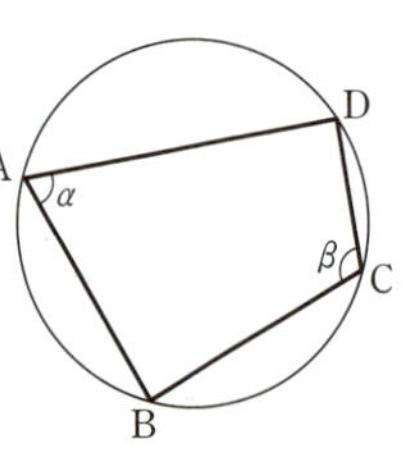

0750

$0\le x\le 2\pi$에서 방정식 $\cos x=-\dfrac{3}{4}$의 두 근을 α, β라 할 때, $\sin(\alpha+\beta)$의 값은?

① $-\dfrac{\sqrt{2}}{2}$ ② $-\dfrac{1}{2}$ ③ 0

④ $\dfrac{1}{2}$ ⑤ $\dfrac{\sqrt{2}}{2}$

0751

다음 그림과 같이 함수 $y=\sin 2x\ (0\le x\le\pi)$의 그래프가 직선 $y=\dfrac{3}{5}$과 두 점 A, B에서 만나고 직선 $y=-\dfrac{3}{5}$과 두 점 C, D에서 만난다. 네 점 A, B, C, D의 x좌표를 각각 a, b, c, d라 할 때, $a+2b+2c+d$의 값을 구하시오.

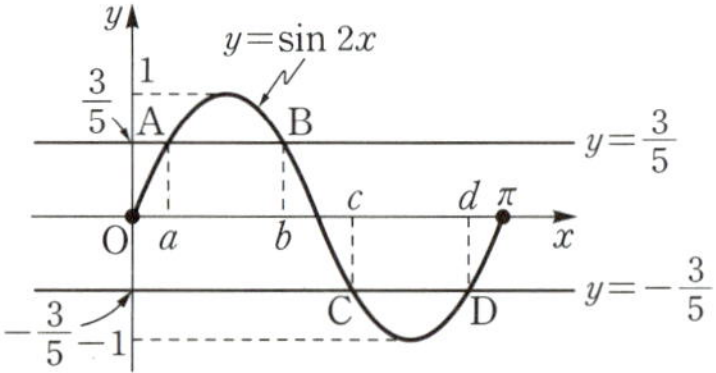

0752

$0\le x<2\pi$에서 부등식

$$2\sin^2 x-3\sin\left(\dfrac{\pi}{2}+x\right)\ge 2\cos x-4\cos^2 x$$

의 해를 구하시오.

0753

$0\le x<2\pi$일 때, 방정식 $\sin^2 x+\sin x=\cos^2 x+\cos x$의 근의 개수를 a, 가장 큰 근을 b, 가장 작은 근을 c라 한다. 이때 $a\cos(b+c)$의 값을 구하시오.

 **서술형 주관식**

0754 

모든 실수 x에 대하여 $f(x+p)=f(x)$를 만족시키는 양수 p의 최솟값은 4π이고, 최댓값이 1, 최솟값이 -3인 함수 $f(x)$를 $f(x)=a\sin b\left(x+\dfrac{\pi}{2}\right)+c$라 할 때, 상수 a, b, c에 대하여 abc의 값을 구하시오. (단, $a>0$, $b>0$)

0755

θ가

$$\left\{\sin\left(\dfrac{\pi}{2}+\theta\right)+\cos\left(\dfrac{3}{2}\pi+\theta\right)+1\right\}^2 = 2\sin(\pi-\theta)\cos(2\pi-\theta)+3$$

을 만족시킬 때, $\sin\theta\cos\theta$의 값을 구하시오.

0756

$-\pi\le x\le\pi$일 때, 함수 $y=\sin^2\left(x-\dfrac{\pi}{2}\right)+\cos\left(x+\dfrac{\pi}{2}\right)$의 최댓값과 최솟값의 합을 구하시오.

0757

x에 대한 이차방정식 $x^2+2\sqrt{2}x\cos\theta+3\sin\theta=0$이 실근을 갖도록 하는 θ의 값의 범위를 구하시오. $\left(\text{단, }\dfrac{\pi}{2}\le\theta\le\dfrac{3}{2}\pi\right)$

실력 up

0758

오른쪽 그림과 같이 함수 $y=a\cos bx$의 그래프가 x축에 평행한 직선 l과 만나는 점의 x좌표가 1, 5일 때, 직선 l, $x=1$, $x=5$와 x축으로 둘러싸인 도형의 넓이가 20이다. 이때 상수 a의 값을 구하시오.

(단, $a>0$, $b>0$)

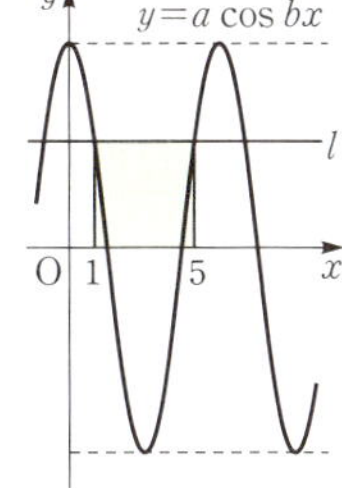

0759

A와 B가 다음과 같을 때, $A+B$의 값을 구하시오.

$A=\tan 1°+\tan 21°+\tan 41°+\tan 61°+\tan 81°$
$B=\tan 99°+\tan 119°+\tan 139°+\tan 159°$
$\qquad\qquad\qquad\qquad +\tan 179°$

0760

모든 실수 x에 대하여
$$\cos^2 x+(a+2)\sin x-(2a+1)>0$$
이 성립하도록 하는 실수 a의 값의 범위를 구하시오.

0761 　창의·융합

x에 대한 이차방정식 $x^2-(4\cos\theta)x+6\sin\theta=0$이 서로 다른 두 양의 실근을 갖도록 하는 θ의 값의 범위는 $\alpha<\theta<\beta$이다. 이때 $\sin\alpha+\cos\beta$의 값은? (단, $0\le\theta<2\pi$)

① 1 　　② $\dfrac{\sqrt{3}}{2}$ 　　③ $\dfrac{\sqrt{2}}{2}$

④ $\dfrac{1}{2}$ 　　⑤ 0

07 | 삼각함수의 활용

07·1 사인법칙

삼각형 ABC에서 외접원의 반지름의 길이를 R라 하면

(1) **사인법칙** : $\dfrac{a}{\sin A}=\dfrac{b}{\sin B}=\dfrac{c}{\sin C}=2R$

(2) **사인법칙의 변형**

　① $\sin A=\dfrac{a}{2R}$, $\sin B=\dfrac{b}{2R}$, $\sin C=\dfrac{c}{2R}$

　② $a=2R\sin A$, $b=2R\sin B$, $c=2R\sin C$

　③ $a:b:c=\sin A:\sin B:\sin C$

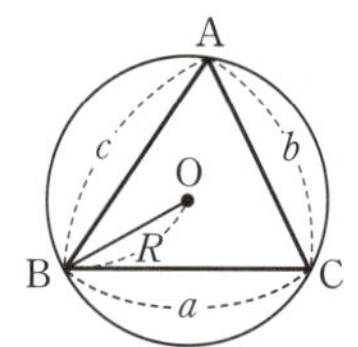

■ **사인법칙이 적용되는 경우**
① 한 변의 길이와 두 각의 크기가 주어질 때
② 두 변의 길이와 그 끼인각이 아닌 한 각의 크기가 주어질 때

07·2 코사인법칙

삼각형 ABC에서

(1) **코사인법칙**

　$a^2=b^2+c^2-2bc\cos A$, $b^2=c^2+a^2-2ca\cos B$, $c^2=a^2+b^2-2ab\cos C$

(2) **코사인법칙의 변형**

　$\cos A=\dfrac{b^2+c^2-a^2}{2bc}$, $\cos B=\dfrac{c^2+a^2-b^2}{2ca}$, $\cos C=\dfrac{a^2+b^2-c^2}{2ab}$

■ **코사인법칙이 적용되는 경우**
① 두 변의 길이와 그 끼인각의 크기가 주어질 때
② 세 변의 길이가 주어질 때

07·3 삼각형의 넓이

삼각형 ABC의 넓이를 S라 하면

(1) $S=\dfrac{1}{2}bc\sin A=\dfrac{1}{2}ca\sin B=\dfrac{1}{2}ab\sin C$

(2) 삼각형 ABC의 외접원의 반지름의 길이가 R일 때

　$S=\dfrac{abc}{4R}=2R^2\sin A\sin B\sin C$

(3) 삼각형 ABC의 내접원의 반지름의 길이가 r일 때

　$S=\dfrac{1}{2}r(a+b+c)$

(4) 세 변의 길이가 주어질 때 (헤론의 공식)

　$S=\sqrt{s(s-a)(s-b)(s-c)}$ $\left(단,\ s=\dfrac{a+b+c}{2}\right)$

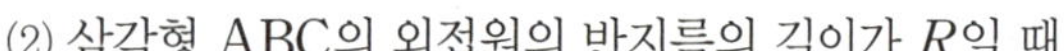

07·4 사각형의 넓이

1 **평행사변형의 넓이** : 평행사변형의 이웃하는 두 변의 길이가 a, b이고, 그 끼인각의 크기가 θ일 때, 평행사변형의 넓이 S는

　$S=ab\sin\theta$

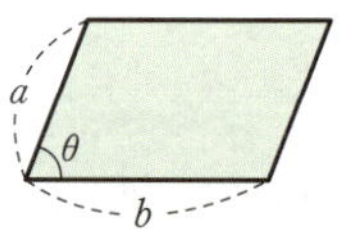

2 **사각형의 넓이** : 사각형의 두 대각선의 길이가 p, q이고, 두 대각선이 이루는 각의 크기가 θ일 때, 사각형의 넓이 S는

　$S=\dfrac{1}{2}pq\sin\theta$

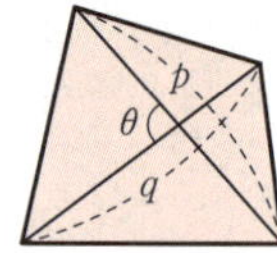

📖 교과서 문제 정/복/하/기

정답과 풀이 **100**쪽

07·1 사인법칙

[0762 ~ 0764] 삼각형 ABC에 대하여 다음을 구하시오.

0762 $a=4$, $A=60°$, $C=45°$일 때, c의 값

0763 $c=5$, $B=30°$, $C=45°$일 때, b의 값

0764 $b=12$, $A=30°$, $B=120°$일 때, a의 값

[0765 ~ 0767] 삼각형 ABC에 대하여 다음을 구하시오.

0765 $a=1$, $c=\sqrt{2}$, $C=135°$일 때, A의 크기

0766 $a=2$, $b=2\sqrt{2}$, $A=30°$일 때, B의 크기

0767 $b=2$, $c=\sqrt{6}$, $B=45°$일 때, C의 크기

[0768 ~ 0770] 다음 조건을 만족시키는 삼각형 ABC의 외접원의 반지름의 길이 R의 값을 구하시오.

0768 $a=\sqrt{3}$, $A=60°$

0769 $a=6$, $B=100°$, $C=50°$

0770 $b=2$, $c=2$, $A=120°$

0771 삼각형 ABC에서 $a=12$, $A=150°$일 때, 삼각형 ABC의 외접원의 넓이를 구하시오.

07·2 코사인법칙

[0772 ~ 0774] 삼각형 ABC에 대하여 다음을 구하시오.

0772 $b=5$, $c=7$, $A=60°$일 때, a의 값

0773 $a=6$, $c=3$, $B=60°$일 때, b의 값

0774 $a=12$, $b=6$, $C=120°$일 때, c의 값

[0775 ~ 0776] 삼각형 ABC에 대하여 다음을 구하시오.

0775 $a=1$, $b=5$, $c=3\sqrt{2}$일 때, $\cos A$의 값

0776 $a=2\sqrt{3}$, $b=2$, $c=2$일 때, B의 크기

07·3 삼각형의 넓이

[0777 ~ 0779] 다음 조건을 만족시키는 삼각형 ABC의 넓이를 구하시오.

0777 $a=8$, $b=12$, $C=30°$

0778 $a=6$, $c=5$, $B=120°$

0779 $b=8$, $c=9$, $A=135°$

0780 삼각형 ABC의 세 변의 길이의 합이 20이고, 내접원의 반지름의 길이가 $\sqrt{3}$일 때, 삼각형 ABC의 넓이를 구하시오.

0781 넓이가 18인 삼각형 ABC의 세 변의 길이의 합이 18일 때, 내접원의 반지름의 길이를 구하시오.

07·4 사각형의 넓이

[0782 ~ 0784] 다음 조건을 만족시키는 평행사변형 ABCD의 넓이를 구하시오.

0782 $\overline{AB}=2$, $\overline{BC}=3$, $D=60°$

0783 $\overline{AB}=3$, $\overline{AD}=4$, $B=135°$

0784 $\overline{BC}=4$, $\overline{CD}=5$, $A=150°$

0785 사각형 ABCD에서 두 대각선의 길이가 10, 14이고, 두 대각선이 이루는 각의 크기가 $120°$일 때, 사각형 ABCD의 넓이를 구하시오.

유형 **01**　사인법칙

△ABC에서 외접원의 반지름의 길이를 R라 하면

$$\dfrac{a}{\sin A}=\dfrac{b}{\sin B}=\dfrac{c}{\sin C}=2R$$

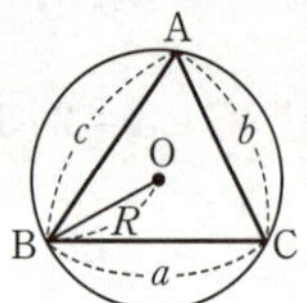

0786 대표문제

△ABC에서 $b=8$, $B=45°$, $C=75°$일 때, a의 값은?

① $5\sqrt{3}$ ② $4\sqrt{6}$ ③ 10
④ $6\sqrt{3}$ ⑤ $5\sqrt{6}$

0787 하

△ABC에서 $a=6$, $A=120°$, $B=30°$일 때, b의 값은?

① $\sqrt{2}$ ② $\sqrt{3}$ ③ 2
④ $2\sqrt{2}$ ⑤ $2\sqrt{3}$

0788 중하

△ABC에서 $b=2$, $c=2\sqrt{3}$, $C=120°$일 때, A의 크기는?

① $10°$ ② $30°$ ③ $45°$
④ $60°$ ⑤ $75°$

0789 중

오른쪽 그림과 같이 원 O에 내접하는 △ABC와 △BCD가 있다. △ABC는 $\angle ABC=90°$, $\overline{AB}=\overline{BC}=6\sqrt{2}$인 직각이등변삼각형이고, $\angle ABD=60°$일 때, $\overline{CD}$의 길이를 구하시오.

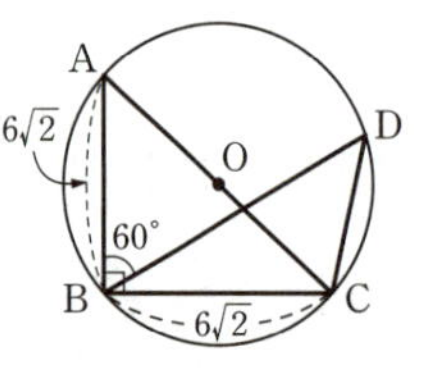

유형 **02**　사인법칙과 삼각형의 외접원

△ABC에서 외접원의 반지름의 길이를 R라 하면

① $\sin A=\dfrac{a}{2R}$, $\sin B=\dfrac{b}{2R}$, $\sin C=\dfrac{c}{2R}$

② $a=2R\sin A$, $b=2R\sin B$, $c=2R\sin C$

0790 대표문제

△ABC에서 $a=\sqrt{6}$, $A=60°$, $B=45°$일 때, b의 값과 외접원의 반지름의 길이 R를 구하시오.

0791 중

반지름의 길이가 10인 원에 내접하는 △ABC에서 $\sin A+\sin B+\sin C=\dfrac{3}{2}$이 성립할 때, $a+b+c$의 값은?

① 10 ② 15 ③ 20
④ 25 ⑤ 30

0792 상중

오른쪽 그림과 같은 사각형 ABCD의 세 꼭짓점 A, B, D를 지나는 원의 반지름의 길이가 3이고, 세 꼭짓점 B, C, D를 지나는 원의 반지름의 길이가 6일 때, $\dfrac{\sin A}{\sin C}$의 값은?

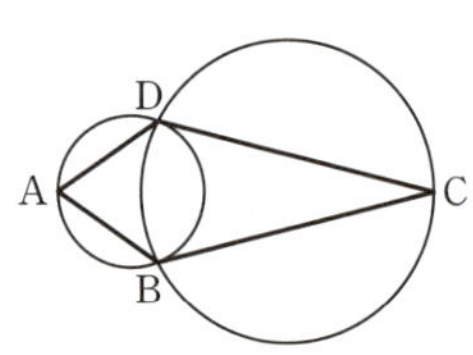

① 1 ② 2 ③ 3
④ 4 ⑤ 5

0793 상중

반지름의 길이가 $\sqrt{5}$인 원에 내접하는 △ABC에서 $5\sin(A+B)\sin C=4$가 성립할 때, c의 값을 구하시오.

유형 03 사인법칙의 변형 — 변의 길이의 비

△ABC의 세 변의 길이의 비는 사인법칙을 이용하면 다음과 같이 구할 수 있다.

$\Rightarrow a : b : c = \sin A : \sin B : \sin C$

0794 【대표문제】

△ABC에서 $A : B : C = 1 : 2 : 3$일 때, $a : b : c$는?

① $1 : 1 : \sqrt{2}$ ② $1 : \sqrt{2} : \sqrt{3}$ ③ $1 : \sqrt{3} : 2$

④ $\sqrt{3} : 1 : 2$ ⑤ $\sqrt{3} : 2 : 1$

0795 【중】

△ABC에서 $\dfrac{a+b}{4} = \dfrac{b+c}{5} = \dfrac{c+a}{5}$일 때,

$\sin A : \sin B : \sin C$는?

① $1 : 2 : \sqrt{3}$ ② $2 : 2 : 3$ ③ $3 : 4 : 5$

④ $4 : 3 : 5$ ⑤ $5 : 3 : 3$

0796 【중】

△ABC의 세 변의 길이 a, b, c 사이에

$$a - 2b + c = 0,\ 3a + b - 2c = 0$$

인 관계가 성립할 때, $\sin A : \sin B : \sin C$는?

① $3 : 5 : 7$ ② $\sqrt{3} : \sqrt{5} : \sqrt{7}$ ③ $\sqrt{3} : 5 : 6$

④ $1 : 2 : \sqrt{5}$ ⑤ $1 : \sqrt{3} : 2$

0797 【상중】

△ABC에서

$$\sin (A+B) : \sin (B+C) : \sin (C+A) = 5 : 4 : 7$$

일 때, $\dfrac{a^2 + b^2 + c^2}{ac}$ 의 값을 구하시오.

유형 04 사인법칙을 이용한 삼각형의 모양 결정

△ABC의 모양을 결정할 때

$\Rightarrow \sin A = \dfrac{a}{2R}$, $\sin B = \dfrac{b}{2R}$, $\sin C = \dfrac{c}{2R}$ 를 주어진 식에

대입하여 세 변 a, b, c 사이의 관계를 조사한다.

(단, R는 외접원의 반지름의 길이이다.)

0798 【대표문제】

삼각형 ABC에서 $(b-c) \sin A = b \sin B - c \sin C$가 성립할 때, 이 삼각형은 어떤 삼각형인가?

① 정삼각형   ② $a = b$인 이등변삼각형

③ $b = c$인 이등변삼각형   ④ $B = 90°$인 직각삼각형

⑤ $C = 90°$인 직각삼각형

0799 【중하】

삼각형 ABC에서 $a \sin A = b \sin B$가 성립할 때, 이 삼각형은 어떤 삼각형인가?

① 정삼각형   ② $A = 90°$인 직각삼각형

③ $B = 90°$인 직각삼각형   ④ $a = b$인 이등변삼각형

⑤ $b = c$인 이등변삼각형

0800 【상중】

삼각형 ABC에서 $\cos^2 A - \cos^2 B - \cos^2 C = -1$이 성립할 때, 이 삼각형은 어떤 삼각형인가?

① 정삼각형   ② $a = b$인 이등변삼각형

③ $a = c$인 이등변삼각형   ④ $A = 90°$인 직각삼각형

⑤ $C = 90°$인 직각삼각형

유형 익/히/기

유형 05 코사인법칙

$\triangle ABC$에서
- $a^2=b^2+c^2-2bc\cos A$
- $b^2=c^2+a^2-2ca\cos B$
- $c^2=a^2+b^2-2ab\cos C$

0801 대표문제

$\triangle ABC$에서 $a=6$, $c=3$, $B=60°$일 때, $\triangle ABC$의 외접원의 넓이는?

① 5π ② 7π ③ 9π
④ 11π ⑤ 13π

0802 중

$\triangle ABC$에서 $b=3\sqrt{2}$, $c=2\sqrt{3}$, $B=60°$일 때, a의 값을 구하시오.

0803 중

오른쪽 그림의 평행사변형 ABCD에서 $\overline{AB}=5$, $\overline{BC}=3$, $B=60°$일 때, 대각선 BD의 길이를 구하시오.

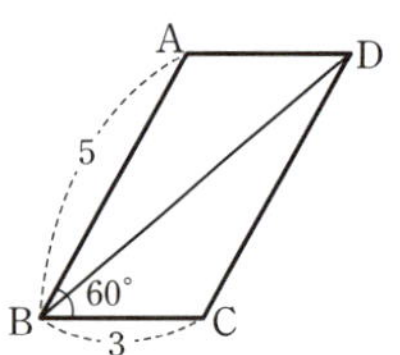

0804 상중

반지름의 길이가 7인 원에 내접하는 $\triangle ABC$에서 $a=7\sqrt{3}$, $c=2b$일 때, b의 값은? (단, $90°<A<180°$)

① $\sqrt{3}$ ② $\sqrt{21}$ ③ 5
④ 7 ⑤ 14

유형 06 코사인법칙의 변형

$\triangle ABC$에서
- $\cos A=\dfrac{b^2+c^2-a^2}{2bc}$
- $\cos B=\dfrac{c^2+a^2-b^2}{2ca}$
- $\cos C=\dfrac{a^2+b^2-c^2}{2ab}$

0805 대표문제

$\triangle ABC$에서 세 변의 길이 a, b, c가 $3a+2b-3c=0$, $4a-4b+c=0$을 만족시킬 때, $\cos A$의 값을 구하시오.

0806 중

$\triangle ABC$에서 $(a+b):(b+c):(c+a)=5:7:6$일 때, $\cos B$의 값은?

① $-\dfrac{9}{16}$ ② $-\dfrac{7}{16}$ ③ $\dfrac{7}{16}$
④ $\dfrac{9}{16}$ ⑤ $\dfrac{11}{16}$

0807 중 서술형

$a=4$, $b=5$, $c=7$인 $\triangle ABC$의 외접원의 반지름의 길이를 구하시오.

0808 상중

오른쪽 그림의 직육면체에서 $\overline{AB}=\overline{AD}=3$, $\overline{BF}=6$이다. $\angle FCH=\theta$라 할 때, $\cos\theta$의 값은?

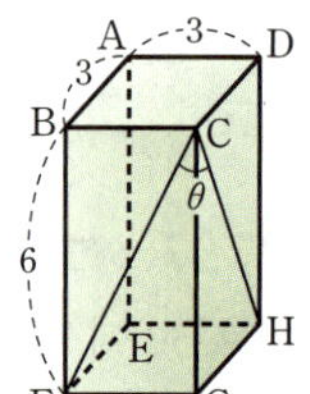

① $\dfrac{1}{2}$ ② $\dfrac{2}{3}$
③ $\dfrac{3}{4}$ ④ $\dfrac{4}{5}$
⑤ $\dfrac{5}{6}$

| **개념원리** 수학 I 206쪽 |

유형 **07** 삼각형의 최대각, 최소각

삼각형의 세 변의 길이를 알 때 삼각형의 최대각과 최소각의 크기는 코사인법칙의 변형 공식을 이용하여 구한다.
① 길이가 가장 긴 변의 대각 ⇨ 최대각
② 길이가 가장 짧은 변의 대각 ⇨ 최소각

0809 `대표문제`

세 변의 길이가 1, $2\sqrt{2}$, $\sqrt{13}$인 삼각형 ABC의 최대각의 크기를 구하시오.

0810 `중`

세 변의 길이가 a, b, $\sqrt{a^2+ab+b^2}$인 △ABC의 최대각의 크기를 구하시오. (단, $a>b$)

0811 `중`

△ABC에서 $\dfrac{3}{\sin A}=\dfrac{5}{\sin B}=\dfrac{7}{\sin C}$이 성립할 때, △ABC의 최소각의 크기를 θ라 하자. 이때 $\cos\theta$의 값은?

① $\dfrac{14}{15}$ ② $\dfrac{13}{14}$ ③ $\dfrac{12}{13}$

④ $\dfrac{11}{12}$ ⑤ $\dfrac{10}{11}$

0812 `중` 서술형

△ABC의 세 변의 길이 a, b, c에 대하여
$$\frac{2a-b}{2}=\frac{2b-c}{3}=\frac{4c-5a}{5}$$
가 성립할 때, △ABC의 최소각의 크기를 θ라 하자. 이때 $\cos\theta$의 값을 구하시오.

| **개념원리** 수학 I 206쪽 |

유형 **08** 사인법칙과 코사인법칙

△ABC에 대하여 $\sin A$, $\sin B$, $\sin C$의 값의 비가 주어진 경우에 각의 크기 구하기
⇨ 사인법칙을 이용하여 변의 길이의 비를 먼저 구하고 코사인법칙을 이용하여 각의 크기를 구한다.

0813 `대표문제`

△ABC에서 $\sin A:\sin B:\sin C=3:5:7$일 때, C의 크기는?

① $30°$ ② $60°$ ③ $90°$

④ $120°$ ⑤ $150°$

0814 `중`

△ABC에서
$$(\sin A+\sin B):(\sin B+\sin C):(\sin C+\sin A)$$
$$=7:9:10$$
일 때, $\cos A$의 값은?

① $-\dfrac{11}{24}$ ② $-\dfrac{5}{12}$ ③ $\dfrac{7}{12}$

④ $\dfrac{19}{24}$ ⑤ $\dfrac{29}{36}$

0815 `상중`

△ABC에서 $6\sin A=2\sqrt{3}\sin B=3\sin C$일 때, A의 크기는?

① $70°$ ② $65°$ ③ $60°$

④ $45°$ ⑤ $30°$

유형 09 삼각형의 모양 결정

사인법칙의 변형 공식, 코사인법칙의 변형 공식을 이용하여 각의 크기 사이의 관계를 변의 길이 사이의 관계로 고친다.

0816 〈대표문제〉

등식 $a \cos C = c \cos A$를 만족시키는 삼각형 ABC는 어떤 삼각형인가?

① 정삼각형
② $a=b$인 이등변삼각형
③ $a=c$인 이등변삼각형
④ $A=90°$인 직각삼각형
⑤ $C=90°$인 직각삼각형

0817 〈중〉

$\triangle$ABC에서 $a \cos B - b \cos A = c$가 성립할 때, 이 삼각형은 어떤 삼각형인가?

① 정삼각형
② $a=b$인 이등변삼각형
③ $a=c$인 이등변삼각형
④ 빗변의 길이가 a인 직각삼각형
⑤ 빗변의 길이가 c인 직각삼각형

0818 〈상 중〉

$\triangle$ABC에서 $\tan A \sin A = \tan B \sin B$가 성립할 때, 이 삼각형은 어떤 삼각형인가?

① 정삼각형
② $a=b$인 이등변삼각형
③ $b=c$인 이등변삼각형
④ $a=c$인 이등변삼각형
⑤ $B=90°$인 직각삼각형

유형 10 삼각형의 넓이 (1)

$\triangle$ABC에서 두 변의 길이 a, b와 그 끼인각의 크기 C를 알 때,

$\Rightarrow \triangle ABC = \dfrac{1}{2}ab \sin C$

0819 〈대표문제〉

오른쪽 그림과 같은 $\triangle$ABC에서 $\overline{AB}=4\sqrt{3}$, $\overline{AC}=3\sqrt{3}$, $A=60°$이고 ∠A의 이등분선이 변 BC와 만나는 점을 D라 할 때, $\overline{AD}$의 길이는?

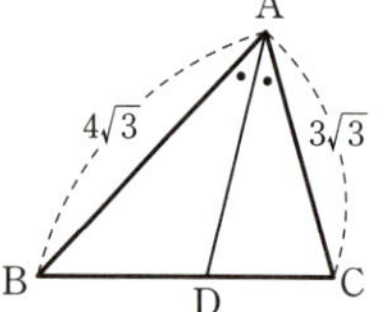

① $\dfrac{18}{7}$
② $\dfrac{20}{7}$
③ $\dfrac{29}{7}$
④ $\dfrac{36}{7}$
⑤ $\dfrac{40}{7}$

0820 〈중 하〉

$b=4$, $A=135°$인 $\triangle$ABC의 넓이가 2일 때, a의 값을 구하시오.

0821 〈중〉

오른쪽 그림과 같이 $\triangle$ABC가 반지름의 길이가 2인 원 O에 내접하고 있다. $\overparen{AB} : \overparen{BC} : \overparen{CA} = 3 : 4 : 5$일 때, $\triangle$ABC의 넓이는?

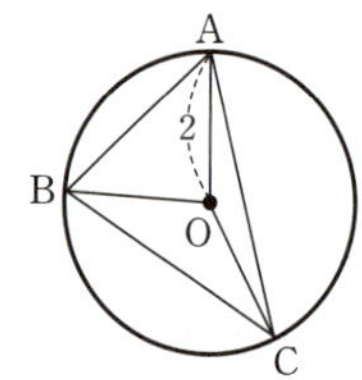

① $\sqrt{2}+\sqrt{3}$
② $3+\sqrt{2}$
③ $1+\sqrt{3}$
④ $2+\sqrt{2}$
⑤ $3+\sqrt{3}$

유형 **11** 삼각형의 넓이 (2)

$\triangle$ABC의 넓이를 S라 하면

① 외접원의 반지름의 길이가 R일 때

$$\Rightarrow S=\frac{abc}{4R}=2R^2\sin A\sin B\sin C$$

② 내접원의 반지름의 길이가 r일 때 $\Rightarrow S=\frac{1}{2}r(a+b+c)$

③ 세 변의 길이가 주어질 때 (헤론의 공식)

$$\Rightarrow S=\sqrt{s(s-a)(s-b)(s-c)}\ \left(\text{단, } s=\frac{a+b+c}{2}\right)$$

0822 대표문제

$\triangle$ABC에서 $a=7$, $b=5$, $c=8$, $A=60°$일 때, $\triangle$ABC의 내접원의 반지름의 길이는?

① 1 ② $\sqrt{2}$ ③ $\sqrt{3}$

④ 2 ⑤ $2\sqrt{2}$

0823 중 서술형

세 변의 길이가 9, 10, 11인 $\triangle$ABC의 외접원의 반지름의 길이를 R, 내접원의 반지름의 길이를 r라 할 때, $R-r$의 값을 구하시오.

0824 중

$\triangle$ABC가 다음 두 조건을 만족시킨다.

> ㈎ $\sin A:\sin B:\sin C=2:3:3$
>
> ㈏ $\triangle$ABC의 넓이는 $8\sqrt{2}$이다.

이때 $\triangle$ABC의 둘레의 길이를 구하시오.

0825 상 중

오른쪽 그림과 같이 $\overline{AB}=8$, $\overline{BC}=12$, $\overline{CA}=10$인 예각삼각형 ABC에서 변 BC를 $1:3$으로 내분하는 점을 D라 할 때, $\overline{AD}$의 길이를 구하시오.

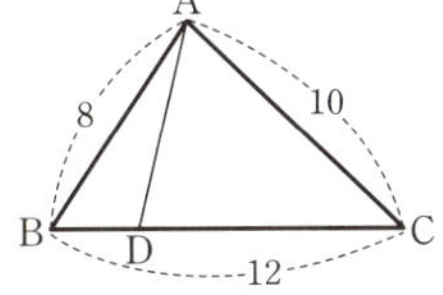

유형 **12** 사각형의 넓이 − 삼각형으로 나누기

(ⅰ) 사각형을 두 개의 삼각형으로 나눈다.

(ⅱ) 나눈 두 삼각형의 넓이를 각각 구한다.

(ⅲ) 삼각형의 넓이의 합으로 사각형의 넓이를 구한다.

0826 대표문제

오른쪽 그림과 같은 사각형 ABCD에서 $\overline{AB}=4$, $\overline{BC}=8$, $\overline{CD}=2$, $\overline{BD}=8$이고, $\angle$ABD$=30°$일 때, 사각형 ABCD의 넓이를 구하시오.

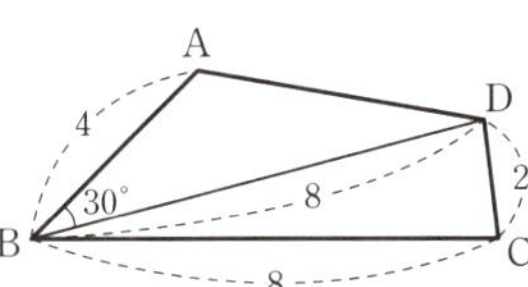

0827 중

개발에 의한 산림 훼손으로 야생동물의 보금자리가 위협 받고 있는 지역에 오른쪽 그림과 같이 사각형 ABCD의 모양으로 야생동물 보호구역을 설치하였다. 이때 보호구역을 설치한 땅의 넓이는?

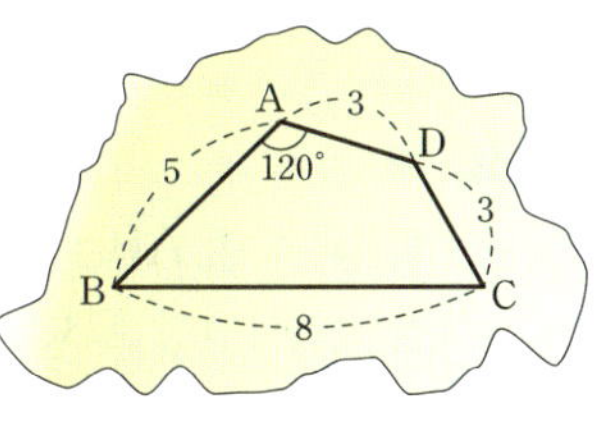

① $9\sqrt{3}$ ② $\dfrac{37\sqrt{3}}{4}$ ③ $\dfrac{19\sqrt{3}}{2}$

④ $\dfrac{39\sqrt{3}}{4}$ ⑤ $10\sqrt{3}$

0828 중

오른쪽 그림과 같은 사각형 ABCD에서 $\overline{AB}=3$, $\overline{BC}=8$, $\overline{CD}=4$이고, $B=75°$, $C=60°$일 때, 사각형 ABCD의 넓이를 구하시오.

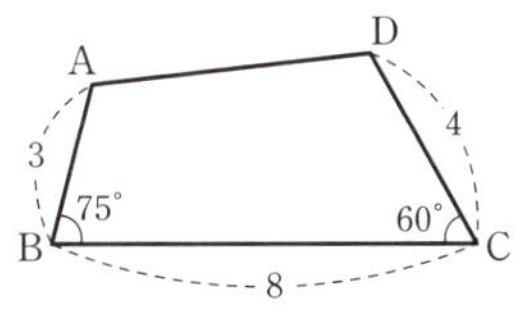

| 개념원리 수학Ⅰ 217쪽 |

유형 13 평행사변형의 넓이

이웃하는 두 변의 길이가 a, b이고 그 끼인각의 크기가 θ인 평행사변형의 넓이 S는
$$\Rightarrow S = ab \sin \theta$$

0829 ◀ 대표문제

오른쪽 그림과 같이 $\overline{AB}=7$, $\overline{BC}=8$, $\overline{AC}=13$인 평행사변형 ABCD의 넓이는?

(단, $90° < B < 180°$)

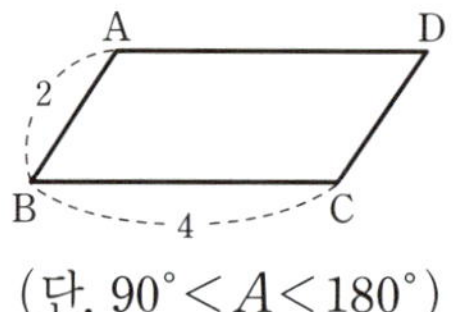

① $14\sqrt{3}$　　② $18\sqrt{6}$　　③ $14\sqrt{2}$
④ $24\sqrt{2}$　　⑤ $28\sqrt{3}$

0830 중

오른쪽 그림과 같이 $\overline{AB}=2$, $\overline{BC}=4$인 평행사변형 ABCD의 넓이가 $4\sqrt{2}$일 때, A의 크기는?

(단, $90° < A < 180°$)

① $105°$　　② $120°$　　③ $125°$
④ $135°$　　⑤ $150°$

0831 중

오른쪽 그림과 같이 $\overline{AB}=3$, $\overline{AC}=3\sqrt{3}$, $B=60°$인 평행사변형 ABCD의 넓이를 구하시오.

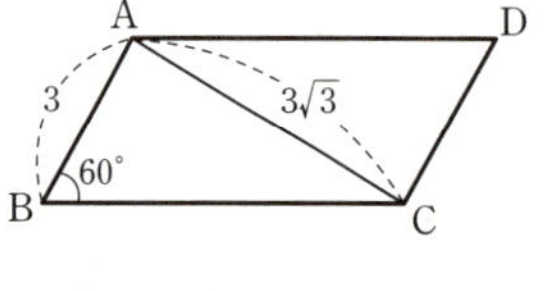

| 개념원리 수학Ⅰ 217쪽 |

유형 14 사각형의 넓이

두 대각선의 길이가 p, q이고 두 대각선이 이루는 각의 크기가 θ인 사각형의 넓이 S는
$$\Rightarrow S = \frac{1}{2}pq \sin \theta$$

0832 ◀ 대표문제

오른쪽 그림과 같이 대각선 BD의 길이가 4이고, 두 대각선이 이루는 각의 크기가 $120°$인 사각형 ABCD의 넓이가 $3\sqrt{3}$일 때, 대각선 AC의 길이를 구하시오.

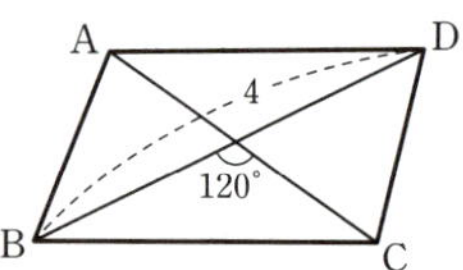

0833 하

두 대각선의 길이가 각각 4, 8인 사각형 ABCD의 넓이가 8일 때, 두 대각선이 이루는 예각의 크기는?

① $15°$　　② $30°$　　③ $45°$
④ $60°$　　⑤ $75°$

0834 중하

오른쪽 그림과 같이 두 대각선의 길이가 a, b이고, 두 대각선이 이루는 예각의 크기가 $30°$인 사각형 ABCD가 있다. 이 사각형의 넓이가 2이고, $a+b=6$일 때, a^2+b^2의 값을 구하시오.

0835 중

사각형 ABCD의 두 대각선의 길이의 합이 8이고, 두 대각선이 이루는 예각의 크기가 $60°$일 때, 이 사각형의 넓이의 최댓값은?

① $3\sqrt{3}$　　② $4\sqrt{3}$　　③ 8
④ $8\sqrt{2}$　　⑤ $8\sqrt{3}$

유형 up

| 개념원리 수학 Ⅰ 202쪽 |

유형 15　사인법칙의 실생활에서의 활용

삼각형에서 한 변의 길이와 그 양 끝 각의 크기를 알 때
(ⅰ) 세 내각의 크기의 합이 180°임을 이용하여 나머지 한 각의 크기를 구한다.
(ⅱ) 나머지 두 변의 길이는 사인법칙을 이용하여 구한다.

0836　대표문제

오른쪽 그림과 같이 50 m만큼 떨어진 두 지점 A, B에서 강 건너 C지점을 바라본 각의 크기를 각각 재었더니 ∠BAC=60°, ∠ABC=75°였다. 이때 두 지점 B, C 사이의 거리는?

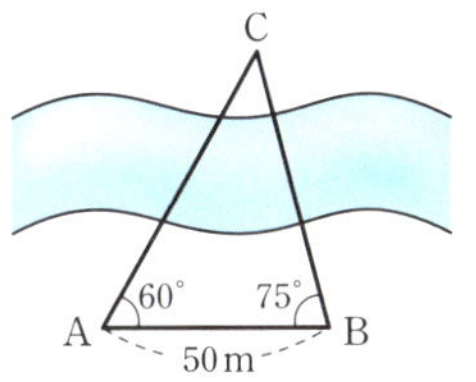

① $25\sqrt{2}$ m　　② 50 m　　③ $25\sqrt{6}$ m
④ $50\sqrt{2}$ m　　⑤ $50\sqrt{6}$ m

0837 중

오른쪽 그림과 같이 높이가 9인 원기둥 모양의 물통이 있다. 윗면인 원의 둘레에 세 점 A, B, C를 잡아 삼각형 ABC를 만들었더니 $c=5$, $A=70°$, $B=50°$였다. 이때 이 물통의 부피를 구하시오.

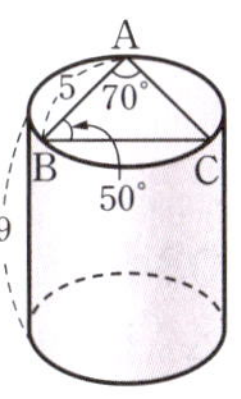

0838 상중

오른쪽 그림과 같이 높이가 30 m인 건물의 밑에서 옆 건물의 끝을 올려다본 각의 크기가 45°이고, 이 건물의 옥상에서 옆 건물의 끝을 올려다본 각의 크기가 15°일 때, 옆 건물의 높이를 구하시오.

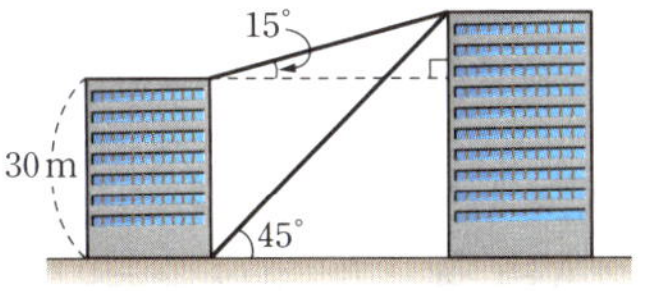

$$\left(\text{단, } \cos 15°=\frac{\sqrt{6}+\sqrt{2}}{4}, \text{ 눈의 높이는 무시한다.}\right)$$

| 개념원리 수학 Ⅰ 207쪽 |

유형 16　코사인법칙의 실생활에서의 활용

삼각형에서 두 변의 길이와 그 끼인각의 크기를 알 때
⇨ 코사인법칙을 이용하면 나머지 한 변의 길이를 구할 수 있다.

0839　대표문제

오른쪽 그림은 연못의 양쪽에 서 있는 두 나무 A, B 사이의 거리를 알아보기 위하여 측량한 결과를 나타낸 것이다. $\overline{AC}=50$ m, $\overline{BC}=60$ m, ∠ACB=60°일 때, 두 나무 A, B 사이의 거리는?

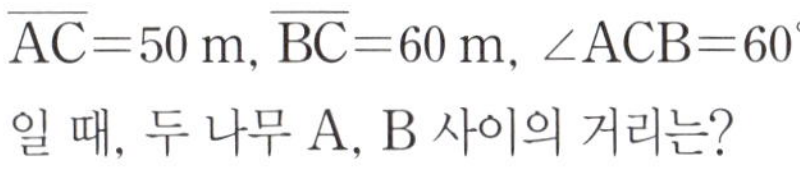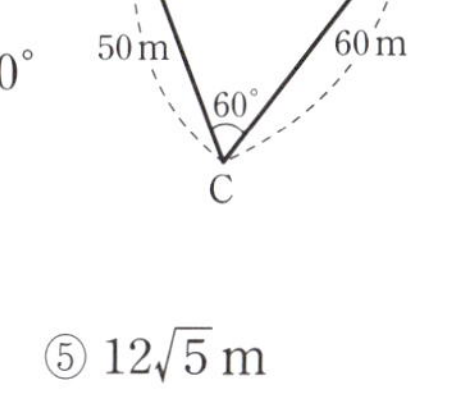

① 10 m　　　　　② $10\sqrt{31}$ m
③ 15 m　　　　　④ $15\sqrt{3}$ m　　　⑤ $12\sqrt{5}$ m

0840 상중

오른쪽 그림과 같이 10 m만큼 떨어진 두 지점 A, B에서 지면에 수직으로 세워진 가로등의 D지점을 올려다본 각의 크기가 각각 30°, 45°였다. D지점에서 지면에 수직으로 내린 C지점에 대하여 ∠ACB=30°일 때, 이 가로등의 높이는?

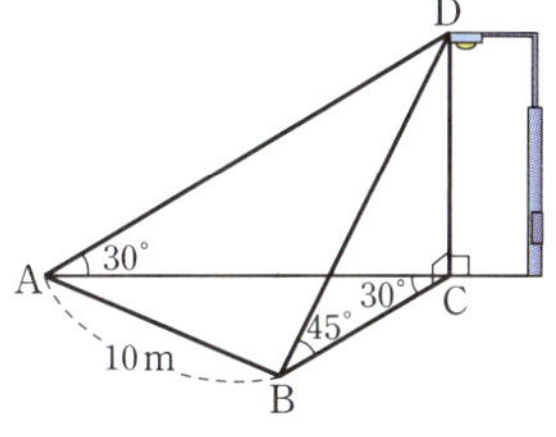

(단, 눈의 높이는 무시한다.)

① 6 m　　　　　② 7 m　　　　　③ 8 m
④ 9 m　　　　　⑤ 10 m

0841 상

오른쪽 그림과 같이 모선의 길이가 3이고, 밑면의 반지름의 길이가 1인 원뿔이 있다. 모선 OB 위의 한 점 P에 대하여 $\overline{PB}=1$일 때, 원뿔의 옆면을 따라 두 점 A, P를 잇는 선의 최단 거리를 구하시오. (단, 두 점 A, B는 밑면의 지름의 양 끝 점이다.)

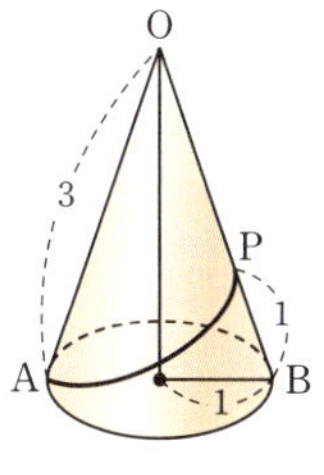

0842

$\triangle ABC$에서 $b=\sqrt{6}$, $B=60°$, $C=75°$일 때, $\dfrac{a}{\cos A}$의 값은?

① 2   ② $2\sqrt{2}$ ③ $\sqrt{3}$

④ $2\sqrt{3}$ ⑤ $\sqrt{6}$

0843

오른쪽 그림과 같은 원 O의 접선 AC와 현 AB가 이루는 각의 크기가 $60°$이고 $\overline{AB}=10$일 때, 이 원의 넓이는?

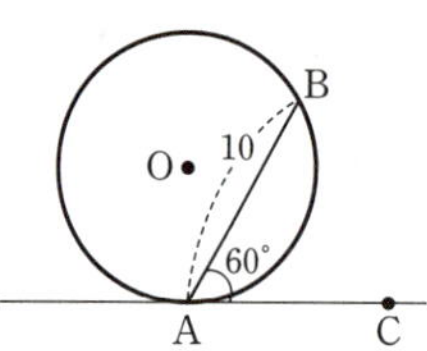

① 20π ② $\dfrac{70}{3}\pi$ ③ $\dfrac{80}{3}\pi$

④ 30π ⑤ $\dfrac{100}{3}\pi$

0844

반지름의 길이가 1인 원에 내접하는 $\triangle ABC$의 둘레의 길이가 4일 때, $\sin A+\sin B+\sin C$의 값은?

① $4\sqrt{2}$ ② 4   ③ $2\sqrt{2}$

④ 2   ⑤ $\sqrt{2}$

0845

오른쪽 그림에서 $\triangle ABC$는 $\angle C$가 직각이고, $\overline{AC}=\overline{BC}=4$인 직각이등변삼각형이다. 점 D가 변 AC의 중점일 때, $\triangle ABD$의 외접원의 반지름의 길이를 구하시오.

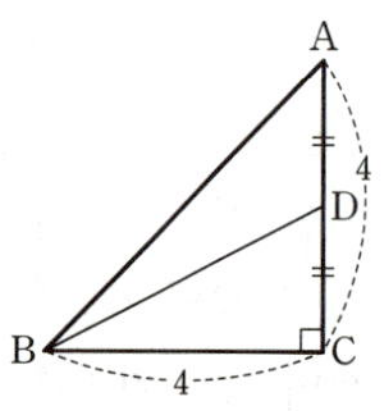

0846

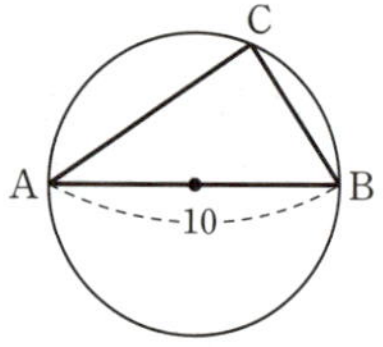

오른쪽 그림과 같이 길이가 10인 선분 AB를 지름으로 하는 원에 내접하는 $\triangle ABC$에서 $\sqrt{3}\sin A=\sin B$가 성립할 때, $\triangle ABC$의 넓이는?

① $10\sqrt{3}$ ② $\dfrac{23\sqrt{3}}{2}$ ③ $12\sqrt{3}$

④ $\dfrac{25\sqrt{3}}{2}$ ⑤ $\dfrac{25}{2}$

0847

$\triangle ABC$에서 $(2a-b):(2b-c):(2c-a)=9:6:1$일 때, $\sin A:\sin B:\sin C$는?

① $3:5:7$ ② $4:6:8$ ③ $5:4:7$

④ $5:7:9$ ⑤ $7:5:4$

0848

$\triangle ABC$의 세 변의 길이 a, b, c 사이에 $3a-2b+c=0$, $a+2b-3c=0$이 성립할 때, $\dfrac{\sin B}{\sin A}+\dfrac{\sin C}{\sin B}+\dfrac{\sin A}{\sin C}$의 값을 구하시오.

0849

$\triangle ABC$에서 $b=2\sqrt{2}$, $c=2\sqrt{5}$, $C=45°$일 때, a의 값은?

① 6   ② 7   ③ 8

④ 9   ⑤ 10

0850

$\triangle ABC$의 세 변의 길이 a, b, c에 대하여 $c^2-3ab=(a-b)^2$이 성립할 때, C의 크기는?

① $30°$ ② $60°$ ③ $90°$

④ $120°$ ⑤ $150°$

0851

$\triangle ABC$에서 $\overline{AB}=x$, $\overline{AC}=\dfrac{4}{x}$, $A=120°$일 때, $\overline{BC}$의 길이의 최솟값은?

① $\sqrt{2}$ ② $\sqrt{3}$ ③ $\sqrt{6}$

④ $2\sqrt{2}$ ⑤ $2\sqrt{3}$

0852

오른쪽 그림과 같이 정사각형 $ABCD$의 두 변 AD, CD를 $1:2$로 내분하는 점을 각각 E, F라 하자. $\angle EBF=\theta$라 할 때, $\cos\theta$의 값은?

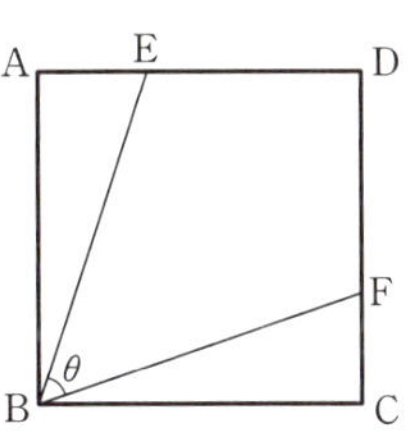

① $\dfrac{\sqrt{6}}{5}$ ② $\dfrac{3}{5}$

③ $\dfrac{\sqrt{10}}{5}$ ④ $\dfrac{2\sqrt{3}}{5}$ ⑤ $\dfrac{4}{5}$

0853

오른쪽 그림과 같은 사각형 $ABCD$에서 $\overline{AD}/\!/\overline{BC}$이고 $\overline{AB}=6$, $\overline{BC}=10$, $\overline{CD}=8$, $\overline{AD}=4$일 때, 대각선 AC의 길이는?

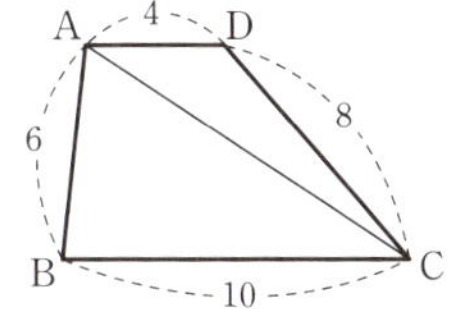

① $\dfrac{2\sqrt{46}}{3}$ ② $\dfrac{2\sqrt{69}}{3}$ ③ $\dfrac{4\sqrt{23}}{3}$

④ $\dfrac{4\sqrt{46}}{3}$ ⑤ $\dfrac{4\sqrt{69}}{3}$

0854

$\triangle ABC$의 세 변의 길이가 $5-x$, 5, $5+x$일 때, 최소각의 크기가 $30°$이다. 양수 x의 값을 구하시오.

0855

$\triangle ABC$에서 $a=3$이고, $\dfrac{7}{\sin A}=\dfrac{5}{\sin B}=\dfrac{3}{\sin C}$일 때, $\triangle ABC$의 외접원의 넓이는?

① π ② 2π ③ 3π

④ 4π ⑤ 5π

0856

$\triangle ABC$의 세 변의 길이 a, b, c에 대하여
$$4\sin(B+C)=a^2\sin B\cos C$$
가 성립할 때, $a^2+b^2-c^2$의 값을 구하시오.

0857

오른쪽 그림과 같이 $\triangle ABC$가 원 O에 내접하고 $\overline{AB}=6$, $\overline{BC}=8$, $\overline{CA}=10$이다. $\triangle ABC$의 넓이가 $\dfrac{a}{\pi^2}(b+\sqrt{3})$일 때, 자연수 a, b에 대하여 $a+b$의 값을 구하시오.

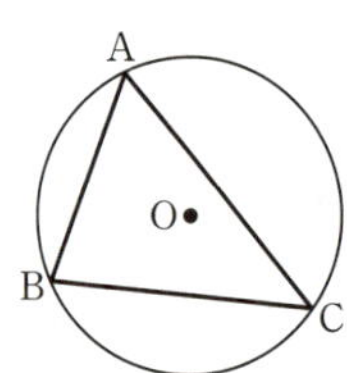

0858

오른쪽 그림과 같은 $\triangle ABC$에서 $\overline{AB}=6$, $\overline{AC}=3$, $\angle A=120°$이고, $\angle A$의 이등분선이 $\overline{BC}$와 만나는 점을 D라 할 때, $\overline{AD}$의 길이를 구하시오.

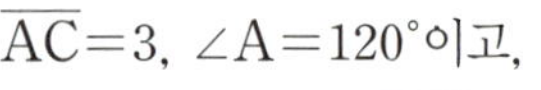
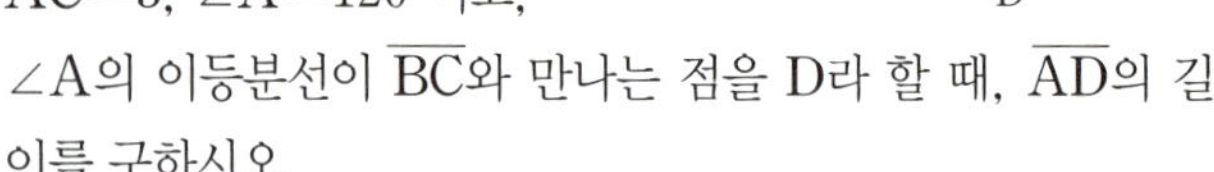

0859

$\triangle ABC$에서 $a+c=10$이고 $B=30°$일 때, $\triangle ABC$의 넓이의 최댓값을 구하시오.

0860

$\overline{AB}=4$, $\overline{BC}=5$인 평행사변형 ABCD의 넓이가 $10\sqrt{3}$일 때, 대각선 AC의 길이는? (단, $90°<B<180°$)

① $\sqrt{61}$ ② $\sqrt{62}$ ③ $3\sqrt{7}$

④ 8   ⑤ $\sqrt{65}$

0861

오른쪽 그림과 같은 사각형 ABCD의 넓이가 100이다. 대각선 AC의 길이를 20 % 줄이고, 대각선 BD의 길이를 10 % 늘려서 새로운 사각형을 만들 때, 이 사각형의 넓이를 구하시오.

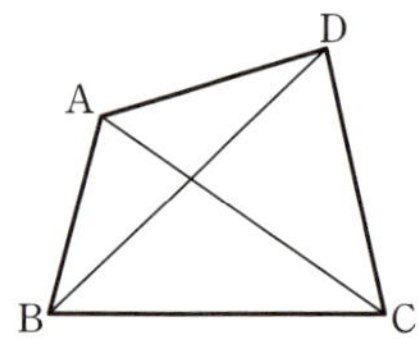

0862

오른쪽 그림과 같은 등변사다리꼴 ABCD에서 두 대각선이 이루는 각의 크기가 30°이고, 넓이가 16일 때, 대각선의 길이는?

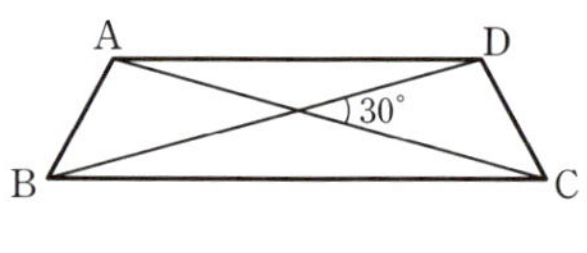

① 6   ② 7   ③ 8

④ 9   ⑤ 10

0863

오른쪽 그림과 같이 강 한쪽의 두 지점 A, B와 강 건너편의 두 지점 C, D에 대하여 각의 크기를 재었더니 $\angle BAC=90°$, $\angle ABC=30°$, $\angle BAD=30°$, $\angle ABD=60°$였다. $\overline{AB}=30$ m일 때, 두 지점 C, D 사이의 거리를 구하시오.

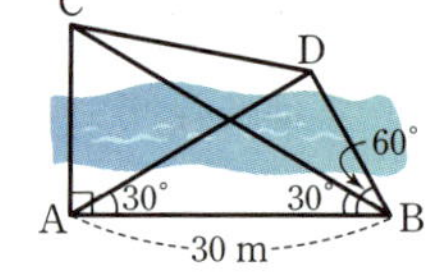

 **서술형 주관식**

0864

x에 대한 이차방정식

$$(\cos A+\cos B)x^2+2x\sin C+(\cos A-\cos B)=0$$

이 중근을 가질 때, $\triangle ABC$는 어떤 삼각형인지 말하시오.

0865

$\triangle ABC$에서 $a=6$, $c=3$일 때, $\cos C$가 최솟값을 갖도록 하는 b의 값을 구하시오.

0866

$\triangle ABC$에서

$$(a+b):(b+c):(c+a)=7:5:6$$

이고 $\triangle ABC$의 넓이가 $3\sqrt{15}$일 때, a의 값을 구하시오.

0867

오른쪽 그림과 같은 사각형 $ABCD$에서 두 대각선 AC, BD의 교점을 P라 하자. $\overline{AP}=3$, $\overline{CP}=4$, $\overline{BP}=6$, $\overline{DP}=2$이고, $\overline{CD}=4$일 때, 사각형 $ABCD$의 넓이를 구하시오.

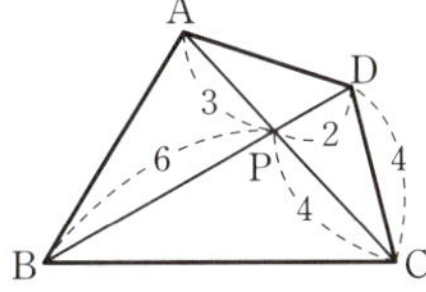

 **실력 up**

0868

반지름의 길이가 R인 원 O에 내접하는 $\triangle ABC$에 대하여 $\dfrac{a}{R}$의 값이 정수가 되도록 하는 A의 크기를 모두 구하시오.

0869

$\triangle ABC$에서 $\overline{AB}=\overline{AC}$, $\overline{BC}=8$, $A=120°$이다. $\overline{AC}$ 위를 움직이는 점을 P라 할 때, $\overline{BP}^2+\overline{CP}^2$의 최솟값은?

① 20 ② 25 ③ 30
④ 35 ⑤ 40

0870

원에 내접하는 사각형 $ABCD$에서 $\overline{AB}=2$, $\overline{BC}=\sqrt{6}-\sqrt{2}$, $A=75°$, $B=135°$일 때, $\overline{CD}$의 길이를 구하시오.

0871 ···· 창의·융합

오른쪽 그림과 같이 $b=4$, $c=3$인 삼각형 ABC가 반지름의 길이가 R인 원에 내접하고 있다. 이때 다음 **보기**의 설명 중 옳은 것만을 있는 대로 고른 것은?

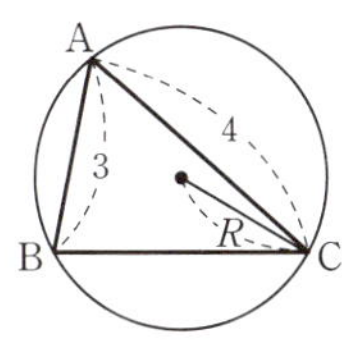

- 보기 -

ㄱ. $a=5$이면 $R=\dfrac{5}{2}$이다.

ㄴ. $R=4$이면 $a=8\sin A$이다.

ㄷ. $1<a\le\sqrt{13}$일 때, A의 최댓값은 $60°$이다.

① ㄱ ② ㄷ ③ ㄱ, ㄴ
④ ㄴ, ㄷ ⑤ ㄱ, ㄴ, ㄷ

뿌리 깊은 나무

언뜻 보아서는 건강하고 강인하게 보이는 은행나무 한 그루가 있었습니다. 하지만 그 은행나무는 겉모습만 괜찮아 보였지 몸이 점점 쇠약해져 가고 있었습니다. 하지만 그 은행나무는 새로운 나뭇가지를 자라나게 하여 훨씬 더 강하고 멋있게 보이도록 노력했습니다.

그런데 갑자기 태풍이 몰아쳤고 은행나무는 뿌리째 흔들리기 시작했습니다. 거의 쓰러질 지경이 되었을 때 옆에 서 있던 나무가 자신의 몸에 기댈 수 있도록 도와준 덕분에 쓰러지지 않을 수 있었습니다.

태풍이 그치고 바람도 잠잠해지자 그제야 은행나무는 충격에서 벗어나서 자신을 도와준 옆 나무에게 고맙다고 인사를 건넸습니다.

"고맙네. 그런데 자네는 어떻게 이런 세찬 바람 속에서도 굳건하게 자리를 잡고 있을 수 있나? 모진 태풍 속에서도 나를 도와줄 힘까지 지닌 비결이 무엇인지 가르쳐 줄 수 없겠나?"

그러자 도와준 나무가 웃으며 말했습니다.

"그건 아주 간단한 일이야. 자네가 새로운 가지를 만들기 위해 온 정신을 집중시키고 있는 동안 나는 뿌리를 깊숙이 내렸다네."

어떤 일에 있어서 성공하기 위해서는 남에게 보이는 모습을 치장하는 것보다는 내면의 모습을 아름답게 꾸미는 자세가 필요합니다.

-「희망과 지혜를 주는 이야기」 중에서

III

수열

08 등차수열과 등비수열

09 수열의 합

10 수학적 귀납법

08 | 등차수열과 등비수열

08·1 등차수열

1 등차수열 : 첫째항부터 차례로 일정한 수를 더하여 만들어지는 수열을 등차수열이라 하고, 더해지는 일정한 수를 **공차**라 하며 d로 나타낸다.

이때 등차수열 a_1, a_2, a_3, $\cdots$, a_n, $\cdots$ 에서 이웃하는 두 항 사이에는 다음이 성립한다.

$$a_{n+1}=a_n+d \Longleftrightarrow a_{n+1}-a_n=d \ (n=1, 2, 3, \cdots)$$

2 등차수열의 일반항 : 첫째항이 a, 공차가 d인 등차수열의 일반항 a_n은

$$a_n=a+(n-1)d \ (n=1, 2, 3, \cdots)$$

3 등차중항 : 세 수 a, b, c가 이 순서대로 등차수열을 이룰 때, b를 a와 c의 **등차중항**이라 한다. 이때 세 수 a, b, c 사이에는 다음이 성립한다.

$$b-a=c-b \Longleftrightarrow 2b=a+c \Longleftrightarrow b=\frac{a+c}{2}$$

■ 등차수열을 이루는 수의 표현
① 세 수가 등차수열을 이룰 때
$\Rightarrow a-d, a, a+d$
② 네 수가 등차수열을 이룰 때
$\Rightarrow a-3d, a-d, a+d, a+3d$

08·2 등차수열의 합

등차수열의 첫째항부터 제n항까지의 합을 S_n이라 하면
(1) 첫째항이 a, 제n항이 l일 때

$$S_n=\frac{n(a+l)}{2} \quad \leftarrow l=a+(n-1)d$$

(2) 첫째항이 a, 공차가 d일 때

$$S_n=\frac{n\{2a+(n-1)d\}}{2}$$

■ 일반적으로 수열 $\{a_n\}$의 첫째항부터 제n항까지의 합을 S_n으로 나타낸다.
즉 $a_1+a_2+a_3+\cdots+a_n=S_n$

■ 수열의 합 S_n을 알고 일반항 a_n을 구할 때
$a_n=S_n-S_{n-1} \ (n\geq2)$
$a_1=S_1$

08·3 등비수열

1 등비수열 : 첫째항부터 차례로 일정한 수를 곱하여 만들어지는 수열을 등비수열이라 하고, 곱해지는 일정한 수를 **공비**라 하며 r로 나타낸다.

이때 등비수열 a_1, a_2, a_3, $\cdots$, a_n, $\cdots$ 에서 이웃하는 두 항 사이에는 다음이 성립한다.

$$a_{n+1}=ra_n \Longleftrightarrow \frac{a_{n+1}}{a_n}=r \ (n=1, 2, 3, \cdots)$$

2 등비수열의 일반항 : 첫째항이 a, 공비가 $r (r\neq0)$인 등비수열의 일반항 a_n은

$$a_n=ar^{n-1} \ (n=1, 2, 3, \cdots)$$

3 등비중항 : 0이 아닌 세 수 a, b, c가 이 순서대로 등비수열을 이룰 때, b를 a와 c의 **등비중항**이라 한다. 이때 세 수 a, b, c 사이에는 다음이 성립한다.

$$\frac{b}{a}=\frac{c}{b} \Longleftrightarrow b^2=ac$$

■ 등비수열을 이루는 수의 표현
① 세 수가 등비수열을 이룰 때
$\Rightarrow a, ar, ar^2$
② 네 수가 등비수열을 이룰 때
$\Rightarrow a, ar, ar^2, ar^3$

08·4 등비수열의 합

첫째항이 a, 공비가 $r (r\neq0)$인 등비수열의 첫째항부터 제n항까지의 합을 S_n이라 하면

(1) $r\neq1$일 때, $S_n=\dfrac{a(1-r^n)}{1-r}=\dfrac{a(r^n-1)}{r-1}$

(2) $r=1$일 때, $S_n=na$

정답과 풀이 **114쪽**

08·1 등차수열

[0872 ~ 0873] 다음은 등차수열을 나타낸 것이다. □ 안에 알맞은 수를 써넣으시오.

0872 1, 3, □, □, 9, ⋯

0873 20, □, 10, 5, □, ⋯

[0874 ~ 0875] 다음 등차수열 $\{a_n\}$의 일반항을 구하시오.

0874 3, 6, 9, 12, ⋯

0875 -1, 3, 7, 11, ⋯

[0876 ~ 0877] 등차수열 $\{a_n\}$이 다음과 같을 때, 제10항을 구하시오.

0876 첫째항 4, 공차 3

0877 첫째항 -2, 공차 5

[0878 ~ 0879] 다음을 만족시키는 등차수열 $\{a_n\}$의 공차를 구하시오.

0878 $a_1 = 5$, $a_8 = 40$

0879 $a_1 = -5$, $a_6 = -40$

0880 두 수 1, 19의 등차중항을 구하시오.

08·2 등차수열의 합

[0881 ~ 0882] 다음을 만족시키는 등차수열의 합을 구하시오.

0881 $33 + 30 + 27 + \cdots + 3$

0882 $2 + 5 + 8 + \cdots + 41$

[0883 ~ 0884] 다음 등차수열의 첫째항부터 제30항까지의 합을 구하시오.

0883 2, 4, 6, 8, ⋯

0884 4, 2, 0, -2, ⋯

08·3 등비수열

[0885 ~ 0886] 다음은 등비수열을 나타낸 것이다. □ 안에 알맞은 수를 써넣으시오.

0885 3, 6, □, □, 48, ⋯

0886 2, -2, □, □, 2, ⋯

[0887 ~ 0888] 다음 등비수열 $\{a_n\}$의 일반항을 구하시오.

0887 0.1, 0.01, 0.001, 0.0001, ⋯

0888 2, $2\sqrt{2}$, 4, $4\sqrt{2}$, ⋯

[0889 ~ 0890] 등비수열 $\{a_n\}$이 다음과 같을 때, 제10항을 구하시오.

0889 1, 3, 9, 27, ⋯

0890 2, -6, 18, -54, ⋯

[0891 ~ 0892] 다음을 만족시키는 등비수열 $\{a_n\}$의 공비를 구하시오. (단, 공비는 양의 실수이다.)

0891 $a_1 = \dfrac{2}{27}$, $a_4 = 2$

0892 $a_1 = 1$, $a_5 = \dfrac{1}{81}$

08·4 등비수열의 합

[0893 ~ 0894] 다음을 만족시키는 등비수열의 합을 구하시오.

0893 $2 + 2^3 + 2^5 + 2^7 + 2^9$

0894 $1 + \dfrac{1}{2} + \left(\dfrac{1}{2}\right)^2 + \cdots + \left(\dfrac{1}{2}\right)^9$

[0895 ~ 0896] 다음 등비수열의 첫째항부터 제n항까지의 합을 구하시오.

0895 2, 8, 32, 128, ⋯

0896 1, $\dfrac{1}{3}$, $\dfrac{1}{9}$, $\dfrac{1}{27}$, ⋯

유형 익/히/기

| 개념원리 수학 I 225쪽 |

유형 **01** 등차수열의 일반항

(1) 첫째항이 a, 공차가 d인 등차수열의 일반항 a_n은
$\Rightarrow a_n = a + (n-1)d \ (n=1, 2, 3, \cdots)$

(2) 등차수열의 일반항은 $a_n = An + B$ (A, B는 상수)의 꼴로 n에 대한 일차식이고, 첫째항은 $A+B$, 공차는 A이다.

0897 대표문제

등차수열 $20, 17, 14, 11, \cdots$에서 -118은 제 몇 항인지 구하시오.

0898 중하

등차수열 $\{a_n\}$의 일반항이 다음과 같을 때, 첫째항과 공차의 곱을 구하시오.

(1) $a_n = -4n + 14$

(2) $a_n = -\dfrac{1}{2}n + \dfrac{3}{2}$

0899 중하

수열 $a, \dfrac{1}{3}, \dfrac{1}{2}, b, \cdots$가 등차수열일 때, $b-a$의 값은?

① $\dfrac{1}{6}$　　　　② $\dfrac{1}{3}$　　　　③ $\dfrac{1}{2}$

④ $\dfrac{2}{3}$　　　　⑤ $\dfrac{5}{6}$

0900 중

다음 **보기**의 수열 중 등차수열인 것의 개수를 구하시오.

(단, $n=1, 2, 3, \cdots$)

• 보기 •

ㄱ. $\{3\}$　　　　　　ㄴ. $\{2n+1\}$

ㄷ. $\{2n^2-1\}$　　　ㄹ. $\{\sqrt{n-1}\}$

ㅁ. $\{2^{n+1}\}$　　　ㅂ. $\{3-2n\}$

| 개념원리 수학 I 225쪽, 226쪽 |

유형 **02** 항 또는 항의 관계가 주어진 등차수열

첫째항 a와 공차 d만 알면 일반항을 구할 수 있다. 따라서 두 조건을 이용하여 a와 d에 대한 식으로 표현한 후 연립하여 푼다.

0901 대표문제

등차수열 $\{a_n\}$에서 $a_8 = 26$, $a_6 : a_{10} = 5 : 8$일 때, a_{30}의 값은?

① 84　　　　② 88　　　　③ 92

④ 96　　　　⑤ 100

0902 중하

등차수열 $\{a_n\}$에서 제2항이 10, 제5항이 43일 때, 758은 제 몇 항인가?

① 제64항　　　② 제65항　　　③ 제68항

④ 제70항　　　⑤ 제75항

0903 중

등차수열 $\{a_n\}$에서 $a_2 + a_6 = 20$, $a_4 + a_5 = 24$일 때, a_{10}의 값을 구하시오.

0904 중 서술형

첫째항이 -6인 등차수열 $\{a_n\}$의 제2항과 제6항은 절댓값이 같고 부호가 반대이다. 이 수열의 제10항을 구하시오.

유형 03 처음으로 양 또는 음이 되는 항 구하기

$a+(n-1)d>0$ (양수) 또는 $a+(n-1)d<0$ (음수)을 만족시키는 자연수 n의 최솟값을 구한다.

0905 대표문제

제3항이 63, 제10항이 35인 등차수열 $\{a_n\}$에서 처음으로 음수가 나오는 항은?

① 제18항 ② 제19항 ③ 제20항
④ 제21항 ⑤ 제22항

0906 중 하

첫째항이 -62, 공차가 5인 등차수열 $\{a_n\}$에서 처음으로 양수가 나오는 항은?

① 제12항 ② 제13항 ③ 제14항
④ 제15항 ⑤ 제16항

0907 상 중

첫째항이 양수인 등차수열 $\{a_n\}$의 제10항과 제16항은 절댓값이 같고 부호가 반대이다. 이 등차수열 $\{a_n\}$에서 처음으로 음수가 나오는 항은 제 몇 항인지 구하시오.

유형 04 두 수 사이에 수를 넣어서 만든 등차수열

두 수 a, b 사이에 n개의 수 a_1, a_2, a_3, $\cdots$, a_n을 넣어 전체가 등차수열을 이루는 경우

(1) 항수 : $n+2$
(2) 첫째항 : a, 끝항 : $b=a+(n+1)d$
(3) 공차 : $d=\dfrac{b-a}{n+1}$

0908 대표문제

두 수 1과 100 사이에 n개의 수를 넣어서
1, a_1, a_2, a_3, $\cdots$, a_n, 100이 이 순서대로 등차수열을 이루도록 할 때, 다음 중 이 수열의 공차가 될 수 있는 것은?

① $\dfrac{6}{11}$ ② $\dfrac{7}{11}$ ③ $\dfrac{8}{11}$
④ $\dfrac{9}{11}$ ⑤ $\dfrac{10}{11}$

0909 중 하

두 수 3과 23 사이에 3개의 수 x, y, z를 넣어서 등차수열 3, x, y, z, 23을 만들 때, 상수 x, y, z의 값을 구하시오.

0910 중 하

등차수열 -20, a_1, a_2, a_3, $\cdots$, a_n, 100의 공차가 4일 때, 자연수 n의 값을 구하시오.

0911 중

두 수 3과 108 사이에 n개의 수를 넣어서 등차수열 3, a_1, a_2, a_3, $\cdots$, a_n, 108을 만들었다. 공차가 1보다 큰 최소의 자연수일 때, n의 값을 구하시오.

유형 05 등차중항

세 수 a, b, c가 이 순서대로 등차수열을 이룰 때
$$\Rightarrow 2b=a+c$$

0912 대표문제
두 수열
$$\{a_n\} : -9, x, -1,$$
$$\{b_n\} : -1, y, 5$$
가 이 순서대로 등차수열을 이룰 때, $x+y$의 값은?

① -5 ② -4 ③ -3
④ -2 ⑤ -1

0913 중
ax^2+x+4를 $x-1$, $x-2$, $x-3$으로 나눈 나머지가 순서대로 등차수열을 이룰 때, 상수 a의 값은?

① -2 ② -1 ③ 0
④ 1 ⑤ 2

0914 중
서로 다른 두 자연수 a, b에 대하여 $\log a$, $\log 3$, $\log b$가 이 순서대로 등차수열을 이룰 때, 두 자연수 a, b의 합을 구하시오.

유형 06 등차수열을 이루는 세 수

(1) 세 수가 등차수열을 이루면
$$\Rightarrow a-d, a, a+d$$ 로 놓고 식을 세운다.
(2) 네 수가 등차수열을 이루면
$$\Rightarrow a-3d, a-d, a+d, a+3d$$ 로 놓고 식을 세운다.

0915 대표문제
삼차방정식 $x^3-6x^2+kx+24=0$의 세 실근이 등차수열을 이룰 때, 상수 k의 값은?

① -1 ② -2 ③ -3
④ -4 ⑤ -5

0916 중
세 실수 a, b, c $(a<b<c)$는 이 순서대로 등차수열을 이루고 다음 조건을 만족시킨다. 이때 $a^2+b^2+c^2$의 값을 구하시오.

> (가) $a+b+c=15$
> (나) $abc=-55$

0917 중
다음 물음에 답하시오.

(1) 등차수열을 이루는 서로 다른 네 수의 합은 8이고, 가장 큰 수는 가장 작은 수의 3배라 한다. 이때 네 수의 곱을 구하시오.
(2) 직각삼각형의 세 변의 길이가 등차수열을 이룬다. 이 직각삼각형의 빗변의 길이가 15일 때, 넓이를 구하시오.

| 개념원리 수학 Ⅰ 234쪽 |

유형 **07**   등차수열의 합

첫째항이 a, 제 n 항이 l, 공차가 d인 등차수열의 첫째항부터 제 n 항까지의 합을 S_n이라 하면

$\Rightarrow l=a+(n-1)d$

$\Rightarrow S_n=\dfrac{n(a+l)}{2}=\dfrac{n\{2a+(n-1)d\}}{2}$

0918 대표문제

등차수열 $\{a_n\}$에서 $a_6=44$, $a_{18}=116$이고, $a_1+a_2+a_3+\cdots+a_n=280$일 때, n의 값은?

① 7 　　　　② 8 　　　　③ 9

④ 10 　　　　⑤ 11

0919 중

공차가 2인 등차수열 $\{a_n\}$의 첫째항이 3, 제 n 항이 39일 때, 첫째항부터 제 n 항까지의 합을 구하시오.

0920 중

첫째항이 15, 제 n 항이 -3, 첫째항부터 제 n 항까지의 합이 60인 등차수열의 제 5 항을 구하시오.

0921 상중   서술형

등차수열 $\{a_n\}$에서 $a_1=6$, $a_{10}=-12$일 때, $|a_1|+|a_2|+|a_3|+\cdots+|a_{20}|$의 값을 구하시오.

| 개념원리 수학 Ⅰ 234쪽 |

유형 **08**   두 수 사이에 수를 넣어서 만든 등차수열의 합

두 수 a, b 사이에 n개의 수를 넣어서 만든 등차수열의 합을 S_n이라 하면

$\Rightarrow S_n$은 첫째항이 a, 끝항이 b, 항수가 $(n+2)$인 등차수열의 합이다.

$S_n=\dfrac{(n+2)(a+b)}{2}$

0922 대표문제

수열 24, a_1, a_2, a_3, $\cdots$, a_n, -44가 이 순서대로 등차수열을 이루고 $a_1+a_2+a_3+\cdots+a_n=-120$일 때, n의 값을 구하시오.

0923 중

-9와 31 사이에 n개의 수를 넣은 수열

-9, a_1, a_2, a_3, $\cdots$, a_n, 31이 이 순서대로 등차수열을 이루고 그 합이 231일 때, n의 값과 공차 d를 차례로 구한 것은?

① 17, 2 　　　　② 18, 2 　　　　③ 18, 3

④ 19, 2 　　　　⑤ 19, 3

0924 상중

2, a_1, a_2, a_3, $\cdots$, a_n, 37이 이 순서대로 등차수열을 이루고 모든 항이 자연수일 때, 이 등차수열의 합의 최솟값을 구하시오.

유형 익/히/기

유형 **09** 부분의 합이 주어진 등차수열의 합

첫째항이 a, 공차가 d인 등차수열 $\{a_n\}$의 첫째항부터 제n항까지의 합을 S_n이라 하면

$$S_n = \frac{n\{2a+(n-1)d\}}{2}, \ S_{2n} = \frac{2n\{2a+(2n-1)d\}}{2}$$

⇨ 두 식을 연립하여 a, d의 값을 구한다.

0925 대표문제

등차수열 $\{a_n\}$에서 첫째항부터 제10항까지의 합이 145, 제11항부터 제20항까지의 합이 445이다. 이때 제21항부터 제30항까지의 합은?

① 725 ② 730 ③ 735
④ 740 ⑤ 745

0926 중

등차수열 $\{a_n\}$의 첫째항부터 제n항까지의 합을 S_n이라 할 때, $S_5=70$, $S_{10}=190$이다. 이때 S_{15}의 값을 구하시오.

0927 중

등차수열 $\{a_n\}$의 첫째항부터 제n항까지의 합을 S_n이라 할 때, $S_{10}=55$, $S_{20}=210$이다. 이때 $S_{15}-S_5$의 값은?

① 90 ② 95 ③ 100
④ 105 ⑤ 110

유형 **10** 등차수열의 합의 최대 · 최소

(1) 등차수열의 합의 최댓값
   ⇨ (첫째항)>0, (공차)<0인 경우 양수가 나오는 항까지의 합
(2) 등차수열의 합의 최솟값
   ⇨ (첫째항)<0, (공차)>0인 경우 음수가 나오는 항까지의 합

0928 대표문제

첫째항이 $-\dfrac{5}{2}$, 공차가 $\dfrac{1}{3}$인 등차수열 $\{a_n\}$에서 첫째항부터 제n항까지의 합이 최소가 될 때, n의 값을 구하시오.

0929 중

첫째항이 100이고, 공차가 정수인 등차수열 $\{a_n\}$의 첫째항부터 제n항까지의 합 S_n은 $n=17$일 때, 최댓값을 갖는다. 이때 a_{10}의 값은?

① 44 ② 46 ③ 48
④ 50 ⑤ 52

0930 상중

제5항이 11, 제15항이 -9인 등차수열 $\{a_n\}$에서 첫째항부터 제n항까지의 합을 S_n이라 할 때, S_n의 최댓값을 구하시오.

0931 상 서술형

59, a_1, a_2, a_3, $\cdots$, a_k, 32가 이 순서대로 등차수열을 이루고 모든 항의 합이 455일 때, 등차수열 $\{a_n\}$의 첫째항부터 제n항까지의 합을 S_n이라 하자. S_n의 최댓값을 구하시오.

| 개념원리 수학 Ⅰ 236쪽 |

유형 **11** 등차수열과 배수의 합

(1) 자연수 d의 양의 배수를 작은 것부터 나열하면
  ⇨ 첫째항과 공차가 d인 등차수열
(2) 자연수 d로 나누었을 때의 나머지가 a인 자연수를 작은 것부터 나열하면
  ⇨ 첫째항이 a, 공차가 d인 등차수열

0932 대표문제

두 자리 자연수 중에서 7로 나누었을 때 2가 남는 수의 총합은?

① 651 ② 652 ③ 653
④ 654 ⑤ 655

0933 중

50 이하의 자연수 중에서 4 또는 6의 배수의 총합을 구하시오.

0934 중

6으로 나누면 5가 남고, 8로 나누면 3이 남는 자연수를 크기 순으로 나열하여 수열 a_1, a_2, $\cdots$, a_n이라 하자. 이때 $a_1+a_2+\cdots+a_8$의 값은?

① 758 ② 759 ③ 760
④ 761 ⑤ 762

| 개념원리 수학 Ⅰ 237쪽 |

유형 **12** 수열의 합과 일반항 사이의 관계

(1) 수열 $\{a_n\}$에서 첫째항부터 제n항까지의 합을 S_n이라 하면
  ⇨ $a_1=S_1$, $a_n=S_n-S_{n-1}$ $(n\geq2)$
(2) $S_n=An^2+Bn+C$ (A, B, C는 실수)의 꼴
  $\begin{cases} C=0이면\ 첫째항부터\ 등차수열 \\ C\neq0이면\ 제2항부터\ 등차수열 \end{cases}$

0935 대표문제

수열 $\{a_n\}$의 첫째항부터 제n항까지의 합 S_n이 $S_n=-3n^2+2n$일 때, a_1+a_{10}의 값은?

① -55 ② -56 ③ -57
④ -58 ⑤ -59

0936 중

두 수열 $\{a_n\}$, $\{b_n\}$의 첫째항부터 제n항까지의 합이 각각 n^2+kn, $2n^2+n$이고 두 수열의 제8항이 같을 때, 상수 k의 값을 구하시오.

0937 중

첫째항부터 등차수열을 이루는 수열 $\{a_n\}$에 대하여 첫째항부터 제n항까지의 합 S_n이 $S_n=-(n-2)^2+k$일 때, a_1+k의 값을 구하시오. (단, k는 상수이다.)

0938 중

첫째항부터 제n항까지의 합 S_n이 $S_n=n^2+3n+1$인 수열 $\{a_n\}$에서 $a_1+a_3+a_5+a_7+a_9$의 값을 구하시오.

유형 13 등비수열의 일반항

첫째항이 a, 공비가 r인 등비수열의 일반항 a_n은
$$\Rightarrow a_n = ar^{n-1} \ (n=1, 2, 3, \cdots)$$

0939 대표문제

등비수열 $\{a_n\}$에서 $a_2=2$, $a_5=16$일 때, a_{10}의 값은?
(단, 공비는 실수이다.)

① 128 ② 256 ③ 512
④ 1024 ⑤ 2048

0940 중하

제 n항이 $a_n = 2\cdot3^{1-2n}$인 등비수열 $\{a_n\}$에서 첫째항과 공비를 구하시오.

0941 중

다음 물음에 답하시오.

(1) 등비수열 $\dfrac{1}{4}$, $-\dfrac{1}{2}$, 1, $\cdots$에서 256은 제 몇 항인지 구하시오.

(2) 등비수열 $\sqrt{2}+1$, 1, $\sqrt{2}-1$, $3-2\sqrt{2}$, $\cdots$의 일반항을 a_n이라 할 때, a_{100}의 값을 구하시오.

유형 14 항 또는 항의 관계가 주어진 등비수열

(1) 등비수열 $\{a_n\}$의 첫째항을 a, 공비를 r라 하면
$$\Rightarrow a_n = ar^{n-1}$$

(2) 주어진 조건을 a, r에 대한 식으로 나타낸 후 연립하여 푼다.

0942 대표문제

등비수열 $\{a_n\}$에 대하여 $a_1+a_2=3$, $a_1a_2+a_1a_3=12$일 때, $a_1a_2a_3$의 값은?

① 56 ② 58 ③ 60
④ 62 ⑤ 64

0943 중

등비수열 $\{a_n\}$에서 $(a_1+a_2):(a_3+a_4)=1:\sqrt{2}$가 성립할 때, $a_3:a_7$은? (단, $a_1\neq0$)

① $1:2$ ② $1:4$ ③ $2:3$
④ $2:1$ ⑤ $4:1$

0944 중 서술형

첫째항과 공비가 모두 0이 아닌 등비수열 $\{a_n\}$에 대하여
$$\frac{a_{12}}{a_2}+\frac{a_{13}}{a_3}+\frac{a_{14}}{a_4}+\cdots+\frac{a_{21}}{a_{11}}=20$$
일 때, $\dfrac{a_{50}}{a_{30}}$의 값을 구하시오.

유형 15 조건을 만족시키는 등비수열의 항 구하기

(ⅰ) 첫째항을 a, 공비를 r로 놓고 주어진 항의 조건을 이용하여 a 와 r의 값 및 일반항을 구한다.

(ⅱ) (ⅰ)에서 구한 일반항을 이용하여 부등식을 세운다.

0945 대표문제

각 항이 실수이고, 제3항이 4, 제6항이 32인 등비수열 $\{a_n\}$에서 처음으로 2000보다 커지는 항은?

① 제10항   ② 제11항   ③ 제12항

④ 제13항   ⑤ 제14항

0946 중

모든 항이 실수인 등비수열 $\{a_n\}$에서 $a_2=40$, $a_5=5$일 때, $a_n < \dfrac{1}{50}$을 만족시키는 자연수 n의 최솟값을 구하시오.

0947 상중

등비수열 $\{a_n\}$에서 $a_2+a_3=6$, $a_3+a_4=-18$일 때, $\left| \dfrac{1}{a_n} \right| > \dfrac{1}{1000}$을 만족시키는 모든 자연수 n의 값의 합을 구하시오.

유형 16 두 수 사이에 수를 넣어서 만든 등비수열

두 수 a, b 사이에 n개의 수 a_1, a_2, a_3, $\cdots$, a_n을 넣어 전체가 등비수열을 이루는 경우

(1) 항수 : $n+2$

(2) 첫째항 : a, 끝항 : $b=ar^{n+1}$

0948 대표문제

3, a_1, a_2, a_3, $\cdots$, a_{10}, 40이 이 순서대로 등비수열을 이룰 때, $a_2 a_9$의 값은?

① 40   ② 60   ③ 80

④ 100   ⑤ 120

0949 중하

등비수열 18, x_1, x_2, x_3, $\cdots$, x_n, $\dfrac{2}{729}$의 공비가 $\dfrac{1}{3}$일 때, n의 값은?

① 5   ② 6   ③ 7

④ 8   ⑤ 9

0950 중

수열 1, a_1, a_2, a_3, $\cdots$, a_{10}, 2가 이 순서대로 등비수열을 이룰 때, $a_1 a_2 a_3 \cdots a_{10}$의 값은?

① 8   ② 16   ③ 24

④ 30   ⑤ 32

0951 상중

수열 2, a_1, a_2, $\cdots$, a_n, 512가 이 순서대로 공비가 r인 등비수열을 이룰 때, $n+r$의 최솟값을 구하시오.

(단, n과 r는 자연수이다.)

유형 익/히/기

| 유형 **17** | 등비중항 |

세 수 a, b, c가 이 순서대로 등비수열을 이룰 때
$\Rightarrow b^2 = ac$

0952　대표문제

세 수 $x-1$, $x+2$, $4x+1$이 이 순서대로 등비수열을 이룰 때, 모든 상수 x의 값의 합은?

① $\dfrac{4}{3}$　　　② $\dfrac{5}{3}$　　　③ 2

④ $\dfrac{7}{3}$　　　⑤ $\dfrac{8}{3}$

0953　중

다항식 $f(x) = x^2 + ax + a$를 $x-2$, x, $x+1$로 나눈 나머지가 이 순서대로 등비수열을 이룰 때, 모든 상수 a의 값의 합은?

① 1　　　② 2　　　③ 3

④ 4　　　⑤ 5

0954　중

오른쪽 표에서 가로줄과 세로줄에 있는 양수들이 화살표 방향의 순서대로 모두 등비수열을 이룰 때, $a+b+c+d$의 값을 구하시오.

1	3	a
2	b	18
c	12	d

| 유형 **18** | 등차중항과 등비중항 |

세 수 a, b, c가 이 순서대로
(1) 등차수열을 이룰 때 $\Rightarrow 2b = a+c$
(2) 등비수열을 이룰 때 $\Rightarrow b^2 = ac$

0955　대표문제

두 정수 a, b에 대하여 1, a, b는 이 순서대로 등차수열을 이루고, a, $\sqrt{3}$, b는 이 순서대로 등비수열을 이룰 때, $a^2 + b^2$의 값을 구하시오.

0956　중

이차방정식 $x^2 - 6x + 4 = 0$의 두 근 α, β에 대하여 α, p, β는 이 순서대로 등차수열을 이루고, α, q, β는 이 순서대로 등비수열을 이룬다. 다음 중 이차항의 계수가 1이고, p, q를 두 근으로 하는 이차방정식은? (단, q는 양수이다.)

① $x^2 - 5x + 3 = 0$　　　② $x^2 + 5x - 3 = 0$

③ $x^2 - 5x - 6 = 0$　　　④ $x^2 + 5x + 6 = 0$

⑤ $x^2 - 5x + 6 = 0$

0957　상중　서술형

네 수 a, x, y, b는 이 순서대로 등차수열을 이루고, 네 수 a, p, q, b는 이 순서대로 등비수열을 이룬다. $x+y=5$, $pq=6$일 때, $a^2 - b^2$의 값을 구하시오. (단, $a < b$)

유형 **19** 등비수열을 이루는 세 수

등비수열을 이루는 세 수를 a, ar, ar^2으로 놓는다.

0958 대표문제

등비수열을 이루는 세 실수의 합이 13이고 곱이 27일 때, 세 수 중 가장 큰 수는?

① 6 ② 7 ③ 8
④ 9 ⑤ 10

0959 중

삼차방정식 $x^3-kx^2+56x-64=0$의 세 실근이 등비수열을 이룰 때, 상수 k의 값을 구하시오.

0960 중

두 곡선 $y=x^3-4x^2+14x$, $y=3x^2+k$가 서로 다른 세 점에서 만나고 그 교점의 x좌표가 차례로 등비수열을 이룰 때, 상수 k의 값을 구하시오.

0961 상중

가로, 세로의 길이와 높이가 차례대로 등비수열을 이루는 직육면체의 모든 모서리의 길이의 합이 104이고 겉넓이가 312일 때, 이 직육면체의 부피를 구하시오.

유형 **20** 등비수열의 합

첫째항이 a, 공비가 r인 등비수열의 첫째항부터 제n항까지의 합 S_n은

$\Rightarrow r \neq 1$일 때, $S_n = \dfrac{a(1-r^n)}{1-r} = \dfrac{a(r^n-1)}{r-1}$

$\Rightarrow r = 1$일 때, $S_n = na$

0962 대표문제

공비가 실수이고 제3항이 32, 제6항이 4인 등비수열 $\{a_n\}$의 첫째항부터 제n항까지의 합을 S_n이라 할 때, $S_{10} + \dfrac{1}{4}$의 값은?

① 255 ② 256 ③ 257
④ 511 ⑤ 512

0963 중

공비가 실수인 등비수열 $\{a_n\}$에서 $a_2 : a_5 = 1 : 27$이고 $a_{11} - a_1 = 3^{10} - 1$일 때, 첫째항부터 제10항까지의 합은?

① $\dfrac{3^{10}-1}{2}$ ② $\dfrac{3^{10}}{2}-1$ ③ $\dfrac{3^{11}-1}{2}$
④ $\dfrac{3^{11}}{2}-1$ ⑤ $3^{11}-1$

0964 중

공비가 음수인 등비수열 $\{a_n\}$이 $a_1+a_3=15$, $a_3+a_5=60$을 만족시킬 때, 등비수열 $\{a_n\}$의 첫째항부터 제10항까지의 합을 구하시오.

유형 익/히/기

유형 **21** 공비가 문자인 등비수열의 합

공비가 문자를 포함한 식일 때는 (공비)$\neq 1$, (공비)$=1$인 경우로 구분하여 등비수열의 합을 구한다.

0965 대표문제

등비수열 1, $2x+1$, $(2x+1)^2$, $\cdots$의 첫째항부터 제n항까지의 합을 구하시오. (단, $x\neq 0$)

0966 중

다음 등비수열의 합을 구하시오. (단, $x\neq -1$)

$$x+\frac{x}{x+1}+\frac{x}{(x+1)^2}+\cdots+\frac{x}{(x+1)^{n-1}}$$

0967 중

등비수열 1, x, x^2, $\cdots$의 첫째항부터 제n항까지의 합을 $S_n(x)$라 할 때, $S_n(1)+S_n(2)$를 n에 관한 식으로 나타낸 것은?

① $n+2^{n-1}-1$ ② $n+2^{n-1}$ ③ $n+2^n-1$

④ $n+2^n$ ⑤ $n+2^n+1$

유형 **22** 부분의 합이 주어진 등비수열의 합

$$S_n=\frac{a(r^n-1)}{r-1}\text{에서 } S_{2n}=\frac{a(r^{2n}-1)}{r-1}=\frac{a(r^n-1)(r^n+1)}{r-1}$$

$$\Rightarrow S_{2n}\div S_n=r^n+1$$

0968 대표문제

각 항이 실수인 등비수열 $\{a_n\}$에서 첫째항부터 제10항까지의 합이 2, 제11항부터 제20항까지의 합이 12일 때, 제21항부터 제30항까지의 합은?

① 64 ② 72 ③ 80

④ 96 ⑤ 114

0969 중

모든 항이 양수인 등비수열 $\{a_n\}$의 첫째항부터 제n항까지의 합을 S_n이라 할 때, $S_{10}=2$, $S_{20}=66$이다. 이 등비수열의 공비를 구하시오.

0970 상중

첫째항이 5인 등비수열 $\{a_n\}$의 첫째항부터 제n항까지의 합을 S_n이라 할 때, $S_n=75$, $S_{2n}=1275$이다. 이때 $a_1+a_3+a_5+\cdots+a_{2n-1}$의 값을 구하시오.

유형 **23** 조건을 만족시키는 등비수열의 합

(1) 첫째항이 a, 공비가 r인 등비수열의 첫째항부터 제n항까지의 합이 k보다 크면

$$\frac{a(r^n-1)}{r-1}>k \ (단, \ r\neq1)$$

(2) $\dfrac{1}{2^n}<k$이면 $2^n>\dfrac{1}{k}$의 성질을 이용하여 n의 값을 구한다.

0971 대표문제

각 항이 실수인 등비수열 $\{a_n\}$에서 제2항이 3, 제5항이 24이다. 첫째항부터 제n항까지의 합이 처음으로 720보다 커질 때, 자연수 n의 값을 구하시오.

0972 중

등비수열 1, $\dfrac{1}{2}$, $\dfrac{1}{4}$, $\cdots$에서 첫째항부터 제n항까지의 합을 S_n이라 할 때, $|2-S_n|<0.01$을 만족시키는 자연수 n의 최솟값은?

① 6 ② 7 ③ 8
④ 9 ⑤ 10

0973 상 중

모든 항이 양수인 등비수열 $\{a_n\}$에서
$(a_1+a_2):(a_3+a_4)=1:4$이고 첫째항부터 제n항까지의 합을 S_n이라 할 때, $S_n>100a_1$을 만족시키는 자연수 n의 최솟값을 구하시오.

유형 **24** 등비수열의 합과 일반항 사이의 관계

(1) 수열 $\{a_n\}$에서 첫째항부터 제n항까지의 합을 S_n이라 하면
  $\Rightarrow a_1=S_1$, $a_n=S_n-S_{n-1}$ $(n\geq2)$
(2) $S_n=Ar^n+B$ $(r\neq0,\ r\neq1,\ A,\ B$는 상수)의 꼴
  $\Rightarrow A+B=0$이면 첫째항부터 등비수열
  $\Rightarrow$ 일반항 $a_n=A(r-1)\cdot r^{n-1}$

0974 대표문제

수열 $\{a_n\}$의 첫째항부터 제n항까지의 합을 S_n이라 하면 $2S_n+1=5^n$을 만족시킨다. 수열 $\{a_n\}$의 일반항이 $a_n=ar^{n-1}$일 때, $a-r$의 값은?

① -4 ② -3 ③ -2
④ -1 ⑤ 0

0975 중

수열 $\{a_n\}$의 첫째항부터 제n항까지의 합 S_n이 $S_n=2^n-2$일 때, $a_1+a_3+a_5$의 값은?

① 19 ② 20 ③ 21
④ 22 ⑤ 23

0976 상 중

첫째항부터 제n항까지의 합 S_n이 $S_n=3^{n-1}+k$로 나타내어지는 수열이 첫째항부터 등비수열이 되도록 하는 상수 k의 값을 구하시오.

| 개념원리 수학 Ⅰ 259쪽 |

유형 **25** 수열의 변형

(1) 수열 $\{a_n\}$이 공차가 d인 등차수열일 때, 수열 $\{a_{2n-1}\}$, $\{a_{2n}\}$ 은 공차가 $2d$인 등차수열이다.

(2) 수열 $\{a_n\}$이 공비가 r인 등비수열일 때, 수열 $\{a_{2n-1}\}$, $\{a_{2n}\}$ 은 공비가 r^2인 등비수열이다.

(3) 두 등차수열 $\{a_n\}$, $\{b_n\}$의 공차가 각각 d_1, d_2일 때, 수열 $\{a_n+b_n\}$은 공차가 d_1+d_2인 등차수열이다.

(4) 두 등비수열 $\{a_n\}$, $\{b_n\}$의 공비가 각각 r_1, r_2일 때, 수열 $\{a_nb_n\}$은 공비가 r_1r_2인 등비수열이다.

0977 　대표문제

수열 $\{a_n\}$의 첫째항부터 제n항까지의 합 S_n이 $S_n=2n^2-n+1$일 때, 수열 $\{a_{2n}\}$의 공차를 구하시오.

0978 　상중

등비수열 $\{a_n\}$에 대하여 $T_n=\dfrac{1}{a_1}+\dfrac{1}{a_2}+\cdots+\dfrac{1}{a_n}$이라 하자. $T_3=\dfrac{1}{4}$, $T_6=1$일 때, T_9의 값은?

① $\dfrac{9}{4}$　　② $\dfrac{5}{2}$　　③ $\dfrac{11}{4}$

④ 3　　⑤ $\dfrac{13}{4}$

0979 　상중

등비수열 $\{a_n\}$에 대하여 수열 $\{3a_n-a_{n+1}\}$은 첫째항이 18, 공비가 -3인 등비수열일 때, a_2의 값을 구하시오.

유형 **26** 원리합계

(1) 연이율 r의 복리로 매년 초에 a원씩 n년간 적립할 때, n년 말의 원리합계 S_n은
$$S_n=\dfrac{a(1+r)\{(1+r)^n-1\}}{r}$$

(2) 연이율 r의 복리로 매년 말에 a원씩 n년간 적립할 때, n년 말의 원리합계 S_n은
$$S_n=\dfrac{a\{(1+r)^n-1\}}{r}$$

0980 　대표문제

연이율 5 %, 1년마다 복리로 매년 초에 100만 원씩 적립할 때, 10년 말의 원리합계를 구하시오.

(단, $1.05^{10}=1.6$으로 계산한다.)

0981 　중　서술형

철수는 연이율이 10 %인 A은행에 1년마다 복리로 2018년부터 매년 초에 10만 원씩 적립하고, 영희는 연이율이 6 %인 B은행에 1년마다 복리로 2018년부터 매년 말에 15만 원씩 적립했을 때, 2027년 말의 두 사람의 원리합계의 차액을 구하시오. (단, $1.1^{10}=2.6$, $1.06^{10}=1.8$로 계산한다.)

0982 　중

월이율 1 %로 매월 초에 일정한 금액 a원을 적립하여 1년 후에 100만 원을 만들려고 한다. 이때 a의 값은?
(단, $1.01^{12}=1.13$, 1개월마다 복리로 계산하고, 십의 자리에서 반올림한다.)

① 75400　　② 75600　　③ 75800

④ 76000　　⑤ 76200

유형 **27** 등차수열의 활용 − 도형

도형에서 구하는 길이 또는 넓이를 차례로 나열하여 공차와 일반항을 구한다.

0983 · 대표문제

그림과 같이 두 직선 $y=x$, $y=a(x-1)$ $(a>1)$의 교점에서 오른쪽 방향으로 y축에 평행한 14개의 선분을 같은 간격으로 그었다.

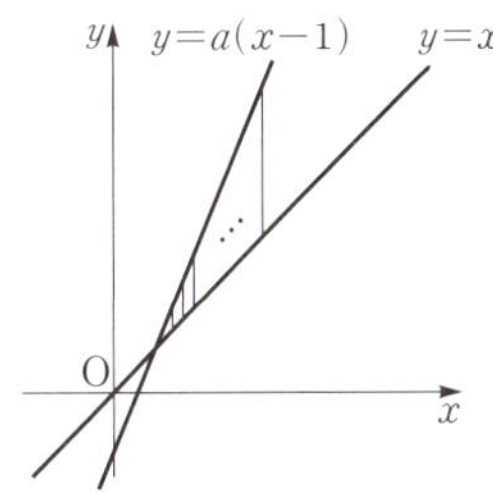

이들 중 가장 짧은 선분의 길이는 3이고 가장 긴 선분의 길이는 42일 때, 14개의 선분의 길이의 합은?

(단, 각 선분의 양 끝 점은 두 직선 위에 있다.)

① 255 ② 285 ③ 315
④ 345 ⑤ 375

0984 · 중 · 서술형

다음 그림과 같이 $\angle A = 90°$이고 선분 AC의 길이가 5인 직각삼각형 ABC의 꼭짓점 A에서 빗변 BC에 내린 수선의 발을 H라 하자. 세 선분 BH, CH, AB의 길이가 이 순서대로 등차수열을 이룰 때, 선분 BC의 길이를 구하시오.

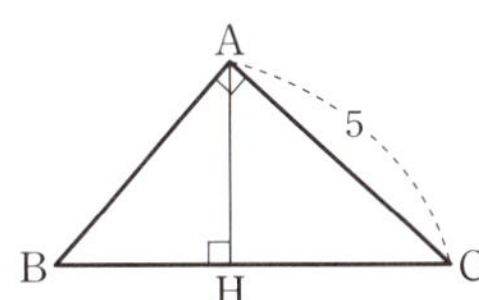

유형 **28** 등비수열의 활용 − 도형

도형에서 구하는 길이 또는 넓이를 차례로 나열하여 공비와 일반항을 구한다.

0985 · 대표문제

수열 $\{a_n\}$은 첫째항이 3, 공비가 -2인 등비수열이다. 모든 자연수 n에 대하여 좌표평면 위의 점 A_n의 좌표를 (n, a_n), 점 B_n의 좌표를 $(n, 0)$이라 하자. 삼각형 $A_nB_nB_{n+1}$의 넓이를 S_n이라 할 때, $S_1+S_3+S_5+S_7+S_9$의 값은?

① $\dfrac{4^3-1}{4}$ ② $\dfrac{4^5-1}{4}$ ③ $\dfrac{4^3-1}{2}$

④ $\dfrac{4^5-1}{2}$ ⑤ $\dfrac{4^7-1}{2}$

0986 · 상 중

반지름의 길이가 $2\sqrt{3}$인 원이 있다. 다음 그림과 같이 이 원에 내접하는 두 정삼각형이 겹쳐지는 부분이 정육각형이 되도록 ✡ 모양의 도형 S_1 (색칠한 부분)을 그린다. 또 S_1의 정육각형에 내접하는 원을 그리고, 이 원에 내접하는 두 정삼각형이 겹쳐지는 부분이 정육각형이 되도록 ✡ 모양의 도형 S_2 (색칠한 부분)를 그린다.

이와 같은 방법으로 ✡ 모양의 도형 S_3, S_4, $\cdots$, S_{10}을 그릴 때, 도형 S_{10}의 넓이는?

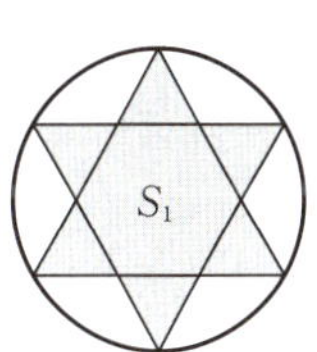

① $\dfrac{\sqrt{3}}{2^{15}}$ ② $\dfrac{\sqrt{3}}{2^{16}}$ ③ $\dfrac{3\sqrt{3}}{2^{15}}$

④ $\dfrac{3\sqrt{3}}{2^{16}}$ ⑤ $\dfrac{5\sqrt{3}}{2^{16}}$

0987

등차수열 $\{a_n\}$에서 $a_2=8$, $a_6 : a_{10}=5 : 8$일 때, a_{20}의 값을 구하시오.

0988 〔중요〕

첫째항이 3이고 공차가 d인 등차수열 $\{a_n\}$에 대하여 $a_n=4d$를 만족시키는 n이 존재하도록 하는 모든 자연수 d의 값의 합은?

① 3 　　　　② 4 　　　　③ 5
④ 6 　　　　⑤ 7

0989 〔중요〕

제 5 항이 -35이고, 제 10 항이 -20인 등차수열 $\{a_n\}$에서 처음으로 양수가 되는 항은?

① 제 14 항 　　② 제 15 항 　　③ 제 16 항
④ 제 17 항 　　⑤ 제 18 항

0990

제 20 항이 -15이고, 첫째항부터 제 20 항까지의 합이 270인 등차수열 $\{a_n\}$에서 첫째항부터 제 30 항까지의 합은?

① -90 　　　② -45 　　　③ 0
④ 45 　　　　⑤ 90

0991

-10과 30 사이에 n개의 수를 넣은 수열
-10, a_1, a_2, a_3, $\cdots$, a_n, 30이 이 순서대로 등차수열을 이루고, $a_1+a_2+a_3+\cdots+a_n=120$일 때, n의 값은?

① 10 　　　　② 12 　　　　③ 15
④ 18 　　　　⑤ 20

0992

$a_4=12$, $a_9=-38$인 등차수열 $\{a_n\}$에서 첫째항부터 제 n 항까지의 합을 S_n이라 할 때, S_n이 최대가 되는 n의 값을 구하시오.

0993

60보다 작은 자연수 중에서 3 또는 4로 나누어떨어지는 수의 총합을 구하시오.

0994

첫째항이 3, 공차가 d인 등차수열 $\{a_n\}$에서 첫째항부터 제 n 항까지의 합 S_n이 $S_n=n^2+pn$일 때, $p+d$의 값은?
　　　　　　　　　　　　　　　　(단, p는 상수이다.)

① 1 　　　　② 2 　　　　③ 3
④ 4 　　　　⑤ 5

0995

수열 $\{a_n\}$의 첫째항부터 제 n 항까지의 합 S_n이
$S_n = -2n^2 + 8n + 1$일 때, $|a_1| + |a_2| + |a_3| + \cdots + |a_{10}|$
의 값을 구하시오.

0996

첫째항부터 제 n 항까지의 합 S_n이 $S_n = n^2 - 2n + 4$로 나타내
어지는 수열 $\{a_n\}$에 대한 **보기**의 설명 중 옳은 것만을 있는 대
로 고른 것은?

> **◦ 보기 ◦**
>
> ㄱ. $a_2 = 1$
> ㄴ. $a_3 - a_1 = a_4 - a_2$
> ㄷ. $a_n > 100$을 만족시키는 최소의 자연수 n은 52이다.

① ㄱ　　　　② ㄱ, ㄴ　　　　③ ㄱ, ㄷ
④ ㄴ, ㄷ　　　⑤ ㄱ, ㄴ, ㄷ

0997

제 n 항이 $a_n = 3 \cdot 2^{2-2n}$인 등비수열 $\{a_n\}$에서 공비는?

① $\dfrac{1}{2}$　　　　② $\dfrac{1}{4}$　　　　③ 2

④ 3　　　　⑤ 4

0998

등비수열 3, 6, 12, $\cdots$에서 처음으로 300보다 커지는 항은 제
몇 항인지 구하시오.

0999

공차가 6인 등차수열 $\{a_n\}$에 대하여 세 항 a_2, a_k, a_8은 이 순
서대로 등차수열을 이루고, 세 항 a_1, a_2, a_k는 이 순서대로 등
비수열을 이룰 때, $k + a_1$의 값은?

① 7　　　　② 8　　　　③ 9
④ 10　　　　⑤ 11

1000

두 수 2와 32 사이에 세 개의 양수를 넣어 철수는 등차수열,
영희는 등비수열을 만들었다. 철수가 두 수 2와 32 사이에 넣
은 세 양수의 합을 a, 영희가 두 수 2와 32 사이에 넣은 세 양
수의 합을 b라 할 때, $a - b$의 값을 구하시오.

1001

세 양수 x, y, z가 이 순서대로 등비수열을 이루고 다음 조건
을 만족시킬 때, xyz의 값을 구하시오.

> (가) $x + y + z = \dfrac{31}{2}$
>
> (나) $\dfrac{1}{x} + \dfrac{1}{y} + \dfrac{1}{z} = \dfrac{31}{8}$

1002

두 자연수 a, b에 대하여 세 수 a^n, $2^3 \cdot 3^4$, b^n이 이 순서대로
등비수열을 이룰 때, ab의 값을 구하시오.

(단, n은 2 이상의 자연수이다.)

1003 중요

등비수열 $2,\ x_1,\ x_2,\ \cdots,\ x_{n-2},\ 32$의 모든 항의 합이 22일 때, x_4의 값은?

① -32 　　② -16 　　③ 8

④ 16 　　⑤ 32

1004

모든 항이 양수인 등비수열 $\{a_n\}$에 대하여
$a_1+a_3+a_5+\cdots+a_{2n-1}=3^n-1$일 때, a_4의 값을 구하시오.

1005

$M=2^5,\ N=3^6$일 때, MN의 모든 양의 약수의 합을 두 자연수 $M,\ N$으로 나타낸 것은?

① $\dfrac{(2M-1)(3N-1)}{2}$ 　　② $\dfrac{(2M+1)(3N+1)}{2}$

③ $(2M-1)(3N-1)$ 　　④ $6MN$

⑤ $(2M+1)(3N+1)$

1006

각 항이 양수인 등비수열 $\{a_n\}$이

$$\log_2 a_1+\log_2 a_2+\cdots+\log_2 a_n=\frac{n^2+3n}{2}$$

을 만족시킬 때, 등비수열 $\{a_n\}$의 첫째항부터 제10항까지의 합은?

① 1020 　　② 2044 　　③ 2048

④ 4092 　　⑤ 4096

1007

두 등차수열 $\{a_n\}$, $\{b_n\}$의 공차가 각각 -3, 2일 때, 등차수열 $\{3a_n+2b_n\}$의 공차는?

① -5 　　② -3 　　③ -1

④ 1 　　⑤ 3

1008

첫째항이 1, 공비가 $\dfrac{1}{2}$인 등비수열 $\{a_n\}$의 첫째항부터

제n항까지의 합을 S_n이라 할 때, 다음 **보기** 중 옳은 것만을 있는 대로 고른 것은?

> ● 보기 ●
>
> ㄱ. 수열 $\{a_{2n}\}$은 공비가 $\dfrac{1}{4}$인 등비수열이다.
>
> ㄴ. 수열 $\{2-S_n\}$은 공비가 $\dfrac{1}{2}$인 등비수열이다.
>
> ㄷ. 수열 $\{a_{n+1}-2a_n\}$은 공비가 $\dfrac{1}{2}$인 등비수열이다.

① ㄱ 　　② ㄴ 　　③ ㄱ, ㄷ

④ ㄴ, ㄷ 　　⑤ ㄱ, ㄴ, ㄷ

1009

5년 후에 3300만 원짜리 자동차를 구입하기 위하여 은행에서 연이율 10 %의 복리로 계산되는 5년 만기인 정기적금에 가입하려고 한다. 2018년 5월 1일에 이 적금에 가입한다고 할 때, 매년 5월 1일마다 얼마씩 일정하게 저축해야 하는가?

(단, $1.1^5=1.6$으로 계산한다.)

① 300만 원 　　② 350만 원 　　③ 400만 원

④ 450만 원 　　⑤ 500만 원

 **서술형 주관식**

1010

곡선 $y=x(x+4)(x-1)$과 직선 $y=k$가 서로 다른 세 점에서 만나고, 곡선과 직선의 교점의 x좌표 α, β, γ가 이 순서대로 등차수열을 이룰 때, 상수 k의 값을 구하시오.

(단, $\alpha<\beta<\gamma$)

1011

첫째항부터 제20항까지의 합이 120이고, 첫째항부터 제30항까지의 합이 300인 등차수열의 첫째항부터 제10항까지의 합을 구하시오.

1012

등비수열 $\{a_n\}$에서 $a_1+a_2+a_3=5$, $a_4+a_5+a_6=30$일 때, $\dfrac{a_4+a_6}{a_1+a_3}$의 값을 구하시오.

1013

등비수열 $2x$, $\dfrac{2x}{2x+1}$, $\dfrac{2x}{(2x+1)^2}$, $\cdots$의 첫째항부터 제n항까지의 합을 구하시오. $\left(단, x\neq-\dfrac{1}{2}\right)$

 **실력 up**

1014

모든 항이 양수인 등비수열 $\{a_n\}$에서
$$a_1+a_2+a_3+\cdots+a_n=30$$
$$a_{2n+1}+a_{2n+2}+a_{2n+3}+\cdots+a_{3n}=270$$
일 때, $a_{n+1}+a_{n+2}+a_{n+3}+\cdots+a_{2n}$의 값을 구하시오.

1015

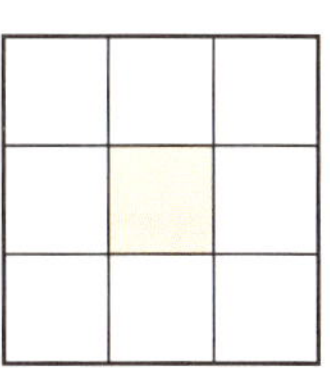

한 변의 길이가 3인 정사각형이 있다. 첫 번째 시행에서 오른쪽 그림과 같이 정사각형을 9등분하여 중앙의 정사각형을 버린다. 두 번째 시행에서는 첫 번째 시행의 결과로 남은 나머지 8개의 정사각형을 각각 9등분하여 중앙의 정사각형을 버린다. 이와 같은 시행을 10번 반복할 때, 남아 있는 도형의 넓이는 $\dfrac{2^p}{3^q}$이다. 이때 $p+q$의 값을 구하시오. (단, p, q는 자연수이다.)

1016 · 창의·융합

두 등차수열 $\{a_n\}$, $\{b_n\}$과 실수 전체의 집합의 두 부분집합
$$A=\{a_k\,|\,1\leq a_k\leq 50,\ a_k는\ 수열\ \{a_n\}의\ 항\},$$
$$B=\{b_k\,|\,1\leq b_k\leq 50,\ b_k는\ 수열\ \{b_n\}의\ 항\}$$
이 다음 조건을 만족시킨다.

> (가) $a_1=1$, $a_{10}=55$
>
> (나) $b_2=7$, $b_7=27$

이때 $n(A\cap B)$의 값을 구하시오.

09 | 수열의 합

09·1 ∑의 뜻과 그 성질

1 합의 기호 ∑의 정의

수열 $\{a_n\}$에서 첫째항부터 제 n 항까지의 합 $a_1+a_2+a_3+\cdots+a_n$은 기호 $\sum$를 사용하

여 $\displaystyle\sum_{k=1}^{n} a_k$로 나타낸다. 즉 $a_1+a_2+a_3+\cdots+a_n=\displaystyle\sum_{k=1}^{n} a_k$

2 ∑의 기본 성질

두 수열 $\{a_n\}$, $\{b_n\}$에 대하여

(1) $\displaystyle\sum_{k=1}^{n} (a_k+b_k)=\sum_{k=1}^{n} a_k+\sum_{k=1}^{n} b_k$
(2) $\displaystyle\sum_{k=1}^{n} (a_k-b_k)=\sum_{k=1}^{n} a_k-\sum_{k=1}^{n} b_k$

(3) $\displaystyle\sum_{k=1}^{n} ca_k=c\sum_{k=1}^{n} a_k$ (단, c는 상수)
(4) $\displaystyle\sum_{k=1}^{n} c=cn$ (단, c는 상수)

09·2 자연수의 거듭제곱의 합

1 $\displaystyle\sum_{k=1}^{n} k=1+2+3+\cdots+n=\dfrac{n(n+1)}{2}$

2 $\displaystyle\sum_{k=1}^{n} k^2=1^2+2^2+3^2+\cdots+n^2=\dfrac{n(n+1)(2n+1)}{6}$

3 $\displaystyle\sum_{k=1}^{n} k^3=1^3+2^3+3^3+\cdots+n^3=\left\{\dfrac{n(n+1)}{2}\right\}^2$

09·3 여러 가지 수열의 합

1 $\displaystyle\sum_{k=1}^{n} \dfrac{1}{k(k+1)}=\sum_{k=1}^{n}\left(\dfrac{1}{k}-\dfrac{1}{k+1}\right)$

2 $\displaystyle\sum_{k=1}^{n} \dfrac{1}{(k+a)(k+b)}=\dfrac{1}{b-a}\sum_{k=1}^{n}\left(\dfrac{1}{k+a}-\dfrac{1}{k+b}\right)$

3 $\displaystyle\sum_{k=1}^{n} \dfrac{1}{\sqrt{k}+\sqrt{k+1}}=\sum_{k=1}^{n}(\sqrt{k+1}-\sqrt{k})$

09·4 (등차수열)×(등비수열) 꼴의 수열의 합 및 군수열

1 두 수의 곱이 앞의 수는 등차수열, 뒤의 수는 등비수열로 이루어진 수열의 합을 구할 때는

(ⅰ) 주어진 수열의 합 S에 등비수열의 공비 r를 곱한다. → 멱급수

(ⅱ) $S-rS$를 구한 후 이 식으로부터 S의 값을 구한다.

2 군수열 : 주어진 수열에서 항을 몇 개씩 묶어서 규칙성을 가진 군으로 나눈 수열

(ⅰ) 주어진 수열을 규칙성을 갖는 군으로 나눈다.

(ⅱ) 각 군의 항의 개수를 파악한다.

(ⅲ) 각 군의 첫째항 또는 끝항이 갖는 규칙과 각 군의 항의 배열에 대한 규칙에 따라 문제를 해
결한다.

+ 개념 플러스

제 n항까지
$\displaystyle\sum_{k=1}^{n} a_k$ ← 일반항
첫째항부터

$\displaystyle\sum_{k=1}^{n} a_k$에서 k 대신 다른 문자를 사용하여 나타내기도 한다.

즉 $\displaystyle\sum_{k=1}^{n} a_k=\sum_{i=1}^{n} a_i=\sum_{j=1}^{n} a_j$

■ 수열 $\{a_n\}$의 제 m 항부터 제 n 항까지의 합은

$$\sum_{k=m}^{n} a_k=\sum_{k=1}^{n} a_k-\sum_{k=1}^{m-1} a_k$$
$$(단, 2\le m\le n)$$

■ ∑를 이용하여 수열의 합을 구하는 방법
(ⅰ) 일반항 a_n을 구한다.
(ⅱ) a_n에서 n 대신 k를 대입하여 a_k를 구한다.
(ⅲ) $S_n=\displaystyle\sum_{k=1}^{n} a_k$를 이용한다.

■ 부분분수로 변형
$$\dfrac{1}{AB}=\dfrac{1}{B-A}\left(\dfrac{1}{A}-\dfrac{1}{B}\right)$$
$$(단, A\ne B)$$

■ 일반항의 분모에 근호가 있으면 분모를 유리화한다.

■ 분수로 표시된 군수열일 때
① 분모 또는 분자가 같은 것끼리 묶는다.
② (분자)+(분모)의 값이 같은 것끼리 묶는다.

📖 교과서 문제 정/복/하/기

09·1 ∑의 뜻과 그 성질

[1017 ~ 1019] 다음을 합의 기호 ∑를 사용하지 않은 합의 꼴로 나타내시오.

1017 $\displaystyle\sum_{k=1}^{5} 2k$

1018 $\displaystyle\sum_{i=1}^{5} 2^i$

1019 $\displaystyle\sum_{k=1}^{n} k^2$

[1020 ~ 1023] 다음을 합의 기호 ∑를 사용하여 나타내시오.

1020 $1+3+3^2+\cdots+3^9$

1021 $1+4+7+\cdots+25$

1022 $6+6+6+6+6+6$

1023 $\dfrac{1}{2}+\dfrac{1}{4}+\dfrac{1}{6}+\cdots+\dfrac{1}{2n}$

[1024 ~ 1025] $\displaystyle\sum_{k=1}^{10} a_k=2,\ \sum_{k=1}^{10} b_k=3$일 때, 다음 식의 값을 구하시오.

1024 $\displaystyle\sum_{k=1}^{10} (2a_k+3b_k)$

1025 $\displaystyle\sum_{k=1}^{10} (5a_k+2)$

09·2 자연수의 거듭제곱의 합

[1026 ~ 1028] 다음을 계산하시오.

1026 $\displaystyle\sum_{k=1}^{10} (4k+2)$

1027 $\displaystyle\sum_{k=1}^{10} (2k^2-3k+1)$

1028 $\displaystyle\sum_{k=1}^{8} k(k+1)(k-1)$

[1029 ~ 1031] 다음 합을 구하시오.

1029 $1+2+3+\cdots+20$

1030 $1^3+2^3+3^3+\cdots+9^3$

1031 $5^2+6^2+7^2+\cdots+15^2$

09·3 여러 가지 수열의 합

[1032 ~ 1036] 다음 합을 구하시오.

1032 $\dfrac{1}{2\cdot3}+\dfrac{1}{3\cdot4}+\dfrac{1}{4\cdot5}+\cdots+\dfrac{1}{(n+1)(n+2)}$

1033 $\displaystyle\sum_{k=2}^{20} \dfrac{1}{(k-1)k}$

1034 $\displaystyle\sum_{k=1}^{8} (\sqrt{k}-\sqrt{k+1}\,)$

1035 $\displaystyle\sum_{k=1}^{80} \dfrac{1}{\sqrt{k+1}+\sqrt{k}}$

1036 $\displaystyle\sum_{k=1}^{99} \log \dfrac{k}{k+1}$

09·4 (등차수열)×(등비수열) 꼴의 수열의 합 및 군수열

1037 $1+2\cdot2+3\cdot2^2+\cdots+10\cdot2^9$의 값을 구하시오.

1038 수열 $1, 3, 3, 5, 5, 5, 7, 7, 7, 7, \cdots$에서 제$40$항을 구하시오.

| 개념원리 수학 I 271쪽 |

유형 **01** 합의 기호 $\sum$

(1) $\displaystyle\sum_{k=1}^{n} a_k = \sum_{i=1}^{n} a_i = a_1 + a_2 + a_3 + \cdots + a_n$

(2) $\displaystyle\sum_{k=1}^{n} a_{2k-1} = a_1 + a_3 + a_5 + \cdots + a_{2n-1}$

(3) $\displaystyle\sum_{k=1}^{n} a_{2k} = a_2 + a_4 + a_6 + \cdots + a_{2n}$

1039 [대표문제]

$\displaystyle\sum_{k=1}^{n} (a_{2k-1} + a_{2k}) = 5n^2$일 때, $\displaystyle\sum_{k=1}^{20} a_k$의 값은?

① 125   ② 500   ③ 1000

④ 1500   ⑤ 2000

1040 [중 하]

다음 중 옳지 <u>않은</u> 것은?

① $2 + 4 + 6 + \cdots + 2(n+1) = \displaystyle\sum_{k=1}^{n+1} 2k$

② $1 + 3 + 5 + \cdots + 15 = \displaystyle\sum_{k=1}^{8} (2k-1)$

③ $1 + 2 + 4 + \cdots + 2^n = \displaystyle\sum_{k=1}^{n} 2^k$

④ $1 - 1 + 1 - 1 + 1 - 1 = \displaystyle\sum_{k=1}^{6} (-1)^{k-1}$

⑤ $9 + 3 + 1 + \cdots + \left(\dfrac{1}{3}\right)^{n-3} = \displaystyle\sum_{k=1}^{n} \left(\dfrac{1}{3}\right)^{k-3}$

1041 [중 하]

수열 $\{a_n\}$에 대하여 $a_1 = 5$, $a_{2019} = 105$일 때,
$\displaystyle\sum_{k=1}^{2018} a_{k+1} - \sum_{n=2}^{2019} a_{n-1}$의 값을 구하시오.

1042 [중] [서술형]

수열 $\{a_n\}$에 대하여 $\displaystyle\sum_{k=1}^{20} ka_k = 200$, $\displaystyle\sum_{k=1}^{19} ka_{k+1} = 100$일 때,
$\displaystyle\sum_{k=1}^{20} a_k$의 값을 구하시오.

| 개념원리 수학 I 272쪽 |

유형 **02** $\sum$의 기본 성질

두 수열 $\{a_n\}$, $\{b_n\}$에 대하여

(1) $\displaystyle\sum_{k=1}^{n} (a_k \pm b_k) = \sum_{k=1}^{n} a_k \pm \sum_{k=1}^{n} b_k$ (복부호동순)

(2) $\displaystyle\sum_{k=1}^{n} ca_k = c \sum_{k=1}^{n} a_k$ (단, c는 상수)

(3) $\displaystyle\sum_{k=1}^{n} c = cn$ (단, c는 상수)

(4) $\displaystyle\sum_{k=1}^{n} (a_k + c)^2 = \sum_{k=1}^{n} a_k^2 + 2c \sum_{k=1}^{n} a_k + c^2 n$ (단, c는 상수)

1043 [대표문제]

$\displaystyle\sum_{k=1}^{n} (a_k + b_k)^2 = 20$, $\displaystyle\sum_{k=1}^{n} (a_k - b_k)^2 = 8$일 때, $\displaystyle\sum_{k=1}^{n} a_k b_k$의 값을 구하시오.

1044 [하]

$\displaystyle\sum_{k=1}^{20} a_k = 5$, $\displaystyle\sum_{k=1}^{20} b_k = 8$일 때, $\displaystyle\sum_{k=1}^{20} (2a_k + b_k - 1)$의 값은?

① -2 ② -1 ③ 0

④ 1 ⑤ 2

1045 [중]

$\displaystyle\sum_{j=1}^{n} a_j = n^2$, $\displaystyle\sum_{j=1}^{n} b_j = 6n$일 때, $\displaystyle\sum_{j=21}^{30} (2a_j - 3b_j)$의 값은?

① 760   ② 820   ③ 880

④ 920   ⑤ 960

유형 03 $\sum\limits_{k=1}^{n} r^k$의 꼴의 계산

$$\sum_{k=1}^{n} r^k = r + r^2 + r^3 + \cdots + r^n$$
$$= \frac{r(1-r^n)}{1-r} = \frac{r(r^n-1)}{r-1}$$

1046 대표문제

$\sum\limits_{k=1}^{10} \dfrac{5^k+3^k}{4^k} = a\left(\dfrac{5}{4}\right)^{10} + b\left(\dfrac{3}{4}\right)^{10} + c$일 때, 정수 a, b, c에 대하여 $a+b+c$의 값은?

① -4 ② -2 ③ 0

④ 2 ⑤ 4

1047 중

$5 + 55 + 555 + \cdots + \underbrace{555\cdots5}_{20개} = \dfrac{a \cdot 10^{20} - b}{81}$일 때, $a+b$의 값은? (단, a, b는 자연수이다.)

① 900 ② 950 ③ 1000

④ 1050 ⑤ 1100

1048 상중

수열 1, $1+2$, $1+2+2^2$, $\cdots$의 첫째항부터 제n항까지의 합을 S_n이라 할 때, $S_n = 2^{10} - 11$을 만족시키는 자연수 n의 값을 구하시오.

유형 04 자연수의 거듭제곱의 합

(1) $\sum\limits_{k=1}^{n} k = \dfrac{n(n+1)}{2}$

(2) $\sum\limits_{k=1}^{n} k^2 = \dfrac{n(n+1)(2n+1)}{6}$

(3) $\sum\limits_{k=1}^{n} k^3 = \left\{\dfrac{n(n+1)}{2}\right\}^2$

1049 대표문제

$\sum\limits_{k=1}^{10} (2k-1)^2 + \sum\limits_{k=1}^{10} (2k)^2$의 값을 구하시오.

1050 중하

$\sum\limits_{k=2}^{n} (2k-1) = 80$을 만족시키는 자연수 n의 값을 구하시오.

(단, $n \geq 2$)

1051 중

첫째항이 3, 공차가 2인 등차수열 $\{a_n\}$에 대하여 $\sum\limits_{k=1}^{15} (3a_k - 1)$의 값을 구하시오.

1052 중

$\sum\limits_{k=1}^{11} (k-c)(2k-c)$의 값이 최소가 되도록 하는 상수 c의 값은?

① 7 ② $\dfrac{15}{2}$ ③ 8

④ $\dfrac{17}{2}$ ⑤ 9

유형 **05** ∑를 이용한 수열의 합

(1) 일반항 a_n을 구한다.

(2) 자연수의 거듭제곱의 합을 이용하여 수열의 합을 구한다.

1053 · 대표문제

등식 $6+7+8+\cdots+n=105$를 만족시키는 자연수 n의 값은?

① 15   ② 16   ③ 17

④ 18   ⑤ 19

1054 · 중

다음 수열의 첫째항부터 제10항까지의 합을 구하시오.

$$1^2\cdot2,\ 2^2\cdot3,\ 3^2\cdot4,\ 4^2\cdot5,\ \cdots$$

1055 · 중

$1\cdot20+2\cdot19+3\cdot18+\cdots+20\cdot1$의 값은?

① 1458   ② 1482   ③ 1500

④ 1540   ⑤ 1600

유형 **06** ∑로 표현된 수열의 합과 일반항 사이의 관계

수열 $\{a_n\}$의 첫째항부터 제n항까지의 합을 S_n이라 하면

$\Rightarrow a_n=S_n-S_{n-1}\ (n\geq2),\ a_1=S_1$

1056 · 대표문제

수열 $\{a_n\}$에 대하여 $\displaystyle\sum_{k=1}^{n}a_k=n^2$일 때, $\displaystyle\sum_{k=1}^{5}a_k{}^2$의 값은?

① 155   ② 160   ③ 165

④ 170   ⑤ 175

1057 · 중

수열 $\{a_n\}$에 대하여 $\displaystyle\sum_{k=1}^{n}a_k=\dfrac{n}{n+1}$일 때, $\displaystyle\sum_{k=1}^{10}\dfrac{1}{a_k}$의 값을 구하시오.

1058 · 중

수열 $\{a_n\}$에 대하여 $\displaystyle\sum_{k=1}^{n}a_k=2^{n+1}-2$일 때, $\displaystyle\sum_{k=1}^{n}a_{3k}$를 n에 대한 식으로 나타내시오.

1059 · 중

수열 $\{a_n\}$에 대하여 $a_1,\ a_2,\ a_3,\ \cdots,\ a_n$의 평균이 $n+1$일 때, $\displaystyle\sum_{k=1}^{10}ka_k$의 값은?

① 770   ② 780   ③ 790

④ 800   ⑤ 810

| 개념원리 수학 I 278쪽 |

유형 07 — $\sum$ 를 여러 개 포함한 식의 계산

안쪽에 있는 $\sum$ 부터 차례대로 계산한다.

$\sum\limits_{k=\triangle}^{\star} \square$ 의 꼴 $\Rightarrow k$ 를 제외한 $\square$ 안의 문자는 상수로 생각한다.

$$\sum_{k=1}^{n} k\underline{m} \qquad \sum_{l=1}^{n}(\underline{m}+l)$$

다른 문자 : 상수 취급 　　　　다른 문자 : 상수 취급

1060 대표문제

$\sum\limits_{l=1}^{n}\left(\sum\limits_{k=1}^{l} k\right)=56$ 을 만족시키는 자연수 n 의 값을 구하시오.

1061 중

$\sum\limits_{i=1}^{10}\left(\sum\limits_{k=1}^{5} i^2 k\right)$ 의 값은?

① 4895 　　② 5205 　　③ 5500

④ 5775 　　⑤ 6000

1062 중

$\sum\limits_{m=1}^{4}\left[\sum\limits_{l=1}^{m}\left\{\sum\limits_{k=1}^{l}(2k-m+1)\right\}\right]$ 의 값을 구하시오.

1063 상중 서술형

이차방정식 $x^2-7x+10=0$ 의 두 근을 m, n 이라 할 때, $\sum\limits_{i=1}^{m}\left\{\sum\limits_{j=1}^{n}(i+j)\right\}$ 의 값을 구하시오.

유형 08 — 제 k 항이 n 에 대한 식일 때의 수열의 합

주어진 수열의 제 k 항을 k 와 n 에 대한 식으로 나타낸다. 이때 $\sum\limits_{k=1}^{n} a_k$ 에서 n 은 상수임에 유의한다.

1064 대표문제

다음 수열의 합을 간단히 나타내면?

$$1 \cdot n + 2 \cdot (n-1) + 3 \cdot (n-2) + \cdots + (n-1) \cdot 2 + n \cdot 1$$

① $\dfrac{n(n+1)(n+2)}{6}$ 　　② $\dfrac{n(n+1)(2n+1)}{6}$

③ $\dfrac{n(n+1)(n+2)}{3}$ 　　④ $\dfrac{n(n+1)(2n+1)}{3}$

⑤ $\dfrac{n(n+1)(n+2)}{2}$

1065 중

다음 수열의 합을 간단히 나타내면?

$$\left(\frac{n+2}{n}\right)^2+\left(\frac{n+4}{n}\right)^2+\left(\frac{n+6}{n}\right)^2+\cdots+\left(\frac{3n}{n}\right)^2$$

① $\dfrac{10n^2+15n+2}{3n}$ 　　② $\dfrac{13n^2+12n+2}{3n}$

③ $\dfrac{13n^2+15n+2}{3n}$ 　　④ $\dfrac{10n^2+15n+2}{2n}$

⑤ $\dfrac{13n^2+15n+2}{2n}$

1066 상중 서술형

자연수 n 에 대하여

$$1 \cdot (2n-1) + 2 \cdot (2n-3) + 3 \cdot (2n-5) + \cdots + n \cdot 1$$
$$=\frac{n(n+a)(bn+c)}{6}$$

일 때, $a+b+c$ 의 값을 구하시오. (단, a, b, c 는 정수이다.)

| 개념원리 수학Ⅰ 284쪽 |

유형 09 분수 꼴로 된 수열의 합

일반항 a_n을 부분분수로 변형

$$\Rightarrow \frac{1}{AB}=\frac{1}{B-A}\left(\frac{1}{A}-\frac{1}{B}\right)$$

(1) $\displaystyle\sum_{k=1}^{n}\frac{1}{k(k+a)}=\frac{1}{a}\sum_{k=1}^{n}\left(\frac{1}{k}-\frac{1}{k+a}\right)$

(2) $\displaystyle\sum_{k=1}^{n}\frac{1}{(k+a)(k+b)}=\frac{1}{b-a}\sum_{k=1}^{n}\left(\frac{1}{k+a}-\frac{1}{k+b}\right)$

1067 대표문제

수열 $\{a_n\}$이 다항식 x^2+4x+3을 $x-n$으로 나눈 나머지일 때, $\displaystyle\sum_{n=1}^{7}\frac{1}{a_n}$의 값을 구하시오.

1068 중

수열 $\{a_n\}$의 첫째항부터 제n항까지의 합 S_n이 $S_n=2n^2+3n$일 때, $\dfrac{1}{a_1 a_2}+\dfrac{1}{a_2 a_3}+\dfrac{1}{a_3 a_4}+\dfrac{1}{a_4 a_5}+\dfrac{1}{a_5 a_6}$ 의 값을 구하시오.

1069 중

자연수 전체의 집합을 정의역으로 하는 두 함수 f, g를 다음과 같이 정의하였다.

$$f(n)=2n+1,\ g(n)=(n-1)(n+1)$$

이때 $\displaystyle\sum_{n=1}^{11}\frac{8}{(g\circ f)(n)}$의 값을 구하시오.

1070 상 중

$\dfrac{3}{1^2}+\dfrac{5}{1^2+2^2}+\dfrac{7}{1^2+2^2+3^2}+\cdots+\dfrac{21}{1^2+2^2+\cdots+10^2}$의 값은?

① $\dfrac{58}{11}$ ② $\dfrac{60}{11}$ ③ $\dfrac{62}{11}$

④ $\dfrac{64}{11}$ ⑤ 6

1071 상 중 서술형

수열 $\{a_n\}$에 대하여 $\displaystyle\sum_{k=1}^{n}a_k=n^2+4n$일 때, $\displaystyle\sum_{k=1}^{p}\frac{1}{a_k a_{k+1}}=\frac{2}{25}$를 만족시키는 자연수 p의 값을 구하시오.

| 개념원리 수학Ⅰ 285쪽 |

유형 10 무리식을 포함한 수열의 합

(1) 분모에 무리식이 포함되어 있으면 유리화한다.

(2) 수열의 합을 $\sum$를 쓰지 않은 합의 꼴로 나타내어 계산한다.

1072 대표문제

수열 $\{a_n\}$의 일반항 a_n이 $a_n=\dfrac{1}{\sqrt{n+1}+\sqrt{n+2}}$이고, 첫째항부터 제$n$항까지의 합이 $\sqrt{2}$일 때, 자연수 n의 값을 구하시오.

1073 중

수열 $\{a_n\}$이 첫째항과 공차가 모두 2인 등차수열일 때,

$\displaystyle\sum_{k=1}^{15} \frac{1}{\sqrt{a_{k+1}}+\sqrt{a_k}}$의 값은?

① $\dfrac{3}{2}\sqrt{2}$　　② $2\sqrt{2}$　　③ $\dfrac{5}{2}\sqrt{2}$

④ $\dfrac{7}{2}\sqrt{2}$　　⑤ $4\sqrt{2}$

1074 중

$\displaystyle\sum_{k=1}^{80} \frac{2}{\sqrt{k-1}+\sqrt{k+1}}$의 값을 구하시오.

1075 상중

오른쪽 그림과 같이 직선 $x=n$이 두 곡선 $y=\sqrt{x}$와 $y=\sqrt{x+1}$에 의하여 잘린 선분의 길이를 l_n이라 할 때, $\displaystyle\sum_{n=1}^{120} l_n$의 값을 구하시오.

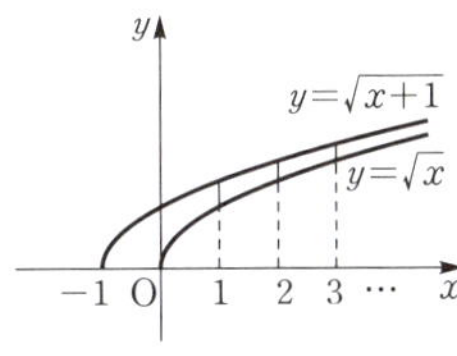

1076 상

수열 $\{a_n\}$에 대하여 $\displaystyle\sum_{k=1}^{n} a_k = \dfrac{n(n+1)}{2}$일 때,

$\displaystyle\sum_{k=1}^{14} \frac{2}{a_{k+2}\sqrt{a_k}+a_k\sqrt{a_{k+2}}} = p+q\sqrt{2}+r\sqrt{15}$

를 만족시키는 유리수 p, q, r의 값을 구하시오.

유형 11 　 로그를 포함한 수열의 합

일반항이 로그를 포함한 식일 때는 로그의 성질을 이용한다.

⇨ $a>0$, $a\neq1$, $x>0$, $y>0$일 때

(1) $\log_a x + \log_a y = \log_a xy$

(2) $\log_a x - \log_a y = \log_a \dfrac{x}{y}$

(3) $\log_a x^k = k\log_a x$ (단, k는 실수)

1077 대표문제

수열 $\{a_n\}$이 첫째항과 공비가 모두 3인 등비수열일 때,

$\displaystyle\sum_{n=1}^{20} \log_9 a_n$의 값을 구하시오.

1078 중

$\displaystyle\sum_{k=1}^{39} \log_3 \{\log_{2k+1}(2k+3)\}$의 값은?

① $\log_3 2$　　② $\log_3 4$　　③ $\log_3 6$

④ $\log_3 8$　　⑤ $\log_3 10$

1079 상중

수열 $\{a_n\}$이 모든 자연수 n에 대하여

$$\sum_{k=1}^{n} a_k = \log \frac{(n+1)(n+2)}{2}$$

를 만족시킨다. $\displaystyle\sum_{k=1}^{20} a_{2k} = p$일 때, 10^p의 값을 구하시오.

| 개념원리 수학 Ⅰ 291쪽 |

유형 **12** 정수로 이루어진 군수열

(1) 규칙성을 갖는 군으로 나누어 묶는다.

(2) 각 군의 항의 개수를 파악한다.

(3) 각 군의 첫째항 또는 끝항이 갖는 규칙성을 조사한다.

1080 　대표문제

수열 $1, 3, 1, 5, 3, 1, 7, 5, 3, 1, \cdots$에서 제$100$항은?

① 9 　　　② 11 　　　③ 13

④ 15 　　　⑤ 17

1081 　중

수열 $1, 2, 2, 3, 3, 3, 4, 4, 4, 4, 5, 5, 5, 5, 5, \cdots$에서 12가 마지막으로 나오는 항은 제$m$항이다. 이때 m의 값을 구하시오.

1082 　중 서술형

다음과 같은 군수열에서 500은 제m 군의 l번째 항이다. 이때 $m+l$의 값을 구하시오.

$$(1), (2, 3), (4, 5, 6), (7, 8, 9, 10), \cdots$$

1083 　상 중

다음과 같은 군수열에서 첫째항부터 제100항까지의 합은?

$$(1), (1, 2, 1), (1, 2, 3, 2, 1),$$
$$(1, 2, 3, 4, 3, 2, 1), (1, 2, 3, 4, 5, 4, 3, 2, 1), \cdots$$

① 384 　　　② 385 　　　③ 386

④ 387 　　　⑤ 388

중요

| 개념원리 수학 Ⅰ 292쪽 |

유형 **13** 분수로 이루어진 군수열

분모 또는 분자가 같은 것끼리 군으로 묶거나
(분자)+(분모)의 값이 같은 것끼리 군으로 묶는다.

1084 　대표문제

수열 $\dfrac{1}{1}, \dfrac{1}{2}, \dfrac{2}{2}, \dfrac{1}{3}, \dfrac{2}{3}, \dfrac{3}{3}, \dfrac{1}{4}, \cdots$에서 $\dfrac{8}{14}$은 제 몇 항인가?

① 제96항 　　　② 제97항 　　　③ 제98항

④ 제99항 　　　⑤ 제100항

1085 　중

수열 $\dfrac{1}{1}, \dfrac{1}{2}, \dfrac{2}{1}, \dfrac{1}{3}, \dfrac{2}{2}, \dfrac{3}{1}, \dfrac{1}{4}, \dfrac{2}{3}, \dfrac{3}{2}, \dfrac{4}{1}, \cdots$에서 제$70$항을 구하시오.

1086 　중

수열 $\dfrac{1}{2}, \dfrac{2}{3}, \dfrac{1}{3}, \dfrac{3}{4}, \dfrac{2}{4}, \dfrac{1}{4}, \cdots$에서 $\dfrac{11}{14}$은 제 몇 항인가?

① 제78항 　　　② 제79항 　　　③ 제80항

④ 제81항 　　　⑤ 제82항

1087 　상 중

수열 $\dfrac{1}{2}, \dfrac{1}{4}, \dfrac{3}{4}, \dfrac{1}{8}, \dfrac{3}{8}, \dfrac{5}{8}, \dfrac{7}{8}, \dfrac{1}{16}, \cdots$에서 제$50$항은 $\dfrac{b}{a}$이다. 이때 $a+b$의 값을 구하시오.

（단, a, b는 서로소인 자연수이다.）

유형 up

| 개념원리 수학 Ⅰ 286쪽 |

유형 **14** (등차수열)×(등비수열) 꼴의 수열의 합

주어진 수열의 합 S에 대하여 $S-rS$의 꼴로 만든다.

(단, r는 등비수열의 공비)

1088 대표문제

$S=1+2x+3x^2+4x^3+\cdots+nx^{n-1}$이라 할 때, 다음 중 $(1-x)^2S$와 그 값이 같은 것은? (단, $x\neq1$)

① $(1+n)x^n+nx^{n+1}$

② $1-(1-n)x^n-nx^{n+1}$

③ $1-(1+n)x^n-nx^{n+1}$

④ $1-(1-n)x^n+nx^{n+1}$

⑤ $1-(1+n)x^n+nx^{n+1}$

1089 중

$1\cdot2+2\cdot4+3\cdot8+\cdots+10\cdot2^{10}$의 값은?

① $9\cdot2^{11}$ ② $9\cdot2^{11}-2$ ③ $9\cdot2^{11}+2$

④ $10\cdot2^{11}$ ⑤ $10\cdot2^{11}+2$

1090 상중

$S=2\cdot\dfrac{1}{3}+4\cdot\left(\dfrac{1}{3}\right)^2+6\cdot\left(\dfrac{1}{3}\right)^3+\cdots+20\cdot\left(\dfrac{1}{3}\right)^{10}$일 때, $\dfrac{2}{3}S=1-a\cdot\left(\dfrac{1}{3}\right)^{11}$을 만족시키는 자연수 a의 값을 구하시오.

| 개념원리 수학 Ⅰ 292쪽 |

유형 **15** 여러 가지 군수열

(1) 바둑판 모양으로 주어진 군수열

⇨ 수가 나열되는 방향에 따른 규칙을 찾는다.

(2) 삼각형 모양으로 주어진 군수열

⇨ 각 줄을 하나의 군으로 묶어 생각한다.

(3) 순서쌍으로 이루어진 군수열

⇨ 두 수의 합 또는 곱이 같은 것끼리 군으로 묶는다.

1091 대표문제

오른쪽과 같이 자연수를 배열할 때, 위에서 50번째 줄과 왼쪽에서 30번째 줄이 만나는 곳의 수를 구하시오.

1	2	3	4	⋯
1	3	5	7	
1	4	7	10	
1	5	9	13	
⋮				

1092 중

다음과 같이 자연수가 규칙적으로 배열되어 있을 때, 제9행의 왼쪽에서 4번째의 수를 구하시오.

제1행	2		
제2행	4	6	
제3행	8	10	12
제4행	14	16	18	20

⋮

1093 상중

다음과 같이 순서쌍으로 이루어진 수열에서 제100항을 (a, b)라 할 때, $a-b$의 값을 구하시오.

$(1, 2), (2, 1), (1, 4), (2, 2), (4, 1), (1, 8), (2, 4),$
$(4, 2), (8, 1), (1, 16), \cdots$

1094

수열 $\{a_n\}$의 첫째항부터 제 n항까지의 합 S_n이 $S_n=2^n+n^2$ 일 때, $\displaystyle\sum_{k=5}^{8} a_k$의 값은?

① 280   ② 284   ③ 288

④ 292   ⑤ 296

1095 중요

$\displaystyle\sum_{k=1}^{100} (k^2+k)-\sum_{k=3}^{100} (k^2+k)$의 값을 구하시오.

1096

다음 중 $\displaystyle\sum_{k=1}^{5} k+\sum_{k=2}^{5} k+\sum_{k=3}^{5} k+\sum_{k=4}^{5} k+\sum_{k=5}^{5} k$와 값이 같은 것은?

① $\left(\displaystyle\sum_{k=1}^{5} k\right)^2$ ② $\displaystyle\sum_{k=1}^{5} k^2$ ③ $\displaystyle\sum_{k=2}^{10} (k-1)$

④ $\displaystyle\sum_{k=1}^{5} (k+1)$ ⑤ $\displaystyle\sum_{k=2}^{5} (k^2+k)$

1097

$x_1,\ x_2,\ x_3,\ \cdots,\ x_{10}$은 0, 1, 2의 값 중 어느 하나를 갖는다. $\displaystyle\sum_{k=1}^{10} x_k=8,\ \sum_{k=1}^{10} x_k^2=12$일 때, $\displaystyle\sum_{k=1}^{10} |x_k-1|$의 값은?

① 4   ② 5   ③ 6

④ 7   ⑤ 8

1098

$\displaystyle\sum_{k=1}^{n} (a_k+b_k)^2=30,\ \sum_{k=1}^{n} a_k b_k=6$일 때, $\displaystyle\sum_{k=1}^{n} (a_k^2+b_k^2)$의 값은?

① 18   ② 20   ③ 22

④ 24   ⑤ 26

1099

$\displaystyle\sum_{k=1}^{10} a_k=35,\ \sum_{k=1}^{20} a_k=55,\ \sum_{k=1}^{10} b_k=25,\ \sum_{k=1}^{20} b_k=40$일 때, $\displaystyle\sum_{k=11}^{20} (2a_k+b_k)$의 값은?

① 40   ② 45   ③ 50

④ 55   ⑤ 60

1100

다음 중 $\displaystyle\sum_{k=1}^{n} (5k+1)+\sum_{j=0}^{n-1} (j+3)-\sum_{i=1}^{n} (2i+6)$의 값과 항상 같은 값을 갖는 것은?

① $\displaystyle\sum_{k=1}^{n} (4k-3)$ ② $\displaystyle\sum_{k=1}^{n} (4k-1)$ ③ $\displaystyle\sum_{k=1}^{n} (k+4)$

④ $\displaystyle\sum_{k=1}^{2n} (4k-1)$ ⑤ $\displaystyle\sum_{k=1}^{2n} (4k+1)$

1101

수열 $1,\ 1+10,\ 1+10+10^2,\ 1+10+10^2+10^3,\ \cdots$의 첫째항부터 제 n항까지의 합은?

① $\dfrac{10^{n+1}-9n}{81}$ ② $\dfrac{10^{n+1}-9n-10}{81}$

③ $\dfrac{10^n-n}{9}$ ④ $\dfrac{10^n-1}{81}$

⑤ $\dfrac{10^{n+1}-10}{9}$

1102

$\displaystyle\sum_{k=1}^{5}(ak+1)=65$일 때, 상수 a의 값을 구하시오.

1103

함수 $f(n)$을 $f(n)=\begin{cases} n & (n\text{이 짝수}) \\ 1 & (n\text{이 홀수}) \end{cases}$로 정의할 때, $\displaystyle\sum_{k=1}^{20}f(k^2)$의 값을 구하시오.

1104

좌표평면 위의 곡선 $y=x^2+x$와 직선 $y=nx+2$가 두 점 A, B에서 만난다. 두 직선 OA, OB의 기울기를 각각 a_n, b_n이라 할 때, $\displaystyle\sum_{n=1}^{10}(a_n+b_n)$의 값을 구하시오. (단, O는 원점이다.)

1105

등차수열 $\{a_n\}$에서 $a_2=8$, $a_6=0$이고 $S_n=\displaystyle\sum_{k=1}^{n}|a_k|$라 할 때, S_n의 값이 처음으로 120 이상이 되는 자연수 n의 값을 구하시오.

1106

수열 1, $2+4$, $3+6+9$, $4+8+12+16$, $\cdots$의 첫째항부터 제 8항까지의 합을 구하시오.

1107

$\displaystyle\sum_{n=1}^{5}\left(\sum_{k=1}^{n}2^{k+n-1}\right)$의 값을 구하시오.

1108

$\dfrac{1}{1\cdot4}+\dfrac{1}{4\cdot7}+\dfrac{1}{7\cdot10}+\cdots+\dfrac{1}{28\cdot31}$의 값은?

① $\dfrac{10}{31}$ ② $\dfrac{12}{31}$ ③ $\dfrac{15}{31}$

④ $\dfrac{18}{31}$ ⑤ $\dfrac{22}{31}$

1109

부등식 $1-\displaystyle\sum_{k=1}^{n}\dfrac{1}{k(k+1)}\leq\dfrac{1}{100}$ 을 만족시키는 자연수 n의 최솟값을 구하시오.

1110

수열 $\{a_n\}$에 대하여 $a_n=\sum\limits_{k=1}^{n}\dfrac{k^2}{2}$일 때, $\sum\limits_{k=1}^{11}\dfrac{2k+1}{a_k}$의 값은?

① 9 ② 10 ③ 11
④ 12 ⑤ 13

1111

x에 대한 이차방정식 $x^2+4x-(2n-1)(2n+1)=0$의 두 실근 α_n, β_n에 대하여 $\sum\limits_{n=1}^{10}\left(\dfrac{1}{\alpha_n}+\dfrac{1}{\beta_n}\right)$의 값은?

① $\dfrac{11}{21}$ ② $\dfrac{20}{21}$ ③ $\dfrac{31}{21}$
④ $\dfrac{40}{21}$ ⑤ $\dfrac{50}{21}$

1112

$f(n)=\sqrt{n+2}+\sqrt{n+3}$일 때, $\sum\limits_{k=1}^{n}\dfrac{1}{f(k)}=3\sqrt{3}$이 되도록 하는 자연수 n의 값을 구하시오.

1113

다음 그림과 같이 함수 $y=\sqrt{-2x}$의 그래프와 두 직선 $x=-n$, $x=-n+1$이 만나는 점을 각각 A_n, B_n이라 하고 두 점 A_n, B_n에서 x축에 내린 수선의 발을 각각 C_n, D_n이라 하자. 사각형 $A_nC_nD_nB_n$의 넓이를 S_n이라 할 때, $\sum\limits_{n=2}^{50}\dfrac{1}{S_n}$의 값을 구하시오. (단, n은 2 이상인 자연수이다.)

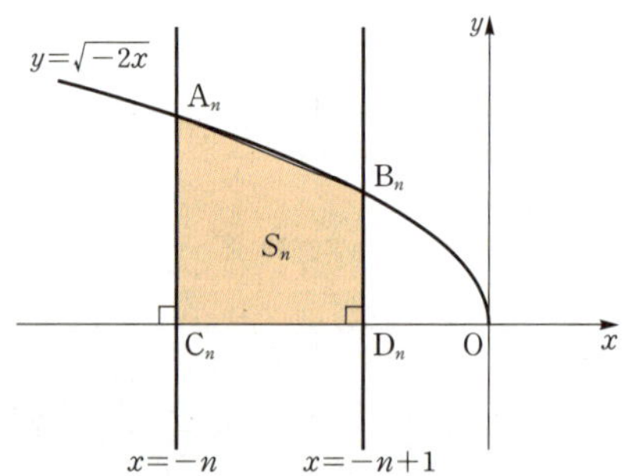

1114

$\sum\limits_{k=1}^{n}\log\left(1+\dfrac{2}{k}\right)=1$을 만족시키는 자연수 n의 값을 구하시오.

1115

두 수 0, 1로 이루어진 수열

$\qquad$ 1, 10, 11, 100, 101, 110, 111, $\cdots$

에서 제33항은?

① 11110 ② 11111 ③ 100000
④ 100001 ⑤ 100010

1116 💡중요

다음과 같은 수열 $\{a_n\}$에서 $a_k=\dfrac{1}{64}$을 만족시키는 k의 최솟값을 구하시오.

$$1,\ \dfrac{1}{2},\ 1,\ \dfrac{1}{2},\ \dfrac{1}{4},\ 1,\ \dfrac{1}{2},\ \dfrac{1}{4},\ \dfrac{1}{8},\ \cdots$$

1117

서로소인 자연수 a, b에 대하여 $\sum\limits_{n=1}^{21}\dfrac{n}{2^n}=\dfrac{a}{b}$가 성립할 때, $2b-a$의 값을 구하시오.

 **서술형 주관식**

1118

$1 \cdot 3 + 3 \cdot 5 + 5 \cdot 7 + 7 \cdot 9 + \cdots + 19 \cdot 21$의 값을 구하시오.

1119

$\sum\limits_{m=1}^{n} \left\{ \sum\limits_{k=1}^{m} (2k+1) \right\} = 85$를 만족시키는 자연수 n의 값을 구하시오.

1120 중요

수열 $\{a_n\}$에 대하여 $\sum\limits_{k=1}^{n} a_k = n^2 + 3n$일 때, $\sum\limits_{k=1}^{16} \dfrac{1}{a_k a_{k+1}}$의 값을 구하시오.

1121

$\dfrac{1}{2^2-1} + \dfrac{1}{4^2-1} + \dfrac{1}{6^2-1} + \cdots + \dfrac{1}{4n^2-1}$의 값이 $\dfrac{20}{41}$일 때, 자연수 n의 값을 구하시오.

 **실력 up**

1122

$\dfrac{1}{1 \cdot 2 \cdot 3} + \dfrac{1}{2 \cdot 3 \cdot 4} + \dfrac{1}{3 \cdot 4 \cdot 5} + \cdots + \dfrac{1}{10 \cdot 11 \cdot 12}$의 값이 $\dfrac{n}{m}$일 때, $m+n$의 값을 구하시오.

(단, m, n은 서로소인 자연수이다.)

1123

오른쪽 표와 같이 중앙의 1에서부터 시작하여 시계 반대 방향으로 자연수를 차례로 써 나갈 때, 169 바로 위에 오는 수를 구하시오.

17	16	15	14	13
18	5	4	3	12
19	6	1	2	11
20	7	8	9	10
21	22	⋯		

1124 창의·융합

일반항이 $a_n = 2n+1$인 등차수열 $\{a_n\}$에 대하여 집합 A_k $(k=1, 2, 3, \cdots)$는 $A_1 = \{3, 5, 7, 9, 11\}$이고 다음 조건을 모두 만족시킨다.

> ㈎ 집합 A_k는 수열 $\{a_n\}$의 항들 중 $(2k+3)$개의 연속한 항들을 원소로 하는 집합이다.
> ㈏ 집합 A_{k+1}의 가장 작은 원소는 집합 A_k의 가장 작은 원소보다 크다.
> ㈐ $n(A_k - A_{k+1}) = 3$

예를 들어 $A_2 = \{9, 11, 13, \cdots, 21\}$이다. 집합 A_k의 가장 작은 원소를 m_k, 가장 큰 원소를 M_k라 할 때, $\sum\limits_{k=1}^{10} (m_k + M_k)$의 값을 구하시오.

10 | 수학적 귀납법

10·1 수열의 귀납적 정의

수열 $\{a_n\}$에 대하여
(ⅰ) 첫째항 a_1의 값
(ⅱ) 이웃하는 두 항 a_n, a_{n+1} 사이의 관계식 ($n=1, 2, 3, \cdots$)
이 주어질 때, (ⅱ)의 관계식에 $n=1, 2, 3, \cdots$을 차례로 대입하면 수열 $\{a_n\}$의 모든 항을 구할 수 있다. 이와 같이 처음 몇 개의 항과 이웃하는 여러 항 사이의 관계식으로 수열을 정의하는 것을 수열의 **귀납적 정의**라 한다.

10·2 등차수열과 등비수열의 귀납적 정의

수열 $\{a_n\}$에 대하여 $n=1, 2, 3, \cdots$일 때
(1) $a_{n+1}-a_n=d$ (일정) ⇨ **공차가 d인 등차수열**
(2) $a_{n+1}\div a_n=r$ (일정) ⇨ **공비가 r인 등비수열**
(3) $2a_{n+1}=a_n+a_{n+2}$ (즉 $a_{n+1}-a_n=a_{n+2}-a_{n+1}$) ⇨ **등차수열**
(4) $a_{n+1}{}^2=a_n a_{n+2}$ (즉 $a_{n+1}\div a_n=a_{n+2}\div a_{n+1}$) ⇨ **등비수열**

$2a_{n+1}=a_n+a_{n+2}$
⇨ a_{n+1}은 a_n과 a_{n+2}의 등차중항
$a_{n+1}{}^2=a_n a_{n+2}$
⇨ a_{n+1}은 a_n과 a_{n+2}의 등비중항

10·3 여러 가지 수열의 귀납적 정의

1 $a_{n+1}=a_n+f(n)$의 꼴
  n에 1, 2, 3, $\cdots$, $n-1$을 차례로 대입한 후 변끼리 더한다.
  ⇨ $a_n=a_1+f(1)+f(2)+\cdots+f(n-1)$
  $\qquad =a_1+\sum\limits_{k=1}^{n-1}f(k)$

2 $a_{n+1}=a_n f(n)$의 꼴
  n에 1, 2, 3, $\cdots$, $n-1$을 차례로 대입한 후 변끼리 곱한다.
  ⇨ $a_n=a_1 f(1)f(2)\cdots f(n-1)$

$a_2=a_1+f(1)$
$a_3=a_2+f(2)$
$a_4=a_3+f(3)$
$\qquad \vdots$
$+\,)\,\underline{a_n=a_{n-1}+f(n-1)}$
$a_n=a_1+f(1)+f(2)$
$\qquad\qquad +\cdots+f(n-1)$

$a_2=a_1 f(1)$
$a_3=a_2 f(2)$
$a_4=a_3 f(3)$
$\qquad \vdots$
$\times\,)\,\underline{a_n=a_{n-1}f(n-1)}$
$a_n=a_1 f(1)f(2)\cdots f(n-1)$

10·4 수학적 귀납법

자연수 n에 대한 명제 $p(n)$이 모든 자연수 n에 대하여 성립함을 증명하려면 다음 두 가지를 보이면 된다.
(ⅰ) $n=1$일 때, 명제 $p(n)$이 성립한다.
(ⅱ) $n=k$일 때, 명제 $p(n)$이 성립한다고 가정하면 $n=k+1$일 때도 명제 $p(n)$이 성립한다.
이와 같은 방법으로 어떤 명제가 참임을 증명하는 방법을 **수학적 귀납법**이라 한다.

10·1 수열의 귀납적 정의

[1125 ~ 1128] 다음과 같이 정의된 수열 $\{a_n\}$의 제4항을 구하시오. (단, $n=1, 2, 3, \cdots$)

1125 $a_1=1,\ a_{n+1}=2a_n+n$

1126 $a_1=-1,\ a_{n+1}=na_n$

1127 $a_1=1,\ a_2=3,\ a_{n+2}=2a_{n+1}+a_n$

1128 $a_1=1,\ a_{n+1}=\dfrac{1}{a_n}+2$

10·2 등차수열과 등비수열의 귀납적 정의

[1129 ~ 1132] 다음 수열을 $\{a_n\}$이라 할 때, 수열 $\{a_n\}$을 귀납적으로 정의하시오.

1129 $2, 5, 8, 11, 14, \cdots$

1130 $10, 6, 2, -2, -6, \cdots$

1131 $1, 2, 4, 8, 16, \cdots$

1132 $9, -3, 1, -\dfrac{1}{3}, \dfrac{1}{9}, \cdots$

[1133 ~ 1136] 다음과 같이 정의된 수열 $\{a_n\}$의 일반항 a_n을 구하시오. (단, $n=1, 2, 3, \cdots$)

1133 $a_1=3,\ a_{n+1}=a_n-3$

1134 $a_1=3,\ a_{n+1}=2a_n$

1135 $a_1=3,\ a_2=2,\ 2a_{n+1}=a_n+a_{n+2}$

1136 $a_1=1,\ a_2=2,\ a_{n+1}{}^2=a_na_{n+2}$

10·3 여러 가지 수열의 귀납적 정의

[1137 ~ 1138] 다음과 같이 정의된 수열 $\{a_n\}$의 제10항을 구하시오. (단, $n=1, 2, 3, \cdots$)

1137 $a_1=1,\ a_{n+1}=a_n+4n$

1138 $a_1=3,\ a_{n+1}-a_n=2n+1$

[1139 ~ 1140] 다음과 같이 정의된 수열 $\{a_n\}$의 제10항을 구하시오. (단, $n=1, 2, 3, \cdots$)

1139 $a_1=2,\ a_{n+1}=\dfrac{n}{n+1}a_n$

1140 $a_1=1,\ a_{n+1}\div a_n=2^n$

10·4 수학적 귀납법

1141 다음은 모든 자연수 n에 대하여 등식

$$\frac{1}{1\cdot2}+\frac{1}{2\cdot3}+\frac{1}{3\cdot4}+\cdots+\frac{1}{n(n+1)}=\frac{n}{n+1}$$

이 성립함을 수학적 귀납법으로 증명한 것이다.

(i) $n=1$일 때,

$$(좌변)=\frac{1}{1\cdot2}=\frac{1}{2},\ (우변)=\frac{1}{2}$$

따라서 $n=1$일 때, 주어진 등식이 성립한다.

(ii) $n=k$일 때, 주어진 등식이 성립한다고 가정하면

$$\frac{1}{1\cdot2}+\frac{1}{2\cdot3}+\frac{1}{3\cdot4}+\cdots+\frac{1}{k(k+1)}=\frac{k}{k+1}$$

위의 식의 양변에 $\boxed{(가)}$ 을 더하면

$$\frac{1}{1\cdot2}+\frac{1}{2\cdot3}+\frac{1}{3\cdot4}+\cdots+\frac{1}{k(k+1)}+\boxed{(가)}$$

$$=\frac{k}{k+1}+\boxed{(가)}=\boxed{(나)}$$

따라서 $n=k+1$일 때도 주어진 등식이 성립한다.

(i), (ii)에 의하여 주어진 등식은 모든 자연수 n에 대하여 성립한다.

위의 증명에서 (가), (나)에 알맞은 것을 구하시오.

유형 01 등차수열의 귀납적 정의

| 개념원리 수학 Ⅰ 297쪽 |

수열 $\{a_n\}$에서 $n=1, 2, 3, \cdots$일 때
(1) $a_{n+1}-a_n=d$ (일정) $\Rightarrow$ 공차가 d인 등차수열
(2) $2a_{n+1}=a_n+a_{n+2}$ $\Rightarrow$ 등차수열

1142 대표문제

수열 $\{a_n\}$이 $a_1=2$, $a_{n+1}=a_n+2$ $(n=1, 2, 3, \cdots)$로 정의될 때, $\displaystyle\sum_{k=1}^{n}\dfrac{1}{a_k a_{k+1}}$의 값은?

① $\dfrac{n}{n+1}$ ② $\dfrac{n}{2(n+1)}$ ③ $\dfrac{n}{2(n-1)}$

④ $\dfrac{n}{4(n+1)}$ ⑤ $\dfrac{n}{4(n-1)}$

1143 중하

수열 $\{a_n\}$이 $a_1=100$, $a_{n+1}+3=a_n$ $(n=1, 2, 3, \cdots)$으로 정의될 때, $a_k=13$을 만족시키는 자연수 k의 값을 구하시오.

1144 중

수열 $\{a_n\}$이 $a_1=90$, $a_2=86$이고,
$$2a_{n+1}=a_n+a_{n+2} \quad (n=1, 2, 3, \cdots)$$
로 정의될 때, $a_k<0$을 만족시키는 자연수 k의 최솟값을 구하시오.

1145 중

수열 $\{a_n\}$이 $a_1=4$, $\dfrac{1}{a_{n+1}}=\dfrac{1}{a_n}+\dfrac{1}{4}$ $(n=1, 2, 3, \cdots)$로 정의될 때, a_{20}을 구하시오.

유형 02 등비수열의 귀납적 정의

| 개념원리 수학 Ⅰ 297쪽 |

수열 $\{a_n\}$에서 $n=1, 2, 3, \cdots$일 때
(1) $a_{n+1}\div a_n=r$ (일정) $\Rightarrow$ 공비가 r인 등비수열
(2) $a_{n+1}{}^2=a_n a_{n+2}$ $\Rightarrow$ 등비수열

1146 대표문제

수열 $\{a_n\}$이 $a_1=1$, $a_{n+1}=3a_n$ $(n=1, 2, 3, \cdots)$으로 정의될 때, $\displaystyle\sum_{k=1}^{5} a_k$의 값은?

① 120 ② 121 ③ 122
④ 123 ⑤ 124

1147 중

$a_1=1$, $a_{n+1}{}^2=a_n a_{n+2}$ $(n=1, 2, 3, \cdots)$로 정의된 수열 $\{a_n\}$에 대하여 $\dfrac{a_{11}}{a_1}+\dfrac{a_{13}}{a_3}+\dfrac{a_{15}}{a_5}+\dfrac{a_{17}}{a_7}=12$일 때, $\dfrac{a_{30}}{a_{10}}$은?

① 6 ② 7 ③ 8
④ 9 ⑤ 10

1148 상중 서술형

$\dfrac{a_{n+2}}{a_{n+1}}=\dfrac{a_{n+1}}{a_n}$ $(n=1, 2, 3, \cdots)$을 만족시키는 수열 $\{a_n\}$의 첫째항부터 제n항까지의 합을 S_n이라 할 때, $S_3=78$, $S_6=2184$이다. 이때 S_8을 구하시오. (단, a_n은 실수이다.)

유형 03 $a_{n+1}=a_n+f(n)$의 꼴

$a_{n+1}=a_n+f(n)$의 꼴에서 일반항 a_n을 구할 때는 n에

1, 2, 3, $\cdots$, $n-1$을 차례로 대입한 후 변끼리 더한다.

$\Rightarrow a_n=a_1+f(1)+f(2)+\cdots+f(n-1)=a_1+\sum_{k=1}^{n-1}f(k)$

1149   대표문제

$a_1=-3$, $a_{n+1}=a_n+4n-3$ ($n=1,\ 2,\ 3,\ \cdots$)으로 정의된

수열 $\{a_n\}$에 대하여 $\sum_{k=1}^{10}a_k$의 값은?

① 455   ② 465   ③ 475

④ 485   ⑤ 495

1150   중

$a_1=2$, $a_{n+1}=a_n+\dfrac{1}{\sqrt{n+1}+\sqrt{n}}$ ($n=1,\ 2,\ 3,\ \cdots$)로 정의된

수열 $\{a_n\}$에 대하여 $a_k=13$을 만족시키는 자연수 k의 값을

구하시오.

1151   중

$a_1=1$, $a_{n+1}=a_n+f(n)$ ($n=1,\ 2,\ 3,\ \cdots$)으로 정의된 수열

$\{a_n\}$에 대하여 $\sum_{k=1}^{n}f(k)=n^2-1$일 때, a_{11}을 구하시오.

1152   상중

첫째항이 1인 수열 $\{a_n\}$이 모든 자연수 n에 대하여 다음 조건

을 만족시킨다.

> (가) $a_{n+1}>a_n$
> (나) $(a_n+a_{n+1})^2=4a_na_{n+1}+4^n$

a_8을 구하시오.

유형 04 $a_{n+1}=a_nf(n)$의 꼴

$a_{n+1}=a_nf(n)$의 꼴에서 일반항 a_n을 구할 때는 n에

1, 2, 3, $\cdots$, $n-1$을 차례로 대입한 후 변끼리 곱한다.

$\Rightarrow a_n=a_1f(1)f(2)\cdots f(n-1)$

1153   대표문제

$a_1=1$, $a_{n+1}=\dfrac{n+2}{n}a_n$ ($n=1,\ 2,\ 3,\ \cdots$)으로 정의된 수열

$\{a_n\}$에 대하여 a_{30}은?

① 450   ② 455   ③ 460

④ 465   ⑤ 470

1154   중

$a_1=1$, $a_{n+1}=5^n a_n$ ($n=1,\ 2,\ 3,\ \cdots$)으로 정의된 수열 $\{a_n\}$

에 대하여 $a_k=5^{66}$을 만족시키는 자연수 k의 값은?

① 10   ② 11   ③ 12

④ 13   ⑤ 14

1155   상중

수열 $\{a_n\}$이

$$a_1=1,\ \sqrt{n+2}\,a_{n+1}=\sqrt{n+1}\,a_n\ (n=1,\ 2,\ 3,\ \cdots)$$

으로 정의될 때, $\sum_{k=1}^{15}(a_ka_{k+1})^2$의 값을 구하시오.

유형 **05** S_n이 포함된 수열의 귀납적 정의

$a_{n+1}=S_{n+1}-S_n$ $(n\geq1)$임을 이용하여 주어진 등식을 a_n 또는 S_n에 대한 식으로 변형한다.

1156 대표문제

수열 $\{a_n\}$의 첫째항부터 제n항까지의 합을 S_n이라 할 때, $S_1=1$, $S_{n+1}=2S_n+3$ $(n=1, 2, 3, \cdots)$이 성립한다. 이때 a_{12}는?

① $2^{11}+3$ ② 2^{12} ③ $2^{12}+3$
④ 2^{13} ⑤ $2^{13}+3$

1157 중

수열 $\{a_n\}$의 첫째항부터 제n항까지의 합 S_n이라 할 때, $a_1=2$, $S_n=2a_n-2$ $(n=1, 2, 3, \cdots)$가 성립한다. 이때 $a_k=256$을 만족시키는 자연수 k의 값을 구하시오.

1158 중 서술형

수열 $\{a_n\}$에서 $a_1+a_2+a_3+\cdots+a_n=S_n$이라 할 때, $a_1=2$, $3S_n=a_{n+1}-2$ $(n=1, 2, 3, \cdots)$를 만족시킨다. 이때 a_5를 구하시오.

1159 상중

수열 $\{a_n\}$이
$$a_1=4, \quad a_{n+1}=3(a_1+a_2+\cdots+a_n) \ (n=1, 2, 3, \cdots)$$
으로 정의될 때, a_9는?

① 2^{16} ② 2^{17} ③ $3\cdot2^{16}$
④ 2^{18} ⑤ $5\cdot2^{16}$

유형 **06** 수학적 귀납법

모든 자연수 n에 대하여 명제 $p(n)$이 다음 조건을 모두 만족시키면 명제 $p(n)$이 참이다.
(i) $p(1)$이 참이다.
(ii) $p(k)$가 참이면 $p(k+1)$도 참이다. (단, k는 자연수이다.)

1160 대표문제

모든 자연수 n에 대하여 명제 $p(n)$이 다음 조건을 모두 만족시킨다고 한다.

> (개) $p(1)$이 참이다.
> (내) $p(2k-1)$이 참이면 $p(2k)$도 참이다.
> (대) $p(2k)$가 참이면 $p(3k+1)$도 참이다.

다음 **보기** 중 참인 것만을 있는 대로 고른 것은?

(단, k는 자연수이다.)

> **보기**
> ㄱ. $p(5)$ ㄴ. $p(8)$ ㄷ. $p(13)$

① ㄱ ② ㄴ ③ ㄱ, ㄴ
④ ㄴ, ㄷ ⑤ ㄱ, ㄴ, ㄷ

1161 중

2, 5, 8, 11, $\cdots$인 자연수 n에 대하여 명제 $p(n)$이 성립함을 수학적 귀납법을 이용하여 증명하려면 다음을 보여야 한다.

> (i) $n=$ 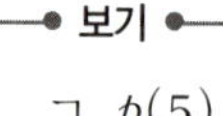 일 때, $p(n)$이 성립함을 보인다.
> (ii) $n=k$일 때, $p(n)$이 성립한다고 가정하면
> $n=$ (내) 일 때도 $p(n)$이 성립함을 보인다.

이때 (개), (내)에 알맞은 것을 차례대로 적은 것은?

① $1, k+1$ ② $1, 3k-1$ ③ $2, k+1$
④ $2, k+3$ ⑤ $2, 3k-1$

유형 **07** 수학적 귀납법을 이용한 등식의 증명

$n \geq a$ (a는 자연수)인 모든 자연수 n에 대하여 명제 $p(n)$이 성립함을 증명하려면 다음 두 가지를 보이면 된다.

(ⅰ) $n=a$일 때, 명제 $p(n)$이 성립한다.

(ⅱ) $n=k$ ($k \geq a$)일 때, 명제 $p(n)$이 성립한다고 가정하면 $n=k+1$일 때도 명제 $p(n)$이 성립한다.

1162 대표문제

다음은 모든 자연수 n에 대하여

$$1+2+2^2+\cdots+2^{n-1}=2^n-1 \quad \cdots\cdots \ \text{㉠}$$

이 성립함을 수학적 귀납법으로 증명한 것이다.

(ⅰ) $n=1$일 때, (좌변)$=1$, (우변)$=2-1=1$

따라서 $n=1$일 때, ㉠이 성립한다.

(ⅱ) $n=\boxed{\text{(가)}}$일 때, ㉠이 성립한다고 가정하면

$$1+2+2^2+\cdots+2^{k-1}=2^k-1 \quad \cdots\cdots \ \text{㉡}$$

㉡의 양변에 $\boxed{\text{(나)}}$을 더하면

$$1+2+2^2+\cdots+2^{k-1}+\boxed{\text{(나)}}$$

$$=2^k-1+\boxed{\text{(나)}}=\boxed{\text{(다)}}$$

따라서 $n=\boxed{\text{(라)}}$일 때도 ㉠이 성립한다.

(ⅰ), (ⅱ)에 의하여 ㉠은 모든 자연수 n에 대하여 성립한다.

위의 증명에서 (가), (나), (다), (라)에 알맞은 것을 구하시오.

1163 중하

다음은 모든 자연수 n에 대하여

$$1+3+5+\cdots+(2n-1)=n^2 \quad \cdots\cdots \ \text{㉠}$$

이 성립함을 수학적 귀납법으로 증명한 것이다.

(ⅰ) $n=1$일 때, (좌변)$=2\cdot1-1=1$, (우변)$=1^2=1$

따라서 $n=1$일 때, ㉠이 성립한다.

(ⅱ) $n=k$일 때, ㉠이 성립한다고 가정하면

$$1+3+5+\cdots+(2k-1)=k^2 \quad \cdots\cdots \ \text{㉡}$$

㉡의 양변에 $\boxed{\text{(가)}}$을 더하면

$$1+3+5+\cdots+(2k-1)+\boxed{\text{(가)}}$$

$$=k^2+\boxed{\text{(가)}}=\boxed{\text{(나)}}$$

따라서 $n=k+1$일 때도 ㉠이 성립한다.

(ⅰ), (ⅱ)에 의하여 ㉠은 모든 자연수 n에 대하여 성립한다.

위의 증명에서 (가), (나)에 알맞은 것을 구하시오.

1164 중

다음은 모든 자연수 n에 대하여

$$1^3+2^3+3^3+\cdots+n^3=(1+2+3+\cdots+n)^2 \quad \cdots\cdots \ \text{㉠}$$

이 성립함을 수학적 귀납법으로 증명한 것이다.

(ⅰ) $n=1$일 때, (좌변)$=1^3=1$, (우변)$=1^2=1$

따라서 $n=1$일 때, ㉠이 성립한다.

(ⅱ) $n=k$일 때, ㉠이 성립한다고 가정하면

$$1^3+2^3+3^3+\cdots+k^3=(1+2+3+\cdots+k)^2 \quad \cdots\cdots \ \text{㉡}$$

㉡의 양변에 $\boxed{\text{(가)}}$을 더하면

$$1^3+2^3+3^3+\cdots+k^3+\boxed{\text{(가)}}$$

$$=(1+2+3+\cdots+k)^2+\boxed{\text{(가)}}$$

$$=\left\{\dfrac{k(k+1)}{2}\right\}^2+\boxed{\text{(가)}}=\boxed{\text{(나)}}$$

따라서 $n=k+1$일 때도 ㉠이 성립한다.

(ⅰ), (ⅱ)에 의하여 ㉠은 모든 자연수 n에 대하여 성립한다.

위의 증명에서 (가), (나)에 알맞은 것을 구하시오.

1165 상중

다음은 수열 $\{a_n\}$이

$$a_1=1, \ a_{n+1}=\dfrac{4-a_n}{3-a_n} \ (n=1,\ 2,\ 3,\ \cdots)$$

으로 정의될 때, $a_n=\dfrac{2n-1}{n} \quad \cdots\cdots \ \text{㉠}$임을 수학적 귀납법으로 증명한 것이다.

(ⅰ) $n=1$일 때, $a_1=\dfrac{2\cdot1-1}{1}=1$이므로 ㉠이 성립한다.

(ⅱ) $n=k$일 때, ㉠이 성립한다고 가정하면

$$a_k=\boxed{\text{(가)}} \ \text{에서}$$

$$a_{k+1}=\dfrac{4-a_k}{3-a_k}=\boxed{\text{(나)}}$$

따라서 $n=k+1$일 때도 ㉠이 성립한다.

(ⅰ), (ⅱ)에 의하여 모든 자연수 n에 대하여 수열 $\{a_n\}$의 일반항은 $a_n=\dfrac{2n-1}{n}$이다.

위의 증명에서 (가), (나)에 알맞은 것을 구하시오.

유형 **08** 수학적 귀납법을 이용한 부등식의 증명

모든 자연수 n에 대하여 $f(n)>g(n)$이 성립함을 증명하려면 다음 두 가지를 보이면 된다.

(i) $f(1)>g(1)$임을 보인다.

(ii) $f(k)>g(k)$가 성립한다고 가정하고 좌변이 $f(k+1)$이 되도록 양변에 같은 식을 더하거나 곱하고 이때의 우변보다 $g(k+1)$이 작음을 보인다.

1166 **대표문제**

다음은 4 이상의 모든 자연수 n에 대하여

$$1 \cdot 2 \cdot 3 \cdots n > 2^n \qquad \cdots\cdots \ \bigcirc$$

이 성립함을 수학적 귀납법으로 증명한 것이다.

(i) $n=4$일 때,

(좌변)$=1 \cdot 2 \cdot 3 \cdot 4=24$, (우변)$=2^4=16$

따라서 부등식 $\bigcirc$이 성립한다.

(ii) $n=k \ (k \geq 4)$일 때, $\bigcirc$이 성립한다고 가정하면

$$1 \cdot 2 \cdot 3 \cdots k > 2^k \qquad \cdots\cdots \ \bigcirc\!\bigcirc$$

$\bigcirc\!\bigcirc$의 양변에 $\boxed{\text{(가)}}$ 을 곱하면

$$1 \cdot 2 \cdot 3 \cdots k \cdot (\boxed{\text{(가)}}) > 2^k \cdot (\boxed{\text{(가)}}) > 2^{k+1}$$

$$(\because k \geq 4 \text{이므로 } k+1 > \boxed{\text{(나)}})$$

따라서 $n=k+1$일 때도 $\bigcirc$이 성립한다.

(i), (ii)에 의하여 $\bigcirc$은 4 이상의 모든 자연수 n에 대하여 성립한다.

위의 증명에서 (가), (나)에 알맞은 것을 차례대로 적은 것은?

① $k+1,\ 2$

② $k+1,\ 4$

③ $k+1,\ 5$

④ $2^k,\ 2$

⑤ $2^k,\ 4$

1167 **상중**

다음은 $n \geq 2$인 모든 자연수 n에 대하여

$$1+\frac{1}{2}+\frac{1}{3}+\cdots+\frac{1}{n} > \frac{2n}{n+1} \qquad \cdots\cdots \ \bigcirc$$

이 성립함을 수학적 귀납법으로 증명한 것이다.

(i) $n=2$일 때,

(좌변)$=1+\dfrac{1}{2}=\dfrac{3}{2}$, (우변)$=\dfrac{2 \cdot 2}{2+1}=\dfrac{4}{3}$

따라서 부등식 $\bigcirc$이 성립한다.

(ii) $n=k \ (k \geq 2)$일 때, $\bigcirc$이 성립한다고 가정하면

$$1+\frac{1}{2}+\frac{1}{3}+\cdots+\frac{1}{k} > \frac{2k}{k+1} \qquad \cdots\cdots \ \bigcirc\!\bigcirc$$

$\bigcirc\!\bigcirc$의 양변에 $\boxed{\text{(가)}}$ 을 더하면

$$1+\frac{1}{2}+\cdots+\frac{1}{k}+\boxed{\text{(가)}} > \frac{2k}{k+1}+\boxed{\text{(가)}}$$

이때 $n \geq 2$이므로

$$\frac{2k}{k+1}+\boxed{\text{(가)}} > \boxed{\text{(나)}}$$

$$\therefore \ 1+\frac{1}{2}+\frac{1}{3}+\cdots+\frac{1}{k}+\boxed{\text{(가)}} > \boxed{\text{(나)}}$$

따라서 $n=k+1$일 때도 $\bigcirc$이 성립한다.

(i), (ii)에 의하여 $\bigcirc$은 $n \geq 2$인 모든 자연수 n에 대하여 성립한다.

위의 증명에서 (가), (나)에 알맞은 것을 차례대로 적은 것은?

① $k+1,\ \dfrac{2k+1}{k+2}$

② $k+1,\ \dfrac{2(k+1)}{k+2}$

③ $\dfrac{1}{k+1},\ \dfrac{2k+1}{k+1}$

④ $\dfrac{1}{k+1},\ \dfrac{2(k+1)}{k+2}$

⑤ $\dfrac{1}{k+1},\ k+1$

유형 up

유형 **09**　특수한 꼴의 귀납적 정의

유형이 정해져 있는 꼴이 아닌 경우에는

(1) $n=1, 2, 3, \cdots$을 차례로 대입하여 주어진 수열의 규칙을 찾은 후 일반항을 구한다.

(2) 주어진 식을 적당히 변형하여 일반항을 구한다.

1168　▶대표문제

수열 $\{a_n\}$이 $a_1=1$, $a_{n+1}=a_1+2a_2+3a_3+\cdots+na_n$으로 정의될 때, $\dfrac{a_{30}}{a_{29}}$의 값은?

① 28　　　　② 29　　　　③ 30

④ 31　　　　⑤ 32

1169　중

수열 $\{a_n\}$이 $a_1=1$, $a_n+a_{n+1}=(-1)^n$ $(n=1, 2, 3, \cdots)$으로 정의될 때, $a_{15}+a_{20}+a_{25}$의 값은?

① 15　　　　② 20　　　　③ 25

④ 30　　　　⑤ 35

1170　상

수열 $\{a_n\}$이

$$a_1=2,\ (n+1)a_n=na_{n+1}-1\ (n=1, 2, 3, \cdots)$$

로 정의될 때, $\displaystyle\sum_{k=1}^{10} a_k$의 값을 구하시오.

유형 **10**　귀납적 정의의 활용

(i) 첫째항, 둘째항, 셋째항을 차례로 구해 보고, 규칙을 파악한다.

(ii) 제n항을 a_n으로 놓고, a_n과 a_{n+1} 사이의 관계식을 구한다.

1171　▶대표문제

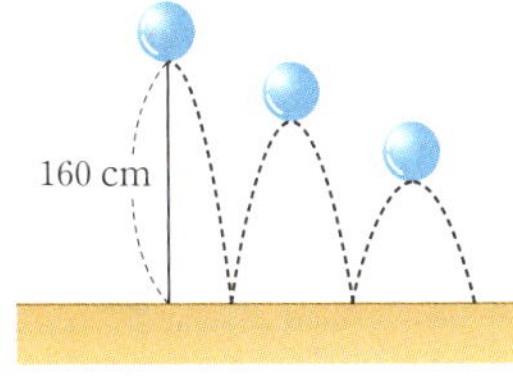

오른쪽 그림과 같이 땅에 떨어뜨리면 처음 높이의 $\dfrac{3}{4}$배만큼 다시 튀어 오르는 공이 있다. 이 공을 지상 160 cm의 높이에서 땅에 떨어뜨릴 때, n번째 튀어 오른 공의 높이를 a_n cm라 하자. $a_n<50$을 만족시키는 자연수 n의 최솟값을 구하시오.

(단, $\log 2=0.3$, $\log 3=0.48$)

1172　중

마라톤 동호회에 가입한 현민이는 앞으로 있을 마라톤 대회에 참가하기 위하여 다음과 같은 훈련계획을 세웠다.

> 첫날은 9 km를 뛰고, 다음날부터는 전날 뛴 거리의 $\dfrac{4}{3}$배보다 2 km 적은 거리를 뛴다.

훈련을 시작하여 n일째 되는 날 뛴 거리를 a_n km라 할 때, a_1의 값과 a_n과 a_{n+1} 사이의 관계식을 구하시오.

1173　상 중

3 L의 물을 그릇 A에 1 L, 그릇 B에 2L씩 나누어 담았다. 그릇 A에서 50 %의 물을 퍼내어 그릇 B에 붓고, 다시 그릇 B에서 50%의 물을 퍼내어 그릇 A에 붓는다. 이러한 시행을 n회 반복한 후 그릇 A의 물의 양을 a_n L라 할 때, $a_{n+1}=pa_n+q$를 만족시키는 두 상수 p, q의 합 $p+q$의 값을 구하시오.

1174 

$a_1=4$, $a_2=7$이고, $a_n-2a_{n+1}+a_{n+2}=0\,(n=1,\ 2,\ 3,\ \cdots)$
으로 정의된 수열 $\{a_n\}$에 대하여 $\sum\limits_{k=1}^{10}a_k$의 값을 구하시오.

1175

$a_1=1$, $\dfrac{1}{a_{n+1}}-\dfrac{1}{a_n}=\dfrac{1}{3}\,(n=1, 2, 3, \cdots)$로 정의된 수열
$\{a_n\}$에 대하여 제10항은?

① $\dfrac{1}{6}$ ② $\dfrac{1}{4}$ ③ $\dfrac{1}{3}$

④ $\dfrac{5}{12}$ ⑤ $\dfrac{1}{2}$

1176

수열 $\{a_n\}$이
$$a_1=3,\ a_2=9,\ a_{n+1}{}^2=a_n a_{n+2}\ (n=1, 2, 3, \cdots)$$
로 정의될 때, a_{20}은?

① 3^{18} ② 3^{19} ③ 3^{20}

④ 3^{21} ⑤ 3^{22}

1177

$a_1=3$, $a_{n+1}=-2a_n\,(n=1, 2, 3, \cdots)$으로 정의된 수열
$\{a_n\}$에 대하여 $a_n>300$을 만족시키는 자연수 n의 최솟값은?

① 8   ② 9   ③ 10

④ 11   ⑤ 12

1178

$a_1=1$, $a_{n+1}=a_n+n+1\,(n=1, 2, 3, \cdots)$로 정의된 수열
$\{a_n\}$에 대하여 $\sum\limits_{k=1}^{15}\dfrac{1}{a_k}$의 값을 구하시오.

1179

수열 $\{a_n\}$이
$$a_1=\dfrac{3}{25},\ a_{n+1}=a_n+\dfrac{1}{(2n-1)(2n+1)}$$
$$(n=1, 2, 3, \cdots)$$

로 정의될 때, $\dfrac{3}{5}$은 제 몇 항인가?

① 제9항   ② 제10항   ③ 제11항

④ 제12항   ⑤ 제13항

1180

$a_1=1$, $a_{n+1}=2^n a_n\,(n=1, 2, 3, \cdots)$으로 정의된 수열 $\{a_n\}$
에 대하여 $\log_2 a_{10}$의 값을 구하시오.

1181

수열 $\{a_n\}$이 $a_1=20$이고, 모든 자연수 n에 대하여
$$\dfrac{a_{n+1}}{a_n}=1-\dfrac{1}{(n+1)^2}\,(n=1, 2, 3, \cdots)$$
을 만족시킬 때, a_{10}을 구하시오.

1182

$a_n + a_{n+1} = 2n+1$ ($n=1, 2, 3, \cdots$)로 정의된 수열 $\{a_n\}$에 대하여 $\displaystyle\sum_{k=1}^{12} a_k$의 값은?

① 70 ② 74 ③ 78
④ 82 ⑤ 86

1183

수열 $\{a_n\}$의 첫째항부터 제n항까지의 합을 S_n이라 하면
$$S_1=1,\ 2S_{n+1}=S_n+3\ (n=1, 2, 3, \cdots)$$
이 성립한다. 이때 $S_{10}=p-\left(\dfrac{1}{2}\right)^q$을 만족시키는 자연수 p, q의 합 $p+q$의 값은?

① 7 ② 8 ③ 9
④ 10 ⑤ 11

1184

모든 자연수 n에 대한 명제 $p(n)$이 다음 조건을 모두 만족시킨다고 한다.

> ㈎ $p(1)$이 참이다.
> ㈏ $p(n)$ 또는 $p(n+1)$이 참이면 $p(n+2)$도 참이다.

이때 다음 중 반드시 참이라고 할 수 <u>없는</u> 것은?

① $p(2)$ ② $p(3)$ ③ $p(4)$
④ $p(5)$ ⑤ $p(6)$

1185

다음은 모든 자연수 n에 대하여
$$\frac{1}{2}+\frac{2}{4}+\frac{3}{8}+\cdots+\frac{n}{2^n}=2-\frac{n+2}{2^n} \qquad \cdots\cdots ㉠$$
가 성립함을 수학적 귀납법으로 증명한 것이다.

> (i) $n=1$일 때,
> (좌변)=(우변)=$\boxed{㈎}$ 이므로 ㉠이 성립한다.
> (ii) $n=k$일 때, ㉠이 성립한다고 가정하면
> $$\frac{1}{2}+\frac{2}{4}+\frac{3}{8}+\cdots+\frac{k}{2^k}=2-\frac{k+2}{2^k} \qquad \cdots\cdots ㉡$$
> ㉡의 양변에 $\boxed{㈏}$ 을 더하면
> $$\frac{1}{2}+\frac{2}{4}+\frac{3}{8}+\cdots+\frac{k}{2^k}+\boxed{㈏}$$
> $$=2-\frac{k+2}{2^k}+\boxed{㈏}=2-\frac{k+3}{2^{k+1}}$$
> 따라서 $n=k+1$일 때도 ㉠이 성립한다.
> (i), (ii)에 의하여 ㉠은 모든 자연수 n에 대하여 성립한다.

위의 증명에서 ㈎, ㈏에 알맞은 것을 구하시오.

1186

다음은 모든 자연수 n에 대하여 n^3+2n이 3의 배수임을 수학적 귀납법으로 증명한 것이다.

> (i) $n=1$일 때, $1^3+2\cdot1=3$은 3의 배수이므로 성립한다.
> (ii) $n=k$일 때, k^3+2k가 3의 배수,
> 즉 $k^3+2k=3m$ (m은 자연수)이라 하면
> $$(k+1)^3+2(k+1)$$
> $$=k^3+3k^2+3k+1+2k+2$$
> $$=(k^3+2k)+\boxed{㈎}$$
> $$=3\boxed{㈏}+\boxed{㈎}$$
> 이므로 $n=k+1$일 때도 성립한다.
> (i), (ii)에 의하여 모든 자연수 n에 대하여 n^3+2n은 3의 배수이다.

위의 증명에서 ㈎, ㈏에 알맞은 식을 각각 $f(k)$, $g(m)$이라 할 때, $\dfrac{g(18)}{f(1)}$의 값을 구하시오.

1187

다음은 모든 자연수 n에 대하여

$$1+\frac{1}{\sqrt{2}}+\frac{1}{\sqrt{3}}+\cdots+\frac{1}{\sqrt{n}}\geq 2-\frac{1}{\sqrt{n}} \qquad \cdots\cdots\ \text{㉠}$$

이 성립함을 수학적 귀납법으로 증명한 것의 일부이다.

(ⅰ) $n=1$일 때,

(좌변)$=1$, (우변)$=2-1=1$

따라서 부등식 ㉠이 성립한다.

(ⅱ) $n=k$일 때, ㉠이 성립한다고 가정하면

$$1+\frac{1}{\sqrt{2}}+\frac{1}{\sqrt{3}}+\cdots+\frac{1}{\sqrt{k}}\geq 2-\frac{1}{\sqrt{k}} \qquad \cdots\cdots\ \text{㉡}$$

㉡의 양변에 $\dfrac{1}{\sqrt{k+1}}$을 더하면

$$1+\frac{1}{\sqrt{2}}+\frac{1}{\sqrt{3}}+\cdots+\frac{1}{\sqrt{k}}+\frac{1}{\sqrt{k+1}}$$
$$\geq 2-\frac{1}{\sqrt{k}}+\frac{1}{\sqrt{k+1}}$$

그런데 모든 자연수 k에 대하여 $4k\geq k+1$이므로

$2\sqrt{k}-\sqrt{k+1}\geq 0$이다.

$$\therefore \left(2-\frac{1}{\sqrt{k}}+\frac{1}{\sqrt{k+1}}\right)-\left(\boxed{\ ㉮\ }\right)$$
$$=\frac{2}{\sqrt{k+1}}-\frac{1}{\sqrt{k}}$$
$$=\frac{\boxed{\ ㉯\ }}{\sqrt{k^2+k}}\geq 0$$

즉 $2-\dfrac{1}{\sqrt{k}}+\dfrac{1}{\sqrt{k+1}}\geq \boxed{\ ㉮\ }$ 이 성립하므로

$$1+\frac{1}{\sqrt{2}}+\frac{1}{\sqrt{3}}+\cdots+\frac{1}{\sqrt{k+1}}\geq \boxed{\ ㉮\ }$$

따라서 $n=k+1$일 때도 ㉠이 성립한다.

(ⅰ), (ⅱ)에 의하여 ㉠은 모든 자연수 n에 대하여 성립한다.

위의 증명에서 ㉮, ㉯에 알맞은 것을 차례대로 적은 것은?

① $2-\dfrac{1}{\sqrt{k}},\ \sqrt{k+1}-2\sqrt{k}$

② $2-\dfrac{1}{\sqrt{k}},\ 2\sqrt{k}-\sqrt{k+1}$

③ $2-\dfrac{1}{\sqrt{k+1}},\ \sqrt{k+1}-2\sqrt{k}$

④ $2-\dfrac{1}{\sqrt{k+1}},\ 2\sqrt{k}-\sqrt{k+1}$

⑤ $2-\dfrac{1}{\sqrt{k+1}},\ 2\sqrt{k+1}-\sqrt{k}$

1188

$a_2-a_1=3$이고,

$a_{n+2}-a_{n+1}=3(a_{n+1}-a_n)\ (n=1,\ 2,\ 3,\ \cdots)$으로 정의된 수열 $\{a_n\}$에 대하여 $a_5=122$일 때, a_2는?

① 2   ② 3   ③ 4

④ 5   ⑤ 6

1189

수직선 위의 점 $P_n\ (n=1,\ 2,\ 3,\ \cdots)$을 다음 규칙에 따라 정한다.

㉮ 점 P_1의 좌표는 $P_1(0)$이다.

㉯ $\overline{P_1P_2}=1$이다.

㉰ $\overline{P_nP_{n+1}}=\dfrac{n-1}{n+1}\overline{P_{n-1}P_n}\ (n=2,\ 3,\ 4,\ \cdots)$

선분 P_nP_{n+1}을 밑변으로 하고 높이가 1인 직각삼각형의 넓이를 S_n이라 하자. $\displaystyle\sum_{k=1}^{10}S_k=\dfrac{q}{p}$일 때, $p+q$의 값을 구하시오.

(단, p, q는 서로소인 자연수이다.)

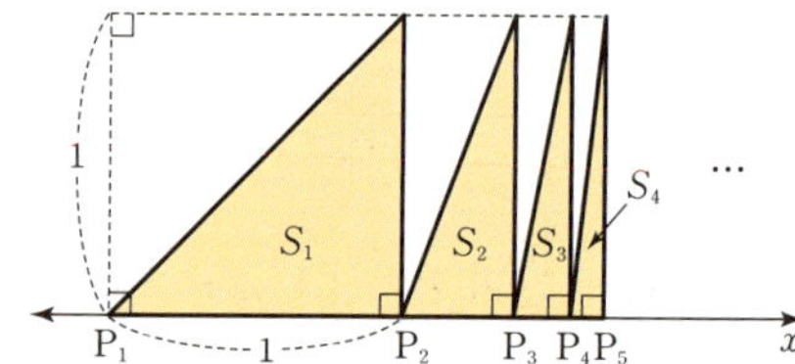

서술형 주관식

1190

수열 $\{a_n\}$이 $a_1=2$, $a_{n+1}=a_n+3$ $(n=1,\ 2,\ 3,\ \cdots)$으로 정의될 때, $\displaystyle\sum_{k=1}^{n} a_k=155$를 만족시키는 자연수 n의 값을 구하시오.

1191

$a_1=3$, $a_4=24$이고, $a_{n+1}=\sqrt{a_n a_{n+2}}$ $(n=1,\ 2,\ 3,\ \cdots)$로 정의된 수열 $\{a_n\}$에 대하여 $\displaystyle\sum_{k=1}^{10} a_k=p\cdot 2^{10}-q$이다. 자연수 p, q에 대하여 $p-q$의 값을 구하시오.

1192

수열 $\{a_n\}$의 첫째항부터 제n항까지의 합을 S_n이라 하면
$$a_1=1,\ S_n=n^2 a_n\ (n=1,\ 2,\ 3,\ \cdots)$$
이 성립한다. 이때 a_{10}을 구하시오.

1193

모든 자연수 n에 대하여
$$3+7+11+\cdots+(4n-1)=2n^2+n$$
이 성립함을 수학적 귀납법으로 증명하시오.

실력 up

1194

두 수열 $\{a_n\}$, $\{b_n\}$에 대하여
$$\begin{cases} a_1=b_1,\ a_{10}+b_{10}=30 \\ a_{n+1}+a_n=b_{n+1}-b_n\ (n=1,\ 2,\ 3,\ \cdots) \end{cases}$$
이 성립할 때, $a_1+a_2+\cdots+a_{10}$의 값을 구하시오.

1195

다음은 모든 자연수 n에 대하여
$$\frac{1}{n+1}+\frac{1}{n+2}+\cdots+\frac{1}{3n+1}>1 \qquad \cdots\cdots\ \textcircled{\scriptsize ㄱ}$$
이 성립함을 수학적 귀납법으로 증명한 것이다.

$a_n=\dfrac{1}{n+1}+\dfrac{1}{n+2}+\cdots+\dfrac{1}{3n+1}$이라 하면

(i) $n=1$일 때, $\dfrac{1}{2}+\dfrac{1}{3}+\dfrac{1}{4}>1$이므로 $\textcircled{\scriptsize ㄱ}$이 성립한다.

(ii) $n=k$일 때, $\textcircled{\scriptsize ㄱ}$이 성립한다고 가정하면
$$a_k=\frac{1}{k+1}+\frac{1}{k+2}+\cdots+\frac{1}{3k+1}>1$$
이때
$$a_{k+1}=\frac{1}{k+2}+\frac{1}{k+3}+\cdots+\frac{1}{3k+4}$$
$$=a_k+\left(\frac{1}{3k+2}+\frac{1}{3k+3}+\frac{1}{3k+4}\right)-\boxed{\text{(가)}}$$
한편, $(3k+2)(3k+4)\ \boxed{\text{(나)}}\ (3k+3)^2$이므로
$$\frac{1}{3k+2}+\frac{1}{3k+4}>\boxed{\text{(다)}}$$
그런데 $a_k>1$이므로
$$a_{k+1}>a_k+\left(\frac{1}{3k+3}+\boxed{\text{(다)}}\right)-\boxed{\text{(가)}}>1$$
따라서 $n=k+1$일 때도 $\textcircled{\scriptsize ㄱ}$이 성립한다.

(i), (ii)에 의하여 $\textcircled{\scriptsize ㄱ}$은 모든 자연수 n에 대하여 성립한다.

위의 증명에서 (가), (나), (다)에 알맞은 것을 구하시오.

1196 　창의·융합

수직선 위의 점 P_{n+2} $(n=1,\ 2,\ 3,\ \cdots)$는 두 점 P_n과 P_{n+1}을 연결하는 선분 $\mathrm{P}_n\mathrm{P}_{n+1}$을 $2:3$으로 내분하는 점이다. $\mathrm{P}_1(0)$, $\mathrm{P}_2(8)$일 때, 점 P_5의 좌표를 구하시오.

상용로그표(1)

수	0	1	2	3	4	5	6	7	8	9
1.0	.0000	.0043	.0086	.0128	.0170	.0212	.0253	.0294	.0334	.0374
1.1	.0414	.0453	.0492	.0531	.0569	.0607	.0645	.0682	.0719	.0755
1.2	.0792	.0828	.0864	.0899	.0934	.0969	.1004	.1038	.1072	.1106
1.3	.1139	.1173	.1206	.1239	.1271	.1303	.1335	.1367	.1399	.1430
1.4	.1461	.1492	.1523	.1553	.1584	.1614	.1644	.1673	.1703	.1732
1.5	.1716	.1790	.1818	.1847	.1875	.1903	.1931	.1959	.1987	.2014
1.6	.2041	.2068	.2095	.2122	.2148	.2175	.2201	.2227	.2253	.2279
1.7	.2304	.2330	.2355	.2380	.2405	.2430	.2455	.2480	.2504	.2529
1.8	.2553	.2577	.2601	.2625	.2648	.2672	.2695	.2718	.2742	.2765
1.9	.2788	.2810	.2833	.2856	.2878	.2900	.2923	.2945	.2967	.2989
2.0	.3010	.3032	.3054	.3075	.3096	.3118	.3139	.3160	.3181	.3201
2.1	.3222	.3243	.3263	.3284	.3304	.3324	.3345	.3365	.3385	.3404
2.2	.3424	.3444	.3464	.3483	.3502	.3522	.3541	.3560	.3579	.3598
2.3	.3617	.3636	.3655	.3674	.3692	.3711	.3729	.3747	.3766	.3784
2.4	.3802	.3820	.3838	.3856	.3874	.3892	.3909	.3927	.3945	.3962
2.5	.3979	.3997	.4014	.4031	.4048	.4065	.4082	.4099	.4116	.4133
2.6	.4150	.4166	.4183	.4200	.4216	.4232	.4249	.4265	.4281	.4298
2.7	.4314	.4330	.4346	.4362	.4378	.4393	.4409	.4425	.4440	.4456
2.8	.4472	.4487	.4502	.4518	.4533	.4548	.4564	.4579	.4594	.4609
2.9	.4624	.4639	.4654	.4669	.4683	.4698	.4713	.4728	.4742	.4757
3.0	.4771	.4786	.4800	.4814	.4829	.4843	.4857	.4871	.4886	.4900
3.1	.4914	.4928	.4942	.4955	.4969	.4983	.4997	.5011	.5024	.5038
3.2	.5051	.5065	.5079	.5092	.5105	.5119	.5132	.5145	.5159	.5172
3.3	.5185	.5198	.5211	.5224	.5237	.5250	.5263	.5276	.5289	.5302
3.4	.5315	.5328	.5340	.5353	.5366	.5378	.5391	.5403	.5416	.5428
3.5	.5441	.5453	.5465	.5478	.5490	.5502	.5514	.5527	.5539	.5551
3.6	.5563	.5575	.5587	.5599	.5611	.5623	.5635	.5647	.5658	.5670
3.7	.5682	.5694	.5705	.5717	.5729	.5740	.5752	.5763	.5775	.5786
3.8	.5798	.5809	.5821	.5832	.5843	.5855	.5866	.5877	.5888	.5899
3.9	.5911	.5922	.5933	.5944	.5955	.5966	.5977	.5988	.5999	.6010
4.0	.6021	.6031	.6042	.6053	.6064	.6075	.6085	.6096	.6107	.6117
4.1	.6128	.6138	.6149	.6160	.6170	.6180	.6191	.6201	.6212	.6222
4.2	.6232	.6243	.6253	.6263	.6274	.6284	.6294	.6304	.6314	.6325
4.3	.6335	.6345	.6355	.6365	.6375	.6385	.6395	.6405	.6415	.6425
4.4	.6435	.6444	.6454	.6464	.6474	.6484	.6493	.6503	.6513	.6522
4.5	.6532	.6542	.6551	.6561	.6571	.6580	.6590	.6599	.6609	.6618
4.6	.6628	.6637	.6646	.6656	.6665	.6675	.6684	.6693	.6702	.6712
4.7	.6721	.6730	.6739	.6749	.6758	.6767	.6776	.6785	.6794	.6803
4.8	.6812	.6821	.6830	.6839	.6848	.6857	.6866	.6875	.6884	.6893
4.9	.6902	.6911	.6920	.6928	.6937	.6946	.6955	.6964	.6972	.6981
5.0	.6990	.6998	.7007	.7016	.7024	.7033	.7042	.7050	.7059	.7067
5.1	.7076	.7084	.7093	.7101	.7110	.7118	.7126	.7135	.7143	.7152
5.2	.7160	.7168	.7177	.7185	.7193	.7202	.7210	.7218	.7226	.7235
5.3	.7243	.7251	.7259	.7267	.7275	.7284	.7292	.7300	.7308	.7316
5.4	.7324	.7332	.7340	.7348	.7356	.7364	.7372	.7380	.7388	.7396

상용로그표(2)

수	0	1	2	3	4	5	6	7	8	9
5.5	.7404	.7412	.7419	.7427	.7435	.7443	.7451	.7459	.7466	.7474
5.6	.7482	.7490	.7497	.7505	.7513	.7520	.7528	.7536	.7543	.7551
5.7	.7559	.7566	.7574	.7582	.7589	.7597	.7604	.7612	.7619	.7627
5.8	.7634	.7642	.7649	.7657	.7664	.7672	.7679	.7686	.7694	.7701
5.9	.7709	.7716	.7723	.7731	.7738	.7745	.7752	.7760	.7767	.7774
6.0	.7782	.7789	.7796	.7803	.7810	.7818	.7825	.7832	.7839	.7846
6.1	.7853	.7860	.7868	.7875	.7882	.7889	.7896	.7903	.7910	.7917
6.2	.7924	.7931	.7938	.7945	.7952	.7959	.7966	.7973	.7980	.7987
6.3	.7993	.8000	.8007	.8014	.8021	.8028	.8035	.8041	.8048	.8055
6.4	.8062	.8069	.8075	.8082	.8089	.8096	.8102	.8109	.8116	.8122
6.5	.8129	.8136	.8142	.8149	.8156	.8162	.8169	.8176	.8182	.8189
6.6	.8195	.8202	.8209	.8215	.8222	.8228	.8235	.8241	.8248	.8254
6.7	.8261	.8267	.8274	.8280	.8287	.8293	.8299	.8306	.8312	.8319
6.8	.8325	.8331	.8338	.8344	.8351	.8357	.8363	.8370	.8376	.8382
6.9	.8388	.8395	.8401	.8407	.8414	.8420	.8426	.8432	.8439	.8445
7.0	.8451	.8457	.8463	.8470	.8476	.8482	.8488	.8494	.8500	.8506
7.1	.8513	.8519	.8525	.8531	.8537	.8543	.8549	.8555	.8561	.8567
7.2	.8573	.8579	.8585	.8591	.8597	8603	.8609	.8615	.8621	.8627
7.3	.8633	.8639	.8645	.8651	.8657	.8663	.8669	.8675	.8681	.8686
7.4	.8692	.8698	.8704	.8710	.8716	.8722	.8727	.8733	.8739	.8745
7.5	.8751	.8756	.8762	.8768	.8774	.8779	.8785	.8791	.8797	.8802
7.6	.8808	.8814	.8820	.8825	.8831	.8837	.8842	.8848	.8854	.8859
7.7	.8865	.8871	.8876	.8882	.8887	.8893	.8899	.8904	.8910	.8915
7.8	.8921	.8927	.8932	.8938	.8943	.8949	.8954	.8960	.8965	.8971
7.9	.8976	.8982	.8987	.8993	.8998	.9004	.9009	.9015	.9020	.9025
8.0	.9031	.9036	.9042	.9047	.9053	.9058	.9063	.9069	.9074	.9079
8.1	.9085	.9090	.9096	.9101	.9106	.9112	.9117	.9122	.9128	.9133
8.2	.9138	.9143	.9149	.9154	.9159	.9165	.9170	.9175	.9180	.9186
8.3	.9191	.9196	.9201	.9206	.9212	.9217	.9222	.9227	.9232	.9238
8.4	.9243	.9248	.9253	.9258	.9263	.9269	.9274	.9279	.9284	.9289
8.5	.9294	.9299	.9304	.9309	.9315	.9320	.9325	.9330	.9335	.9340
8.6	.9345	.9350	.9355	.9360	.9365	.9370	.9375	.9380	.9385	.9390
8.7	.9395	.9400	.9405	.9410	.9415	.9420	.9425	.9430	.9435	.9440
8.8	.9445	.9450	.9455	.9460	.9465	.9469	.9474	.9479	.9484	.9489
8.9	.9494	.9499	.9504	.9509	.9513	.9518	.9523	.9528	.9533	.9538
9.0	.9542	.9547	.9552	.9557	.9562	.9566	.9571	.9576	.9581	.9586
9.1	.9590	.9595	.9600	.9605	.9609	.9614	.9619	.9624	.9628	.9633
9.2	.9638	.9643	.9647	.9652	.9657	.9661	.9666	.9671	.9675	.9680
9.3	.9685	.9689	.9694	.9699	.9703	.9708	.9713	.9717	.9722	.9727
9.4	.9731	.9736	.9741	.9745	.9750	.9754	.9759	.9763	.9768	.9773
9.5	.9777	.9782	.9786	.9791	.9795	.9800	.9805	.9809	.9814	.9818
9.6	.9823	.9827	.9832	상836	.9841	.9845	.9850	.9854	.9859	.9863
9.7	.9868	.9872	.9877	.9881	.9886	.9890	.9894	.9899	.9903	.9908
9.8	.9912	.9917	.9921	.9926	.9930	.9934	.9939	.9943	.9948	.9952
9.9	.9956	.9961	.9965	.9969	.9974	.9978	.9983	.9987	.9991	.9996

삼각함수표

각	라디안	sin	cos	tan
0°	0.0000	0.0000	1.0000	0.0000
1°	0.0175	0.0175	0.9998	0.0175
2°	0.0349	0.0349	0.9994	0.0349
3°	0.0524	0.0523	0.9986	0.0524
4°	0.0698	0.0698	0.9976	0.0699
5°	0.0873	0.0872	0.9962	0.0875
6°	0.1047	0.1045	0.9945	0.1051
7°	0.1222	0.1219	0.9925	0.1228
8°	0.1396	0.1392	0.9903	0.1405
9°	0.1571	0.1564	0.9877	0.1584
10°	0.1745	0.1736	0.9848	0.1763
11°	0.1920	0.1908	0.9816	0.1944
12°	0.2094	0.2079	0.9781	0.2126
13°	0.2269	0.2250	0.9744	0.2309
14°	0.2443	0.2419	0.9703	0.2493
15°	0.2618	0.2588	0.9659	0.2679
16°	0.2793	0.2756	0.9613	0.2867
17°	0.2967	0.2924	0.9563	0.3057
18°	0.3142	0.3090	0.9511	0.3249
19°	0.3316	0.3256	0.9455	0.3443
20°	0.3491	0.3420	0.9397	0.3640
21°	0.3665	0.3584	0.9336	0.3839
22°	0.3840	0.3746	0.9272	0.4040
23°	0.4014	0.3907	0.9205	0.4245
24°	0.4189	0.4067	0.9135	0.4452
25°	0.4363	0.4226	0.9063	0.4663
26°	0.4538	0.4384	0.8988	0.4877
27°	0.4712	0.4540	0.8910	0.5095
28°	0.4887	0.4695	0.8829	0.5317
29°	0.5061	0.4848	0.8746	0.5543
30°	0.5236	0.5000	0.8660	0.5774
31°	0.5411	0.5150	0.8572	0.6009
32°	0.5585	0.5299	0.8480	0.6249
33°	0.5760	0.5446	0.8387	0.6494
34°	0.5934	0.5592	0.8290	0.6745
35°	0.6109	0.5736	0.8192	0.7002
36°	0.6283	0.5878	0.8090	0.7265
37°	0.6458	0.6018	0.7986	0.7536
38°	0.6632	0.6157	0.7880	0.7813
39°	0.6807	0.6293	0.7771	0.8098
40°	0.6981	0.6428	0.7660	0.8391
41°	0.7156	0.6561	0.7547	0.8693
42°	0.7330	0.6691	0.7431	0.9004
43°	0.7505	0.6820	0.7314	0.9325
44°	0.7679	0.6947	0.7193	0.9657
45°	0.7854	0.7071	0.7071	1.0000

각	라디안	sin	cos	tan
45°	0.7854	0.7071	0.7071	1.0000
46°	0.8029	0.7193	0.6947	1.0355
47°	0.8203	0.7314	0.6820	1.0724
48°	0.8378	0.7431	0.6691	1.1106
49°	0.8552	0.7547	0.6561	1.1504
50°	0.8727	0.7660	0.6428	1.1918
51°	0.8901	0.7771	0.6293	1.2349
52°	0.9076	0.7880	0.6157	1.2799
53°	0.9250	0.7986	0.6018	1.3270
54°	0.9425	0.8090	0.5878	1.3764
55°	0.9599	0.8192	0.5736	1.4281
56°	0.9774	0.8290	0.5592	1.4826
57°	0.9948	0.8387	0.5446	1.5399
58°	1.0123	0.8480	0.5299	1.6003
59°	1.0297	0.8572	0.5150	1.6643
60°	1.0472	0.8660	0.5000	1.7321
61°	1.0647	0.8746	0.4848	1.8040
62°	1.0821	0.8829	0.4695	1.8807
63°	1.0996	0.8910	0.4540	1.9626
64°	1.1170	0.8988	0.4384	2.0503
65°	1.1345	0.9063	0.4226	2.1445
66°	1.1519	0.9135	0.4067	2.2460
67°	1.1694	0.9205	0.3907	2.3559
68°	1.1868	0.9272	0.3746	2.4751
69°	1.2043	0.9336	0.3584	2.6051
70°	1.2217	0.9397	0.3420	2.7475
71°	1.2392	0.9455	0.3256	2.9042
72°	1.2566	0.9511	0.3090	3.0777
73°	1.2741	0.9563	0.2924	3.2709
74°	1.2915	0.9613	0.2756	3.4874
75°	1.3090	0.9659	0.2588	3.7321
76°	1.3265	0.9703	0.2419	4.0108
77°	1.3439	0.9744	0.2250	4.3315
78°	1.3614	0.9781	0.2079	4.7046
79°	1.3788	0.9816	0.1908	5.1446
80°	1.3963	0.9848	0.1736	5.6713
81°	1.4137	0.9877	0.1564	6.3138
82°	1.4312	0.9903	0.1392	7.1154
83°	1.4486	0.9925	0.1219	8.1443
84°	1.4661	0.9945	0.1045	9.5144
85°	1.4835	0.9962	0.0872	11.4301
86°	1.5010	0.9976	0.0698	14.3007
87°	1.5184	0.9986	0.0523	19.0811
88°	1.5359	0.9994	0.0349	28.6363
89°	1.5533	0.9998	0.0175	57.2900
90°	1.5708	1.0000	0.0000	

다양한 이벤트, 동기부여 콘텐츠 등
공부 자극에 필요한 모든 콘텐츠를 보고 싶다면?

개념원리 공식 인스타그램
@wonri_with

교재 속 QR코드 문제 풀이 영상 공부법까지
수학 공부에 필요한 모든 것

개념원리 공식 유튜브 채널
youtube.com/개념원리2022

개념원리에서 만들어지는 모든 콘텐츠를
정기적으로 받고 싶다면?

개념원리 공식
카카오뷰 채널

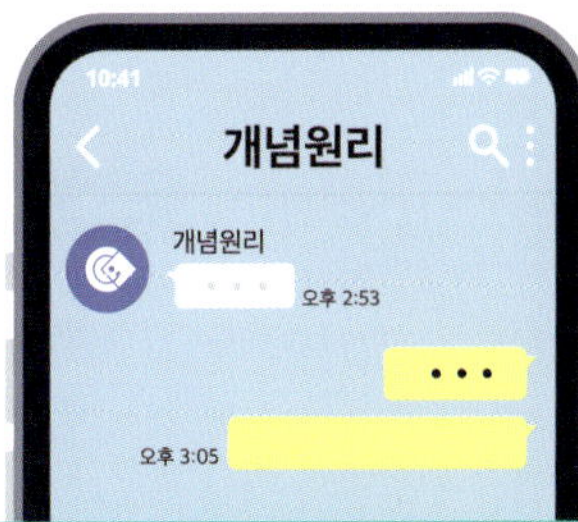

개념원리
교재 소개

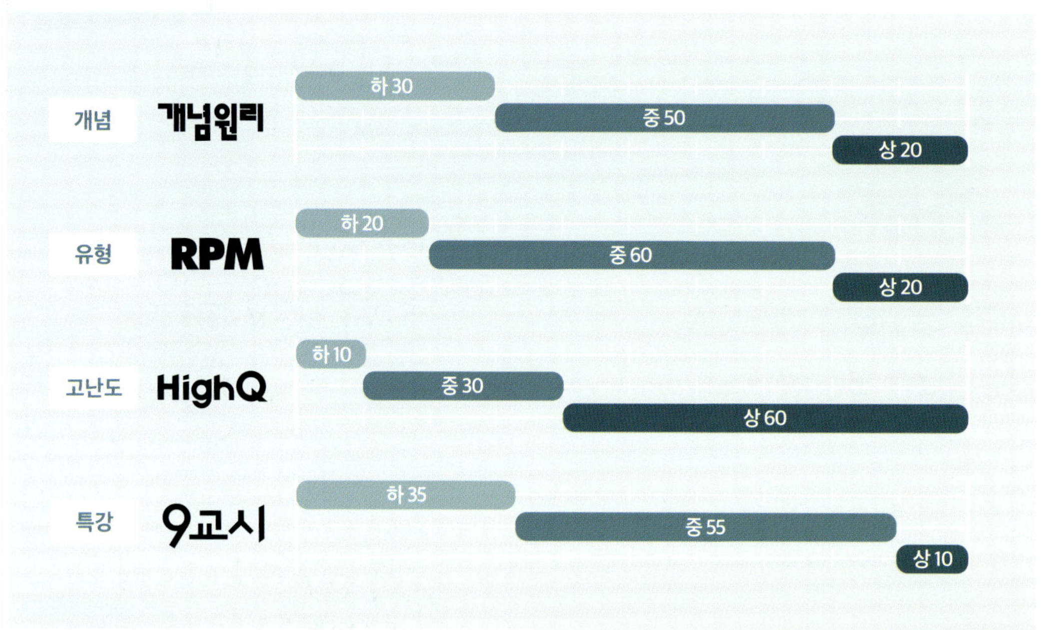

고등

개념원리 | **수학의 시작**   개념

하나를 알면 10개, 20개를 풀 수 있는 개념원리 수학
수학(상), 수학(하), 수학Ⅰ, 수학Ⅱ, 확률과 통계, 미적분, 기하

RPM | **유형의 완성**   유형

다양한 유형의 문제를 통해 수학의 문제 해결력을 높일 수 있는 RPM
수학(상), 수학(하), 수학Ⅰ, 수학Ⅱ, 확률과 통계, 미적분, 기하

High Q | **고난도 정복 (고1 내신 대비)**   고난도

최고를 향한 핵심 고난도 문제서 High Q
수학(상), 수학(하)

9교시 | **학교 안 개념원리**   특강

쉽고 빠르게 정리하는 9종 교과서 시크릿
수학(상), 수학(하), 수학Ⅰ

중등

개념원리 | **수학의 시작**   개념

하나를 알면 10개, 20개를 풀 수 있는 개념원리 수학
중학수학 1-1, 1-2, 2-1, 2-2, 3-1, 3-2

RPM | **유형의 완성**   유형

다양한 유형의 문제를 통해 수학의 문제 해결력을 높일 수 있는 RPM
중학수학 1-1, 1-2, 2-1, 2-2, 3-1, 3-2

megastudy
개념원리

'모두가 기다린 만남'
메가스터디 × 개념원리

이제 메가스터디에서
개념원리 인강을
수강할 수 있습니다!

자세히 보기 ▶

메가스터디
×
개념원리

고1·2 전문 선생님
탄탄한 수학 실력 완성

개념원리 교재
맞춤 강좌 수강 가능
(개념원리, RPM, 하이큐, 9교시)

인강 학습 후에도 독학 가능
필수 자료 모두 제공!

선생님께 직접 질문하고
답변 받는 학습 Q&A

내신부터 수능까지 전 강좌 무제한 수강
MEGAPASS ·next
메가패스 구매 시, 개념원리 포함 메가스터디 전 강좌 무제한 수강 가능
www.megastudy.net

개념원리
RPM

수학 Ⅰ

개념원리
RPM 수학 I

정답과 풀이

┃ 친절한 풀이 정확하고 이해하기 쉬운 친절한 풀이

┃ 다른 풀이 수학적 사고력을 키우는 다양한 해결 방법 제시

┃ 서술형 분석 모범 답안과 단계별 배점 제시로 서술형 문제 완벽 대비

유형의 완성

개념원리

RPM

수학 I

정답과 풀이

01 | 지수

📖 교과서 문제 정/복/하/기

본문 7쪽

0001 -8의 세제곱근을 x라 하면 $x^3=-8$이므로
$x^3+8=0,\ (x+2)(x^2-2x+4)=0$
$\therefore x=-2$ 또는 $x=1\pm\sqrt{3}\,i$
따라서 -8의 세제곱근 중 실수인 것은 -2이다.

답 -2

0002 81의 네제곱근을 x라 하면 $x^4=81$이므로
$x^4-81=0,\ (x^2+9)(x^2-9)=0$
$(x^2+9)(x+3)(x-3)=0$
$\therefore x=\pm 3i$ 또는 $x=\pm 3$
따라서 81의 네제곱근 중 실수인 것은 -3, 3이다.

답 $-3,\ 3$

0003 0.027의 세제곱근을 x라 하면 $x^3=0.027$이므로
$x^3-0.027=0,\ (x-0.3)(x^2+0.3x+0.09)=0$
이때 $x^2+0.3x+0.09=0$은 실근을 갖지 않으므로
0.027의 세제곱근 중 실수인 것은 0.3이다.

답 0.3

0004 $(-2)^4=16$의 네제곱근을 x라 하면 $x^4=16$이므로
$x^4-16=0,\ (x^2+4)(x^2-4)=0$
$(x^2+4)(x+2)(x-2)=0$
$\therefore x=\pm 2i$ 또는 $x=\pm 2$
따라서 $(-2)^4$의 네제곱근 중 실수인 것은 $-2,\ 2$이다.

답 $-2,\ 2$

0005 -16의 네제곱근을 x라 하면 $x^4=-16$이므로 x의 값
중 실수인 것은 없다.

답 없다.

0006 $\sqrt[3]{0.008}=\sqrt[3]{0.2^3}=0.2$

답 0.2

0007 $\sqrt[5]{(-3)^5}=-3$

답 -3

0008 $\sqrt[6]{(-1)^6}=\sqrt[6]{1^6}=1$

답 1

0009 $\sqrt[3]{-\dfrac{8}{27}}=\sqrt[3]{\left(-\dfrac{2}{3}\right)^3}=-\dfrac{2}{3}$

답 $-\dfrac{2}{3}$

0010 답 ㄱ, ㄴ

0011 $\left\{\sqrt[3]{(-2)^4}\right\}^3=(\sqrt[3]{2^4})^3=2^4=16$

답 16

0012 $(\sqrt[8]{16})^2=\sqrt[8]{16^2}=\sqrt[8]{(2^4)^2}=\sqrt[8]{2^8}=2$

답 2

0013 $\sqrt[3]{4}\times\sqrt[3]{16}=\sqrt[3]{4\times16}=\sqrt[3]{64}=\sqrt[3]{4^3}=4$

답 4

0014 $\dfrac{\sqrt[4]{80}}{\sqrt[4]{5}}=\sqrt[4]{\dfrac{80}{5}}=\sqrt[4]{16}=\sqrt[4]{2^4}=2$

답 2

0015 $\sqrt[3]{\sqrt{729}}\times\sqrt{\sqrt{256}}=\sqrt[6]{729}\times\sqrt[4]{256}=\sqrt[6]{3^6}\times\sqrt[4]{4^4}$
$=3\times4=12$

답 12

0016 답 1 **0017** 답 1

0018 답 $\dfrac{1}{16}$ **0019** 답 $\dfrac{1}{25}$

0020 답 9 **0021** 답 81

0022 답 $\dfrac{1}{4}$ **0023** 답 $\dfrac{4}{5}$

0024 답 $-\dfrac{2}{3}$ **0025** 답 $\dfrac{1}{3}$

0026 $(a^{\frac{3}{4}})^2\times a^{\frac{1}{4}}=a^{\frac{3}{2}}\times a^{\frac{1}{4}}=a^{\frac{3}{2}+\frac{1}{4}}=a^{\frac{7}{4}}$

답 $a^{\frac{7}{4}}$

0027 $(a^3b^2)^{\frac{1}{12}}\times(a^{\frac{1}{3}}b^{\frac{1}{4}})^4=a^{\frac{1}{4}}b^{\frac{1}{6}}\times a^{\frac{4}{3}}b$
$=a^{\frac{1}{4}+\frac{4}{3}}b^{\frac{1}{6}+1}=a^{\frac{19}{12}}b^{\frac{7}{6}}$

답 $a^{\frac{19}{12}}b^{\frac{7}{6}}$

0028 $(\sqrt{a^3}\times\sqrt[5]{a}\times a^{-\frac{1}{2}})^{\frac{1}{3}}=(a^{\frac{3}{2}}\times a^{\frac{1}{5}}\times a^{-\frac{1}{2}})^{\frac{1}{3}}$
$=(a^{\frac{3}{2}+\frac{1}{5}-\frac{1}{2}})^{\frac{1}{3}}=(a^{\frac{6}{5}})^{\frac{1}{3}}=a^{\frac{2}{5}}$

답 $a^{\frac{2}{5}}$

0029 $(a^{-\frac{3}{4}})^2\times\sqrt{a}\div a^{\frac{3}{4}}=a^{-\frac{3}{2}}\times a^{\frac{1}{2}}\div a^{\frac{3}{4}}=a^{-\frac{3}{2}+\frac{1}{2}-\frac{3}{4}}=a^{-\frac{7}{4}}$

답 $a^{-\frac{7}{4}}$

 $(3^{\sqrt{4}})^{\sqrt{25}}=3^{\sqrt{100}}=3^{10}$

답 3^{10}

0031 $8^{-\frac{\sqrt{3}}{6}}\times 2^{\frac{\sqrt{3}}{2}}=(2^3)^{-\frac{\sqrt{3}}{6}}\times 2^{\frac{\sqrt{3}}{2}}=2^{-\frac{\sqrt{3}}{2}}\times 2^{\frac{\sqrt{3}}{2}}=2^{-\frac{\sqrt{3}}{2}+\frac{\sqrt{3}}{2}}=1$

답 1

0032 $4^{\sqrt{2}}\times 4^{\sqrt{18}}\div 4^{\sqrt{8}}=4^{\sqrt{2}+\sqrt{18}-\sqrt{8}}=4^{2\sqrt{2}}=2^{4\sqrt{2}}$

답 $2^{4\sqrt{2}}$

0033 $(4^{\frac{1}{\sqrt{6}}}\times 3^{\sqrt{\frac{2}{3}}})^{\sqrt{3}}=(2^{\frac{2}{\sqrt{6}}}\times 3^{\frac{\sqrt{2}}{\sqrt{3}}})^{\sqrt{3}}=2^{\sqrt{2}}\times 3^{\sqrt{2}}=6^{\sqrt{2}}$

답 $6^{\sqrt{2}}$

0034 $(x^{\frac{1}{2}}+y^{\frac{1}{2}})(x^{\frac{1}{2}}-y^{\frac{1}{2}})=(x^{\frac{1}{2}})^2-(y^{\frac{1}{2}})^2=x-y$

답 $x-y$

0035 $(x^{\frac{1}{3}}+y^{\frac{1}{3}})(x^{\frac{2}{3}}-x^{\frac{1}{3}}y^{\frac{1}{3}}+y^{\frac{2}{3}})=(x^{\frac{1}{3}})^3+(y^{\frac{1}{3}})^3=x+y$

답 $x+y$

유형 익히기

본문 8~12쪽

0036 ㄱ. 27의 세제곱근 중 실수인 것은 $\sqrt[3]{27}=\sqrt[3]{3^3}=3$이다.

(거짓)

ㄴ. $\sqrt{4}=2$의 세제곱근 중 실수인 것은 $\sqrt[3]{2}$이다. (거짓)

ㄷ. 16의 네제곱근 중 실수인 것은 $\pm\sqrt[4]{16}=\pm\sqrt[4]{2^4}=\pm2$이다.

(참)

ㄹ. $\sqrt{81}=9$의 네제곱근을 x라 하면

$x^4=9$이므로 $x^4-9=0$, $(x^2+3)(x^2-3)=0$

$x=\pm\sqrt{3}i$ 또는 $x=\pm\sqrt{3}$의 4개이다. (참)

따라서 옳은 것은 ㄷ, ㄹ이다.

답 ㄷ, ㄹ

0037 -64의 세제곱근 중 실수인 것은

$\sqrt[3]{-64}=\sqrt[3]{(-4)^3}=-4$의 1개이므로 $a=1$

5의 네제곱근 중 실수인 것은 $-\sqrt[4]{5}$, $\sqrt[4]{5}$의 2개이므로 $b=2$

$\therefore ab=2$

답 2

0038 ① 25의 제곱근을 x라 하면 $x^2=25$에서

$x^2-25=0$, $(x+5)(x-5)=0$　　$\therefore x=\pm5$

② 81의 네제곱근을 x라 하면 $x^4=81$에서

$x^4-81=0$, $(x^2+9)(x^2-9)=0$

$(x^2+9)(x+3)(x-3)=0$

$\therefore x=\pm3i$ 또는 $x=\pm3$

이때 81의 네제곱근 중 실수인 것은 -3, 3이다.

③ 제곱근 9는 $\sqrt{9}=3$이다.

④ -1의 제곱근을 x라 하면 $x^2=-1$에서 $x=\pm i$

⑤ -27의 세제곱근을 x라 하면 $x^3=-27$에서

$x^3+27=0$, $(x+3)(x^2-3x+9)=0$

$\therefore x=-3$ 또는 $x=\dfrac{3\pm3\sqrt{3}i}{2}$

이때 -27의 세제곱근 중 실수인 것은 -3이다.

따라서 옳은 것은 ⑤이다.

답 ⑤

0039 ① $a<0$일 때, $(\sqrt[3]{-a})^3=-a$이다.

② $(-2)^2=4$의 제곱근은 ±2이다.

③ $\sqrt{256}=\sqrt{2^8}=2^4$이므로 $\sqrt{256}$의 네제곱근을 x라 하면

$x^4=2^4$에서 $x^4-2^4=0$, $(x^2+2^2)(x^2-2^2)=0$

$(x^2+2^2)(x+2)(x-2)=0$

$\therefore x=\pm2i$ 또는 $x=\pm2$

④ n이 짝수이고 $a>0$일 때, $x^n=a$를 만족시키는 실수 x의 값은 $\sqrt[n]{a}$, $-\sqrt[n]{a}$의 2개이다.

⑤ n이 홀수일 때, -3의 n제곱근 중 실수인 것은 $\sqrt[n]{-3}=-\sqrt[n]{3}$이다.

따라서 옳은 것은 ⑤이다.

답 ⑤

0040 ① $\sqrt[3]{2}\times\sqrt[3]{4}=\sqrt[3]{8}=\sqrt[3]{2^3}=2$

② $\sqrt[3]{2\times\sqrt[3]{64}}=\sqrt[3]{2\times\sqrt[3]{2^6}}=\sqrt[3]{2\times2^2}=\sqrt[3]{2^3}=2$

③ $\dfrac{\sqrt[3]{-27}}{\sqrt[3]{8}}=\dfrac{\sqrt[3]{(-3)^3}}{\sqrt[3]{2^3}}=\dfrac{-3}{2}=-\dfrac{3}{2}$

④ $\left(\sqrt[3]{5}\times\dfrac{1}{\sqrt{5}}\right)^6=(\sqrt[3]{5})^6\times\left(\dfrac{1}{\sqrt{5}}\right)^6=5^2\times\dfrac{1}{5^3}=\dfrac{1}{5}$

⑤ $\sqrt{2\times\sqrt[3]{4}}\div\sqrt[3]{4\sqrt{2}}=\sqrt[6]{2^3\times4}\div\sqrt[6]{4^2\times2}=\sqrt[6]{2^5}\div\sqrt[6]{2^5}=1$

따라서 옳지 않은 것은 ④이다.

답 ④

0041 (1) $a=\sqrt{32}\div\sqrt[4]{4}=\sqrt{32}\div\sqrt[4]{2^2}=\sqrt{32}\div\sqrt{2}=\sqrt{16}=4$

$b=\sqrt[3]{\sqrt{64}}=\sqrt[6]{64}=\sqrt[6]{2^6}=2$

$\therefore \dfrac{a}{b}=\dfrac{4}{2}=2$

(2) $\sqrt[12]{2a^5b^4}\times\sqrt[4]{2ab^2}\div\sqrt[6]{4a^3b}=\dfrac{\sqrt[12]{2a^5b^4}\times\sqrt[12]{2^3a^3b^6}}{\sqrt[12]{4^2a^6b^2}}$

$=\sqrt[12]{\dfrac{16a^8b^{10}}{16a^6b^2}}=\sqrt[12]{a^2b^8}=\sqrt[6]{ab^4}$

답 (1) 2　(2) $\sqrt[6]{ab^4}$

0042 $\sqrt[4]{\dfrac{\sqrt{2^5}}{\sqrt[3]{3}}}\times\sqrt[6]{\dfrac{\sqrt{3}}{\sqrt[n]{2^9}}}=\dfrac{\sqrt[4]{\sqrt{2^5}}}{\sqrt[4]{\sqrt[3]{3}}}\times\dfrac{\sqrt[6]{\sqrt{3}}}{\sqrt[6]{\sqrt[n]{2^9}}}=\dfrac{\sqrt[8]{2^5}}{\sqrt[12]{3}}\times\dfrac{\sqrt[12]{3}}{\sqrt[6n]{2^9}}$

$=\dfrac{\sqrt[8]{2^5}}{\sqrt[6n]{2^9}}$

$\dfrac{\sqrt[8]{2^5}}{\sqrt[6n]{2^9}}=\sqrt[8]{4}=\sqrt[8]{2^2}$에서 $\sqrt[6n]{2^9}=\dfrac{\sqrt[8]{2^5}}{\sqrt[8]{2^2}}=\sqrt[8]{2^3}=\sqrt[24]{2^9}$

따라서 $6n=24$이므로 $n=4$

답 **4**

0043 $\sqrt[3]{\dfrac{\sqrt[4]{a}}{\sqrt[5]{a}}}\div\sqrt[4]{\dfrac{\sqrt[3]{a}}{\sqrt[5]{a}}}\times\sqrt[5]{\dfrac{\sqrt[3]{a}}{\sqrt[4]{a}}}=\dfrac{\sqrt[3]{\sqrt[4]{a}}}{\sqrt[3]{\sqrt[5]{a}}}\times\dfrac{\sqrt[4]{\sqrt[5]{a}}}{\sqrt[4]{\sqrt[3]{a}}}\times\dfrac{\sqrt[5]{\sqrt[3]{a}}}{\sqrt[5]{\sqrt[4]{a}}}$

$\qquad=\dfrac{\sqrt[12]{a}}{\sqrt[15]{a}}\times\dfrac{\sqrt[20]{a}}{\sqrt[12]{a}}\times\dfrac{\sqrt[15]{a}}{\sqrt[20]{a}}=1$

답 **1**

0044 $A=\sqrt{\sqrt{5}}=\sqrt[4]{5},\ B=\sqrt[3]{3},\ C=\sqrt{\sqrt[3]{10}}=\sqrt[6]{10}$에서

4, 3, 6의 최소공배수가 12이므로

$A=\sqrt[4]{5}=\sqrt[12]{5^3}=\sqrt[12]{125}$

$B=\sqrt[3]{3}=\sqrt[12]{3^4}=\sqrt[12]{81}$

$C=\sqrt[6]{10}=\sqrt[12]{10^2}=\sqrt[12]{100}$

따라서 $\sqrt[12]{81}<\sqrt[12]{100}<\sqrt[12]{125}$이므로

$B<C<A$

답 **④**

0045 $A=\sqrt[3]{\dfrac{1}{4}},\ B=\sqrt[4]{\dfrac{1}{6}},\ C=\sqrt[3]{\sqrt{\dfrac{1}{17}}}=\sqrt[6]{\dfrac{1}{17}}$에서

3, 4, 6의 최소공배수가 12이므로

$A=\sqrt[3]{\dfrac{1}{4}}=\sqrt[12]{\left(\dfrac{1}{4}\right)^4}=\sqrt[12]{\dfrac{1}{256}}$

$B=\sqrt[4]{\dfrac{1}{6}}=\sqrt[12]{\left(\dfrac{1}{6}\right)^3}=\sqrt[12]{\dfrac{1}{216}}$

$C=\sqrt[6]{\dfrac{1}{17}}=\sqrt[12]{\left(\dfrac{1}{17}\right)^2}=\sqrt[12]{\dfrac{1}{289}}$

따라서 $\sqrt[12]{\dfrac{1}{289}}<\sqrt[12]{\dfrac{1}{256}}<\sqrt[12]{\dfrac{1}{216}}$이므로

$C<A<B$

답 **⑤**

0046 $\sqrt{2},\ \sqrt[3]{3},\ \sqrt[4]{5},\ \sqrt[3]{\sqrt{7}}=\sqrt[6]{7}$에서 2, 3, 4, 6의 최소공배수가 12이므로

$\sqrt{2}=\sqrt[12]{2^6}=\sqrt[12]{64}$

$\sqrt[3]{3}=\sqrt[12]{3^4}=\sqrt[12]{81}$

$\sqrt[4]{5}=\sqrt[12]{5^3}=\sqrt[12]{125}$

$\sqrt[6]{7}=\sqrt[12]{7^2}=\sqrt[12]{49}$

⋯⋯⋯⋯⋯⋯⋯⋯⋯⋯⋯⋯⋯⋯⋯⋯ ㉮

$\therefore \sqrt[12]{49}<\sqrt[12]{64}<\sqrt[12]{81}<\sqrt[12]{125}$

따라서 가장 큰 수는 $\sqrt[12]{125}$, 가장 작은 수는 $\sqrt[12]{49}$이므로

$a=\sqrt[12]{125},\ b=\sqrt[12]{49}$

⋯⋯⋯⋯⋯⋯⋯⋯⋯⋯⋯⋯⋯⋯⋯⋯ ㉯

$\therefore a^{12}+b^{12}=125+49=174$

⋯⋯⋯⋯⋯⋯⋯⋯⋯⋯⋯⋯⋯⋯⋯⋯ ㉰

답 **174**

단계	채점요소	배점
㉮	주어진 네 수를 같은 거듭제곱근으로 나타내기	50%
㉯	$a,\ b$의 값 구하기	30%
㉰	$a^{12}+b^{12}$의 값 구하기	20%

0047 $A=\sqrt{2\times\sqrt[3]{3}}=\sqrt[3]{2^3\times\sqrt[3]{3}}=\sqrt{\sqrt[3]{24}}=\sqrt[6]{24}$

$B=\sqrt[3]{3\sqrt{2}}=\sqrt[3]{\sqrt{3^2\times2}}=\sqrt[3]{\sqrt{18}}=\sqrt[6]{18}$

$C=\sqrt[3]{2\sqrt{3}}=\sqrt[3]{\sqrt{2^2\times3}}=\sqrt[3]{\sqrt{12}}=\sqrt[6]{12}$

따라서 $\sqrt[6]{12}<\sqrt[6]{18}<\sqrt[6]{24}$이므로

$C<B<A$

답 **⑤**

0048 $\left(\dfrac{27}{5}\right)^{\frac{1}{2}}\times\left\{\left(\dfrac{27}{125}\right)^{-\frac{1}{3}}\right\}^{\frac{3}{2}}=\left(\dfrac{27}{5}\right)^{\frac{1}{2}}\times\left(\dfrac{27}{125}\right)^{-\frac{1}{2}}$

$\qquad=\left(\dfrac{27}{5}\right)^{\frac{1}{2}}\times\left(\dfrac{125}{27}\right)^{\frac{1}{2}}$

$\qquad=\left(\dfrac{27}{5}\times\dfrac{125}{27}\right)^{\frac{1}{2}}$

$\qquad=25^{\frac{1}{2}}=5$

답 **5**

0049 $a^{-8}\times(a^{-3})^{-2}\div a^{-5}=a^{-8}\times a^6\div a^{-5}$

$\qquad=a^{-8+6-(-5)}=a^3$

$\therefore k=3$

답 **3**

0050 (1) $27^0+\left(\dfrac{1}{3}\right)^{-3}=1+3^3=1+27=28$

(2) $\dfrac{3^{-10}+3^{12}}{3^{10}+3^{-12}}=\dfrac{\dfrac{1}{3^{10}}+3^{12}}{3^{10}+\dfrac{1}{3^{12}}}=\dfrac{\dfrac{3^{22}+1}{3^{10}}}{\dfrac{3^{22}+1}{3^{12}}}=\dfrac{3^{12}(3^{22}+1)}{3^{10}(3^{22}+1)}=\dfrac{3^{12}}{3^{10}}$

$\qquad=3^2=9$

답 (1) **28** (2) **9**

0051 ㄱ. $2^{\frac{1}{3}}\times2^{\frac{1}{6}}=2^{\frac{1}{3}+\frac{1}{6}}=2^{\frac{1}{2}}=\sqrt{2}$ (참)

ㄴ. $(9^{-2})^{\frac{1}{4}}=(3^{-4})^{\frac{1}{4}}=3^{-1}=\dfrac{1}{3}$ (참)

ㄷ. $\{(-3)^2\}^{\frac{3}{2}}=(3^2)^{\frac{3}{2}}=3^3=27$ (거짓)

ㄹ. $(\sqrt{2})^{2\sqrt{2}}=\{(\sqrt{2})^2\}^{\sqrt{2}}=2^{\sqrt{2}}$ (거짓)

따라서 옳은 것은 ㄱ, ㄴ이다.

답 **②**

0052 (주어진 식)$=a^8\div a^{2\sqrt{3}}\div(a^{3-\sqrt{3}})^2=a^{8-2\sqrt{3}}\div a^{6-2\sqrt{3}}$

$\qquad=a^{8-2\sqrt{3}-6+2\sqrt{3}}=a^2=a^k$

$\therefore k=2$

답 **2**

0053 $(a^{-\frac{1}{3}}b^{\frac{1}{2}})^{\frac{1}{2}}\times(a^{\frac{4}{3}}b^{-\frac{3}{4}})^{-1}$

$=a^{-\frac{1}{6}}\times b^{\frac{1}{4}}\times a^{-\frac{4}{3}}\times b^{\frac{3}{4}}$

$=a^{-\frac{1}{6}-\frac{4}{3}}\times b^{\frac{1}{4}+\frac{3}{4}}=a^{-\frac{3}{2}}b$

$=\dfrac{b}{a\sqrt{a}}=\dfrac{b\sqrt{a}}{a^2}$

답 ②

0054 $18^{\frac{3}{2}}\times24^{\frac{2}{3}}\div9^{-\frac{3}{4}}=(2\times3^2)^{\frac{3}{2}}\times(2^3\times3)^{\frac{2}{3}}\div(3^2)^{-\frac{3}{4}}$

$=2^{\frac{3}{2}}\times3^3\times2^2\times3^{\frac{2}{3}}\times3^{\frac{3}{2}}$

$=2^{\frac{3}{2}+2}\times3^{3+\frac{2}{3}+\frac{3}{2}}$

$=2^{\frac{7}{2}}\times3^{\frac{31}{6}}$

$\therefore x=\dfrac{7}{2},\ y=\dfrac{31}{6}$

$\therefore x+y=\dfrac{26}{3}$

답 $\dfrac{26}{3}$

0055 $\left(\dfrac{1}{2^{12}}\right)^{\frac{1}{n}}=(2^{-12})^{\frac{1}{n}}=2^{-\frac{12}{n}}$

------- ㉮

$2^{-\frac{12}{n}}$이 정수이려면 $-\dfrac{12}{n}$가 음이 아닌 정수이어야 하므로

------- ㉯

정수 n은 -1, -2, -3, -4, -6, -12의 6개이다.

------- ㉰

답 6

단계	채점요소	배점
㉮	$\left(\dfrac{1}{2^{12}}\right)^{\frac{1}{n}}$을 지수법칙을 이용하여 간단히 하기	30%
㉯	$\left(\dfrac{1}{2^{12}}\right)^{\frac{1}{n}}$이 정수가 되도록 하는 n의 조건 구하기	40%
㉰	정수 n의 개수 구하기	30%

0056 $\sqrt[4]{\sqrt{a}}\times\sqrt{a\sqrt{a\sqrt{a}}}=\sqrt[8]{a}\times\sqrt{a}\times\sqrt{\sqrt{a}}\times\sqrt{\sqrt{\sqrt{a}}}$

$=\sqrt[8]{a}\times\sqrt{a}\times\sqrt[4]{a}\times\sqrt[8]{a}$

$=a^{\frac{1}{8}}\times a^{\frac{1}{2}}\times a^{\frac{1}{4}}\times a^{\frac{1}{8}}$

$=a^{\frac{1}{8}+\frac{1}{2}+\frac{1}{4}+\frac{1}{8}}=a^1=a$

답 ④

0057 $P=\sqrt{a}\sqrt[3]{a}\sqrt[4]{a}=a^{\frac{1}{2}}\times a^{\frac{1}{3}}\times a^{\frac{1}{4}}=a^{\frac{1}{2}+\frac{1}{3}+\frac{1}{4}}=a^{\frac{13}{12}}$

$Q=a\sqrt{a\sqrt{a^k}}=a\times\sqrt{a}\times\sqrt{\sqrt{a^k}}=a^1\times a^{\frac{1}{2}}\times a^{\frac{k}{4}}=a^{1+\frac{1}{2}+\frac{k}{4}}=a^{\frac{6+k}{4}}$

$P=\sqrt{Q}$에서

$a^{\frac{13}{12}}=\sqrt{a^{\frac{6+k}{4}}},\ a^{\frac{13}{12}}=a^{\frac{6+k}{8}}$

$\dfrac{13}{12}=\dfrac{6+k}{8}\qquad\therefore k=\dfrac{8}{3}$

답 $\dfrac{8}{3}$

0058 (1) $\sqrt{a^2\times\sqrt{a\times\sqrt[3]{a^4}}}=\sqrt{a^2}\times\sqrt{\sqrt{a}}\times\sqrt{\sqrt{\sqrt[3]{a^4}}}$

$=\sqrt{a^2}\times\sqrt[4]{a}\times\sqrt[12]{a^4}$

$=a\times a^{\frac{1}{4}}\times a^{\frac{1}{3}}$

$=a^{1+\frac{1}{4}+\frac{1}{3}}=a^{\frac{19}{12}}$

$\sqrt[3]{\dfrac{\sqrt[4]{a^n}}{\sqrt{a^5}}}=\dfrac{\sqrt[3]{\sqrt[4]{a^n}}}{\sqrt[3]{\sqrt{a^5}}}=\dfrac{\sqrt[12]{a^n}}{\sqrt[6]{a^5}}=\dfrac{a^{\frac{n}{12}}}{a^{\frac{5}{6}}}=a^{\frac{n}{12}-\frac{5}{6}}=a^{\frac{n-10}{12}}$

따라서 $a^{\frac{19}{12}}=a^{\frac{n-10}{12}}$이므로

$19=n-10\qquad\therefore n=29$

(2) $\sqrt[n]{27\times\sqrt[3]{9\times\sqrt[4]{3}}}=\sqrt[n]{27}\times\sqrt[n]{\sqrt[3]{9}}\times\sqrt[n]{\sqrt[3]{\sqrt[4]{3}}}$

$=\sqrt[n]{3^3}\times\sqrt[3n]{3^2}\times\sqrt[12n]{3}$

$=3^{\frac{3}{n}}\times3^{\frac{2}{3n}}\times3^{\frac{1}{12n}}$

$=3^{\frac{3}{n}+\frac{2}{3n}+\frac{1}{12n}}$

$=3^{\frac{45}{12n}}=3^{\frac{15}{4n}}$

$\sqrt[4]{3^3}=3^{\frac{3}{4}}$이므로 $\dfrac{15}{4n}=\dfrac{3}{4}\qquad\therefore n=5$

답 (1) 29   (2) 5

0059 $A=\sqrt[3]{4\sqrt{4}\times\dfrac{4}{\sqrt[4]{4}}}=\left(4\sqrt{4}\times\dfrac{4}{\sqrt[4]{4}}\right)^{\frac{1}{3}}$

$=(4^{1+\frac{1}{2}}\times4^{1-\frac{1}{4}})^{\frac{1}{3}}=(4^{\frac{3}{2}+\frac{3}{4}})^{\frac{1}{3}}$

$=(4^{\frac{9}{4}})^{\frac{1}{3}}=4^{\frac{3}{4}}=(2^2)^{\frac{3}{4}}=2^{\frac{3}{2}}$

따라서 A^n, 즉 $(2^{\frac{3}{2}})^n$이 정수가 되도록 하는 자연수 n의 최솟값은 2이다.

답 2

0060 $5^8=a$, $8^6=b$에서 $5=a^{\frac{1}{8}}$, $8=b^{\frac{1}{6}}$이므로

$200^{10}=(5^2\times8)^{10}=\{(a^{\frac{1}{8}})^2\times b^{\frac{1}{6}}\}^{10}=a^{\frac{5}{2}}b^{\frac{5}{3}}$

답 ④

0061 $a=\sqrt[3]{2}$, $b=\sqrt[4]{3}$에서 $a^3=2$, $b^4=3$이므로

$\sqrt[12]{6^7}=\sqrt[12]{(2\times3)^7}=\sqrt[12]{(a^3b^4)^7}=(a^3b^4)^{\frac{7}{12}}=a^{\frac{7}{4}}b^{\frac{7}{3}}$

답 ①

0062 $a=25^2=5^4$에서 $a^{\frac{1}{4}}=5$이므로

$125^3=(5^3)^3=5^9=(a^{\frac{1}{4}})^9=a^{\frac{9}{4}}=a^k$

$\therefore k=\dfrac{9}{4}$

답 $\dfrac{9}{4}$

0063 $a^4=2$, $b^{10}=8$에서 $a=2^{\frac{1}{4}}$, $b=8^{\frac{1}{10}}$이므로

$(\sqrt[6]{a^2b^5})^k=(a^2b^5)^{\frac{k}{6}}=\{(2^{\frac{1}{4}})^2\times(8^{\frac{1}{10}})^5\}^{\frac{k}{6}}$

$=(2^{\frac{1}{2}}\times8^{\frac{1}{2}})^{\frac{k}{6}}$

$=(2^{\frac{1}{2}}\times2^{\frac{3}{2}})^{\frac{k}{6}}$

$=(2^2)^{\frac{k}{6}}=2^{\frac{k}{3}}$

따라서 $(\sqrt[6]{a^2b^5})^k$, 즉 $2^{\frac{k}{3}}$이 자연수가 되도록 하는 자연수 k는 3의 배수이므로 k의 최솟값은 3이다.

답 3

0064 $(a^{\frac{1}{2}}-b^{\frac{1}{2}})(a^{\frac{1}{2}}+b^{\frac{1}{2}})(a+b)$
$= \{(a^{\frac{1}{2}})^2-(b^{\frac{1}{2}})^2\}(a+b)$
$= (a-b)(a+b)=a^2-b^2$

답 $\boldsymbol{a^2-b^2}$

0065 $\{2^{\sqrt{2}}+(\sqrt{2})^{\sqrt{2}}\}\{2^{\sqrt{2}}-(\sqrt{2})^{\sqrt{2}}\}$
$= (2^{\sqrt{2}})^2-\{(\sqrt{2})^{\sqrt{2}}\}^2=2^{2\sqrt{2}}-\{(\sqrt{2})^2\}^{\sqrt{2}}$
$= 2^{2+\sqrt{2}}-2^{\sqrt{2}}=2^{\sqrt{2}}\times2^{\sqrt{2}}-2^{\sqrt{2}}$
$= 2^{\sqrt{2}}(2^{\sqrt{2}}-1)$

답 ①

0066 $(x^{\frac{1}{3}}+x^{-\frac{2}{3}})^3+(x^{\frac{1}{3}}-x^{-\frac{2}{3}})^3$
$= \{(x^{\frac{1}{3}})^3+3(x^{\frac{1}{3}})^2x^{-\frac{2}{3}}+3x^{\frac{1}{3}}(x^{-\frac{2}{3}})^2+(x^{-\frac{2}{3}})^3\}$
$\qquad + \{(x^{\frac{1}{3}})^3-3(x^{\frac{1}{3}})^2x^{-\frac{2}{3}}+3x^{\frac{1}{3}}(x^{-\frac{2}{3}})^2-(x^{-\frac{2}{3}})^3\}$
$= 2(x+3x^{-1})$
위의 식에 $x=2$를 대입하면
$2\left(2+\dfrac{3}{2}\right)=4+3=7$

답 7

0067 ㄱ. $(a^{\frac{1}{4}}+b^{\frac{1}{4}})(a^{\frac{1}{4}}-b^{\frac{1}{4}})=(a^{\frac{1}{4}})^2-(b^{\frac{1}{4}})^2$
$\qquad\qquad\qquad\qquad\qquad = a^{\frac{1}{2}}-b^{\frac{1}{2}}$
$\qquad\qquad\qquad\qquad\qquad = \sqrt{a}-\sqrt{b}$ (참)

ㄴ. $(a^{\frac{1}{2}}+a^{-\frac{1}{2}}+1)(a^{\frac{1}{2}}+a^{-\frac{1}{2}}-1)=(a^{\frac{1}{2}}+a^{-\frac{1}{2}})^2-1^2$
$\qquad\qquad\qquad\qquad\qquad\qquad = a+2+a^{-1}-1$
$\qquad\qquad\qquad\qquad\qquad\qquad = a+\dfrac{1}{a}+1$ (참)

ㄷ. $(\sqrt[3]{2}+1)(\sqrt[3]{4}-\sqrt[3]{2}+1)=(\sqrt[3]{2})^3+1^3=3$ (거짓)
따라서 옳은 것은 ㄱ, ㄴ이다.

답 ㄱ, ㄴ

0068 $a^{\frac{1}{3}}+a^{-\frac{1}{3}}=\sqrt{5}$의 양변을 세제곱하면
$a+a^{-1}+3(a^{\frac{1}{3}}+a^{-\frac{1}{3}})=(\sqrt{5})^3$
$\therefore a+a^{-1}=(\sqrt{5})^3-3\sqrt{5}=2\sqrt{5}$

답 ⑤

0069 $5^x+5^{1-x}=8$의 양변을 제곱하면
$5^{2x}+2\cdot5^x\cdot5^{1-x}+5^{2(1-x)}=64$
$(5^2)^x+2\cdot5^{x+(1-x)}+(5^2)^{1-x}=64$
$25^x+10+25^{1-x}=64$
$\therefore 25^x+25^{1-x}=54$

답 54

0070 $\left(\sqrt{x}+\dfrac{1}{\sqrt{x}}\right)^2=x+\dfrac{1}{x}+2$에서 $9=x+\dfrac{1}{x}+2$
$\therefore x+\dfrac{1}{x}=7$

㉮

또 $\left(x+\dfrac{1}{x}\right)^2=x^2+\dfrac{1}{x^2}+2$에서 $49=x^2+\dfrac{1}{x^2}+2$
$\therefore x^2+\dfrac{1}{x^2}=47$

㉯

$\therefore \dfrac{x^2+x^{-2}+7}{x+x^{-1}+2}=\dfrac{47+7}{7+2}=6$

㉰

답 6

단계	채점요소	배점
㉮	$x+\dfrac{1}{x}$의 값 구하기	40%
㉯	$x^2+\dfrac{1}{x^2}$의 값 구하기	40%
㉰	주어진 식의 값 구하기	20%

0071 (1) $5^{\frac{a}{2}}+5^{-\frac{a}{2}}=\sqrt{10}$의 양변을 제곱하면
$\quad 5^a+2+5^{-a}=10 \qquad \therefore 5^a+5^{-a}=8$
$\quad \therefore \dfrac{5^{3a}-5^{2a}+5^a}{5^{2a}}=5^a-1+\dfrac{1}{5^a}=5^a+5^{-a}-1$
$\qquad\qquad\qquad = 8-1=7$

(2) $x=3^{\frac{1}{3}}-3^{-\frac{1}{3}}$의 양변을 세제곱하면
$\quad x^3=3-\dfrac{1}{3}-3(3^{\frac{1}{3}}-3^{-\frac{1}{3}})$
$\quad x^3=\dfrac{8}{3}-3x,\ 3x^3=8-9x$
$\quad \therefore 3x^3+9x-8=0$
$\quad \therefore 3x^4+3x^3+9x^2+x=x(3x^3+9x-8)+3x^3+9x$
$\qquad\qquad\qquad\qquad\qquad = 8$

답 (1) 7　(2) 8

0072 $a^{2x}=10$이므로
$\dfrac{a^x-a^{-x}}{a^x+a^{-x}}$의 분모, 분자에 각각 a^x을 곱하면
$\dfrac{a^x-a^{-x}}{a^x+a^{-x}}=\dfrac{a^x(a^x-a^{-x})}{a^x(a^x+a^{-x})}=\dfrac{a^{2x}-1}{a^{2x}+1}=\dfrac{10-1}{10+1}=\dfrac{9}{11}$

답 $\dfrac{\boldsymbol{9}}{\boldsymbol{11}}$

0073 $\dfrac{a^x+a^{-x}}{a^x-a^{-x}}=\dfrac{a^x(a^x+a^{-x})}{a^x(a^x-a^{-x})}=\dfrac{a^{2x}+1}{a^{2x}-1}=3$
$a^{2x}+1=3(a^{2x}-1)$
$2a^{2x}=4 \qquad \therefore a^{2x}=2$

답 2

0074

$$\frac{3^x-3^{-x}}{3^x+3^{-x}}=\frac{3^x(3^x-3^{-x})}{3^x(3^x+3^{-x})}=\frac{3^{2x}-1}{3^{2x}+1}=\frac{9^x-1}{9^x+1}=\frac{1}{3}$$

$$3\cdot9^x-3=9^x+1$$

$$2\cdot9^x=4 \qquad \therefore 9^x=2$$

$$\therefore 9^x-9^{-x}=9^x-(9^x)^{-1}=2-2^{-1}=2-\frac{1}{2}=\frac{3}{2}$$

답 ④

0075
$$\frac{2^{6x}-2^{-6x}}{2^{2x}+2^{-2x}}=\frac{2^{2x}(2^{6x}-2^{-6x})}{2^{2x}(2^{2x}+2^{-2x})}$$
$$=\frac{2^{8x}-2^{-4x}}{2^{4x}+1}=\frac{(2^{4x})^2-(2^{4x})^{-1}}{2^{4x}+1}$$
$$=\frac{9-\dfrac{1}{3}}{3+1}=\frac{13}{6}$$

답 $\dfrac{13}{6}$

📑 유형 4p

본문 13쪽

0076 $a^x=16=2^4$에서 $a=2^{\frac{4}{x}}$

$b^y=16=2^4$에서 $b=2^{\frac{4}{y}}$

$\therefore ab=2^{\frac{4}{x}}\cdot2^{\frac{4}{y}}=2^{\frac{4}{x}+\frac{4}{y}}=2^{4\left(\frac{1}{x}+\frac{1}{y}\right)}=2^3$

따라서 $4\left(\dfrac{1}{x}+\dfrac{1}{y}\right)=3$이므로

$$\frac{1}{x}+\frac{1}{y}=\frac{3}{4}$$

답 $\dfrac{3}{4}$

0077 $2^x=a$에서 $2=a^{\frac{1}{x}}$ $\qquad\cdots\cdots$ ㉠

$3^y=a$에서 $3=a^{\frac{1}{y}}$ $\qquad\cdots\cdots$ ㉡

$5^z=a$에서 $5=a^{\frac{1}{z}}$ $\qquad\cdots\cdots$ ㉢

㉠×㉡×㉢을 하면

$$30=a^{\frac{1}{x}+\frac{1}{y}+\frac{1}{z}}$$

그런데 $\dfrac{1}{x}+\dfrac{1}{y}+\dfrac{1}{z}=2$이므로

$a^2=30 \qquad \therefore a=\sqrt{30} \ (\because a>0)$

답 $\sqrt{30}$

0078 ⑴ $8^x=9^y=12^z=k \ (k>0)$라 하면 $xyz\neq0$에서 $k\neq1$

$8^x=2^{3x}=k$에서 $2^3=k^{\frac{1}{x}}$

$9^y=3^{2y}=k$에서 $3^2=k^{\frac{1}{y}}$

$12^z=(2^2\cdot3)^z=k$에서 $2^2\cdot3=k^{\frac{1}{z}}$

이때 $\dfrac{a}{x}+\dfrac{1}{y}=\dfrac{2}{z}$이므로 $k^{\frac{a}{x}}\cdot k^{\frac{1}{y}}=k^{\frac{2}{z}}$

즉 $(k^{\frac{1}{x}})^a\cdot k^{\frac{1}{y}}=(k^{\frac{1}{z}})^2$에서

$(2^3)^a\cdot3^2=(2^2\cdot3)^2,\ 2^{3a}\cdot3^2=2^4\cdot3^2$

따라서 $3a=4$이므로 $a=\dfrac{4}{3}$

⑵ $4^x=5^y=10^z=k \ (k>0)$라 하면 $xyz\neq0$에서 $k\neq1$

$4^x=k$에서 $2^{2x}=k$ $\qquad \therefore 2=k^{\frac{1}{2x}}$ $\qquad\cdots\cdots$ ㉠

$5^y=k$에서 $5=k^{\frac{1}{y}}$ $\qquad\cdots\cdots$ ㉡

$10^z=k$에서 $10=k^{\frac{1}{z}}$ $\qquad\cdots\cdots$ ㉢

㉠×㉡÷㉢을 하면

$2\times5\div10=k^{\frac{1}{2x}+\frac{1}{y}-\frac{1}{z}}$ $\qquad \therefore k^{\frac{1}{2x}+\frac{1}{y}-\frac{1}{z}}=1$

그런데 $k\neq1$이므로 $\dfrac{1}{2x}+\dfrac{1}{y}-\dfrac{1}{z}=0$

답 ⑴ $\dfrac{4}{3}$ ⑵ 0

0079 $xy\neq0$이므로 $x+y-2xy=0$의 양변을 xy로 나누면

$\dfrac{1}{y}+\dfrac{1}{x}-2=0 \qquad \therefore \dfrac{1}{x}+\dfrac{1}{y}=2$ $\qquad\cdots\cdots$ ㉠

$2^{2x}=4^x=k$에서 $4=k^{\frac{1}{x}}$ $\qquad\cdots\cdots$ ㉡

$3^{2y}=9^y=k$에서 $9=k^{\frac{1}{y}}$ $\qquad\cdots\cdots$ ㉢

㉡×㉢을 하면 $36=k^{\frac{1}{x}+\frac{1}{y}}$

㉠에서 $\dfrac{1}{x}+\dfrac{1}{y}=2$이므로

$k^2=36 \qquad \therefore k=6 \ (\because k>0)$

답 6

0080 1회 확대 복사할 때마다 글자 크기가 r배 커진다고 하면 5회째의 복사본의 글자 크기는 처음 원본의 글자 크기의 2배이므로

$r^5=2 \qquad \therefore r=2^{\frac{1}{5}}$

8회째의 복사본의 글자 크기는 4회째의 복사본의 글자 크기의 r^4배이므로

$r^4=(2^{\frac{1}{5}})^4=2^{\frac{4}{5}}$

따라서 $m=5,\ n=4$이므로

$m+n=9$

답 9

0081 도시의 인구가 매년 일정한 비율로 증가하므로 1년마다 인구 수가 r배가 된다고 하면

1995년 말부터 2015년 말까지 20년 동안 인구는

$r^{20}=6760000\div40000=169$(배)

1995년 말부터 2005년 말까지 10년 동안 인구는

$r^{10}=(r^{20})^{\frac{1}{2}}=169^{\frac{1}{2}}=13$(배)

따라서 2005년 말의 인구는

$40000\times13=520000$(명)$=52$(만 명)

답 52만 명

0082 t년 후에 반감기가 300년인 방사능 물질의 양 m이 $\dfrac{m}{16}$

이 된다고 하면

$\dfrac{m}{16}=m\cdot\left(\dfrac{1}{2}\right)^{\frac{t}{300}}$, $\dfrac{1}{16}=\left(\dfrac{1}{2}\right)^{\frac{t}{300}}$, $\left(\dfrac{1}{2}\right)^4=\left(\dfrac{1}{2}\right)^{\frac{t}{300}}$

$4=\dfrac{t}{300}$ $\quad\therefore t=1200$

따라서 1200년 후이다.

답 **1200년 후**

0083 -27의 세제곱근 중 실수인 것은 $\sqrt[3]{-27}=-3$의 1개이

므로 $a=1$

10의 네제곱근 중 실수인 것은 $-\sqrt[4]{10}$, $\sqrt[4]{10}$의 2개이므로 $b=2$

$\therefore a+b=3$

답 ②

0084 ㄱ. n이 홀수이면 $x^n=a\,(a<0)$를 만족시키는 실수 x

는 $\sqrt[n]{a}$의 1개이다. (참)

ㄴ. n이 짝수이면 3의 n제곱근 중 실수인 것은 $\sqrt[n]{3}$, $-\sqrt[n]{3}$의 2개

이다. (참)

ㄷ. (반례) $n=2$, $a=2$일 때, $\sqrt{-2}=\sqrt{2}i$이므로

$\sqrt{-2}\ne-\sqrt{2}$이다. (거짓)

ㄹ. 81의 네제곱근을 x라 하면 $x^4=81$이므로

$x^4-81=0$, $(x^2+9)(x^2-9)=0$

$\therefore x=\pm3i$ 또는 $x=\pm3$ (참)

따라서 옳은 것은 ㄱ, ㄴ, ㄹ이다.

답 ④

0085 $\sqrt[3]{-27}+\dfrac{\sqrt[4]{48}}{\sqrt[4]{3}}+\sqrt[3]{\sqrt{64}}=\sqrt[3]{(-3)^3}+\sqrt[4]{\dfrac{48}{3}}+\sqrt[6]{64}$

$=\sqrt[3]{(-3)^3}+\sqrt[4]{2^4}+\sqrt[6]{2^6}$

$=-3+2+2=1$

답 ③

0086 $\left(\sqrt[6]{9}-\sqrt[3]{24}-2\times\sqrt[9]{-27}\right)^6$

$=\left(\sqrt[6]{3^2}-\sqrt[3]{2^3\times3}-2\times\sqrt[9]{(-3)^3}\right)^6$

$=\left(\sqrt[3]{3}-2\sqrt[3]{3}+2\sqrt[3]{3}\right)^6=\left(\sqrt[3]{3}\right)^6$

$=3^2=9$

답 ②

0087 $\sqrt[6]{8a^3b^3}\times\sqrt[16]{256a^6b^4}\div\sqrt{4ab}$

$=\sqrt[6]{2^3a^3b^3}\times\sqrt[16]{2^8a^6b^4}\div\sqrt{2^2ab}$

$=\sqrt{2ab}\times\sqrt[8]{2^4a^3b^2}\div\sqrt{2^2ab}$

$=\dfrac{\sqrt[8]{2^4a^4b^4}\times\sqrt[8]{2^4a^3b^2}}{\sqrt[8]{2^8a^4b^4}}$

$=\sqrt[8]{\dfrac{2^8a^7b^6}{2^8a^4b^4}}$

$=\sqrt[8]{a^3b^2}$

답 ③

 거듭제곱근을 유리수인 지수로 바꾸어 계산할 수도 있다.

$\sqrt[6]{8a^3b^3}\times\sqrt[16]{256a^6b^4}\div\sqrt{4ab}$

$=8^{\frac{1}{6}}a^{\frac{1}{2}}b^{\frac{1}{2}}\times256^{\frac{1}{16}}a^{\frac{3}{8}}b^{\frac{1}{4}}\div4^{\frac{1}{2}}a^{\frac{1}{2}}b^{\frac{1}{2}}$

$=2^{\frac{1}{2}}a^{\frac{1}{2}}b^{\frac{1}{2}}\times2^{\frac{1}{2}}a^{\frac{3}{8}}b^{\frac{1}{4}}\div2a^{\frac{1}{2}}b^{\frac{1}{2}}$

$=2^{\frac{1}{2}+\frac{1}{2}-1}\times a^{\frac{1}{2}+\frac{3}{8}-\frac{1}{2}}\times b^{\frac{1}{2}+\frac{1}{4}-\frac{1}{2}}$

$=2^0\times a^{\frac{3}{8}}\times b^{\frac{1}{4}}=a^{\frac{3}{8}}b^{\frac{1}{4}}$

$=a^{\frac{3}{8}}b^{\frac{2}{8}}=\sqrt[8]{a^3b^2}$

0088 $\sqrt[x]{2}\times\sqrt[y]{4}=\sqrt[xy]{2^y}\times\sqrt[xy]{4^x}=\sqrt[xy]{2^y\cdot4^x}=\sqrt[18]{2^{2x+y}}$ $(\because xy=18)$

$x>0$, $y>0$이므로 산술평균과 기하평균의 관계에 의하여

$2x+y\ge2\sqrt{2xy}$

$\qquad\qquad=2\sqrt{36}=12$ (단, 등호는 $2x=y$일 때 성립)

$\therefore \sqrt[x]{2}\times\sqrt[y]{4}=\sqrt[18]{2^{2x+y}}$

$\qquad\qquad\ge\sqrt[18]{2^{12}}=\sqrt[3]{2^2}=\sqrt[3]{4}$

답 ③

0089 $A=\sqrt[3]{2\sqrt{4}}=\sqrt[3]{\sqrt{4}\times\sqrt{4}}=\sqrt[3]{\sqrt{16}}=\sqrt[6]{16}$

$B=\sqrt{2\times\sqrt[3]{4}}=\sqrt{\sqrt[3]{8}\times\sqrt[3]{4}}=\sqrt{\sqrt[3]{32}}=\sqrt[6]{32}$

$C=\sqrt[3]{3\sqrt{3}}=\sqrt[3]{\sqrt{9}\times\sqrt{3}}=\sqrt[3]{\sqrt{27}}=\sqrt[6]{27}$

따라서 $\sqrt[6]{16}<\sqrt[6]{27}<\sqrt[6]{32}$이므로

$A<C<B$

답 ②

0090 ① $\sqrt{\sqrt[3]{5\times6}}=\sqrt[6]{30}$

② $\sqrt{6\times\sqrt[3]{5}}=\sqrt{\sqrt[3]{6^3}\times\sqrt[3]{5}}=\sqrt{\sqrt[3]{1080}}=\sqrt[6]{1080}$

③ $\sqrt{5\times\sqrt[3]{6}}=\sqrt{\sqrt[3]{5^3}\times\sqrt[3]{6}}=\sqrt{\sqrt[3]{750}}=\sqrt[6]{750}$

④ $\sqrt[3]{5\sqrt{6}}=\sqrt[3]{\sqrt{5^2}\times\sqrt{6}}=\sqrt[3]{\sqrt{150}}=\sqrt[6]{150}$

⑤ $\sqrt[3]{6\sqrt{5}}=\sqrt[3]{\sqrt{6^2}\times\sqrt{5}}=\sqrt[3]{\sqrt{180}}=\sqrt[6]{180}$

따라서 가장 큰 수는 ②이다.

답 ②

0091 $\left(\dfrac{1}{27}\right)^{\frac{4}{n}}=(3^{-3})^{\frac{4}{n}}=3^{-\frac{12}{n}}$

$16^{-\frac{1}{n}}=(2^4)^{-\frac{1}{n}}=2^{-\frac{4}{n}}$

$\left(\dfrac{1}{27}\right)^{\frac{4}{n}}$ 과 $16^{-\frac{1}{n}}$ 이 모두 자연수가 되려면 $n<0$ 이고 $|n|$ 이 12와 4의 공약수이어야 하므로 n의 값은 -1, -2, -4

따라서 구하는 합은 $-1-2-4=-7$

답 -7

0092 $(\sqrt[3]{5^5})^{\frac{1}{4}}=(5^{\frac{5}{3}})^{\frac{1}{4}}=5^{\frac{5}{12}}$

따라서 $(\sqrt[3]{5^5})^{\frac{1}{4}}$, 즉 $5^{\frac{5}{12}}$ 이 어떤 자연수 x의 n제곱근이면

$x=(5^{\frac{5}{12}})^n=5^{\frac{5}{12}n}$ 이므로 $5^{\frac{5}{12}n}$ 은 자연수이다.

즉 자연수 $n\ (n\geq2)$ 은 12의 배수이므로 두 자리 자연수 n은 12, 24, 36, $\cdots$, 96의 8개이다.

답 8

0093 (1) $\sqrt[3]{a^5}=\sqrt[4]{a\times\sqrt[3]{a^k}}$ 에서 $a^{\frac{5}{3}}=a^{\frac{1}{4}}a^{\frac{k}{12}}=a^{\frac{1}{4}+\frac{k}{12}}$ 이므로

$\dfrac{5}{3}=\dfrac{1}{4}+\dfrac{k}{12}$, $20=3+k$

$\therefore k=17$

(2) $\sqrt{2\times\sqrt[3]{2\times\sqrt[4]{2}}}=\sqrt{2}\times\sqrt{\sqrt[3]{2}}\times\sqrt{\sqrt[3]{\sqrt[4]{2}}}=\sqrt{2}\times\sqrt[6]{2}\times\sqrt[24]{2}$

$\qquad\qquad\qquad =2^{\frac{1}{2}+\frac{1}{6}+\frac{1}{24}}=2^{\frac{17}{24}}$

$\therefore n=17$

답 (1) 17 (2) 17

0094 $a=\sqrt{2}$, $b=\sqrt[3]{3}$ 에서 $a^2=2$, $b^3=3$ 이므로

$\sqrt[12]{12}=\sqrt[12]{2^2\cdot3}=\sqrt[12]{a^4b^3}$

$\qquad =(a^4b^3)^{\frac{1}{12}}=a^{\frac{1}{3}}b^{\frac{1}{4}}$

답 ①

0095 $2^a=c$ 에서 $(2^a)^{-1}=c^{-1}$ 이므로 $\left(\dfrac{1}{2}\right)^a=\dfrac{1}{c}$

$2^b=d$ 에서 $(2^{-1})^{-b}=d$ 이므로 $\left(\dfrac{1}{2}\right)^{-b}=d$, $\left(\dfrac{1}{2}\right)^{-2b}=d^2$

$\therefore \left(\dfrac{1}{2}\right)^{a-2b}=\left(\dfrac{1}{2}\right)^a\times\left(\dfrac{1}{2}\right)^{-2b}$

$\qquad\qquad =\dfrac{1}{c}\cdot d^2=\dfrac{d^2}{c}$

답 ②

0096 $(1+3^2)(1+3)(1+3^{\frac{1}{2}})(1+3^{\frac{1}{4}})(1+3^{\frac{1}{8}})(1-3^{\frac{1}{8}})$

$=(1+3^2)(1+3)(1+3^{\frac{1}{2}})(1+3^{\frac{1}{4}})(1-3^{\frac{1}{4}})$

$=(1+3^2)(1+3)(1+3^{\frac{1}{2}})(1-3^{\frac{1}{2}})$

$=(1+3^2)(1+3)(1-3)$

$=(1+3^2)(1-3^2)$

$=1-3^4=1-81=-80$

답 -80

0097 $\sqrt[3]{x}+\dfrac{1}{\sqrt[3]{x}}=4$ 에서 $x^{\frac{1}{3}}+x^{-\frac{1}{3}}=4$

위의 식의 양변을 제곱하면

$x^{\frac{2}{3}}+2+x^{-\frac{2}{3}}=16$

$\therefore x^{\frac{2}{3}}+x^{-\frac{2}{3}}=14$

위의 식의 양변을 제곱하면

$x^{\frac{4}{3}}+2+x^{-\frac{4}{3}}=196$

$\therefore x^{\frac{4}{3}}+x^{-\frac{4}{3}}=194$

$\therefore \sqrt[3]{x^4}+\dfrac{1}{\sqrt[3]{x^4}}=x^{\frac{4}{3}}+x^{-\frac{4}{3}}=194$

답 194

0098 $x=3^{\frac{1}{3}}+3^{-\frac{1}{3}}$ 의 양변을 세제곱하면

$x^3=3+3^{-1}+3(3^{\frac{1}{3}}+3^{-\frac{1}{3}})$

$x^3=3+\dfrac{1}{3}+3x$, $3x^3=9+1+9x$

$\therefore 3x^3-9x-10=0$

$\therefore 3x^3-9x-8=(3x^3-9x-10)+2=0+2=2$

답 2

0099 $2^x+2^{-x}=4$ 의 양변을 제곱하면

$4^x+2+4^{-x}=16$

$\therefore 4^x+4^{-x}=14$

$2^x+2^{-x}=4$ 의 양변을 세제곱하면

$8^x+8^{-x}+3(2^x+2^{-x})=64$

$8^x+8^{-x}+3\cdot4=64$

$\therefore 8^x+8^{-x}=52$

$\therefore \dfrac{8^x+8^{-x}}{4^x+4^{-x}}=\dfrac{52}{14}=\dfrac{26}{7}$

따라서 $m=7$, $n=26$ 이므로

$m+n=33$

답 33

0100 주어진 식의 분모, 분자에 각각 a^{10}을 곱하면

(주어진 식)$=\dfrac{a^{10}(a^5+a^4+a^3+a^2+a)}{a^{10}(a^{-9}+a^{-8}+a^{-7}+a^{-6}+a^{-5})}$

$\qquad\qquad =\dfrac{a^{10}(a^5+a^4+a^3+a^2+a)}{a+a^2+a^3+a^4+a^5}$

$\qquad\qquad =a^{10}$

이때 $a^5=7$ 이므로

$a^{10}=(a^5)^2=7^2=49$

답 49

0101 $\dfrac{3^x-3^{-x}}{3^x+3^{-x}}$ 의 분모, 분자에 각각 3^x을 곱하면

$\dfrac{3^x-3^{-x}}{3^x+3^{-x}}=\dfrac{3^x(3^x-3^{-x})}{3^x(3^x+3^{-x})}=\dfrac{3^{2x}-1}{3^{2x}+1}=\dfrac{9^x-1}{9^x+1}=k$ 이므로

$9^x-1=k(9^x+1)$, $9^x(1-k)=k+1$

$$\therefore 9^x = \frac{1+k}{1-k}$$

$$\therefore 9^x + 9^{-x} = \frac{1+k}{1-k} + \frac{1-k}{1+k} = \frac{(1+k)^2 + (1-k)^2}{(1-k)(1+k)}$$

$$= \frac{2(1+k^2)}{1-k^2}$$

답 ⑤

0102 $\dfrac{a^{5x}-a^{-5x}}{a^x-a^{-x}}$의 분모, 분자에 각각 a^x을 곱하면

$$\frac{a^{5x}-a^{-5x}}{a^x-a^{-x}} = \frac{a^x(a^{5x}-a^{-5x})}{a^x(a^x-a^{-x})} = \frac{a^{6x}-a^{-4x}}{a^{2x}-1} = \frac{(a^{2x})^3-(a^{2x})^{-2}}{a^{2x}-1}$$

$$= \frac{(\sqrt{2})^3-(\sqrt{2})^{-2}}{\sqrt{2}-1} = \frac{2\sqrt{2}-\dfrac{1}{2}}{\sqrt{2}-1} = \frac{7+3\sqrt{2}}{2}$$

답 $\dfrac{7+3\sqrt{2}}{2}$

0103 $5^x = 27$에서 $5^x = 3^3$이므로

$$5 = 3^{\frac{3}{x}} \qquad \cdots\cdots \; \bigcirc$$

$45^y = 81$에서 $45^y = 3^4$이므로

$$45 = 3^{\frac{4}{y}} \qquad \cdots\cdots \; \bigcirc\!\!\bigcirc$$

$\bigcirc \div \bigcirc\!\!\bigcirc$을 하면

$$\frac{5}{45} = \frac{3^{\frac{3}{x}}}{3^{\frac{4}{y}}}, \; \frac{1}{9} = 3^{\frac{3}{x}-\frac{4}{y}}$$

이때 $\dfrac{1}{9} = 3^{-2}$이므로 $\dfrac{3}{x} - \dfrac{4}{y} = -2$

답 -2

0104 $a^x = b^y = c^z = 27$에서

$$a = 27^{\frac{1}{x}}, \; b = 27^{\frac{1}{y}}, \; c = 27^{\frac{1}{z}}$$

$$\therefore abc = 27^{\frac{1}{x}+\frac{1}{y}+\frac{1}{z}} = 3^{3\left(\frac{1}{x}+\frac{1}{y}+\frac{1}{z}\right)} = 9$$

이때 $9 = 3^2$이므로

$$3\left(\frac{1}{x}+\frac{1}{y}+\frac{1}{z}\right) = 2 \qquad \therefore \frac{1}{x}+\frac{1}{y}+\frac{1}{z} = \frac{2}{3}$$

답 $\dfrac{2}{3}$

0105 $8^x = 27^y = k \; (k>0)$라 하면 $8 = k^{\frac{1}{x}}$, $27 = k^{\frac{1}{y}}$

$8 = k^{\frac{1}{x}}$, $27 = k^{\frac{1}{y}}$을 변끼리 곱하면

$$8 \times 27 = k^{\frac{1}{x}} \times k^{\frac{1}{y}}, \; 216 = k^{\frac{1}{x}+\frac{1}{y}}$$

$$6^3 = k^3 \left(\because \frac{1}{x}+\frac{1}{y}=3\right) \qquad \therefore k = 6$$

$8^x = 6$이므로 $(2^3)^x = 6$, $(2^x)^3 = 6$ $\qquad \therefore 2^x = \sqrt[3]{6}$

$27^y = 6$이므로 $(3^3)^y = 6$, $(3^y)^3 = 6$ $\qquad \therefore 3^y = \sqrt[3]{6}$

$$\therefore (2^x + 3^y)^3 = (\sqrt[3]{6}+\sqrt[3]{6})^3 = (2 \times \sqrt[3]{6})^3$$

$$= 2^3 \times 6 = 48$$

답 48

0106 바이러스의 개체수가 한 시간 후 r배가 된다고 하면 바이러스 한 마리가 8시간 후에 8마리로 늘어나므로

$$r^8 = 8$$

$$\therefore r^{16} = (r^8)^2 = 8^2 = 64$$

따라서 바이러스 한 마리가 16시간 후에 64마리로 늘어난다.

답 **64마리**

0107 $\sqrt{\sqrt{a} \times \dfrac{a}{\sqrt[3]{a}}} = \left(a^{\frac{1}{2}} \times a \times a^{-\frac{1}{3}}\right)^{\frac{1}{2}}$

$$= \left(a^{\frac{1}{2}+1-\frac{1}{3}}\right)^{\frac{1}{2}}$$

$$= \left(a^{\frac{7}{6}}\right)^{\frac{1}{2}} = a^{\frac{7}{12}}$$

㉮

$$\frac{\sqrt{\sqrt{a} \times \sqrt[3]{a}}}{\sqrt[4]{\sqrt[3]{a^2}}} = \frac{\left(a^{\frac{1}{2}} \times a^{\frac{1}{3}}\right)^{\frac{1}{2}}}{\left(a^{\frac{2}{3}}\right)^{\frac{1}{4}}} = \frac{a^{\frac{5}{12}}}{a^{\frac{1}{6}}} = a^{\frac{1}{4}}$$

㉯

따라서

$$\sqrt{\sqrt{a} \times \frac{a}{\sqrt[3]{a}}} \div \frac{\sqrt{\sqrt{a} \times \sqrt[3]{a}}}{\sqrt[4]{\sqrt[3]{a^2}}} = a^{\frac{7}{12}} \div a^{\frac{1}{4}}$$

$$= a^{\frac{7}{12}-\frac{1}{4}}$$

$$= a^{\frac{1}{3}}$$

이므로 $m = \dfrac{1}{3}$

㉰

답 $\dfrac{1}{3}$

단계	채점요소	배점
㉮	$\sqrt{\sqrt{a} \times \dfrac{a}{\sqrt[3]{a}}}$ 간단히 하기	40%
㉯	$\dfrac{\sqrt{\sqrt{a} \times \sqrt[3]{a}}}{\sqrt[4]{\sqrt[3]{a^2}}}$ 간단히 하기	40%
㉰	m의 값 구하기	20%

0108 $a^3 = 5$, $b^4 = 11$, $c^6 = 13$에서

$$a = 5^{\frac{1}{3}}, \; b = 11^{\frac{1}{4}}, \; c = 13^{\frac{1}{6}}$$

㉮

이므로 $(abc)^n = \left(5^{\frac{1}{3}} \times 11^{\frac{1}{4}} \times 13^{\frac{1}{6}}\right)^n$이 자연수가 되도록 하는 자연수 n은 3, 4, 6의 공배수, 즉 12의 배수이다.

㉯

따라서 자연수 n의 최솟값은 12이다.

㉰

답 **12**

단계	채점요소	배점
㉮	a, b, c의 값 구하기	30%
㉯	$(abc)^n$이 자연수가 되도록 하는 n의 조건 구하기	50%
㉰	자연수 n의 최솟값 구하기	20%

0109 $x^{\frac{1}{2}}+x^{-\frac{1}{2}}=2\sqrt{2}$의 양변을 제곱하면

$x+2+x^{-1}=8$

$\therefore x+x^{-1}=6$

⑦

$x^{\frac{1}{2}}+x^{-\frac{1}{2}}=2\sqrt{2}$의 양변을 세제곱하면

$x^{\frac{3}{2}}+x^{-\frac{3}{2}}+3(x^{\frac{1}{2}}+x^{-\frac{1}{2}})=16\sqrt{2}$

$x^{\frac{3}{2}}+x^{-\frac{3}{2}}+6\sqrt{2}=16\sqrt{2}$

$\therefore x^{\frac{3}{2}}+x^{-\frac{3}{2}}=10\sqrt{2}$

④

$\therefore \dfrac{x^{\frac{3}{2}}+x^{-\frac{3}{2}}}{x+x^{-1}+14}=\dfrac{10\sqrt{2}}{6+14}=\dfrac{\sqrt{2}}{2}$

⑤

답 $\dfrac{\sqrt{2}}{2}$

단계	채점요소	배점
⑦	$x+x^{-1}$의 값 구하기	40 %
④	$x^{\frac{3}{2}}+x^{-\frac{3}{2}}$의 값 구하기	40 %
⑤	$\dfrac{x^{\frac{3}{2}}+x^{-\frac{3}{2}}}{x+x^{-1}+14}$의 값 구하기	20 %

0110 $\dfrac{a^{-3x}+a^{3x}}{a^{-x}+a^{x}}=3$의 좌변의 분모, 분자에 각각 a^{-x}을 곱하면

$\dfrac{a^{-4x}+a^{2x}}{a^{-2x}+1}=3$

⑦

이때 $a^{-2x}=t\ (t>0)$라 하면

$\dfrac{t^2+\dfrac{1}{t}}{t+1}=3$에서 $t^2+\dfrac{1}{t}=3t+3$

양변에 t를 곱하여 정리하면

$t^3-3t^2-3t+1=0,\ (t+1)(t^2-4t+1)=0$

$\therefore t=2\pm\sqrt{3}\ (\because t>0)$

④

$\therefore a^{-2x}=2\pm\sqrt{3}$

⑤

답 $2\pm\sqrt{3}$

단계	채점요소	배점
⑦	등식의 좌변의 분모, 분자에 각각 a^{-x}을 곱하여 정리하기	30 %
④	$a^{-2x}=t\ (t>0)$로 놓고 방정식을 풀기	50 %
⑤	a^{-2x}의 값 구하기	20 %

0111 이차방정식 $x^2+2kx+6=0$의 두 근이 α, β이므로 근과 계수의 관계에 의하여

$\alpha+\beta=-2k,\ \alpha\beta=6$

$\therefore \dfrac{\alpha^{-1}-\beta^{-1}}{\alpha^{-2}-\beta^{-2}}=\dfrac{\alpha^{-1}-\beta^{-1}}{(\alpha^{-1}+\beta^{-1})(\alpha^{-1}-\beta^{-1})}$

$=\dfrac{1}{\alpha^{-1}+\beta^{-1}}=\dfrac{1}{\dfrac{1}{\alpha}+\dfrac{1}{\beta}}$

$=\dfrac{\alpha\beta}{\alpha+\beta}=-\dfrac{3}{k}$

따라서 $-\dfrac{3}{k}=\dfrac{4}{25}$이므로 $k=-\dfrac{75}{4}$

답 $-\dfrac{75}{4}$

0112 $2^a=x$, $2^b=y$, $2^c=z$라 하면

$xyz=2^a2^b2^c=2^{a+b+c}=2^{-1}=\dfrac{1}{2}$

······ ㉠

$x+y+z=2^a+2^b+2^c=\dfrac{13}{4}$

또한 $\dfrac{1}{x}+\dfrac{1}{y}+\dfrac{1}{z}=2^{-a}+2^{-b}+2^{-c}=\dfrac{11}{2}$이므로

$\dfrac{1}{x}+\dfrac{1}{y}+\dfrac{1}{z}=\dfrac{xy+yz+zx}{xyz}$

$=2(xy+yz+zx)\ (\because ㉠)$

$=\dfrac{11}{2}$

$\therefore xy+yz+zx=\dfrac{11}{4}$

$\therefore 4^a+4^b+4^c=x^2+y^2+z^2$

$=(x+y+z)^2-2(xy+yz+zx)$

$=\left(\dfrac{13}{4}\right)^2-2\cdot\dfrac{11}{4}$

$=\dfrac{81}{16}$

답 $\dfrac{81}{16}$

0113 ㄱ. $f(10,\,2018)=2$, $f(10,\,2017)=1$,

$f(-10,\,2017)=1$이므로

$f(10,\,2018)=f(10,\,2017)+f(-10,\,2017)$ (참)

ㄴ. (반례) $a=0$, $n=2$이면 $f(0,\,5)=1$, $f(0,\,4)=1$이므로

$f(0,\,5)+f(0,\,4)=2\neq3$ (거짓)

ㄷ. $f(\sqrt{3},\,4)=2$, $f(\sqrt[3]{-6},\,7)=1$, $f(-\sqrt[4]{8},\,6)=0$이므로

$4f(\sqrt{3},\,4)+3f(\sqrt[3]{-6},\,7)+2f(-\sqrt[4]{8},\,6)$

$=4\cdot2+3\cdot1+2\cdot0=11$ (참)

따라서 옳은 것은 ㄱ, ㄷ이다.

답 ③

02 | 로그

📖 교과서 문제 정/복/하/기
본문 19쪽

0114 답 $4 = \log_3 81$

0115 답 $-3 = \log_{\frac{1}{3}} 27$

0116 $\log_2 x = 3$에서 $x = 2^3 = 8$

답 8

0117 $\log_{\frac{1}{3}} x = -2$에서 $x = \left(\dfrac{1}{3}\right)^{-2} = 9$

답 9

0118 $\log_x 16 = 4$에서 $x^4 = 16$

$\therefore x = 16^{\frac{1}{4}} = (2^4)^{\frac{1}{4}} = 2$

답 2

0119 $\log_x 2 = 4$에서 $x^4 = 2$

$\therefore x = 2^{\frac{1}{4}} = \sqrt[4]{2}$

답 $\sqrt[4]{2}$

0120 진수의 조건에서 $x + 1 > 0$　　$\therefore x > -1$

답 $x > -1$

0121 밑의 조건에서 $x - 5 > 0$, $x - 5 \neq 1$

즉 $x > 5$, $x \neq 6$

$\therefore 5 < x < 6$ 또는 $x > 6$

답 $5 < x < 6$ 또는 $x > 6$

0122 $3 \log_2 4 + 2 \log_2 \sqrt{2} = 3 \log_2 2^2 + 2 \log_2 2^{\frac{1}{2}}$

$\qquad\qquad = 6 \log_2 2 + \log_2 2$

$\qquad\qquad = 6 + 1$

$\qquad\qquad = 7$

답 7

0123 $\log_3 24 + 3 \log_3 \dfrac{3}{2}$

$= \log_3 (2^3 \cdot 3) + 3(\log_3 3 - \log_3 2)$

$= \log_3 2^3 + \log_3 3 + 3 \log_3 3 - 3 \log_3 2$

$= 3 \log_3 2 + 1 + 3 - 3 \log_3 2$

$= 4$

답 4

0124 $\log_2 18 - 2 \log_2 6$

$= \log_2 (2 \cdot 3^2) - 2 \log_2 (2 \cdot 3)$

$= \log_2 2 + 2 \log_2 3 - 2(\log_2 2 + \log_2 3)$

$= 1 + 2 \log_2 3 - 2 - 2 \log_2 3$

$= -1$

답 -1

0125 $\log_{10} 12 = \log_{10} (2^2 \cdot 3)$

$\qquad\quad = 2 \log_{10} 2 + \log_{10} 3$

$\qquad\quad = 2a + b$

답 $2a + b$

0126 $\log_{10} \dfrac{4}{27} = \log_{10} \dfrac{2^2}{3^3}$

$\qquad\quad = 2 \log_{10} 2 - 3 \log_{10} 3$

$\qquad\quad = 2a - 3b$

답 $2a - 3b$

0127 $\log_3 16 = \dfrac{\log_{10} 16}{\log_{10} 3} = \dfrac{\log_{10} 2^4}{\log_{10} 3} = \dfrac{4 \log_{10} 2}{\log_{10} 3} = \dfrac{4a}{b}$

답 $\dfrac{4a}{b}$

0128 $\log_6 9 = \dfrac{\log_{10} 9}{\log_{10} 6} = \dfrac{\log_{10} 3^2}{\log_{10} (2 \cdot 3)}$

$\qquad = \dfrac{2 \log_{10} 3}{\log_{10} 2 + \log_{10} 3} = \dfrac{2b}{a + b}$

답 $\dfrac{2b}{a + b}$

0129 $\log_{27} 81 = \log_{3^3} 3^4 = \dfrac{4}{3} \log_3 3 = \dfrac{4}{3}$

답 $\dfrac{4}{3}$

0130 $\log_4 \dfrac{1}{8} = \log_{2^2} 2^{-3} = -\dfrac{3}{2} \log_2 2 = -\dfrac{3}{2}$

답 $-\dfrac{3}{2}$

0131 $3^{\log_3 10} = 10^{\log_3 3} = 10$

답 10

0132 $\log_3 2 \cdot \log_2 9 = \dfrac{\log_{10} 2}{\log_{10} 3} \cdot \dfrac{\log_{10} 3^2}{\log_{10} 2} = \dfrac{2 \log_{10} 3}{\log_{10} 3} = 2$

답 2

0133 $\log 1000 = \log 10^3 = 3$

답 3

0134 $\log \dfrac{1}{100} = \log 10^{-2} = -2$

답 -2

0135 $\log 0.001 = \log 10^{-3} = -3$

답 -3

0136 $\log \sqrt[3]{100} = \log \sqrt[3]{10^2} = \log 10^{\frac{2}{3}} = \frac{2}{3}$

답 $\frac{2}{3}$

0137 답 **0.7101**

0138 답 **0.7007**

0139 $\log 534 = \log(5.34 \times 10^2)$
$= \log 5.34 + \log 10^2$
$= 0.7275 + 2$
$= 2.7275$

답 **2.7275**

0140 $\log 0.0534 = \log(5.34 \times 10^{-2})$
$= \log 5.34 + \log 10^{-2}$
$= 0.7275 - 2$
$= -1.2725$

답 -1.2725

0141 $\log 48.2 = \log(4.82 \times 10)$
$= \log 4.82 + \log 10$
$= 0.6830 + 1 = 1.6830$
$\therefore$ 정수 부분 : 1, 소수 부분 : 0.6830

답 **정수 부분 : 1, 소수 부분 : 0.6830**

0142 $\log 4820 = \log(4.82 \times 10^3)$
$= \log 4.82 + \log 10^3$
$= 0.6830 + 3 = 3.6830$
$\therefore$ 정수 부분 : 3, 소수 부분 : 0.6830

답 **정수 부분 : 3, 소수 부분 : 0.6830**

0143 $\log 0.482 = \log(4.82 \times 10^{-1})$
$= \log 4.82 + \log 10^{-1}$
$= -1 + 0.6830$
$\therefore$ 정수 부분 : -1, 소수 부분 : 0.6830

답 **정수 부분 : -1, 소수 부분 : 0.6830**

0144 $\log 0.0482 = \log(4.82 \times 10^{-2})$
$= \log 4.82 + \log 10^{-2}$
$= -2 + 0.6830$
$\therefore$ 정수 부분 : -2, 소수 부분 : 0.6830

답 **정수 부분 : -2, 소수 부분 : 0.6830**

0145 답 **3**

0146 답 -3

0147 $\log x = 1.7348$에서 $\log 5.43$과 소수 부분이 같으므로 x는 5.43과 숫자의 배열이 같고, 정수 부분이 1이므로 정수 부분이 두 자리인 수이다.
$\therefore x = 54.3$

답 **54.3**

0148 $\log x = 4.7348$에서 $\log 5.43$과 소수 부분이 같으므로 x는 5.43과 숫자의 배열이 같고, 정수 부분이 4이므로 정수 부분이 다섯 자리인 수이다.
$\therefore x = 54300$

답 **54300**

0149 $\log x = -0.2652 = -1 + 0.7348$에서 $\log 5.43$과 소수 부분이 같으므로 x는 5.43과 숫자의 배열이 같고, 정수 부분이 -1이므로 소수점 아래 첫째 자리에서 처음으로 0이 아닌 숫자가 나타난다.
$\therefore x = 0.543$

답 **0.543**

0150 $\log x = -2.2652 = -3 + 0.7348$에서 $\log 5.43$과 소수 부분이 같으므로 x는 5.43과 숫자의 배열이 같고, 정수 부분이 -3이므로 소수점 아래 셋째 자리에서 처음으로 0이 아닌 숫자가 나타난다.
$\therefore x = 0.00543$

답 **0.00543**

🖊 유형 익히기

본문 20~27쪽

0151 $\log_{\sqrt{3}} a = 4$에서
$a = (\sqrt{3})^4 = (3^{\frac{1}{2}})^4 = 3^2 = 9$
$\log_{\frac{1}{9}} b = -\frac{1}{2}$에서
$b = \left(\frac{1}{9}\right)^{-\frac{1}{2}} = (3^{-2})^{-\frac{1}{2}} = 3$
$\therefore ab = 9 \cdot 3 = 27$

답 ②

0152 ⑤ $7^{\frac{1}{2}} = \sqrt{7} \iff \log_7 \sqrt{7} = \frac{1}{2}$

답 ⑤

0153 $\log_7(\log_3(\log_2 x))=0$에서
$\log_3(\log_2 x)=7^0=1$, $\log_2 x=3^1=3$
$\therefore x=2^3=8$

답 ④

0154 $x=\log_4(3-2\sqrt{2})$에서 $4^x=3-2\sqrt{2}$
$\therefore 4^x+4^{-x}=3-2\sqrt{2}+\dfrac{1}{3-2\sqrt{2}}$
$\qquad\qquad\quad =3-2\sqrt{2}+3+2\sqrt{2}=6$

답 ⑤

0155 밑의 조건에서 $x-2>0$, $x-2\neq1$
$x>2$, $x\neq3$　　$\therefore 2<x<3$ 또는 $x>3$　　…… ㉠
진수의 조건에서 $-x^2+8x-7>0$
$x^2-8x+7<0$, $(x-1)(x-7)<0$
$\therefore 1<x<7$　　…… ㉡
㉠, ㉡의 공통 범위를 구하면
$2<x<3$ 또는 $3<x<7$
따라서 구하는 정수 x는 4, 5, 6의 3개이다.

답 ②

0156 진수의 조건에서
$x-1>0$, $x-2>0$　　$\therefore x>2$
$\therefore |x-1|+|x-2|=(x-1)+(x-2)=2x-3$

답 ③

0157 밑의 조건에서 $a-2>0$, $a-2\neq1$
$a>2$, $a\neq3$　　$\therefore 2<a<3$ 또는 $a>3$　　…… ㉠
진수의 조건에서 모든 실수 x에 대하여 $x^2+ax+2a>0$이어야
하므로 방정식 $x^2+ax+2a=0$의 판별식을 D라 하면
$D=a^2-8a<0$, $a(a-8)<0$
$\therefore 0<a<8$　　…… ㉡
㉠, ㉡의 공통 범위를 구하면
$2<a<3$ 또는 $3<a<8$
따라서 정수 a의 값은 4, 5, 6, 7이므로 그 합은 22이다.

답 22

0158 밑의 조건에서 $|x-2|>0$, $|x-2|\neq1$
$\therefore x\neq2$, $x\neq3$, $x\neq1$　　…… ㉠

　　　　　　　　　　　　　　　　　　　　㉮

진수의 조건에서 $8+2x-x^2>0$
$x^2-2x-8<0$, $(x+2)(x-4)<0$
$\therefore -2<x<4$　　…… ㉡

　　　　　　　　　　　　　　　　　　　　㉯

㉠, ㉡에서 정수 x는 -1, 0의 2개이다.

　　　　　　　　　　　　　　　　　　　　㉰

답 2

단계	채점요소	배점
㉮	밑의 조건 구하기	40%
㉯	진수의 조건 구하기	40%
㉰	정수 x의 개수 구하기	20%

0159 (주어진 식)$=\log_5(\sqrt[5]{2})^5+\log_5\sqrt{10}-\log_5\sqrt{8}$
$\qquad\qquad\quad =\log_5\dfrac{2\sqrt{10}}{2\sqrt{2}}=\log_5\sqrt{5}=\dfrac{1}{2}$

답 $\dfrac{1}{2}$

0160 (1) $\log_4 2=\log_{2^2}2=\dfrac{1}{2}\log_2 2=\log_2 2^{\frac{1}{2}}=\log_2\sqrt{2}$이므로
(주어진 식)$=\log_2\sqrt{3}+\log_2\sqrt{\dfrac{8}{3}}-\log_2\sqrt{2}$
$\qquad\qquad =\log_2\left(\sqrt{3}\cdot\sqrt{\dfrac{8}{3}}\cdot\dfrac{1}{\sqrt{2}}\right)$
$\qquad\qquad =\log_2\sqrt{4}=\log_2 2=1$
(2) (주어진 식)
$=(\log_3\sqrt[5]{5}-\log_3 27)-\dfrac{1}{5}(\log_3 5-\log_3 9)-\dfrac{1}{5}\cdot2$
$=(\log_3 5^{\frac{1}{5}}-3)-\dfrac{1}{5}(\log_3 5-2)-\dfrac{2}{5}$
$=\dfrac{1}{5}\log_3 5-3-\dfrac{1}{5}\log_3 5+\dfrac{2}{5}-\dfrac{2}{5}$
$=-3$
(3) $\log_2 32=\log_2 2^5=5$
$\log_{\frac{1}{2}}\dfrac{3}{4}=\log_{2^{-1}}\dfrac{3}{4}=-\log_2\dfrac{3}{4}=-(\log_2 3-\log_2 2^2)$
$\qquad\quad =-\log_2 3+2$
$\log_4 36=\log_{2^2}6^2=\log_2 6=\log_2(3\cdot2)=\log_2 3+1$
$\therefore$ (주어진 식)$=\log_2(5-\log_2 3+2+\log_2 3+1)$
$\qquad\qquad\quad =\log_2 8=\log_2 2^3$
$\qquad\qquad\quad =3$

답 (1) **1**　(2) $-$**3**　(3) **3**

0161 $\log_5 x+2\log_5\sqrt{y}-2\log_5 z=2$에서
$\log_5 x+\log_5(\sqrt{y})^2-\log_5 z^2=2$
$\log_5 x+\log_5 y-\log_5 z^2=2$
$\log_5\dfrac{xy}{z^2}=2$　　$\therefore \dfrac{xy}{z^2}=5^2=25$

답 25

0162 $\log_2\left(1-\dfrac{1}{2}\right)+\log_2\left(1-\dfrac{1}{3}\right)+\log_2\left(1-\dfrac{1}{4}\right)+\cdots$
$\qquad\qquad\qquad\qquad\qquad\qquad +\log_2\left(1-\dfrac{1}{32}\right)$
$=\log_2\left(\dfrac{1}{2}\cdot\dfrac{2}{3}\cdot\dfrac{3}{4}\cdot\cdots\cdot\dfrac{31}{32}\right)$
$=\log_2\dfrac{1}{32}=\log_2 2^{-5}=-5$

답 $-$**5**

0163 $\log_3 5 \cdot \log_5 7 \cdot \log_7 9 = \dfrac{\log_2 5}{\log_2 3} \cdot \dfrac{\log_2 7}{\log_2 5} \cdot \dfrac{\log_2 9}{\log_2 7}$

$\qquad\qquad\qquad\qquad = \dfrac{\log_2 9}{\log_2 3}$

$\qquad\qquad\qquad\qquad = \log_3 9$

$\qquad\qquad\qquad\qquad = 2$

답 2

0164 $\dfrac{1}{\log_2 12} + \dfrac{1}{\log_3 12} + \dfrac{1}{\log_{24} 12}$

$= \log_{12} 2 + \log_{12} 3 + \log_{12} 24$

$= \log_{12} (2 \cdot 3 \cdot 24)$

$= \log_{12} 144$

$= \log_{12} 12^2 = 2$

답 2

0165 (1) (주어진 식)

$= \log_{10} 2 \cdot \log_{10} 2 + \dfrac{1 + \log_{10} 2}{\log_5 2 + \log_5 5}$

$= \log_{10} 2 \cdot \log_{10} 2 + \dfrac{1 + \log_{10} 2}{\log_5 10}$

$= \log_{10} 2 \cdot \log_{10} 2 + (1 + \log_{10} 2) \cdot \log_{10} 5$

$= \log_{10} 2 \cdot \log_{10} 2 + \log_{10} 5 + \log_{10} 2 \cdot \log_{10} 5$

$= \log_{10} 2 \, (\log_{10} 2 + \log_{10} 5) + \log_{10} 5$

$= \log_{10} 2 \cdot \log_{10} 10 + \log_{10} 5$

$= \log_{10} 2 + \log_{10} 5$

$= \log_{10} 10 = 1$

(2) (주어진 식) $= \log_2 (\log_3 5 \cdot \log_5 7 \cdot \log_7 9)$

$\qquad\qquad\quad = \log_2 (\log_3 5 \cdot \log_5 7 \cdot 2 \log_7 3)$

$\qquad\qquad\quad = \log_2 \left(2 \cdot \dfrac{\log_2 5}{\log_2 3} \cdot \dfrac{\log_2 7}{\log_2 5} \cdot \dfrac{\log_2 3}{\log_2 7} \right)$

$\qquad\qquad\quad = \log_2 2 = 1$

(3) (주어진 식) $= \log_3 45 - \log_3 35 + \log_3 21$

$\qquad\qquad\quad = \log_3 \left(\dfrac{45}{35} \cdot 21 \right)$

$\qquad\qquad\quad = \log_3 27$

$\qquad\qquad\quad = 3$

답 (1) 1　(2) 1　(3) 3

0166 $\log_c a = 2$, $\log_b c = 3$이므로

$70 \log_{\sqrt{ab}} c = \dfrac{70}{\log_c \sqrt{ab}} = \dfrac{70}{\log_c (ab)^{\frac{1}{2}}}$

$\qquad\qquad = \dfrac{70}{\dfrac{1}{2} \log_c ab} = \dfrac{140}{\log_c a + \log_c b}$

$\qquad\qquad = \dfrac{140}{\log_c a + \dfrac{1}{\log_b c}} = \dfrac{140}{2 + \dfrac{1}{3}}$

$\qquad\qquad = 60$

답 60

0167 $4 \log_9 2 + \log_3 4 - \log_3 8$

$= 4 \log_{3^2} 2 + \log_3 2^2 - \log_3 2^3$

$= 2 \log_3 2 + 2 \log_3 2 - 3 \log_3 2$

$= \log_3 2$

$\therefore 27^{4 \log_9 2 + \log_3 4 - \log_3 8} = 27^{\log_3 2} = 3^{3 \log_3 2} = 3^{\log_3 2^3} = 2^3 = 8$

답 8

0168 $\log_2 81 + \log_4 9 - \log_8 9$

$= \log_2 3^4 + \log_{2^2} 3^2 - \log_{2^3} 3^2$

$= 4 \log_2 3 + \log_2 3 - \dfrac{2}{3} \log_2 3$

$= \dfrac{13}{3} \log_2 3$

$\therefore a = \dfrac{13}{3}$

답 ②

0169 $\left(\log_3 5 + \log_9 \dfrac{1}{5} \right) \left(\log_5 \sqrt{\dfrac{1}{3}} + \log_{25} 9 \right)$

$= (\log_3 5 + \log_{3^2} 5^{-1}) \left\{ \log_5 \left(\dfrac{1}{3} \right)^{\frac{1}{2}} + \log_{5^2} 3^2 \right\}$

$= \left(\log_3 5 - \dfrac{1}{2} \log_3 5 \right) \{ \log_5 (3^{-1})^{\frac{1}{2}} + \log_5 3 \}$

$= \dfrac{1}{2} \log_3 5 \cdot \left(-\dfrac{1}{2} \log_5 3 + \log_5 3 \right)$

$= \dfrac{1}{2} \log_3 5 \cdot \dfrac{1}{2} \log_5 3 = \dfrac{1}{4}$

답 $\dfrac{1}{4}$

0170 (주어진 식) $= \dfrac{(5^{\log_5 12})^2}{2^{\log_2 8 \cdot \log_2 9}} = \dfrac{(12^{\log_5 5})^2}{2^{3 \log_3 2 \cdot 2 \log_2 3}}$

$\qquad\qquad\quad = \dfrac{12^2}{2^6} = \dfrac{144}{64} = \dfrac{9}{4}$

답 $\dfrac{9}{4}$

0171 $\log_{12} \sqrt{24} = \dfrac{\log_7 \sqrt{24}}{\log_7 12}$에서

$\log_7 \sqrt{24} = \dfrac{1}{2} \log_7 24 = \dfrac{1}{2} \log_7 (2^3 \cdot 3)$

$\qquad\qquad = \dfrac{1}{2} (3 \log_7 2 + \log_7 3)$

$\qquad\qquad = \dfrac{1}{2} (3a + b)$

$\log_7 12 = \log_7 (2^2 \cdot 3) = 2 \log_7 2 + \log_7 3 = 2a + b$

$\therefore \log_{12} \sqrt{24} = \dfrac{\dfrac{1}{2}(3a + b)}{2a + b} = \dfrac{3a + b}{2(2a + b)}$

답 ②

0172 $10^a = x$에서 $a = \log_{10} x$

$10^b = y$에서 $b = \log_{10} y$

$10^c = z$에서 $c = \log_{10} z$

$$\therefore \log_{10}\frac{x^2 z^4}{y^3}=\log_{10}x^2+\log_{10}z^4-\log_{10}y^3$$
$$=2\log_{10}x+4\log_{10}z-3\log_{10}y$$
$$=2a-3b+4c$$

답 $2a-3b+4c$

0173 $\log_5 3=b$에서
$$\frac{\log_2 3}{\log_2 5}=\frac{\log_2 3}{a}=b \qquad \therefore \log_2 3=ab$$
$$\therefore \log_6 45=\frac{\log_2 45}{\log_2 6}=\frac{\log_2 (3^2\cdot 5)}{\log_2 (2\cdot 3)}$$
$$=\frac{2\log_2 3+\log_2 5}{1+\log_2 3}=\frac{2ab+a}{1+ab}$$

답 $\dfrac{2ab+a}{1+ab}$

0174 $\sqrt{6\sqrt{6}}=(6^{1+\frac{1}{2}})^{\frac{1}{2}}=6^{\frac{3}{4}}$, $\sqrt{3\sqrt{3}}=(3^{1+\frac{1}{2}})^{\frac{1}{2}}=3^{\frac{3}{4}}$이므로
$$\log_3\sqrt{6\sqrt{6}}-\log_6\sqrt{3\sqrt{3}}=\log_3 6^{\frac{3}{4}}-\log_6 3^{\frac{3}{4}}$$
$$=\frac{3}{4}(\log_3 6-\log_6 3)$$
$$=\frac{3}{4}\left(\frac{\log_2 6}{\log_2 3}-\frac{\log_2 3}{\log_2 6}\right)$$
$$=\frac{3}{4}\left\{\frac{\log_2 (2\cdot 3)}{\log_2 3}-\frac{\log_2 3}{\log_2 (2\cdot 3)}\right\}$$
$$=\frac{3}{4}\left(\frac{1+\log_2 3}{\log_2 3}-\frac{\log_2 3}{1+\log_2 3}\right)$$
$$=\frac{3}{4}\left(\frac{1+a}{a}-\frac{a}{1+a}\right)$$
$$=\frac{3}{4}\cdot\frac{(1+a)^2-a^2}{a(a+1)}$$
$$=\frac{3(2a+1)}{4a(a+1)}$$

답 $\dfrac{3(2a+1)}{4a(a+1)}$

0175 $5^x=2^y=\sqrt{10^z}=k\ (k>0,\ k\neq 1)$라 하면
$$x=\log_5 k\text{에서 }\frac{1}{x}=\log_k 5$$
$$y=\log_2 k\text{에서 }\frac{1}{y}=\log_k 2$$
$$\frac{z}{2}=\log_{10}k\text{에서 }\frac{2}{z}=\log_k 10$$
$$\therefore \frac{1}{x}+\frac{1}{y}-\frac{2}{z}=\log_k 5+\log_k 2-\log_k 10$$
$$=\log_k\left(\frac{5\cdot 2}{10}\right)=\log_k 1=0$$

답 0

0176 $108^x=27$에서 $x=\log_{108}27=\log_{108}3^3=3\log_{108}3$
$$\therefore \frac{3}{x}=\frac{1}{\log_{108}3}=\log_3 108$$
$$4^y=81\text{에서 }y=\log_4 81=\log_4 3^4=4\log_4 3$$
$$\therefore \frac{4}{y}=\frac{1}{\log_4 3}=\log_3 4$$

$$\therefore \frac{3}{x}-\frac{4}{y}=\log_3 108-\log_3 4$$
$$=\log_3\frac{108}{4}$$
$$=\log_3 27=3$$

답 3

0177 $\log_a x=1$에서 $\log_x a=1$
$$\log_b x=2\text{에서 }\log_x b=\frac{1}{2}$$
$$\log_c x=3\text{에서 }\log_x c=\frac{1}{3}$$
$$\therefore \log_{abc}x=\frac{1}{\log_x abc}=\frac{1}{\log_x a+\log_x b+\log_x c}$$
$$=\frac{1}{1+\frac{1}{2}+\frac{1}{3}}=\frac{1}{\frac{11}{6}}=\frac{6}{11}$$

답 $\dfrac{6}{11}$

0178 $a^x=b^y=c^z=256=2^8$에서
$$x=8\log_a 2,\ y=8\log_b 2,\ z=8\log_c 2$$

⦸

$$\therefore \frac{1}{x}+\frac{1}{y}+\frac{1}{z}=\frac{1}{8\log_a 2}+\frac{1}{8\log_b 2}+\frac{1}{8\log_c 2}$$
$$=\frac{1}{8}(\log_2 a+\log_2 b+\log_2 c)$$
$$=\frac{1}{8}\log_2 abc=\frac{1}{8}\log_2 16$$
$$=\frac{1}{8}\cdot 4=\frac{1}{2}$$

⦹

답 $\dfrac{1}{2}$

단계	채점요소	배점
⦸	$x,\ y,\ z$를 로그로 나타내기	40%
⦹	$\dfrac{1}{x}+\dfrac{1}{y}+\dfrac{1}{z}$의 값 구하기	60%

0179 이차방정식의 근과 계수의 관계에 의하여
$$\log_{10}a+\log_{10}b=6,\ \log_{10}a\cdot\log_{10}b=3$$
$$\therefore \log_a b+\log_b a$$
$$=\frac{\log_{10}b}{\log_{10}a}+\frac{\log_{10}a}{\log_{10}b}$$
$$=\frac{(\log_{10}a)^2+(\log_{10}b)^2}{\log_{10}a\cdot\log_{10}b}$$
$$=\frac{(\log_{10}a+\log_{10}b)^2-2\log_{10}a\cdot\log_{10}b}{\log_{10}a\cdot\log_{10}b}$$
$$=\frac{6^2-2\cdot 3}{3}=\frac{30}{3}=10$$

답 ③

0180 이차방정식의 근과 계수의 관계에 의하여
$$\alpha+\beta=10,\ \alpha\beta=8$$

$$\therefore \log_2 \alpha + \log_2 \beta = \log_2 \alpha\beta = \log_2 8$$
$$= \log_2 2^3 = 3$$

답 3

0181 이차방정식의 근과 계수의 관계에 의하여
$$\alpha + \beta = 2\log_2 3, \ \alpha\beta = 1$$
$$\therefore \alpha + \beta - \alpha\beta = 2\log_2 3 - 1$$
$$= \log_2 3^2 - \log_2 2$$
$$= \log_2 \frac{9}{2}$$
$$\therefore 2^{\alpha+\beta-\alpha\beta} = 2^{\log_2 \frac{9}{2}} = \frac{9}{2}$$

답 $\dfrac{9}{2}$

0182 이차방정식의 근과 계수의 관계에 의하여
$$1 + \log_3 4 = a, \ 1 \cdot \log_3 4 = b$$
$$\therefore \frac{a}{b} = \frac{1 + \log_3 4}{\log_3 4} = \frac{\log_3 3 + \log_3 4}{\log_3 4}$$
$$= \frac{\log_3 12}{\log_3 4} = \log_4 12$$

답 ①

0183 $A = \log_{\frac{1}{2}} \frac{1}{8} = \log_{\frac{1}{2}} \left(\frac{1}{2}\right)^3 = 3$

$B = 5\log_4 2 = 5\log_{2^2} 2 = \dfrac{5}{2}$

$C = 4^{\log_4 2} = 2^{\log_4 4} = 2$

$\therefore C < B < A$

답 ⑤

0184 $A = 3\log_2 \dfrac{1}{4} = 3\log_2 2^{-2} = 3 \cdot (-2) = -6$

$B = 9^{\log_3 7 - 2} = 9^{\log_3 7} \div 9^2$

$\quad = 7^{\log_3 9} \div 9^2 = 7^2 \div 9^2 = \dfrac{49}{81}$

$C = \log_4 8 - \log_{\frac{1}{3}} 27 = \log_{2^2} 2^3 - \log_{3^{-1}} 3^3$

$\quad = \dfrac{3}{2} - (-3) = \dfrac{9}{2}$

$\therefore A < B < C$

답 ①

0185 $A = 3^{1 - \log_3 2} = 3^{\log_3 \frac{3}{2}} = \dfrac{3}{2}$

$B = \log_2 3 \cdot \log_3 4 = \log_2 3 \cdot \dfrac{\log_2 4}{\log_2 3}$

$\quad = \log_2 4 = 2$

$C = \log_4 2 + \log_9 3 = \dfrac{1}{2}\log_2 2 + \dfrac{1}{2}\log_3 3$

$\quad = \dfrac{1}{2} + \dfrac{1}{2} = 1$

$\therefore C < A < B$

답 $C < A < B$

0186 $\log_3 9 < \log_3 20 < \log_3 27$이므로
$$2 < \log_3 20 < 3$$
즉 $\log_3 20$의 정수 부분 a는 $a = 2$
소수 부분 b는
$$b = \log_3 20 - 2 = \log_3 20 - \log_3 3^2 = \log_3 \frac{20}{9}$$
$$\therefore 9(2^a + 3^b) = 9(2^2 + 3^{\log_3 \frac{20}{9}}) = 9\left(4 + \frac{20}{9}\right) = 56$$

답 56

0187 $\log_5 10 = \log_5 (5 \cdot 2) = 1 + \log_5 2$ $\quad\quad$ …… ㉠
이때 $\log_5 1 < \log_5 2 < \log_5 5$이므로
$$0 < \log_5 2 < 1$$
즉 ㉠에서 $\log_5 10$의 정수 부분 x는 $x = 1$
소수 부분 y는
$$y = \log_5 10 - 1 = 1 + \log_5 2 - 1 = \log_5 2$$
$$\therefore \frac{5^y - 5^{-y}}{5^x - 5^{-x}} = \frac{5^{\log_5 2} - 5^{-\log_5 2}}{5^1 - 5^{-1}} = \frac{2 - \dfrac{1}{2}}{5 - \dfrac{1}{5}} = \frac{5}{16}$$

답 $\dfrac{5}{16}$

0188 $\log 72 = \log(2^3 \cdot 3^2) = 3\log 2 + 2\log 3$
$$= 3 \times 0.3010 + 2 \times 0.4771$$
$$= 1.8572$$

답 ②

0189 양수 x에 대하여 $\log \sqrt{x} = 0.612$이므로
$$\log x = 2\log \sqrt{x} = 2 \times 0.612 = 1.224$$
$$\therefore \log x^4 + \log \sqrt[3]{x} = 4\log x + \frac{1}{3}\log x$$
$$= \frac{13}{3}\log x$$
$$= \frac{13}{3} \times 1.224$$
$$= 5.304$$

답 5.304

0190 $\log x = -1.3796 = -2 + 0.6204$이므로
$$\log x^2 + \log \sqrt{x} = 2\log x + \frac{1}{2}\log x$$
$$= \frac{5}{2}\log x$$
$$= \frac{5}{2}(-2 + 0.6204)$$
$$= -5 + 1.5510$$
$$= -4 + 0.5510$$
따라서 정수 부분은 -4, 소수 부분은 0.5510이다.

답 ②

0191 ㄱ. $\log 654 = \log(6.54 \times 10^2)$
$= \log 6.54 + 2$
$= 0.8156 + 2 = 2.8156$

∴ 정수 부분 : 2, 소수 부분 : 0.8156 (참)

ㄴ. $\log 0.0654 = \log(6.54 \times 10^{-2})$
$= -2 + \log 6.54$
$= -2 + 0.8156$

∴ 정수 부분 : -2, 소수 부분 : 0.8156 (거짓)

ㄷ. $\log 13.08 = \log(6.54 \times 2)$
$= \log 6.54 + \log 2$
$= 0.8156 + 0.3010$
$= 1.1166$

∴ 정수 부분 : 1, 소수 부분 : 0.1166 (거짓)

따라서 옳은 것은 ㄱ이다.

답 ㄱ

0192 $\log x^2 = 2 \log x = 2 \times (-2.54)$
$= -5.08$
$= -5 - 0.08$
$= (-5-1) + (1-0.08)$
$= -6 + 0.92$

∴ $n = -6$

㉮

$\log \dfrac{1}{x} = -\log x = -(-2.54) = 2.54$

∴ $\alpha = 0.54$

㉯

∴ $n + \alpha = -6 + 0.54 = -5.46$

㉰

답 -5.46

단계	채점요소	배점
㉮	n의 값 구하기	40%
㉯	α의 값 구하기	40%
㉰	$n+\alpha$의 값 구하기	20%

0193 $10 \le x < 100$에서

$\log 10 \le \log x < \log 100$

∴ $1 \le \log x < 2$

즉 $\log x$의 정수 부분은 1이다.

$\log x = 1 + \alpha \ (0 \le \alpha < 1)$라 하면

$\log \sqrt{x} = \log x^{\frac{1}{2}} = \dfrac{1}{2} \log x = \dfrac{1}{2}(1+\alpha) = \dfrac{1}{2} + \dfrac{\alpha}{2}$

그런데 $0 \le \alpha < 1$이므로 $\dfrac{1}{2} \le \dfrac{1}{2} + \dfrac{\alpha}{2} < 1$

따라서 $\log \sqrt{x}$의 소수 부분은 $\dfrac{1}{2} + \dfrac{\alpha}{2}$이다.

답 $\dfrac{1}{2} + \dfrac{\alpha}{2}$

0194 $\log A = -1.7399$
$= -1 - 0.7399$
$= (-1-1) + (1-0.7399)$
$= -2 + 0.2601$

즉 $\log A$와 $\log 1.82$의 소수 부분이 같으므로 A는 1.82와 숫자의 배열이 같고, $\log A$의 정수 부분이 -2이므로 A는 소수점 아래 둘째 자리에서 처음으로 0이 아닌 숫자가 나타난다.

∴ $A = 0.0182$

답 **0.0182**

0195 ③ $\log 0.674 = \log(67.4 \times 10^{-2})$
$= \log 67.4 + \log 10^{-2}$
$= 1.8287 - 2$
$= -0.1713$

답 ③

0196 $\log y = -1.5986$
$= -1 - 0.5986$
$= (-1-1) + (1-0.5986)$
$= -2 + 0.4014$

즉 $\log y$와 $\log 2.52$의 소수 부분이 같으므로 y는 2.52와 숫자의 배열이 같고, $\log y$의 정수 부분이 -2이므로 y는 소수점 아래 둘째 자리에서 처음으로 0이 아닌 숫자가 나타난다.

∴ $y = 0.0252$

또한 $\log 2520$에서 2520은 4자리의 정수이므로 $\log 2520$의 정수 부분은 $4-1=3$이고, 2.52와 숫자의 배열이 같으므로 소수 부분은 0.4014이다. 즉

$\log 2520 = 3 + 0.4014 = 3.4014$

∴ $10^4(\log 2520 - y) = 10^4(3.4014 - 0.0252)$
$= 33762$

답 **33762**

0197 $\log a$의 정수 부분이 3이므로

$3 \le \log a < 4$ ∴ $10^3 \le a < 10^4$

따라서 자연수 a의 개수는

$10^4 - 10^3 = 9000$

답 ⑤

0198 양수 A는 정수 부분이 4자리인 수이므로 $\log A$의 정수 부분은 3이다.

∴ $3 \le \log A < 4$

답 ③

0199 $\log A$의 정수 부분이 4이므로

$4 \le \log A < 5$ ∴ $10^4 \le A < 10^5$

∴ $x = 10^5 - 10^4 = 9 \cdot 10^4$

㉮

$\log \dfrac{1}{B}$의 정수 부분이 -2이므로

$$-2 \le \log \dfrac{1}{B} < -1, \quad -2 \le -\log B < -1$$

$$1 < \log B \le 2 \quad \therefore 10 < B \le 10^2$$

$$\therefore y = 10^2 - 10 = 9 \cdot 10$$

㉯

$$\therefore \log x - \log y = \log \dfrac{x}{y} = \log \dfrac{9 \cdot 10^4}{9 \cdot 10}$$
$$= \log 10^3 = 3$$

㉰

답 3

단계	채점요소	배점
㉮	x의 값 구하기	40%
㉯	y의 값 구하기	40%
㉰	$\log x - \log y$의 값 구하기	20%

0200 $A^3 B = (2^{10})^3 \cdot 5^{10} = 2^{30} \cdot 5^{10}$이므로

$$\log A^3 B = \log(2^{30} \cdot 5^{10}) = \log(2^{20} \cdot 10^{10})$$
$$= 20 \log 2 + 10$$
$$= 20 \times 0.3010 + 10$$
$$= 16.02$$

따라서 $\log A^3 B$의 정수 부분이 16이므로 $A^3 B$는 17자리의 정수이다.

답 ①

0201 $\log 5^{30} = 30 \log 5 = 30(1 - \log 2)$
$$= 30(1 - 0.3010) = 30 \times 0.6990 = 20.97$$

따라서 $\log 5^{30}$의 정수 부분이 20이므로 5^{30}은 21자리의 정수이다.

답 ②

0202 2^n이 20자리의 수가 되어야 하므로 $\log 2^n$의 정수 부분은 19이어야 한다. 즉,

$$19 \le \log 2^n < 20, \quad 19 \le n \log 2 < 20$$

$$19 \le 0.3n < 20$$

$$\therefore 63.\times\times\times \le n < 66.\times\times\times$$

따라서 이를 만족시키는 자연수 n은 64, 65, 66이고, 그 합은

$$64 + 65 + 66 = 195$$

답 195

0203 24^{100}이 139자리의 수이므로 $\log 24^{100}$의 정수 부분은 138이다. 즉

$$138 \le \log 24^{100} < 139, \quad 138 \le 100 \log 24 < 139$$

$$\therefore 1.38 \le \log 24 < 1.39 \qquad \cdots\cdots ㉠$$

$\log 24^{19} = 19 \log 24$이므로 ㉠의 각 변에 19를 곱하면

$$1.38 \times 19 \le 19 \log 24 < 1.39 \times 19$$

$$\therefore 26.22 \le \log 24^{19} < 26.41$$

따라서 $\log 24^{19}$의 정수 부분이 26이므로 24^{19}은 27자리의 정수이다.

답 ⑤

0204 $\log A = -3.69 = -4 + 0.31$이므로

$$\log A^{20} = 20 \log A = 20(-4 + 0.31)$$
$$= -80 + 6.2$$
$$= -74 + 0.2$$

따라서 $\log A^{20}$의 정수 부분이 -74이므로 A^{20}은 소수점 아래 74째 자리에서 처음으로 0이 아닌 숫자가 나타난다.

답 74째 자리

0205 $\log 0.25^{20} = \log \left(\dfrac{1}{4}\right)^{20} = \log \left(\dfrac{1}{2}\right)^{40}$
$$= \log 2^{-40} = -40 \log 2$$
$$= -40 \times 0.3010$$
$$= -12.04$$
$$= -13 + 0.96$$

따라서 $\log 0.25^{20}$의 정수 부분이 -13이므로 0.25^{20}은 소수점 아래 13째 자리에서 처음으로 0이 아닌 숫자가 나타난다.

답 13째 자리

0206 a^{10}이 14자리의 정수이므로 $\log a^{10}$의 정수 부분은 13이다. 즉 $13 \le \log a^{10} < 14, \quad 13 \le 10 \log a < 14$

$$\therefore 1.3 \le \log a < 1.4 \qquad \cdots\cdots ㉠$$

$\log \left(\dfrac{1}{a}\right)^2 = -2 \log a$이므로 ㉠의 각 변에 -2를 곱하면

$$-2.8 < -2 \log a \le -2.6$$

따라서 $\log \left(\dfrac{1}{a}\right)^2$의 정수 부분이 -3이므로 $\left(\dfrac{1}{a}\right)^2$은 소수점 아래 3째 자리에서 처음으로 0이 아닌 숫자가 나타난다.

답 ②

0207 $\log \dfrac{A^3}{B^2} = 5 + \alpha$, $\log \dfrac{B^2}{A} = -1 + \beta$

$$(0 \le \alpha < 1, \ 0 \le \beta < 1)$$

로 놓으면

$$3 \log A - 2 \log B = 5 + \alpha \qquad \cdots\cdots ㉠$$
$$2 \log B - \log A = -1 + \beta \qquad \cdots\cdots ㉡$$

㉠＋㉡을 하면 $2 \log A = 4 + \alpha + \beta$

$$\therefore \log A = 2 + \dfrac{\alpha + \beta}{2}$$

이때 $0 \le \dfrac{\alpha + \beta}{2} < 1$이므로 $\log A$의 정수 부분은 2, 소수 부분은 $\dfrac{\alpha + \beta}{2}$이다.

따라서 A는 3자리의 자연수이다.

답 3자리

0208 $\log 6^{20} = 20 \log 6 = 20(\log 2 + \log 3)$

$\qquad\qquad = 20(0.3010 + 0.4771)$

$\qquad\qquad = 15.562$

이때 $\log 4 = 2 \log 2 = 2 \times 0.3010 = 0.6020$이므로

$\log 3 < 0.562 < \log 4$

$15 + \log 3 < 15.562 < 15 + \log 4$

$\log(3 \cdot 10^{15}) < \log 6^{20} < \log(4 \cdot 10^{15})$

$\therefore 3 \cdot 10^{15} < 6^{20} < 4 \cdot 10^{15}$

따라서 6^{20}의 최고 자리의 숫자는 3이다.

답 3

0209 $\log(2^{20} \cdot 3^{40}) = \log 2^{20} + \log 3^{40}$

$\qquad\qquad = 20 \log 2 + 40 \log 3$

$\qquad\qquad = 20 \times 0.3010 + 40 \times 0.4771$

$\qquad\qquad = 25.104$

이때 $\log 1 = 0$, $\log 2 = 0.3010$이므로

$\log 1 < 0.104 < \log 2$

$25 + \log 1 < 25.104 < 25 + \log 2$

$\log(1 \cdot 10^{25}) < \log(2^{20} \cdot 3^{40}) < \log(2 \cdot 10^{25})$

$\therefore 1 \cdot 10^{25} < 2^{20} \cdot 3^{40} < 2 \cdot 10^{25}$

따라서 $2^{20} \cdot 3^{40}$의 최고 자리의 숫자는 1이다.

답 ①

0210 $\log 2^{50} = 50 \log 2 = 50 \times 0.3010 = 15.05$이므로 2^{50}은 16자리의 정수이다.

$\therefore a = 16$

㉮

2의 거듭제곱의 일의 자리 숫자는 2, 4, 8, 6이 반복되고, $50 = 4 \cdot 12 + 2$이므로 2^{50}의 일의 자리의 숫자는 4이다.

$\therefore b = 4$

㉯

한편, $\log 2 = 0.3010$이므로 $\log 1 < 0.05 < \log 2$

$15 + \log 1 < 15.05 < 15 + \log 2$

$\log(1 \cdot 10^{15}) < \log 2^{50} < \log(2 \cdot 10^{15})$

$\therefore 1 \cdot 10^{15} < 2^{50} < 2 \cdot 10^{15}$

따라서 2^{50}의 최고 자리의 숫자는 1이므로 $c = 1$

㉰

$\therefore a + b + c = 16 + 4 + 1 = 21$

㉱

답 21

단계	채점요소	배점
㉮	a의 값 구하기	20%
㉯	b의 값 구하기	30%
㉰	c의 값 구하기	40%
㉱	$a+b+c$의 값 구하기	10%

0211 $\log A = n + \alpha$ (n은 정수, $0 \le \alpha < 1$)라 하면 이차방정식 $2x^2 - 5x + k - 3 = 0$의 두 근이 n, α이므로 근과 계수의 관계에 의하여

$n + \alpha = \dfrac{5}{2} = 2 + \dfrac{1}{2}$ $\qquad$ $\cdots\cdots$ ㉠

$n\alpha = \dfrac{k-3}{2}$ $\qquad\qquad$ $\cdots\cdots$ ㉡

㉠에서 $n = 2$, $\alpha = \dfrac{1}{2}$이므로 이 값을 ㉡에 대입하면

$2 \cdot \dfrac{1}{2} = \dfrac{k-3}{2}$

$\therefore k = 5$

답 5

0212 $\log A = \dfrac{15}{2} = 7 + \dfrac{1}{2}$이므로 $\log A$의 정수 부분은 7, 소수 부분은 $\dfrac{1}{2}$이다.

따라서 이차항의 계수가 1이고 7과 $\dfrac{1}{2}$을 두 근으로 하는 이차방정식은

$x^2 - \left(7 + \dfrac{1}{2}\right)x + 7 \cdot \dfrac{1}{2} = 0$

$x^2 - \dfrac{15}{2}x + \dfrac{7}{2} = 0$

$\therefore 2x^2 - 15x + 7 = 0$

답 ①

0213 $\log z = n + \alpha$ (n은 정수, $0 \le \alpha < 1$)라 하면 이차방정식 $x^2 - ax + b = 0$의 두 근이 n, α이므로 근과 계수의 관계에 의하여

$n + \alpha = a$ $\qquad\qquad$ $\cdots\cdots$ ㉠

$n\alpha = b$ $\qquad\qquad$ $\cdots\cdots$ ㉡

이때 $b \ne 0$이므로 $\alpha \ne 0$ $\quad \therefore 0 < \alpha < 1$

한편, $\log \dfrac{1}{z} = -\log z = -n - \alpha = (-n-1) + (1-\alpha)$

이고 $0 < 1 - \alpha < 1$이므로 $\log \dfrac{1}{z}$의 정수 부분은 $-n-1$이고, 소수 부분은 $1 - \alpha$이다.

이차방정식 $x^2 + ax + b - \dfrac{3}{2} = 0$의 두 근이 $-n-1$, $1-\alpha$이므로 근과 계수의 관계에 의하여

$(-n-1) + (1-\alpha) = -a$

$(-n-1)(1-\alpha) = b - \dfrac{3}{2}$ $\qquad$ $\cdots\cdots$ ㉢

㉡, ㉢에서 $-n + n\alpha - 1 + \alpha = n\alpha - \dfrac{3}{2}$이므로

$n - \alpha = \dfrac{1}{2}$ $\quad \therefore n = 1$, $\alpha = \dfrac{1}{2}$ ($\because n$은 정수, $0 < \alpha < 1$)

이 값을 ㉠, ㉡에 대입하면 $a=\dfrac{3}{2}$, $b=\dfrac{1}{2}$이므로

$a+b=2$

답 2

0214 $10<x<100$에서 $1<\log x<2$ …… ㉠

$\log x$의 소수 부분과 $\log \dfrac{1}{x}$의 소수 부분이 같으므로

$\log x-\log \dfrac{1}{x}=\log x+\log x=2\log x=(\text{정수})$

㉠에 의하여 $2<2\log x<4$이므로

$2\log x=3$, $\log x=\dfrac{3}{2}$

$x=10^{\frac{3}{2}}$ $\therefore x^2=10^3$

답 ③

0215 $\log x$의 정수 부분이 1이므로

$1\leq\log x<2$ …… ㉠

$\log x^2$의 소수 부분과 $\log \dfrac{1}{x}$의 소수 부분이 같으므로

$\log x^2-\log \dfrac{1}{x}=2\log x+\log x=3\log x=(\text{정수})$

㉠에 의하여 $3\leq 3\log x<6$이므로

$3\log x=3,\ 4,\ 5$

$\log x=1,\ \dfrac{4}{3},\ \dfrac{5}{3}$

$\therefore x=10,\ 10^{\frac{4}{3}},\ 10^{\frac{5}{3}}$

따라서 모든 x의 값의 곱은

$10\cdot 10^{\frac{4}{3}}\cdot 10^{\frac{5}{3}}=10^{1+\frac{4}{3}+\frac{5}{3}}=10^4$

답 ③

0216 x의 정수 부분이 세 자리의 자연수이고, x는 정수가 아니므로 $\log x=2.\times\times\times$

즉 $2<\log x<3$ …… ㉠

$\log \sqrt{x}$의 소수 부분과 $\log x^2$의 소수 부분이 같으므로

$\log \sqrt{x}-\log x^2=\dfrac{1}{2}\log x-2\log x$

$\qquad\qquad\qquad =-\dfrac{3}{2}\log x=(\text{정수})$

㉠에 의하여 $-\dfrac{9}{2}<-\dfrac{3}{2}\log x<-3$이므로

$-\dfrac{3}{2}\log x=-4$

$\therefore \log x=\dfrac{8}{3}=2+\dfrac{2}{3}$

따라서 $\log x$의 소수 부분은 $\dfrac{2}{3}$이다. $\therefore k=\dfrac{2}{3}$

$\therefore 420k=420\cdot\dfrac{2}{3}=280$

답 280

0217 $\log x$의 소수 부분과 $\log \sqrt{x}$의 소수 부분의 합이 1이므로

$\log x+\log \sqrt{x}=\log x+\dfrac{1}{2}\log x=\dfrac{3}{2}\log x=(\text{정수})$

한편, $\log x$의 정수 부분이 2이므로 $2\leq\log x<3$

각 변에 $\dfrac{3}{2}$을 곱하면 $3\leq\dfrac{3}{2}\log x<\dfrac{9}{2}$

$\dfrac{3}{2}\log x=3,\ 4$

$\therefore \log x=2,\ \dfrac{8}{3}$

그런데 $\log x=2$이면 $\log \sqrt{x}=1$이 되어 $\log x$와 $\log \sqrt{x}$의 소수 부분의 합은 0이므로 조건을 만족시키지 않는다.

$\therefore \log x=\dfrac{8}{3}=2+\dfrac{2}{3}$

따라서 $\log x$의 소수 부분은 $\dfrac{2}{3}$이다.

답 ④

다른풀이 $\log x$의 소수 부분을 α라 하면

$\log x=2+\alpha\ (0\leq\alpha<1)$

$\therefore \log \sqrt{x}=\dfrac{1}{2}\log x=\dfrac{1}{2}(2+\alpha)=1+\dfrac{\alpha}{2}$

따라서 $\log \sqrt{x}$의 소수 부분은 $\dfrac{\alpha}{2}$이므로

$\alpha+\dfrac{\alpha}{2}=1$, $\dfrac{3}{2}\alpha=1$ $\therefore \alpha=\dfrac{2}{3}$

0218 $\log x$의 소수 부분과 $\log \sqrt[3]{x}$의 소수 부분의 합이 1이므로

$\log x+\log \sqrt[3]{x}=\log x+\dfrac{1}{3}\log x=\dfrac{4}{3}\log x=(\text{정수})$

$10^3\leq x<10^4$에서 $3\leq\log x<4$

각 변에 $\dfrac{4}{3}$를 곱하면 $4\leq\dfrac{4}{3}\log x<\dfrac{16}{3}$

$\dfrac{4}{3}\log x=4,\ 5$ $\therefore \log x=3,\ \dfrac{15}{4}$

그런데 $\log x=3$이면 $\log \sqrt[3]{x}=1$이 되어 $\log x$와 $\log \sqrt[3]{x}$의 소수 부분의 합은 0이므로 조건을 만족시키지 않는다.

$\therefore \log x=\dfrac{15}{4}$

따라서 $\log x^2=2\log x=\dfrac{15}{2}=7+\dfrac{1}{2}$이므로 $\log x^2$의 소수 부분은 $\dfrac{1}{2}$이다.

답 $\dfrac{1}{2}$

다른풀이 $10^3\leq x<10^4$에서 $3\leq\log x<4$

$\log x$의 소수 부분을 α라 하면 $\log x=3+\alpha\ (0\leq\alpha<1)$

$\therefore \log \sqrt[3]{x}=\dfrac{1}{3}\log x=\dfrac{1}{3}(3+\alpha)=1+\dfrac{\alpha}{3}$

따라서 $\log \sqrt[3]{x}$의 소수 부분은 $\dfrac{\alpha}{3}$이므로

$\alpha+\dfrac{\alpha}{3}=1$, $\dfrac{4}{3}\alpha=1$ $\therefore \alpha=\dfrac{3}{4}$

$\therefore \log x^2=2\log x=6+2\alpha=6+\dfrac{3}{2}=7+\dfrac{1}{2}$

따라서 $\log x^2$의 소수 부분은 $\dfrac{1}{2}$이다.

0219 $P(x)=1$에서 $1\leq \log x<2$ ..... ㉠

$Q(x)+Q(x^2)=1$에서

$\log x+\log x^2=\log x+2\log x=3\log x=$(정수)

㉠의 각 변에 3을 곱하면

$3\leq 3\log x<6$ $\therefore 3\log x=3,\ 4,\ 5$

즉 $\log x=1,\ \dfrac{4}{3},\ \dfrac{5}{3}$이므로 $x=10,\ 10^{\frac{4}{3}},\ 10^{\frac{5}{3}}$

그런데 $x=10$이면 $\log x=1$, $\log x^2=2$가 되어

$Q(x)+Q(x^2)=0$이므로 조건을 만족시키지 않는다.

$\therefore x=10^{\frac{4}{3}},\ 10^{\frac{5}{3}}$

따라서 모든 실수 x의 값의 곱은

$10^{\frac{4}{3}}\cdot 10^{\frac{5}{3}}=10^3$

답 ⑤

다른풀이 $P(x)=1$이므로 $\log x$의 소수 부분을 α라 하면

$\log x=1+\alpha\ (0\leq \alpha<1)$

$\therefore \log x^2=2\log x=2(1+\alpha)=2+2\alpha$

(i) $0\leq \alpha<\dfrac{1}{2}$일 때,

$0\leq 2\alpha<1$에서 $\log x^2$의 소수 부분은 2α이고

$Q(x)+Q(x^2)=1$이므로

$\alpha+2\alpha=1,\ 3\alpha=1$ $\therefore \alpha=\dfrac{1}{3}$

$\log x=1+\dfrac{1}{3}=\dfrac{4}{3}$이므로 $x=10^{\frac{4}{3}}$

(ii) $\dfrac{1}{2}\leq \alpha<1$일 때,

$1\leq 2\alpha<2$에서 $\log x^2$의 소수 부분은 $2\alpha-1$이고

$Q(x)+Q(x^2)=1$이므로

$\alpha+(2\alpha-1)=1,\ 3\alpha=2$ $\therefore \alpha=\dfrac{2}{3}$

$\log x=1+\dfrac{2}{3}=\dfrac{5}{3}$이므로 $x=10^{\frac{5}{3}}$

(i), (ii)에서 모든 실수 x의 값의 곱은

$10^{\frac{4}{3}}\cdot 10^{\frac{5}{3}}=10^3$

0220 올해 매출액이 100억 원일 때, n년 후에 매출액이 5배가 되면 500억 원이므로

$100(1+0.28)^n=500$ $\therefore 1.28^n=5$

양변에 상용로그를 취하면

$n\log 1.28=\log 5$, $n\log \dfrac{128}{100}=\log 5$

$n(\log 2^7-\log 100)=1-\log 2$

$\therefore n=\dfrac{1-\log 2}{7\log 2-2}=\dfrac{1-0.3}{7\times 0.3-2}=7$

따라서 앞으로 7년 후의 매출액이 올해 매출액의 5배가 된다.

답 **7년 후**

0221 올해 채굴량을 A, 채굴량의 증가율을 $a\ \%$라 하면

$A\left(1+\dfrac{a}{100}\right)^{10}=2A$ $\therefore \left(1+\dfrac{a}{100}\right)^{10}=2$

양변에 상용로그를 취하면

$10\log \left(1+\dfrac{a}{100}\right)=\log 2$

$\log \left(1+\dfrac{a}{100}\right)=\dfrac{1}{10}\log 2=\dfrac{1}{10}\times 0.3=0.03$

이때 $\log 1.07=0.03$이므로

$1+\dfrac{a}{100}=1.07$ $\therefore a=7$

따라서 채굴량을 매년 7 %씩 증가시켜야 한다.

답 ④

0222 A지역의 소리의 강도를 P_A, A지역의 소리의 크기를 D_A, B지역의 소리의 크기를 D_B라 하면

$D_A=10\log \dfrac{P_A}{I}$

$D_B=10\log \dfrac{500P_A}{I}=10\left(\log 500+\log \dfrac{P_A}{I}\right)$

$\quad=10\log 500+D_A=10(\log 5+\log 100)+D_A$

$\quad=10(1-\log 2+2)+D_A$

$\quad=10\times 2.7+D_A$

$\quad=27+D_A$

따라서 A지역과 B지역의 소리의 크기의 차이는 27 dB이다.

답 **27 dB**

시험에 꼭 나오는 문제 본문 30~33쪽

0223 밑의 조건에서 $a+2>0$, $a+2\neq 1$

$a>-2$, $a\neq -1$ $\therefore -2<a<-1$ 또는 $a>-1$ ..... ㉠

진수의 조건에서 $-a^2+a+12>0$

$a^2-a-12<0$, $(a+3)(a-4)<0$

$\therefore -3<a<4$ ..... ㉡

㉠, ㉡의 공통 범위를 구하면

$-2<a<-1$ 또는 $-1<a<4$

따라서 정수 a의 값은 0, 1, 2, 3이므로 그 합은 6이다.

답 ⑤

0224 $5\log_3 \sqrt{3}+\dfrac{1}{2}\log_3 2-\log_3 \sqrt{6}$

$=\dfrac{5}{2}\log_3 3+\dfrac{1}{2}\log_3 2-\dfrac{1}{2}\log_3 6$

$=\dfrac{5}{2}+\dfrac{1}{2}\log_3 2-\dfrac{1}{2}(\log_3 2+\log_3 3)$

$=\dfrac{5}{2}+\dfrac{1}{2}\log_3 2-\dfrac{1}{2}\log_3 2-\dfrac{1}{2}\log_3 3$

$=\dfrac{5}{2}-\dfrac{1}{2}=2$

답 ②

0225 $\log_3 x + \log_3 2y + \log_3 3z = 1$에서

$\log_3(x \cdot 2y \cdot 3z) = \log_3 6xyz = 1$

$6xyz = 3 \qquad \therefore xyz = \dfrac{1}{2}$

$\therefore \{(81^x)^y\}^z = 81^{xyz} = (3^4)^{\frac{1}{2}} = 3^2 = 9$

답 ③

0226 $(\log_2 3 + \log_{\sqrt[3]{4}} 9)\left(2\log_3 2 + \dfrac{1}{2}\log_3 4\right)$

$= (\log_2 3 + \log_{2^{\frac{2}{3}}} 3^2)\left(2\log_3 2 + \dfrac{1}{2}\log_3 2^2\right)$

$= (\log_2 3 + 3\log_2 3)(2\log_3 2 + \log_3 2)$

$= 4\log_2 3 \cdot 3\log_3 2$

$= \dfrac{4\log 3}{\log 2} \cdot \dfrac{3\log 2}{\log 3} = 12$

답 12

0227 ㄱ. $\log_2 \dfrac{1}{8} = \log_2 \dfrac{1}{2^3} = \log_2 2^{-3} = -3$ (참)

ㄴ. $\log_4 32 = \log_{2^2} 2^5 = \dfrac{5}{2}\log_2 2 = \dfrac{5}{2}$ (참)

ㄷ. $\log_{\sqrt{2}} 4 = \log_{2^{\frac{1}{2}}} 2^2 = 4\log_2 2 = 4$ (거짓)

ㄹ. $\log_3(\log_{27} 3) = \log_3(\log_{3^3} 3) = \log_3\left(\dfrac{1}{3}\log_3 3\right)$

$\qquad\qquad = \log_3 \dfrac{1}{3} = \log_3 3^{-1} = -1$ (참)

따라서 옳은 것은 ㄱ, ㄴ, ㄹ이다.

답 ④

0228 $x = \log_3 64$이므로

$\dfrac{x}{3} = \dfrac{1}{3}\log_3 64 = \dfrac{1}{3}\log_3 4^3 = \log_3 4$

$\therefore 3^{\frac{x}{3}} = 3^{\log_3 4} = 4$

답 4

0229 $\log_2 9 \cdot \log_3 5 \cdot \log_5 8 = \log_2 3^2 \cdot \log_3 5 \cdot \log_5 2^3$

$\qquad\qquad\qquad = 2\log_2 3 \cdot \log_3 5 \cdot 3\log_5 2$

$\qquad\qquad\qquad = \dfrac{2\log 3}{\log 2} \cdot \dfrac{\log 5}{\log 3} \cdot \dfrac{3\log 2}{\log 5}$

$\qquad\qquad\qquad = 6$

$\therefore 2^{\log_2 9 \cdot \log_3 5 \cdot \log_5 8} = 2^6 = 64$

답 ④

0230 $\log_{0.2} 45 = \dfrac{\log 45}{\log 0.2} = \dfrac{\log(5 \cdot 3^2)}{\log \dfrac{2}{10}}$

$\qquad = \dfrac{\log 5 + 2\log 3}{\log 2 - 1} = \dfrac{(1 - \log 2) + 2\log 3}{\log 2 - 1}$

$\qquad = \dfrac{1 - a + 2b}{a - 1} = \dfrac{a - 2b - 1}{1 - a}$

답 ③

0231 $\log_a x = \dfrac{1}{2}$, $\log_b x = \dfrac{1}{3}$, $\log_c x = \dfrac{1}{4}$에서

$\log_x a = 2$, $\log_x b = 3$, $\log_x c = 4$

$\therefore \dfrac{1}{\log_{abc} x} = \log_x abc = \log_x a + \log_x b + \log_x c$

$\qquad = 2 + 3 + 4 = 9$

답 ④

0232 $\log_a c : \log_b c = 2 : 1$에서 $2\log_b c = \log_a c$

$\dfrac{2\log c}{\log b} = \dfrac{\log c}{\log a}$, $2\log a = \log b$

$\log a^2 = \log b \qquad \therefore b = a^2$

$\therefore \log_a b + \log_b a = \log_a a^2 + \log_{a^2} a$

$\qquad = 2 + \dfrac{1}{2} = \dfrac{5}{2}$

답 $\dfrac{5}{2}$

0233 $\log_3 a$, $\log_3 b$가 이차방정식 $x^2 - 4x + 2 = 0$의 두 근이 므로 근과 계수의 관계에 의하여

$\log_3 a + \log_3 b = 4$, $\log_3 a \cdot \log_3 b = 2$

$\therefore \log_a \sqrt[3]{b} + \log_b \sqrt[3]{a}$

$= \dfrac{1}{3}\log_a b + \dfrac{1}{3}\log_b a$

$= \dfrac{1}{3}(\log_a b + \log_b a)$

$= \dfrac{1}{3}\left(\dfrac{\log_3 b}{\log_3 a} + \dfrac{\log_3 a}{\log_3 b}\right)$

$= \dfrac{1}{3} \cdot \dfrac{(\log_3 b)^2 + (\log_3 a)^2}{\log_3 a \cdot \log_3 b}$

$= \dfrac{1}{3} \cdot \dfrac{(\log_3 a + \log_3 b)^2 - 2\log_3 a \cdot \log_3 b}{\log_3 a \cdot \log_3 b}$

$= \dfrac{1}{3} \cdot \dfrac{4^2 - 2 \cdot 2}{2} = 2$

답 2

0234 $x^3 = y^4$에서 $y = x^{\frac{3}{4}}$

$\therefore A = \log_x y = \log_x x^{\frac{3}{4}} = \dfrac{3}{4}$

$y^4 = z^5$에서 $z = y^{\frac{4}{5}}$

$\therefore B = \log_y z = \log_y y^{\frac{4}{5}} = \dfrac{4}{5}$

$x^3 = z^5$에서 $x = z^{\frac{5}{3}}$

$\therefore C = \log_z x = \log_z z^{\frac{5}{3}} = \dfrac{5}{3}$

$\therefore A < B < C$

답 ①

0235 $\log_2 4 = 2$, $\log_2 8 = 3$이므로

$2 < \log_2 5 < 3$

따라서 $\log_2 5$의 정수 부분은 2이므로 $x=2$
소수 부분은 $\log_2 5 - 2$이므로
$$y = \log_2 5 - 2 = \log_2 \frac{5}{4}$$
$$\therefore \frac{2^x + 2^y}{2^{-x} + 2^{-y}} = \frac{2^2 + 2^{\log_2 \frac{5}{4}}}{2^{-2} + 2^{-\log_2 \frac{5}{4}}} = \frac{4 + \frac{5}{4}}{\frac{1}{4} + \frac{4}{5}} = 5$$

답 ⑤

0236 $\log 2.82 = 0.4502$, $\log 2.60 = 0.4150$이므로
$$\begin{aligned}
\log(28.2 \times 260) &= \log(2.82 \times 10 \times 2.60 \times 100) \\
&= \log 2.82 + \log 10 + \log 2.60 + \log 100 \\
&= \log 2.82 + \log 2.60 + 3 \\
&= 0.4502 + 0.4150 + 3 \\
&= 3.8652
\end{aligned}$$

답 ④

0237 $\log 1$, $\log 2$, $\log 3$, $\cdots$, $\log 9$의 정수 부분은 모두 0이므로
$$f(1) = f(2) = f(3) = \cdots = f(9) = 0$$
$\log 10$, $\log 11$, $\log 12$, $\cdots$, $\log 99$의 정수 부분은 모두 1이므로
$$f(10) = f(11) = f(12) = \cdots = f(99) = 1$$
$\log 100$, $\log 101$, $\log 102$, $\cdots$, $\log 200$의 정수 부분은 모두 2이므로
$$f(100) = f(101) = f(102) = \cdots = f(200) = 2$$
$$\begin{aligned}
\therefore f(1) &+ f(2) + f(3) + \cdots + f(199) + f(200) \\
&= 0 \cdot 9 + 1 \cdot 90 + 2 \cdot 101 \\
&= 292
\end{aligned}$$

답 **292**

0238 5^{100}이 70자리의 정수이므로 $\log 5^{100}$의 정수 부분은 69이다. 즉
$$69 \leq \log 5^{100} < 70, \quad 69 \leq 100 \log 5 < 70$$
$$\therefore 0.69 \leq \log 5 < 0.7 \qquad \cdots\cdots ㉠$$
또한 11^{100}이 105자리의 정수이므로 $\log 11^{100}$의 정수 부분은 104이다. 즉
$$104 \leq \log 11^{100} < 105, \quad 104 \leq 100 \log 11 < 105$$
$$\therefore 1.04 \leq \log 11 < 1.05 \qquad \cdots\cdots ㉡$$
이때 $\log 55^{10} = 10 \log 55 = 10(\log 5 + \log 11)$이므로
㉠+㉡을 하면
$$1.73 \leq \log 5 + \log 11 < 1.75, \quad 1.73 \leq \log 55 < 1.75$$
각 변에 10을 곱하면 $17.3 \leq 10 \log 55 < 17.5$
$$\therefore 17.3 \leq \log 55^{10} < 17.5$$
따라서 $\log 55^{10}$의 정수 부분이 17이므로 55^{10}은 18자리의 정수이다.

답 ⑤

0239 $\left(\dfrac{n}{10}\right)^{10}$이 소수점 아래 여섯째 자리에서 처음으로 0이 아닌 숫자가 나타나므로 $\log\left(\dfrac{n}{10}\right)^{10}$의 정수 부분은 -6이다.

즉 $-6 \leq \log\left(\dfrac{n}{10}\right)^{10} < -5$
$$-6 \leq 10(\log n - 1) < -5, \quad -0.6 \leq \log n - 1 < -0.5$$
$$\therefore 0.4 \leq \log n < 0.5$$
이때 $\log 2 = 0.3010$, $\log 3 = 0.4771$,
$\log 4 = 2\log 2 = 0.6020$이므로 구하는 자연수 n의 값은 3이다.

답 **3**

0240 $\log\left(\dfrac{1}{2}\right)^{24} = 24\log\dfrac{1}{2} = -24\log 2$
$$\begin{aligned}
&= -24 \times 0.3010 = -7.224 \\
&= -8 + 0.776 \qquad \cdots\cdots ㉠
\end{aligned}$$
즉 $\log\left(\dfrac{1}{2}\right)^{24}$의 정수 부분이 -8이므로 $\log\left(\dfrac{1}{2}\right)^{24}$은 소수점 아래 8째 자리에서 처음으로 0이 아닌 숫자가 나온다.
$$\therefore a = 8$$
한편, $\log 5 = 1 - \log 2 = 0.6990$, $\log 6 = \log 2 + \log 3 = 0.7781$
이므로
$$\log 5 < 0.776 < \log 6$$
$$-8 + \log 5 < -8 + 0.776 < -8 + \log 6$$
$$\log(5 \cdot 10^{-8}) < \log\left(\frac{1}{2}\right)^{24} < \log(6 \cdot 10^{-8}) \ (\because ㉠)$$
$$\therefore 5 \cdot 10^{-8} < \left(\frac{1}{2}\right)^{24} < 6 \cdot 10^{-8}$$
따라서 $\log\left(\dfrac{1}{2}\right)^{24}$의 소수점 아래 8째 자리의 숫자는 5이다.
$$\therefore b = 5$$
$$\therefore a + b = 8 + 5 = 13$$

답 **13**

0241 $\log N = n + \alpha$ (n은 정수, $0 \leq \alpha < 1$)라 하면
이차방정식 $x^2 - \dfrac{5}{3}x + \dfrac{k}{3} = 0$의 두 근이 n, α이므로 근과 계수의 관계에 의하여
$$n + \alpha = \frac{5}{3} = 1 + \frac{2}{3} \qquad \cdots\cdots ㉠$$
$$n\alpha = \frac{k}{3} \qquad \cdots\cdots ㉡$$
㉠에서 $n = 1$, $\alpha = \dfrac{2}{3}$
㉡에서 $1 \cdot \dfrac{2}{3} = \dfrac{k}{3}$ $\quad \therefore k = 2$

답 **2**

0242 조건 ㈎에서 $\log x$의 정수 부분이 2이므로
$$2 \leq \log x < 3 \qquad \cdots\cdots ㉠$$
조건 ㈏에서 $\log x^3$의 소수 부분과 $\log\dfrac{1}{x}$의 소수 부분이 같으므로

$$\log x^3 - \log \frac{1}{x} = 3 \log x + \log x$$
$$= 4 \log x = (정수)$$

㉠에 의하여 $8 \leq 4 \log x < 12$이므로

$4 \log x = 8, 9, 10, 11$

$\log x = 2, \dfrac{9}{4}, \dfrac{5}{2}, \dfrac{11}{4}$

$\therefore x = 10^2, 10^{\frac{9}{4}}, 10^{\frac{5}{2}}, 10^{\frac{11}{4}}$

따라서 x의 최댓값은 $10^{\frac{11}{4}}$이므로 $k = 10^{\frac{11}{4}}$

$\therefore 100 \log k = 100 \log 10^{\frac{11}{4}} = 100 \cdot \dfrac{11}{4} = 275$

답 275

0243 $100 \leq x < 1000$에서 $2 \leq \log x < 3$ $\qquad \cdots\cdots$ ㉠

$\log x$의 소수 부분과 $\log x^4$의 소수 부분이 같으므로

$\log x^4 - \log x = 4 \log x - \log x = 3 \log x = (정수)$

㉠에 의하여 $6 \leq 3 \log x < 9$이므로

$3 \log x = 6, 7, 8$

$\log x = 2, \dfrac{7}{3}, \dfrac{8}{3}$

$\therefore x = 10^2, 10^{\frac{7}{3}}, 10^{\frac{8}{3}}$

따라서 모든 실수 x의 값의 곱은

$10^2 \cdot 10^{\frac{7}{3}} \cdot 10^{\frac{8}{3}} = 10^{2+\frac{7}{3}+\frac{8}{3}} = 10^7$

답 ①

0244 $\log \sqrt{x}$의 소수 부분과 $\log \sqrt[3]{x}$의 소수 부분의 합이 1이 므로

$\log \sqrt{x} + \log \sqrt[3]{x} = \dfrac{1}{2} \log x + \dfrac{1}{3} \log x = \dfrac{5}{6} \log x = (정수)$

한편, $\log x$의 정수 부분이 3이므로 $3 \leq \log x < 4$

각 변에 $\dfrac{5}{6}$를 곱하면

$\dfrac{5}{2} \leq \dfrac{5}{6} \log x < \dfrac{10}{3}$, $\dfrac{5}{6} \log x = 3$

$\therefore \log x = \dfrac{18}{5} = 3 + \dfrac{3}{5}$

따라서 $\log x$의 소수 부분은 $\dfrac{3}{5}$이다.

답 $\dfrac{3}{5}$

0245 현재 보상 기준 가격은

$1000(1-0.2)^{10} = 10^3 \times 0.8^{10}$ (만 원)

상용로그를 취하면

$\log(10^3 \times 0.8^{10}) = 3 + 10 \log 0.8$

$\qquad\qquad = 3 + 10 \log \dfrac{8}{10}$

$\qquad\qquad = 3 + 10(3 \log 2 - 1)$

$\qquad\qquad = 3 + 10(3 \times 0.30 - 1)$

$\qquad\qquad = 2$

$\therefore 10^3 \times 0.8^{10} = 10^2$

따라서 현재 보상 기준 가격은 100만 원이다.

답 ②

0246 정상적인 비의 수소 이온의 농도를 X_0이라 하면

$-\log X_0 = 5.6 \qquad \therefore \log X_0 = -5.6$

pH 4.82인 비의 수소 이온의 농도를 X_1이라 하면

$-\log X_1 = 4.82 \qquad \therefore \log X_1 = -4.82$

$\therefore \log \dfrac{X_1}{X_0} = \log X_1 - \log X_0 = 0.78$

이때 $\log 2 = 0.30$, $\log 3 = 0.48$이므로

$\log \dfrac{X_1}{X_0} = 0.78 = 0.30 + 0.48 = \log 2 + \log 3 = \log 6$

$\therefore \dfrac{X_1}{X_0} = 6$

따라서 오염 물질의 양은 정상적인 상태의 6배이다.

답 6배

0247 $a = \log_9 (2-\sqrt{3})$에서

$9^a = 2 - \sqrt{3} \qquad \therefore 3^{2a} = 2 - \sqrt{3}$

㉮

$\therefore \dfrac{27^a - 27^{-a}}{3^a + 3^{-a}} = \dfrac{3^{3a} - 3^{-3a}}{3^a + 3^{-a}} = \dfrac{3^a(3^{3a} - 3^{-3a})}{3^a(3^a + 3^{-a})} = \dfrac{3^{4a} - 3^{-2a}}{3^{2a} + 1}$

$\qquad\qquad = \dfrac{(3^{2a})^2 - \dfrac{1}{3^{2a}}}{3^{2a} + 1}$

㉯

$\qquad = \dfrac{(2-\sqrt{3})^2 - \dfrac{1}{2-\sqrt{3}}}{(2-\sqrt{3}) + 1}$

$\qquad = \dfrac{7 - 4\sqrt{3} - (2+\sqrt{3})}{3 - \sqrt{3}}$

$\qquad = \dfrac{5(1-\sqrt{3})}{\sqrt{3}(\sqrt{3}-1)} = -\dfrac{5}{\sqrt{3}} = -\dfrac{5\sqrt{3}}{3}$

㉰

답 $-\dfrac{5\sqrt{3}}{3}$

단계	채점요소	배점
㉮	3^{2a}의 값 구하기	30 %
㉯	주어진 식을 3^{2a}으로 나타내기	30 %
㉰	주어진 식의 값 구하기	40 %

0248 $\log_2 12 = \log_2 (2^2 \cdot 3) = 2 + \log_2 3$이므로

㉮

주어진 방정식은 $x^2 + (2 + \log_2 3)x + 2 \log_2 3 = 0$

$(x+2)(x + \log_2 3) = 0$

$\therefore x = -2$ 또는 $x = -\log_2 3$

㉯

$$\therefore 2^{\alpha}+2^{\beta}=2^{-2}+2^{-\log_2 3}=\frac{1}{4}+2^{\log_2 \frac{1}{3}}$$
$$=\frac{1}{4}+\frac{1}{3}=\frac{7}{12}$$

❸

답 $\dfrac{7}{12}$

단계	채점요소	배점
❶	$\log_2 12$를 변형하기	30 %
❷	x의 값 구하기	40 %
❸	$2^{\alpha}+2^{\beta}$의 값 구하기	30 %

0249 $\log x$의 소수 부분을 α $(0\le\alpha<1)$라 하면
$$\log x=7+\alpha$$

❶

$$\therefore \log\sqrt{x}=\frac{1}{2}\log x=\frac{1}{2}(7+\alpha)$$
$$=3.5+\frac{\alpha}{2}=3+0.5+\frac{\alpha}{2}$$

따라서 $\log\sqrt{x}$의 정수 부분은 3, 소수 부분은 $0.5+\dfrac{\alpha}{2}$이다.

❷

이때 $\log\sqrt{x}$의 소수 부분이 0.8이므로
$$0.5+\frac{\alpha}{2}=0.8 \qquad \therefore \alpha=0.6$$

❸

$$\therefore \log\frac{1}{x}=-\log x=-(7+0.6)$$
$$=-7-0.6=(-7-1)+(1-0.6)$$
$$=-8+0.4$$

따라서 $\log\dfrac{1}{x}$의 소수 부분은 0.4이다.

❹

답 **0.4**

단계	채점요소	배점
❶	$\log x$를 정수 부분과 소수 부분으로 나타내기	20 %
❷	$\log\sqrt{x}$의 소수 부분을 $\log x$의 소수 부분으로 나타내기	30 %
❸	$\log x$의 소수 부분 구하기	20 %
❹	$\log\dfrac{1}{x}$의 소수 부분 구하기	30 %

0250 $\log 27^{20}=\log(3^3)^{20}=\log 3^{60}=60\log 3$
$$=60\times 0.4771=28.626$$
$$=28+0.626 \qquad\cdots\cdots ㉠$$

$\log 27^{20}$의 정수 부분이 28이므로 27^{20}은 29자리의 자연수이다.
$$\therefore a=29$$

❶

$\log 4=2\log 2=0.6020$, $\log 5=1-\log 2=0.6990$이므로
$$\log 4<0.626<\log 5$$

$$28+\log 4<28+0.626<28+\log 5$$
$$\log(4\cdot 10^{28})<\log 27^{20}<\log(5\cdot 10^{28}) (\because ㉠)$$
$$\therefore 4\cdot 10^{28}<27^{20}<5\cdot 10^{28}$$

따라서 27^{20}의 최고 자리의 숫자는 4이다.
$$\therefore b=4$$

❷

$$\therefore a+b=29+4=33$$

❸

답 **33**

단계	채점요소	배점
❶	a의 값 구하기	40 %
❷	b의 값 구하기	50 %
❸	$a+b$의 값 구하기	10 %

0251 $\log_a b=\log_b a$에서 $\log_a b=\dfrac{1}{\log_a b}$

$$\therefore (\log_a b)^2=1$$

(i) $\log_a b=1$일 때, $a=b$이므로 a, b가 서로 다른 양수라는 조건에 모순이다.

(ii) $\log_a b=-1$일 때, $b=a^{-1}=\dfrac{1}{a}$ $\qquad \therefore ab=1$

산술평균과 기하평균의 관계에 의하여
$$ab+3a+12b=1+3a+\frac{12}{a} (\because ab=1)$$
$$\ge 1+2\sqrt{3a\cdot\frac{12}{a}}$$
$$=1+2\cdot 6=13\left(단, 등호는 3a=\frac{12}{a}일 때 성립\right)$$

따라서 구하는 최솟값은 13이다.

답 ②

0252 $a^x=(\sqrt[3]{b^2})^y=(\sqrt[5]{c})^z=64$에서

$$a^x=64,\ b^{\frac{2}{3}y}=64,\ c^{\frac{z}{5}}=64$$

$$\therefore x=\log_a 64,\ \frac{2}{3}y=\log_b 64,\ \frac{z}{5}=\log_c 64$$

$$\therefore \frac{1}{x}+\frac{3}{2y}-\frac{5}{z}=\frac{1}{\log_a 64}+\frac{1}{\log_b 64}-\frac{1}{\log_c 64}$$
$$=\log_{64} a+\log_{64} b-\log_{64} c$$
$$=\log_{64}\frac{ab}{c}$$
$$=\log_{64} 2^{18}\left(\because \frac{ab}{c}=2^{18}\right)$$
$$=\log_{2^6} 2^{18}$$
$$=3$$

답 **3**

0253 $\log A=n+\alpha$ (n은 정수, $0<\alpha<1$)라 하면

ㄱ. $\log A-2=(n+\alpha)-2=(n-2)+\alpha$이므로
$\log A-2$의 소수 부분은 α이다.

ㄴ. $3-\log A=3-(n+\alpha)=3-n-\alpha$
$$=(3-n-1)+(1-\alpha)$$
$$=(2-n)+(1-\alpha)$$
이므로 $3-\log A$의 소수 부분은 $1-\alpha$이다.

ㄷ. $\log 100A=2+\log A=2+(n+\alpha)$
$$=(n+2)+\alpha$$
이므로 $\log 100A$의 소수 부분은 α이다.

ㄹ. $100\log A=100(n+\alpha)=100n+100\alpha$
그런데 $0<100\alpha<100$이므로 $100\log A$의 소수 부분은 알 수 없다.

ㅁ. $\log \dfrac{A}{100}=\log A-2=(n+\alpha)-2$
$$=(n-2)+\alpha$$
이므로 $\log \dfrac{A}{100}$의 소수 부분은 α이다.

따라서 $\log A$와 소수 부분이 같은 것은 ㄱ, ㄷ, ㅁ이다.

답 ④

0254 $a\log_{180}5+b\log_{180}2+c\log_{180}3=d$에서
$$\log_{180}5^a+\log_{180}2^b+\log_{180}3^c=d$$
$$\log_{180}(5^a\times2^b\times3^c)=d$$
$$\therefore\ 180^d=5^a\times2^b\times3^c$$
그런데 $180=2^2\times3^2\times5$에서
$180^d=2^{2d}\times3^{2d}\times5^d$이므로
$$2^b\times3^c\times5^a=2^{2d}\times3^{2d}\times5^d$$
$$\therefore\ a=d,\ b=2d,\ c=2d$$
세 자연수 a, b, c, 즉 d, $2d$, $2d$의 최대공약수가 1이므로 $d=1$
$$\therefore\ a=1,\ b=2,\ c=2$$
$$\therefore\ a+b+c+d=1+2+2+1=6$$

답 6

03 지수함수

교과서 문제 정/복/하/기 본문 35쪽

0255 답 ㄱ, ㄹ, ㅁ

0256 답

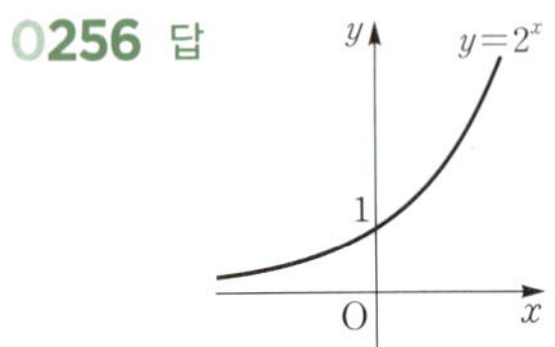

0257 답 $y=\left(\dfrac{1}{2}\right)^x$

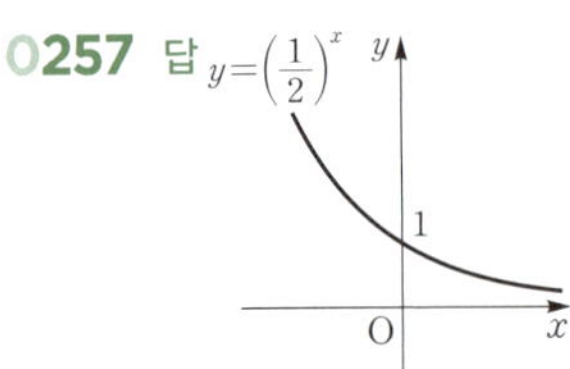

0258 $y=-a^x$의 그래프는 $y=a^x$의 그래프를 x축에 대하여 대칭이동한 것이므로 오른쪽 그림과 같다.

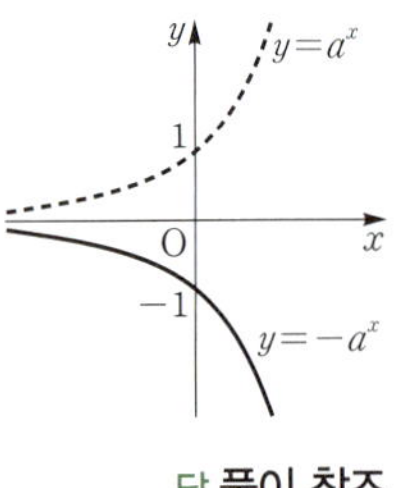

답 풀이 참조

0259 $y=\left(\dfrac{1}{a}\right)^x=a^{-x}$의 그래프는 $y=a^x$의 그래프를 y축에 대하여 대칭이동한 것이므로 오른쪽 그림과 같다.

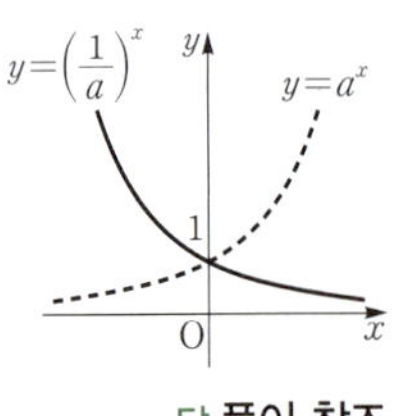

답 풀이 참조

0260 $y=-\left(\dfrac{1}{a}\right)^x=-a^{-x}$의 그래프는 $y=a^x$의 그래프를 원점에 대하여 대칭이동한 것이므로 오른쪽 그림과 같다.

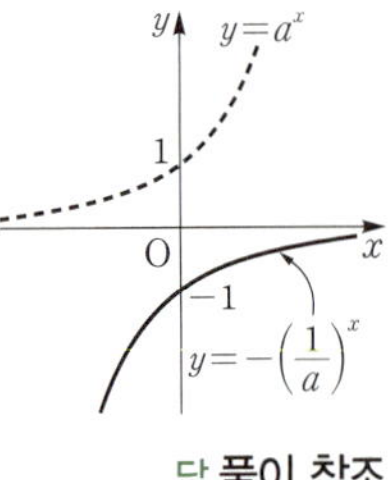

답 풀이 참조

0261 답 x축, 2

0262 $y=\left(\dfrac{1}{2}\right)^x$의 그래프를 x축에 대하여 대칭이동한 그래프의 식은

$$-y=\left(\dfrac{1}{2}\right)^x \qquad \therefore y=-\left(\dfrac{1}{2}\right)^x$$

답 $y=-\left(\dfrac{1}{2}\right)^x$

0263 $y=\left(\dfrac{1}{2}\right)^x$의 그래프를 y축에 대하여 대칭이동한 그래프의 식은

$$y=\left(\dfrac{1}{2}\right)^{-x} \qquad \therefore y=2^x$$

답 $y=2^x$

0264 $y=\left(\dfrac{1}{2}\right)^x$의 그래프를 원점에 대하여 대칭이동한 그래프의 식은

$$-y=\left(\dfrac{1}{2}\right)^{-x} \qquad \therefore y=-2^x$$

답 $y=-2^x$

0265 함수 $y=3^x$은 x의 값이 증가하면 y의 값도 증가하는 함수이므로 $-1\le x\le 1$일 때

$x=-1$에서 최솟값 $3^{-1}=\dfrac{1}{3}$,

$x=1$에서 최댓값 $3^1=3$을 갖는다.

답 최댓값 : 3, 최솟값 : $\dfrac{1}{3}$

0266 $y=\left(\dfrac{1}{4}\right)^x$은 x의 값이 증가하면 y의 값은 감소하는 함수이므로 $-2\le x\le 2$일 때

$x=-2$에서 최댓값 $\left(\dfrac{1}{4}\right)^{-2}=16$,

$x=2$에서 최솟값 $\left(\dfrac{1}{4}\right)^2=\dfrac{1}{16}$을 갖는다.

답 최댓값 : 16, 최솟값 : $\dfrac{1}{16}$

0267 $t=x^2-6x+6$으로 놓으면

$t=(x-3)^2-3\ge -3$

이때 주어진 함수는 $y=3^t$이고, 밑 3이 $3>1$이므로 $t=-3$일 때 최솟값 $y=3^{-3}=\dfrac{1}{27}$을 갖는다.

답 최솟값 : $\dfrac{1}{27}$

0268 $t=x^2-2x+3$으로 놓으면

$t=(x-1)^2+2\ge 2$

이때 주어진 함수는 $y=\left(\dfrac{1}{2}\right)^t$이고, 밑 $\dfrac{1}{2}$이 $0<\dfrac{1}{2}<1$이므로 $t=2$일 때 최댓값 $y=\left(\dfrac{1}{2}\right)^2=\dfrac{1}{4}$을 갖는다.

답 최댓값 : $\dfrac{1}{4}$

0269 $2^x=128$에서 $2^x=2^7$이므로 $x=7$

답 $x=7$

0270 $\left(\dfrac{1}{9}\right)^x=3\sqrt{3}$에서 $3^{-2x}=3^{\frac{3}{2}}$이므로 $-2x=\dfrac{3}{2}$

$\therefore x=-\dfrac{3}{4}$

답 $x=-\dfrac{3}{4}$

0271 $3^{2x+1}<3^x$에서 밑 3이 $3>1$이므로

$2x+1<x$ $\therefore x<-1$

답 $x<-1$

0272 $\left(\dfrac{1}{5}\right)^{2x}<\left(\dfrac{1}{5}\right)^3$에서 밑 $\dfrac{1}{5}$이 $0<\dfrac{1}{5}<1$이므로

$2x>3$ $\therefore x>\dfrac{3}{2}$

답 $x>\dfrac{3}{2}$

0273 $\sqrt{2}<2^{3x}<64$에서 $2^{\frac{1}{2}}<2^{3x}<2^6$

이때 밑 2가 $2>1$이므로

$\dfrac{1}{2}<3x<6$ $\therefore \dfrac{1}{6}<x<2$

답 $\dfrac{1}{6}<x<2$

0274 $\left(\dfrac{1}{2}\right)^{2x-1}<\left(\dfrac{1}{2}\right)^{\frac{5}{2}}<\left(\dfrac{1}{2}\right)^{x-2}$에서 밑 $\dfrac{1}{2}$이 $0<\dfrac{1}{2}<1$이므로

$2x-1>\dfrac{5}{2}>x-2$

(ⅰ) $2x-1>\dfrac{5}{2}$에서 $2x>\dfrac{7}{2}$ $\therefore x>\dfrac{7}{4}$

(ⅱ) $\dfrac{5}{2}>x-2$에서 $x<\dfrac{9}{2}$

(ⅰ), (ⅱ)에서 $\dfrac{7}{4}<x<\dfrac{9}{2}$

답 $\dfrac{7}{4}<x<\dfrac{9}{2}$

0275 $\left(\dfrac{1}{3}\right)^{x+2}<\left(\dfrac{1}{3}\right)^{x^2}<\left(\dfrac{1}{3}\right)^{3x-2}$에서 밑 $\dfrac{1}{3}$이 $0<\dfrac{1}{3}<1$이므로

$x+2>x^2>3x-2$

(ⅰ) $x+2>x^2$에서

$x^2-x-2<0$, $(x+1)(x-2)<0$

$\therefore -1<x<2$

(ⅱ) $x^2>3x-2$에서

$x^2-3x+2>0$, $(x-1)(x-2)>0$

$\therefore x<1$ 또는 $x>2$

(ⅰ), (ⅱ)에서 $-1<x<1$

답 $-1<x<1$

0276 $3^{2x}-10\cdot3^x+9\leq0$에서 $3^x=t$ $(t>0)$로 놓으면 주어진 부등식은

$t^2-10t+9\leq0$, $(t-1)(t-9)\leq0$

$\therefore 1\leq t\leq9$

즉 $1\leq3^x\leq9$이므로 $3^0\leq3^x\leq3^2$

밑이 1보다 크므로 $0\leq x\leq2$

답 $0\leq x\leq2$

0277 $\left(\dfrac{1}{9}\right)^x-12\cdot\left(\dfrac{1}{3}\right)^x<-27$에서 $\left(\dfrac{1}{3}\right)^x=t$ $(t>0)$로 놓으면 주어진 부등식은

$t^2-12t+27<0$, $(t-3)(t-9)<0$

$\therefore 3<t<9$

즉 $3<\left(\dfrac{1}{3}\right)^x<9$이므로 $\left(\dfrac{1}{3}\right)^{-1}<\left(\dfrac{1}{3}\right)^x<\left(\dfrac{1}{3}\right)^{-2}$

밑이 1보다 작으므로 $-2<x<-1$

답 $-2<x<-1$

0278 $4^x-3\cdot2^{x+1}+8\leq0$에서 $2^x=t$ $(t>0)$로 놓으면 주어진 부등식은

$t^2-6t+8\leq0$, $(t-2)(t-4)\leq0$

$\therefore 2\leq t\leq4$

즉 $2\leq2^x\leq4$이므로 $2^1\leq2^x\leq2^2$

밑이 1보다 크므로 $1\leq x\leq2$

답 $1\leq x\leq2$

📝 유형 익히기

본문 36~44쪽

0279 ② 그래프는 a의 값에 관계없이 항상 점 $(0, 1)$을 지난다.

④ $a>1$이면 x의 값이 증가할 때 y의 값도 증가하고,

$0<a<1$이면 x의 값이 증가할 때 y의 값은 감소한다.

답 ④

0280 ㄹ. 함수 $f(x)=\left(\dfrac{1}{5}\right)^x$에서 밑 $\dfrac{1}{5}$이 $0<\dfrac{1}{5}<1$이므로 x의

값이 증가하면 y의 값은 감소한다.

즉 $x_1<x_2$이면 $f(x_1)>f(x_2)$이다. (거짓)

따라서 옳은 것은 ㄱ, ㄴ, ㄷ이다.

답 ㄱ, ㄴ, ㄷ

0281 임의의 실수 a, b에 대하여 $a<b$일 때, $f(a)<f(b)$를 만족시킨다는 것은 함수 $f(x)$가 x의 값이 증가하면 y의 값도 증가하는 함수임을 의미한다.

따라서 $f(x)=a^x$에서 $a>1$인 함수를 찾으면 된다.

① $f(x)=2^{-x}=\left(\dfrac{1}{2}\right)^x$에서 밑 $\dfrac{1}{2}$이 $0<\dfrac{1}{2}<1$이므로 x의 값이

증가하면 y의 값은 감소한다.

② $f(x)=0.1^x=\left(\dfrac{1}{10}\right)^x$에서 밑 $\dfrac{1}{10}$이 $0<\dfrac{1}{10}<1$이므로 x의 값이 증가하면 y의 값은 감소한다.

③ $f(x)=\left(\dfrac{1}{3}\right)^{-x}=3^x$에서 밑 3이 $3>1$이므로 x의 값이 증가하면 y의 값도 증가한다.

④ $f(x)=\left(\dfrac{1}{4}\right)^x$에서 밑 $\dfrac{1}{4}$이 $0<\dfrac{1}{4}<1$이므로 x의 값이 증가하면 y의 값은 감소한다.

⑤ $f(x)=\left(\dfrac{4}{5}\right)^x$에서 밑 $\dfrac{4}{5}$가 $0<\dfrac{4}{5}<1$이므로 x의 값이 증가하면 y의 값은 감소한다.

답 ③

0282 함수 $y=a^x\ (a>0,\ a\neq1)$의 그래프를 y축에 대하여 대칭이동한 그래프의 식은
$$y=a^{-x} \qquad\qquad \cdots\cdots\ \text{㉠}$$
㉠의 그래프를 x축의 방향으로 4만큼, y축의 방향으로 -5만큼 평행이동한 그래프의 식은
$$y+5=a^{-(x-4)} \qquad \therefore\ y=a^{-(x-4)}-5 \qquad \cdots\cdots\ \text{㉡}$$
㉡의 그래프가 점 $(2,\ 11)$을 지나므로
$$11=a^2-5$$
$$a^2=16 \qquad \therefore\ a=4\ (\because\ a>0)$$

답 4

0283 함수 $y=\left(\dfrac{1}{2}\right)^x$의 그래프를 x축의 방향으로 2만큼 평행이동한 그래프의 식은
$$y=\left(\dfrac{1}{2}\right)^{x-2} \qquad\qquad \cdots\cdots\ \text{㉠}$$
㉠의 그래프를 원점에 대하여 대칭이동한 그래프의 식은
$$-y=\left(\dfrac{1}{2}\right)^{-x-2}$$
$$y=-\left(\dfrac{1}{2}\right)^{-(x+2)} \qquad \therefore\ y=-2^{x+2} \qquad \cdots\cdots\ \text{㉡}$$
㉡의 그래프가 점 $(1,\ k)$를 지나므로
$$k=-2^3=-8$$

답 -8

0284 ㄱ. $y=\sqrt{2}\cdot2^x=2^{\frac{1}{2}}\cdot2^x=2^{x+\frac{1}{2}}$이므로 $y=\sqrt{2}\cdot2^x$의 그래프는 $y=2^x$의 그래프를 x축의 방향으로 $-\dfrac{1}{2}$만큼 평행이동한 것이다.

ㄴ. $y=\dfrac{1}{2^x}=2^{-x}$이므로 $y=\dfrac{1}{2^x}$의 그래프는 $y=2^x$의 그래프를 y축에 대하여 대칭이동한 것이다.

ㄷ. $y=-2^x+3$에서 $y-3=-2^x$, 즉 $-(y-3)=2^x$이므로 $y=-2^x+3$의 그래프는 $y=2^x$의 그래프를 x축에 대하여 대칭이동한 후 y축의 방향으로 3만큼 평행이동한 것이다.

따라서 $y=2^x$의 그래프를 평행이동하여 겹칠 수 있는 것은 ㄱ뿐이다.

답 ㄱ

0285 $y=a^{2x-4}+2=a^{2(x-2)}+2\ (a>0,\ a\neq1)$의 그래프는 $y=a^{2x}$의 그래프를 x축의 방향으로 2만큼, y축의 방향으로 2만큼 평행이동한 것이다.

이때 $y=a^{2x}$의 그래프는 a의 값에 관계없이 항상 점 $(0,\ 1)$을 지나므로 $y=a^{2x-4}+2$의 그래프는 항상 점 $(2,\ 3)$을 지난다.

즉 $\alpha=2,\ \beta=3$이므로 $\alpha+\beta=5$

답 5

0286 $y=2^x$의 그래프가 점 $(0,\ a)$를 지나므로 $a=2^0=1$

직선 $y=x$가 점 $(b,\ a)$를 지나므로
$$a=b \qquad \therefore\ b=1$$
또한 $c=2^b=2^1=2,\ d=2^c=2^2=4$

따라서 색칠한 부분의 넓이는
$$(4-1)\cdot(2-1)=3$$

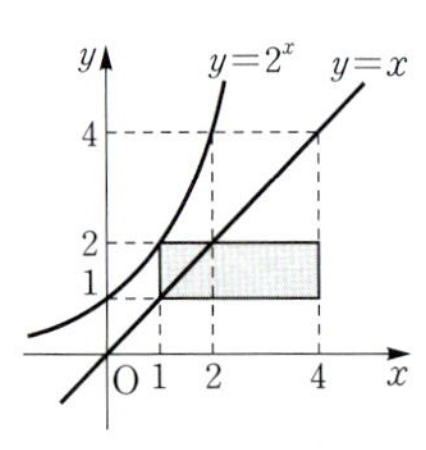

답 3

0287 $y=4^x$의 그래프가 두 점 $(1,\ a),\ (b,\ 64)$를 지나므로
$a=4^1$에서 $a=4$
$64=4^b$에서 $b=3$
$$\therefore\ a+b=7$$

답 7

0288 함수 $y=2^x$의 그래프가 직선 $y=8$과 만나는 점 A의 x좌표는
$2^x=8=2^3$에서 $x=3$
$$\therefore\ \text{A}(3,\ 8)$$

㉮

함수 $y=4^x$의 그래프가 직선 $y=8$과 만나는 점 B의 x좌표는
$4^x=8$에서 $2^{2x}=2^3$
즉 $2x=3$이므로 $x=\dfrac{3}{2}$
$$\therefore\ \text{B}\left(\dfrac{3}{2},\ 8\right)$$

㉯

$\overline{\text{AB}}=3-\dfrac{3}{2}=\dfrac{3}{2}$이므로
$$\triangle\text{OAB}=\dfrac{1}{2}\cdot\dfrac{3}{2}\cdot8=6$$

㉰

답 6

단계	채점요소	배점
㉮	점 A의 좌표 구하기	40%
㉯	점 B의 좌표 구하기	40%
㉰	삼각형 OAB의 넓이 구하기	20%

0289 $y=\left(\dfrac{1}{2}\right)^x$의 그래프와 y축의 교점의 좌표가 $(0,\ 1)$이므로

첫 번째 정사각형의 한 변의 길이는 1,

두 번째 정사각형의 한 변의 길이는 $\left(\dfrac{1}{2}\right)^1=\dfrac{1}{2}$,

세 번째 정사각형의 한 변의 길이는 $\left(\dfrac{1}{2}\right)^{1+\frac{1}{2}}=\left(\dfrac{1}{2}\right)^{\frac{3}{2}}$이다.

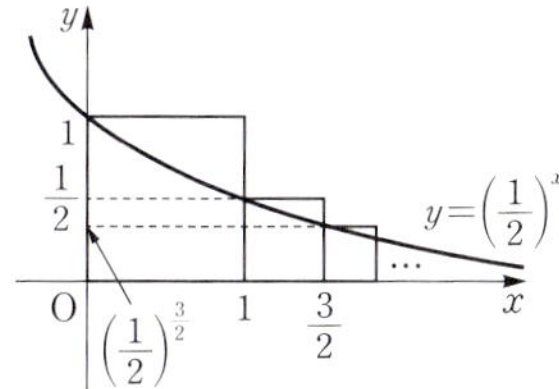

따라서 세 번째 정사각형의 넓이는

$$\left\{\left(\dfrac{1}{2}\right)^{\frac{3}{2}}\right\}^2=\left(\dfrac{1}{2}\right)^3=\dfrac{1}{8}$$

답 ②

0290 $A=8^{\frac{1}{4}}=(2^3)^{\frac{1}{4}}=2^{\frac{3}{4}}$

$B=\sqrt[3]{16}=16^{\frac{1}{3}}=(2^4)^{\frac{1}{3}}=2^{\frac{4}{3}}$

$C=\sqrt[5]{32}=32^{\frac{1}{5}}=(2^5)^{\frac{1}{5}}=2^1$

이때 밑 2가 $2>1$이므로

$\dfrac{3}{4}<1<\dfrac{4}{3}$에서 $2^{\frac{3}{4}}<2^1<2^{\frac{4}{3}}$

$\therefore A<C<B$

답 ②

0291 $A=\sqrt{2}=2^{\frac{1}{2}}$, $B=0.25^{-\frac{1}{3}}=\left(\dfrac{1}{4}\right)^{-\frac{1}{3}}=(2^{-2})^{-\frac{1}{3}}=2^{\frac{2}{3}}$

$C=\sqrt[5]{8}=(2^3)^{\frac{1}{5}}=2^{\frac{3}{5}}$

이때 밑 2가 $2>1$이므로

$\dfrac{1}{2}<\dfrac{3}{5}<\dfrac{2}{3}$에서 $2^{\frac{1}{2}}<2^{\frac{3}{5}}<2^{\frac{2}{3}}$

$\therefore A<C<B$

답 ②

0292 $A=\dfrac{1}{3^2}=\left(\dfrac{1}{3}\right)^2$

$B=\dfrac{1}{\sqrt[3]{3}}=\dfrac{1}{3^{\frac{1}{3}}}=\left(\dfrac{1}{3}\right)^{\frac{1}{3}}$

$C=\sqrt[5]{\dfrac{1}{3}}=\left(\dfrac{1}{3}\right)^{\frac{1}{5}}$

이때 밑 $\dfrac{1}{3}$이 $0<\dfrac{1}{3}<1$이므로

$\dfrac{1}{5}<\dfrac{1}{3}<2$에서 $\left(\dfrac{1}{3}\right)^2<\left(\dfrac{1}{3}\right)^{\frac{1}{3}}<\left(\dfrac{1}{3}\right)^{\frac{1}{5}}$

$\therefore A<B<C$

답 ①

0293 $0<a<1$이고 $a<b$이므로

$a^a>a^b$

$0<b<1$이고 $a<b$이므로

$b^a>b^b$

한편, $a>0$, $b>0$이고 $a<b$이므로

$a^a<b^a$, $a^b<b^b$

따라서 가장 작은 수는 a^b이고, 가장 큰 수는 b^a이다.

답 ②

0294 함수 $f(x)$의 역함수가 $g(x)$이므로

$g(a)=2$에서 $f(2)=a$

$a=\left(\dfrac{1}{3}\right)^{2-2}+3=1+3=4$

또 $g(12)=b$에서 $f(b)=12$

$\left(\dfrac{1}{3}\right)^{b-2}+3=12$, $\left(\dfrac{1}{3}\right)^{b-2}=9=\left(\dfrac{1}{3}\right)^{-2}$

즉 $b-2=-2$이므로 $b=0$

$\therefore a+b=4+0=4$

답 **4**

0295 함수 $f(x)$의 역함수가 $g(x)$이므로

$g(4)=a$라 하면 $f(a)=4$

$2^a=4=2^2$ $\quad \therefore a=2$

$g\left(\dfrac{1}{16}\right)=b$라 하면 $f(b)=\dfrac{1}{16}$

$2^b=\dfrac{1}{16}=2^{-4}$ $\quad \therefore b=-4$

$\therefore g(4)\cdot g\left(\dfrac{1}{16}\right)=2\cdot(-4)=-8$

답 -8

0296 $f(m)=n$이므로 $a^m=n$

$g(\sqrt{n})=k$라 하면 $f(k)=\sqrt{n}$

$a^k=\sqrt{n}=n^{\frac{1}{2}}=(a^m)^{\frac{1}{2}}=a^{\frac{m}{2}}$ $\quad \therefore k=\dfrac{m}{2}$

답 ⑤

0297 $f(x)=3^x$이라 하면 함수 $f(x)$의 역함수가 $g(x)$이므로

$g(k)=2$에서 $f(2)=k$

$\therefore k=3^2=9$

답 ⑤

0298 함수 $y=\left(\dfrac{1}{2}\right)^{x+1}-2$는 x의 값이 증가하면 y의 값은 감소하는 함수이므로 $-2\le x\le 1$일 때

$x=-2$에서 최댓값 $\left(\dfrac{1}{2}\right)^{-1}-2=0$,

$x=1$에서 최솟값 $\left(\dfrac{1}{2}\right)^{2}-2=-\dfrac{7}{4}$을 갖는다.

따라서 최댓값과 최솟값의 합은

$0+\left(-\dfrac{7}{4}\right)=-\dfrac{7}{4}$

답 ②

0299 $y=3^x\cdot 4^{-x}-1$에서

$y=3^x\cdot\left(\dfrac{1}{4}\right)^x-1 \qquad \therefore y=\left(\dfrac{3}{4}\right)^x-1$

$y=\left(\dfrac{3}{4}\right)^x-1$은 x의 값이 증가하면 y의 값은 감소하는 함수이므로 $0\le x\le 2$일 때

$x=0$에서 최댓값 $\left(\dfrac{3}{4}\right)^{0}-1=1-1=0$,

$x=2$에서 최솟값 $\left(\dfrac{3}{4}\right)^{2}-1=\dfrac{9}{16}-1=-\dfrac{7}{16}$

을 갖는다.

따라서 함수 $y=\left(\dfrac{3}{4}\right)^x-1\ (0\le x\le 2)$의 치역은

$\left\{y\,\middle|\,-\dfrac{7}{16}\le y\le 0\right\}$

즉 $M=0,\ m=-\dfrac{7}{16}$이므로

$80(M+m)=80\cdot\left(0-\dfrac{7}{16}\right)=-35$

답 -35

0300 $f(x)=3^{a-x}=3^a\cdot 3^{-x}=3^a\cdot\left(\dfrac{1}{3}\right)^x$에서 밑 $\dfrac{1}{3}$이 $0<\dfrac{1}{3}<1$

이므로 $f(x)$는 x의 값이 증가하면 y의 값은 감소하는 함수이다.

㉮

따라서 $x=-1$일 때 최댓값 27을 가지므로

$f(-1)=3^{a+1}=27=3^3$

즉 $a+1=3$이므로 $a=2$

㉯

$\therefore f(x)=3^{2-x}$

이 함수는 $x=2$일 때 최소이고 최솟값은

$f(2)=3^{2-2}=1$

㉰

답 1

단계	채점요소	배점
㉮	주어진 함수가 감소하는 함수임을 알아내기	40%
㉯	a의 값 구하기	30%
㉰	최솟값 구하기	30%

0301 (i) $0<a<1$일 때, 최댓값은 $f(-1)$, 최솟값은 $f(2)$이므로

$f(-1)=27f(2)$

$a^{-1}=27a^2,\ a^3=\dfrac{1}{27}$

$\therefore a=\dfrac{1}{3}$

(ii) $a>1$일 때, 최댓값은 $f(2)$, 최솟값은 $f(-1)$이므로

$f(2)=27f(-1)$

$a^2=27a^{-1},\ a^3=27$

$\therefore a=3$

(i), (ii)에서 모든 양수 a의 값의 합은

$\dfrac{1}{3}+3=\dfrac{10}{3}$

답 $\dfrac{10}{3}$

0302 $y=3^{x+1}-9^x=3\cdot 3^x-(3^x)^2$에서

$3^x=t\ (t>0)$로 놓으면

$y=3t-t^2=-\left(t-\dfrac{3}{2}\right)^2+\dfrac{9}{4}$

이때 $-1\le x\le 1$이므로 t의 값의 범위를 구하면 $3^{-1}\le 3^x\le 3^1$에서

$\dfrac{1}{3}\le t\le 3$

따라서 주어진 함수는

$t=\dfrac{3}{2}$일 때 최댓값 $M=\dfrac{9}{4}$,

$t=3$일 때 최솟값 $m=0$을 갖는다.

$\therefore M+m=\dfrac{9}{4}+0=\dfrac{9}{4}$

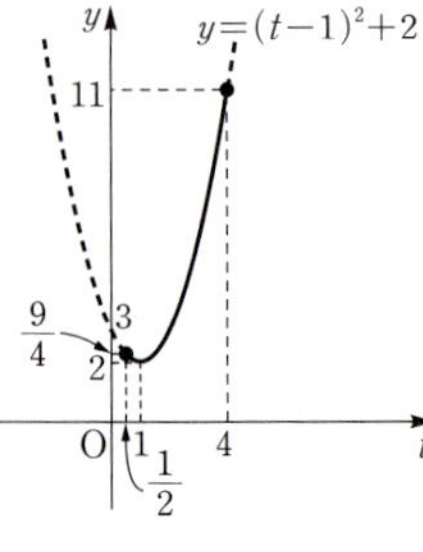

답 ⑤

0303 $y=4^x-2^{x+a}+b=(2^x)^2-2^a\cdot 2^x+b$에서

$2^x=t\ (t>0)$로 놓으면

$y=t^2-2^a t+b$ $\qquad\cdots\cdots$ ㉠

이때 ㉠은 $x=1$, 즉 $t=2^1=2$일 때 최솟값 -3을 가지므로

$y=t^2-2^a t+b=(t-2)^2-3=t^2-4t+1$

따라서 $2^a=4,\ b=1$에서 $a=2,\ b=1$

$\therefore a+b=3$

답 3

0304 $y=4^{-x}-2^{1-x}+3=\left\{\left(\dfrac{1}{2}\right)^x\right\}^2-2\cdot\left(\dfrac{1}{2}\right)^x+3$에서

$\left(\dfrac{1}{2}\right)^x=t\ (t>0)$로 놓으면

$y=t^2-2t+3$

$\ =(t-1)^2+2$

이때 $-2\le x\le 1$이므로 t의 값의 범위를 구하면

$\left(\dfrac{1}{2}\right)^{1}\leq\left(\dfrac{1}{2}\right)^{x}\leq\left(\dfrac{1}{2}\right)^{-2}$에서 $\dfrac{1}{2}\leq t\leq 4$

따라서 주어진 함수는 $t=1$일 때 최솟값 2, $t=4$일 때 최댓값 11을 갖는다.

$\therefore b=2,\ d=11$

$t=1$, 즉 $\left(\dfrac{1}{2}\right)^{x}=1$에서

$x=0$　　$\therefore a=0$

$t=4$, 즉 $\left(\dfrac{1}{2}\right)^{x}=4$에서

$x=-2$　　$\therefore c=-2$

$\therefore ab-cd=0-(-22)=22$

답 22

0305 $y=9^{x}-2\cdot3^{x+1}+k=(3^{x})^{2}-2\cdot3\cdot3^{x}+k$에서

$3^{x}=t\ (t>0)$로 놓으면

$y=t^{2}-6t+k=(t-3)^{2}-9+k$

이때 $1\leq x\leq2$이므로 t의 값의 범위를 구하면

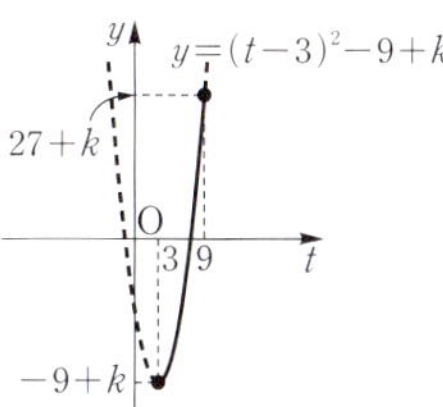

$3^{1}\leq3^{x}\leq3^{2}$에서

$3\leq t\leq9$

따라서 주어진 함수는 $t=9$일 때 최댓값 18을 가지므로

$(9-3)^{2}-9+k=18$　　$\therefore k=-9$

답 -9

0306 $f(x)=x^{2}-2x+3$으로 놓으면

$y=\left(\dfrac{1}{2}\right)^{x^{2}-2x+3}=\left(\dfrac{1}{2}\right)^{f(x)}$에서 밑 $\dfrac{1}{2}$이 $0<\dfrac{1}{2}<1$이므로 이 함수는 $f(x)$가 최대일 때 최솟값을 가지고, $f(x)$가 최소일 때 최댓값을 갖는다.

이때 $f(x)=x^{2}-2x+3=(x-1)^{2}+2$이므로 $-1\leq x\leq2$에서 $f(x)$는 $x=1$일 때 최솟값 2를 가지고, $x=-1$일 때 최댓값 6을 갖는다.

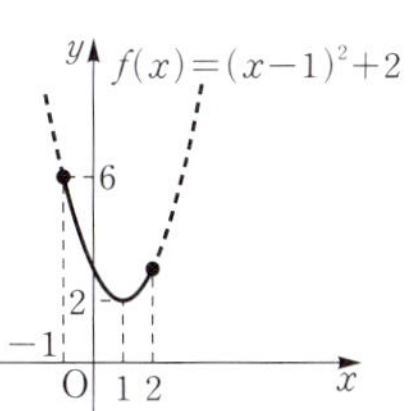

따라서 함수 $y=\left(\dfrac{1}{2}\right)^{f(x)}$의 최댓값과 최솟값을 각각 구하면

$M=\left(\dfrac{1}{2}\right)^{2}=\dfrac{1}{4}$, $m=\left(\dfrac{1}{2}\right)^{6}=\dfrac{1}{64}$

$\therefore \dfrac{m}{M}=\dfrac{\ \dfrac{1}{64}\ }{\dfrac{1}{4}}=\dfrac{1}{16}$

답 ①

0307 $(f\circ g)(x)=f(g(x))=2^{g(x)}$

$y=2^{g(x)}$에서 밑 2가 $2>1$이므로 이 함수는 $g(x)$가 최소일 때 최솟값을 갖는다.

이때 $g(x)=x^{2}+2x+5=(x+1)^{2}+4$이므로 $g(x)$는 $x=-1$일 때 최솟값 4를 갖는다.

따라서 함수 $(f\circ g)(x)$는 $x=-1$일 때 최솟값 $2^{4}=16$을 갖는다.

즉 $a=-1$, $m=16$이므로

$a+m=-1+16=15$

답 15

0308 $f(x)=-x^{2}+2x+2$로 놓으면 $y=a^{-x^{2}+2x+2}=a^{f(x)}$에서 밑 a가 $0<a<1$이므로 이 함수는 $f(x)$가 최대일 때 최솟값을 갖는다.

이때 $f(x)=-x^{2}+2x+2=-(x-1)^{2}+3$이므로 $f(x)$는 $x=1$일 때 최댓값 3을 갖는다.

따라서 주어진 함수의 최솟값은 a^{3}이고, 이 값이 $\dfrac{1}{64}$이므로

$a^{3}=\dfrac{1}{64}$　　$\therefore a=\dfrac{1}{4}$

답 ③

0309 $f(x)=-x^{2}+4x-3$으로 놓으면 $y=a^{-x^{2}+4x-3}=a^{f(x)}$에서 밑 a가 $0<a<1$이므로 이 함수는 $f(x)$가 최대일 때 최솟값을 가지고, $f(x)$가 최소일 때 최댓값을 갖는다.

이때 $f(x)=-x^{2}+4x-3=-(x-2)^{2}+1$이므로 $0\leq x\leq3$에서 $f(x)$는 $x=2$일 때 최댓값 1을 가지고 $x=0$일 때 최솟값 -3을 갖는다.

따라서 함수 $y=a^{-x^{2}+4x-3}$은 $x=0$일 때 최대이고, 최댓값이 125이므로

$a^{-3}=125$　　$\therefore a=\dfrac{1}{5}$

함수 $y=\left(\dfrac{1}{5}\right)^{-x^{2}+4x-3}$은 $x=2$일 때 최소이고,

최솟값은 $\left(\dfrac{1}{5}\right)^{1}=\dfrac{1}{5}$

따라서 주어진 함수의 치역은 $\left\{y\,\Big|\,\dfrac{1}{5}\leq y\leq125\right\}$이므로

$m=\dfrac{1}{5}$

답 $\dfrac{1}{5}$

0310 $2^{x}>0$, $\left(\dfrac{1}{2}\right)^{x}=2^{-x}>0$이므로 산술평균과 기하평균의 관계에 의하여

$h(x)=f(x)+g(x)+4$

$\qquad=2^{x}+2^{-x}+4$

$\qquad\geq2\sqrt{2^{x}\cdot2^{-x}}+4=6$ (단, 등호는 $x=0$일 때 성립)

따라서 $h(x)$의 최솟값은 6이다.

답 ③

0311 $4^{x}>0$, $4^{-x+3}>0$이므로 산술평균과 기하평균의 관계에 의하여

$f(x)=4^{x}+4^{-x+3}\geq2\sqrt{4^{x}\cdot4^{-x+3}}=2\cdot8=16$

이때 등호가 성립하는 경우는 $4^{x}=4^{-x+3}$, 즉 $x=\dfrac{3}{2}$일 때이다.

따라서 함수 $f(x)$는 $x=\dfrac{3}{2}$일 때 최솟값 16을 가지므로

$a=\dfrac{3}{2},\ b=16$

$\therefore ab=\dfrac{3}{2}\cdot16=24$

          ㉯

답 **24**

단계	채점요소	배점
㉮	산술평균과 기하평균의 관계 적용하기	60%
㉯	ab의 값 구하기	40%

0312 (1) $\dfrac{1}{3^x}+3^y=3^{-x}+3^y$에서 $3^{-x}>0$, $3^y>0$이므로 산술평균과 기하평균의 관계에 의하여

$$\dfrac{1}{3^x}+3^y=3^{-x}+3^y\geq2\sqrt{3^{-x}\cdot3^y}$$
$$=2\sqrt{3^{-x+y}}$$
$$=2\sqrt{3^{-(x-y)}}$$
$$=2\sqrt{3^{-2}}\ (\because x-y=2)$$
$$=\dfrac{2}{3}$$

이때 등호가 성립하는 경우는 $3^{-x}=3^y$, 즉 $-x=y$일 때이다. 그런데 $x-y=2$이므로 등호는 $x=1$, $y=-1$일 때 성립한다.
따라서 구하는 최솟값은 $\dfrac{2}{3}$이다.

(2) $9^x>0$, $3^{y+3}>0$이므로 산술평균과 기하평균의 관계에 의하여

$$9^x+3^{y+3}\geq2\sqrt{9^x\cdot3^{y+3}}$$
$$=2\sqrt{3^{2x+y+3}}$$
$$=2\sqrt{3^2}\ (\because 2x+y+1=0)$$
$$=6$$

이때 등호가 성립하는 경우는 $9^x=3^{y+3}$, 즉 $2x=y+3$일 때이다. 그런데 $2x+y+1=0$이므로 등호는 $x=\dfrac{1}{2}$, $y=-2$일 때 성립한다.
따라서 구하는 최솟값은 6이다.

답 (1) $\dfrac{2}{3}$ (2) **6**

0313 $3^{a+x}>0$, $3^{a-x}>0$이므로 산술평균과 기하평균의 관계에 의하여

$$3^{a+x}+3^{a-x}\geq2\sqrt{3^{a+x}\cdot3^{a-x}}$$
$$=2\sqrt{3^{2a}}$$
$$=2\cdot3^a\ (단, 등호는 x=0일 때 성립)$$

따라서 함수 $y=3^{a+x}+3^{a-x}$의 최솟값은 $2\cdot3^a$이고, 이 값이 54이므로

$2\cdot3^a=54$, $3^a=27=3^3$

$\therefore a=3$

답 **3**

0314 $3^x+3^{-x}=t$로 놓으면 $3^x>0$, $3^{-x}>0$이므로 산술평균과 기하평균의 관계에 의하여

$t=3^x+3^{-x}\geq2\sqrt{3^x\cdot3^{-x}}=2$ (단, 등호는 $x=0$일 때 성립)

이때 $9^x+9^{-x}=(3^x+3^{-x})^2-2=t^2-2$이므로 주어진 함수는

$$y=6(3^x+3^{-x})-(9^x+9^{-x})$$
$$=6t-(t^2-2)$$
$$=-t^2+6t+2$$
$$=-(t-3)^2+11$$

$t\geq2$이므로 주어진 함수는 $t=3$일 때 최댓값 11을 갖는다.

답 **③**

0315 $\sqrt{2^x}+\sqrt{2^{-x}}=2^{\frac{1}{2}x}+2^{-\frac{1}{2}x}=t$로 놓으면

$2^{\frac{1}{2}x}>0$, $2^{-\frac{1}{2}x}>0$이므로 산술평균과 기하평균의 관계에 의하여

$t=2^{\frac{1}{2}x}+2^{-\frac{1}{2}x}\geq2\sqrt{2^{\frac{1}{2}x}\cdot2^{-\frac{1}{2}x}}=2$ (단, 등호는 $x=0$일 때 성립)

이때 $2^x+2^{-x}=(2^{\frac{1}{2}x}+2^{-\frac{1}{2}x})^2-2=t^2-2$이므로 주어진 함수는

$$y=2^x+2^{-x}-(\sqrt{2^x}+\sqrt{2^{-x}})$$
$$=t^2-2-t=t^2-t-2$$
$$=\left(t-\dfrac{1}{2}\right)^2-\dfrac{9}{4}$$

$t\geq2$이므로 주어진 함수는 $t=2$일 때 최솟값 0을 갖는다.

답 **①**

0316 $5^x+5^{-x}=t$로 놓으면 $5^x>0$, $5^{-x}>0$이므로 산술평균과 기하평균의 관계에 의하여

$t=5^x+5^{-x}\geq2\sqrt{5^x\cdot5^{-x}}=2$ (단, 등호는 $x=0$일 때 성립)

이때 $25^x+25^{-x}=(5^x+5^{-x})^2-2=t^2-2$이므로 주어진 함수는

$$y=2(5^x+5^{-x})-(25^x+25^{-x})+3=2t-(t^2-2)+3$$
$$=-t^2+2t+5=-(t-1)^2+6$$

$t\geq2$이므로 주어진 함수는 $t=2$일 때 최댓값 5를 갖는다.

답 **③**

0317 $2^x+2^{-x}=t$로 놓으면 $2^x>0$, $2^{-x}>0$이므로 산술평균과 기하평균의 관계에 의하여

$t=2^x+2^{-x}\geq2\sqrt{2^x\cdot2^{-x}}=2$ (단, 등호는 $x=0$일 때 성립)

이때 $4^x+4^{-x}=(2^x+2^{-x})^2-2=t^2-2$이므로 주어진 함수는

$$y=4^x+4^{-x}-3(2^x+2^{-x})+\dfrac{1}{2}=(t^2-2)-3t+\dfrac{1}{2}$$
$$=t^2-3t-\dfrac{3}{2}=\left(t-\dfrac{3}{2}\right)^2-\dfrac{15}{4}$$

$t\geq2$이므로 주어진 함수는 $t=2$일 때 최솟값 $-\dfrac{7}{2}$을 갖는다.

$t=2$일 때 $x=0$이므로 $\alpha=0$, $\beta=-\dfrac{7}{2}$

$\therefore \alpha+\beta=-\dfrac{7}{2}$

답 $-\dfrac{7}{2}$

0318 $\left(\dfrac{1}{9}\right)^{x^2}\cdot27^x=\sqrt{3}$에서 $3^{-2x^2}\cdot3^{3x}=3^{\frac{1}{2}}$

$3^{-2x^2+3x}=3^{\frac{1}{2}}$

즉 $-2x^2+3x=\dfrac{1}{2}$에서 $4x^2-6x+1=0$

따라서 이차방정식의 근과 계수의 관계에 의하여 두 근의 합은

$\dfrac{3}{2}$이다.

답 ③

0319 (1) $8^{2x+3}=4\sqrt[3]{2}$에서

$2^{3(2x+3)}=2^{2+\frac{1}{3}}$이므로

$6x+9=2+\dfrac{1}{3}$

$\therefore x=-\dfrac{10}{9}$

(2) $\left(\dfrac{2}{3}\right)^{x^2}=\left(\dfrac{3}{2}\right)^{3x-4}$에서

$\left(\dfrac{2}{3}\right)^{x^2}=\left(\dfrac{2}{3}\right)^{-(3x-4)}$이므로

$x^2=-(3x-4)$, $x^2+3x-4=0$

$(x+4)(x-1)=0$

$\therefore x=-4$ 또는 $x=1$

(3) $(64^x)^x=4^{4x}$에서

$(4^{3x})^x=4^{4x}$, $4^{3x^2}=4^{4x}$이므로

$3x^2=4x$, $x(3x-4)=0$

$\therefore x=0$ 또는 $x=\dfrac{4}{3}$

답 (1) $x=-\dfrac{10}{9}$ (2) $x=-4$ 또는 $x=1$

(3) $x=0$ 또는 $x=\dfrac{4}{3}$

0320 $3^{x^2-10x}-27^{-2x+a}=0$에서

$3^{x^2-10x}=3^{3(-2x+a)}$이므로

$x^2-10x=3(-2x+a)$

$x^2-4x-3a=0$ $\qquad\qquad$ $\cdots\cdots$ ㉠

이 방정식의 한 근이 -2이므로

$(-2)^2-4\cdot(-2)-3a=0$

$\therefore a=4$

이때 ㉠은 $x^2-4x-12=0$이므로

$(x+2)(x-6)=0$ $\quad\therefore x=-2$ 또는 $x=6$

따라서 다른 한 근은 6이다.

답 6

0321 $\dfrac{2^{x^2+1}}{2^{x-1}}=16$에서 $2^{x^2+1-(x-1)}=2^4$

$2^{x^2-x+2}=2^4$

즉 $x^2-x+2=4$이므로

$x^2-x-2=0$, $(x+1)(x-2)=0$

$\therefore x=-1$ 또는 $x=2$

따라서 $\alpha=-1$, $\beta=2$ 또는 $\alpha=2$, $\beta=-1$이므로

$\alpha^2+\beta^2=5$

답 5

0322 $9^x+27^x=10\cdot3^{x+2}$에서

$(3^x)^2+(3^x)^3=90\cdot3^x$

이때 $3^x=t\ (t>0)$로 놓으면

$t^2+t^3=90t$, $t^3+t^2-90t=0$

$t(t+10)(t-9)=0$

$\therefore t=-10$ 또는 $t=0$ 또는 $t=9$

그런데 $t>0$이므로 $t=9$

$3^x=9=3^2$에서 $x=2$ $\quad\therefore a=2$

$\therefore 2^a=2^2=4$

답 ②

0323 (1) $4^x-9\cdot2^x+8=0$에서

$(2^x)^2-9\cdot2^x+8=0$

이때 $2^x=t\ (t>0)$로 놓으면

$t^2-9t+8=0$, $(t-1)(t-8)=0$

$\therefore t=1$ 또는 $t=8$

즉 $2^x=1=2^0$ 또는 $2^x=8=2^3$

$\therefore x=0$ 또는 $x=3$

(2) $5^{x+1}-5^{-x}=4$에서

$5\cdot5^x-\dfrac{1}{5^x}-4=0$

이때 $5^x=t\ (t>0)$로 놓으면

$5t-\dfrac{1}{t}-4=0$, $5t^2-4t-1=0$, $(t-1)(5t+1)=0$

$\therefore t=1$ 또는 $t=-\dfrac{1}{5}$

그런데 $t>0$이므로 $t=1$

즉 $5^x=1=5^0$ $\quad\therefore x=0$

(3) $4^{-x}-5\cdot2^{-x+1}+16=0$에서

$(2^{-x})^2-10\cdot2^{-x}+16=0$

이때 $2^{-x}=t\ (t>0)$로 놓으면

$t^2-10t+16=0$, $(t-2)(t-8)=0$

$\therefore t=2$ 또는 $t=8$

즉 $2^{-x}=2=2^1$ 또는 $2^{-x}=8=2^3$

$\therefore x=-1$ 또는 $x=-3$

답 (1) $x=0$ 또는 $x=3$ (2) $x=0$

(3) $x=-1$ 또는 $x=-3$

0324 $a^{2x}-a^x=6$에서 $(a^x)^2-a^x-6=0$

이때 $a^x=t\ (t>0)$로 놓으면

$t^2-t-6=0$, $(t+2)(t-3)=0$

$\therefore t=-2$ 또는 $t=3$

그런데 $t>0$이므로 $t=3$

즉 $a^x=3$이므로 $x=\dfrac{1}{4}$을 대입하면
$$a^{\frac{1}{4}}=3 \qquad \therefore a=3^4=81$$

답 81

0325 $9^x-4\cdot3^{x+1}+27=0$에서
$$(3^x)^2-12\cdot3^x+27=0 \qquad\qquad \cdots\cdots ㉠$$
이때 $3^x=t\ (t>0)$로 놓으면
$$t^2-12t+27=0 \qquad\qquad \cdots\cdots ㉡$$
㉠의 두 근이 α, β이므로 ㉡의 두 근은 3^α, 3^β이다.
따라서 이차방정식의 근과 계수의 관계에 의하여
$$3^\alpha\cdot3^\beta=27,\ 3^{\alpha+\beta}=3^3$$
$$\therefore \alpha+\beta=3$$

답 3

0326 (1) $3^{2x}-4\cdot3^x-k=0$ $\qquad\qquad \cdots\cdots ㉠$

에서 $3^x=t\ (t>0)$로 놓으면
$$t^2-4t-k=0 \qquad\qquad \cdots\cdots ㉡$$
㉠의 두 근이 α, β이므로 ㉡의 두 근은 3^α, 3^β이다.
따라서 이차방정식의 근과 계수의 관계에 의하여
$$3^\alpha\cdot3^\beta=-k,\ 3^{\alpha+\beta}=-k$$
이때 $\alpha+\beta=-1$이므로
$$3^{-1}=-k \qquad \therefore k=-\dfrac{1}{3}$$

(2) $4^x-7\cdot2^x+12=0$ $\qquad\qquad \cdots\cdots ㉠$

에서 $2^x=t\ (t>0)$로 놓으면
$$t^2-7t+12=0 \qquad\qquad \cdots\cdots ㉡$$
㉠의 두 근이 α, β이므로 ㉡의 두 근은 2^α, 2^β이다.
따라서 이차방정식의 근과 계수의 관계에 의하여
$$2^\alpha+2^\beta=7,\ 2^\alpha\cdot2^\beta=12$$
$$\begin{aligned}\therefore 2^{2\alpha}+2^{2\beta}&=(2^\alpha)^2+(2^\beta)^2\\&=(2^\alpha+2^\beta)^2-2\cdot2^\alpha\cdot2^\beta\\&=7^2-2\cdot12\\&=49-24=25\end{aligned}$$

답 (1) $-\dfrac{1}{3}$ (2) 25

0327 $(x+7)^{x+1}=4^{x+1}$에서
(ⅰ) $x+1\neq0$일 때
$\quad x+7=4$이므로 $x=-3$
(ⅱ) $x+1=0$, 즉 $x=-1$일 때
$\quad$ 주어진 방정식은 $6^0=4^0=1$이므로 성립한다.
(ⅰ), (ⅱ)에서 $x=-3$ 또는 $x=-1$
따라서 모든 근의 합은
$$-3+(-1)=-4$$

답 -4

0328 $x^{x^2-8}=x^{2x+7}$에서
(ⅰ) $x\neq1$일 때
$\quad x^2-8=2x+7,\ x^2-2x-15=0$
$\quad (x+3)(x-5)=0$
$\quad \therefore x=-3$ 또는 $x=5$
$\quad$ 그런데 $x>0$이므로 $x=5$
(ⅱ) $x=1$일 때
$\quad$ 주어진 방정식은 $1^{-7}=1^9=1$이므로 성립한다.
(ⅰ), (ⅱ)에서 $x=1$ 또는 $x=5$
따라서 모든 근의 합은
$$1+5=6$$

답 6

0329 (1) $(x-2)^{x-3}=(2x-3)^{x-3}\ (x>2)$
(ⅰ) $x-2=2x-3$일 때 $x=1$
$\quad$ 그런데 $x>2$이므로 해는 없다.
(ⅱ) $x-3=0$, 즉 $x=3$일 때
$\quad$ 주어진 방정식은 $1^0=3^0=1$이므로 성립한다.
(ⅰ), (ⅱ)에서 $x=3$

(2) $(x+2)^{3-2x}=(x+2)^{x^2}\ (x>-2)$
(ⅰ) $3-2x=x^2$일 때
$\quad x^2+2x-3=0,\ (x+3)(x-1)=0$
$\quad \therefore x=-3$ 또는 $x=1$
$\quad$ 그런데 $x>-2$이므로 $x=1$
(ⅱ) $x+2=1$, 즉 $x=-1$일 때
$\quad$ 주어진 방정식은 $1^5=1^1=1$이므로 성립한다.
(ⅰ), (ⅱ)에서 $x=1$ 또는 $x=-1$

답 (1) $x=3$ (2) $x=1$ 또는 $x=-1$

0330 (1) $(x-1)^{x^2-3x+2}=1\ (x>1)$에서
(ⅰ) $x^2-3x+2=0$일 때
$\quad (x-1)(x-2)=0$
$\quad \therefore x=1$ 또는 $x=2$
$\quad$ 그런데 $x>1$이므로 $x=2$
(ⅱ) $x-1=1$, 즉 $x=2$일 때
$\quad$ 주어진 방정식은 $1^0=1$이므로 성립한다.
(ⅰ), (ⅱ)에서 $x=2$

(2) $(x^2-x+1)^{x+3}=1$에서
(ⅰ) $x+3=0$, 즉 $x=-3$일 때
$\quad$ 주어진 방정식은 $13^0=1$이므로 성립한다.
(ⅱ) $x^2-x+1=1$일 때
$\quad x^2-x=0,\ x(x-1)=0$
$\quad \therefore x=0$ 또는 $x=1$
(ⅰ), (ⅱ)에서 $x=-3$ 또는 $x=0$ 또는 $x=1$

답 (1) $x=2$ (2) $x=-3$ 또는 $x=0$ 또는 $x=1$

0331 $2^x=X$ $(X>0)$, $3^y=Y$ $(Y>0)$로 놓으면 주어진 연립방정식은

$$\begin{cases} X+2Y=26 & \cdots\cdots\ \bigcirc \\ 2X-Y=7 & \cdots\cdots\ \bigcirc\!\!\!\bigcirc \end{cases}$$

$\bigcirc$, $\bigcirc\!\!\!\bigcirc$을 연립하여 풀면 $X=8$, $Y=9$

즉 $2^x=8=2^3$에서 $x=3$, $3^y=9=3^2$에서 $y=2$

따라서 $\alpha=3$, $\beta=2$이므로

$\alpha+\beta=5$

답 5

0332 $3^x=X$ $(X>0)$, $3^y=Y$ $(Y>0)$로 놓으면 주어진 연립방정식은

$$\begin{cases} X+Y=\dfrac{28}{3} & \cdots\cdots\ \bigcirc \\ XY=3 & \cdots\cdots\ \bigcirc\!\!\!\bigcirc \end{cases}$$

$\bigcirc$에서 $Y=\dfrac{28}{3}-X$이므로 이것을 $\bigcirc\!\!\!\bigcirc$에 대입하면

$X\left(\dfrac{28}{3}-X\right)=3$, $X^2-\dfrac{28}{3}X+3=0$

$3X^2-28X+9=0$, $(3X-1)(X-9)=0$

$\therefore X=\dfrac{1}{3}$, $Y=9$ 또는 $X=9$, $Y=\dfrac{1}{3}$

즉 $3^x=\dfrac{1}{3}$, $3^y=9$ 또는 $3^x=9$, $3^y=\dfrac{1}{3}$

따라서 $x=-1$, $y=2$ 또는 $x=2$, $y=-1$이므로

$\alpha^2+\beta^2=(-1)^2+2^2=5$

답 5

0333 $\left(\dfrac{1}{3}\right)^{2x+1}<\left(\dfrac{1}{\sqrt{3}}\right)^{-x}$에서 $\left(\dfrac{1}{3}\right)^{2x+1}<\left(\dfrac{1}{3}\right)^{-\frac{x}{2}}$

이때 밑 $\dfrac{1}{3}$이 $0<\dfrac{1}{3}<1$이므로

$2x+1>-\dfrac{x}{2}$, $\dfrac{5}{2}x>-1$

$\therefore x>-\dfrac{2}{5}$

답 ①

0334 $4^x>\left(\dfrac{1}{2}\right)^{1-x}$에서 $2^{2x}>(2^{-1})^{1-x}$, $2^{2x}>2^{x-1}$

이때 밑 2가 $2>1$이므로

$2x>x-1$ $\therefore x>-1$

따라서 주어진 부등식의 해의 집합은 $\{x\,|\,x>-1\}$이다.

답 ①

0335 $\left(\dfrac{1}{2}\right)^{3x}\geq\dfrac{1}{64}$에서 $\left(\dfrac{1}{2}\right)^{3x}\geq\left(\dfrac{1}{2}\right)^6$

이때 밑 $\dfrac{1}{2}$이 $0<\dfrac{1}{2}<1$이므로

$3x\leq6$ $\therefore x\leq2$

$\therefore A=\{x\,|\,x\leq2\}$

$27^{x^2-5x-8}<9^{x^2-5x}$에서 $3^{3(x^2-5x-8)}<3^{2(x^2-5x)}$

이때 밑 3이 $3>1$이므로

$3(x^2-5x-8)<2(x^2-5x)$, $x^2-5x-24<0$

$(x+3)(x-8)<0$ $\therefore -3<x<8$

$\therefore B=\{x\,|\,-3<x<8\}$

따라서 $A\cap B=\{x\,|\,-3<x\leq2\}$이므로 집합 $A\cap B$에 속하는 정수인 원소는 -2, -1, 0, 1, 2의 5개이다.

답 5

0336 $\left(\dfrac{1}{10}\right)^{f(x)}\leq\left(\dfrac{1}{10}\right)^{g(x)}$에서 밑 $\dfrac{1}{10}$이 $0<\dfrac{1}{10}<1$이므로

$f(x)\geq g(x)$

따라서 주어진 부등식의 해는 곡선 $y=f(x)$가 직선 $y=g(x)$보다 위쪽에 있거나 만날 때의 x의 값의 범위이므로

$x\leq a$ 또는 $0\leq x\leq c$

답 ②

0337 $4^{-x}-5\cdot\left(\dfrac{1}{2}\right)^{x-1}+16<0$에서

$\left(\dfrac{1}{2}\right)^{2x}-10\cdot\left(\dfrac{1}{2}\right)^x+16<0$

이때 $\left(\dfrac{1}{2}\right)^x=t$ $(t>0)$로 놓으면

$t^2-10t+16<0$, $(t-2)(t-8)<0$ $\therefore 2<t<8$

즉 $\left(\dfrac{1}{2}\right)^{-1}<\left(\dfrac{1}{2}\right)^x<\left(\dfrac{1}{2}\right)^{-3}$에서 밑 $\dfrac{1}{2}$이 $0<\dfrac{1}{2}<1$이므로

$-3<x<-1$

따라서 $\alpha=-3$, $\beta=-1$이므로

$\alpha+\beta=-4$

답 -4

0338 (1) $4^{x+1}-9\cdot2^x+2\leq0$에서

$4\cdot2^{2x}-9\cdot2^x+2\leq0$

이때 $2^x=t$ $(t>0)$로 놓으면

$4t^2-9t+2\leq0$, $(4t-1)(t-2)\leq0$

$\therefore \dfrac{1}{4}\leq t\leq2$

즉 $2^{-2}\leq2^x\leq2^1$에서 밑 2가 $2>1$이므로 $-2\leq x\leq1$

(2) $\left(\dfrac{1}{3}\right)^{2x}+\left(\dfrac{1}{3}\right)^{x+2}>\left(\dfrac{1}{3}\right)^{x-2}+1$에서

$\left\{\left(\dfrac{1}{3}\right)^x\right\}^2+\dfrac{1}{9}\cdot\left(\dfrac{1}{3}\right)^x>9\cdot\left(\dfrac{1}{3}\right)^x+1$

이때 $\left(\dfrac{1}{3}\right)^x=t$ $(t>0)$로 놓으면

$t^2+\dfrac{1}{9}t>9t+1$, $9t^2-80t-9>0$

$(9t+1)(t-9)>0$

$\therefore t>9\ (\because t>0)$

즉 $\left(\dfrac{1}{3}\right)^x>\left(\dfrac{1}{3}\right)^{-2}$이고 밑 $\dfrac{1}{3}$이 $0<\dfrac{1}{3}<1$이므로

$x<-2$

(3) $3^{x+2}+3^{1-x}\leq28$에서

$9\cdot3^x+\dfrac{3}{3^x}\leq28$

이때 $3^x=t\ (t>0)$로 놓으면

$9t+\dfrac{3}{t}\leq28,\ 9t^2-28t+3\leq0$

$(9t-1)(t-3)\leq0$

$\therefore \dfrac{1}{9}\leq t\leq3$

즉 $3^{-2}\leq3^x\leq3^1$에서 밑 3이 $3>1$이므로

$-2\leq x\leq1$

답 (1) $-2\leq x\leq1$　(2) $x<-2$　(3) $-2\leq x\leq1$

0339 $4^{x+1}+a\cdot2^x+b\leq0$에서

$4\cdot(2^x)^2+a\cdot2^x+b\leq0$ $\qquad\cdots\cdots$ ㉠

이때 $2^x=t\ (t>0)$로 놓으면

$4t^2+at+b\leq0$ $\qquad\cdots\cdots$ ㉡

㉠의 해가 $-3\leq x\leq2$이므로 $2^{-3}\leq2^x\leq2^2$, 즉 $\dfrac{1}{8}\leq t\leq4$

따라서 ㉡의 해가 $\dfrac{1}{8}\leq t\leq4$이므로

$4\left(t-\dfrac{1}{8}\right)(t-4)\leq0,\ 4t^2-\dfrac{33}{2}t+2\leq0$

따라서 $a=-\dfrac{33}{2},\ b=2$이므로

$ab=-33$

답 -33

0340 $a^{2x}-28\cdot a^x+b<0$에서 $\qquad\cdots\cdots$ ㉠

$a^x=t\ (t>0)$로 놓으면

$t^2-28t+b<0$ $\qquad\cdots\cdots$ ㉡

㉠의 해가 $0<x<3$이고 $a>1$이므로

$a^0<a^x<a^3$, 즉 $1<t<a^3$

따라서 ㉡의 해가 $1<t<a^3$이므로

$(t-1)(t-a^3)<0,\ t^2-(a^3+1)t+a^3<0$

따라서 $a^3+1=28,\ a^3=b$이므로

$a^3=27=3^3$ $\quad\therefore a=3,\ b=27$

$\therefore a+b=30$

답 30

0341 부등식 $x^{x-1}\geq x^{-x+5}$에서

(ⅰ) $0<x<1$일 때

$x-1\leq-x+5$에서 $x\leq3$

$\therefore 0<x<1$

(ⅱ) $x=1$일 때

주어진 부등식은 $1^0=1^4=1$이므로 성립한다.

$\therefore x=1$

(ⅲ) $x>1$일 때

$x-1\geq-x+5$에서 $x\geq3$

$\therefore x\geq3$

(ⅰ), (ⅱ), (ⅲ)에서

$0<x\leq1$ 또는 $x\geq3$

답 ③

0342 $x^{x^2+3}<x^{4x}$에서 $x>1$이므로

$x^2+3<4x,\ x^2-4x+3<0$

$(x-1)(x-3)<0$

$\therefore 1<x<3$

답 ①

0343 부등식 $x^{3x+1}>x^{x+5}$에서

(ⅰ) $0<x<1$일 때

$3x+1<x+5$에서 $x<2$

$\therefore 0<x<1$

(ⅱ) $x=1$일 때

주어진 부등식은 $1^4>1^6$이므로 성립하지 않는다.

$\therefore x\neq1$

(ⅲ) $x>1$일 때

$3x+1>x+5$에서 $x>2$

$\therefore x>2$

(ⅰ), (ⅱ), (ⅲ)에서 $0<x<1$ 또는 $x>2$

답 ④

0344 $x^{2x^2-5x}>\dfrac{1}{x^2}$에서

$x^{2x^2-5x}>x^{-2}$ $\qquad\cdots\cdots$ ㉠

(ⅰ) $0<x<1$일 때 ㉠에서

$2x^2-5x<-2,\ 2x^2-5x+2<0$

$(2x-1)(x-2)<0$

$\therefore \dfrac{1}{2}<x<2$

그런데 $0<x<1$이므로 $\dfrac{1}{2}<x<1$

(ⅱ) $x=1$일 때 ㉠에서 $1^{-3}>1^{-2}$이므로 성립하지 않는다.

$\therefore x\neq1$

(ⅲ) $x>1$일 때 ㉠에서

$2x^2-5x>-2,\ 2x^2-5x+2>0$

$(2x-1)(x-2)>0$

$\therefore x<\dfrac{1}{2}$ 또는 $x>2$

그런데 $x>1$이므로 $x>2$

(ⅰ), (ⅱ), (ⅲ)에서 $\dfrac{1}{2}<x<1$ 또는 $x>2$이므로

$\alpha=\dfrac{1}{2},\ \beta=1,\ \gamma=2$

$\therefore \alpha\beta\gamma=1$

답 1

0345 (i) $2^{-x-1} \le 2^x$에서

밑이 1보다 크므로

$-x-1 \le x$

$-2x \le 1$ $\quad \therefore x \ge -\dfrac{1}{2}$

(ii) $2^x \le 8 \cdot 2^{-2x}$에서

$2^x \le 2^3 \cdot 2^{-2x}$, $2^x \le 2^{3-2x}$

밑이 1보다 크므로

$x \le 3-2x$

$3x \le 3$ $\quad \therefore x \le 1$

(i), (ii)에서 부등식 $2^{-x-1} \le 2^x \le 8 \cdot 2^{-2x}$의 해는

$-\dfrac{1}{2} \le x \le 1$

$$\text{답} \ -\frac{1}{2} \le x \le 1$$

0346 (1) $\left(\dfrac{1}{4}\right)^{x+2} = (2^{-2})^{x+2} = 2^{-2x-4}$

$\sqrt{8} = (2^3)^{\frac{1}{2}} = 2^{\frac{3}{2}}$

$\left(\dfrac{1}{2}\right)^{2x-3} = (2^{-1})^{2x-3} = 2^{-2x+3}$

따라서 주어진 부등식은

$2^{-2x-4} < 2^{\frac{3}{2}} < 2^{-2x+3}$

이때 밑 2가 $2>1$이므로

$-2x-4 < \dfrac{3}{2} < -2x+3$

즉 $-4x-8 < 3 < -4x+6$

(i) $-4x-8 < 3$에서 $x > -\dfrac{11}{4}$

(ii) $3 < -4x+6$에서 $x < \dfrac{3}{4}$

(i), (ii)의 공통 범위는 $-\dfrac{11}{4} < x < \dfrac{3}{4}$

(2) $\left(\dfrac{1}{3}\right)^{x+2} < \left(\dfrac{1}{3}\right)^{x^2} < \left(\dfrac{1}{3}\right)^{3x-2}$에서 밑 $\dfrac{1}{3}$이 $0 < \dfrac{1}{3} < 1$이므로

$3x-2 < x^2 < x+2$

(i) $3x-2 < x^2$에서

$x^2-3x+2 > 0$, $(x-1)(x-2) > 0$

$\therefore x < 1$ 또는 $x > 2$

(ii) $x^2 < x+2$에서

$x^2-x-2 < 0$, $(x+1)(x-2) < 0$

$\therefore -1 < x < 2$

(i), (ii)의 공통 범위는 $-1 < x < 1$

(3) (i) $\dfrac{1}{81} \le 3^x \le \dfrac{1}{9}$에서

$3^{-4} \le 3^x \le 3^{-2}$

이때 밑 3이 $3>1$이므로 $-4 \le x \le -2$

(ii) $\left(\dfrac{1}{2}\right)^{x+1} \le 64 \le \left(\dfrac{1}{4}\right)^x$에서

$\left(\dfrac{1}{2}\right)^{x+1} \le \left(\dfrac{1}{2}\right)^{-6} \le \left(\dfrac{1}{2}\right)^{2x}$

이때 밑 $\dfrac{1}{2}$이 $0 < \dfrac{1}{2} < 1$이므로 $2x \le -6 \le x+1$

$\therefore -7 \le x \le -3$

(i), (ii)의 공통 범위는 $-4 \le x \le -3$

$$\text{답 (1)} \ -\frac{11}{4} < x < \frac{3}{4} \quad \text{(2)} \ -1 < x < 1$$
$$\text{(3)} \ -4 \le x \le -3$$

0347 $9^x - 12 \cdot 3^x + 27 \le 0$에서 $3^x = a \ (a>0)$로 놓으면

$a^2 - 12a + 27 \le 0$, $(a-3)(a-9) \le 0$

$\therefore 3 \le a \le 9$

즉 $3^1 \le 3^x \le 3^2$이고 밑 3이 $3>1$이므로

$1 \le x \le 2$

$\therefore A = \{x \,|\, 1 \le x \le 2\}$

또 $\left(\dfrac{1}{4}\right)^x - \left(\dfrac{1}{2}\right)^x < 12$에서 $\left(\dfrac{1}{2}\right)^x = b \ (b>0)$로 놓으면

$b^2 - b - 12 < 0$, $(b+3)(b-4) < 0$

$\therefore -3 < b < 4$

그런데 $b>0$이므로 $0 < b < 4$

즉 $0 < \left(\dfrac{1}{2}\right)^x < \left(\dfrac{1}{2}\right)^{-2}$이고 밑 $\dfrac{1}{2}$이 $0 < \dfrac{1}{2} < 1$이므로

$x > -2$

$\therefore B = \{x \,|\, x > -2\}$

따라서 $A \cap B = \{x \,|\, 1 \le x \le 2\}$이므로 집합 $A \cap B$에 속하는 모든 정수인 원소의 합은 $1+2=3$

$$\text{답 } 3$$

0348 (i) $2^{2x+1} - 33 \cdot 2^{x-2} \le -1$에서

$2 \cdot (2^x)^2 - \dfrac{33}{4} \cdot 2^x + 1 \le 0$

이때 $2^x = a \ (a>0)$로 놓으면

$2a^2 - \dfrac{33}{4}a + 1 \le 0$, $8a^2 - 33a + 4 \le 0$

$(8a-1)(a-4) \le 0$

$\therefore \dfrac{1}{8} \le a \le 4$

즉 $2^{-3} \le 2^x \le 2^2$이고 밑 2가 $2>1$이므로

$-3 \le x \le 2$

(ii) $9^x + 3^x > 12$에서 $(3^x)^2 + 3^x - 12 > 0$

이때 $3^x = b \ (b>0)$로 놓으면 $b^2 + b - 12 > 0$

$(b+4)(b-3) > 0$

$\therefore b < -4$ 또는 $b > 3$

그런데 $b>0$이므로 $b > 3$

즉 $3^x > 3^1$이고 밑 3이 $3>1$이므로

$x > 1$

(i), (ii)의 공통 범위는 $1 < x \le 2$

따라서 $\alpha = 1$, $\beta = 2$이므로

$\alpha + \beta = 3$

$$\text{답 } 3$$

0349 $2^{2x}-2^{x+1}+k>0$에서 $(2^x)^2-2\cdot2^x+k>0$

이때 $2^x=t\ (t>0)$로 놓으면

$t^2-2t+k>0$, 즉 $(t-1)^2-1+k>0$　　　$\cdots\cdots$ ㉠

$t>0$일 때, 이차부등식 ㉠이 항상 성립하기 위해서는

$-1+k>0$이어야 한다.

$\therefore k>1$

따라서 구하는 정수 k의 최솟값은 2이다.

답 ③

0350 $2^{x+1}-2^{\frac{x+4}{2}}+a\geq0$에서

$2^{x+1}=2\cdot2^x=2\cdot(2^{\frac{x}{2}})^2$, $2^{\frac{x+4}{2}}=2^2\cdot2^{\frac{x}{2}}$

이므로 $2^{\frac{x}{2}}=t\ (t>0)$로 놓으면 주어진 부등식은

$2t^2-4t+a\geq0$, $2(t-1)^2+a-2\geq0$　　　$\cdots\cdots$ ㉠

$t>0$일 때, 이차부등식 ㉠이 항상 성립하기 위해서는

$a-2\geq0$이어야 한다.

$\therefore a\geq2$

따라서 구하는 실수 a의 최솟값은 2이다.

답 ②

0351 $3^t=a\ (a>0)$로 놓으면

$3x^2-(a+3)x+(a+3)>0$

위의 부등식이 모든 실수 x에 대하여 성립해야 하므로 이차방정식 $3x^2-(a+3)x+(a+3)=0$의 판별식 $D<0$이어야 한다.

$D=(a+3)^2-4\cdot3(a+3)<0$

$(a+3)(a-9)<0$

$\therefore -3<a<9$

그런데 $a>0$이므로 $0<a<9$

즉 $0<3^t<3^2$이므로 $t<2$

답 ⑤

0352 $1024=2^{10}$, $\dfrac{1}{4}=2^{-2}$이므로 물질의 양이 절반으로 감소하는 횟수를 x회라 하면

$2^{10}\cdot\left(\dfrac{1}{2}\right)^x=2^{-2}$, $\left(\dfrac{1}{2}\right)^x=2^{-12}$

$\therefore x=12$

따라서 50년마다 그 양이 $\dfrac{1}{2}$씩 감소하므로

$50\cdot12=600(년)$

답 **600년**

0353 10마리의 박테리아 A가 2시간 후 90마리가 되었으므로

$10a^2=90$, $a^2=9$　　$\therefore a=3\ (\because a>0)$

10마리의 박테리아 A가 t시간 후 7290마리 이상이 된다고 하면

$10\cdot3^t\geq7290$

$3^t\geq729$, $3^t\geq3^6$　　$\therefore t\geq6$

따라서 10마리의 박테리아 A가 7290마리 이상이 되는 것은 최소 6시간 후이다.

$\therefore n=6$

답 **6**

0354 살충제를 살포하기 전 해충 수를 a마리라 하면

살충제 살포 직후부터 x시간 후의 해충 수는 $a\cdot\left(\dfrac{1}{2}\right)^{\frac{x}{6}}$마리이다.

　　　　　　　　　　　　　　　　　　　　　　㉮

이때 처음 해충 수의 $\dfrac{1}{32}$이 되려면

$a\cdot\left(\dfrac{1}{2}\right)^{\frac{x}{6}}=\dfrac{1}{32}a$에서

　　　　　　　　　　　　　　　　　　　　　　㉯

$\left(\dfrac{1}{2}\right)^{\frac{x}{6}}=\dfrac{1}{32}=\left(\dfrac{1}{2}\right)^5$

즉 $\dfrac{x}{6}=5$이므로 $x=30$

따라서 처음 해충 수의 $\dfrac{1}{32}$이 되기까지 30시간이 걸린다.

　　　　　　　　　　　　　　　　　　　　　　㉰

답 **30시간**

단계	채점요소	배점
㉮	처음 해충 수를 a마리로 놓고 살충제 살포 직후부터 x시간 후의 해충 수를 식으로 나타내기	30%
㉯	지수방정식 세우기	30%
㉰	x의 값 구하기	40%

0355 처음 두 배양기 A, B에 있던 박테리아 수를 각각 a마리라 하면 t시간 후의 배양기 A에 있는 박테리아 수는 $a\cdot2^t$마리, 배양기 B에 있는 박테리아 수는 $a\cdot4^{\frac{t}{3}}$마리이므로 두 배양기 A, B에 있는 박테리아 수의 합이 처음 수의 40배가 되려면

$a\cdot2^t+a\cdot4^{\frac{t}{3}}=40(a+a)$

$a>0$이므로 $2^t+2^{\frac{2}{3}t}=80$

이때 $2^{\frac{t}{3}}=X\ (X>0)$로 놓으면

$X^3+X^2=80$, $X^3+X^2-80=0$

$(X-4)(X^2+5X+20)=0$

$\therefore X=4\ (\because X>0)$

즉 $2^{\frac{t}{3}}=4=2^2$에서

$\dfrac{t}{3}=2$　　$\therefore t=6$

따라서 두 배양기 A, B에 있는 박테리아 수의 합이 처음 수의 40배가 되는 것은 6시간 후이다.

답 **6시간 후**

0356 $f(3)=2^3-1=7$

$g(-2)=\left(\dfrac{1}{3}\right)^{-2}=9$

$\therefore f(3)+\{g(-2)\}^2=7+9^2=88$

답 **88**

0357 지수함수 $y=4^{2x-1}-2$에서

$y=4^{2\left(x-\frac{1}{2}\right)}-2$　　$\therefore y=16^{x-\frac{1}{2}}-2$

즉 함수 $y=4^{2x-1}-2$의 그래프는 $y=16^x$의 그래프를 x축의 방향으로 $\dfrac{1}{2}$만큼, y축의 방향으로 -2만큼 평행이동한 것이다.

ㄱ. x의 값이 증가하면 y의 값도 증가한다. (거짓)

ㄴ. 그래프는 직선 $y=-2$를 점근선으로 갖는다. (참)

ㄷ. 정의역은 모든 실수, 치역은 $\{y\,|\,y>-2\}$이다. (거짓)

ㄹ. 함수 $y=4^{2x-1}-2$에서 $x=\dfrac{1}{2}$일 때, $y=4^{1-1}-2=-1$이므로 그래프는 점 $\left(\dfrac{1}{2},\,-1\right)$을 지난다. (참)

ㅁ. 함수 $y=4^{2x-1}-2$의 그래프는 $y=16^x$의 그래프를 평행이동한 것이므로 $y=2^x$의 그래프와 겹치지 않는다. (거짓)

따라서 옳은 것은 ㄴ, ㄹ이다.

답 ③

0358 $y=-3^{x+1}+2$의 그래프는 $y=3^x$의 그래프를 x축에 대하여 대칭이동한 후 x축의 방향으로 -1만큼, y축의 방향으로 2만큼 평행이동한 것이므로 [그림 1]과 같다.

따라서 $y=-3^{x+1}+2$의 그래프를 y축에 대하여 대칭이동한 그래프는 [그림 2]와 같다.

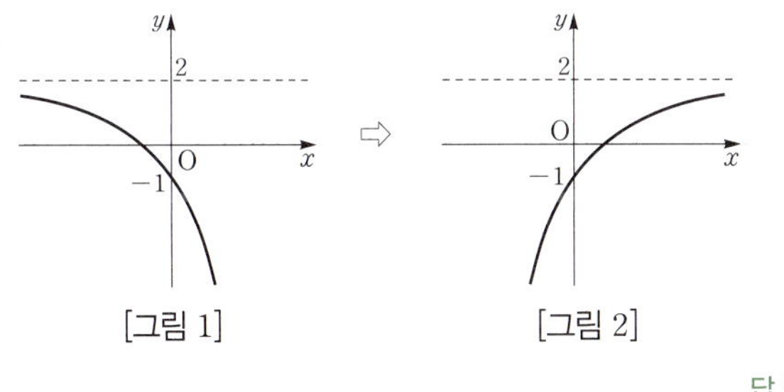

[그림 1]　　　　　[그림 2]

답 ④

0359 $y=\left(\dfrac{1}{2}\right)^x$의 그래프를 x축에 대하여 대칭이동하면

$-y=\left(\dfrac{1}{2}\right)^x$　　$\therefore y=-2^{-x}$

$y=-2^{-x}$의 그래프를 x축의 방향으로 a만큼, y축의 방향으로 b만큼 평행이동하면 $y=-2^{-(x-a)}+b$

이 그래프가 점 $(-1,\,-1)$을 지나므로

$-1=-2^{1+a}+b$　　　　……㉠

점 $(-2,\,-9)$를 지나므로

$-9=-2^{2+a}+b$　　　　……㉡

㉠$-$㉡을 하면

$8=2^{2+a}-2^{1+a}$

$2^3=(2-1)\cdot2^{1+a}$

즉 $3=1+a$이므로 $a=2$

$a=2$를 ㉠에 대입하면

$-1=-2^{1+2}+b$　　$\therefore b=7$

$\therefore a+b=2+7=9$

답 **9**

0360 $y=2^x$의 그래프를 y축에 대하여 대칭이동하면 $y=2^{-x}$

이 그래프를 x축의 방향으로 a만큼, y축의 방향으로 b만큼 평행이동하면

$y=2^{-(x-a)}+b$

그런데 이 그래프의 점근선이 직선 $y=-2$이므로

$b=-2$

또 그래프가 원점을 지나므로

$0=2^a-2,\ 2^a=2=2^1$　　$\therefore a=1$

$\therefore a-b=1-(-2)=3$

답 **3**

0361 오른쪽 그림에서 두 곡선 $y=3^x$, $y=3^x+3$과 두 직선 $x=0$, $x=1$로 둘러싸인 부분의 넓이는 $A+B$이다.

그런데 $y=3^x+3$의 그래프는 $y=3^x$의 그래프를 y축의 방향으로 3만큼 평행이동한 것이므로 B와 C의 넓이가 같다.

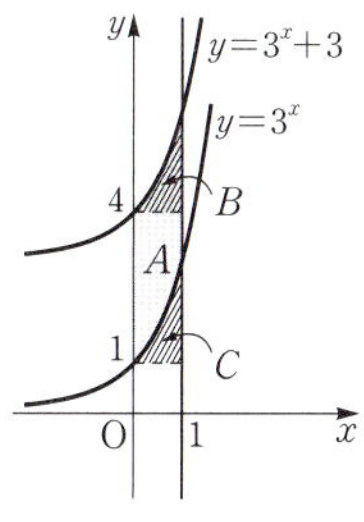

즉 $A+B=A+C$

따라서 구하는 넓이는 $1\cdot3=3$

답 **3**

0362 함수 $y=a^x\ (0<a<1)$의 그래프가 점 $(-1,\,3)$을 지나므로

$3=a^{-1}$　　$\therefore a=\dfrac{1}{3}$

함수 $y=\left(\dfrac{1}{3}\right)^x$의 그래프는 점 $(0,\,1)$을 지나므로 $b=1$

$\therefore 3(a+b)=3\cdot\left(\dfrac{1}{3}+1\right)=4$

답 **4**

0363 $2^a=b$, $2^b=c$, $2^c=d$이므로

$2^{a+b-c}=2^a\cdot2^b\cdot2^{-c}$

$\qquad\quad=b\cdot c\cdot\dfrac{1}{d}$

$\qquad\quad=\dfrac{bc}{d}$

답 ③

0364 $A=\sqrt[3]{0.25}=\sqrt[3]{\dfrac{1}{4}}=\left(\dfrac{1}{2}\right)^{\frac{2}{3}}$

$B=2^{-\frac{3}{2}}=\left(\dfrac{1}{2}\right)^{\frac{3}{2}}$

$C=\sqrt[4]{32^{-1}}=\sqrt[4]{\dfrac{1}{32}}=\left(\dfrac{1}{2}\right)^{\frac{5}{4}}$

이때 밑 $\dfrac{1}{2}$이 $0<\dfrac{1}{2}<1$이므로

$\left(\dfrac{1}{2}\right)^{\frac{3}{2}}<\left(\dfrac{1}{2}\right)^{\frac{5}{4}}<\left(\dfrac{1}{2}\right)^{\frac{2}{3}}$

$\therefore B<C<A$

답 ③

0365 함수 $f(x)$의 역함수가 $g(x)$이므로

$g(a)=-1$에서 $f(-1)=a$

$a=\left(\dfrac{1}{2}\right)^{-1+1}-3=1-3=-2$

또 $g(5)=b$에서 $f(b)=5$

$\left(\dfrac{1}{2}\right)^{b+1}-3=5,\ \left(\dfrac{1}{2}\right)^{b+1}=8=2^3$

즉 $b+1=-3$이므로 $b=-4$

$\therefore ab=-2\cdot(-4)=8$

답 ④

0366 함수 $f(x)=4^x\ (-2\leq x\leq 3)$은 x의 값이 증가하면 y의 값도 증가하는 함수이므로 $x=3$에서 최댓값 $4^3=64$를 갖는다.

$\therefore M=64$

함수 $g(x)=\left(\dfrac{1}{8}\right)^{x-2}\ (-2\leq x\leq 3)$은 x의 값이 증가하면 y의 값은 감소하는 함수이므로 $x=3$에서 최솟값 $\left(\dfrac{1}{8}\right)^1=\dfrac{1}{8}$을 갖는다.

$\therefore m=\dfrac{1}{8}$

$\therefore Mm=64\cdot\dfrac{1}{8}=8$

답 8

0367 $y=4^x-2^{x+1}+k=(2^x)^2-2\cdot 2^x+k$에서

$2^x=t\ (t>0)$로 놓으면

$y=t^2-2t+k=(t-1)^2-1+k$

이때 $0\leq x\leq 3$이므로 $2^0\leq 2^x\leq 2^3$에서

$1\leq t\leq 8$

따라서 주어진 함수는 $t=8$일 때 최댓값 50을 가지므로

$(8-1)^2-1+k=50$

$48+k=50$ $\therefore k=2$

답 ②

0368 $3^x>0$, $3^{-x}>0$이므로 산술평균과 기하평균의 관계에 의하여

$y=4\cdot 3^x+36\cdot 3^{-x}$

$\quad\geq 2\sqrt{(4\cdot 3^x)\cdot(36\cdot 3^{-x})}$

$\quad=2\sqrt{144}=24$

이때 등호가 성립하는 경우는

$4\cdot 3^x=36\cdot 3^{-x}$

$3^{2x}=9=3^2$

즉 $2x=2$에서 $x=1$

따라서 주어진 함수는 $x=1$일 때 최솟값 24를 가지므로

$\alpha=1$, $\beta=24$

$\therefore \alpha+\beta=25$

답 ③

0369 $\left(\dfrac{1}{3}\right)^{-3x}=3^{x^2-4}$에서 $3^{3x}=3^{x^2-4}$이므로

$3x=x^2-4,\ x^2-3x-4=0$

$(x+1)(x-4)=0$ $\therefore x=-1$ 또는 $x=4$

따라서 모든 해의 곱은

$-1\cdot 4=-4$

답 ③

0370 $a^{2x}-8\cdot a^x+5=0$에서 $a^x=t\ (t>0)$로 놓으면

$t^2-8t+5=0$ $\cdots\cdots$ ㉠

주어진 방정식의 두 근을 α, β라 하면 ㉠의 두 근은 a^{α}, a^{β}이므로 이차방정식의 근과 계수의 관계에 의하여

$a^{\alpha}\cdot a^{\beta}=5$, 즉 $a^{\alpha+\beta}=5$

$\alpha+\beta=3$이므로 $a^3=5$

$\therefore a=\sqrt[3]{5}\ (\because a$는 실수$)$

답 ①

0371 $\begin{cases}3\cdot 2^x-2\cdot 3^y=6\\ 2^{x-2}-3^{y-1}=-1\end{cases}$에서 $\begin{cases}3\cdot 2^x-2\cdot 3^y=6\\ \dfrac{1}{4}\cdot 2^x-\dfrac{1}{3}\cdot 3^y=-1\end{cases}$

이때 $2^x=X\,(X>0)$, $3^y=Y\,(Y>0)$로 놓으면

$\begin{cases}3X-2Y=6 & \cdots\cdots ㉠\\ \dfrac{1}{4}X-\dfrac{1}{3}Y=-1 & \cdots\cdots ㉡\end{cases}$

㉠, ㉡을 연립하여 풀면

$X=8$, $Y=9$

즉 $2^x=8=2^3$, $3^y=9=3^2$이므로

$x=3$, $y=2$

따라서 $\alpha=3$, $\beta=2$이므로

$\alpha^2+\beta^2=3^2+2^2=13$

답 13

0372 $125^{x-2}<0.2^{4-x}$에서

$5^{3(x-2)}<\left(\dfrac{1}{5}\right)^{4-x},\ 5^{3x-6}<5^{-4+x}$

이때 밑 5가 5>1이므로
$3x-6<-4+x$ $\therefore x<1$

답 ②

0373 $4^x-2^{x+1}-8<0$에서 $(2^x)^2-2\cdot2^x-8<0$

이때 $2^x=t$ $(t>0)$로 놓으면

$t^2-2t-8<0,\ (t+2)(t-4)<0$

$\therefore 0<t<4\ (\because t>0)$

즉 $0<2^x<4=2^2$이므로 $x<2$

$\therefore A=\{x\,|\,x<2,\ x$는 정수$\}$

$\left(\dfrac{1}{2}\right)^{x^2}>\left(\dfrac{1}{2}\right)^{2x+3}$에서 밑 $\dfrac{1}{2}$이 $0<\dfrac{1}{2}<1$이므로

$x^2<2x+3,\ x^2-2x-3<0$

$(x+1)(x-3)<0$ $\therefore -1<x<3$

$\therefore B=\{x\,|\,-1<x<3,\ x$는 정수$\}$

따라서 $A\cap B=\{x\,|\,-1<x<2,\ x$는 정수$\}=\{0,\ 1\}$이므로

$n(A\cap B)=2$

답 ①

0374 (i) $0<x<1$일 때, $x^{x^2-5}>x^{4x}$에서 $x^2-5<4x$이므로

$x^2-4x-5<0,\ (x+1)(x-5)<0$

$\therefore -1<x<5$

그런데 $0<x<1$이므로 $0<x<1$

(ii) $x=1$일 때, $1>1$이므로 부등식이 성립하지 않는다.

$\therefore x\neq1$

(iii) $x>1$일 때, $x^{x^2-5}>x^{4x}$에서 $x^2-5>4x$이므로

$x^2-4x-5>0,\ (x+1)(x-5)>0$

$\therefore x<-1$ 또는 $x>5$

그런데 $x>1$이므로 $x>5$

(i), (ii), (iii)에서 $0<x<1$ 또는 $x>5$이므로

$\alpha+\beta=1+5=6$

답 6

0375 $\left(\dfrac{1}{8}\right)^{2x+1}<32<\left(\dfrac{1}{2}\right)^{3x-9}$에서

$\left(\dfrac{1}{2}\right)^{3(2x+1)}<\left(\dfrac{1}{2}\right)^{-5}<\left(\dfrac{1}{2}\right)^{3x-9}$

이때 밑 $\dfrac{1}{2}$이 $0<\dfrac{1}{2}<1$이므로

$3x-9<-5<6x+3$

(i) $3x-9<-5$에서

$3x<4$ $\therefore x<\dfrac{4}{3}$

(ii) $-5<6x+3$에서

$6x>-8$ $\therefore x>-\dfrac{4}{3}$

(i), (ii)의 공통 범위는 $-\dfrac{4}{3}<x<\dfrac{4}{3}$

따라서 부등식을 만족시키는 정수 x는 $-1,\ 0,\ 1$의 3개이다.

답 ④

0376 $4^x-2^{x+3}+2a-6\geq0$에서 $(2^x)^2-8\cdot2^x+2a-6\geq0$

이때 $2^x=t$ $(t>0)$로 놓으면

$t^2-8t+2a-6\geq0$

$\therefore (t-4)^2+2a-22\geq0$

위의 부등식이 $t>0$인 모든 실수 t에 대하여 성립하려면

$2a-22\geq0$ $\therefore a\geq11$

따라서 실수 a의 최솟값은 11이다.

답 11

0377 자동차의 중고가는 구입 후 1년마다 20 %씩 떨어지므로

중고가는 1년 전의 중고가의 $\dfrac{4}{5}$가 된다.

최소 n년 후 자동차의 중고가가 1024만 원 이하가 된다고 하면

$2500\cdot\left(\dfrac{4}{5}\right)^n\leq1024$

$\left(\dfrac{4}{5}\right)^n\leq\dfrac{1024}{2500},\ \left(\dfrac{4}{5}\right)^n\leq\dfrac{256}{625}$

$\left(\dfrac{4}{5}\right)^n\leq\left(\dfrac{4}{5}\right)^4$

밑 $\dfrac{4}{5}$가 $0<\dfrac{4}{5}<1$이므로 $n\geq4$

따라서 자동차의 중고가가 1024만 원 이하가 되는 것은 구입한 날로부터 최소 4년 후이다.

답 ②

0378 $y=2^x\cdot5^{-x}+1=2^x\cdot\left(\dfrac{1}{5}\right)^x+1=\left(\dfrac{2}{5}\right)^x+1$

이때 밑 $\dfrac{2}{5}$가 $0<\dfrac{2}{5}<1$이므로 x의 값이 증가하면 y의 값은 감소하는 함수이다.

⸻ ㉮

따라서 $-1\leq x\leq1$일 때

$x=-1$에서 최댓값 $\left(\dfrac{2}{5}\right)^{-1}+1=\dfrac{7}{2}$,

⸻ ㉯

$x=1$에서 최솟값 $\left(\dfrac{2}{5}\right)^1+1=\dfrac{7}{5}$을 갖는다.

⸻ ㉰

따라서 치역은 $\left\{y\,\Big|\,\dfrac{7}{5}\leq y\leq\dfrac{7}{2}\right\}$이므로

$a=\dfrac{7}{5},\ b=\dfrac{7}{2}$

$\therefore ab=\dfrac{7}{5}\cdot\dfrac{7}{2}=\dfrac{49}{10}$

⸻ ㉱

답 $\dfrac{49}{10}$

단계	채점요소	배점
㉮	함수 $y=2^x\cdot5^{-x}+1$이 감소하는 함수임을 알아내기	30 %
㉯	최댓값 구하기	30 %
㉰	최솟값 구하기	30 %
㉱	치역을 구하고 ab의 값 구하기	10 %

0379 $\left(\dfrac{1}{3}\right)^{2x}\geq\dfrac{1}{81}=\left(\dfrac{1}{3}\right)^{4}$에서 밑 $\dfrac{1}{3}$이 $0<\dfrac{1}{3}<1$이므로

$2x\leq 4$　　$\therefore x\leq 2$

$\therefore A=\{x|x\leq 2\}$

㉠

$8^{x^2+2x-4}\leq 4^{x^2+x}$에서 $2^{3(x^2+2x-4)}\leq 2^{2(x^2+x)}$

이때 밑 2가 $2>1$이므로

$3(x^2+2x-4)\leq 2(x^2+x)$

$x^2+4x-12\leq 0,\ (x+6)(x-2)\leq 0$

$\therefore -6\leq x\leq 2$

$\therefore B=\{x|-6\leq x\leq 2\}$

㉡

$\therefore A\cap B=\{x|-6\leq x\leq 2\}$

㉢

답 $\{x|-6\leq x\leq 2\}$

단계	채점요소	배점
㉠	집합 A 구하기	40%
㉡	집합 B 구하기	40%
㉢	집합 $A\cap B$ 구하기	20%

0380 $4^x-m\cdot 2^x+n<0$에서 $(2^x)^2-m\cdot 2^x+n<0$　……㉠

이때 $2^x=t\ (t>0)$로 놓으면

$t^2-mt+n<0$　……㉡

㉠

㉠의 해가 $1<x<3$이므로 $2^1<2^x<2^3$, 즉 $2<t<8$

㉡

따라서 ㉡의 해가 $2<t<8$이므로

$(t-2)(t-8)<0,\ t^2-10t+16<0$

따라서 $m=10,\ n=16$이므로

㉢

$mn=10\cdot 16=160$

㉣

답 **160**

단계	채점요소	배점
㉠	주어진 부등식을 $2^x=t$로 놓고 식 세우기	30%
㉡	t의 값의 범위 구하기	30%
㉢	$m,\ n$의 값 구하기	30%
㉣	mn의 값 구하기	10%

0381 $\left(\dfrac{1}{2}\right)^{x^2+3k}\leq 4^{2-kx}$에서

$2^{-x^2-3k}\leq 2^{4-2kx}$

이때 밑 2가 $2>1$이므로

$-x^2-3k\leq 4-2kx$

$\therefore x^2-2kx+3k+4\geq 0$　……㉠

㉠

모든 실수 x에 대하여 ㉠이 성립해야 하므로 이차방정식 $x^2-2kx+3k+4=0$의 판별식 $D\leq 0$이어야 한다.

㉡

$\dfrac{D}{4}=k^2-(3k+4)\leq 0$

$k^2-3k-4\leq 0,\ (k+1)(k-4)\leq 0$

$\therefore -1\leq k\leq 4$

㉢

따라서 실수 k의 최댓값은 4이다.

㉣

답 **4**

단계	채점요소	배점
㉠	x에 대한 이차부등식 세우기	30%
㉡	㉠의 부등식이 항상 성립할 조건 알아내기	30%
㉢	k의 값의 범위 구하기	30%
㉣	k의 최댓값 구하기	10%

0382 $y=2^{-2x+2}+n$에서

$y=2^{-2(x-1)}+n$

$\therefore y=\left(\dfrac{1}{4}\right)^{x-1}+n$　……㉠

㉠의 그래프가 제1사분면을 지나지 않도록 하는 상수 n의 값이 최대가 되는 경우는 오른쪽 그림과 같이 ㉠의 그래프가 점 $(0,\ 0)$을 지날 때이다.

$0=\left(\dfrac{1}{4}\right)^{-1}+n$

$0=4+n$　　$\therefore n=-4$

따라서 n의 최댓값은 -4이다.

답 -4

0383 $f(x)=|x-1|+2$로 놓으면 $-1\leq x\leq 2$에서

$-2\leq x-1\leq 1,\ 0\leq |x-1|\leq 2,\ 2\leq |x-1|+2\leq 4$

$\therefore 2\leq f(x)\leq 4$

(i) $a>1$일 때

　$y=a^{f(x)}$은 $f(x)=4$일 때 최댓값을 가지므로

　$a^4=\dfrac{1}{4},\ a^2=\dfrac{1}{2}$　　$\therefore a=\dfrac{\sqrt{2}}{2}\ (\because a>0)$

　그런데 이 값은 $a<1$이므로 조건을 만족시키지 않는다.

(ii) $0<a<1$일 때

　$y=a^{f(x)}$은 $f(x)=2$일 때 최댓값을 가지므로

　$a^2=\dfrac{1}{4}$　　$\therefore a=\dfrac{1}{2}\ (\because a>0)$

(i), (ii)에서 $a=\dfrac{1}{2}$이고 $f(x)=4$일 때 최소이므로 최솟값은

$\left(\dfrac{1}{2}\right)^{4}=\dfrac{1}{16}$이다.

답 $\dfrac{1}{16}$

0384 $2^x+2^{-x}=t$로 놓으면 $2^x>0$, $2^{-x}>0$이므로 산술평균과 기하평균의 관계에 의하여

$t=2^x+2^{-x}\geq 2\sqrt{2^x\cdot 2^{-x}}=2$ (단, 등호는 $x=0$일 때 성립)

이때 $4^x+4^{-x}=(2^x+2^{-x})^2-2=t^2-2$이므로 주어진 함수는

$y=4^x+4^{-x}+6(2^x+2^{-x})+3$

$\quad =(t^2-2)+6t+3$

$\quad =t^2+6t+1$

$\quad =(t+3)^2-8$ $\qquad\qquad\cdots\cdots$ ㉠

$t\geq 2$이므로 ㉠은 $t=2$일 때 최솟값 $(2+3)^2-8=17$을 갖는다.

$t=2$일 때 $x=0$이므로 $a=0$, $b=17$

$\therefore a+b=17$

답 **17**

0385 두 점 $A(a, b)$, $B(a+3, c)$가 함수 $y=3^x$의 그래프 위에 있으므로

$b=3^a$, $c=3^{a+3}=3^a\cdot 3^3=27b$ $\qquad \therefore \dfrac{c}{b}=27$ $\qquad\cdots\cdots$ ㉠

또한 두 점 $A(a, b)$, $B(a+3, c)$와 원점을 지나는 직선을 $y=kx$ $(k>0)$라 하면

$b=ak$, $c=k(a+3)$

$\therefore \dfrac{c}{b}=\dfrac{k(a+3)}{ak}=\dfrac{a+3}{a}$ $\qquad\qquad\cdots\cdots$ ㉡

㉠, ㉡에서 $\dfrac{c}{b}=\dfrac{a+3}{a}=27$이므로

$a+3=27a$

$26a=3$ $\qquad \therefore a=\dfrac{3}{26}$

따라서 $b=3^a=3^{\frac{3}{26}}$, $c=27b=27\cdot 3^{\frac{3}{26}}=3^{\frac{81}{26}}$이므로

$\log_3 b=\dfrac{3}{26}$, $\log_3 c=\dfrac{81}{26}$

$\therefore \dfrac{\log_3 bc}{a}=\dfrac{\log_3 b+\log_3 c}{a}$

$\qquad\qquad =\dfrac{\dfrac{3}{26}+\dfrac{81}{26}}{\dfrac{3}{26}}$

$\qquad\qquad =28$

답 **28**

04 | 로그함수

📖 교과서 문제 정/복/하/기

본문 51쪽

0386 $2-x>0$에서 $x<2$
따라서 정의역은 $\{x\,|\,x<2\}$ 답 $\{x\,|\,x<2\}$

0387 $2x>0$에서 $x>0$
따라서 정의역은 $\{x\,|\,x>0\}$ 답 $\{x\,|\,x>0\}$

0388 함수 $y=10^x$의 정의역은 실수 전체의 집합이고, 치역은 $\{y\,|\,y>0\}$이다.
로그의 정의로부터 $x=\log y$
x와 y를 서로 바꾸면 구하는 역함수는
$y=\log x$

답 $y=\log x$

0389 함수 $y=3\cdot2^{x-1}$에서 $2^{x-1}=\dfrac{y}{3}$

정의역은 실수 전체의 집합이고, 치역은 $\{y\,|\,y>0\}$이다.
로그의 정의로부터

$x-1=\log_2\dfrac{y}{3}$ $\therefore\ x=\log_2\dfrac{y}{3}+1$

x와 y를 서로 바꾸면 구하는 역함수는

$y=\log_2\dfrac{x}{3}+1$

답 $y=\log_2\dfrac{x}{3}+1$

0390 함수 $y=\log_5(x-2)$의 그래프는 함수 $y=\log_5 x$의 그래프를 x축의 방향으로 2만큼 평행이동한 것이므로 오른쪽 그림과 같다.
따라서 점근선은 직선 $x=2$이다.

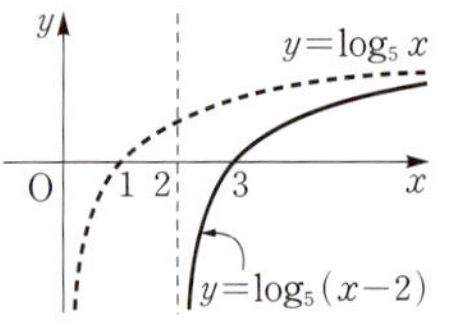

답 풀이 참조

0391 함수 $y=\log_5(-x)$의 그래프는 함수 $y=\log_5 x$의 그래프를 y축에 대하여 대칭이동한 것이므로 다음 그림과 같다.

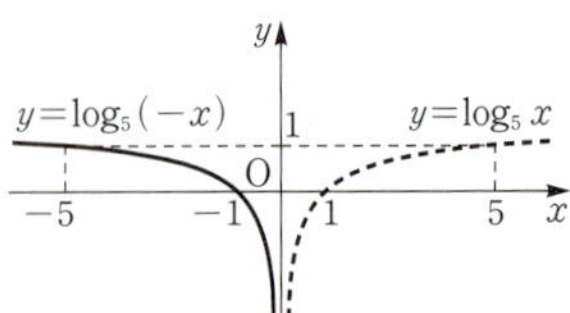

따라서 점근선은 직선 $x=0$이다.

답 풀이 참조

0392 함수 $y=-\log_5 x$의 그래프는 함수 $y=\log_5 x$의 그래프를 x축에 대하여 대칭이동한 것이므로 오른쪽 그림과 같다.
따라서 점근선은 직선 $x=0$이다.

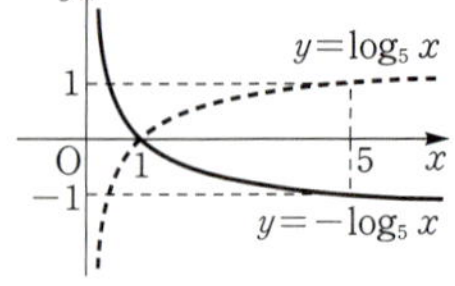

답 풀이 참조

0393 함수 $y=\log_5 5x$
즉 $y=\log_5 x+1$의 그래프는 함수 $y=\log_5 x$의 그래프를 y축의 방향으로 1만큼 평행이동한 것이므로 오른쪽 그림과 같다.
따라서 점근선은 직선 $x=0$이다.

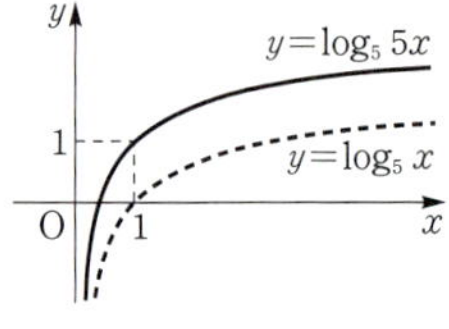

답 풀이 참조

0394 $2\log_2 3=\log_2 3^2=\log_2 9$
함수 $y=\log_2 x$는 x의 값이 증가하면 y의 값도 증가하므로
$\log_2 10>\log_2 9$ $\therefore\ \log_2 10>2\log_2 3$

답 $\log_2 10>2\log_2 3$

0395 $\dfrac{1}{3}\log_{\frac{1}{2}}27=\log_{\frac{1}{2}}(3^3)^{\frac{1}{3}}=\log_{\frac{1}{2}}3$

$\dfrac{1}{2}\log_{\frac{1}{2}}7=\log_{\frac{1}{2}}7^{\frac{1}{2}}=\log_{\frac{1}{2}}\sqrt{7}$

함수 $y=\log_{\frac{1}{2}}x$는 x의 값이 증가하면 y의 값은 감소하므로

$\log_{\frac{1}{2}}3<\log_{\frac{1}{2}}\sqrt{7}$ $\therefore\ \dfrac{1}{3}\log_{\frac{1}{2}}27<\dfrac{1}{2}\log_{\frac{1}{2}}7$

답 $\dfrac{1}{3}\log_{\frac{1}{2}}27<\dfrac{1}{2}\log_{\frac{1}{2}}7$

0396 $\log_9 16=\log_{3^2}4^2=\log_3 4$
함수 $y=\log_3 x$는 x의 값이 증가하면 y의 값도 증가하므로
$\log_3 2<\log_3 4$ $\therefore\ \log_3 2<\log_9 16$

답 $\log_3 2<\log_9 16$

0397 함수 $y=\log_2 x$는 x의 값이 증가하면 y의 값도 증가한다.
따라서 최댓값은 $x=64$일 때 $y=\log_2 64=6$,
최솟값은 $x=1$일 때 $y=\log_2 1=0$

답 최댓값 : 6, 최솟값 : 0

0398 함수 $y=\log_{\frac{1}{2}}(x+1)$은 x의 값이 증가하면 y의 값은 감소한다.
따라서 최댓값은 $x=-\dfrac{1}{2}$일 때

$y=\log_{\frac{1}{2}}\left(-\dfrac{1}{2}+1\right)=\log_{\frac{1}{2}}\dfrac{1}{2}=1$,

최솟값은 $x=7$일 때 $y=\log_{\frac{1}{2}}(7+1)=\log_{\frac{1}{2}}8=-3$

답 최댓값 : 1, 최솟값 : -3

0399 함수 $y=-\log_5(x-2)+3$은 x의 값이 증가하면 y의 값은 감소한다.

따라서 최댓값은 $x=7$일 때 $y=-\log_5(7-2)+3=2$,

최솟값은 $x=127$일 때 $y=-\log_5(127-2)+3=0$

답 **최댓값 : 2, 최솟값 : 0**

0400 진수의 조건에서 $2x-5>0$ $\quad\therefore x>\dfrac{5}{2}$ $\quad\cdots\cdots$ ㉠

$\log_3(2x-5)=2$에서 $2x-5=3^2$

$2x=14$ $\quad\therefore x=7$

$x=7$은 ㉠을 만족시키므로 해이다.

답 $x=7$

0401 진수의 조건에서 $x+1>0$ $\quad\therefore x>-1$ $\quad\cdots\cdots$ ㉠

$\log_{\frac{1}{3}}(x+1)=2$에서 $x+1=\left(\dfrac{1}{3}\right)^2$

$\therefore x=-\dfrac{8}{9}$

$x=-\dfrac{8}{9}$은 ㉠을 만족시키므로 해이다.

답 $x=-\dfrac{8}{9}$

0402 밑의 조건에서 $x+1>0$, $x+1\neq1$

$\therefore x>-1$, $x\neq0$ $\quad\cdots\cdots$ ㉠

$\log_{x+1}9=2$에서 $(x+1)^2=9$

$x+1=3$ 또는 $x+1=-3$

$\therefore x=2$ 또는 $x=-4$

㉠에 의하여 $x=2$

답 $x=2$

0403 진수의 조건에서

$x-1>0$, $2x-3>0$ $\quad\therefore x>\dfrac{3}{2}$ $\quad\cdots\cdots$ ㉠

$\log_2(x-1)=\log_2(2x-3)$에서

$x-1=2x-3$ $\quad\therefore x=2$

$x=2$는 ㉠을 만족시키므로 해이다.

답 $x=2$

0404 진수의 조건에서

$x>0$, $x-3>0$ $\quad\therefore x>3$ $\quad\cdots\cdots$ ㉠

$\log x+\log(x-3)=1$에서

$\log x(x-3)=\log10$

$x(x-3)=10$, $x^2-3x-10=0$

$(x+2)(x-5)=0$

$\therefore x=-2$ 또는 $x=5$

㉠에 의하여 $x=5$

답 $x=5$

0405 진수의 조건에서

$x-1>0$, $x+2>0$ $\quad\therefore x>1$ $\quad\cdots\cdots$ ㉠

$\log_2(x-1)=2-\log_2(x+2)$에서

$\log_2(x-1)+\log_2(x+2)=2$

$\log_2(x-1)(x+2)=\log_2 2^2$

$(x-1)(x+2)=4$, $x^2+x-6=0$

$(x+3)(x-2)=0$ $\quad\therefore x=-3$ 또는 $x=2$

㉠에 의하여 $x=2$

답 $x=2$

0406 진수의 조건에서 $x>0$ $\quad\cdots\cdots$ ㉠

$\log_3 x=t$로 놓으면 주어진 방정식은 $t^2-4t+3=0$

$(t-1)(t-3)=0$ $\quad\therefore t=1$ 또는 $t=3$

즉 $\log_3 x=1$ 또는 $\log_3 x=3$

$\therefore x=3$ 또는 $x=27$

이것은 ㉠을 만족시키므로 해이다.

답 $x=3$ 또는 $x=27$

0407 진수의 조건에서 $x+4>0$ $\quad\therefore x>-4$ $\quad\cdots\cdots$ ㉠

$\log_2(x+4)<3$에서 $\log_2(x+4)<\log_2 2^3$

밑이 1보다 크므로 $x+4<8$ $\quad\therefore x<4$ $\quad\cdots\cdots$ ㉡

㉠, ㉡의 공통 범위를 구하면 $-4<x<4$

답 $-4<x<4$

0408 진수의 조건에서 $x-1>0$ $\quad\therefore x>1$ $\quad\cdots\cdots$ ㉠

$\log_{\frac{1}{3}}(x-1)>2$에서 $\log_{\frac{1}{3}}(x-1)>\log_{\frac{1}{3}}\left(\dfrac{1}{3}\right)^2$

밑이 1보다 작으므로 $x-1<\dfrac{1}{9}$ $\quad\therefore x<\dfrac{10}{9}$ $\quad\cdots\cdots$ ㉡

㉠, ㉡의 공통 범위를 구하면 $1<x<\dfrac{10}{9}$

답 $1<x<\dfrac{10}{9}$

0409 진수의 조건에서

$2x-1>0$, $3x+1>0$ $\quad\therefore x>\dfrac{1}{2}$ $\quad\cdots\cdots$ ㉠

$\log_{\frac{1}{2}}(2x-1)\geq\log_{\frac{1}{2}}(3x+1)$에서 밑이 1보다 작으므로

$2x-1\leq3x+1$ $\quad\therefore x\geq-2$ $\quad\cdots\cdots$ ㉡

㉠, ㉡의 공통 범위를 구하면 $x>\dfrac{1}{2}$

답 $x>\dfrac{1}{2}$

0410 진수의 조건에서

$2x>0$, $x+2>0$ $\quad\therefore x>0$ $\quad\cdots\cdots$ ㉠

$\log_2 2x<\log_2(x+2)$에서 밑이 1보다 크므로

$2x<x+2$ $\quad\therefore x<2$ $\quad\cdots\cdots$ ㉡

㉠, ㉡의 공통 범위를 구하면 $0<x<2$

답 $0<x<2$

0411 진수의 조건에서

$x>0, 7-x>0$ $\therefore 0<x<7$ ······ ㉠

$\log x+\log(7-x)<1$에서

$\log x(7-x)<\log 10$

밑이 1보다 크므로 $x(7-x)<10$

$x^2-7x+10>0, (x-2)(x-5)>0$

$\therefore x<2$ 또는 $x>5$ ······ ㉡

㉠, ㉡의 공통 범위를 구하면

$0<x<2$ 또는 $5<x<7$

답 $0<x<2$ 또는 $5<x<7$

유형 익히기

본문 52~59쪽

0412 $f(1)=3$이므로 $f(1)=\log_a 4+1=3$

$\log_a 4=2, a^2=4$ $\therefore a=2\ (\because a>0)$

$\therefore f(x)=\log_2(3x+1)+1$

$f(0)=\log_2 1+1=0+1=1$

$f(5)=\log_2 16+1=4+1=5$

$\therefore f(0)+f(5)=1+5=6$

답 ③

0413 $f(-4)=3^{-4}=\dfrac{1}{81}$이므로

$(g\circ f)(-4)=g(f(-4))=g\left(\dfrac{1}{81}\right)$

$\qquad =\log_{\frac{1}{9}}\dfrac{1}{81}=\log_{\frac{1}{9}}\left(\dfrac{1}{9}\right)^2=2$

답 ⑤

참고 함수 $f(x)=3^x$의 치역(양수 전체의 집합)은

$g(x)=\log_{\frac{1}{9}} x$의 정의역(양수 전체의 집합)에 포함되므로 합성

함수 $(g\circ f)(x)$가 정의된다.

0414 $f(75)-f(25)=\log_{\frac{1}{3}}\sqrt{75}-\log_{\frac{1}{3}}\sqrt{25}$

$\qquad =\log_{\frac{1}{3}}\dfrac{\sqrt{75}}{\sqrt{25}}=\log_{\frac{1}{3}}\sqrt{\dfrac{75}{25}}$

$\qquad =\log_{\frac{1}{3}}\sqrt{3}$

$\qquad =\log_{3^{-1}} 3^{\frac{1}{2}}$

$\qquad =-\dfrac{1}{2}$

답 ②

0415 ④ $y=\log_{\frac{1}{a}}\dfrac{1}{x}=\log_a x$이고 $0<a<1$이므로 $x>0$에서

x의 값이 증가하면 y의 값은 감소한다.

답 ④

0416 함수 $y=\log_5(x+a)+b$의 그래프의 점근선은 직선

$x=-a$이므로

$-a=2$ $\therefore a=-2$

$\therefore y=\log_5(x-2)+b$ ······ ㉠

또 x절편이 7이므로 $x=7, y=0$을 ㉠의 식에 대입하면

$0=\log_5(7-2)+b, 0=1+b$ $\therefore b=-1$

$\therefore a+b=-2+(-1)=-3$

답 -3

0417 ㄱ. 지수함수 $y=a^x$의 그래프는 점 $(0,1)$을 지나고, 로

　　그함수 $y=\log_a x$의 그래프는 점 $(1,0)$을 지나므로 주어진

　　그림에서 두 그래프의 교점의 좌표는 $(1,1)$이 아니다. (거짓)

ㄴ. $y=a^x$과 $y=\log_a x$는 서로 역함수 관계이므로 두 그래프는

　　직선 $y=x$에 대하여 대칭이다. (참)

ㄷ. 두 함수 모두 x의 값이 증가하면 y의 값은 감소하므로

　　$0<a<1$이다. (거짓)

따라서 옳은 것은 ㄴ이다.

답 ㄴ

0418 $y=\log_2(2x+4)=\log_2 2(x+2)=\log_2(x+2)+1$

이므로 함수 $y=\log_2 x$의 그래프를 x축의 방향으로 -2만큼, y

축의 방향으로 1만큼 평행이동한 것이다.

$\therefore m=-2, n=1$

$\therefore m+n=-1$

답 -1

0419 함수 $y=\log_{\frac{1}{4}} x$의 그래프를 x축의 방향으로 m만큼, y

축의 방향으로 n만큼 평행이동한 그래프의 식은

$y=\log_{\frac{1}{4}}(x-m)+n$

이 그래프의 점근선이 $x=-3$이므로 $m=-3$

$\therefore y=\log_{\frac{1}{4}}(x+3)+n$ ······ ㉠

㉠의 그래프가 점 $(-1,0)$을 지나므로

$0=\log_{\frac{1}{4}} 2+n$

$0=-\dfrac{1}{2}+n$ $\therefore n=\dfrac{1}{2}$

$\therefore \dfrac{m}{n}=\dfrac{-3}{\frac{1}{2}}=-6$

답 -6

0420 함수 $y=\log_2 4x$의 그래프를 y축의 방향으로 -3만큼

평행이동한 그래프의 식은

$y+3=\log_2 4x$

$y=\log_2 4x-3=\log_2\dfrac{4x}{2^3}$ $\therefore y=\log_2\dfrac{x}{2}$

이 함수의 그래프를 x축에 대하여 대칭이동시킨 그래프의 식은

$-y=\log_2\dfrac{x}{2}$, $y=-\log_2\dfrac{x}{2}$

$\therefore y=\log_2\dfrac{2}{x}$

$\therefore a=2$

답 2

0421 ㄱ. $y=\log_2(-x)$의 그래프는 $y=\log_2 x$의 그래프를 y축에 대하여 대칭이동한 것이다.

ㄴ. $y=\log_2(x-3)$의 그래프는 $y=\log_2 x$의 그래프를 x축의 방향으로 3만큼 평행이동한 것이다.

ㄹ. $y=\log_2 2x=\log_2 x+1$이므로 이 함수의 그래프는 $y=\log_2 x$의 그래프를 y축의 방향으로 1만큼 평행이동한 것이다.

따라서 평행이동 또는 대칭이동하여 $y=\log_2 x$의 그래프와 겹칠 수 있는 것은 ㄱ, ㄴ, ㄹ이다.

답 ㄱ, ㄴ, ㄹ

0422 $A=-\log_{\frac{1}{2}}\dfrac{1}{6}=\log_{\frac{1}{2}}\left(\dfrac{1}{6}\right)^{-1}=\log_{\frac{1}{2}}6$

$B=2\log_{\frac{1}{2}}\dfrac{1}{5}=\log_{\frac{1}{2}}\left(\dfrac{1}{5}\right)^2=\log_{\frac{1}{2}}\dfrac{1}{25}$

$C=-3\log_{\frac{1}{2}}3=\log_{\frac{1}{2}}3^{-3}=\log_{\frac{1}{2}}\dfrac{1}{27}$

이때 밑 $\dfrac{1}{2}$이 $0<\dfrac{1}{2}<1$이고 진수를 비교하면 $\dfrac{1}{27}<\dfrac{1}{25}<6$이므로

$\log_{\frac{1}{2}}6<\log_{\frac{1}{2}}\dfrac{1}{25}<\log_{\frac{1}{2}}\dfrac{1}{27}$

$\therefore A<B<C$

답 ①

0423 (1) 로그의 밑을 $\dfrac{1}{3}$로 통일하면

$A=\log_3\sqrt{2}=-\log_{\frac{1}{3}}\sqrt{2}=\log_{\frac{1}{3}}\dfrac{1}{\sqrt{2}}$

$B=\log_{\frac{1}{3}}4$, $C=\log_{\frac{1}{3}}\sqrt{10}$

이때 밑 $\dfrac{1}{3}$이 $0<\dfrac{1}{3}<1$이고 진수를 비교하면

$\dfrac{1}{\sqrt{2}}<\sqrt{10}<4$이므로

$\log_{\frac{1}{3}}4<\log_{\frac{1}{3}}\sqrt{10}<\log_{\frac{1}{3}}\dfrac{1}{\sqrt{2}}$

$\therefore B<C<A$

(2) 로그의 밑을 2로 통일하면

$A=5=\log_2 2^5=\log_2 32$

$B=\log_2 7$

$C=\log_4 25=\log_{2^2}5^2=\dfrac{2}{2}\log_2 5=\log_2 5$

이때 밑 2가 $2>1$이고 진수를 비교하면 $5<7<32$이므로

$\log_2 5<\log_2 7<\log_2 32$

$\therefore C<B<A$

답 (1) $B<C<A$　(2) $C<B<A$

0424 $1<x<2$의 각 변에 밑이 2인 로그를 취하면

$\log_2 1<\log_2 x<\log_2 2$　$\therefore 0<\log_2 x<1$

$A-B=\log_2 x-(\log_2 x)^2=\log_2 x(1-\log_2 x)$

이때 $0<\log_2 x<1$이므로 $1-\log_2 x>0$

$\therefore A-B>0$　$\therefore A>B$　$\cdots\cdots$ ㉠

$C=\log_x 2=\dfrac{1}{\log_2 x}$

이때 $0<\log_2 x<1$이므로 $\dfrac{1}{\log_2 x}>1$, 즉 $C>1$

$\therefore A<C$　$\cdots\cdots$ ㉡

㉠, ㉡에서 $B<A<C$

답 $B<A<C$

0425 $b<a<1$의 각 변에 밑이 $a(0<a<1)$인 로그를 취하면

$\log_a b>\log_a a>\log_a 1$　$\therefore \log_a b>1$

$b<a<1$의 각 변에 밑이 $b(0<b<1)$인 로그를 취하면

$\log_b b>\log_b a>\log_b 1$　$\therefore 0<\log_b a<1$

$\log_a\dfrac{a}{b}=\log_a a-\log_a b=1-\log_a b<0\ (\because \log_a b>1)$

$\therefore \log_a\dfrac{a}{b}<\log_b a<\log_a b$

$\therefore C<B<A$

답 ⑤

0426 주어진 그래프가 점 $(-1, 2)$를 지나므로

$a^{-1}=2$　$\therefore a=\dfrac{1}{2}$

따라서 $f(x)=\left(\dfrac{1}{2}\right)^x$이므로 $f(x)$의 역함수 $g(x)$는

$g(x)=\log_{\frac{1}{2}}x$

$\therefore g(4)=\log_{\frac{1}{2}}4=\log_{2^{-1}}2^2=-2$

답 -2

0427 (1) 함수 $y=2^{-x+3}-1$의 치역은 $\{y|y>-1\}$

$y=2^{-x+3}-1$에서 $y+1=2^{-x+3}$

로그의 정의로부터 $\log_2(y+1)=-x+3$

$\therefore x=-\log_2(y+1)+3$

x와 y를 서로 바꾸어 역함수를 구하면

$y=-\log_2(x+1)+3$, 즉 $y=\log_{\frac{1}{2}}(x+1)+3$이고

정의역은 $\{x|x>-1\}$이다.

(2) $y=\log_2(x-4)+3$에서 $y-3=\log_2(x-4)$

로그의 정의로부터 $x-4=2^{y-3}$

$\therefore x=2^{y-3}+4$

x와 y를 서로 바꾸어 역함수를 구하면

$y=2^{x-3}+4$

답 (1) $y=\log_{\frac{1}{2}}(x+1)+3$　(2) $y=2^{x-3}+4$

0428 함수 $f(x)=\log_3 x$의 역함수 $g(x)$에 대하여 $g(a)=2$, $g(\beta)=7$이므로

$f(2)=a$, $f(7)=\beta$ ...... ㉠

$g(a+\beta)=k$로 놓으면 $f(k)=a+\beta$이고

$$f(k)=a+\beta$$
$$=f(2)+f(7)\ (\because ㉠)$$
$$=\log_3 2+\log_3 7$$
$$=\log_3(2\cdot 7)$$
$$=\log_3 14$$

즉 $f(k)=\log_3 14=\log_3 k$

$\therefore k=14$

답 **14**

0429 $y=\log_2(x-1)$에서 $x-1=2^y$

$\therefore x=2^y+1$

x와 y를 서로 바꾸면 $y=2^x+1$

$\therefore g(x)=2^x+1$

따라서 점 A의 좌표는 $(2, 0)$, 점 B의 좌표는 $(2, 5)$이다.

$\therefore \overline{AB}=5$

점 C의 좌표를 $(a, 5)$라 하면

$\log_2(a-1)=5$

$a-1=2^5$ $\therefore a=33$

$\therefore \overline{BC}=33-2=31$

$\therefore \overline{AB}+\overline{BC}=5+31=36$

답 **36**

0430 세 점 P, M, Q의 y좌표는 각각 $\log_5 2$, $\log_5 a$, $\log_5 18$이다. 점 M이 선분 PQ의 중점이므로

$$\log_5 a=\frac{\log_5 2+\log_5 18}{2}$$

$2\log_5 a=\log_5 2+\log_5 18$

$\log_5 a^2=\log_5(2\cdot 18)=\log_5 36$

즉 $a^2=36$이므로

$a=6\ (\because a>0)$

답 **6**

0431 점 C의 좌표를 $(k, 0)$이라 하면 $\overline{CD}=4$이므로 점 D의 좌표는 $(k, 4)$이다.

$y=\log_2 x$의 그래프가 점 D를 지나므로

$4=\log_2 k$

$\therefore k=2^4=16$

따라서 $\overline{BC}=4$이므로 점 B의 x좌표는

$k-4=16-4=12$

답 **12**

0432 $y=\log_2 x+1$의 그래프는 $y=\log_2 x$의 그래프를 y축의 방향으로 1만큼 평행이동한 것이다.

따라서 오른쪽 그림에서 $A=C$이므로 구하는 넓이는

$$A+B=B+C$$
$$=(3-2)\cdot(2-1)=1$$

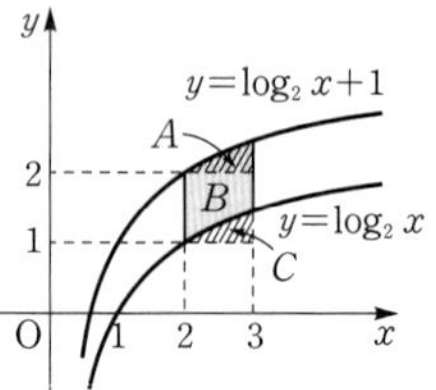

답 **1**

0433 오른쪽 그림에서

$A(\beta, \log_4 \beta)$이므로

$B(\log_4 \beta, \log_4 \beta)$

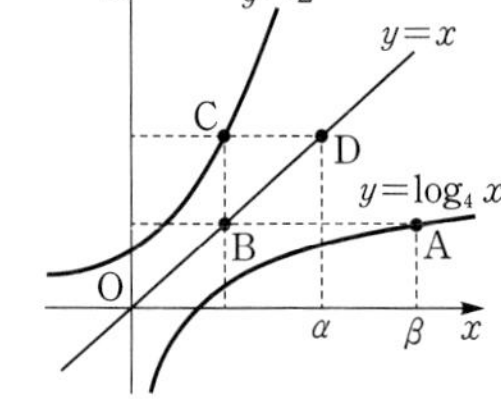

─────────────── ㉠

점 B와 점 C는 x좌표가 같으므로

$C(\log_4 \beta, 2^{\log_4 \beta})$

점 C와 점 D는 y좌표가 같으므로

$D(a, 2^{\log_4 \beta})$

점 D는 직선 $y=x$ 위에 있으므로

$a=2^{\log_4 \beta}=\beta^{\log_4 2}=\beta^{\frac{1}{2}}$

─────────────── ㉡

즉 $a^2=\beta$이므로 $a+\beta=12$에 대입하면

$a+a^2=12$, $a^2+a-12=0$

$(a+4)(a-3)=0$ $\therefore a=3\ (\because a>0)$

─────────────── ㉢

따라서 $\beta=3^2=9$이므로 $a\beta=27$

─────────────── ㉣

답 **27**

단계	채점요소	배점
㉠	점 B의 좌표를 β로 나타내기	10%
㉡	$a=\beta^{\frac{1}{2}}$임을 알기	50%
㉢	a의 값 구하기	30%
㉣	β의 값, $a\beta$의 값 구하기	10%

0434 $f(x)=x^2-2x+8$로 놓으면

$$y=\log_{\frac{1}{2}}(x^2-2x+8)=\log_{\frac{1}{2}}f(x)$$

이때 밑 $\dfrac{1}{2}$이 $0<\dfrac{1}{2}<1$이므로 주어진 함수는 $f(x)$가 최대일 때 최솟값을 갖고 $f(x)$가 최소일 때 최댓값을 갖는다.

이때 $f(x)=x^2-2x+8=(x-1)^2+7$이므로

$2\leq x\leq 6$에서 $f(x)$의 최솟값은 $f(2)=8$, 최댓값은 $f(6)=32$이다. 따라서 주어진 함수의

최댓값 $M=\log_{\frac{1}{2}}8=-3$

최솟값 $m=\log_{\frac{1}{2}}32=-5$

$\therefore M-m=-3-(-5)=2$

답 **④**

○**435** (1) 함수 $y=\log_3(x+3)+k$ $(0\le x\le 6)$는 x의 값이 증가하면 y의 값도 증가하는 함수이므로 $x=6$에서 최댓값을 갖는다. 그런데 최댓값이 7이므로

$7=\log_3 9+k$

$7=2+k$ $\qquad \therefore k=5$

(2) 함수 $y=\log_{\frac{1}{2}}(x+2)+k$ $(-1\le x\le 2)$는 x의 값이 증가하면 y의 값은 감소하는 함수이므로 $x=-1$에서 최댓값을 갖는다. 그런데 최댓값이 3이므로

$3=\log_{\frac{1}{2}}1+k$ $\qquad \therefore k=3$

따라서 함수 $y=\log_{\frac{1}{2}}(x+2)+3$ $(-1\le x\le 2)$은 $x=2$에서 최솟값을 갖고, 최솟값은

$\log_{\frac{1}{2}}4+3=-2+3=1$

답 (1) 5   (2) 1

○**436** (1) 함수 $y=\log_2(x^2-6x+11)$은 $x^2-6x+11$이 최대일 때 최대가 되고, 최소일 때 최소가 된다.

$x^2-6x+11=(x-3)^2+2$이므로 $x^2-6x+11$은 $x=3$에서 최솟값 2를 갖고, 최댓값은 없다.

따라서 함수 $y=\log_2(x^2-6x+11)$은 $x=3$에서 최솟값 $\log_2 2=1$을 갖고, 최댓값은 없다.

(2) 함수 $y=\log_{\frac{1}{3}}(x^2+4x+13)$은 $x^2+4x+13$이 최대일 때 최소가 되고, 최소일 때 최대가 된다.

$x^2+4x+13=(x+2)^2+9$이므로 $x^2+4x+13$은 $x=-2$에서 최솟값 9를 갖고, 최댓값은 없다.

따라서 함수 $y=\log_{\frac{1}{3}}(x^2+4x+13)$은 $x=-2$에서 최댓값 $\log_{\frac{1}{3}}9=-2$를 갖고, 최솟값은 없다.

답 (1) 최솟값 : 1   (2) 최댓값 : -2

○**437** 진수의 조건에서 $x+1>0$, $3-x>0$

$\therefore -1<x<3$

㉮

$y=\log_a(x+1)+\log_a(3-x)$

$\quad=\log_a(x+1)(3-x)$

$\quad=\log_a(-x^2+2x+3)$

㉯

이때 진수는 $-x^2+2x+3=-(x-1)^2+4\le 4$이므로 $-1<x<3$에서 진수의 최댓값은 4이고 최솟값은 없다.

그런데 주어진 함수가 최솟값을 가지므로

$0<a<1$이고,

㉰

최솟값이 -4이므로 $\log_a 4=-4$

$a^{-4}=4$, $a^4=\dfrac{1}{4}$

$\therefore a^2=\dfrac{1}{2}$

$\therefore a=\dfrac{1}{\sqrt{2}}=\dfrac{\sqrt{2}}{2}$ $(\because 0<a<1)$

㉱

답 $\dfrac{\sqrt{2}}{2}$

단계	채점요소	배점
㉮	진수의 조건 구하기	20%
㉯	함수의 식 간단히 하기	30%
㉰	a의 조건 구하기	20%
㉱	a의 값 구하기	30%

○**438** $\log_{\frac{1}{2}}x=t$로 놓으면 $1\le x\le 8$에서

$\log_{\frac{1}{2}}8\le\log_{\frac{1}{2}}x\le\log_{\frac{1}{2}}1$ $\qquad \therefore -3\le t\le 0$

이때 주어진 함수는

$y=t^2+4t+5=(t+2)^2+1$ $\qquad\cdots\cdots$ ㉠

따라서 ㉠은 $-3\le t\le 0$에서

$t=-2$일 때 최솟값 1,

$t=0$일 때 최댓값 $(0+2)^2+1=5$를 갖는다.

따라서 $M=5$, $m=1$이므로 $Mm=5$

답 5

○**439** $y=(\log_2 4x)\left(\log_2\dfrac{2}{x^2}\right)$

$\quad=(\log_2 4+\log_2 x)(\log_2 2-\log_2 x^2)$

$\quad=(2+\log_2 x)(1-2\log_2 x)$

이때 $\log_2 x=t$로 놓으면

$y=(2+t)(1-2t)=-2t^2-3t+2$

$\quad=-2\left(t+\dfrac{3}{4}\right)^2+\dfrac{25}{8}$ $\qquad\cdots\cdots$ ㉠

또 $\dfrac{1}{4}\le x\le 2$에서

$\log_2\dfrac{1}{4}\le\log_2 x\le\log_2 2$ $\qquad \therefore -2\le t\le 1$

따라서 ㉠은 $-2\le t\le 1$에서

$t=-\dfrac{3}{4}$일 때 최댓값 $\dfrac{25}{8}$,

$t=1$일 때 최솟값 $-2\left(1+\dfrac{3}{4}\right)^2+\dfrac{25}{8}=-3$을 갖는다.

따라서 최댓값과 최솟값의 합은 $\dfrac{25}{8}+(-3)=\dfrac{1}{8}$

답 ①

○**440** $x^{\log 5}=5^{\log x}$이므로

$y=5^{2\log x}-(x^{\log 5}+5^{\log x})+7=(5^{\log x})^2-2\cdot 5^{\log x}+7$

이때 $5^{\log x}=t$ $(t>0)$로 놓으면

$y=t^2-2t+7=(t-1)^2+6$

따라서 이 함수는 $t=1$일 때 최솟값을 가지므로

$5^{\log x}=1$에서

$\log x=0$, 즉 $x=1$ $\qquad \therefore a=1$

또 최솟값은 6이므로 $b=6$

$\therefore a+b=1+6=7$

답 7

0441 $y=(\log_3 x)^2+a\log_{27} x^2+b$

$\qquad =(\log_3 x)^2+\dfrac{2}{3}a\log_3 x+b$

이때 $\log_3 x=t$로 놓으면

$y=t^2+\dfrac{2}{3}at+b$ $\qquad\qquad$ ······ ㉠

㉮

㉠이 $x=\dfrac{1}{3}$, 즉 $t=\log_3 \dfrac{1}{3}=-1$일 때 최솟값 1을 가지므로

$y=(t+1)^2+1=t^2+2t+2$ $\qquad$ ······ ㉡

㉯

㉠, ㉡이 일치해야 하므로

$\dfrac{2}{3}a=2,\ b=2$ $\qquad \therefore a=3,\ b=2$

$\therefore a+b=5$

㉰

답 5

단계	채점요소	배점
㉮	주어진 함수를 $\log_3 x=t$로 치환하여 나타내기	30%
㉯	주어진 조건으로부터 y를 t에 대한 함수로 나타내기	50%
㉰	$a+b$의 값 구하기	20%

0442 $\log_2\left(x+\dfrac{1}{y}\right)+\log_2\left(y+\dfrac{9}{x}\right)$

$=\log_2\left(xy+\dfrac{9}{xy}+10\right)$ $\qquad$ ······ ㉠

이고, 밑 2가 $2>1$이므로 ㉠은 $xy+\dfrac{9}{xy}+10$이 최소일 때 최솟값을 갖는다.

이때 $x>0,\ y>0$이므로 산술평균과 기하평균의 관계에 의하여

$xy+\dfrac{9}{xy}+10\geq 2\sqrt{xy\cdot\dfrac{9}{xy}}+10$

$\qquad\qquad =2\cdot 3+10=16$ (단, 등호는 $xy=3$일 때 성립)

이므로 $xy+\dfrac{9}{xy}+10$의 최솟값은 16이다.

따라서 ㉠의 최솟값은

$\log_2 16=4$

답 ④

0443 (1) $2\log_5 x+\log_x 125=2\log_5 x+3\log_x 5$

$\qquad\qquad\qquad\qquad\quad =2\log_5 x+\dfrac{3}{\log_5 x}$

$x>1$에서 $\log_5 x>0$이므로 산술평균과 기하평균의 관계에 의하여

$2\log_5 x+\dfrac{3}{\log_5 x}\geq 2\sqrt{2\log_5 x\cdot\dfrac{3}{\log_5 x}}$

$\qquad\qquad\qquad\qquad =2\sqrt{6}$

$\qquad\left(\text{단, 등호는 }\log_5 x=\dfrac{\sqrt{6}}{2}\text{일 때 성립}\right)$

따라서 구하는 최솟값은 $2\sqrt{6}$이다.

(2) $\log_3 x+\log_3 y=\log_3 xy$ $\qquad$ ······ ㉠

이고, 밑 3이 $3>1$이므로 ㉠은 xy가 최대일 때 최댓값을 갖는다.

$x>0,\ y>0$이므로 산술평균과 기하평균의 관계에 의하여

$x+4y\geq 2\sqrt{4xy}$ (단, 등호는 $x=4y$일 때 성립)

이때 $x+4y=12$이므로

$12\geq 2\sqrt{4xy},\ 6\geq\sqrt{4xy}$

$36\geq 4xy$ $\qquad \therefore xy\leq 9$

따라서 xy의 최댓값은 9이므로 ㉠의 최댓값은

$\log_3 9=2$

답 (1) $2\sqrt{6}$ (2) 2

0444 $y=x^{2-\log x}$의 양변에 상용로그를 취하면

$\log y=(2-\log x)\log x$

$\qquad =-(\log x)^2+2\log x$

이때 $\log x=t$로 놓으면

$\log y=-t^2+2t=-(t-1)^2+1$

$1\leq x\leq 1000$에서 $\log 1\leq\log x\leq\log 1000$, 즉 $0\leq t\leq 3$이므로

$\log y$는 $t=1$일 때 최댓값 1, $t=3$일 때 최솟값 -3을 갖는다.

즉 $\log y=1$에서 $y=10$

$\log y=-3$에서 $y=10^{-3}$

따라서 주어진 함수의 최댓값 $M=10$, 최솟값 $m=10^{-3}$이므로

$Mm=10\cdot 10^{-3}=10^{-2}$

답 10^{-2}

0445 $y=\dfrac{x^8}{x^{\log_3 x}}$의 양변에 밑이 3인 로그를 취하면

$\log_3 y=\log_3 x^8-\log_3 x^{\log_3 x}=8\log_3 x-(\log_3 x)^2$

이때 $\log_3 x=t$로 놓으면

$\log_3 y=8t-t^2=-(t-4)^2+16$

따라서 $\log_3 y$는 $t=4$일 때 최댓값 16을 갖는다.

즉 $\log_3 x=4$에서 $x=3^4=m$

$\log_3 y=16$에서 $y=3^{16}=n$

$\therefore m+n=3^4+3^{16}=3^4(3^{12}+1)$

답 $3^4(3^{12}+1)$

0446 진수의 조건에서 $x-2>0,\ x-5>0$

$\therefore x>5$ $\qquad\qquad\qquad\qquad$ ······ ㉠

$\log_4(x-2)+\log_{\frac{1}{4}}(x-5)=\dfrac{1}{2}$에서

$\log_4(x-2)-\log_4(x-5)=\log_4 4^{\frac{1}{2}}$

$\log_4(x-2)=\log_4(x-5)+\log_4 2$

$\log_4(x-2)=\log_4 2(x-5)$

즉 $x-2=2(x-5)$ $\quad\therefore x=8$

$x=8$은 ㉠을 만족시키므로 해이다.

답 ④

0447 (1) 진수의 조건에서 $x>0$, $4x-4>0$

$\quad\therefore x>1$ $\qquad\qquad\cdots\cdots$ ㉠

$\log_{\sqrt{2}} x=\log_2(4x-4)$에서

$\log_2 x^2=\log_2(4x-4)$

즉 $x^2=4x-4$, $(x-2)^2=0$ $\quad\therefore x=2$

$x=2$는 ㉠을 만족시키므로 해이다.

(2) 진수의 조건에서 $x-2>0$, $2x-1>0$

$\quad\therefore x>2$ $\qquad\qquad\cdots\cdots$ ㉠

$\log_{\frac{1}{2}}(x-2)=\log_{\frac{1}{4}}(2x-1)$에서

$\log_{\frac{1}{2}}(x-2)=\log_{\left(\frac{1}{2}\right)^2}(2x-1)$

$\log_{\frac{1}{2}}(x-2)=\dfrac{1}{2}\log_{\frac{1}{2}}(2x-1)$

$2\log_{\frac{1}{2}}(x-2)=\log_{\frac{1}{2}}(2x-1)$

$\log_{\frac{1}{2}}(x-2)^2=\log_{\frac{1}{2}}(2x-1)$

즉 $(x-2)^2=2x-1$, $x^2-6x+5=0$

$(x-1)(x-5)=0$ $\quad\therefore x=1$ 또는 $x=5$

이때 ㉠에 의하여 $x=5$

(3) 진수의 조건에서 $x+3>0$, $x+7>0$

$\quad\therefore x>-3$ $\qquad\qquad\cdots\cdots$ ㉠

$\log_3(x+3)-\log_9(x+7)=1$에서

$\log_3(x+3)-\log_{3^2}(x+7)=1$

$\log_3(x+3)-\dfrac{1}{2}\log_3(x+7)=1$

$2\log_3(x+3)-\log_3(x+7)=2$

$\log_3(x+3)^2=\log_3(x+7)+\log_3 3^2=\log_3 9(x+7)$

즉 $(x+3)^2=9(x+7)$, $x^2-3x-54=0$

$(x+6)(x-9)=0$ $\quad\therefore x=-6$ 또는 $x=9$

이때 ㉠에 의하여 $x=9$

답 (1) $x=2$ (2) $x=5$ (3) $x=9$

0448 밑과 진수의 조건에서

$x^2+1>0$, $x^2+1\neq 1$, $x+7>0$, $x+7\neq 1$, $x-1>0$

$\quad\therefore x>1$ $\qquad\qquad\cdots\cdots$ ㉠

㉮

(i) $x^2+1=x+7$일 때

$\quad x^2-x-6=0$, $(x+2)(x-3)=0$

$\quad\therefore x=-2$ 또는 $x=3$

$\quad$ 이때 ㉠에 의하여 $x=3$

㉯

(ii) $x-1=1$일 때, $x=2$

$x=2$는 ㉠을 만족시키므로 근이다.

㉰

(i), (ii)에서 $x=2$ 또는 $x=3$

따라서 모든 근의 합은 $2+3=5$

㉱
답 5

단계	채점요소	배점
㉮	밑과 진수의 조건 구하기	30 %
㉯	밑이 같을 경우의 근 구하기	40 %
㉰	진수가 1일 경우의 근 구하기	20 %
㉱	모든 근의 합 구하기	10 %

0449 진수의 조건에서 $x>0$ $\qquad\cdots\cdots$ ㉠

$\log_3 x-\log_9 x=2(\log_3 x)(\log_9 x)$에서

$\log_3 x-\log_{3^2} x=2(\log_3 x)(\log_{3^2} x)$

$\log_3 x-\dfrac{1}{2}\log_3 x=2\log_3 x\cdot\dfrac{1}{2}\log_3 x$

$\dfrac{1}{2}\log_3 x=(\log_3 x)^2$

이때 $\log_3 x=t$로 놓으면

$\dfrac{1}{2}t=t^2$, $t^2-\dfrac{1}{2}t=0$, $t\left(t-\dfrac{1}{2}\right)=0$

$\quad\therefore t=0$ 또는 $t=\dfrac{1}{2}$

즉 $\log_3 x=0$ 또는 $\log_3 x=\dfrac{1}{2}$

$\quad\therefore x=1$ 또는 $x=3^{\frac{1}{2}}=\sqrt{3}$

이 값들은 모두 ㉠을 만족시키므로

$\alpha=1$, $\beta=\sqrt{3}$ 또는 $\alpha=\sqrt{3}$, $\beta=1$ $\quad\therefore \alpha\beta=\sqrt{3}$

답 ③

0450 (1) 진수의 조건에서 $x>0$, $x^6>0$

$\quad\therefore x>0$ $\qquad\qquad\cdots\cdots$ ㉠

$(\log_2 x)^2-\log_2 x^6+5=0$에서

$(\log_2 x)^2-6\log_2 x+5=0$

이때 $\log_2 x=t$로 놓으면

$t^2-6t+5=0$, $(t-1)(t-5)=0$

$\quad\therefore t=1$ 또는 $t=5$

즉 $\log_2 x=1$ 또는 $\log_2 x=5$

$\quad\therefore x=2$ 또는 $x=2^5=32$

이 값들은 모두 ㉠을 만족시키므로

$x=2$ 또는 $x=32$

(2) 진수의 조건에서 $x^2>0$, $x>0$

$\quad\therefore x>0$ $\qquad\qquad\cdots\cdots$ ㉠

$(\log_{16} x^2)^2-5\log_{16} x+1=0$에서

$(2\log_{16} x)^2-5\log_{16} x+1=0$

이때 $\log_{16} x=t$로 놓으면 $(2t)^2-5t+1=0$

$4t^2-5t+1=0$, $(4t-1)(t-1)=0$

$$\therefore t=\frac{1}{4} \ \text{또는} \ t=1$$

즉 $\log_{16} x=\frac{1}{4}$ 또는 $\log_{16} x=1$

$$\therefore x=16^{\frac{1}{4}}=2 \ \text{또는} \ x=16$$

이 값들은 모두 ㉠을 만족시키므로

$$x=2 \ \text{또는} \ x=16$$

(3) 진수의 조건에서 $x>0$ $\qquad\cdots\cdots$ ㉠

$\left(\log_2 2x\right)\left(\log_2 \dfrac{x}{2}\right)=3$ 에서

$(\log_2 2+\log_2 x)(\log_2 x-\log_2 2)=3$

$(\log_2 x+1)(\log_2 x-1)=3$

이때 $\log_2 x=t$ 로 놓으면

$(t+1)(t-1)=3, \ t^2=4$

$$\therefore t=-2 \ \text{또는} \ t=2$$

즉 $\log_2 x=-2$ 또는 $\log_2 x=2$

$$\therefore x=2^{-2}=\frac{1}{4} \ \text{또는} \ x=2^2=4$$

이 값들은 모두 ㉠을 만족시키므로

$$x=\frac{1}{4} \ \text{또는} \ x=4$$

답 (1) $x=2$ 또는 $x=32$ (2) $x=2$ 또는 $x=16$
(3) $x=\dfrac{1}{4}$ 또는 $x=4$

0451 밑과 진수의 조건에서 $x>0, \ x\neq 1$ $\qquad\cdots\cdots$ ㉠

$\log_x 9-\log_3 x=1$ 에서 $\dfrac{\log_3 9}{\log_3 x}-\log_3 x=1$

$$\frac{2}{\log_3 x}-\log_3 x=1$$

이때 $\log_3 x=t$ 로 놓으면 $\dfrac{2}{t}-t=1$

양변에 t를 곱하여 정리하면

$t^2+t-2=0, \ (t+2)(t-1)=0$

$$\therefore t=-2 \ \text{또는} \ t=1$$

즉 $\log_3 x=-2$ 또는 $\log_3 x=1$

$$\therefore x=3^{-2}=\frac{1}{9} \ \text{또는} \ x=3$$

이 값들은 모두 ㉠을 만족시키고, $\alpha>\beta$ 이므로 $\alpha=3, \ \beta=\dfrac{1}{9}$

$$\therefore \frac{\alpha}{\beta}=\frac{3}{\frac{1}{9}}=27$$

답 27

0452 진수의 조건에서 $x>0$ $\qquad\cdots\cdots$ ㉠

$x^{\log_3 x}=\dfrac{1}{3}x^2$ 의 양변에 밑이 3인 로그를 취하면

$$\log_3 x^{\log_3 x}=\log_3 \frac{1}{3}x^2$$

$$\log_3 x\cdot\log_3 x=\log_3 \frac{1}{3}+\log_3 x^2$$

$(\log_3 x)^2=-1+2\log_3 x$

이때 $\log_3 x=t$ 로 놓으면

$t^2=-1+2t, \ t^2-2t+1=0$

$(t-1)^2=0 \qquad \therefore t=1$

즉 $\log_3 x=1 \qquad \therefore x=3$

$x=3$은 ㉠을 만족시키므로 해이다.

답 ②

0453 (1) 진수의 조건에서 $x>0$ $\qquad\cdots\cdots$ ㉠

$x^{\log_3 x}=\dfrac{27}{x^2}$ 의 양변에 밑이 3인 로그를 취하면

$$\log_3 x^{\log_3 x}=\log_3 \frac{27}{x^2}$$

$$\log_3 x\cdot\log_3 x=\log_3 27-\log_3 x^2$$

$(\log_3 x)^2=3-2\log_3 x$

이때 $\log_3 x=t$ 로 놓으면

$t^2=3-2t, \ t^2+2t-3=0$

$(t+3)(t-1)=0 \qquad \therefore t=-3 \ \text{또는} \ t=1$

즉 $\log_3 x=-3$ 또는 $\log_3 x=1$

$$\therefore x=3^{-3}=\frac{1}{27} \ \text{또는} \ x=3$$

이 값들은 모두 ㉠을 만족시키므로

$$x=\frac{1}{27} \ \text{또는} \ x=3$$

(2) 진수의 조건에서 $x>0$ $\qquad\cdots\cdots$ ㉠

$x^{1-\log x}=\dfrac{x^2}{100}$ 의 양변에 상용로그를 취하면

$$\log x^{1-\log x}=\log \frac{x^2}{100}$$

$(1-\log x)\log x=2\log x-\log 100$

$(\log x)^2+\log x-2=0$

이때 $\log x=t$ 로 놓으면

$t^2+t-2=0, \ (t+2)(t-1)=0$

$$\therefore t=-2 \ \text{또는} \ t=1$$

즉 $\log x=-2$ 또는 $\log x=1$

$$\therefore x=10^{-2}=\frac{1}{100} \ \text{또는} \ x=10$$

이 값들은 모두 ㉠을 만족시키므로

$$x=\frac{1}{100} \ \text{또는} \ x=10$$

답 (1) $x=\dfrac{1}{27}$ 또는 $x=3$ (2) $x=\dfrac{1}{100}$ 또는 $x=10$

0454 밑의 조건에서 $x>0, \ x\neq 1, \ y>0, \ y\neq 1$

$$\begin{cases} \log_x 4-\log_y 2=2 \\ \log_x 16+\log_y 8=-1 \end{cases} \Rightarrow \begin{cases} 2\log_x 2-\log_y 2=2 \\ 4\log_x 2+3\log_y 2=-1 \end{cases}$$

이때 $\log_x 2=X, \ \log_y 2=Y$ 로 놓으면

$$\begin{cases} 2X-Y=2 \\ 4X+3Y=-1 \end{cases}$$

위의 연립방정식을 풀면 $X=\dfrac{1}{2}, \ Y=-1$

즉 $\log_x 2=\dfrac{1}{2}$, $\log_y 2=-1$이므로 $x^{\frac{1}{2}}=2$, $y^{-1}=2$

$\therefore x=4$, $y=\dfrac{1}{2}$ $\therefore \alpha\beta=4\cdot\dfrac{1}{2}=2$

답 **2**

0455 진수의 조건에서 $x>0$, $y>0$

$\log_3 x=X$, $\log_2 y=Y$로 놓으면

$$(\log_2 x)(\log_3 y)=\left(\dfrac{\log_3 x}{\log_3 2}\right)\left(\dfrac{\log_2 y}{\log_2 3}\right)$$
$$=(\log_3 x)(\log_2 y)$$
$$=XY$$

따라서 주어진 연립방정식은

$$\begin{cases} X+Y=4 \\ XY=3 \end{cases}$$

위의 연립방정식을 풀면

$X=1$, $Y=3$ 또는 $X=3$, $Y=1$

즉 $\log_3 x=1$, $\log_2 y=3$ 또는 $\log_3 x=3$, $\log_2 y=1$

$\therefore x=3$, $y=8$ 또는 $x=27$, $y=2$

그런데 $0<\beta<\alpha$이므로 $\alpha=27$, $\beta=2$

$\therefore \alpha+\beta=29$

답 **29**

0456 $(\log_2 2x)^2-3\log_2 x^2=0$에서

$(1+\log_2 x)^2-3\cdot2\log_2 x=0$

$1+2\log_2 x+(\log_2 x)^2-6\log_2 x=0$

$(\log_2 x)^2-4\log_2 x+1=0$

이때 $\log_2 x=t$로 놓으면

$t^2-4t+1=0$ …… ㉠

주어진 방정식의 두 실근이 α, β이므로 ㉠의 두 근은

$\log_2 \alpha$, $\log_2 \beta$이고, 이차방정식의 근과 계수의 관계에 의하여

$\log_2 \alpha+\log_2 \beta=4$, $\log_2 \alpha\beta=4$

$\therefore \alpha\beta=2^4=16$

답 **④**

0457 방정식 $(\log x)^2-k\log x-5=0$의 두 근을 α, β라 하면 $\alpha\beta=100$이다.

이때 $\log x=t$로 놓으면

$t^2-kt-5=0$ …… ㉠

㉮

㉠의 두 근은 $\log \alpha$, $\log \beta$이므로 이차방정식의 근과 계수의 관계에 의하여

$\log \alpha+\log \beta=k$

㉯

$\log \alpha\beta=\log 100=k$ $\therefore k=2$

㉰

답 **2**

단계	채점요소	배점
㉮	$\log x=t$로 치환하기	40 %
㉯	근과 계수의 관계 이용하기	40 %
㉰	k의 값 구하기	20 %

0458 이차방정식 $x^2-x\log a+2\log a-3=0$이 중근을 가지려면 판별식을 D라 할 때

$D=(\log a)^2-4(2\log a-3)=0$

$(\log a)^2-8\log a+12=0$

이때 $\log a=t$로 놓으면

$t^2-8t+12=0$, $(t-2)(t-6)=0$

$\therefore t=2$ 또는 $t=6$

즉 $\log a=2$ 또는 $\log a=6$

$\therefore a=10^2$ 또는 $a=10^6$

따라서 모든 상수 a의 값의 곱은 $10^2\cdot10^6=10^8$

답 **④**

0459 방정식 $p(\log x)^2-2p\log x+1=0$에서

$\log x=t$로 놓으면

$pt^2-2pt+1=0$ …… ㉠

주어진 방정식의 두 근이 α, β이므로 ㉠의 두 근은 $\log \alpha$, $\log \beta$

이고, 이차방정식의 근과 계수의 관계에 의하여

$\log \alpha+\log \beta=2$ …… ㉡

$(\log \alpha)(\log \beta)=\dfrac{1}{p}$ …… ㉢

㉡과 $\log \alpha-\log \beta=4$를 연립하여 풀면

$\log \alpha=3$, $\log \beta=-1$ …… ㉣

㉢, ㉣에서 $3\cdot(-1)=\dfrac{1}{p}$ $\therefore p=-\dfrac{1}{3}$

답 $-\dfrac{1}{3}$

0460 진수의 조건에서 $6-x>0$, $x+5>0$

$\therefore -5<x<6$ …… ㉠

$\log(6-x)+\log(x+5)\leq1$에서

$\log(6-x)(x+5)\leq\log 10$

이때 밑이 1보다 크므로

$(6-x)(x+5)\leq10$, $-x^2+x+30\leq10$

$x^2-x-20\geq0$, $(x+4)(x-5)\geq0$

$\therefore x\leq-4$ 또는 $x\geq5$ …… ㉡

㉠, ㉡의 공통 범위를 구하면

$-5<x\leq-4$ 또는 $5\leq x<6$

따라서 $a=-5$, $b=5$이므로 $a+b=0$

답 **0**

0461 ⑴ 진수의 조건에서 $x-3>0$

$\therefore x>3$ …… ㉠

$\log_{\frac{1}{2}}(x-3)>-2$에서

$\log_{\frac{1}{2}}(x-3)>\log_{\frac{1}{2}}\left(\frac{1}{2}\right)^{-2}$

이때 밑 $\frac{1}{2}$이 $0<\frac{1}{2}<1$이므로

$x-3<\left(\frac{1}{2}\right)^{-2},\ x-3<4$

$\therefore x<7$ ...... ㉡

㉠, ㉡의 공통 범위를 구하면 $3<x<7$

(2) 진수의 조건에서 $x-1>0,\ 5-x^2>0$

$\therefore 1<x<\sqrt{5}$ ...... ㉠

$\log_2(x-1)\geq\log_4(5-x^2)$에서

$\log_2(x-1)\geq\log_{2^2}(5-x^2)$

$\log_2(x-1)\geq\frac{1}{2}\log_2(5-x^2)$

$2\log_2(x-1)\geq\log_2(5-x^2)$

$\log_2(x-1)^2\geq\log_2(5-x^2)$

이때 밑 2가 $2>1$이므로

$(x-1)^2\geq5-x^2$

$2x^2-2x-4\geq0,\ x^2-x-2\geq0$

$(x+1)(x-2)\geq0$

$\therefore x\leq-1$ 또는 $x\geq2$ ...... ㉡

㉠, ㉡의 공통 범위를 구하면 $2\leq x<\sqrt{5}$

(3) 진수의 조건에서 $x^2+4x-5>0,\ x+1>0$

(ⅰ) $x^2+4x-5>0$에서 $(x+5)(x-1)>0$

  $\therefore x<-5$ 또는 $x>1$

(ⅱ) $x+1>0$에서 $x>-1$

(ⅰ), (ⅱ)에서 $x>1$ ...... ㉠

$\log_{\frac{1}{4}}(x^2+4x-5)>\log_{\frac{1}{2}}(x+1)$에서

$\log_{\left(\frac{1}{2}\right)^2}(x^2+4x-5)>\log_{\frac{1}{2}}(x+1)$

$\frac{1}{2}\log_{\frac{1}{2}}(x^2+4x-5)>\log_{\frac{1}{2}}(x+1)$

$\log_{\frac{1}{2}}(x^2+4x-5)>\log_{\frac{1}{2}}(x+1)^2$

이때 밑 $\frac{1}{2}$이 $0<\frac{1}{2}<1$이므로 $x^2+4x-5<(x+1)^2$

$x^2+4x-5<x^2+2x+1$

$2x<6$ $\therefore x<3$ ...... ㉡

㉠, ㉡의 공통 범위를 구하면 $1<x<3$

답 (1) $3<x<7$ (2) $2\leq x<\sqrt{5}$ (3) $1<x<3$

0462 진수의 조건에서 $x+4>0,\ 8-x>0$

$\therefore -4<x<8$ ...... ㉠

$\log_2(x+4)+\log_2(8-x)>k$에서

$\log_2(x+4)(8-x)>\log_2 2^k$

이때 밑 2가 $2>1$이므로 $(x+4)(8-x)>2^k$

$x^2-4x+2^k-32<0$ ...... ㉡

주어진 부등식의 해가 $0<x<4$이고 $0<x<4$가 ㉠에 포함되므로 ㉡의 해가 $0<x<4$이어야 한다.

$x^2-4x+2^k-32<0 \Longleftrightarrow x(x-4)<0$

$\qquad\qquad\qquad\qquad \Longleftrightarrow x^2-4x<0$

즉 $2^k-32=0$이므로 $2^k=32=2^5$

$\therefore k=5$

답 ⑤

0463 진수의 조건에서 $\log_2 x>0,\ x>0$

$\log_2 x>0$에서 $\log_2 x>\log_2 1$

이때 밑 2가 $2>1$이므로 $x>1$

$\therefore x>1$ ...... ㉠

$\log_5(\log_2 x)\leq1$에서

$\log_5(\log_2 x)\leq\log_5 5$

이때 밑 5가 $5>1$이므로 $\log_2 x\leq5$

$\log_2 x\leq\log_2 32$

이때 밑 2가 $2>1$이므로 $x\leq32$

그런데 ㉠에서 $x>1$이므로 부등식 $\log_5(\log_2 x)\leq1$의 해는

$1<x\leq32$

따라서 $\alpha=1,\ \beta=32$이므로

$\alpha\beta=32$

답 32

0464 진수의 조건에서 $x>0$ ...... ㉠

$(\log_{\frac{1}{3}}x)^2-\log_{\frac{1}{3}}x^2\geq0$에서

$(\log_{\frac{1}{3}}x)^2-2\log_{\frac{1}{3}}x\geq0$

이때 $\log_{\frac{1}{3}}x=t$로 놓으면 $t^2-2t\geq0$

$t(t-2)\geq0$ $\therefore t\leq0$ 또는 $t\geq2$

즉 $\log_{\frac{1}{3}}x\leq0$ 또는 $\log_{\frac{1}{3}}x\geq2$

$\log_{\frac{1}{3}}x\leq\log_{\frac{1}{3}}1$ 또는 $\log_{\frac{1}{3}}x\geq\log_{\frac{1}{3}}\frac{1}{9}$

이때 밑 $\frac{1}{3}$이 $0<\frac{1}{3}<1$이므로

$x\geq1$ 또는 $x\leq\frac{1}{9}$ ...... ㉡

㉠, ㉡의 공통 범위를 구하면

$0<x\leq\frac{1}{9}$ 또는 $x\geq1$

답 $0<x\leq\dfrac{1}{9}$ 또는 $x\geq1$

0465 진수의 조건에서 $x>0$ ...... ㉠

$(\log_2 x)^2-\log_2 x^6+8<0$에서

$(\log_2 x)^2-6\log_2 x+8<0$

이때 $\log_2 x=t$로 놓으면 $t^2-6t+8<0$

$(t-2)(t-4)<0$

$\therefore 2<t<4$

즉 $2<\log_2 x<4$이므로

$\log_2 2^2<\log_2 x<\log_2 2^4$

이때 밑 2가 2>1이므로 $4<x<16$ …… ㉡

㉠, ㉡의 공통 범위를 구하면 $4<x<16$

       ❹

따라서 $a=4$, $b=16$이므로 $a-b=-12$

       ❺

답 -12

단계	채점요소	배점
㉮	주어진 부등식 정리하기	40%
㉯	부등식의 해 구하기	50%
㉰	$a-b$의 값 구하기	10%

0466 진수의 조건에서 $x>0$ …… ㉠

$(2+\log_{\frac{1}{2}} x)\log_2 x>-3$에서

$(2-\log_2 x)\log_2 x>-3$

이때 $\log_2 x=t$로 놓으면 $(2-t)t>-3$

$t^2-2t-3<0$

$(t+1)(t-3)<0$

$\therefore -1<t<3$

즉 $-1<\log_2 x<3$이므로

$\log_2 2^{-1}<\log_2 x<\log_2 2^3$

이때 밑 2가 2>1이므로

$\dfrac{1}{2}<x<8$ …… ㉡

㉠, ㉡의 공통 범위를 구하면 $\dfrac{1}{2}<x<8$

따라서 정수 x의 최댓값은 7이다.

답 ③

0467 진수의 조건에서 $x>0$ …… ㉠

$(\log_2 4x)(\log_2 8x)<2$에서

$(2+\log_2 x)(3+\log_2 x)<2$

이때 $\log_2 x=t$로 놓으면

$(2+t)(3+t)<2$, $t^2+5t+4<0$

$(t+1)(t+4)<0$

$\therefore -4<t<-1$

즉 $-4<\log_2 x<-1$이므로

$\log_2 2^{-4}<\log_2 x<\log_2 2^{-1}$

이때 밑 2가 2>1이므로

$\dfrac{1}{16}<x<\dfrac{1}{2}$ …… ㉡

㉠, ㉡의 공통 범위를 구하면 $\dfrac{1}{16}<x<\dfrac{1}{2}$

따라서 $\alpha=\dfrac{1}{16}$, $\beta=\dfrac{1}{2}$이므로

$\dfrac{\beta}{\alpha}=\dfrac{\dfrac{1}{2}}{\dfrac{1}{16}}=8$

답 ②

0468 진수의 조건에서 $x>0$ …… ㉠

$x^{\log_3 x}<9x$의 양변에 밑이 3인 로그를 취하면

$\log_3 x^{\log_3 x}<\log_3 9x$

$(\log_3 x)^2<2+\log_3 x$

이때 $\log_3 x=t$로 놓으면 $t^2<2+t$

$t^2-t-2<0$, $(t+1)(t-2)<0$

$\therefore -1<t<2$

즉 $-1<\log_3 x<2$이므로

$\log_3 3^{-1}<\log_3 x<\log_3 3^2$

이때 밑 3이 3>1이므로 $\dfrac{1}{3}<x<9$ …… ㉡

㉠, ㉡의 공통 범위를 구하면 $\dfrac{1}{3}<x<9$

따라서 정수 x는 1, 2, 3, …, 8의 8개이다.

답 ③

0469 (1) 진수의 조건에서 $x>0$ …… ㉠

$x^{\log_2 x}<64x$의 양변에 밑이 2인 로그를 취하면

$\log_2 x^{\log_2 x}<\log_2 64x$

$(\log_2 x)^2<6+\log_2 x$

이때 $\log_2 x=t$로 놓으면 $t^2<6+t$

$t^2-t-6<0$, $(t+2)(t-3)<0$

$\therefore -2<t<3$

즉 $-2<\log_2 x<3$이므로

$\log_2 2^{-2}<\log_2 x<\log_2 2^3$

이때 밑 2가 2>1이므로 $\dfrac{1}{4}<x<8$ …… ㉡

㉠, ㉡의 공통 범위를 구하면 $\dfrac{1}{4}<x<8$

(2) 진수의 조건에서 $x>0$ …… ㉠

$x^{\log x+3}\geq 10000$의 양변에 상용로그를 취하면

$\log x^{\log x+3}\geq \log 10000$

$(\log x+3)\log x\geq 4$

$(\log x)^2+3\log x-4\geq 0$

이때 $\log x=t$로 놓으면 $t^2+3t-4\geq 0$

$(t+4)(t-1)\geq 0$

$\therefore t\leq -4$ 또는 $t\geq 1$

즉 $\log x\leq -4$ 또는 $\log x\geq 1$이므로

$\log x\leq \log 10^{-4}$ 또는 $\log x\geq \log 10$

이때 밑이 1보다 크므로

$x\leq 10^{-4}$ 또는 $x\geq 10$

$\therefore x\leq \dfrac{1}{10000}$ 또는 $x\geq 10$ …… ㉡

㉠, ㉡의 공통 범위를 구하면

$0<x\leq \dfrac{1}{10000}$ 또는 $x\geq 10$

답 (1) $\dfrac{1}{4}<x<8$ (2) $0<x\leq \dfrac{1}{10000}$ 또는 $x\geq 10$

0470 (i) $\log_4 (x+4)^2 \geq \log_2 3x$의 진수의 조건에서

$(x+4)^2 > 0$, $3x > 0$

$\therefore x > 0$ ...... ㉠

$\log_4 (x+4)^2 \geq \log_2 3x$에서

$\log_{2^2} (x+4)^2 \geq \log_2 3x$

㉠에서 $x+4 > 0$이므로

$\log_2 (x+4) \geq \log_2 3x$

이때 밑 2가 $2 > 1$이므로

$x+4 \geq 3x$ $\therefore x \leq 2$ ...... ㉡

㉠, ㉡의 공통 범위를 구하면

$0 < x \leq 2$

(ii) $\log_{\frac{1}{3}} (x+2) \geq -1$의 진수의 조건에서 $x+2 > 0$

$\therefore x > -2$ ...... ㉢

$\log_{\frac{1}{3}} (x+2) \geq -1$에서

$\log_{\frac{1}{3}} (x+2) \geq \log_{\frac{1}{3}} \left(\frac{1}{3}\right)^{-1}$

이때 밑 $\frac{1}{3}$이 $0 < \frac{1}{3} < 1$이므로

$x+2 \leq 3$ $\therefore x \leq 1$ ...... ㉣

㉢, ㉣의 공통 범위를 구하면

$-2 < x \leq 1$

따라서 (i), (ii)에서 연립부등식의 해는

$0 < x \leq 1$

이므로 자연수 x의 값은 1이다.

답 **1**

0471 (i) $2\log(x+3) < \log(5x+15)$의 진수의 조건에서

$x+3 > 0$, $5x+15 > 0$

$\therefore x > -3$ ...... ㉠

$2\log(x+3) < \log(5x+15)$에서

$\log(x+3)^2 < \log(5x+15)$

이때 밑이 1보다 크므로

$(x+3)^2 < 5x+15$

$x^2 + x - 6 < 0$

$(x+3)(x-2) < 0$

$\therefore -3 < x < 2$ ...... ㉡

㉠, ㉡의 공통 범위를 구하면

$-3 < x < 2$

(ii) $2^{x+3} > 4$에서

$2^{x+3} > 2^2$

이때 밑 2가 $2 > 1$이므로

$x+3 > 2$ $\therefore x > -1$

따라서 (i), (ii)에서 연립부등식의 해는

$-1 < x < 2$

답 $-1 < x < 2$

0472 $(\log_2 x)^2 + 8\log_2 x + 8\log_2 k > 0$ ...... ㉠

에서 $\log_2 x = t$로 놓으면

$t^2 + 8t + 8\log_2 k > 0$ ...... ㉡

모든 양수 x에 대하여 ㉠이 성립할 조건은 모든 실수 t에 대하여 ㉡이 성립할 조건과 같으므로 이차방정식 $t^2 + 8t + 8\log_2 k = 0$의 판별식을 D라 하면

$\dfrac{D}{4} = 4^2 - 8\log_2 k < 0$, $16 - 8\log_2 k < 0$

$\log_2 k > 2$, $\log_2 k > \log_2 4$

이때 밑 2가 $2 > 1$이므로

$k > 4$

답 $k > 4$

0473 $(\log_{\frac{1}{5}} x)(\log_5 x + 10) \leq 25\log_5 k$ ...... ㉠

에서

$(-\log_5 x)(\log_5 x + 10) \leq 25\log_5 k$

$-(\log_5 x)^2 - 10\log_5 x \leq 25\log_5 k$

$(\log_5 x)^2 + 10\log_5 x + 25\log_5 k \geq 0$

이때 $\log_5 x = t$로 놓으면

$t^2 + 10t + 25\log_5 k \geq 0$ ...... ㉡

모든 양수 x에 대하여 ㉠이 성립할 조건은 모든 실수 t에 대하여 ㉡이 성립할 조건과 같으므로 이차방정식 $t^2 + 10t + 25\log_5 k = 0$의 판별식을 D라 하면

$\dfrac{D}{4} = 5^2 - 25\log_5 k \leq 0$

$25 - 25\log_5 k \leq 0$, $-25\log_5 k \leq -25$

$\log_5 k \geq 1$, $\log_5 k \geq \log_5 5$

이때 밑 5가 $5 > 1$이므로

$k \geq 5$

답 $k \geq 5$

0474 진수의 조건에서 $a > 0$ ...... ㉠

이차방정식 $x^2 - x\log a + \log a + 3 = 0$이 실근을 갖지 않으므로 판별식을 D라 하면

$D = (-\log a)^2 - 4(\log a + 3) < 0$

$(\log a)^2 - 4\log a - 12 < 0$

이때 $\log a = t$로 놓으면 $t^2 - 4t - 12 < 0$

$(t+2)(t-6) < 0$ $\therefore -2 < t < 6$

즉 $-2 < \log a < 6$이므로

$\log 10^{-2} < \log a < \log 10^6$

이때 밑이 1보다 크므로 $\dfrac{1}{100} < a < 10^6$ ...... ㉡

㉠, ㉡의 공통 범위를 구하면 $\dfrac{1}{100} < a < 10^6$

답 $\dfrac{1}{100} < a < 10^6$

0475 진수의 조건에서 $a>0$ $\qquad\cdots\cdots\ \bigcirc$

$(1-\log_3 a)x^2-2(1-\log_3 a)x+\log_3 a>0$에서

(ⅰ) $\log_3 a=1$, 즉 $a=3$일 때 주어진 부등식은 $1>0$이므로
　 모든 실수 x에 대하여 성립한다.

(ⅱ) $\log_3 a\neq1$, 즉 $a\neq3$일 때
　 모든 실수 x에 대하여 주어진 부등식이 성립하려면 이차방정
　 식 $(1-\log_3 a)x^2-2(1-\log_3 a)x+\log_3 a=0$의 판별식
　 을 D라 할 때, $1-\log_3 a>0$이고 $D<0$이어야 한다.
　 $1-\log_3 a>0$에서 $\log_3 a<1$, $\log_3 a<\log_3 3$
　 $\therefore a<3$ $\qquad\cdots\cdots\ \bigcirc$
　 $\dfrac{D}{4}=(1-\log_3 a)^2-(1-\log_3 a)\log_3 a<0$에서
　 $\log_3 a=t$로 놓으면
　 $(1-t)^2-(1-t)t<0$, $2t^2-3t+1<0$
　 $(2t-1)(t-1)<0$ $\qquad\therefore \dfrac{1}{2}<t<1$
　 즉 $\dfrac{1}{2}<\log_3 a<1$이므로
　 $\log_3 3^{\frac{1}{2}}<\log_3 a<\log_3 3$
　 이때 밑 3이 $3>1$이므로
　 $\sqrt{3}<a<3$ $\qquad\cdots\cdots\ \boxdot$
　 $\bigcirc$, $\boxdot$의 공통 범위를 구하면 $\sqrt{3}<a<3$

(ⅰ), (ⅱ)에서 $\sqrt{3}<a\leq3$ $\qquad\cdots\cdots\ \boxminus$

따라서 $\bigcirc$, $\boxminus$의 공통 범위를 구하면 $\sqrt{3}<a\leq3$이므로 정수 a의
값은 2, 3이고, 이들의 곱은 $2\cdot3=6$

답 6

0476 A사, B사에서 출시한 자동차의 소음의 세기를 각각
P_A, P_B라 하면

A사에서 출시한 자동차의 소음의 크기가 40 dB이므로

$40=10(\log P_A+12)$

$4=\log P_A+12$ $\qquad\therefore \log P_A=-8$ $\qquad\cdots\cdots\ \bigcirc$

B사에서 출시한 자동차의 소음의 크기가 60 dB이므로

$60=10(\log P_B+12)$

$6=\log P_B+12$ $\qquad\therefore \log P_B=-6$ $\qquad\cdots\cdots\ \bigcirc$

$\bigcirc-\bigcirc$을 하면

$\log P_B-\log P_A=2$

$\log \dfrac{P_B}{P_A}=2$, $\dfrac{P_B}{P_A}=100$ $\qquad\therefore P_B=100P_A$

따라서 B사에서 출시한 자동차의 소음의 세기는 A사에서 출시
한 자동차의 소음의 세기의 100배이다.

답 ④

0477 리히터 규모 7인 지진과 리히터 규모 3인 지진에 의하여
발생하는 에너지를 각각 E_7, E_3이라 하면

$\log 10E_7=11.8+1.5\times7$ $\qquad\cdots\cdots\ \bigcirc$

$\log 10E_3=11.8+1.5\times3$ $\qquad\cdots\cdots\ \bigcirc$

$\bigcirc-\bigcirc$을 하면

$\log 10E_7-\log 10E_3=1.5\times7-1.5\times3$

$\log \dfrac{E_7}{E_3}=6$, $\dfrac{E_7}{E_3}=10^6$ $\qquad\therefore E_7=10^6 E_3$

따라서 리히터 규모 7인 지진에 의하여 발생하는 에너지는 리히
터 규모 3인 지진에 의하여 발생하는 에너지의 10^6배이다.

$\therefore k=6$

답 6

0478 미생물의 개체수가 1시간마다 r배씩 증가한다고 하면

배양을 시작한 지 10시간 후 이 미생물의 개체수가 처음의 $\dfrac{5}{2}$배
가 되었으므로

$r^{10}=\dfrac{5}{2}$

양변에 상용로그를 취하면

$\log r^{10}=\log \dfrac{5}{2}$

$10\log r=\log 5-\log 2$

$\therefore \log r=\dfrac{\log 5-\log 2}{10}=\dfrac{1-2\log 2}{10}$ $\qquad\cdots\cdots\ \bigcirc$

이 미생물의 개체수가 처음의 3배 이상이 되는 것은 배양을 시작
한 지 최소 n시간 후이므로

$r^n\geq3$

양변에 상용로그를 취하면

$\log r^n\geq\log 3$

$n\log r\geq\log 3$

$\therefore n\geq\dfrac{\log 3}{\log r}\ (\because \log r>0)$

$\qquad=\dfrac{10\log 3}{1-2\log 2}=\dfrac{4.771}{1-0.602}$

$\qquad=11.\times\times\times$

따라서 자연수 n의 최솟값은 12이다. 답 12

0479 $f(x)=\log_{\sqrt3}\left(1+\dfrac{1}{x}\right)=\log_{\sqrt3}\left(\dfrac{x+1}{x}\right)$이므로

$f(3)+f(4)+f(5)+\cdots+f(8)$

$=\log_{\sqrt3}\dfrac{4}{3}+\log_{\sqrt3}\dfrac{5}{4}+\log_{\sqrt3}\dfrac{6}{5}+\cdots+\log_{\sqrt3}\dfrac{9}{8}$

$=\log_{\sqrt3}\left(\dfrac{4}{3}\cdot\dfrac{5}{4}\cdot\dfrac{6}{5}\cdot\dfrac{7}{6}\cdot\dfrac{8}{7}\cdot\dfrac{9}{8}\right)$

$=\log_{\sqrt3}3=2$

답 2

0480 $(f\circ g)(x)=3x$이므로

$(f\circ g)\left(\dfrac{1}{3}\right)=3\cdot\dfrac{1}{3}=1$

$$\therefore f\!\left(g\!\left(\tfrac{1}{3}\right)\right)=1$$

이때 함수 $f(x)=\log_2(x+1)-2$에서

$$f\!\left(g\!\left(\tfrac{1}{3}\right)\right)=\log_2\!\left\{g\!\left(\tfrac{1}{3}\right)+1\right\}-2$$

이므로

$$\log_2\!\left\{g\!\left(\tfrac{1}{3}\right)+1\right\}-2=1$$

$$\log_2\!\left\{g\!\left(\tfrac{1}{3}\right)+1\right\}=3$$

즉 $g\!\left(\tfrac{1}{3}\right)+1=2^3=8$

$$\therefore g\!\left(\tfrac{1}{3}\right)=8-1=7$$

답 7

0481 $y=\log_2(2-x)-1$의 그 래프는 $y=\log_2 x$의 그래프를 y축 에 대하여 대칭이동한 다음 x축의 방향으로 2만큼, y축의 방향으로 -1만큼 평행이동한 것이므로 오른 쪽 그림과 같다.

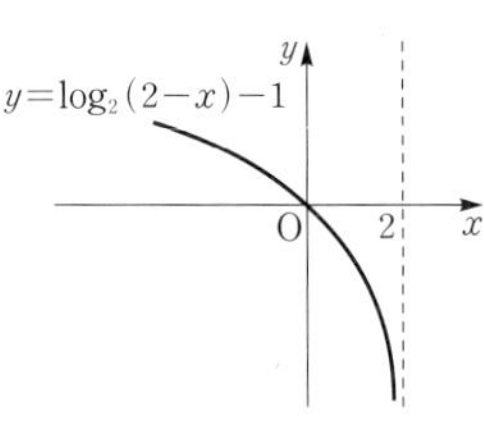

② 치역은 실수 전체의 집합이다.

⑤ $y=\log_2(2-x)-1$에서 $y+1=\log_2(2-x)$

즉 $2-x=2^{y+1}$ $\quad\therefore x=2-2^{y+1}$

x와 y를 서로 바꾸어 역함수를 구하면

$$y=2-2^{x+1}$$

따라서 옳지 않은 것은 ②, ⑤이다.

답 ②, ⑤

0482 함수 $y=\log_5(x-a)+b$의 그래프의 점근선의 방정식 은 $x=a$이므로 $a=2$

함수 $y=\log_5(x-2)+b$의 그래프가 점 $(7,\,0)$을 지나므로

$0=\log_5(7-2)+b,\ 1+b=0$

$$\therefore b=-1$$

$$\therefore a+b=2+(-1)=1$$

답 1

0483 $y=\log_3(6x-72)=\log_3 6(x-12)$

$\qquad\qquad =\log_3\{3\cdot 2(x-12)\}=\log_3 2(x-12)+1$

이므로 이 함수의 그래프는 $y=\log_3 2x$의 그래프를 x축의 방향 으로 12만큼, y축의 방향으로 1만큼 평행이동한 것이다.

따라서 $a=3,\ m=12,\ n=1$이므로

$$a+m+n=16$$

답 16

0484 ㄱ. 함수 $y=\log_3 x$의 그래프를 직선 $y=x$에 대하여 대 칭이동 $\Rightarrow y=3^x$

$y=3^x$의 그래프를 x축의 방향으로 2만큼, y축의 방향으로

-1만큼 평행이동 $\Rightarrow y=3^{x-2}-1$

ㄴ. $y=2\log_9(x-3)$에서

$y=2\log_{3^2}(x-3)$

$\therefore y=\log_3(x-3)$

즉 $y=2\log_9(x-3)$의 그래프는 $y=\log_3 x$의 그래프를 x 축의 방향으로 3만큼 평행이동한 그래프이다.

ㄷ. $y=\dfrac{3}{3^x}$에서 $y=3^{1-x}$, 즉 $y=3^{-(x-1)}$

함수 $y=\log_3 x$의 그래프를 직선 $y=x$에 대하여 대칭이동

$\Rightarrow y=3^x$

$y=3^x$의 그래프를 y축에 대하여 대칭이동 $\Rightarrow y=3^{-x}$

$y=3^{-x}$의 그래프를 x축의 방향으로 1만큼 평행이동

$\Rightarrow y=3^{-(x-1)}$

ㄹ. 함수 $y=\log_9 x^2$의 정의역은 $\{x\,|\,x\neq 0$인 모든 실수$\}$이므로 함수 $y=\log_3 x$의 그래프를 평행이동 또는 대칭이동하여 겹 칠 수 없다.

따라서 함수 $y=\log_3 x$의 그래프를 평행이동 또는 대칭이동하여 겹칠 수 있는 것은 ㄱ, ㄴ, ㄷ이다.

답 ②

0485 $A=\dfrac{1}{2}\log_{0.1}2=\log_{0.1}\sqrt{2},\ B=\log_{0.1}\sqrt{3}$

$C=\dfrac{1}{3}\log_{0.1}8=\log_{0.1}\sqrt[3]{8}=\log_{0.1}2$

밑 0.1이 $0<0.1<1$이고 $\sqrt{2}<\sqrt{3}<2$이므로

$$\log_{0.1}2<\log_{0.1}\sqrt{3}<\log_{0.1}\sqrt{2}$$

$$\therefore C<B<A$$

답 ⑤

0486 함수 $y=\log_a x+k$의 그래프와 그 역함수의 그래프의 교점은 직선 $y=x$와 $y=\log_a x+k$의 교점과 같으므로 두 교점의 좌표는 $(1,\,1),\ (2,\,2)$이다.

함수 $y=\log_a x+k$의 그래프가 두 점 $(1,\,1),\ (2,\,2)$를 지나므로

$1=\log_a 1+k$에서 $k=1$

$2=\log_a 2+1$에서 $1=\log_a 2$

$$\therefore a=2$$

$$\therefore a+k=2+1=3$$

답 3

0487 두 함수 $y=3^x$과 $y=\log_3 x$ 는 서로 역함수 관계이므로 $B=C$이다.

$$\therefore A+B=A+C=1\cdot 3=3$$

답 3

0488 함수 $y=g(x)$의 그래프가 함수 $y=\log_2(x-1)$의 그 래프와 직선 $y=x$에 대하여 대칭이므로 함수 $y=g(x)$는 함수

$y=\log_2(x-1)$의 역함수이다.

점 $\mathrm{P}(2, b)$가 곡선 $y=g(x)$ 위의 점이므로 점 $(b, 2)$는 곡선

$y=\log_2(x-1)$ 위의 점이다.

즉 $2=\log_2(b-1)$, $b-1=2^2$

$\therefore b=2^2+1=5$

점 $\mathrm{Q}(a, 5)$가 곡선 $y=\log_2(x-1)$ 위의 점이므로

$5=\log_2(a-1)$

$a-1=2^5$

$\therefore a=2^5+1=33$

$\therefore a+b=33+5=38$

답 38

0489 $y=\log_{\frac{1}{2}}(x-a)$에서 밑 $\dfrac{1}{2}$이 $0<\dfrac{1}{2}<1$이므로 이 함수는 x의 값이 증가하면 y의 값은 감소한다.

따라서 이 함수는 $x=8$일 때 최솟값 -2를 가지므로

$\log_{\frac{1}{2}}(8-a)=-2$

즉 $8-a=\left(\dfrac{1}{2}\right)^{-2}=4$ $\therefore a=4$

답 ⑤

0490 진수의 조건에서 $-x^2+4x+5>0$

$x^2-4x-5<0$, $(x+1)(x-5)<0$

$\therefore -1<x<5$

$y=\log_{\frac{1}{3}}(-x^2+4x+5)$에서 밑 $\dfrac{1}{3}$은 $0<\dfrac{1}{3}<1$이므로 이 함수는 진수가 최대일 때 y가 최솟값을 갖는다.

이때 진수는 $-x^2+4x+5=-(x-2)^2+9$이므로 $-1<x<5$에서 $x=2$일 때 최대이고 최댓값은 9이다.

따라서 주어진 함수는 $x=2$일 때 최솟값

$\log_{\frac{1}{3}}9=\log_{3^{-1}}3^2=-2$를 갖는다.

$\therefore a=2$, $b=-2$

$\therefore a+b=2+(-2)=0$

답 0

0491 함수 $g(x)=x^2-8x+80=(x-4)^2+64$의 치역 $\{y\,|\,y\geq64\}$는 함수 $f(x)=\log_2\dfrac{x}{4}$의 정의역인 양수 전체의 집합에 포함되므로 합성함수 $(f\circ g)(x)$가 정의된다.

$(f\circ g)(x)=f(g(x))=\log_2\dfrac{g(x)}{4}$

$\qquad=\log_2\dfrac{x^2-8x+80}{4}$

$\qquad=\log_2(x^2-8x+80)-\log_2 4$

$\qquad=\log_2\{(x-4)^2+64\}-2$

함수 $(f\circ g)(x)$에서 밑 2는 $2>1$이므로 이 함수는 $x^2-8x+80$이 최소일 때 최솟값을 갖는다.

이때 $x^2-8x+80=(x-4)^2+64$는 $x=4$일 때 최솟값 64를 가

지므로 함수 $(f\circ g)(x)$는 $x=4$에서 최솟값 $\log_2 64-2=4$를 갖는다.

답 4

0492 $y=(\log_3 x)(\log_{\frac{1}{3}} x)+2\log_3 x+10$

$\qquad=(\log_3 x)(\log_{3^{-1}} x)+2\log_3 x+10$

$\qquad=-(\log_3 x)^2+2\log_3 x+10$

이때 $\log_3 x=t$로 놓으면

$y=-t^2+2t+10=-(t-1)^2+11$ $\qquad\cdots\cdots$ ㉠

또 $1\leq x\leq81$에서 $\log_3 1\leq\log_3 x\leq\log_3 81$

$\therefore 0\leq t\leq4$

따라서 ㉠은 $0\leq t\leq4$에서

$t=1$일 때 최댓값 $M=11$,

$t=4$일 때 최솟값 $m=-(4-1)^2+11=2$를 갖는다.

$\therefore M+m=11+2=13$

답 13

0493 $\dfrac{1}{4}<x<25$에서

$1<4x<100$, $1<\dfrac{25}{x}<100$이므로

$0<\log 4x<2$, $0<\log\dfrac{25}{x}<2$

즉 $\log 4x$, $\log\dfrac{25}{x}$가 모두 양수이므로 산술평균과 기하평균의 관계에 의하여

$\log 4x+\log\dfrac{25}{x}\geq2\sqrt{\log 4x\cdot\log\dfrac{25}{x}}$

$\log\left(4x\cdot\dfrac{25}{x}\right)\geq2\sqrt{\log 4x\cdot\log\dfrac{25}{x}}$

$2\geq2\sqrt{\log 4x\cdot\log\dfrac{25}{x}}$

$\sqrt{\log 4x\cdot\log\dfrac{25}{x}}\leq1$ $\therefore \log 4x\cdot\log\dfrac{25}{x}\leq1$

이때 등호가 성립하는 경우는 $\log 4x=\log\dfrac{25}{x}$, 즉 $4x=\dfrac{25}{x}$

$x^2=\dfrac{25}{4}$ $\therefore x=\dfrac{5}{2}\left(\because \dfrac{1}{4}<x<25\right)$

따라서 주어진 함수는 $x=\dfrac{5}{2}$일 때 최댓값 1을 갖는다.

$\therefore a=\dfrac{5}{2}$, $b=1$

$\therefore a+b=\dfrac{7}{2}$

답 ③

0494 밑과 진수의 조건에서

$2x^2+1>0$, $2x^2+1\neq1$, $7x-2>0$, $7x-2\neq1$, $2x-1>0$

$\therefore x>\dfrac{1}{2}$ $\qquad\cdots\cdots$ ㉠

$\log_{2x^2+1}(2x-1)=\log_{7x-2}(2x-1)$에서

(ⅰ) $2x^2+1=7x-2$일 때,

$2x^2-7x+3=0$, $(2x-1)(x-3)=0$

$\therefore x=\dfrac{1}{2}$ 또는 $x=3$

이때 ㉠에 의하여 $x=3$

(ii) $2x-1=1$일 때, $x=1$

$x=1$은 ㉠을 만족시키므로 근이다.

(i), (ii)에서 $x=1$ 또는 $x=3$

따라서 구하는 x의 값의 합은 $1+3=4$

답 4

0495 $x^{\log x^2}=100x^3$의 양변에 상용로그를 취하면

$\log x^{\log x^2}=\log 100x^3$

$\log x^2 \cdot \log x=\log 100+\log x^3$

$2\log x \cdot \log x=2+3\log x$

$2(\log x)^2-3\log x-2=0$

이때 $\log x=t$로 놓으면

$2t^2-3t-2=0$, $(2t+1)(t-2)=0$

$\therefore t=-\dfrac{1}{2}$ 또는 $t=2$

즉 $\log x=-\dfrac{1}{2}$ 또는 $\log x=2$이므로

$x=10^{-\frac{1}{2}}$ 또는 $x=10^2$

따라서 $\alpha=10^{-\frac{1}{2}}$, $\beta=10^2$ 또는 $\alpha=10^2$, $\beta=10^{-\frac{1}{2}}$이므로

$\log \alpha\beta=\log(10^{-\frac{1}{2}}\cdot 10^2)=\log 10^{\frac{3}{2}}=\dfrac{3}{2}$

답 ④

다른풀이 $2(\log x)^2-3\log x-2=0$ $\qquad$ …… ㉠

에서 $\log x=t$로 놓으면 $2t^2-3t-2=0$ $\qquad$ …… ㉡

㉠의 두 근이 α, β이면 ㉡의 두 근은 $\log \alpha$, $\log \beta$이므로 이차방정식의 근과 계수의 관계에 의하여

$\log \alpha+\log \beta=\dfrac{3}{2}$ $\qquad \therefore \log \alpha\beta=\dfrac{3}{2}$

0496 $\log_2(x+y)=2$에서 $x+y=4$

$\log_2 x+\log_2 y=1$에서 $\log_2 xy=1$ $\qquad \therefore xy=2$

$\therefore (x-y)^2=(x+y)^2-4xy=4^2-4\cdot 2=8$

답 8

0497 $(\log_3 x)^2-6\log_3 \sqrt{x}+2=0$에서

$(\log_3 x)^2-3\log_3 x+2=0$ $\qquad$ …… ㉠

이때 $\log_3 x=t$로 놓으면 $t^2-3t+2=0$ $\qquad$ …… ㉡

㉠의 두 근이 α, β이므로 ㉡의 두 근은 $\log_3 \alpha$, $\log_3 \beta$이다.

따라서 이차방정식의 근과 계수의 관계에 의하여

$\log_3 \alpha+\log_3 \beta=3$, $\log_3 \alpha\beta=3$

$\therefore \alpha\beta=3^3=27$

답 27

0498 $(\log x)\left(\log \dfrac{x}{27}\right)=1$에서

$\log x(\log x-\log 27)=1$

이때 $\log x=t$로 놓으면 $t(t-\log 27)=1$

$t^2-t\log 27-1=0$ $\qquad$ …… ㉠

주어진 방정식의 두 근이 α, β이므로 ㉠의 두 근은 $\log \alpha$, $\log \beta$이다.

따라서 이차방정식의 근과 계수의 관계에 의하여

$\log \alpha+\log \beta=\log 27$, $\log \alpha\beta=\log 27$

$\therefore \alpha\beta=27$

답 27

0499 $\log(-x^2+ax-4)\geq \log x+1$에서

$\log(-x^2+ax-4)\geq \log 10x$

이때 밑이 1보다 크므로 $-x^2+ax-4\geq 10x$

$x^2+(10-a)x+4\leq 0$ $\qquad$ …… ㉠

㉠을 만족시키는 x의 값의 범위가 $\dfrac{1}{2}\leq x\leq 8$이므로

$\left(x-\dfrac{1}{2}\right)(x-8)\leq 0$, $x^2-\dfrac{17}{2}x+4\leq 0$

이 부등식이 ㉠과 일치해야 하므로

$10-a=-\dfrac{17}{2}$ $\qquad \therefore a=\dfrac{37}{2}$

답 $\dfrac{37}{2}$

0500 부등식 $(\log_3 x)^2+a\log_3 x+b\leq 0$의 해가

$\dfrac{1}{9}\leq x\leq 27$이고 밑 3이 $3>1$이므로

$\log_3 \dfrac{1}{9}\leq \log_3 x\leq \log_3 27$

즉 $-2\leq \log_3 x\leq 3$

$\log_3 x=t$로 놓으면 $-2\leq t\leq 3$

이때 주어진 부등식은 $t^2+at+b\leq 0$ $\qquad$ …… ㉠

해가 $-2\leq t\leq 3$이고 이차항의 계수가 1인 이차부등식은

$(t+2)(t-3)\leq 0$, $t^2-t-6\leq 0$

이 부등식이 ㉠과 일치해야 하므로 $a=-1$, $b=-6$

$\therefore ab=6$

답 6

0501 진수의 조건에서 $a>0$ $\qquad$ …… ㉠

부등식 $x^2-2(1+\log_2 a)x+1-(\log_2 a)^2>0$이 항상 성립하려면 이차방정식 $x^2-2(1+\log_2 a)x+1-(\log_2 a)^2=0$의 판별식을 D라 할 때 $D<0$이어야 한다. 즉

$\dfrac{D}{4}=(1+\log_2 a)^2-\{1-(\log_2 a)^2\}<0$

$1+2\log_2 a+(\log_2 a)^2-1+(\log_2 a)^2<0$

$2(\log_2 a)^2+2\log_2 a<0$

이때 $\log_2 a=t$로 놓으면 $2t^2+2t<0$

$t(t+1)<0$ $\qquad \therefore -1<t<0$

답 27

즉 $-1<\log_2 a<0$이므로
$$\log_2 2^{-1}<\log_2 a<\log_2 1$$
이때 밑 2가 $2>1$이므로 $\dfrac{1}{2}<a<1$ $\cdots\cdots$ ⓒ

㉠, ㉡의 공통 범위를 구하면 $\dfrac{1}{2}<a<1$

답 ②

0502 처음 물에 섞여 있는 중금속의 양을 a라 하고, 여과기를 n번 통과한 후 남아 있는 중금속의 양이 처음 양의 $2\,\%$ 이하가 된다고 하면
$$a\left(1-\frac{20}{100}\right)^n\leq\frac{2}{100}a,\ \left(\frac{8}{10}\right)^n\leq\frac{2}{100}$$
양변에 상용로그를 취하면
$$n\log\frac{8}{10}\leq\log\frac{2}{100}$$
$$n(\log 8-\log 10)\leq\log 2-\log 100$$
$$n(1-3\log 2)\geq 2-\log 2$$
$$\therefore n\geq\frac{2-\log 2}{1-3\log 2}=\frac{2-0.3010}{1-3\times 0.3010}=\frac{1.699}{0.097}=17.\times\times\times$$
따라서 자연수 n의 최솟값이 18이므로 여과 장치를 최소한 18번 통과시켜야 한다.

답 ②

0503 $\mathrm{A}(k,\ \log_3 k)$, $\mathrm{B}(k,\ \log_{27} k)$이고

㉮

$\overline{\mathrm{AB}}=\log_3 k-\log_{27} k=2$이므로

㉯

$$\log_3 k-\log_{3^3} k=2$$
$$\log_3 k-\frac{1}{3}\log_3 k=2,\ \frac{2}{3}\log_3 k=2$$
$$\log_3 k=3 \qquad \therefore k=27$$

㉰

답 **27**

단계	채점요소	배점
㉮	점 A, B의 좌표 구하기	30 %
㉯	$\overline{\mathrm{AB}}$의 식 세우기	40 %
㉰	k의 값 구하기	30 %

0504 $y=2(\log_2 x)^2-\log_{\sqrt 2} x^3+a$
$\qquad=2(\log_2 x)^2-\log_{2^{\frac{1}{2}}} x^3+a$
$\qquad=2(\log_2 x)^2-6\log_2 x+a$
이때 $\log_2 x=t$로 놓으면 $y=2t^2-6t+a$

㉮

$$y=2\left(t-\frac{3}{2}\right)^2-\frac{9}{2}+a$$
따라서 $t=\dfrac{3}{2}$일 때, 최솟값 $-\dfrac{9}{2}+a$를 갖는다.

㉯

$\log_2 x=\dfrac{3}{2}$에서 $x=2^{\frac{3}{2}}=2\sqrt 2$ $\therefore b=2\sqrt 2$

최솟값이 2이므로
$$-\frac{9}{2}+a=2$$에서 $a=\frac{13}{2}$

㉰

$$\therefore a^2 b^2=(ab)^2=\left(\frac{13}{2}\cdot 2\sqrt 2\right)^2=338$$

㉱

답 **338**

단계	채점요소	배점
㉮	주어진 함수를 $\log_2 x=t$로 치환하여 나타내기	30 %
㉯	함수가 최소일 때의 t의 값과 최솟값 구하기	20 %
㉰	a, b의 값 구하기	40 %
㉱	$a^2 b^2$의 값 구하기	10 %

0505 양수 a가 $\dfrac{\sqrt a}{\sqrt{a-1}}=-\sqrt{\dfrac{a}{a-1}}$를 만족시키므로
$$a>0,\ a-1<0 \qquad \therefore 0<a<1$$

㉮

부등식 $\log_a x>\log_a 4-\log_a(x-3)$의
진수의 조건에서
$$x>0,\ x-3>0 \qquad \therefore x>3 \qquad \cdots\cdots\ ㉠$$
$\log_a x>\log_a 4-\log_a(x-3)$에서
$$\log_a x+\log_a(x-3)>\log_a 4$$
$$\log_a x(x-3)>\log_a 4$$
이때 밑 a가 $0<a<1$이므로
$$x(x-3)<4,\ x^2-3x-4<0$$
$$(x+1)(x-4)<0 \qquad \therefore -1<x<4 \qquad \cdots\cdots\ ㉡$$
㉠, ㉡의 공통 범위를 구하면 $3<x<4$

㉯

답 $3<x<4$

단계	채점요소	배점
㉮	a의 값의 범위 구하기	40 %
㉯	a의 값의 범위를 이용하여 부등식 풀기	60 %

0506 (i) $\log_3|x-3|<4$의 진수의 조건에서
$$|x-3|>0 \qquad \therefore x\neq 3 \qquad \cdots\cdots\ ㉠$$
$\log_3|x-3|<4$에서
$$\log_3|x-3|<\log_3 3^4$$
이때 밑 3이 $3>1$이므로 $|x-3|<3^4$
$$-81<x-3<81$$
$$\therefore -78<x<84 \qquad \cdots\cdots\ ㉡$$
㉠, ㉡의 공통 범위를 구하면
$$-78<x<3 \text{ 또는 } 3<x<84$$

㉮

(ii) $\log_2 x+\log_2(x-2)\geq 3$의 진수의 조건에서

$x>0,\ x-2>0$ $\therefore x>2$ $\cdots\cdots$ ㉢

$\log_2 x+\log_2(x-2)\geq 3$에서

$\log_2 x(x-2)\geq \log_2 2^3$

이때 밑 2가 $2>1$이므로 $x(x-2)\geq 8$

$x^2-2x-8\geq 0,\ (x+2)(x-4)\geq 0$

$\therefore x\leq -2$ 또는 $x\geq 4$ $\cdots\cdots$ ㉣

㉢, ㉣의 공통 범위를 구하면 $x\geq 4$

㉡

(i), (ii)에서 연립부등식의 해는 $4\leq x<84$

㉢

따라서 구하는 정수 x는 4, 5, 6, $\cdots$, 83의 80개이다.

㉣

답 80

단계	채점요소	배점
㉠	$\log_3|x-3|<4$의 해 구하기	40%
㉡	$\log_2 x+\log_2(x-2)\geq 3$의 해 구하기	40%
㉢	연립부등식의 해 구하기	10%
㉣	정수 x의 개수 구하기	10%

0507 곡선 $y=2^{x+1}$이 y축과 만나는 점은 A$(0,\ 2)$

곡선 $y=\log_3(x+1)+1$이 y축과 만나는 점은 B$(0,\ 1)$

점 C의 y좌표가 2이므로

$2=\log_3(x+1)+1$에서

$1=\log_3(x+1),\ x+1=3$

$\therefore x=2$

즉 점 C의 x좌표가 2이다. $\therefore$ C$(2,\ 2)$

점 D의 y좌표가 1이므로

$1=2^{x+1}$에서

$x+1=0$ $\therefore x=-1$

즉 점 D의 x좌표는 -1이다. $\therefore$ D$(-1,\ 1)$

$\therefore \square \mathrm{ADBC}=\dfrac{1}{2}(\overline{\mathrm{DB}}+\overline{\mathrm{AC}})\overline{\mathrm{AB}}$

$\qquad\qquad\quad =\dfrac{1}{2}(1+2)\cdot 1=\dfrac{3}{2}$

답 ①

0508 진수의 조건에서

$x^2-2x+1=(x-1)^2>0$

$x^2+2x+1=(x+1)^2>0$

$\therefore x\neq -1,\ x\neq 1$ $\cdots\cdots$ ㉠

$\log(x^2-2x+1)+\log(x^2+2x+1)=\log 9$에서

$\log(x-1)^2+\log(x+1)^2=\log 3^2$

$2\log|x-1|+2\log|x+1|=2\log 3$

$\log|(x-1)(x+1)|=\log 3$

즉 $|(x-1)(x+1)|=3$ $\therefore x^2-1=\pm 3$

(i) $x^2-1=3$이면 $x^2=4$

$\therefore x=\pm 2$

이것은 ㉠을 만족시키므로 근이다.

(ii) $x^2-1=-3$이면 $x^2=-2$

따라서 실근은 없다.

(i), (ii)에서 $x=\pm 2$

따라서 $\alpha=2,\ \beta=-2$ 또는 $\alpha=-2,\ \beta=2$이므로

$\alpha+\beta=2+(-2)=0$

답 0

0509 집합 A의 부등식에서 진수의 조건에 의하여

$x+1>0$ $\therefore x>-1$ $\cdots\cdots$ ㉠

$|\log_4(x+1)-1|<1$에서

$-1<\log_4(x+1)-1<1$

$0<\log_4(x+1)<2$

$\log_4 1<\log_4(x+1)<\log_4 4^2$

이때 밑 4가 $4>1$이므로 $1<x+1<16$

$\therefore 0<x<15$ $\cdots\cdots$ ㉡

㉠, ㉡의 공통 범위를 구하면 $0<x<15$

$\therefore A=\{x\,|\,0<x<15\}$

집합 B의 부등식 $x(x-3a)<0$에서

(i) $a>0$이면 $0<x<3a$ $\therefore B=\{x\,|\,0<x<3a\}$

(ii) $a<0$이면 $3a<x<0$ $\therefore B=\{x\,|\,3a<x<0\}$

$A\cap B=A$이려면 $A\subset B$가 성립해야

하므로 $a>0$이어야 하고 오른쪽 그림

에서

$3a\geq 15$ $\therefore a\geq 5$

따라서 a의 최솟값은 5이다.

답 5

0510 A$'(a,\ 0)\ (a>0)$이라 하면

$\overline{\mathrm{OA}'}=a,\ \overline{\mathrm{OB}'}=2a,\ \overline{\mathrm{OC}'}=3a$

$\therefore$ A$(a,\ -\log_3 a)$, B$(2a,\ \log_3 2a)$, C$(3a,\ \log_3 3a)$

직선 l의 기울기는 $\overline{\mathrm{AB}}$의 기울기, $\overline{\mathrm{BC}}$의 기울기와 같으므로

$(\overline{\mathrm{AB}}$의 기울기$)=\dfrac{\log_3 2a-(-\log_3 a)}{2a-a}$

$(\overline{\mathrm{BC}}$의 기울기$)=\dfrac{\log_3 3a-\log_3 2a}{3a-2a}$에서

$\dfrac{\log_3 2a+\log_3 a}{a}=\dfrac{\log_3 3a-\log_3 2a}{a}$

$\log_3 2a^2=\log_3 \dfrac{3}{2}$

$2a^2=\dfrac{3}{2},\ a^2=\dfrac{3}{4}$ $\therefore a=\dfrac{\sqrt{3}}{2}\ (\because a>0)$

따라서 점 B의 y좌표는

$\log_3\left(2\cdot\dfrac{\sqrt{3}}{2}\right)=\log_3 \sqrt{3}=\dfrac{1}{2}$

답 $\dfrac{1}{2}$

05 | 삼각함수

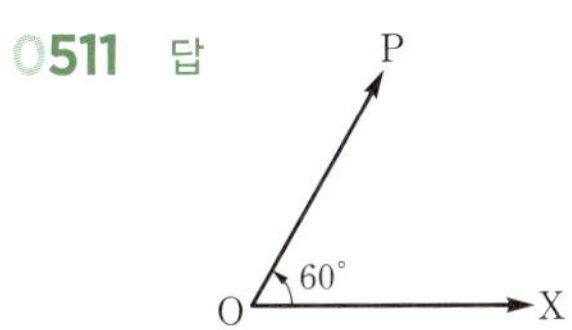

📖 **교과서 문제** 정복하기

본문 67쪽

0511 답

0512 답

0513 답 $\theta=360°\times n+120°$ (n은 정수)

0514 답 $\theta=360°\times n+230°$ (n은 정수)

0515 $500°=360°\times 1+140°$이므로 $360°\times n+140°$

답 $360°\times n+140°$

0516 $-650°=360°\times(-2)+70°$이므로 $360°\times n+70°$

답 $360°\times n+70°$

0517 $550°=360°\times 1+190°$이므로 $550°$는 제3사분면의 각이다.

답 **제3사분면**

0518 $-380°=360°\times(-2)+340°$이므로 $-380°$는 제4사분면의 각이다.

답 **제4사분면**

0519 $240°=240\times\dfrac{\pi}{180}=\dfrac{4}{3}\pi$

답 $\dfrac{4}{3}\pi$

0520 $\dfrac{7}{4}\pi=\dfrac{7}{4}\pi\times\dfrac{180°}{\pi}=315°$

답 $315°$

0521 $-300°=(-300)\times\dfrac{\pi}{180}=-\dfrac{5}{3}\pi$

답 $-\dfrac{5}{3}\pi$

0522 $-\dfrac{2}{3}\pi=\left(-\dfrac{2}{3}\pi\right)\times\dfrac{180°}{\pi}=-120°$

답 $-120°$

0523 $5\pi=2\pi\times 2+\pi$이므로 $2n\pi+\pi$

답 $2n\pi+\pi$

0524 $\dfrac{17}{6}\pi=2\pi\times 1+\dfrac{5}{6}\pi$이므로 $2n\pi+\dfrac{5}{6}\pi$

답 $2n\pi+\dfrac{5}{6}\pi$

0525 $-\dfrac{16}{3}\pi=2\pi\times(-3)+\dfrac{2}{3}\pi$이므로 $2n\pi+\dfrac{2}{3}\pi$

답 $2n\pi+\dfrac{2}{3}\pi$

0526 $-\dfrac{3}{4}\pi=2\pi\times(-1)+\dfrac{5}{4}\pi$이므로 $2n\pi+\dfrac{5}{4}\pi$

답 $2n\pi+\dfrac{5}{4}\pi$

0527 $l=4\cdot\dfrac{\pi}{4}=\pi$, $S=\dfrac{1}{2}\cdot 4^2\cdot\dfrac{\pi}{4}=2\pi$

답 $l=\pi,\ S=2\pi$

0528 $36°=36\times\dfrac{\pi}{180}=\dfrac{\pi}{5}$이므로

$l=15\cdot\dfrac{\pi}{5}=3\pi$, $S=\dfrac{1}{2}\cdot 15^2\cdot\dfrac{\pi}{5}=\dfrac{45}{2}\pi$

답 $l=3\pi,\ S=\dfrac{45}{2}\pi$

0529 부채꼴의 호의 길이 $l=4$, 넓이 $S=6$이므로

$S=\dfrac{1}{2}rl$에서 $6=\dfrac{1}{2}\cdot r\cdot 4$ ∴ $r=3$

$l=r\theta$에서 $4=3\theta$ ∴ $\theta=\dfrac{4}{3}$

답 $r=3,\ \theta=\dfrac{4}{3}$

0530 $\overline{OP}=\sqrt{3^2+(-1)^2}=\sqrt{10}$이므로

(1) $\sin\theta=\dfrac{-1}{\sqrt{10}}=-\dfrac{\sqrt{10}}{10}$

(2) $\cos\theta=\dfrac{3}{\sqrt{10}}=\dfrac{3\sqrt{10}}{10}$

(3) $\tan\theta=\dfrac{-1}{3}=-\dfrac{1}{3}$

답 (1) $-\dfrac{\sqrt{10}}{10}$ (2) $\dfrac{3\sqrt{10}}{10}$ (3) $-\dfrac{1}{3}$

0531 오른쪽 그림과 같이 원점 O를 중심으로 하고 반지름의 길이가 1인 원과 $\theta=\dfrac{3}{4}\pi$를 나타내는 동경의 교점을 P, 점 P에서 x축에 내린 수선의 발을 H라 하자. 직각삼각형 POH에서 $\overline{OP}=1$,

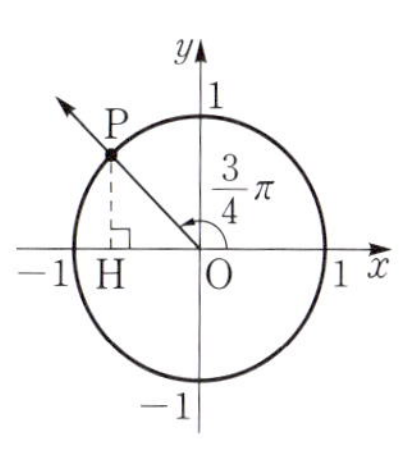

$\angle \mathrm{POH}=\dfrac{\pi}{4}$이므로 점 P의 좌표는 $\left(-\dfrac{\sqrt{2}}{2},\ \dfrac{\sqrt{2}}{2}\right)$이다.

$\therefore \sin\theta=\dfrac{\sqrt{2}}{2}$, $\cos\theta=-\dfrac{\sqrt{2}}{2}$, $\tan\theta=-1$

답 $\sin\theta=\dfrac{\sqrt{2}}{2}$, $\cos\theta=-\dfrac{\sqrt{2}}{2}$, $\tan\theta=-1$

0532 $\dfrac{14}{3}\pi=2\pi\cdot2+\dfrac{2}{3}\pi$이므로 θ는 제2사분면의 각이다.

$\therefore \sin\theta>0$, $\cos\theta<0$, $\tan\theta<0$

답 $\sin\theta>0$, $\cos\theta<0$, $\tan\theta<0$

0533 $\sin\theta<0$인 것은 제3사분면과 제4사분면이고, $\cos\theta<0$인 것은 제2사분면과 제3사분면이므로 θ는 제3사분면의 각이다.

답 **제3 사분면**

0534 $\cos\theta>0$인 것은 제1사분면과 제4사분면이고, $\tan\theta<0$인 것은 제2사분면과 제4사분면이므로 θ는 제4사분면의 각이다.

답 **제4 사분면**

0535 $\sin^2\theta+\cos^2\theta=1$이고, θ가 제2사분면의 각이므로
$\sin\theta=\sqrt{1-\cos^2\theta}=\sqrt{1-\left(-\dfrac{3}{5}\right)^2}=\dfrac{4}{5}$
$\tan\theta=\dfrac{\sin\theta}{\cos\theta}=-\dfrac{4}{3}$

답 $\sin\theta=\dfrac{4}{5}$, $\tan\theta=-\dfrac{4}{3}$

0536 $\sin\theta+\cos\theta=\dfrac{1}{2}$의 양변을 제곱하면
$\sin^2\theta+\cos^2\theta+2\sin\theta\cos\theta=\dfrac{1}{4}$
$1+2\sin\theta\cos\theta=\dfrac{1}{4}$
$\therefore \sin\theta\cos\theta=-\dfrac{3}{8}$

답 $-\dfrac{3}{8}$

유형 익/히/기

본문 68~72쪽

0537 ① $390°=360°\times1+30°$
② $750°=360°\times2+30°$
③ $-330°=360°\times(-1)+30°$
④ $-390°=360°\times(-2)+330°$
⑤ $-690°=360°\times(-2)+30°$
따라서 동경 OP가 나타내는 각이 될 수 없는 것은 ④이다.

답 ④

0538 ① $-500°=360°\times(-2)+220°$
② $-300°=360°\times(-1)+60°$
③ $-100°=360°\times(-1)+260°$
④ $400°=360°\times1+40°$
⑤ $700°=360°\times1+340°$
따라서 α의 값이 가장 작은 것은 ④이다.

답 ④

0539 ㄱ. $1680°=360°\times4+240°$
ㄴ. $-240°=360°\times(-1)+120°$
ㄷ. $2040°=360°\times5+240°$
ㄹ. $-1920°=360°\times(-6)+240°$
ㅁ. $720°=360°\times2$
따라서 $240°$를 나타내는 동경과 일치하는 것은 ㄱ, ㄷ, ㄹ이다.

답 **ㄱ, ㄷ, ㄹ**

0540 θ가 제3사분면의 각이므로
$360°\times n+180°<\theta<360°\times n+270°$ (n은 정수)
각 변을 2로 나누면
$180°\times n+90°<\dfrac{\theta}{2}<180°\times n+135°$

(i) $n=2k$ (k는 정수)일 때,
$180°\times 2k+90°<\dfrac{\theta}{2}<180°\times 2k+135°$
$\therefore 360°\times k+90°<\dfrac{\theta}{2}<360°\times k+135°$
따라서 $\dfrac{\theta}{2}$는 제2사분면의 각이다.

(ii) $n=2k+1$ (k는 정수)일 때,
$180°\times(2k+1)+90°<\dfrac{\theta}{2}<180°\times(2k+1)+135°$
$360°\times k+270°<\dfrac{\theta}{2}<360°\times k+315°$
따라서 $\dfrac{\theta}{2}$는 제4사분면의 각이다.

(i), (ii)에서 $\dfrac{\theta}{2}$를 나타내는 동경이 존재할 수 있는 사분면은 제2, 4사분면이다.

답 **제2, 4 사분면**

0541 ㄱ. $400°=360°\times1+40°$ $\quad\therefore$ 제1사분면
ㄴ. $820°=360°\times2+100°$ $\quad\therefore$ 제2사분면
ㄷ. $-200°=360°\times(-1)+160°$ $\quad\therefore$ 제2사분면
ㄹ. $-1000°=360°\times(-3)+80°$ $\quad\therefore$ 제1사분면
따라서 제2사분면의 각은 ㄴ, ㄷ이다.

답 **ㄴ, ㄷ**

0542 θ가 제4사분면의 각이므로
$360°\times n+270°<\theta<360°\times n+360°$ (n은 정수)

$$\therefore 120°\times n+90°<\frac{\theta}{3}<120°\times n+120°$$

(i) $n=3k$ (k는 정수)일 때,
$$120°\times 3k+90°<\frac{\theta}{3}<120°\times 3k+120°$$
$$\therefore 360°\times k+90°<\frac{\theta}{3}<360°\times k+120°$$

따라서 $\dfrac{\theta}{3}$ 를 나타내는 동경이 속하는 영역은
오른쪽 그림과 같다.

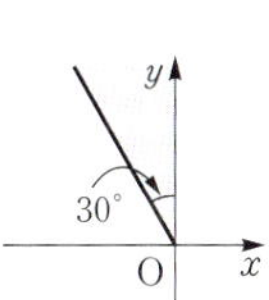

(단, 경계선은 제외한다.)

(ii) $n=3k+1$ (k는 정수)일 때,
$$120°\times(3k+1)+90°<\frac{\theta}{3}<120°\times(3k+1)+120°$$
$$\therefore 360°\times k+210°<\frac{\theta}{3}<360°\times k+240°$$

따라서 $\dfrac{\theta}{3}$ 를 나타내는 동경이 속하는 영역은
오른쪽 그림과 같다.

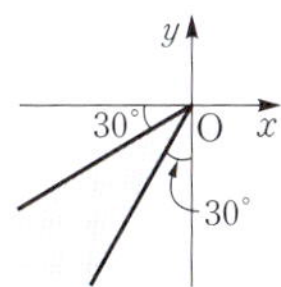

(단, 경계선은 제외한다.)

(iii) $n=3k+2$ (k는 정수)일 때,
$$120°\times(3k+2)+90°<\frac{\theta}{3}<120°\times(3k+2)+120°$$
$$\therefore 360°\times k+330°<\frac{\theta}{3}<360°\times k+360°$$

따라서 $\dfrac{\theta}{3}$ 를 나타내는 동경이 속하는 영역은
오른쪽 그림과 같다.

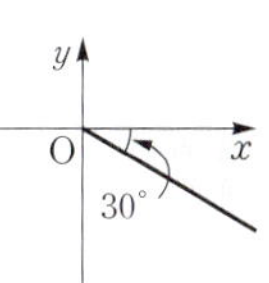

(단, 경계선은 제외한다.)

(i), (ii), (iii)에서 $\dfrac{\theta}{3}$ 를 나타내는 동경
이 속하는 모든 영역을 좌표평면 위에
나타내면 오른쪽 그림과 같다.

(단, 경계선은 제외한다.)

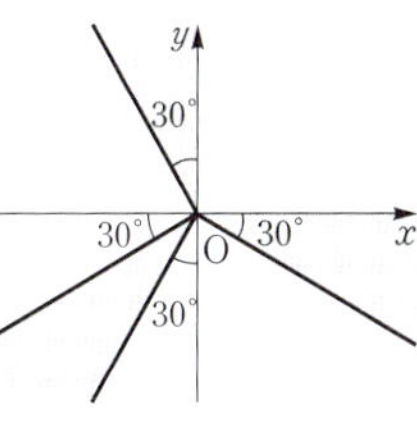

답 ③

0543 각 θ를 나타내는 동경과 각 7θ를 나타내는 동경이 일치
하므로
$$7\theta-\theta=360°\times n\ (n\text{은 정수})$$
$$6\theta=360°\times n\qquad\therefore \theta=60°\times n\qquad\cdots\cdots\ \boxdot$$
$90°<\theta<180°$에서 $90°<60°\times n<180°$이므로
$$\frac{3}{2}<n<3$$
n은 정수이므로 $n=2$
$n=2$를 $\boxdot$에 대입하면 $\theta=120°$

답 120°

0544 $\alpha+\beta=360°\times n+90°$ (n은 정수)이므로
$\alpha+\beta$의 값이 될 수 있는 것은 ④ $90°$이다.

답 ④

0545 각 θ를 나타내는 동경과 각 4θ를 나타내는 동경이 x축에
대하여 대칭이므로
$$\theta+4\theta=360°\times n\ (n\text{은 정수})$$
$$5\theta=360°\times n\qquad\therefore \theta=72°\times n\qquad\cdots\cdots\ \boxdot$$
$90°<\theta<180°$에서 $90°<72°\times n<180°$이므로
$$\frac{5}{4}<n<\frac{5}{2}$$
n은 정수이므로 $n=2$
$n=2$를 $\boxdot$에 대입하면 $\theta=144°$

답 144°

0546 각 θ를 나타내는 동경과 각 6θ를 나타내는 동경이 일직
선 위에 있고 방향이 반대이므로
$$6\theta-\theta=360°\times n+180°\ (n\text{은 정수})$$
$$5\theta=360°\times n+180°\qquad\therefore \theta=72°\times n+36°\qquad\cdots\cdots\ \boxdot$$
$0°<\theta<90°$에서 $0°<72°\times n+36°<90°$이므로
$$-\frac{1}{2}<n<\frac{3}{4}$$
n은 정수이므로 $n=0$
$n=0$을 $\boxdot$에 대입하면 $\theta=36°$

답 36°

0547 ① $45°=45\times\dfrac{\pi}{180}=\dfrac{\pi}{4}$

② $160°=160\times\dfrac{\pi}{180}=\dfrac{8}{9}\pi$

③ $-144°=-144\times\dfrac{\pi}{180}=-\dfrac{4}{5}\pi$

④ $\dfrac{5}{12}\pi=\dfrac{5}{12}\pi\times\dfrac{180°}{\pi}=75°$

⑤ $\dfrac{9}{5}\pi=\dfrac{9}{5}\pi\times\dfrac{180°}{\pi}=324°$

답 ⑤

0548 ① $120°=120\times\dfrac{\pi}{180}=\dfrac{2}{3}\pi$

② $210°=210\times\dfrac{\pi}{180}=\dfrac{7}{6}\pi$

③ $\dfrac{3}{5}\pi=\dfrac{3}{5}\pi\times\dfrac{180°}{\pi}=108°$

④ $\dfrac{11}{6}\pi=\dfrac{11}{6}\pi\times\dfrac{180°}{\pi}=330°$

⑤ $\dfrac{7}{12}\pi=\dfrac{7}{12}\pi\times\dfrac{180°}{\pi}=105°$

답 ④

0549 ㄱ. $16°=16\times\dfrac{\pi}{180}=\dfrac{4}{45}\pi$

ㄴ. $-\dfrac{4}{3}\pi=2\pi\times(-1)+\dfrac{2}{3}\pi$이므로 $-\dfrac{4}{3}\pi$는 제 2 사분면의
각이다.

ㄷ. 2라디안$=2\times\dfrac{180°}{\pi}=\dfrac{360°}{\pi}$

ㄹ. $-\dfrac{5}{4}\pi=2\pi\times(-1)+\dfrac{3}{4}\pi$, $\dfrac{19}{4}\pi=2\pi\times2+\dfrac{3}{4}\pi$이므로

$-\dfrac{5}{4}\pi$, $\dfrac{3}{4}\pi$, $\dfrac{19}{4}\pi$를 나타내는 동경은 모두 일치한다.

따라서 옳은 것은 ㄱ, ㄷ, ㄹ이다.

답 ㄱ, ㄷ, ㄹ

0550 부채꼴의 반지름의 길이를 r, 중심각의 크기를 θ라 하면 호의 길이 $l=6\pi$, 넓이 $S=12\pi$이므로

$S=\dfrac{1}{2}rl$에서 $\dfrac{1}{2}\cdot r\cdot6\pi=12\pi$ $\therefore r=4$

따라서 $l=4\theta$에서 $4\theta=6\pi$이므로

$\theta=\dfrac{3}{2}\pi$

답 ⑤

0551 부채꼴의 호의 길이를 l이라 하면

$\pi\cdot3^2=\dfrac{1}{2}\cdot6\cdot l$ $\therefore l=3\pi$

답 3π

0552 반지름의 길이가 a, 중심각의 크기가 $\dfrac{5}{6}\pi$인 부채꼴의 호의 길이가 10π이므로

$a\cdot\dfrac{5}{6}\pi=10\pi$ $\therefore a=12$

따라서 구하는 부채꼴의 넓이는

$\dfrac{1}{2}\cdot12\cdot10\pi=60\pi$ $\therefore b=60$

$\therefore b-a=48$

답 ④

0553 부채꼴의 반지름의 길이를 r라 하면 둘레의 길이가 24이므로 호의 길이는 $24-2r$이다.

$\therefore$ (부채꼴의 넓이)$=\dfrac{1}{2}r(24-2r)$
$=-r^2+12r$
$=-(r-6)^2+36\ (0<r<12)$

따라서 $r=6$일 때, 부채꼴의 넓이의 최댓값 S는 36이다.

답 $S=36$, $r=6$

0554 오른쪽 그림에서 원점 O와 점 $P(12,\ -5)$를 지나는 동경 OP가 나타내는 각의 크기를 θ라 할 때, $\overline{OP}=\sqrt{12^2+(-5)^2}=13$ 이므로

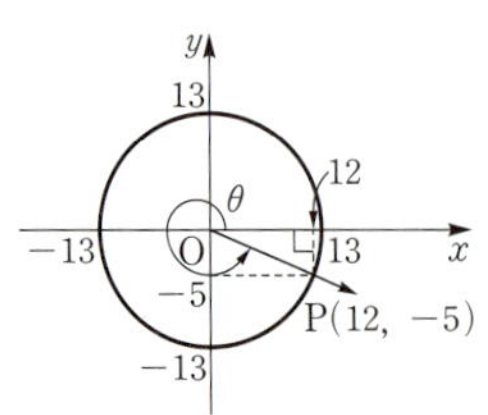

$\sin\theta=-\dfrac{5}{13}$, $\cos\theta=\dfrac{12}{13}$, $\tan\theta=-\dfrac{5}{12}$

$\therefore 13\sin\theta-13\cos\theta+12\tan\theta$
$=-5-12-5=-22$

답 ①

0555 점 $P\left(a,\ \dfrac{3}{2}\right)$에 대하여 $\tan\theta=\dfrac{\frac{3}{2}}{a}=\dfrac{3}{2a}$이므로

$\dfrac{3}{2a}=-\dfrac{3}{4}$ $\therefore a=-2$

또한 $r=\sqrt{(-2)^2+\left(\dfrac{3}{2}\right)^2}=\dfrac{5}{2}$이므로

$a+r=-2+\dfrac{5}{2}=\dfrac{1}{2}$

답 $\dfrac{1}{2}$

0556 $A(-3,\ 1)$, $D(3,\ 1)$이고 $\overline{OA}=\overline{OD}=\sqrt{10}$이므로

$\sin\alpha=\dfrac{\sqrt{10}}{10}$, $\cos\beta=\dfrac{3\sqrt{10}}{10}$이므로

$\sin\alpha\cos\beta=\dfrac{3}{10}$

답 $\dfrac{3}{10}$

0557 제4사분면의 점 $P(a,\ b)$가 직선 $y=-\sqrt{3}x$ 위의 점이므로 $b=-\sqrt{3}a$에서

$P(a,\ -\sqrt{3}a)$ (단, $a>0$)

⑦

$\therefore \overline{OP}=\sqrt{a^2+(-\sqrt{3}a)^2}=2|a|=2a\ (\because a>0)$

④

따라서 $\sin\theta=\dfrac{-\sqrt{3}a}{2a}=-\dfrac{\sqrt{3}}{2}$, $\cos\theta=\dfrac{a}{2a}=\dfrac{1}{2}$,

$\tan\theta=\dfrac{-\sqrt{3}a}{a}=-\sqrt{3}$이므로

⑤

$\sin\theta+\cos\theta+\tan\theta=\dfrac{1-3\sqrt{3}}{2}$

⑥

답 $\dfrac{1-3\sqrt{3}}{2}$

단계	채점요소	배점
⑦	점 P의 좌표를 a를 사용하여 나타내기	20%
④	$\overline{OP}$의 길이 구하기	30%
⑤	$\sin\theta$, $\cos\theta$, $\tan\theta$의 값 구하기	40%
⑥	$\sin\theta+\cos\theta+\tan\theta$의 값 구하기	10%

0558 (i) $\sin\theta\cos\theta>0$에서 $\sin\theta$와 $\cos\theta$의 부호가 서로 같으므로 θ는 제1사분면 또는 제3사분면의 각이다.

(ii) $\cos\theta\tan\theta>0$에서 $\cos\theta$와 $\tan\theta$의 부호가 서로 같으므로 θ는 제1사분면 또는 제2사분면의 각이다.

(ⅰ), (ⅱ)에서 θ는 제1 사분면의 각이다.

답 ①

0559 $\tan\theta<0$에서 θ는 제2 사분면 또는 제4 사분면의 각이고 $\cos\theta>0$에서 θ는 제1 사분면 또는 제4 사분면의 각이다.
따라서 주어진 조건을 동시에 만족시키는 θ는 제4 사분면의 각이므로 θ의 크기가 될 수 있는 것은 ⑤ $\dfrac{5}{3}\pi$이다.

답 ⑤

0560 θ가 제3 사분면의 각이므로
$\sin\theta<0$, $\cos\theta<0$, $\tan\theta>0$
① $\sin\theta\tan\theta<0$
② $\sin\theta\cos\theta>0$
③ $\cos\theta\tan\theta<0$
④ $\sin\theta\cos\theta\tan\theta>0$
⑤ $\dfrac{\sin\theta}{\tan\theta}<0$
따라서 옳은 것은 ②이다.

답 ②

0561 $\sin\theta\cos\theta<0$에서
$\sin\theta>0$, $\cos\theta<0$ 또는 $\sin\theta<0$, $\cos\theta>0$
이므로 θ는 제2 사분면 또는 제4 사분면의 각이다.
따라서 항상 옳은 것은 ② $\tan\theta<0$이다.

답 ②

0562 $\sin\theta\cos\theta\ne0$이고 $\dfrac{\sqrt{\cos\theta}}{\sqrt{\sin\theta}}=-\sqrt{\dfrac{\cos\theta}{\sin\theta}}$이므로
$\sin\theta<0$, $\cos\theta>0$
즉 θ는 제4 사분면의 각이므로
$\dfrac{3}{2}\pi<\theta<2\pi$
따라서 $a=\dfrac{3}{2}$, $b=2$이므로 $a+b=\dfrac{7}{2}$

답 ⑤

0563 (1) θ가 제3 사분면의 각이므로
$\sin\theta<0$, $\cos\theta<0$, $\tan\theta>0$
$\therefore \sqrt{\sin^2\theta}+\sqrt{\cos^2\theta}+\cos\theta-\tan\theta+|\tan\theta|$
$=|\sin\theta|+|\cos\theta|+\cos\theta-\tan\theta+|\tan\theta|$
$=-\sin\theta-\cos\theta+\cos\theta-\tan\theta+\tan\theta$
$=-\sin\theta$
(2) θ가 제4 사분면의 각이므로
$\sin\theta<0$, $\cos\theta>0$, $\tan\theta<0$
$\therefore \cos\theta-\tan\theta>0$, $\sin\theta+\tan\theta<0$

$\therefore \sqrt{(\cos\theta-\tan\theta)^2}-\sqrt{(\sin\theta+\tan\theta)^2}$
$=|\cos\theta-\tan\theta|-|\sin\theta+\tan\theta|$
$=(\cos\theta-\tan\theta)+(\sin\theta+\tan\theta)$
$=\sin\theta+\cos\theta$

답 (1) $-\sin\theta$ (2) $\sin\theta+\cos\theta$

0564 $\sin\theta\tan\theta>0$에서
$\sin\theta>0$, $\tan\theta>0$ 또는 $\sin\theta<0$, $\tan\theta<0$
이므로 θ는 제1 사분면 또는 제4 사분면의 각이다.
또 $\cos\theta\tan\theta<0$에서
$\cos\theta>0$, $\tan\theta<0$ 또는 $\cos\theta<0$, $\tan\theta>0$
이므로 θ는 제3 사분면 또는 제4 사분면의 각이다.
즉 θ는 제4 사분면의 각이므로
$2n\pi+\dfrac{3}{2}\pi<\theta<2n\pi+2\pi$ (n은 정수)
$\therefore n\pi+\dfrac{3}{4}\pi<\dfrac{\theta}{2}<n\pi+\pi$
(ⅰ) $n=2k$ (k는 정수)일 때,
$2k\pi+\dfrac{3}{4}\pi<\dfrac{\theta}{2}<2k\pi+\pi$이므로 $\dfrac{\theta}{2}$는 제2 사분면의 각이다.
(ⅱ) $n=2k+1$ (k는 정수)일 때,
$2k\pi+\dfrac{7}{4}\pi<\dfrac{\theta}{2}<2k\pi+2\pi$이므로 $\dfrac{\theta}{2}$는 제4 사분면의 각이다.
(ⅰ), (ⅱ)에서 $\dfrac{\theta}{2}$를 나타내는 동경이 존재할 수 있는 사분면은 제2, 4 사분면이다.

답 제2, 4 사분면

0565 (주어진 식)

$=\dfrac{(\cos\theta+\sin\theta)(\cos\theta-\sin\theta)}{(\sin\theta+\cos\theta)^2}+\dfrac{\dfrac{\sin\theta}{\cos\theta}-1}{\dfrac{\sin\theta}{\cos\theta}+1}$

$=\dfrac{\cos\theta-\sin\theta}{\sin\theta+\cos\theta}+\dfrac{\sin\theta-\cos\theta}{\sin\theta+\cos\theta}=0$

답 ①

0566 (1) (주어진 식)$=\dfrac{\sin^2\theta}{\dfrac{\sin^2\theta}{\cos^2\theta}}+\sin^2\theta$

$=\cos^2\theta+\sin^2\theta=1$

(2) (주어진 식)

$=\left(1+\dfrac{1}{\sin\theta}\right)\left(1-\dfrac{1}{\sin\theta}\right)\left(1+\dfrac{1}{\cos\theta}\right)\left(1-\dfrac{1}{\cos\theta}\right)$

$=\left(1-\dfrac{1}{\sin^2\theta}\right)\left(1-\dfrac{1}{\cos^2\theta}\right)$

$=\dfrac{\sin^2\theta-1}{\sin^2\theta}\cdot\dfrac{\cos^2\theta-1}{\cos^2\theta}$

$=\dfrac{-\cos^2\theta}{\sin^2\theta}\cdot\dfrac{-\sin^2\theta}{\cos^2\theta}$

$=1$

(3) (주어진 식)
$$=\left(\sin^2\theta+2+\frac{1}{\sin^2\theta}\right)+\left(\cos^2\theta+2+\frac{1}{\cos^2\theta}\right)$$
$$\qquad\qquad-\left(\tan^2\theta+2+\frac{1}{\tan^2\theta}\right)$$
$$=\sin^2\theta+\cos^2\theta+\frac{1}{\sin^2\theta}+\frac{1}{\cos^2\theta}-\tan^2\theta-\frac{1}{\tan^2\theta}+2$$
$$=1+\frac{1}{\sin^2\theta}+\frac{1}{\cos^2\theta}-\frac{\sin^2\theta}{\cos^2\theta}-\frac{\cos^2\theta}{\sin^2\theta}+2$$
$$=1+\frac{1-\cos^2\theta}{\sin^2\theta}+\frac{1-\sin^2\theta}{\cos^2\theta}+2$$
$$=1+\frac{\sin^2\theta}{\sin^2\theta}+\frac{\cos^2\theta}{\cos^2\theta}+2$$
$$=1+1+1+2=5$$

답 (1) 1 (2) 1 (3) 5

0567 $\sqrt{1-2\sin\theta\cos\theta}-\sqrt{1+2\sin\theta\cos\theta}$
$$=\sqrt{\sin^2\theta-2\sin\theta\cos\theta+\cos^2\theta}$$
$$\qquad\qquad-\sqrt{\sin^2\theta+2\sin\theta\cos\theta+\cos^2\theta}$$
$$=\sqrt{(\sin\theta-\cos\theta)^2}-\sqrt{(\sin\theta+\cos\theta)^2}$$
$$=|\sin\theta-\cos\theta|-|\sin\theta+\cos\theta|$$
$$=(\sin\theta-\cos\theta)-(\sin\theta+\cos\theta)$$
$$=-2\cos\theta$$

답 ②

0568 $\sin^2\theta+\cos^2\theta=1$에서
$$\sin^2\theta=1-\cos^2\theta=1-\left(-\frac{4}{5}\right)^2=\frac{9}{25}$$
이때 θ가 제3사분면의 각이므로 $\sin\theta<0$
$$\therefore\ \sin\theta=-\frac{3}{5}$$
$$\tan\theta=\frac{\sin\theta}{\cos\theta}=\frac{-\dfrac{3}{5}}{-\dfrac{4}{5}}=\frac{3}{4}$$
$$\therefore\ 5\sin\theta+8\tan\theta=5\cdot\left(-\frac{3}{5}\right)+8\cdot\frac{3}{4}$$
$$=3$$

답 ④

0569 (1) $\cos^2\theta=1-\sin^2\theta=1-\left(-\frac{1}{3}\right)^2=\frac{8}{9}$
이때 $\pi<\theta<\frac{3}{2}\pi$이므로 $\cos\theta<0$
$$\therefore\ \cos\theta=-\frac{2\sqrt{2}}{3}$$
$$\tan\theta=\frac{\sin\theta}{\cos\theta}=\frac{-\dfrac{1}{3}}{-\dfrac{2\sqrt{2}}{3}}=\frac{1}{2\sqrt{2}}=\frac{\sqrt{2}}{4}$$
$$\therefore\ \tan\theta+\frac{1}{\tan\theta}=\frac{\sqrt{2}}{4}+2\sqrt{2}=\frac{9\sqrt{2}}{4}$$

(2) $\dfrac{1}{1+\cos\theta}+\dfrac{1}{1-\cos\theta}=\dfrac{1-\cos\theta+1+\cos\theta}{(1+\cos\theta)(1-\cos\theta)}$
$$=\frac{2}{1-\cos^2\theta}=\frac{2}{\sin^2\theta}$$
즉 $\dfrac{2}{\sin^2\theta}=\dfrac{8}{3}$이므로 $\sin^2\theta=\dfrac{3}{4}$
$\sin^2\theta+\cos^2\theta=1$에서
$$\cos^2\theta=1-\sin^2\theta=1-\frac{3}{4}=\frac{1}{4}$$
이때 $\dfrac{\pi}{2}<\theta<\pi$이므로 $\sin\theta>0$, $\cos\theta<0$
$$\therefore\ \sin\theta=\frac{\sqrt{3}}{2},\ \cos\theta=-\frac{1}{2}$$
$$\tan\theta=\frac{\sin\theta}{\cos\theta}=\frac{\dfrac{\sqrt{3}}{2}}{-\dfrac{1}{2}}=-\sqrt{3}$$
$$\therefore\ \tan^2\theta+\frac{1}{\sin^2\theta}=(-\sqrt{3})^2+\frac{4}{3}=\frac{13}{3}$$

답 (1) $\dfrac{9\sqrt{2}}{4}$ (2) $\dfrac{13}{3}$

0570 $\sin^2\theta+\cos^2\theta=1$의 양변을 $\cos^2\theta$로 나누면
$\tan^2\theta+1=\dfrac{1}{\cos^2\theta}$이므로
$$\frac{1}{\cos^2\theta}=\left(-\frac{2}{3}\right)^2+1=\frac{13}{9}\qquad\therefore\ \cos^2\theta=\frac{9}{13}$$
$\sin^2\theta+\cos^2\theta=1$에서
$$\sin^2\theta=1-\cos^2\theta=1-\frac{9}{13}=\frac{4}{13}$$
이때 θ가 제2사분면의 각이므로 $\sin\theta>0$, $\cos\theta<0$
$$\therefore\ \sin\theta=\frac{2}{\sqrt{13}},\ \cos\theta=-\frac{3}{\sqrt{13}}$$
$$\therefore\ \frac{\sin^2\theta-\cos^2\theta}{1+\cos\theta\sin\theta}=\frac{\dfrac{4}{13}-\dfrac{9}{13}}{1+\left(-\dfrac{3}{\sqrt{13}}\right)\cdot\dfrac{2}{\sqrt{13}}}$$
$$=\frac{-\dfrac{5}{13}}{1-\dfrac{6}{13}}=-\frac{5}{7}$$

답 $-\dfrac{5}{7}$

0571 $\dfrac{1+\tan\theta}{1-\tan\theta}=2-\sqrt{3}$에서
$$1+\tan\theta=(2-\sqrt{3})(1-\tan\theta)$$
$$(3-\sqrt{3})\tan\theta=1-\sqrt{3}$$
$$\therefore\ \tan\theta=\frac{1-\sqrt{3}}{3-\sqrt{3}}=-\frac{\sqrt{3}}{3}$$
이때 $\sin^2\theta+\cos^2\theta=1$의 양변을 $\cos^2\theta$로 나누면
$\tan^2\theta+1=\dfrac{1}{\cos^2\theta}$이므로
$$\frac{1}{\cos^2\theta}=\left(-\frac{\sqrt{3}}{3}\right)^2+1=\frac{4}{3}\qquad\therefore\ \cos^2\theta=\frac{3}{4}$$

$\sin^2\theta+\cos^2\theta=1$에서

$\sin^2\theta=1-\cos^2\theta=1-\dfrac{3}{4}=\dfrac{1}{4}$

이때 $\dfrac{\pi}{2}<\theta<\pi$이므로 $\sin\theta>0$, $\cos\theta<0$

즉 $\sin\theta=\dfrac{1}{2}$, $\cos\theta=-\dfrac{\sqrt{3}}{2}$

$\therefore \sin\theta\cos\theta=\dfrac{1}{2}\cdot\left(-\dfrac{\sqrt{3}}{2}\right)=-\dfrac{\sqrt{3}}{4}$

답 $-\dfrac{\sqrt{3}}{4}$

유형 Up

본문 73쪽

0572 $\sin\theta+\cos\theta=\dfrac{1}{2}$의 양변을 제곱하면

$\sin^2\theta+\cos^2\theta+2\sin\theta\cos\theta=\dfrac{1}{4}$

$\therefore \sin\theta\cos\theta=-\dfrac{3}{8}$

이때

$(\sin\theta-\cos\theta)^2=\sin^2\theta+\cos^2\theta-2\sin\theta\cos\theta$

$\qquad\qquad\qquad=1-2\cdot\left(-\dfrac{3}{8}\right)=\dfrac{7}{4}$

한편, θ는 제2사분면의 각이므로

$\sin\theta>0$, $\cos\theta<0$, 즉 $\sin\theta-\cos\theta>0$

$\therefore \sin\theta-\cos\theta=\dfrac{\sqrt{7}}{2}$

$\therefore \sin^2\theta-\cos^2\theta=(\sin\theta+\cos\theta)(\sin\theta-\cos\theta)$

$\qquad\qquad\qquad=\dfrac{1}{2}\times\dfrac{\sqrt{7}}{2}=\dfrac{\sqrt{7}}{4}$

답 ②

0573 $(\sin\theta-\cos\theta)^2=\sin^2\theta+\cos^2\theta-2\sin\theta\cos\theta$

$\qquad\qquad\qquad=1-2\cdot\left(-\dfrac{1}{8}\right)=\dfrac{5}{4}$

이때 $\dfrac{\pi}{2}<\theta<\pi$이므로 $\sin\theta>0$, $\cos\theta<0$

즉 $\sin\theta-\cos\theta>0$이므로

$\sin\theta-\cos\theta=\dfrac{\sqrt{5}}{2}$

$\therefore \sin^3\theta-\cos^3\theta$

$\quad=(\sin\theta-\cos\theta)(\sin^2\theta+\sin\theta\cos\theta+\cos^2\theta)$

$\quad=\dfrac{\sqrt{5}}{2}\cdot\left(1-\dfrac{1}{8}\right)$

$\quad=\dfrac{7\sqrt{5}}{16}$

답 $\dfrac{7\sqrt{5}}{16}$

0574 $\tan\theta+\dfrac{1}{\tan\theta}=\dfrac{\sin\theta}{\cos\theta}+\dfrac{\cos\theta}{\sin\theta}$

$\qquad\qquad\qquad=\dfrac{\sin^2\theta+\cos^2\theta}{\sin\theta\cos\theta}$

$\qquad\qquad\qquad=\dfrac{1}{\sin\theta\cos\theta}=3$

따라서 $\sin\theta\cos\theta=\dfrac{1}{3}$이므로

$(\sin\theta+\cos\theta)^2=1+2\sin\theta\cos\theta=1+2\cdot\dfrac{1}{3}=\dfrac{5}{3}$

이때 $0<\theta<\dfrac{\pi}{2}$이므로 $\sin\theta>0$, $\cos\theta>0$

즉 $\sin\theta+\cos\theta>0$이므로

$\sin\theta+\cos\theta=\sqrt{\dfrac{5}{3}}=\dfrac{\sqrt{15}}{3}$

답 $\dfrac{\sqrt{15}}{3}$

0575 $\sin\theta+\cos\theta=-\dfrac{1}{2}$의 양변을 제곱하면

$1+2\sin\theta\cos\theta=\dfrac{1}{4}$ $\quad\therefore \sin\theta\cos\theta=-\dfrac{3}{8}$

$\therefore \tan^2\theta+\dfrac{1}{\tan^2\theta}=\dfrac{\sin^2\theta}{\cos^2\theta}+\dfrac{\cos^2\theta}{\sin^2\theta}=\dfrac{\sin^4\theta+\cos^4\theta}{\sin^2\theta\cos^2\theta}$

$\qquad\qquad\qquad=\dfrac{(\sin^2\theta+\cos^2\theta)^2-2\sin^2\theta\cos^2\theta}{(\sin\theta\cos\theta)^2}$

$\qquad\qquad\qquad=\dfrac{1}{(\sin\theta\cos\theta)^2}-2$

$\qquad\qquad\qquad=\dfrac{1}{\left(-\dfrac{3}{8}\right)^2}-2$

$\qquad\qquad\qquad=\dfrac{64}{9}-2=\dfrac{46}{9}$

답 $\dfrac{46}{9}$

0576 이차방정식의 근과 계수의 관계에 의하여

$\sin\theta+\cos\theta=-\dfrac{3}{5}$ $\qquad\qquad\cdots\cdots$ ㉠

$\sin\theta\cos\theta=\dfrac{k}{5}$ $\qquad\qquad\cdots\cdots$ ㉡

㉠의 양변을 제곱하면

$\sin^2\theta+\cos^2\theta+2\sin\theta\cos\theta=\dfrac{9}{25}$

$1+2\sin\theta\cos\theta=\dfrac{9}{25}$

$\therefore \sin\theta\cos\theta=-\dfrac{8}{25}$ $\qquad\qquad\cdots\cdots$ ㉢

㉡, ㉢에서 $\dfrac{k}{5}=-\dfrac{8}{25}$ $\qquad\therefore k=-\dfrac{8}{5}$

답 $-\dfrac{8}{5}$

0577 이차방정식의 근과 계수의 관계에 의하여

$(\sin\theta+\cos\theta)+(\sin\theta-\cos\theta)=1$ $\qquad\cdots\cdots$ ㉠

$(\sin\theta+\cos\theta)(\sin\theta-\cos\theta)=a$ $\qquad\cdots\cdots$ ㉡

㉠에서 $2\sin\theta=1$ $\therefore \sin\theta=\dfrac{1}{2}$

㉡에서 좌변을 간단히 하면
$$\begin{aligned}(\sin\theta+\cos\theta)(\sin\theta-\cos\theta)&=\sin^2\theta-\cos^2\theta\\&=\sin^2\theta-(1-\sin^2\theta)\\&=2\sin^2\theta-1\\&=2\cdot\left(\dfrac{1}{2}\right)^2-1\\&=-\dfrac{1}{2}\end{aligned}$$

$\therefore a=-\dfrac{1}{2}$

답 ①

0578 $\sin\theta+\cos\theta=-\dfrac{1}{5}$의 양변을 제곱하면

$1+2\sin\theta\cos\theta=\dfrac{1}{25}$

$\therefore \sin\theta\cos\theta=-\dfrac{12}{25}$ …… ㉠

이차방정식의 근과 계수의 관계에 의하여

$\tan\theta+\dfrac{1}{\tan\theta}=-\dfrac{a}{12}$ …… ㉡

$\tan\theta\cdot\dfrac{1}{\tan\theta}=\dfrac{b}{12}$ …… ㉢

㉡에서 좌변을 간단히 하면
$$\begin{aligned}\tan\theta+\dfrac{1}{\tan\theta}&=\dfrac{\sin\theta}{\cos\theta}+\dfrac{\cos\theta}{\sin\theta}\\&=\dfrac{\sin^2\theta+\cos^2\theta}{\sin\theta\cos\theta}\\&=\dfrac{1}{\sin\theta\cos\theta}\end{aligned}$$

㉠, ㉡에서 $-\dfrac{25}{12}=-\dfrac{a}{12}$이므로 $a=25$

㉢에서 $1=\dfrac{b}{12}$ $\therefore b=12$

$\therefore a+b=25+12=37$

답 37

0579 이차방정식 $2x^2-1=0$의 두 근이 $\sin\theta$, $\cos\theta$이므로
근과 계수의 관계에 의하여

$\sin\theta+\cos\theta=0$, $\sin\theta\cos\theta=-\dfrac{1}{2}$

㉮

이때 $\tan\theta\cdot\dfrac{1}{\tan\theta}=1$이고

$$\begin{aligned}\tan\theta+\dfrac{1}{\tan\theta}&=\dfrac{\sin\theta}{\cos\theta}+\dfrac{\cos\theta}{\sin\theta}\\&=\dfrac{\sin^2\theta+\cos^2\theta}{\sin\theta\cos\theta}\\&=\dfrac{1}{\sin\theta\cos\theta}=-2\end{aligned}$$

㉯

따라서 $\tan\theta$, $\dfrac{1}{\tan\theta}$을 두 근으로 하고 x^2의 계수가 1인 이차방정식은 $x^2+2x+1=0$

㉰

답 $x^2+2x+1=0$

단계	채점요소	배점
㉮	$\sin\theta+\cos\theta$, $\sin\theta\cos\theta$의 값 구하기	30%
㉯	$\tan\theta\cdot\dfrac{1}{\tan\theta}$, $\tan\theta+\dfrac{1}{\tan\theta}$의 값 구하기	50%
㉰	조건을 만족하는 이차방정식 구하기	20%

0580 ① $-300°=360°\times(-1)+60°$

② $60°$

③ $120°$

④ $420°=360°\times1+60°$

⑤ $780°=360°\times2+60°$

따라서 같은 위치의 동경을 나타내는 것이 아닌 것은 ③이다.

답 ③

0581 ① $950°=360°\times2+230°$ $\therefore$ 제3사분면

② $-500°=360°\times(-2)+220°$ $\therefore$ 제3사분면

③ $-\dfrac{5}{6}\pi=2\pi\times(-1)+\dfrac{7}{6}\pi$ $\therefore$ 제3사분면

④ $\dfrac{4}{3}\pi$는 제3사분면

⑤ $\dfrac{11}{4}\pi=2\pi+\dfrac{3}{4}\pi$ $\therefore$ 제2사분면

답 ⑤

0582 3θ가 제2사분면의 각이므로
$360°\times n+90°<3\theta<360°\times n+180°$ (n은 정수)
$120°\times n+30°<\theta<120°\times n+60°$

(ⅰ) $n=3k$ (k는 정수)일 때,
　　$360°\times k+30°<\theta<360°\times k+60°$
　　따라서 θ는 제1사분면의 각이다.

(ⅱ) $n=3k+1$ (k는 정수)일 때,
　　$360°\times k+150°<\theta<360°\times k+180°$
　　따라서 θ는 제2사분면의 각이다.

(ⅲ) $n=3k+2$ (k는 정수)일 때,
　　$360°\times k+270°<\theta<360°\times k+300°$
　　따라서 θ는 제4사분면의 각이다.

(ⅰ), (ⅱ), (ⅲ)에서 θ를 나타내는 동경이 존재할 수 없는 사분면은 제3사분면이다.

답 **제3사분면**

0583 각 θ를 나타내는 동경과 각 5θ를 나타내는 동경이 y축에 대하여 대칭이므로

$\theta+5\theta=2n\pi+\pi$ (n은 정수)

$\therefore \theta=\dfrac{n}{3}\pi+\dfrac{\pi}{6}$

이때 $0<\theta<\pi$이므로

$\theta=\dfrac{\pi}{6},\ \dfrac{\pi}{2},\ \dfrac{5}{6}\pi$ $\qquad$ …… ㉠

또 각 θ를 나타내는 동경과 각 2θ를 나타내는 동경이 직선 $y=x$에 대하여 대칭이므로

$\theta+2\theta=2n\pi+\dfrac{\pi}{2}$ (n은 정수)

$\therefore \theta=\dfrac{2n}{3}\pi+\dfrac{\pi}{6}$

이때 $0<\theta<\pi$이므로

$\theta=\dfrac{\pi}{6},\ \dfrac{5}{6}\pi$ $\qquad$ …… ㉡

㉠, ㉡을 동시에 만족시키는 θ의 값은

$\theta=\dfrac{\pi}{6},\ \dfrac{5}{6}\pi$

따라서 모든 θ의 값의 합은

$\dfrac{\pi}{6}+\dfrac{5}{6}\pi=\pi$

답 $\boldsymbol{\pi}$

0584 부채꼴의 반지름의 길이를 r라 하면

호의 길이가 $\dfrac{2}{3}r$이고 둘레의 길이가 24이므로

$r+r+\dfrac{2}{3}r=24,\ \dfrac{8}{3}r=24$ $\qquad \therefore r=9$

따라서 부채꼴의 넓이는

$\dfrac{1}{2}\times9^2\times\dfrac{2}{3}=27$

답 ④

0585 둘레의 길이가 12 cm인 부채꼴의 반지름의 길이를 r cm, 호의 길이를 l cm라 하면

$2r+l=12$, 즉 $l=12-2r$ $\qquad$ …… ㉠

또한 부채꼴의 넓이를 S cm²라 하면

$S=\dfrac{1}{2}rl$ $\qquad$ …… ㉡

㉠을 ㉡에 대입하면

$S=\dfrac{1}{2}r(12-2r)=-r^2+6r=-(r-3)^2+9$

따라서 $r=3$일 때, 부채꼴의 넓이는 최대이다.

이때 부채꼴의 호의 길이는

$12-2\cdot3=6\,(\text{cm})$

답 **6 cm**

0586 $\overline{\mathrm{OP}}=\sqrt{(-1)^2+(\sqrt{3})^2}=2$이므로

$\sin\theta=\dfrac{\sqrt{3}}{2},\ \cos\theta=-\dfrac{1}{2},\ \tan\theta=-\sqrt{3}$

$\therefore \dfrac{\sin\theta+\cos\theta}{\tan\theta}=\dfrac{\dfrac{\sqrt{3}}{2}-\dfrac{1}{2}}{-\sqrt{3}}=\dfrac{\sqrt{3}-3}{6}$

답 $\dfrac{\sqrt{3}-3}{6}$

0587 오른쪽 그림과 같이 원점을 중심으로 하고 반지름의 길이가 13인 원이 직선 $12x+5y=0$, 즉

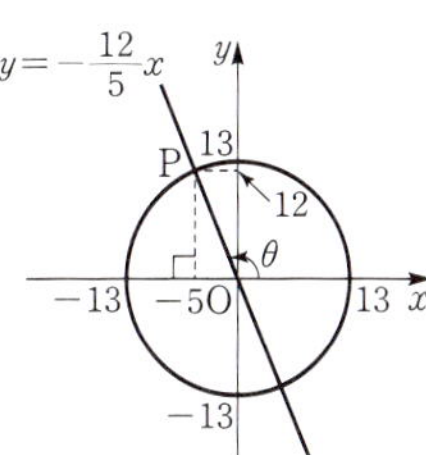

$y=-\dfrac{12}{5}x$와 만나는 점 중 제2사분면 위의 점을 P라 하면

$\mathrm{P}(-5,\ 12)$

$\overline{\mathrm{OP}}=13$이므로

$\sin\theta=\dfrac{12}{13},\ \cos\theta=-\dfrac{5}{13}$

$\therefore \sin\theta+\cos\theta=\dfrac{7}{13}$

답 $\dfrac{7}{13}$

0588 $\dfrac{\pi}{2}<\theta<\pi$이므로 $\sin\theta>0$, $\cos\theta<0$

즉 $\sin\theta-\cos\theta>0$

$\therefore \sqrt{\sin^2\theta}-\sqrt{\cos^2\theta}+|\sin\theta-\cos\theta|$

$=|\sin\theta|-|\cos\theta|+|\sin\theta-\cos\theta|$

$=\sin\theta+\cos\theta+\sin\theta-\cos\theta$

$=2\sin\theta$

답 ⑤

0589 $\dfrac{4}{3}\pi<\theta<\dfrac{3}{2}\pi$이므로 θ는 제3사분면의 각이다.

$\therefore \sin\theta<0,\ \cos\theta<0,\ \sin\theta+\cos\theta<0$

즉 $\sin\theta-\dfrac{1}{2}<0,\ \cos\theta-\dfrac{1}{2}<0$

$\therefore$ (주어진 식)

$=\left|\sin\theta-\dfrac{1}{2}\right|+\left|\cos\theta-\dfrac{1}{2}\right|-|\sin\theta+\cos\theta|$

$=-\left(\sin\theta-\dfrac{1}{2}\right)-\left(\cos\theta-\dfrac{1}{2}\right)+(\sin\theta+\cos\theta)$

$=-\sin\theta+\dfrac{1}{2}-\cos\theta+\dfrac{1}{2}+\sin\theta+\cos\theta$

$=1$

답 **1**

0590 $\cos\theta\tan\theta\neq0$이고 $\dfrac{\sqrt{\cos\theta}}{\sqrt{\tan\theta}}=-\sqrt{\dfrac{\cos\theta}{\tan\theta}}$이므로

$\cos\theta>0,\ \tan\theta<0$

즉 θ는 제4사분면의 각이므로

$\sin\theta<0,\ \sin\theta-\cos\theta<0$

$\therefore$ (주어진 식)

$$= |\sin\theta - \cos\theta| - |\sin\theta| + |\cos\theta| + \cos\theta$$
$$= -(\sin\theta - \cos\theta) + \sin\theta + \cos\theta + \cos\theta$$
$$= -\sin\theta + \cos\theta + \sin\theta + \cos\theta + \cos\theta$$
$$= 3\cos\theta$$

답 $3\cos\theta$

0591 $\sqrt{\cos\theta}\,\sqrt{\tan\theta} = -\sqrt{\cos\theta\tan\theta}$ 이고 $\cos\theta\tan\theta \neq 0$
이므로 $\cos\theta < 0$, $\tan\theta < 0$
즉 θ는 제2사분면의 각이므로
$\sin\theta > 0$, $\cos\theta + \tan\theta < 0$, $\sin\theta - \tan\theta > 0$
$\therefore$ (주어진 식)

$$= |\tan\theta|\cos\theta + |\cos\theta| - |\cos\theta + \tan\theta|$$
$$\qquad\qquad\qquad\qquad - |\sin\theta - \tan\theta|$$
$$= -\tan\theta\cos\theta - \cos\theta + (\cos\theta + \tan\theta) - (\sin\theta - \tan\theta)$$
$$= -\frac{\sin\theta}{\cos\theta}\cdot\cos\theta - \cos\theta + \cos\theta + \tan\theta - \sin\theta + \tan\theta$$
$$= -2\sin\theta + 2\tan\theta$$

답 $-2\sin\theta + 2\tan\theta$

0592 ① $\tan^2\theta - \sin^2\theta = \dfrac{\sin^2\theta}{\cos^2\theta} - \sin^2\theta$
$$= \frac{\sin^2\theta(1-\cos^2\theta)}{\cos^2\theta}$$
$$= \tan^2\theta\sin^2\theta$$

② $\dfrac{1}{1+\sin\theta} + \dfrac{1}{1-\sin\theta} = \dfrac{2}{1-\sin^2\theta} = \dfrac{2}{\cos^2\theta}$

③ $\dfrac{\tan\theta}{\cos\theta} + \dfrac{1}{\cos^2\theta} = \dfrac{\sin\theta}{\cos\theta}\cdot\dfrac{1}{\cos\theta} + \dfrac{1}{\cos^2\theta} = \dfrac{\sin\theta+1}{\cos^2\theta}$
$$= \frac{\sin\theta+1}{1-\sin^2\theta} = \frac{1+\sin\theta}{(1-\sin\theta)(1+\sin\theta)}$$
$$= \frac{1}{1-\sin\theta}$$

④ $\dfrac{1-\sin^2\theta}{1-\cos^2\theta}\cdot\tan^2\theta = \dfrac{\cos^2\theta}{\sin^2\theta}\cdot\dfrac{\sin^2\theta}{\cos^2\theta} = 1$

⑤ $\dfrac{\tan^2\theta}{1-\cos\theta} + \dfrac{\tan^2\theta}{1+\cos\theta} = \dfrac{\tan^2\theta(1+\cos\theta+1-\cos\theta)}{1-\cos^2\theta}$
$$= \frac{2\tan^2\theta}{\sin^2\theta} = \frac{2}{\sin^2\theta}\cdot\frac{\sin^2\theta}{\cos^2\theta}$$
$$= \frac{2}{\cos^2\theta}$$

답 ⑤

0593 $\sqrt{2}\sin\theta - \cos\theta = 0$에서
$\cos\theta = \sqrt{2}\sin\theta$ $\qquad\qquad$ $\cdots\cdots$ ㉠
$\sin^2\theta + \cos^2\theta = 1$에 ㉠을 대입하면
$\sin^2\theta + 2\sin^2\theta = 1$ $\quad\therefore \sin^2\theta = \dfrac{1}{3}$
이때 $\pi < \theta < \dfrac{3}{2}\pi$이므로 $\sin\theta < 0$

$\therefore \sin\theta = -\dfrac{\sqrt{3}}{3}$, $\cos\theta = -\dfrac{\sqrt{6}}{3}$ ($\because$ ㉠)

$\therefore \sin\theta + \cos\theta = -\dfrac{\sqrt{3}+\sqrt{6}}{3}$

답 $-\dfrac{\sqrt{3}+\sqrt{6}}{3}$

0594 $\dfrac{1}{1+\cos\theta} + \dfrac{1}{1-\cos\theta} = \dfrac{1-\cos\theta+1+\cos\theta}{(1+\cos\theta)(1-\cos\theta)}$
$$= \frac{2}{1-\cos^2\theta} = \frac{2}{\sin^2\theta}$$

즉 $\dfrac{2}{\sin^2\theta} = 5$이므로 $\sin^2\theta = \dfrac{2}{5}$

$\therefore \cos^2\theta = 1 - \sin^2\theta = 1 - \dfrac{2}{5} = \dfrac{3}{5}$

이때 θ가 제2사분면의 각이므로 $\sin\theta > 0$, $\cos\theta < 0$
따라서 $\sin\theta = \dfrac{\sqrt{10}}{5}$, $\cos\theta = -\dfrac{\sqrt{15}}{5}$이고

$\tan\theta = \dfrac{\sin\theta}{\cos\theta} = -\dfrac{\sqrt{6}}{3}$

$\therefore \sqrt{15}\cos\theta + 3\tan^2\theta = -3 + 2 = -1$

답 -1

0595 ㈎ $(1-\tan^4\theta)\cos^2\theta + \tan^2\theta$
$$= \left(1 - \frac{\sin^4\theta}{\cos^4\theta}\right)\cos^2\theta + \frac{\sin^2\theta}{\cos^2\theta}$$
$$= \cos^2\theta - \frac{\sin^4\theta}{\cos^2\theta} + \frac{\sin^2\theta}{\cos^2\theta}$$
$$= \frac{\cos^4\theta - \sin^4\theta + \sin^2\theta}{\cos^2\theta}$$
$$= \frac{(\cos^2\theta - \sin^2\theta)(\cos^2\theta + \sin^2\theta) + \sin^2\theta}{\cos^2\theta}$$
$$= \frac{\cos^2\theta - \sin^2\theta + \sin^2\theta}{\cos^2\theta} = \frac{\cos^2\theta}{\cos^2\theta} = 1$$

$\therefore \alpha = 1$

㈏ $\dfrac{1}{\sin^2\theta}(1-\sin^2\theta)(1-\cos^2\theta)(1+\tan^2\theta)$
$$= \frac{1}{\sin^2\theta}\cdot\cos^2\theta\cdot\sin^2\theta\cdot\frac{1}{\cos^2\theta} = 1$$
$\therefore \beta = 1$
$\therefore \alpha + \beta = 2$

답 2

0596 $1 + \tan^2\theta = \dfrac{1}{\cos^2\theta}$이므로

(주어진 식)

$$= \{(1+\tan^2 1°) + (1+\tan^2 2°) + \cdots + (1+\tan^2 55°)\}$$
$$- (\tan^2 1° + \tan^2 2° + \cdots + \tan^2 55°)$$
$$= (1+\tan^2 1° - \tan^2 1°) + (1+\tan^2 2° - \tan^2 2°)$$
$$+ \cdots + (1+\tan^2 55° - \tan^2 55°)$$
$$= \underbrace{1+1+\cdots+1}_{55\text{개}} = 55$$

답 55

0597 $\sin\theta-\cos\theta=\sqrt{2}$의 양변을 제곱하면

$\sin^2\theta+\cos^2\theta-2\sin\theta\cos\theta=2$

$1-2\sin\theta\cos\theta=2$ $\therefore\ \sin\theta\cos\theta=-\dfrac{1}{2}$

$$\therefore\ \dfrac{1}{\cos\theta}-\dfrac{1}{\sin\theta}=\dfrac{\sin\theta-\cos\theta}{\sin\theta\cos\theta}$$
$$=\dfrac{\sqrt{2}}{-\dfrac{1}{2}}=-2\sqrt{2}$$

답 ②

0598 $\sin^4\theta-\cos^4\theta=(\sin^2\theta+\cos^2\theta)(\sin^2\theta-\cos^2\theta)$
$$=(\sin\theta+\cos\theta)(\sin\theta-\cos\theta)$$

이므로

$\dfrac{\sqrt{7}}{4}=\dfrac{\sqrt{7}}{2}(\sin\theta-\cos\theta)$ $\therefore\ \sin\theta-\cos\theta=\dfrac{1}{2}$

$\sin\theta+\cos\theta=\dfrac{\sqrt{7}}{2}$의 양변을 제곱하면

$\sin^2\theta+\cos^2\theta+2\sin\theta\cos\theta=\dfrac{7}{4}$

$1+2\sin\theta\cos\theta=\dfrac{7}{4}$ $\therefore\ \sin\theta\cos\theta=\dfrac{3}{8}$

$\therefore\ \sin^3\theta-\cos^3\theta$
$$=(\sin\theta-\cos\theta)(\sin^2\theta+\sin\theta\cos\theta+\cos^2\theta)$$
$$=\dfrac{1}{2}\left(1+\dfrac{3}{8}\right)=\dfrac{11}{16}$$

답 ②

0599 조건 ㈎에서

$\sin\theta>0,\ \cos\theta<0$ $\cdots\cdots$ ㉠

조건 ㈏에서 $(\sin\theta+\cos\theta)^2=\dfrac{1}{3}$

$\sin^2\theta+\cos^2\theta+2\sin\theta\cos\theta=\dfrac{1}{3}$

$1+2\sin\theta\cos\theta=\dfrac{1}{3}$ $\therefore\ \sin\theta\cos\theta=-\dfrac{1}{3}$

이때

$(\sin\theta-\cos\theta)^2=\sin^2\theta+\cos^2\theta-2\sin\theta\cos\theta$
$$=1-2\sin\theta\cos\theta$$
$$=1-2\cdot\left(-\dfrac{1}{3}\right)=\dfrac{5}{3}$$

㉠에서 $\sin\theta-\cos\theta>0$이므로

$\sin\theta-\cos\theta=\dfrac{\sqrt{5}}{\sqrt{3}}$

$\therefore\ \sin^3\theta-\cos^3\theta$
$$=(\sin\theta-\cos\theta)^3+3\sin\theta\cos\theta\,(\sin\theta-\cos\theta)$$
$$=\left(\dfrac{\sqrt{5}}{\sqrt{3}}\right)^3+3\cdot\left(-\dfrac{1}{3}\right)\cdot\left(\dfrac{\sqrt{5}}{\sqrt{3}}\right)$$
$$=\dfrac{5\sqrt{5}}{3\sqrt{3}}-\dfrac{\sqrt{5}}{\sqrt{3}}=\dfrac{2\sqrt{5}}{3\sqrt{3}}=\dfrac{2\sqrt{15}}{9}$$

답 $\dfrac{2\sqrt{15}}{9}$

0600 주어진 이차방정식의 두 근을 α, β라 하면 근과 계수의 관계에 의하여

$\alpha+\beta=-2+2\cos\theta,\ \alpha\beta=-\sin^2\theta$

이때 $|\alpha-\beta|=2$이므로

$|\alpha-\beta|^2=(\alpha+\beta)^2-4\alpha\beta$
$$=(-2+2\cos\theta)^2-4(-\sin^2\theta)$$
$$=4-8\cos\theta+4\cos^2\theta+4\sin^2\theta$$
$$=8-8\cos\theta$$
$$=4$$

$\therefore\ \cos\theta=\dfrac{1}{2}$

이때 $0\le\theta\le\pi$이므로 $\theta=\dfrac{\pi}{3}$

답 ③

0601 계수가 유리수인 이차방정식의 한 근이 $2+\sqrt{3}$이므로 다른 한 근은 $2-\sqrt{3}$이다.

이차방정식의 근과 계수의 관계에 의하여

$\tan\theta+\dfrac{1}{\tan\theta}=(2+\sqrt{3})+(2-\sqrt{3})=4$

따라서

$\dfrac{\sin\theta}{\cos\theta}+\dfrac{\cos\theta}{\sin\theta}=\dfrac{\sin^2\theta+\cos^2\theta}{\sin\theta\cos\theta}$
$$=\dfrac{1}{\sin\theta\cos\theta}$$
$$=4$$

이므로 $\sin\theta\cos\theta=\dfrac{1}{4}$

답 $\dfrac{1}{4}$

0602 각 θ를 나타내는 동경과 각 5θ를 나타내는 동경이 일치하므로

$5\theta-\theta=2n\pi$ (n은 정수)

$4\theta=2n\pi$

$\therefore\ \theta=\dfrac{n}{2}\pi$ $\cdots\cdots$ ㉠

㉮

$\pi<\theta<2\pi$에서 $\pi<\dfrac{n}{2}\pi<2\pi$이므로

$2<n<4$

이때 n은 정수이므로 $n=3$

㉯

$n=3$을 ㉠에 대입하면

$\theta=\dfrac{3}{2}\pi$

㉰

$$\therefore \cos(\theta-\pi)=\cos\left(\frac{3}{2}\pi-\pi\right)$$
$$=\cos\frac{\pi}{2}=0$$

⋯⋯⋯ ㉑

답 0

단계	채점요소	배점
㉮	동경이 일치할 조건 알기	30%
㉯	n의 값 구하기	30%
㉰	θ의 값 구하기	20%
㉱	$\cos(\theta-\pi)$의 값 구하기	20%

0603 부채꼴의 중심각의 크기를 θ, 반지름의 길이를 r, 호의 길이를 l, 넓이를 S라 하면

$2r+l=16$이므로

$$S=\frac{1}{2}rl=\frac{1}{2}r(16-2r)=-r^2+8r$$

⋯⋯⋯ ㉮

$S\geq12$이므로 $-r^2+8r\geq12$

$r^2-8r+12\leq0,\ (r-2)(r-6)\leq0$

$\therefore 2\leq r\leq6$

⋯⋯⋯ ㉯

그런데 $\theta=\dfrac{l}{r}=\dfrac{16-2r}{r}=\dfrac{16}{r}-2$이므로

$2\leq r\leq6$에서 $r=2$일 때, θ의 최댓값은 6이다.

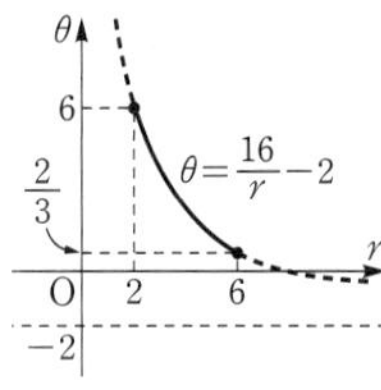

⋯⋯⋯ ㉰

답 6

단계	채점요소	배점
㉮	넓이를 반지름의 길이에 대한 식으로 나타내기	30%
㉯	반지름의 길이의 범위 구하기	30%
㉰	중심각의 크기의 최댓값 구하기	40%

0604 직선 $x-3y+3=0$, 즉 $y=\dfrac{1}{3}x+1$의 기울기는 $\dfrac{1}{3}$이므로 $\tan\theta=\dfrac{1}{3}$

⋯⋯⋯ ㉮

$1+\tan^2\theta=\dfrac{1}{\cos^2\theta}$이므로

$1+\left(\dfrac{1}{3}\right)^2=\dfrac{1}{\cos^2\theta},\ \cos^2\theta=\dfrac{9}{10}$

$\sin^2\theta=1-\cos^2\theta=1-\dfrac{9}{10}=\dfrac{1}{10}$

이때 $0<\theta<\dfrac{\pi}{2}$이므로 $\cos\theta>0$, $\sin\theta>0$

$\therefore \cos\theta=\dfrac{3\sqrt{10}}{10},\ \sin\theta=\dfrac{\sqrt{10}}{10}$

⋯⋯⋯ ㉯

$$\therefore \sin\theta+\cos\theta+\tan\theta=\frac{\sqrt{10}}{10}+\frac{3\sqrt{10}}{10}+\frac{1}{3}$$
$$=\frac{2\sqrt{10}}{5}+\frac{1}{3}$$

⋯⋯⋯ ㉰

답 $\dfrac{2\sqrt{10}}{5}+\dfrac{1}{3}$

단계	채점요소	배점
㉮	직선의 기울기를 이용하여 $\tan\theta$의 값 구하기	40%
㉯	$\sin\theta$, $\cos\theta$의 값 구하기	40%
㉰	주어진 식의 값 구하기	20%

0605 $2x^2+ax+1=0$의 두 근이 $\sin\theta$, $\cos\theta$이므로 이차방정식의 근과 계수의 관계에 의하여

$$\sin\theta+\cos\theta=-\frac{a}{2},\ \sin\theta\cos\theta=\frac{1}{2}$$

$\sin\theta+\cos\theta=-\dfrac{a}{2}$의 양변을 제곱하면

$$1+2\sin\theta\cos\theta=\frac{a^2}{4}$$

$$1+2\cdot\frac{1}{2}=\frac{a^2}{4},\ a^2=8$$

이때 $a>0$이므로 $a=2\sqrt{2}$

⋯⋯⋯ ㉮

$$\therefore \sin\theta+\cos\theta=-\sqrt{2}$$

또한 $2x^2+bx+c=0$의 두 근이 $\dfrac{1}{\sin\theta}$, $\dfrac{1}{\cos\theta}$이므로 이차방정식의 근과 계수의 관계에 의하여

$$\frac{1}{\sin\theta}+\frac{1}{\cos\theta}=\frac{\sin\theta+\cos\theta}{\sin\theta\cos\theta}$$
$$=\frac{-\sqrt{2}}{\frac{1}{2}}=-2\sqrt{2}=-\frac{b}{2}$$

$\therefore b=4\sqrt{2}$

⋯⋯⋯ ㉯

$$\frac{1}{\sin\theta}\cdot\frac{1}{\cos\theta}=\frac{1}{\sin\theta\cos\theta}$$
$$=\frac{1}{\frac{1}{2}}=2=\frac{c}{2}$$

$\therefore c=4$

⋯⋯⋯ ㉰

$\therefore abc=2\sqrt{2}\cdot4\sqrt{2}\cdot4=64$

⋯⋯⋯ ㉱

답 64

단계	채점요소	배점
㉮	a의 값 구하기	30%
㉯	b의 값 구하기	30%
㉰	c의 값 구하기	30%
㉱	abc의 값 구하기	10%

0606 $360° \times n + (-1)^n \times 90° \times n$에서

동경 OP_1이 나타내는 각은 $360° - 90°$,

동경 OP_2가 나타내는 각은 $360° \cdot 2 + 180°$,

동경 OP_3이 나타내는 각은 $360° \cdot 3 - 270°$,

동경 OP_4가 나타내는 각은 $360° \cdot 4 + 360°$,

동경 OP_5가 나타내는 각은 $360° \cdot 5 - 450° = 360° \cdot 4 - 90°$,

$$\vdots$$

즉 동경 OP_1과 OP_5의 위치가 같으므로 동경 OP_n과 동경 OP_{n+4}의 위치가 같다.

따라서 동경 OP_2, OP_3, $\cdots$, OP_{100} 중에서 동경 OP_1과 같은 위치에 있는 동경은

OP_5, OP_9, OP_{13}, $\cdots$, OP_{97}의 24개

답 24

0607 $f(n) = \sin^n\theta + \cos^n\theta$에서

$$f(4) = \sin^4\theta + \cos^4\theta$$
$$= (\sin^2\theta + \cos^2\theta)^2 - 2\sin^2\theta\cos^2\theta$$
$$= 1 - 2\sin^2\theta\cos^2\theta$$

$$\therefore \sin^2\theta\cos^2\theta = \frac{1}{2}\{1 - f(4)\}$$

$$f(6) = \sin^6\theta + \cos^6\theta$$
$$= (\sin^2\theta + \cos^2\theta)(\sin^4\theta - \sin^2\theta\cos^2\theta + \cos^4\theta)$$
$$= (\sin^2\theta + \cos^2\theta)(1 - 3\sin^2\theta\cos^2\theta)$$
$$= 1 - 3\sin^2\theta\cos^2\theta$$
$$= 1 - \frac{3}{2}\{1 - f(4)\}$$
$$= \frac{3}{2}f(4) - \frac{1}{2}$$

$$\therefore 4f(6) + 2 = 4\left\{\frac{3}{2}f(4) - \frac{1}{2}\right\} + 2 = 6f(4)$$

답 ③

0608 이차방정식 $x^2 - ax + a = 0$의 두 실근이 $\sin\theta$, $\cos\theta$이므로 근과 계수의 관계에 의하여

$$\sin\theta + \cos\theta = a,\ \sin\theta\cos\theta = a$$
$$\sin^2\theta + \cos^2\theta = (\sin\theta + \cos\theta)^2 - 2\sin\theta\cos\theta$$
$$= a^2 - 2a = 1$$

$a^2 - 2a - 1 = 0$에서 $a = 1 - \sqrt{2}$ ($\because |a| \leq \sqrt{2}$)

$$\therefore \sin^3\theta + \cos^3\theta$$
$$= (\sin\theta + \cos\theta)(\sin^2\theta - \sin\theta\cos\theta + \cos^2\theta)$$
$$= (\sin\theta + \cos\theta)(1 - \sin\theta\cos\theta)$$
$$= a(1 - a) = (1 - \sqrt{2}) \cdot \sqrt{2}$$
$$= \sqrt{2} - 2$$

$$\therefore \frac{1}{\sin^3\theta + \cos^3\theta} = \frac{1}{\sqrt{2} - 2} = \frac{-2 - \sqrt{2}}{2}$$

답 ⑤

0609 $\overline{OP} = x$라 하면 $120° = \dfrac{2}{3}\pi$이므로 와이퍼의 블레이드로 닦은 부분의 넓이는

$$\frac{1}{2} \cdot 70^2 \cdot \frac{2}{3}\pi - \frac{1}{2} \cdot x^2 \cdot \frac{2}{3}\pi = \frac{1}{3}\pi(4900 - x^2)$$

이때 와이퍼의 블레이드로 닦은 부분의 넓이가 1500π이므로

$$\frac{1}{3}\pi(4900 - x^2) = 1500\pi,\ 4900 - x^2 = 4500$$

$$x^2 = 400 \qquad \therefore x = 20\ (\because x > 0)$$

즉 $\overline{PQ} = 70 - 20 = 50$

또 $\overline{PC} : \overline{QC} = 3 : 2$이므로 $\overline{PC} = 50 \cdot \dfrac{3}{5} = 30$

따라서 와이퍼의 암 OC의 길이는

$$\overline{OC} = \overline{OP} + \overline{PC} = 20 + 30 = 50$$

답 50

06 | 삼각함수의 그래프

📖 **교과서 문제** 정/복/하/기
본문 79쪽

0610 함수 $f(x)$의 주기가 2이므로 $f(x+2)=f(x)$

$\therefore f(9)=f(7)=f(5)=f(3)=f(1)=1$

답 1

0611 $y=2\sin x$의 그래프는 $y=\sin x$의 그래프를 y축의 방향으로 2배 한 것이므로 오른쪽 그림과 같다.

따라서 치역은 $\{y\,|-2\le y\le 2\}$, 주기는 2π이다.

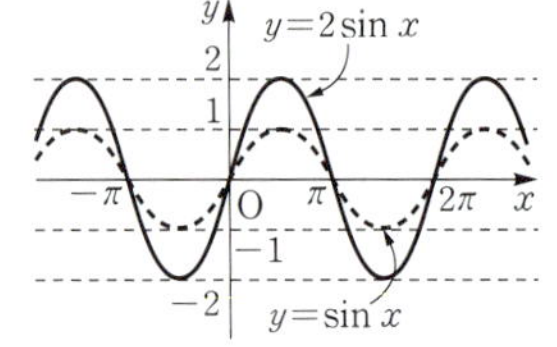

답 풀이 참조

0612 $y=\sin 2x$의 그래프는 $y=\sin x$의 그래프를 x축의 방향으로 $\frac{1}{2}$배 한 것이므로 오른쪽 그림과 같다.

따라서 치역은 $\{y\,|-1\le y\le 1\}$, 주기는 $\frac{2\pi}{2}=\pi$이다.

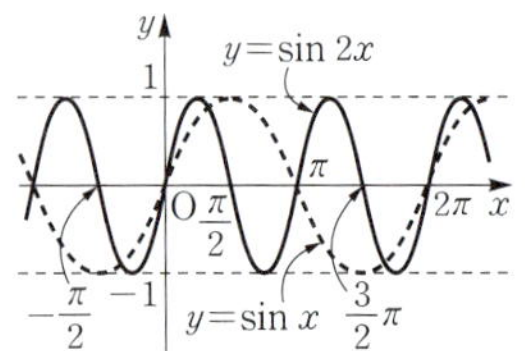

답 풀이 참조

0613 $y=\sin\left(x-\frac{\pi}{2}\right)$의 그래프는 $y=\sin x$의 그래프를 x축의 방향으로 $\frac{\pi}{2}$만큼 평행이동한 것이므로 오른쪽 그림과 같다.

따라서 치역은 $\{y\,|-1\le y\le 1\}$, 주기는 2π이다.

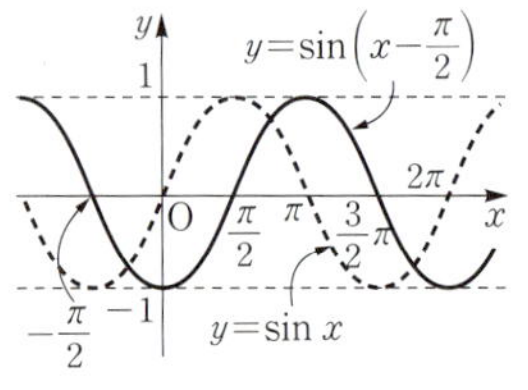

답 풀이 참조

0614 $y=2\sin(2x-\pi)=2\sin 2\left(x-\frac{\pi}{2}\right)$의 그래프는 $y=\sin x$의 그래프를 x축의 방향으로 $\frac{1}{2}$배, y축의 방향으로 2배 한 후, x축의 방향으로 $\frac{\pi}{2}$만큼 평행이동한 것이므로 오른쪽 그림과 같다.

따라서 치역은 $\{y\,|-2\le y\le 2\}$, 주기는 $\frac{2\pi}{2}=\pi$이다.

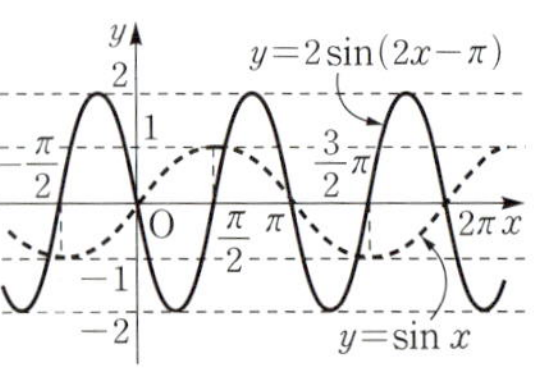

답 풀이 참조

0615 $y=\frac{1}{2}\cos x$의 그래프는 $y=\cos x$의 그래프를 y축의 방향으로 $\frac{1}{2}$배 한 것이므로 오른쪽 그림과 같다.

따라서 치역은 $\left\{y\,\middle|-\frac{1}{2}\le y\le\frac{1}{2}\right\}$, 주기는 2π이다.

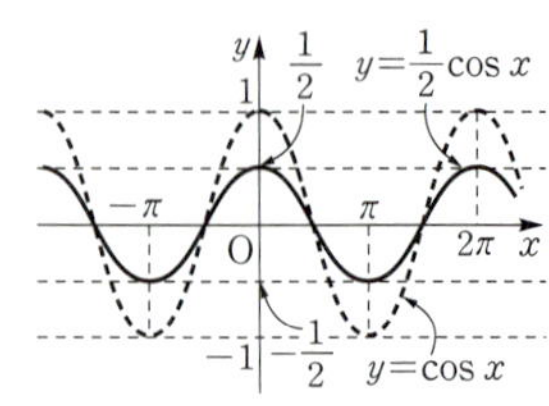

답 풀이 참조

0616 $y=3\cos\left(x-\frac{\pi}{4}\right)$의 그래프는 $y=\cos x$의 그래프를 y축의 방향으로 3배 한 후 x축의 방향으로 $\frac{\pi}{4}$만큼 평행이동한 것이므로 오른쪽 그림과 같다.

따라서 치역은 $\{y\,|-3\le y\le 3\}$, 주기는 2π이다.

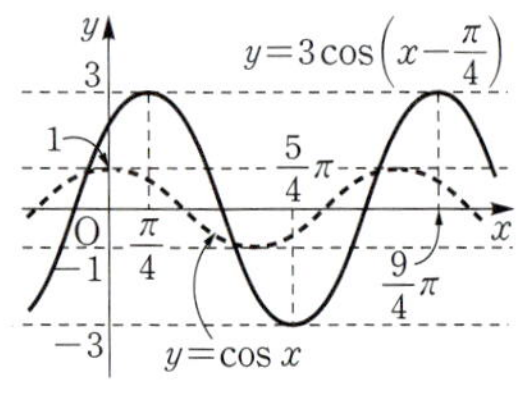

답 풀이 참조

0617 $y=2\cos x+1$의 그래프는 $y=\cos x$의 그래프를 y축의 방향으로 2배 한 후 y축의 방향으로 1만큼 평행이동한 것이므로 오른쪽 그림과 같다.

따라서 치역은 $\{y\,|-1\le y\le 3\}$, 주기는 2π이다.

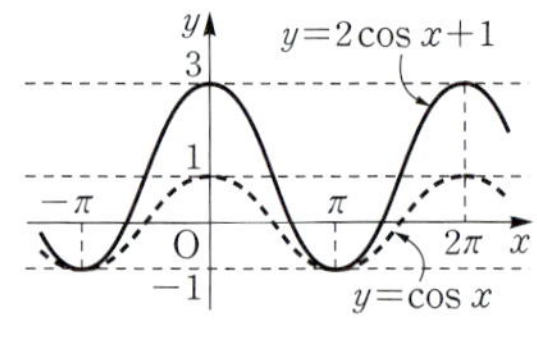

답 풀이 참조

0618 $y=2\cos\left(2x+\frac{\pi}{2}\right)=2\cos 2\left(x+\frac{\pi}{4}\right)$의 그래프는 $y=\cos x$의 그래프를 x축의 방향으로 $\frac{1}{2}$배, y축의 방향으로 2배 한 후, x축의 방향으로 $-\frac{\pi}{4}$만큼 평행이동한 것이므로 오른쪽 그림과 같다.

따라서 치역은 $\{y\,|-2\le y\le 2\}$, 주기는 $\frac{2\pi}{2}=\pi$이다.

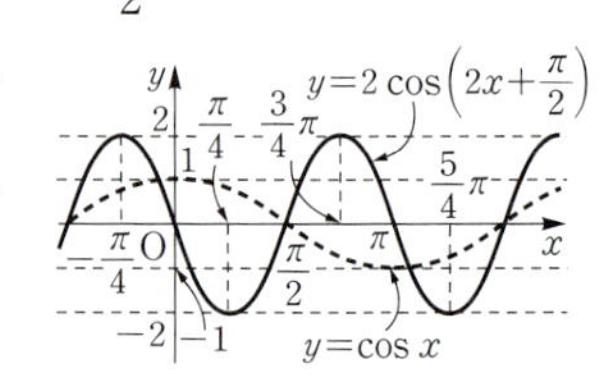

답 풀이 참조

0619 $y=\tan\frac{x}{2}$의 그래프는 $y=\tan x$의 그래프를 x축의 방향으로 2배 한 것이므로 오른쪽 그림과 같다.

따라서 치역은 실수 전체의 집합, 주기는 $\frac{\pi}{\frac{1}{2}}=2\pi$, 점근선의 방정식은 $x=2n\pi+\pi$ (n은 정수)이다.

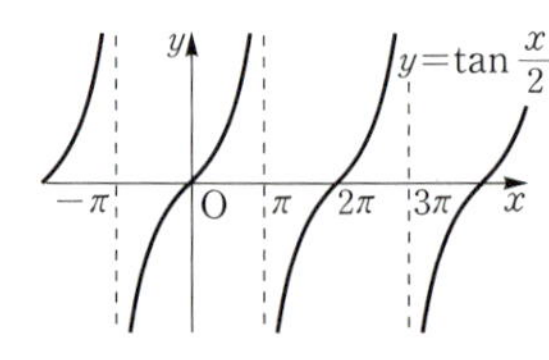

답 풀이 참조

0620 $y=\dfrac{1}{2}\tan 4x$의 그래프는

$y=\tan x$의 그래프를 x축의 방향

으로 $\dfrac{1}{4}$배 한 후 y축의 방향으로 $\dfrac{1}{2}$

배 한 것이므로 오른쪽 그림과 같다.

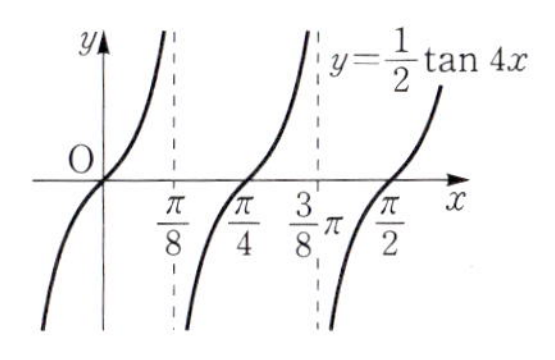

따라서 치역은 실수 전체의 집합, 주기는 $\dfrac{\pi}{4}$, 점근선의 방정식은

$x=\dfrac{n}{4}\pi+\dfrac{\pi}{8}$ (n은 정수)이다.

답 풀이 참조

0621 $y=\tan\left(x-\dfrac{\pi}{2}\right)+2$

의 그래프는 $y=\tan x$의 그래

프를 x축의 방향으로 $\dfrac{\pi}{2}$만큼,

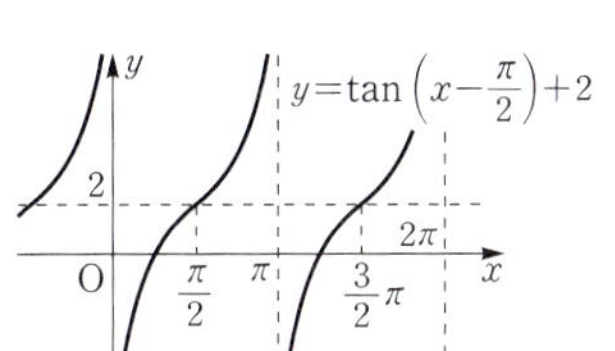

y축의 방향으로 2만큼 평행이동한 것이므로 위의 그림과 같다.

따라서 치역은 실수 전체의 집합, 주기는 π, 점근선의 방정식은

$x=n\pi+\pi$ (n은 정수)이다.

답 풀이 참조

0622 $y=\dfrac{1}{4}\sin\left(2x-\dfrac{\pi}{3}\right)$에서

최댓값은 $\dfrac{1}{4}$, 최솟값은 $-\dfrac{1}{4}$, 주기는 $\dfrac{2\pi}{2}=\pi$

답 최댓값 : $\dfrac{1}{4}$, 최솟값 : $-\dfrac{1}{4}$, 주기 : π

0623 $y=2\cos\left(x+\dfrac{\pi}{3}\right)+1$에서

최댓값은 $2+1=3$, 최솟값은 $-2+1=-1$, 주기는 2π

답 최댓값 : 3, 최솟값 : -1, 주기 : 2π

0624 $y=2\tan\dfrac{\pi}{2}x$에서 최댓값, 최솟값은 없고,

주기는 $\dfrac{\pi}{\frac{\pi}{2}}=2$

답 최댓값, 최솟값 : 없다., 주기 : 2

0625 $y=|\sin x|$의 그래프는

$y=\sin x$의 그래프에서 $y\geq0$인 부분

은 그대로 두고 $y<0$인 부분을 x축에

대하여 대칭이동한 것이므로 오른쪽 그

림과 같다.

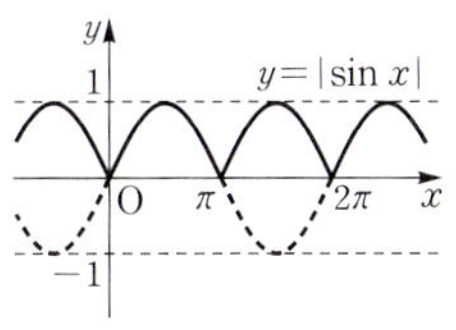

따라서 $y=|\sin x|$의 주기는 π이다.

답 π

0626 $y=|\cos x|$의 그래프는

$y=\cos x$의 그래프에서 $y\geq0$인 부분

은 그대로 두고 $y<0$인 부분을 x축에

대하여 대칭이동한 것이므로 오른쪽

그림과 같다.

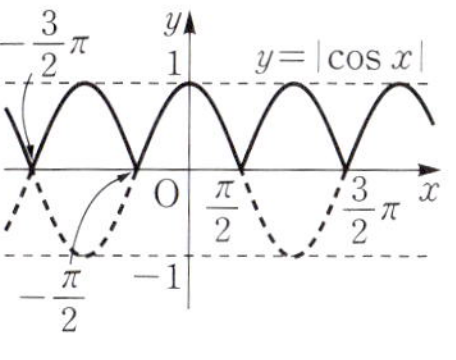

따라서 $y=|\cos x|$의 주기는 π이다.

답 π

0627 $y=\cos|x|$의 그래

프는 $y=\cos x$의 그래프에

서 $x\geq0$인 부분은 그대로 두

고 $x<0$인 부분은 $x\geq0$인

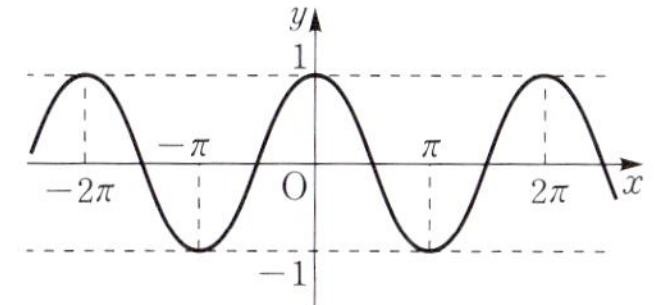

부분을 y축에 대하여 대칭이동한 것이므로 위의 그림과 같다.

따라서 $y=\cos|x|$의 주기는 2π이다.

답 2π

0628 $y=|\tan x|$의 그래프는

$y=\tan x$의 그래프에서 $y\geq0$인

부분은 그대로 두고 $y<0$인 부분

을 x축에 대하여 대칭이동한 것이

므로 오른쪽 그림과 같다.

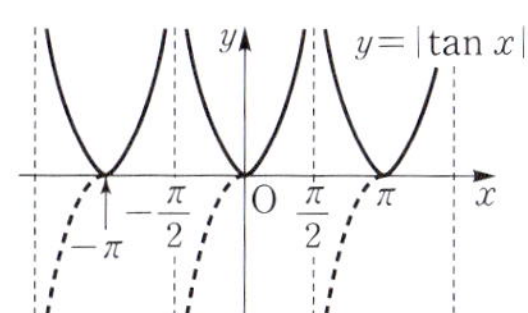

따라서 $y=|\tan x|$의 주기는 π이다.

답 π

참고 $y=|a\sin bx|$의 주기 $\Rightarrow\dfrac{1}{2}\times\dfrac{2\pi}{|b|}=\dfrac{\pi}{|b|}$

$y=|a\cos bx|$의 주기 $\Rightarrow\dfrac{1}{2}\times\dfrac{2\pi}{|b|}=\dfrac{\pi}{|b|}$

$y=|a\tan bx|$의 주기 $\Rightarrow\dfrac{\pi}{|b|}$

0629 $\sin 780°=\sin(360°\times2+60°)$

$\qquad\qquad=\sin 60°=\dfrac{\sqrt{3}}{2}$

답 $\dfrac{\sqrt{3}}{2}$

0630 $\cos\dfrac{25}{6}\pi=\cos\left(4\pi+\dfrac{\pi}{6}\right)=\cos\dfrac{\pi}{6}=\dfrac{\sqrt{3}}{2}$

답 $\dfrac{\sqrt{3}}{2}$

0631 $\tan\dfrac{7}{3}\pi=\tan\left(2\pi+\dfrac{\pi}{3}\right)=\tan\dfrac{\pi}{3}=\sqrt{3}$

답 $\sqrt{3}$

0632 $\sin\left(-\dfrac{\pi}{4}\right)=-\sin\dfrac{\pi}{4}=-\dfrac{\sqrt{2}}{2}$

답 $-\dfrac{\sqrt{2}}{2}$

0633 $\cos 330°=\cos(360°-30°)=\cos(-30°)=\cos 30°$
$$=\frac{\sqrt{3}}{2}$$

답 $\dfrac{\sqrt{3}}{2}$

0634 $\tan\dfrac{11}{6}\pi=\tan\left(2\pi-\dfrac{\pi}{6}\right)=\tan\left(-\dfrac{\pi}{6}\right)$
$$=-\tan\frac{\pi}{6}=-\frac{\sqrt{3}}{3}$$

답 $-\dfrac{\sqrt{3}}{3}$

0635 $\sin\dfrac{5}{6}\pi=\sin\left(\pi-\dfrac{\pi}{6}\right)=\sin\dfrac{\pi}{6}=\dfrac{1}{2}$

답 $\dfrac{1}{2}$

0636 $\cos\dfrac{5}{4}\pi=\cos\left(\pi+\dfrac{\pi}{4}\right)=-\cos\dfrac{\pi}{4}=-\dfrac{\sqrt{2}}{2}$

답 $-\dfrac{\sqrt{2}}{2}$

0637 $\tan 210°=\tan(180°+30°)=\tan 30°=\dfrac{\sqrt{3}}{3}$

답 $\dfrac{\sqrt{3}}{3}$

0638 오른쪽 그림에서 $y=\sin x$의 그래프와 직선 $y=-\dfrac{1}{2}$의 교점의 x좌표가 $\dfrac{7}{6}\pi$, $\dfrac{11}{6}\pi$이므로

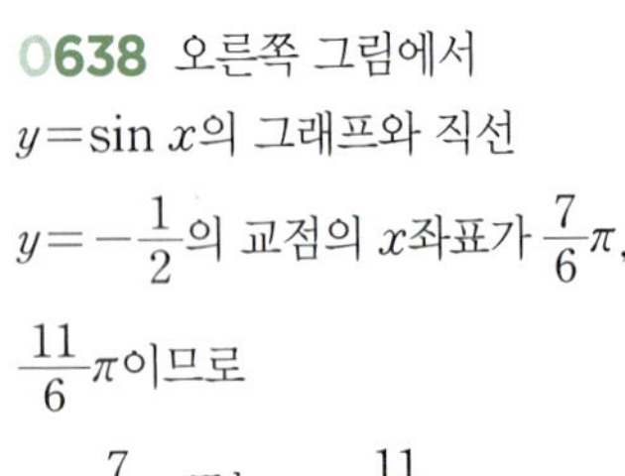

$$x=\frac{7}{6}\pi \text{ 또는 } x=\frac{11}{6}\pi$$

답 $x=\dfrac{7}{6}\pi$ 또는 $x=\dfrac{11}{6}\pi$

0639 $2\cos x-\sqrt{3}=0$에서
$$\cos x=\frac{\sqrt{3}}{2}$$
오른쪽 그림에서 $y=\cos x$의 그래프와 직선 $y=\dfrac{\sqrt{3}}{2}$의 교점의 x좌표가 $\dfrac{\pi}{6}$, $\dfrac{11}{6}\pi$이므로

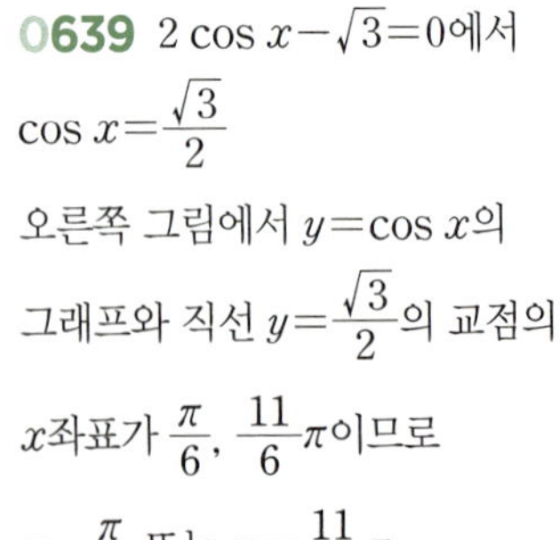

$$x=\frac{\pi}{6} \text{ 또는 } x=\frac{11}{6}\pi$$

답 $x=\dfrac{\pi}{6}$ 또는 $x=\dfrac{11}{6}\pi$

0640 오른쪽 그림에서 $y=\tan x$의 그래프와 직선 $y=\sqrt{3}$의 교점의 x좌표가 $\dfrac{\pi}{3}$, $\dfrac{4}{3}\pi$이므로
$$x=\frac{\pi}{3} \text{ 또는 } x=\frac{4}{3}\pi$$

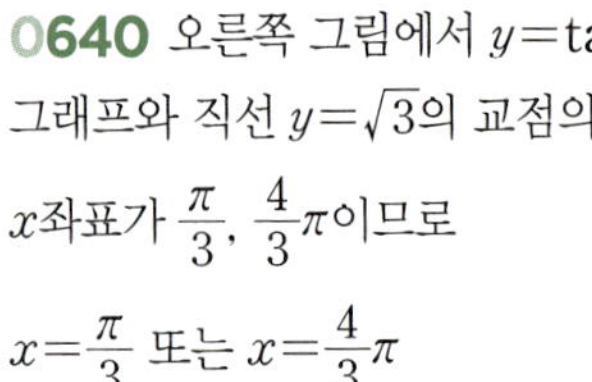
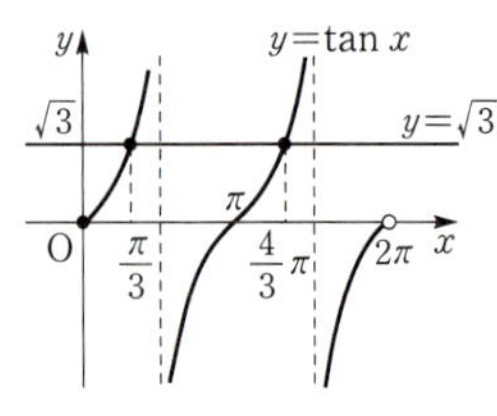

답 $x=\dfrac{\pi}{3}$ 또는 $x=\dfrac{4}{3}\pi$

0641 $\sqrt{2}\sin x+1<0$에서 $\sin x<-\dfrac{\sqrt{2}}{2}$

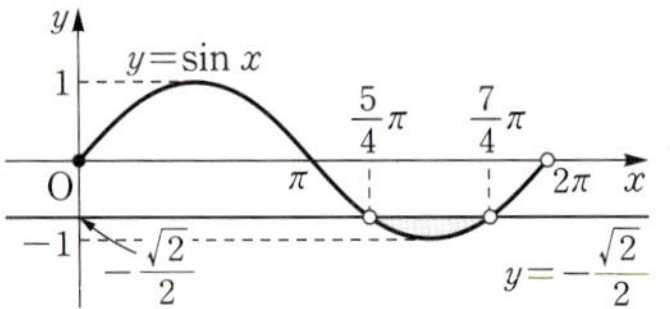

따라서 주어진 부등식의 해는 $y=\sin x$의 그래프가 직선 $y=-\dfrac{\sqrt{2}}{2}$보다 아래쪽에 있는 부분의 x의 값의 범위이므로
$$\frac{5}{4}\pi<x<\frac{7}{4}\pi$$

답 $\dfrac{5}{4}\pi<x<\dfrac{7}{4}\pi$

0642 $2\cos x\geq\sqrt{3}$에서 $\cos x\geq\dfrac{\sqrt{3}}{2}$

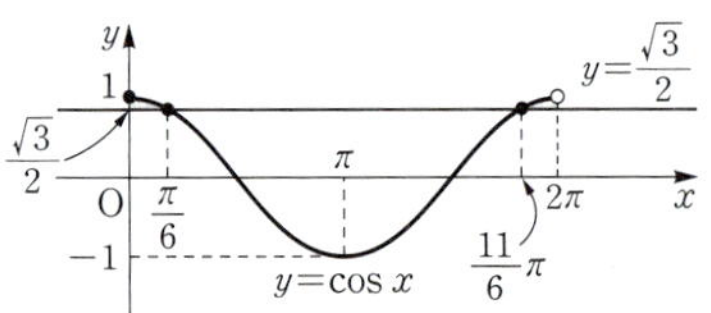

따라서 주어진 부등식의 해는 $y=\cos x$의 그래프가 직선 $y=\dfrac{\sqrt{3}}{2}$과 만나는 부분 또는 직선보다 위쪽에 있는 부분의 x의 값의 범위이므로
$$0\leq x\leq\frac{\pi}{6} \text{ 또는 } \frac{11}{6}\pi\leq x<2\pi$$

답 $0\leq x\leq\dfrac{\pi}{6}$ 또는 $\dfrac{11}{6}\pi\leq x<2\pi$

0643

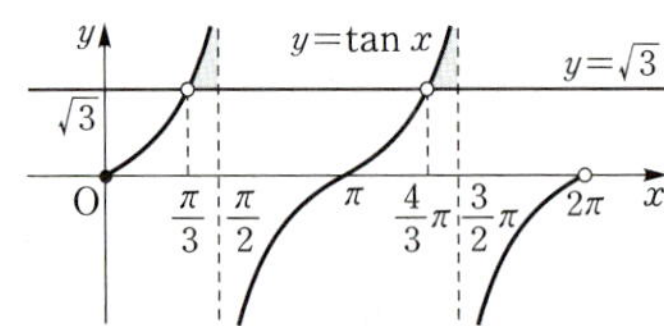

주어진 부등식의 해는 $y=\tan x$의 그래프가 직선 $y=\sqrt{3}$보다 위쪽에 있는 부분의 x의 값의 범위이므로
$$\frac{\pi}{3}<x<\frac{\pi}{2} \text{ 또는 } \frac{4}{3}\pi<x<\frac{3}{2}\pi$$

답 $\dfrac{\pi}{3}<x<\dfrac{\pi}{2}$ 또는 $\dfrac{4}{3}\pi<x<\dfrac{3}{2}\pi$

0644 함수 $f(x)$의 주기가 p이므로 모든 실수 x에 대하여
$f(x+p)=f(x)$
$\therefore f(p)=f(0)=\sin 0+\cos 0+\tan^2 0=1$

답 **1**

0645 조건 (개)에 의하여
$f\left(\dfrac{91}{3}\right)=f\left(30+\dfrac{1}{3}\right)=f\left(3\cdot10+\dfrac{1}{3}\right)=f\left(\dfrac{1}{3}\right)$
조건 (내)에 의하여 $0\leq x<3$일 때, $f(x)=\cos \pi x$이므로
$f\left(\dfrac{1}{3}\right)=\cos \dfrac{\pi}{3}=\dfrac{1}{2}$
$\therefore f\left(\dfrac{91}{3}\right)=f\left(\dfrac{1}{3}\right)=\dfrac{1}{2}$

답 $\dfrac{1}{2}$

0646 함수 $f(x)$의 주기가 p이므로 모든 실수 x에 대하여
$f(x)=f(x+np)$ (n은 정수)
$\therefore f(0)=f(2p)=f(4p)=\cdots=f(20p)$
따라서 주어진 식의 값은
$f(2p)+f(4p)+f(6p)+\cdots+f(20p)$
$=10f(0)$
$=10\cdot\dfrac{\sin 0+\cos 0+1}{3\sin 0+4}$
$=10\cdot\dfrac{2}{4}=5$

답 **5**

0647 모든 실수 x에 대하여 $f(x-2)=f(x+1)$이 성립하므로 양변에 x 대신 $x+2$를 대입하면
$f(x)=f(x+3)$
따라서 함수 $f(x)$는 주기가 3인 주기함수이므로
$f(2018)=f(3\cdot673-1)=f(-1)=2$
$f(2020)=f(3\cdot673+1)=f(1)=1$
$f(2022)=f(3\cdot674+0)=f(0)=-1$
$\therefore f(2018)+f(2020)+f(2022)=2+1+(-1)=2$

답 **2**

0648 ① 최댓값은 $2-1=1$
② 최솟값은 $-2-1=-3$
③ 주기는 $\dfrac{2\pi}{2}=\pi$
④ $f\left(\dfrac{5}{12}\pi\right)=2\sin\left(\dfrac{5}{6}\pi+\dfrac{\pi}{6}\right)-1=2\sin \pi-1$
　　　　　$=2\cdot0-1=-1$
⑤ $y=2\sin\left(2x+\dfrac{\pi}{6}\right)-1=2\sin 2\left(x+\dfrac{\pi}{12}\right)-1$

이므로 $y=2\sin 2x$의 그래프를 x축의 방향으로 $-\dfrac{\pi}{12}$만큼, y축의 방향으로 -1만큼 평행이동한 것이다.

답 ⑤

0649 $y=\sin 3x+1$의 그래프를 x축에 대하여 대칭이동한 그래프의 식은 $-y=\sin 3x+1$　　$\therefore y=-\sin 3x-1$

$\cdots\cdots$ ㉮

이 함수의 그래프를 y축의 방향으로 $-\dfrac{3}{2}$만큼 평행이동한 그래프의 식은

$y=-\sin 3x-1-\dfrac{3}{2}$　　$\therefore y=-\sin 3x-\dfrac{5}{2}$

$\cdots\cdots$ ㉯

따라서 $a=-1$, $b=-\dfrac{5}{2}$이므로 $ab=\dfrac{5}{2}$

$\cdots\cdots$ ㉰

답 $\dfrac{5}{2}$

단계	채점요소	배점
㉮	x축에 대하여 대칭이동한 그래프의 식 구하기	40%
㉯	y축의 방향으로 $-\dfrac{3}{2}$만큼 평행이동한 그래프의 식 구하기	40%
㉰	ab의 값 구하기	20%

0650 $y=-\dfrac{1}{2}\sin\left(4x-\dfrac{\pi}{6}\right)+1$에서
$p=\dfrac{2\pi}{4}=\dfrac{\pi}{2}$, $M=\left|-\dfrac{1}{2}\right|+1=\dfrac{3}{2}$,
$m=-\left|-\dfrac{1}{2}\right|+1=\dfrac{1}{2}$
$\therefore pMm=\dfrac{\pi}{2}\cdot\dfrac{3}{2}\cdot\dfrac{1}{2}=\dfrac{3}{8}\pi$

답 $\dfrac{3}{8}\pi$

0651 ① 최댓값은 $2-1=1$
② 최솟값은 $-2-1=-3$
③ 주기는 $\dfrac{2\pi}{\dfrac{1}{2}}=4\pi$
④ $f(\pi)=2\cos\left(\dfrac{\pi}{2}-\dfrac{\pi}{3}\right)-1=\sqrt{3}-1$
　 즉 그래프가 점 $(\pi,\ \sqrt{3}-1)$을 지난다.
⑤ $y=2\cos\left(\dfrac{x}{2}-\dfrac{\pi}{3}\right)-1=2\cos\dfrac{1}{2}\left(x-\dfrac{2}{3}\pi\right)-1$

이므로 $y=2\cos\dfrac{x}{2}$의 그래프를 x축의 방향으로 $\dfrac{2}{3}\pi$만큼, y축의 방향으로 -1만큼 평행이동한 것이다.

답 ④

0652 ㄱ. $y=\cos(2x-5\pi)=\cos 2\left(x-\dfrac{5}{2}\pi\right)$의 그래프는

$y=\cos 2x$의 그래프를 x축의 방향으로 $\dfrac{5}{2}\pi$만큼 평행이동한 것과 같다.

ㄴ. $y=\cos 4x+2$의 그래프는 $y=\cos 2x$의 그래프를 x축의 방향으로 $\dfrac{1}{2}$배 한 후 y축의 방향으로 2만큼 평행이동한 것과 같다.

ㄷ. $y=2\cos 2x-3$의 그래프는 $y=\cos 2x$의 그래프를 y축의 방향으로 2배 한 후 y축의 방향으로 -3만큼 평행이동한 것과 같다.

ㄹ. $y=-\cos 2x-1$의 그래프는 $y=\cos 2x$의 그래프를 x축에 대하여 대칭이동한 후 y축의 방향으로 -1만큼 평행이동한 것과 같다.

따라서 $y=\cos 2x$의 그래프를 평행이동 또는 대칭이동하여 겹쳐질 수 있는 그래프의 식은 ㄱ, ㄹ이다.

답 ㄱ, ㄹ

0653 $y=-2\cos\left(-3\pi x+\dfrac{1}{6}\right)+3$에서

$$p=\dfrac{2\pi}{|-3\pi|}=\dfrac{2}{3},\ M=|-2|+3=5$$

$$m=-|-2|+3=-2+3=1$$

$$\therefore p+M+m=\dfrac{2}{3}+5+1=\dfrac{20}{3}$$

답 $\dfrac{20}{3}$

0654 $y=3\tan\left(2x+\dfrac{\pi}{2}\right)+1=3\tan 2\left(x+\dfrac{\pi}{4}\right)+1$

- 주기는 $\boxed{\dfrac{\pi}{2}}$이다.

- $y=3\tan 2x$의 그래프를 x축의 방향으로 $\boxed{-\dfrac{\pi}{4}}$만큼, y축의 방향으로 $\boxed{1}$만큼 평행이동한 것이다.

- 점근선의 방정식은 $2x+\dfrac{\pi}{2}=n\pi+\dfrac{\pi}{2}$

$$\therefore \boxed{x=\dfrac{n}{2}\pi\ (n\text{은 정수})}$$

답 (가) $\dfrac{\pi}{2}$ (나) $-\dfrac{\pi}{4}$ (다) 1 (라) $x=\dfrac{n}{2}\pi$ (n은 정수)

0655 $y=-2\tan\left(\dfrac{x}{3}+\pi\right)+3$에서 주기는 $\dfrac{\pi}{\frac{1}{3}}=3\pi$

주어진 함수의 주기를 각각 구해 보면 다음과 같다.

① $\dfrac{2\pi}{\frac{1}{3}}=6\pi$ ② $\dfrac{2\pi}{\pi}=2$

③ π ④ $\dfrac{2\pi}{\frac{2}{3}}=3\pi$

⑤ $\dfrac{2\pi}{\frac{\pi}{2}}=4$

따라서 주어진 함수와 주기가 같은 함수는 ④이다.

답 ④

0656 $y=\tan\left(\pi x-\dfrac{\pi}{2}\right)=\tan\pi\left(x-\dfrac{1}{2}\right)$

이 함수의 주기는 $\dfrac{\pi}{\pi}=1$

한편, 이 함수의 그래프의 점근선의 방정식은

$\pi x-\dfrac{\pi}{2}=n\pi+\dfrac{\pi}{2}$에서 $\pi x=n\pi+\pi$

$\therefore x=n+1$

$\therefore x=n$ (n은 정수)

답 ④

0657 함수 $f(x)=a\sin\left(x+\dfrac{\pi}{2}\right)+b$의 최댓값이 4이고 $a>0$이므로

$$a+b=4 \qquad\qquad \cdots\cdots \ \text{㉠}$$

또한 $f\left(-\dfrac{\pi}{3}\right)=\dfrac{3}{2}$이므로

$$\begin{aligned}f\left(-\dfrac{\pi}{3}\right)&=a\sin\left(-\dfrac{\pi}{3}+\dfrac{\pi}{2}\right)+b\\&=a\sin\dfrac{\pi}{6}+b\\&=\dfrac{1}{2}a+b=\dfrac{3}{2} \qquad \cdots\cdots\ \text{㉡}\end{aligned}$$

㉠, ㉡을 연립하여 풀면 $a=5$, $b=-1$

$$\therefore f(x)=5\sin\left(x+\dfrac{\pi}{2}\right)-1$$

따라서 $f(x)$의 최솟값은 $-5-1=-6$

답 ②

0658 함수 $f(x)=a\tan bx$의 주기는 $\dfrac{\pi}{3}$이고 $b>0$이므로

$$\dfrac{\pi}{b}=\dfrac{\pi}{3} \qquad \therefore b=3$$

$$f\left(\dfrac{\pi}{12}\right)=a\tan\left(3\cdot\dfrac{\pi}{12}\right)=a\tan\dfrac{\pi}{4}=a=3$$

$$\therefore ab=9$$

답 9

0659 $a>0$이므로 함수 $f(x)$의 최댓값은 $a+c$, 최솟값은 $-a+c$이다.

이때 조건 ㈎에서 최댓값과 최솟값의 차가 6이므로

$$a+c-(-a+c)=2a=6 \qquad \therefore a=3$$

$b>0$이므로 조건 ㈏에서

$$\dfrac{2\pi}{b}=\dfrac{3}{2}\pi \qquad \therefore b=\dfrac{4}{3}$$

따라서 $f(x)=3\cos\dfrac{4}{3}x+c$이므로 조건 ㈐에서

$$f\left(\dfrac{\pi}{4}\right)=3\cos\dfrac{\pi}{3}+c=\dfrac{3}{2}+c=\dfrac{1}{2} \qquad \therefore c=-1$$

$$\therefore a+b+c=\dfrac{10}{3}$$

답 $\dfrac{10}{3}$

0660 주어진 그래프에서 함수의 최댓값이 2, 최솟값이 -2이고 $a>0$이므로 $a=2$

또 주기가 $\dfrac{5}{4}\pi-\dfrac{\pi}{4}=\pi$이고 $b>0$이므로

$$\dfrac{2\pi}{b}=\pi \qquad \therefore b=2$$

따라서 주어진 함수의 식은 $y=2\sin(2x-c)$이고, 그래프가 점 $\left(\dfrac{\pi}{4},\,0\right)$을 지나므로

$$2\sin\left(\dfrac{\pi}{2}-c\right)=0 \qquad \therefore \sin\left(\dfrac{\pi}{2}-c\right)=0$$

이때 $0<c<\pi$이므로 $c=\dfrac{\pi}{2}$

$$\therefore a-b+2c=2-2+2\cdot\dfrac{\pi}{2}=\pi$$

답 π

0661 주어진 그래프에서 함수의 주기가 $\dfrac{\pi}{2}$이고 $a>0$이므로

$$\dfrac{\pi}{a}=\dfrac{\pi}{2} \qquad \therefore a=2$$

주어진 그래프는 함수 $y=\tan 2x$의 그래프를 x축의 방향으로 $\dfrac{\pi}{4}$만큼 평행이동한 것이므로

$$y=\tan 2\left(x-\dfrac{\pi}{4}\right)=\tan\left(2x-\dfrac{\pi}{2}\right) \qquad \therefore b=\dfrac{\pi}{2}$$

$$\therefore a+2b=2+2\cdot\dfrac{\pi}{2}=2+\pi$$

답 $2+\pi$

0662 주어진 그래프에서 함수의 최댓값이 2, 최솟값이 -2이고 $a>0$이므로 $a=2$

ㅡㅡㅡㅡㅡㅡㅡㅡㅡㅡㅡㅡㅡㅡㅡㅡㅡ ㉮

또 주기는 $3\pi-(-\pi)=4\pi$이고 $b>0$이므로

$$\dfrac{2\pi}{b}=4\pi \qquad \therefore b=\dfrac{1}{2}$$

ㅡㅡㅡㅡㅡㅡㅡㅡㅡㅡㅡㅡㅡㅡㅡㅡㅡ ㉯

따라서 주어진 함수의 식은 $y=2\cos\left(\dfrac{1}{2}x+c\right)$이고, 그래프가 점 $(\pi,\,2)$를 지나므로

$$2=2\cos\left(\dfrac{\pi}{2}+c\right),\ \cos\left(\dfrac{\pi}{2}+c\right)=1$$

이때 $0<c<2\pi$이므로 $c=\dfrac{3}{2}\pi$

ㅡㅡㅡㅡㅡㅡㅡㅡㅡㅡㅡㅡㅡㅡㅡㅡㅡ ㉰

$$\therefore abc=2\cdot\dfrac{1}{2}\cdot\dfrac{3}{2}\pi=\dfrac{3}{2}\pi$$

ㅡㅡㅡㅡㅡㅡㅡㅡㅡㅡㅡㅡㅡㅡㅡㅡㅡ ㉱

답 $\dfrac{3}{2}\pi$

단계	채점요소	배점
㉮	a의 값 구하기	30 %
㉯	b의 값 구하기	30 %
㉰	c의 값 구하기	30 %
㉱	abc의 값 구하기	10 %

0663 주어진 그래프에서 함수의 최댓값이 4, 최솟값이 -4이고 $a>0$이므로

$$a+b=4,\ -a+b=-4$$

두 식을 연립하여 풀면

$$a=4,\ b=0$$

$$\therefore y=4\cos\dfrac{\pi}{4}(2x+1)=4\cos\left(\dfrac{\pi}{2}x+\dfrac{\pi}{4}\right)$$

따라서 주기는 $\dfrac{2\pi}{\frac{\pi}{2}}=4$이고, 그래프에서 주기는 $2\left(c-\dfrac{1}{2}\right)$이므로

$$2\left(c-\dfrac{1}{2}\right)=4 \qquad \therefore c=\dfrac{5}{2}$$

$$\therefore a+b+c=4+0+\dfrac{5}{2}=\dfrac{13}{2}$$

답 $\dfrac{13}{2}$

0664 함수 $y=3\cos 5x$의 주기는 $\dfrac{2\pi}{5}$이다.

한편, 함수 $y=|\tan ax|$의 주기는 $\dfrac{\pi}{|a|}$이므로

$$\dfrac{\pi}{|a|}=\dfrac{2\pi}{5}$$

이때 a는 양수이므로 $a=\dfrac{5}{2}$

답 $\dfrac{5}{2}$

0665 $y=|\tan x|$의 그래프는 다음 그림과 같다.

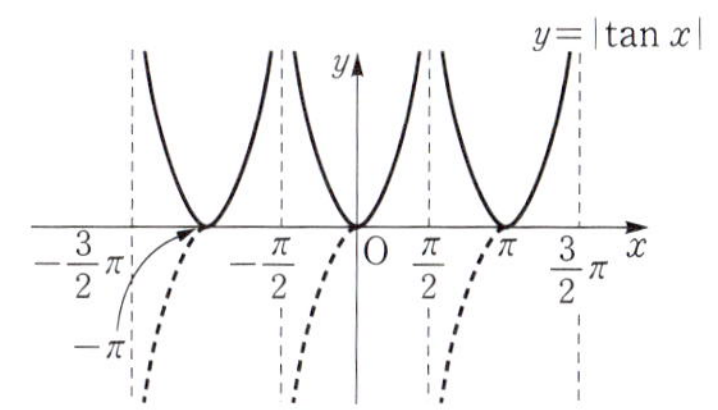

① 주기는 π이다.

② 최댓값은 존재하지 않는다.

③ 최솟값은 0이다.

④ 직선 $x=\dfrac{n}{2}\pi$ (n은 정수)에 대하여 대칭이다.

답 ⑤

0666 함수 $f(x)=a|\cos bx|+c$의 주기는 $\dfrac{\pi}{3}$이고 $b>0$이므로 $\dfrac{\pi}{b}=\dfrac{\pi}{3} \qquad \therefore b=3$

$0\le|\cos bx|\le1$이므로 $c\le a|\cos bx|+c\le a+c$

함수 $f(x)$의 최댓값이 5이므로

$$a+c=5 \qquad\qquad \cdots\cdots\ \text{㉠}$$

$f\left(\dfrac{\pi}{6}\right)=1$이므로

$a\left|\cos\left(3\cdot\dfrac{\pi}{6}\right)\right|+c=1$ $\quad\therefore c=1$

㉠에 $c=1$을 대입하면 $a+1=5$ $\quad\therefore a=4$

$\therefore a-b+c=4-3+1=2$

답 2

0667 조건 ㈎에서 최댓값과 최솟값의 차가 2이고 최댓값은 $a+c$, 최솟값은 c이므로

$a=2$

조건 ㈏에서 함수 $y=\cos 6x$의 주기는 $\dfrac{2\pi}{6}=\dfrac{\pi}{3}$이고 $b>0$이므로

$\dfrac{\pi}{b}=\dfrac{\pi}{3}$ $\quad\therefore b=3$

$\therefore f(x)=2|\sin 3x|+c$

조건 ㈐에서 함수 $f(x)$의 그래프가 점 $(0,3)$을 지나므로

$f(0)=2|\sin 0|+c=c=3$ $\quad\therefore c=3$

$\therefore a+b+c=8$

답 8

0668 $y=\tan x+2$의 그래프는 $y=\tan x$의 그래프를 y축의 방향으로 2 만큼 평행이동한 것이므로 오른쪽 그림에서 색칠한 두 부분의 넓이는 같다. 따라서 구하는 부분의 넓이는 네 점

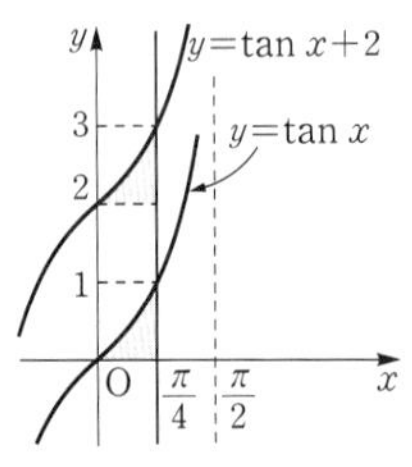

$(0,0)$, $\left(\dfrac{\pi}{4},0\right)$, $\left(\dfrac{\pi}{4},2\right)$, $(0,2)$를 꼭짓점으로 하는 직사각형의 넓이와 같으므로

$\dfrac{\pi}{4}\cdot 2=\dfrac{\pi}{2}$

답 ⑤

0669 함수 $y=2\cos\dfrac{\pi}{2}x$의 주기는

$\dfrac{2\pi}{\frac{\pi}{2}}=4$이므로 그 그래프는 오른쪽 그림과 같다. 이때 ㉠과 ㉡의 넓이가 같으므로 구하는 넓이는

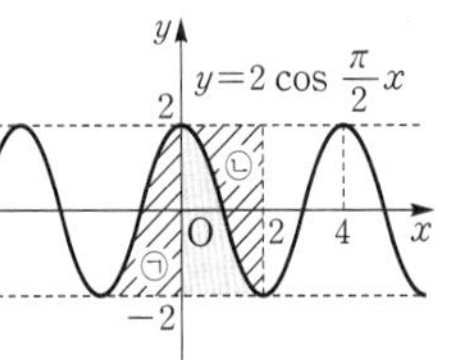

$2\cdot 4=8$

답 8

0670 함수 $y=\sin\dfrac{\pi}{3}x$의 주기는

$\dfrac{2\pi}{\frac{\pi}{3}}=6$이므로 점 E의 좌표는 $(3,0)$이다.

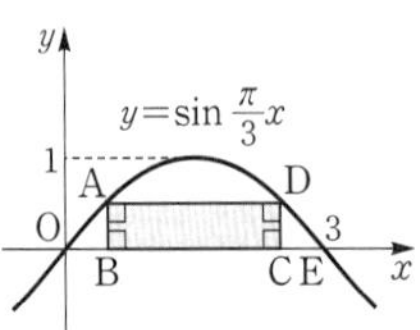

$\overline{BC}=2$이므로

$\overline{OB}=\dfrac{1}{2}(\overline{OE}-\overline{BC})$

$=\dfrac{1}{2}\cdot(3-2)=\dfrac{1}{2}$

즉 점 A의 x좌표는 $\dfrac{1}{2}$이므로 점 A의 y좌표는

$\sin\left(\dfrac{\pi}{3}\cdot\dfrac{1}{2}\right)=\sin\dfrac{\pi}{6}=\dfrac{1}{2}$ $\quad\therefore A\left(\dfrac{1}{2},\dfrac{1}{2}\right)$

따라서 직사각형 ABCD의 넓이는

$2\cdot\dfrac{1}{2}=1$

답 ①

0671 $\dfrac{\sin(\pi+\theta)\tan^2(\pi-\theta)}{\cos\left(\frac{3}{2}\pi-\theta\right)}+\dfrac{\sin\left(\frac{3}{2}\pi+\theta\right)}{\sin\left(\frac{\pi}{2}+\theta\right)\cos^2(2\pi-\theta)}$

$=\dfrac{-\sin\theta\tan^2\theta}{-\sin\theta}+\dfrac{-\cos\theta}{\cos\theta\cos^2\theta}$

$=\tan^2\theta-\dfrac{1}{\cos^2\theta}=\dfrac{\sin^2\theta}{\cos^2\theta}-\dfrac{1}{\cos^2\theta}$

$=\dfrac{\sin^2\theta-1}{\cos^2\theta}=\dfrac{-\cos^2\theta}{\cos^2\theta}=-1$

답 ②

0672 ㄱ. $\sin(-\theta)=-\sin\theta$ ㄴ. $\sin\left(\dfrac{\pi}{2}-\theta\right)=\cos\theta$

ㄷ. $\sin(\pi-\theta)=\sin\theta$ ㄹ. $\sin\left(\dfrac{3}{2}\pi-\theta\right)=-\cos\theta$

ㅁ. $\sin\left(\dfrac{\pi}{2}+\theta\right)=\cos\theta$ ㅂ. $\sin(\pi+\theta)=-\sin\theta$

따라서 $\sin\theta$의 값과 같은 것은 ㄷ의 1개이다.

답 ①

0673 $\cos 100°=\cos(90°+10°)=-\sin 10°$

$=-0.1736$

$\tan 200°=\tan(90°\times 2+20°)=\tan 20°=0.3640$

$\therefore \cos 100°+\tan 200°=-0.1736+0.3640$

$=0.1904$

답 **0.1904**

0674 (1) $\sin 150°=\sin(90°\times 2-30°)=\sin 30°=\dfrac{1}{2}$

$\sin 120°=\sin(90°\times 2-60°)=\sin 60°=\dfrac{\sqrt{3}}{2}$

$\sin 135°=\sin(90°\times 2-45°)=\sin 45°=\dfrac{\sqrt{2}}{2}$

$\cos 120°=\cos(90°\times 2-60°)=-\cos 60°=-\dfrac{1}{2}$

$\cos 135°=\cos(90°\times 2-45°)=-\cos 45°=-\dfrac{\sqrt{2}}{2}$

$\cos 150°=\cos(90°\times 2-30°)=-\cos 30°=-\dfrac{\sqrt{3}}{2}$

$\therefore$ (주어진 식)$=\dfrac{\dfrac{1}{2}}{\dfrac{\sqrt{3}}{2}-\dfrac{\sqrt{2}}{2}}-\dfrac{-\dfrac{1}{2}}{-\dfrac{\sqrt{2}}{2}-\dfrac{\sqrt{3}}{2}}$

$=\dfrac{1}{\sqrt{3}-\sqrt{2}}-\dfrac{1}{\sqrt{3}+\sqrt{2}}$

$=\sqrt{3}+\sqrt{2}-(\sqrt{3}-\sqrt{2})=2\sqrt{2}$

(2) $\cos 390° = \cos(90° \times 4 + 30°) = \cos 30° = \dfrac{\sqrt{3}}{2}$

$\tan 300° = \tan(90° \times 4 - 60°) = -\tan 60° = -\sqrt{3}$

$\sin 420° = \sin(90° \times 4 + 60°) = \sin 60° = \dfrac{\sqrt{3}}{2}$

$\sin 210° = \sin(90° \times 2 + 30°) = -\sin 30° = -\dfrac{1}{2}$

$\tan 120° = \tan(90° \times 2 - 60°) = -\tan 60° = -\sqrt{3}$

$\cos(-300°) = \cos 300° = \cos(90° \times 3 + 30°)$

$\qquad = \sin 30° = \dfrac{1}{2}$

$\therefore$ (주어진 식) $= \dfrac{\left(\dfrac{\sqrt{3}}{2}\right)^2 - \sqrt{3}}{\dfrac{\sqrt{3}}{2}} + \dfrac{\left(-\dfrac{1}{2}\right)^2 - \sqrt{3}}{\dfrac{1}{2}}$

$\qquad = \dfrac{3 - 4\sqrt{3}}{2\sqrt{3}} + \dfrac{1 - 4\sqrt{3}}{2}$

$\qquad = \dfrac{\sqrt{3} - 4}{2} + \dfrac{1 - 4\sqrt{3}}{2}$

$\qquad = -\dfrac{3 + 3\sqrt{3}}{2}$

답 (1) $2\sqrt{2}$ (2) $-\dfrac{3 + 3\sqrt{3}}{2}$

0675 (1) (주어진 식) $= \dfrac{\cos\theta\,(-\sin\theta)}{\tan\theta}$

$\qquad\qquad\qquad\qquad + \sin\theta\,(-\tan\theta)\cos\theta$

$\qquad = -\cos\theta\sin\theta\left(\dfrac{1}{\tan\theta} + \tan\theta\right)$

$\qquad = -\cos\theta\sin\theta\left(\dfrac{\cos\theta}{\sin\theta} + \dfrac{\sin\theta}{\cos\theta}\right)$

$\qquad = -(\cos^2\theta + \sin^2\theta) = -1$

(2) (주어진 식) $= (-\cos\theta)^2 + \sin^2\theta + (-\sin\theta)^2 + \cos^2\theta$

$\qquad\qquad = 2$

답 (1) -1 (2) 2

0676 $\cos(-110°) = \cos 110°$

$\qquad\qquad\quad = \cos(90° \times 2 - 70°)$

$\qquad\qquad\quad = -\cos 70° = \alpha$

$\therefore \cos 70° = -\alpha$

$\therefore \sin 250° = \sin(90° \times 2 + 70°)$

$\qquad\qquad = -\sin 70°$

$\qquad\qquad = -\sqrt{1 - \cos^2 70°}$

$\qquad\qquad = -\sqrt{1 - \alpha^2}$

답 ①

0677 $\theta = 9°$에서 $20\theta = 180°$이므로

$\cos 21\theta = \cos(180° + \theta) = -\cos\theta$

$\cos 22\theta = \cos(180° + 2\theta) = -\cos 2\theta$

$\qquad\vdots$

$\cos 40\theta = \cos(180° + 20\theta) = -\cos 20\theta$

$\therefore \cos\theta + \cos 2\theta + \cdots + \cos 40\theta$

$\quad = (\cos\theta + \cos 2\theta + \cdots + \cos 20\theta)$

$\qquad\qquad + (\cos 21\theta + \cos 22\theta + \cdots + \cos 40\theta)$

$\quad = (\cos\theta + \cos 2\theta + \cdots + \cos 20\theta)$

$\qquad\qquad - (\cos\theta + \cos 2\theta + \cdots + \cos 20\theta)$

$\quad = 0$

답 ①

0678 $\dfrac{\pi}{4} + \theta = A$라 하면 $\theta = A - \dfrac{\pi}{4}$이므로

$\dfrac{\pi}{4} - \theta = \dfrac{\pi}{4} - \left(A - \dfrac{\pi}{4}\right) = \dfrac{\pi}{2} - A$

$\therefore \sin^2\left(\dfrac{\pi}{4} + \theta\right) + \sin^2\left(\dfrac{\pi}{4} - \theta\right) = \sin^2 A + \sin^2\left(\dfrac{\pi}{2} - A\right)$

$\qquad\qquad\qquad\qquad\qquad = \sin^2 A + \cos^2 A = 1$

답 ②

0679 $\theta - 40° = A$라 하면 $\theta + 50° = A + 90°$

$\therefore \cos^2(\theta - 40°) + \cos^2(\theta + 50°)$

$\quad = \cos^2 A + \cos^2(A + 90°)$

$\quad = \cos^2 A + (-\sin A)^2$

$\quad = \cos^2 A + \sin^2 A = 1$

답 ②

0680 $\cos \dfrac{9}{20}\pi = \cos\left(\dfrac{\pi}{2} - \dfrac{\pi}{20}\right) = \sin\dfrac{\pi}{20}$

$\cos \dfrac{7}{20}\pi = \cos\left(\dfrac{\pi}{2} - \dfrac{3}{20}\pi\right) = \sin\dfrac{3}{20}\pi$

$\therefore$ (주어진 식)

$\quad = \left(\cos^2\dfrac{\pi}{20} + \cos^2\dfrac{9}{20}\pi\right) + \left(\cos^2\dfrac{3}{20}\pi + \cos^2\dfrac{7}{20}\pi\right)$

$\qquad\qquad\qquad\qquad\qquad\qquad + \cos^2\dfrac{5}{20}\pi$

$\quad = \left(\cos^2\dfrac{\pi}{20} + \sin^2\dfrac{\pi}{20}\right) + \left(\cos^2\dfrac{3}{20}\pi + \sin^2\dfrac{3}{20}\pi\right)$

$\qquad\qquad\qquad\qquad\qquad\qquad + \cos^2\dfrac{\pi}{4}$

$\quad = 1 + 1 + \dfrac{1}{2} = \dfrac{5}{2}$

답 $\dfrac{5}{2}$

0681 (1) $\cos^2 89° = \cos^2(90° - 1°) = \sin^2 1°$

$\quad \cos^2 87° = \cos^2(90° - 3°) = \sin^2 3°$

$\qquad\qquad\vdots$

$\quad \cos^2 47° = \cos^2(90° - 43°) = \sin^2 43°$

∴ (주어진 식)
$$= (\cos^2 1°+\cos^2 89°)+(\cos^2 3°+\cos^2 87°)$$
$$+\cdots+(\cos^2 43°+\cos^2 47°)+\cos^2 45°$$
$$= (\cos^2 1°+\sin^2 1°)+(\cos^2 3°+\sin^2 3°)$$
$$+\cdots+(\cos^2 43°+\sin^2 43°)+\cos^2 45°$$
$$= \underbrace{1+1+1+\cdots+1}_{22개}+\frac{1}{2}$$
$$= 22+\frac{1}{2}=\frac{45}{2}$$

(2) $\sin^2 89°=\sin^2 (90°-1°)=\cos^2 1°$
$\sin^2 88°=\sin^2 (90°-2°)=\cos^2 2°$
$$\vdots$$
$\sin^2 46°=\sin^2 (90°-44°)=\cos^2 44°$

∴ (주어진 식)
$$= (\sin^2 1°+\sin^2 89°)+(\sin^2 2°+\sin^2 88°)$$
$$+\cdots+(\sin^2 44°+\sin^2 46°)+\sin^2 45°$$
$$= (\sin^2 1°+\cos^2 1°)+(\sin^2 2°+\cos^2 2°)$$
$$+\cdots+(\sin^2 44°+\cos^2 44°)+\sin^2 45°$$
$$= \underbrace{1+1+1+\cdots+1}_{44개}+\frac{1}{2}$$
$$= 44+\frac{1}{2}=\frac{89}{2}$$

답 (1) $\dfrac{45}{2}$ (2) $\dfrac{89}{2}$

0682 $y=-|\sin x+2|+k$에서 $\sin x=t$로 놓으면
$-1\leq t\leq 1$이고 주어진 함수는
$y=-|t+2|+k$

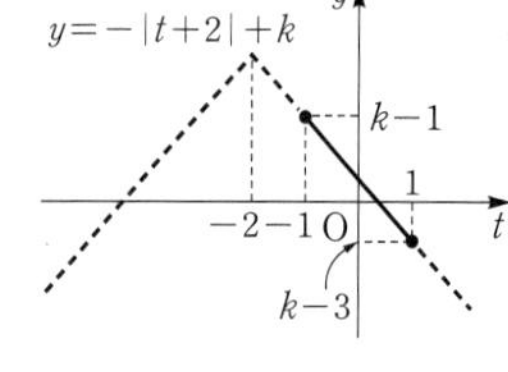

따라서 오른쪽 그림에서
$t=-1$일 때 최댓값은 $k-1$,
$t=1$일 때 최솟값은 $k-3$이다.
이때 최댓값과 최솟값의 합이 1이므로
$k-1+k-3=1$, $2k=5$
$$\therefore k=\frac{5}{2}$$

답 $\dfrac{5}{2}$

0683 $\cos\left(x+\dfrac{\pi}{2}\right)=-\sin x$이므로
$$y=\cos\left(x+\frac{\pi}{2}\right)-2\sin x-1$$
$$=-\sin x-2\sin x-1=-3\sin x-1$$
이때 $-1\leq\sin x\leq 1$이므로 $-4\leq -3\sin x-1\leq 2$
따라서 최댓값은 2, 최솟값은 -4이므로
$M=2$, $m=-4$
$$\therefore M-m=6$$

답 6

0684 $y=a|\cos 2x-1|+b$에서
$\cos 2x=t$로 놓으면 $-1\leq t\leq 1$이고 주어진 함수는
$y=a|t-1|+b$ $(a>0)$

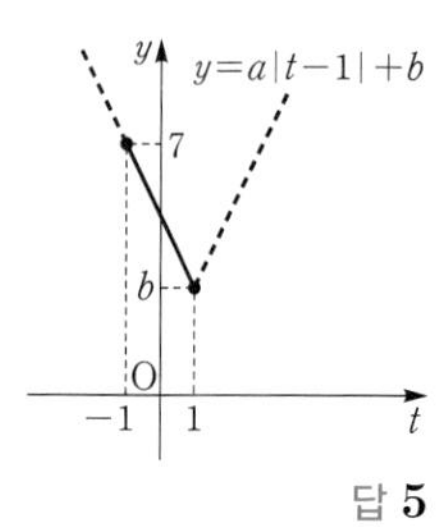

따라서 오른쪽 그림에서
$t=1$일 때 최솟값은 b이므로 $b=3$
$t=-1$일 때 최댓값은 7이므로
$a|-1-1|+3=7$ ∴ $a=2$
$$\therefore a+b=5$$

답 5

0685 $\cos(x-\pi)=\cos(\pi-x)=-\cos x$이므로
$y=|2+3\cos(x-\pi)|-1=|2-3\cos x|-1$
$\cos x=t$로 놓으면 $-1\leq t\leq 1$이고 주어진 함수는
$y=|2-3t|-1$

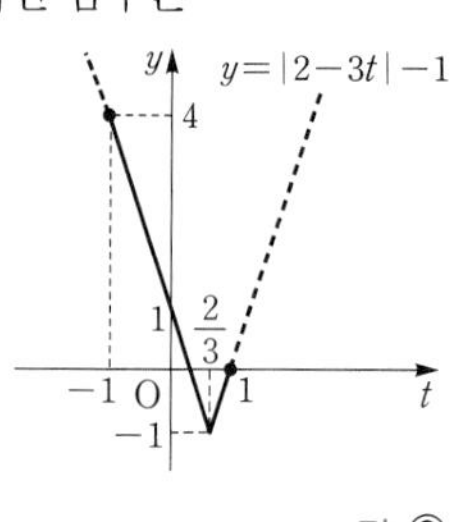

따라서 오른쪽 그림에서
$t=-1$일 때 최댓값 $M=4$
$t=\dfrac{2}{3}$일 때 최솟값 $m=-1$
$$\therefore M+m=4-1=3$$

답 ③

0686 $y=-2\sin^2 x+2\cos x+1$
$$=-2(1-\cos^2 x)+2\cos x+1$$
$$=2\cos^2 x+2\cos x-1$$
$\cos x=t$로 놓으면 $-1\leq t\leq 1$이고
주어진 함수는
$$y=2t^2+2t-1=2\left(t+\frac{1}{2}\right)^2-\frac{3}{2}$$

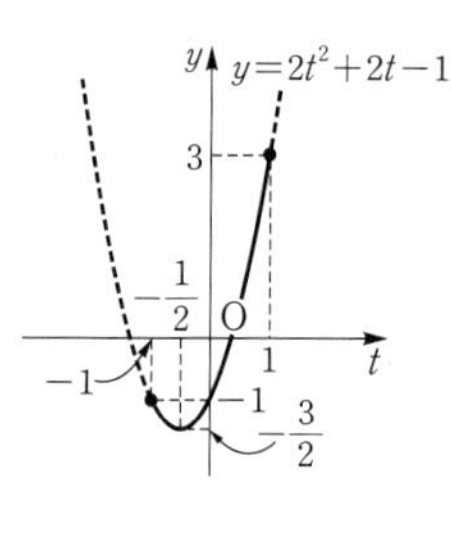

따라서 오른쪽 그림에서
$t=1$일 때 최댓값 $M=3$
$t=-\dfrac{1}{2}$일 때 최솟값 $m=-\dfrac{3}{2}$
$$\therefore M+m=\frac{3}{2}$$

답 ③

0687 $y=\cos^2 x+2\sin x+2$
$$=(1-\sin^2 x)+2\sin x+2$$
$$=-\sin^2 x+2\sin x+3$$
$\sin x=t$로 놓으면 $-\pi\leq x\leq\pi$에서 $-1\leq t\leq 1$이고
주어진 함수는
$$y=-t^2+2t+3=-(t-1)^2+4$$

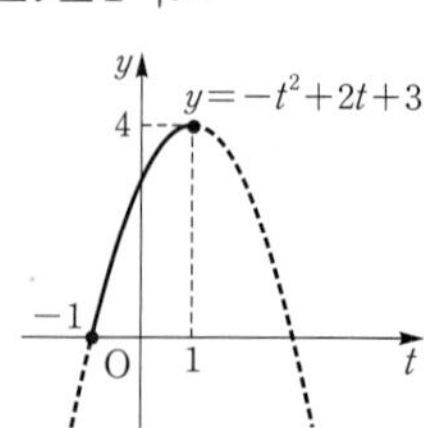

따라서 오른쪽 그림에서 $t=1$일 때
최댓값은 4이므로 $M=4$
$t=1$, 즉 $\sin x=1$일 때 $-\pi\leq x\leq\pi$에서

$x=\dfrac{\pi}{2}$이므로 $a=\dfrac{\pi}{2}$ $\qquad \therefore aM=\dfrac{\pi}{2}\cdot 4=2\pi$

답 ③

0688 $y=\sin^2 x-4\cos x+k$
$\qquad =(1-\cos^2 x)-4\cos x+k$
$\qquad =-\cos^2 x-4\cos x+k+1$

㉮

$\cos x=t$로 놓으면 $-1\leq t\leq 1$이고 주어진 함수는
$y=-t^2-4t+k+1$
$\quad =-(t+2)^2+k+5$

㉯

따라서 오른쪽 그림에서
$t=-1$일 때 최댓값이 $k+4$이므로
$k+4=3$
$\therefore k=-1$

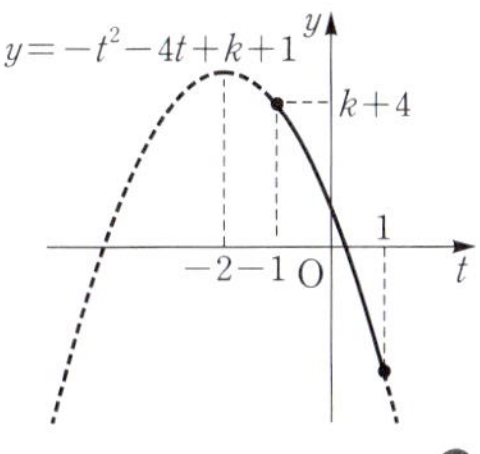

㉰

답 -1

단계	채점요소	배점
㉮	$\sin^2 x=1-\cos^2 x$임을 이용하여 $\cos x$에 대한 식으로 정리하기	40%
㉯	$\cos x=t$로 치환하기	30%
㉰	k의 값 구하기	30%

0689 $y=\cos\left(\dfrac{\pi}{2}-x\right)\cos\left(\dfrac{\pi}{2}+x\right)-2\sin(\pi+x)+a$
$\qquad =\sin x\,(-\sin x)-2(-\sin x)+a$
$\qquad =-\sin^2 x+2\sin x+a$

$\sin x=t$로 놓으면 $-1\leq t\leq 1$ $\qquad\cdots\cdots$ ㉠
주어진 함수는 $y=-t^2+2t+a=-(t-1)^2+a+1$
따라서 ㉠의 범위에서 $t=1$일 때 최댓값이 $a+1$이므로
$a+1=3$ $\quad \therefore a=2$
따라서 $t=-1$일 때 최솟값은 -1이다.

답 -1

0690 $y=\dfrac{-\sin x+1}{\sin x+2}$에서

$\sin x=t$로 놓으면 $-1\leq t\leq 1$이고 주어진 함수는
$y=\dfrac{-t+1}{t+2}=\dfrac{-(t+2)+3}{t+2}=\dfrac{3}{t+2}-1$

따라서 오른쪽 그림에서
$t=-1$일 때 최댓값 $M=2$
$t=1$일 때 최솟값 $m=0$
$\therefore M+m=2+0=2$

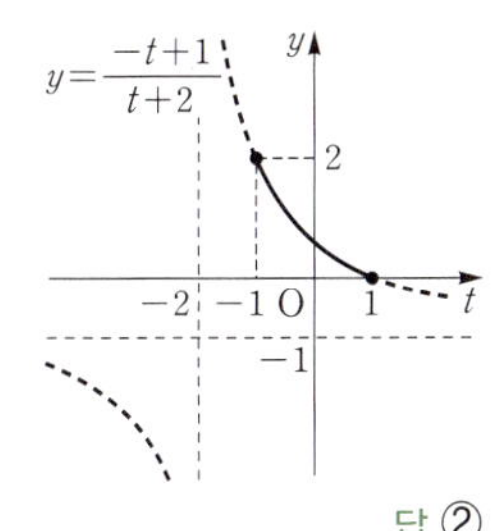

답 ②

0691 $y=\dfrac{-\cos x}{\cos x-1}$에서 $\cos x=t$로 놓으면

$\dfrac{\pi}{4}\leq x\leq\dfrac{\pi}{3}$에서 $\dfrac{1}{2}\leq t\leq\dfrac{\sqrt{2}}{2}$이고 주어진 함수는

$y=\dfrac{-t}{t-1}=-\dfrac{1}{t-1}-1$
따라서 오른쪽 그림에서
$t=\dfrac{\sqrt{2}}{2}$일 때 최댓값 $M=1+\sqrt{2}$

$t=\dfrac{1}{2}$일 때 최솟값 $m=1$
$\therefore M-m=(1+\sqrt{2})-1=\sqrt{2}$

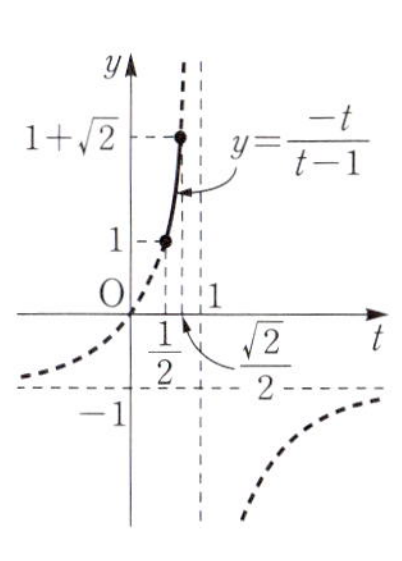

답 $\sqrt{2}$

0692 $y=\dfrac{2\tan x+1}{\tan x+2}$에서 $\tan x=t$로 놓으면

$0\leq x\leq\dfrac{\pi}{4}$에서 $0\leq t\leq 1$이고 주어진 함수는

$y=\dfrac{2t+1}{t+2}=\dfrac{2(t+2)-3}{t+2}=-\dfrac{3}{t+2}+2$
따라서 오른쪽 그림에서
$t=1$일 때 최댓값 $M=1$

$t=0$일 때 최솟값 $m=\dfrac{1}{2}$

$\therefore M+m=1+\dfrac{1}{2}=\dfrac{3}{2}$

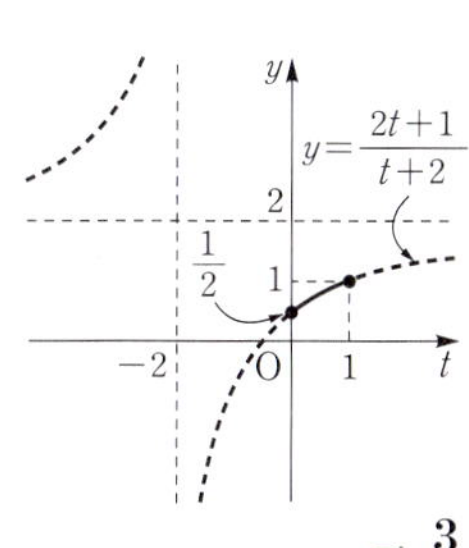

답 $\dfrac{3}{2}$

0693 $y=\dfrac{|\sin x|}{|\sin x|+1}$에서

$|\sin x|=t$로 놓으면 $0\leq t\leq 1$이고 주어진 함수는
$y=\dfrac{t}{t+1}=\dfrac{(t+1)-1}{t+1}=-\dfrac{1}{t+1}+1$

따라서 오른쪽 그림에서
$t=1$일 때 최댓값은 $\dfrac{1}{2}$,

$t=0$일 때 최솟값은 0
이므로 주어진 함수의 치역은
$\left\{y\,\middle|\,0\leq y\leq\dfrac{1}{2}\right\}$이다.

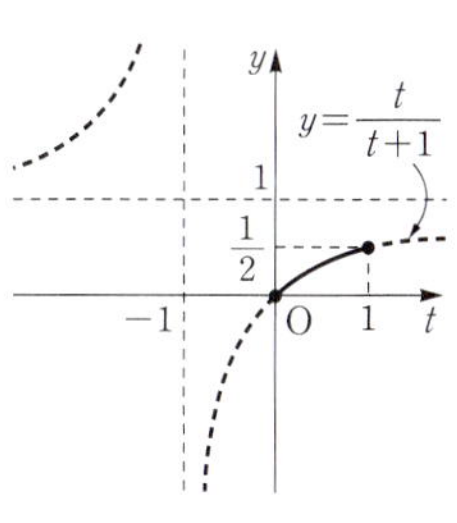

따라서 $a=0$, $b=\dfrac{1}{2}$이므로 $a+b=\dfrac{1}{2}$

답 $\dfrac{1}{2}$

0694 $2\sin\left(2x+\dfrac{\pi}{3}\right)=1$에서 $\sin\left(2x+\dfrac{\pi}{3}\right)=\dfrac{1}{2}$

$2x+\dfrac{\pi}{3}=t$로 놓으면 $0\leq x<\pi$에서 $\dfrac{\pi}{3}\leq t<\dfrac{7}{3}\pi$이고 주어진 방

정식은 $\sin t=\dfrac{1}{2}$

오른쪽 그림과 같이 $\dfrac{\pi}{3} \leq t < \dfrac{7}{3}\pi$에서 함수 $y=\sin t$의 그래프와 직선 $y=\dfrac{1}{2}$의 교점의 t좌표가 $\dfrac{5}{6}\pi$, $\dfrac{13}{6}\pi$이므로

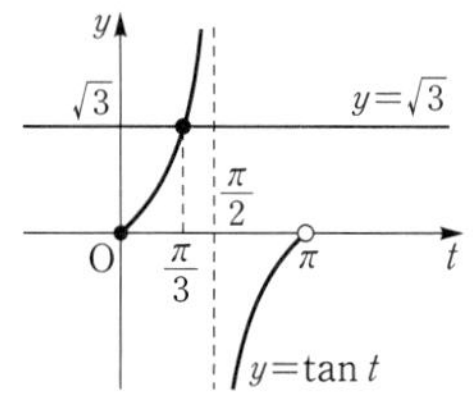

$2x+\dfrac{\pi}{3}=\dfrac{5}{6}\pi$ 또는 $2x+\dfrac{\pi}{3}=\dfrac{13}{6}\pi$

$\therefore x=\dfrac{\pi}{4}$ 또는 $x=\dfrac{11}{12}\pi$

따라서 모든 근의 합은

$\dfrac{\pi}{4}+\dfrac{11}{12}\pi=\dfrac{7}{6}\pi$

답 $\dfrac{7}{6}\pi$

0695 $\tan\dfrac{1}{2}x=\sqrt{3}$에서 $\dfrac{1}{2}x=t$로 놓으면

$0 \leq x < 2\pi$에서 $0 \leq t < \pi$이고 주어진 방정식은 $\tan t=\sqrt{3}$

오른쪽 그림과 같이 $0 \leq t < \pi$에서 함수 $y=\tan t$의 그래프와 직선 $y=\sqrt{3}$의 교점의 t좌표가 $\dfrac{\pi}{3}$이므로

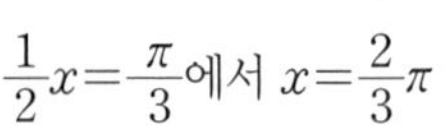

$\dfrac{1}{2}x=\dfrac{\pi}{3}$에서 $x=\dfrac{2}{3}\pi$

답 $x=\dfrac{2}{3}\pi$

0696 $\sin 2x=-\dfrac{1}{2}$에서 $2x=t$로 놓으면

$0 \leq x < 2\pi$에서 $0 \leq t < 4\pi$이고 주어진 방정식은 $\sin t=-\dfrac{1}{2}$

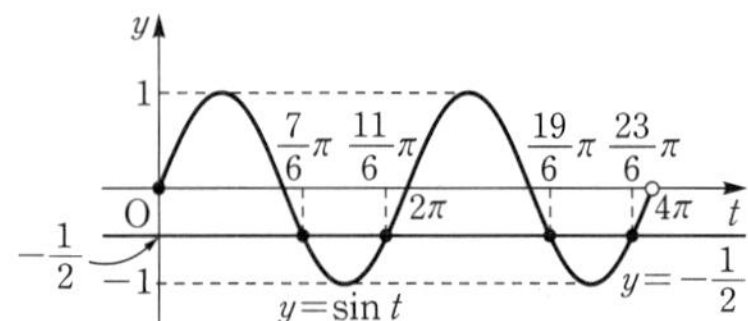

위의 그림과 같이 $0 \leq t < 4\pi$에서 함수 $y=\sin t$의 그래프와 직선 $y=-\dfrac{1}{2}$의 교점의 t좌표가 $\dfrac{7}{6}\pi$, $\dfrac{11}{6}\pi$, $\dfrac{19}{6}\pi$, $\dfrac{23}{6}\pi$이므로

$2x=\dfrac{7}{6}\pi$ 또는 $2x=\dfrac{11}{6}\pi$ 또는 $2x=\dfrac{19}{6}\pi$ 또는 $2x=\dfrac{23}{6}\pi$

$\therefore x=\dfrac{7}{12}\pi$ 또는 $x=\dfrac{11}{12}\pi$ 또는 $x=\dfrac{19}{12}\pi$ 또는 $x=\dfrac{23}{12}\pi$

따라서 방정식 $\sin 2x=-\dfrac{1}{2}$의 근이 아닌 것은 ③이다.

답 ③

0697 $\cos\left(x-\dfrac{\pi}{4}\right)=-\dfrac{\sqrt{3}}{2}$에서

$x-\dfrac{\pi}{4}=t$로 놓으면

$0 \leq x < 2\pi$에서 $-\dfrac{\pi}{4} \leq t < \dfrac{7}{4}\pi$이고 주어진 방정식은

$\cos t=-\dfrac{\sqrt{3}}{2}$

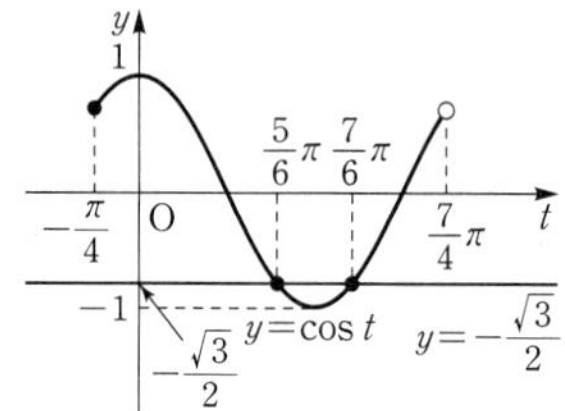

위의 그림에서 $-\dfrac{\pi}{4} \leq t < \dfrac{7}{4}\pi$에서 함수 $y=\cos t$의 그래프와

직선 $y=-\dfrac{\sqrt{3}}{2}$의 교점의 t좌표가 $\dfrac{5}{6}\pi$, $\dfrac{7}{6}\pi$이므로

$x-\dfrac{\pi}{4}=\dfrac{5}{6}\pi$ 또는 $x-\dfrac{\pi}{4}=\dfrac{7}{6}\pi$

$\therefore x=\dfrac{13}{12}\pi$ 또는 $x=\dfrac{17}{12}\pi$

따라서 구하는 차는 $\dfrac{17}{12}\pi-\dfrac{13}{12}\pi=\dfrac{4}{12}\pi=\dfrac{\pi}{3}$

답 $\dfrac{\pi}{3}$

0698 $2\sin^2 x-\cos x-1=0$에서

$2(1-\cos^2 x)-\cos x-1=0$

$2\cos^2 x+\cos x-1=0$

$(2\cos x-1)(\cos x+1)=0$

$\therefore \cos x=\dfrac{1}{2}$ 또는 $\cos x=-1$

$0 \leq x \leq \pi$에서

$\cos x=\dfrac{1}{2}$일 때 $x=\dfrac{\pi}{3}$

$\cos x=-1$일 때 $x=\pi$

답 ③

0699 $3\sin x-2\cos^2 x=0$에서

$3\sin x-2(1-\sin^2 x)=0$, $2\sin^2 x+3\sin x-2=0$

$(2\sin x-1)(\sin x+2)=0$

$\therefore \sin x=\dfrac{1}{2}$ $(\because -1 \leq \sin x \leq 1)$

$0 \leq x < 2\pi$에서 $x=\dfrac{\pi}{6}$ 또는 $x=\dfrac{5}{6}\pi$

따라서 모든 근의 합은 $\dfrac{\pi}{6}+\dfrac{5}{6}\pi=\pi$

답 π

0700 $\sqrt{2\sin^2 x+2\sin x+\cos^2 x}=\dfrac{1}{2}$에서

$\sqrt{2\sin^2 x+2\sin x+(1-\sin^2 x)}=\dfrac{1}{2}$

$\sqrt{\sin^2 x+2\sin x+1}=\dfrac{1}{2}$, $\sqrt{(\sin x+1)^2}=\dfrac{1}{2}$

$|\sin x+1|=\dfrac{1}{2}$

$\sin x+1=-\dfrac{1}{2}$ 또는 $\sin x+1=\dfrac{1}{2}$

$\therefore \sin x=-\dfrac{1}{2}\ (\because -1\leq\sin x\leq 1)$

$0\leq x<2\pi$에서 $x=\dfrac{7}{6}\pi$ 또는 $x=\dfrac{11}{6}\pi$

답 $x=\dfrac{7}{6}\pi$ 또는 $x=\dfrac{11}{6}\pi$

0701 $3\cos^2 x-1=\sin x\cos x$에서

$\sin^2 x+\cos^2 x=1$이므로

$3\cos^2 x-(\sin^2 x+\cos^2 x)=\sin x\cos x$

$2\cos^2 x-\sin x\cos x-\sin^2 x=0$

$(2\cos x+\sin x)(\cos x-\sin x)=0$

㉮

$\therefore \cos x=-\dfrac{1}{2}\sin x$ 또는 $\cos x=\sin x$

즉 $\tan x=-2$ 또는 $\tan x=1$

그런데 $0\leq x\leq\dfrac{\pi}{2}$에서 $\tan x\geq 0$이므로 $\tan x=1$

㉯

$\therefore x=\dfrac{\pi}{4}$

㉰

답 $x=\dfrac{\pi}{4}$

단계	채점요소	배점
㉮	$(2\cos x+\sin x)(\cos x-\sin x)=0$으로 정리하기	50%
㉯	$\tan x=1$로 정리하기	30%
㉰	방정식의 해 구하기	20%

0702 $3\cos^2 A-7\cos A+2=0$에서

$(3\cos A-1)(\cos A-2)=0$

$\therefore \cos A=\dfrac{1}{3}\ (\because -1\leq\cos A\leq 1)$

이때 $A+B+C=\pi$이므로 $B+C=\pi-A$

$\therefore \sin(B+C)=\sin(\pi-A)$

$\qquad =\sin A=\sqrt{1-\cos^2 A}\ (\because 0<A<\pi)$

$\qquad =\sqrt{1-\left(\dfrac{1}{3}\right)^2}=\dfrac{2\sqrt{2}}{3}$

답 ①

0703 $4\cos^2 A+4\sqrt{3}\sin A-7=0$에서

$4(1-\sin^2 A)+4\sqrt{3}\sin A-7=0$

$4\sin^2 A-4\sqrt{3}\sin A+3=0$

$(2\sin A-\sqrt{3})^2=0,\ 2\sin A-\sqrt{3}=0$

$\therefore \sin A=\dfrac{\sqrt{3}}{2}$

삼각형 ABC는 예각삼각형이므로 $0<A<\dfrac{\pi}{2}$

$\therefore A=\dfrac{\pi}{3}$

이때 $A+B+C=\pi$이므로 $\pi-(B+C)=A$

$\therefore \tan\{\pi-(B+C)\}=\tan A=\tan\dfrac{\pi}{3}=\sqrt{3}$

답 ⑤

0704 $A+B+C=\pi$이므로 $B+C=\pi-A$

$\therefore \sin\dfrac{B+C}{2}=\sin\dfrac{\pi-A}{2}=\sin\left(\dfrac{\pi}{2}-\dfrac{A}{2}\right)=\cos\dfrac{A}{2}$

따라서 주어진 방정식에서

$2\cos^2\dfrac{A}{2}+\cos\dfrac{A}{2}-1=0$

$\left(2\cos\dfrac{A}{2}-1\right)\left(\cos\dfrac{A}{2}+1\right)=0$

이때 $0<\dfrac{A}{2}<\dfrac{\pi}{2}$이므로 $0<\cos\dfrac{A}{2}<1$

$\therefore \cos\dfrac{A}{2}=\dfrac{1}{2}$

따라서 $\dfrac{A}{2}=\dfrac{\pi}{3}$이므로 $A=\dfrac{2}{3}\pi$

$\therefore \sin A=\sin\dfrac{2}{3}\pi=\dfrac{\sqrt{3}}{2}$

답 $\dfrac{\sqrt{3}}{2}$

0705 $4\cos^2 A+4\sin A=5$에서

$4(1-\sin^2 A)+4\sin A=5$

$4\sin^2 A-4\sin A+1=0$

$(2\sin A-1)^2=0\qquad \therefore \sin A=\dfrac{1}{2}$

㉮

$\therefore \cos\left(\dfrac{\pi}{2}+B+C\right)=-\sin(B+C)$

$\qquad\qquad =-\sin(\pi-A)\ (\because A+B+C=\pi)$

$\qquad\qquad =-\sin A=-\dfrac{1}{2}$

㉯

답 $-\dfrac{1}{2}$

단계	채점요소	배점
㉮	$\sin A$의 값 구하기	50%
㉯	$\cos\left(\dfrac{\pi}{2}+B+C\right)$의 값 구하기	50%

0706 주어진 그래프에서

두 점 $(a,\,0),\,(b,\,0)$은 직선 $x=\dfrac{\pi}{2}$에 대하여 대칭이므로

$\dfrac{a+b}{2}=\dfrac{\pi}{2}\qquad \therefore a+b=\pi$

두 점 $(c,\,0),\,(d,\,0)$은 직선 $x=\dfrac{5}{2}\pi$에 대하여 대칭이므로

$\dfrac{c+d}{2}=\dfrac{5}{2}\pi\qquad \therefore c+d=5\pi$

$\therefore a+b+c+d=\pi+5\pi=6\pi$

답 ③

0707 $y=\cos x$의 그래프에서 두 점 $(a,\ 0)$, $(c,\ 0)$은 직선 $x=\pi$에 대하여 대칭이므로

$$\frac{a+c}{2}=\pi \qquad \therefore a+c=2\pi$$

$y=\sin x$의 그래프에서 두 점 $(b,\ 0)$, $(d,\ 0)$은 직선 $x=\dfrac{3}{2}\pi$에 대하여 대칭이므로

$$\frac{b+d}{2}=\frac{3}{2}\pi \qquad \therefore b+d=3\pi$$

$$\therefore a+b+c+d=(a+c)+(b+d)$$
$$=2\pi+3\pi=5\pi$$

$$\therefore \sin\frac{a+b+c+d}{4}=\sin\frac{5\pi}{4}=\sin\left(\pi+\frac{\pi}{4}\right)$$
$$=-\sin\frac{\pi}{4}$$
$$=-\frac{\sqrt{2}}{2}$$

답 $-\dfrac{\sqrt{2}}{2}$

0708 $y=\cos\dfrac{1}{2}x$의 주기는 $\dfrac{2\pi}{\frac{1}{2}}=4\pi$이므로 그래프는 다음 그림과 같다.

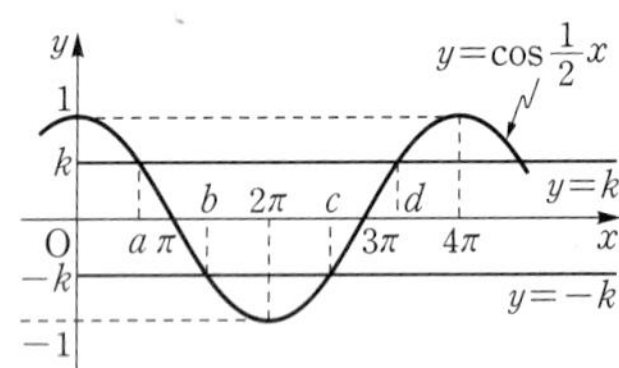

두 점 $(b,\ 0)$, $(c,\ 0)$은 직선 $x=2\pi$에 대하여 대칭이므로

$$\frac{b+c}{2}=2\pi \qquad \therefore b+c=4\pi$$

두 점 $(c,\ 0)$, $(d,\ 0)$은 직선 $x=3\pi$에 대하여 대칭이므로

$$\frac{c+d}{2}=3\pi \qquad \therefore c+d=6\pi$$

$$\therefore b+2c+d=(b+c)+(c+d)$$
$$=4\pi+6\pi=10\pi$$

$$\therefore \cos\frac{b+2c+d}{3}=\cos\frac{10\pi}{3}=\cos\left(3\pi+\frac{\pi}{3}\right)$$
$$=\cos\left(\pi+\frac{\pi}{3}\right)=-\cos\frac{\pi}{3}$$
$$=-\frac{1}{2}$$

답 $-\dfrac{1}{2}$

0709 $\sin^2 x+2\cos\left(x+\dfrac{\pi}{2}\right)+k=0$에서

$$\sin^2 x-2\sin x+k=0$$
$$\therefore -\sin^2 x+2\sin x=k$$

이 방정식이 실근을 가지려면 $y=-\sin^2 x+2\sin x$의 그래프와 직선 $y=k$의 교점이 존재해야 한다.

이때 $\sin x=t$로 놓으면 $-1\leq t\leq1$이고
$$y=-t^2+2t=-(t-1)^2+1$$

주어진 방정식이 실근을 가지려면 오른쪽 그림에서

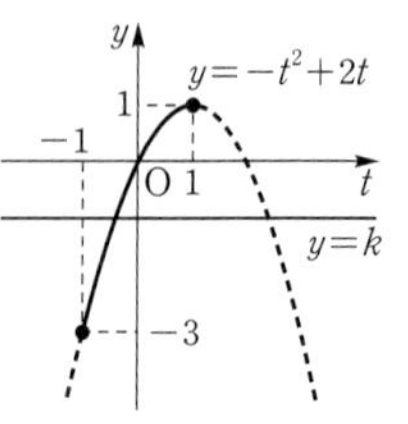

$$-3\leq k\leq1$$

따라서 실수 k의 최댓값은 1, 최솟값은 -3이므로 그 곱은 -3이다.

답 ①

0710 $\sin^2 x+\cos x+a=0$에서

$$(1-\cos^2 x)+\cos x+a=0$$
$$\therefore \cos^2 x-\cos x-1=a$$

이 방정식이 실근을 가지려면 $y=\cos^2 x-\cos x-1$의 그래프와 직선 $y=a$의 교점이 존재해야 한다.

이때 $\cos x=t$로 놓으면 $-1\leq t\leq1$이고
$$y=t^2-t-1=\left(t-\frac{1}{2}\right)^2-\frac{5}{4}$$

따라서 주어진 방정식이 실근을 가지려면 오른쪽 그림에서

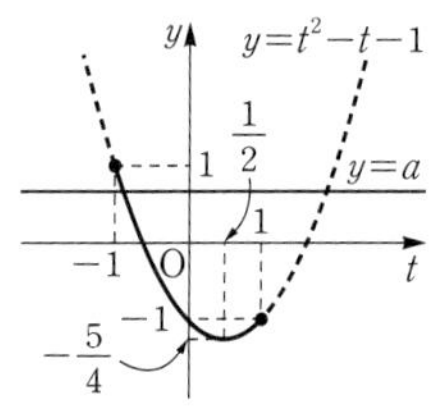

$$-\frac{5}{4}\leq a\leq1$$

답 $-\dfrac{5}{4}\leq a\leq1$

0711 $\sin^2\theta-2\cos\left(\theta+\dfrac{3}{2}\pi\right)-a-1=0$에서

$$\sin^2\theta-2\sin\theta-a-1=0$$
$$\therefore \sin^2\theta-2\sin\theta-1=a$$

⑦

이 방정식을 만족시키는 θ가 존재하려면 $y=\sin^2\theta-2\sin\theta-1$의 그래프와 직선 $y=a$의 교점이 존재해야 한다.

이때 $\sin\theta=t$로 놓으면 $-1\leq t\leq1$이고
$$y=t^2-2t-1=(t-1)^2-2$$

④

따라서 주어진 방정식을 만족시키는 θ가 존재하려면 오른쪽 그림에서

$$-2\leq a\leq2$$

⑤

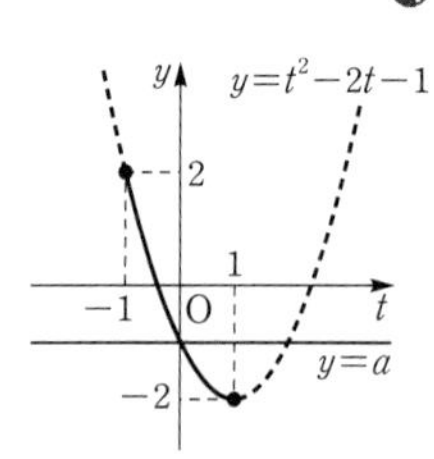

답 $-2\leq a\leq2$

단계	채점요소	배점
⑦	한 종류의 삼각함수로 나타내기	30 %
④	$\sin x=t$로 놓고 t에 대한 식 세우기	40 %
⑤	a의 값의 범위 구하기	30 %

○**712** $\cos\left(\dfrac{\pi}{2}+x\right)\cos\left(\dfrac{\pi}{2}-x\right)+4\sin(\pi+x)=k$에서

$(-\sin x)(\sin x)-4\sin x=k$

$\therefore -\sin^2 x-4\sin x=k$

이 방정식이 실근을 가지려면 $y=-\sin^2 x-4\sin x$의 그래프와

직선 $y=k$의 교점이 존재해야 한다.

이때 $\sin x=t$로 놓으면 $0\le x<\pi$에서

$0\le t\le 1$

$y=-t^2-4t=-(t+2)^2+4$

따라서 주어진 방정식이 실근을 가지려면

오른쪽 그림에서

$-5\le k\le 0$

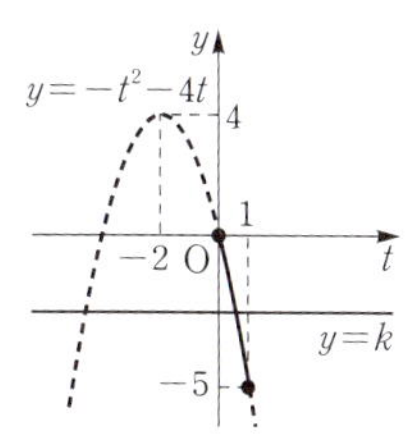

답 $-5\le k\le 0$

○**713** $\sin\left(x-\dfrac{\pi}{3}\right)\ge\dfrac{1}{2}$에서 $x-\dfrac{\pi}{3}=t$로 놓으면

$0\le x\le 2\pi$이므로

$-\dfrac{\pi}{3}\le x-\dfrac{\pi}{3}\le 2\pi-\dfrac{\pi}{3}$, 즉 $-\dfrac{\pi}{3}\le t\le\dfrac{5}{3}\pi$이고

주어진 부등식은 $\sin t\ge\dfrac{1}{2}$ $\qquad\cdots\cdots$ ㉠

부등식 ㉠의 해는 $y=\sin t$의

그래프가 직선 $y=\dfrac{1}{2}$보다 위

쪽(경계선 포함)에 있는 t의

값의 범위이므로

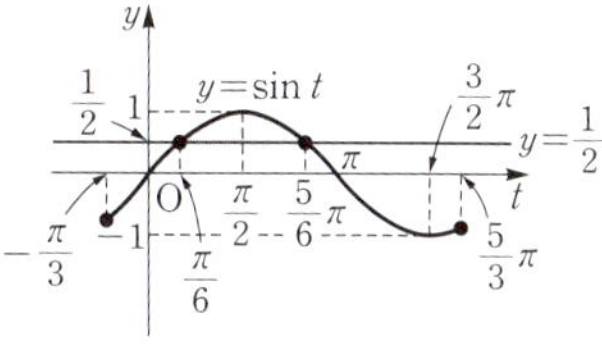

$\dfrac{\pi}{6}\le t\le\dfrac{5}{6}\pi$

즉 $\dfrac{\pi}{6}\le x-\dfrac{\pi}{3}\le\dfrac{5}{6}\pi$ $\qquad\therefore \dfrac{\pi}{2}\le x\le\dfrac{7}{6}\pi$

따라서 $\alpha=\dfrac{\pi}{2}$, $\beta=\dfrac{7}{6}\pi$이므로 $\alpha+\beta=\dfrac{5}{3}\pi$

답 $\dfrac{5}{3}\pi$

○**714** $0\le\theta<\pi$이므로 오른쪽 그림

에서 부등식 $-\dfrac{\sqrt{3}}{2}\le\cos\theta<\dfrac{1}{2}$의 해

는

$\dfrac{\pi}{3}<\theta\le\dfrac{5}{6}\pi$

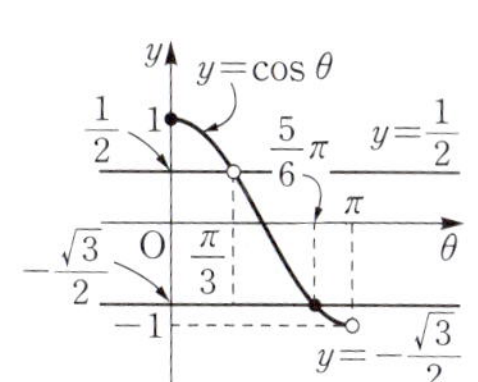

답 ④

○**715** 부등식 $\sin x\ge\cos x$의 해는

$y=\sin x$의 그래프가 $y=\cos x$의

그래프와 만나거나 그 위쪽에 있는 x

의 값의 범위이다. 이때 $0\le x<2\pi$이

므로 오른쪽 그림에서 $\dfrac{\pi}{4}\le x\le\dfrac{5}{4}\pi$

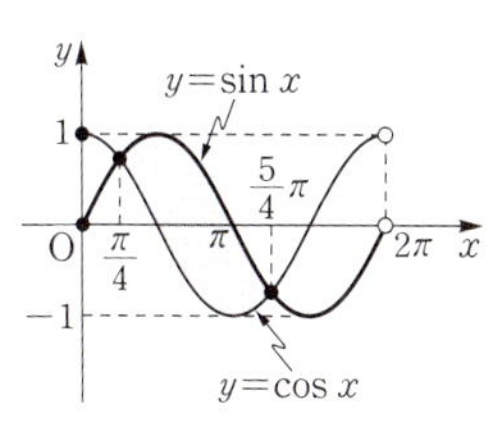

따라서 주어진 부등식의 해가 아닌 것은 ⑤이다.

답 ⑤

○**716** 각 α를 나타내는 동경과 각 β를 나타내는 동경이 y축에

대하여 대칭이므로 $\alpha+\beta=\pi$ $\qquad\cdots\cdots$ ㉠

연립부등식 $\begin{cases} 2\cos\alpha<\sqrt{3} \\ 2\sin\alpha\le\sqrt{2} \end{cases}$에서

(ⅰ) $2\cos\alpha<\sqrt{3}$에서 $\cos\alpha<\dfrac{\sqrt{3}}{2}$

$\qquad\therefore \dfrac{\pi}{6}<\alpha<\dfrac{\pi}{2}\left(\because 0<\alpha<\dfrac{\pi}{2}\right)$

(ⅱ) $2\sin\alpha\le\sqrt{2}$에서 $\sin\alpha\le\dfrac{\sqrt{2}}{2}$

$\qquad\therefore 0<\alpha\le\dfrac{\pi}{4}\left(\because 0<\alpha<\dfrac{\pi}{2}\right)$

(ⅰ), (ⅱ)에서 $\dfrac{\pi}{6}<\alpha\le\dfrac{\pi}{4}$ $\qquad\cdots\cdots$ ㉡

㉠, ㉡에서

$\dfrac{\pi}{6}<\pi-\beta\le\dfrac{\pi}{4}$, $-\dfrac{5}{6}\pi<-\beta\le-\dfrac{3}{4}\pi$

$\therefore \dfrac{3}{4}\pi\le\beta<\dfrac{5}{6}\pi$

답 $\dfrac{3}{4}\pi\le\beta<\dfrac{5}{6}\pi$

○**717** $2\sin^2 x>3\cos x$에서

$2(1-\cos^2 x)>3\cos x$

$2\cos^2 x+3\cos x-2<0$

$(2\cos x-1)(\cos x+2)<0$

이때 $-1\le\cos x\le 1$에서 $\cos x+2>0$이므로

$2\cos x-1<0$ $\qquad\therefore \cos x<\dfrac{1}{2}$

$0\le x\le 2\pi$이므로 오른쪽 그림에서

$\cos x<\dfrac{1}{2}$의 해는

$\dfrac{\pi}{3}<x<\dfrac{5}{3}\pi$

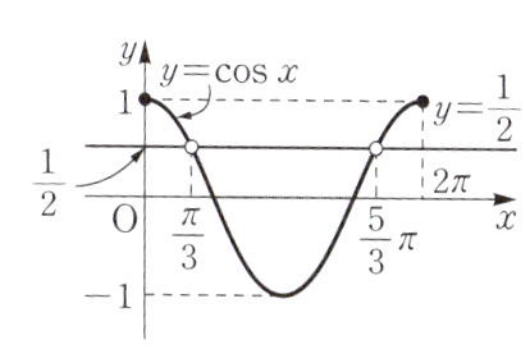

따라서 $a=\dfrac{\pi}{3}$, $b=\dfrac{5}{3}\pi$이므로

$a+b=2\pi$

답 ⑤

○**718** $2\cos^2 x<\sin x+1$에서

$2(1-\sin^2 x)<\sin x+1$

$2\sin^2 x+\sin x-1>0$

$(2\sin x-1)(\sin x+1)>0$

이때 $\sin x+1\ge 0$이므로

$2\sin x-1>0$ $\qquad\therefore \sin x>\dfrac{1}{2}$

$0\le x\le 2\pi$이므로 오른쪽 그림에서

$\sin x>\dfrac{1}{2}$의 해는

$\dfrac{\pi}{6}<x<\dfrac{5}{6}\pi$

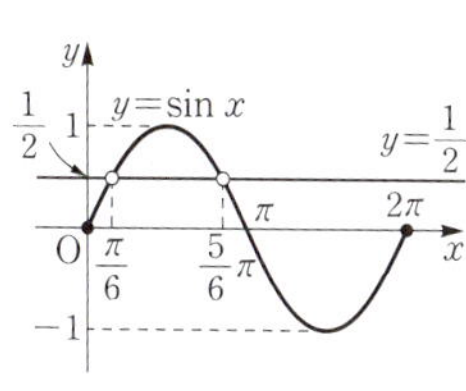

답 $\dfrac{\pi}{6}<x<\dfrac{5}{6}\pi$

0719 $\cos^2\left(x-\dfrac{\pi}{3}\right)=1-\sin^2\left(x-\dfrac{\pi}{3}\right)$

$\cos\left(x+\dfrac{\pi}{6}\right)=\cos\left\{\dfrac{\pi}{2}+\left(x-\dfrac{\pi}{3}\right)\right\}=-\sin\left(x-\dfrac{\pi}{3}\right)$

이므로 $2\cos^2\left(x-\dfrac{\pi}{3}\right)-\cos\left(x+\dfrac{\pi}{6}\right)-1\geq0$에서

$2\left\{1-\sin^2\left(x-\dfrac{\pi}{3}\right)\right\}+\sin\left(x-\dfrac{\pi}{3}\right)-1\geq0$

이때 $x-\dfrac{\pi}{3}=t$로 놓으면 $0\leq x<2\pi$이므로

$-\dfrac{\pi}{3}\leq x-\dfrac{\pi}{3}<2\pi-\dfrac{\pi}{3}$, 즉 $-\dfrac{\pi}{3}\leq t<\dfrac{5}{3}\pi$이고

주어진 부등식은

$2\sin^2 t-\sin t-1\leq0$

$(2\sin t+1)(\sin t-1)\leq0$

$\therefore -\dfrac{1}{2}\leq\sin t\leq1$

$-\dfrac{\pi}{3}\leq t<\dfrac{5}{3}\pi$이므로

오른쪽 그림에서

$-\dfrac{1}{2}\leq\sin t\leq1$의 해는

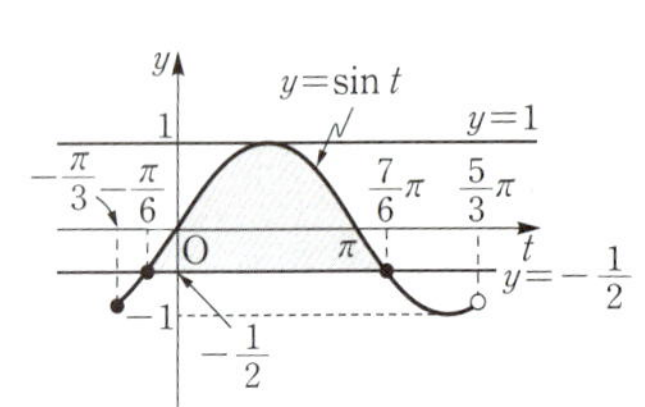

$-\dfrac{\pi}{6}\leq t\leq\dfrac{7}{6}\pi$

즉 $-\dfrac{\pi}{6}\leq x-\dfrac{\pi}{3}\leq\dfrac{7}{6}\pi$

$\therefore \dfrac{\pi}{6}\leq x\leq\dfrac{3}{2}\pi$

따라서 $\alpha=\dfrac{\pi}{6}$, $\beta=\dfrac{3}{2}\pi$이므로

$\dfrac{\beta}{\alpha}=\dfrac{\dfrac{3}{2}\pi}{\dfrac{\pi}{6}}=9$

답 **9**

0720 $\cos^2\theta+4\sin\theta\leq2a$에서

$(1-\sin^2\theta)+4\sin\theta\leq2a$

$\therefore \sin^2\theta-4\sin\theta+2a-1\geq0$

이때 $\sin\theta=t$로 놓으면 $-1\leq t\leq1$이고 주어진 부등식은

$t^2-4t+2a-1\geq0$ ……… ㉠

함수

$y=t^2-4t+2a-1=(t-2)^2+2a-5$

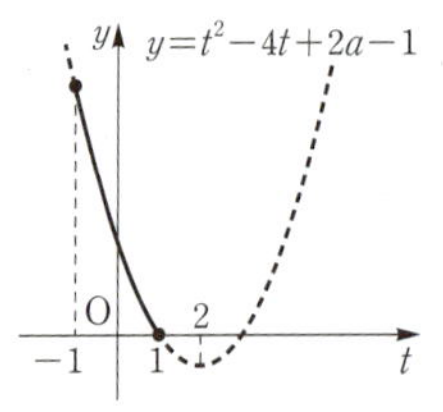

는 $t=1$일 때 최솟값을 가지므로

$-1\leq t\leq1$에서 ㉠이 항상 성립하려면

$1-4+2a-1\geq0$

$\therefore a\geq2$

답 $a\geq2$

0721 $x^2-2x\sin\theta-3\cos^2\theta+2\geq0$이 모든 실수 x에 대하여 항상 성립하므로 x에 대한 이차방정식

$x^2-2x\sin\theta-3\cos^2\theta+2=0$의 판별식을 D라 하면

$\dfrac{D}{4}=\sin^2\theta-(-3\cos^2\theta+2)\leq0$

$\sin^2\theta+3\cos^2\theta-2\leq0$

$(1-\cos^2\theta)+3\cos^2\theta-2\leq0$

$2\cos^2\theta-1\leq0$

$(\sqrt{2}\cos\theta+1)(\sqrt{2}\cos\theta-1)\leq0$

$\therefore -\dfrac{\sqrt{2}}{2}\leq\cos\theta\leq\dfrac{\sqrt{2}}{2}$

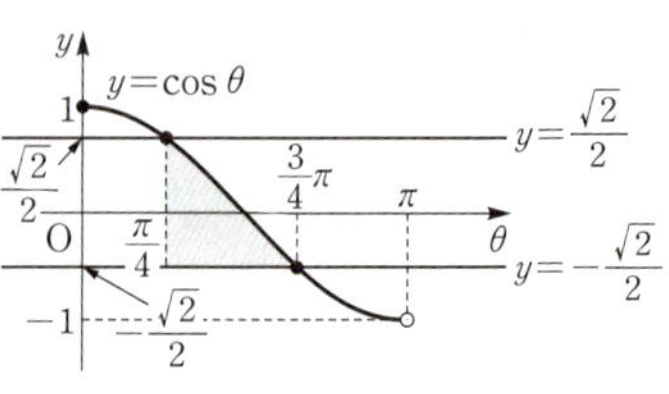

$0\leq\theta<\pi$이므로 오른쪽

그림에서 θ의 값의 범위는

$\dfrac{\pi}{4}\leq\theta\leq\dfrac{3}{4}\pi$

답 $\dfrac{\pi}{4}\leq\theta\leq\dfrac{3}{4}\pi$

0722 (1) $x^2-4x\sin\theta+1=0$이 중근을 가지려면 판별식을 D라 할 때

$\dfrac{D}{4}=4\sin^2\theta-1=0$

$(2\sin\theta+1)(2\sin\theta-1)=0$

$0<\theta<\pi$에서 $0<\sin\theta\leq1$이므로

$\sin\theta=\dfrac{1}{2}$

$\therefore \theta=\dfrac{\pi}{6}$ 또는 $\theta=\dfrac{5}{6}\pi$

따라서 $\alpha=\dfrac{\pi}{6}$, $\beta=\dfrac{5}{6}\pi$이므로

$\cos(\beta-\alpha)=\cos\left(\dfrac{5}{6}\pi-\dfrac{\pi}{6}\right)=\cos\dfrac{2}{3}\pi=-\dfrac{1}{2}$

(2) $x^2+2x\cos\theta+\sin\theta+1=0$이 실근을 가지려면 판별식을 D라 할 때

$\dfrac{D}{4}=\cos^2\theta-(\sin\theta+1)\geq0$

$(1-\sin^2\theta)-(\sin\theta+1)\geq0$

$\sin^2\theta+\sin\theta\leq0$, $\sin\theta(\sin\theta+1)\leq0$

$\therefore -1\leq\sin\theta\leq0$

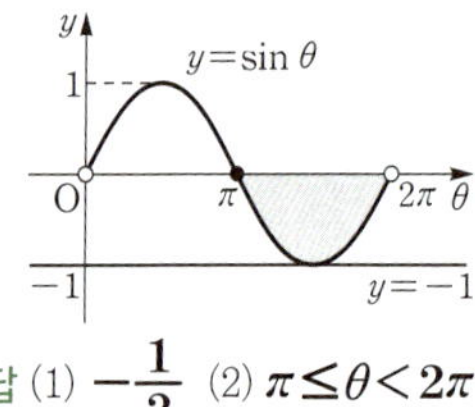

$0<\theta<2\pi$이므로 오른쪽 그림에서

θ의 값의 범위는

$\pi\leq\theta<2\pi$

답 (1) $-\dfrac{1}{2}$ (2) $\pi\leq\theta<2\pi$

0723 x에 대한 이차방정식 $x^2-3x+\sin^2\theta-3\cos^2\theta=0$이 서로 다른 부호의 실근을 가지려면 두 근의 곱이 음수이어야 하므로 근과 계수의 관계에 의하여

$\sin^2\theta-3\cos^2\theta<0$

$(1-\cos^2\theta)-3\cos^2\theta<0$

$1-4\cos^2\theta<0$, $4\cos^2\theta-1>0$

$(2\cos\theta+1)(2\cos\theta-1)>0$

$\therefore \cos\theta<-\dfrac{1}{2}$ 또는 $\cos\theta>\dfrac{1}{2}$

$0 \le \theta \le 2\pi$이므로 다음 그림에서 θ의 값의 범위는

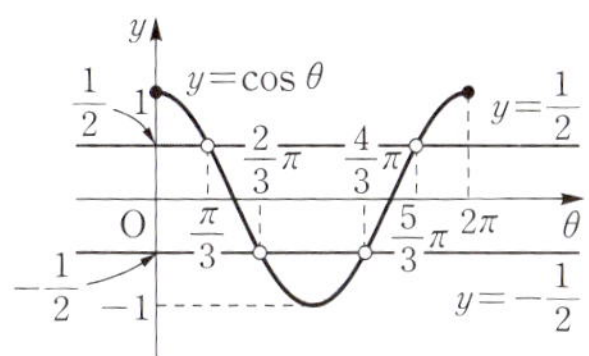

$0 \le \theta < \dfrac{\pi}{3}$ 또는 $\dfrac{2}{3}\pi < \theta < \dfrac{4}{3}\pi$ 또는 $\dfrac{5}{3}\pi < \theta \le 2\pi$

따라서 θ의 값으로 옳지 않은 것은 ③ $\dfrac{2}{5}\pi$이다.

답 ③

0724 x에 대한 이차방정식

$x^2 - 2x\cos\theta + \cos^2\theta + 2\sin\theta - 1 = 0$이 허근을 가지려면 판별식을 D라 할 때

$\dfrac{D}{4} = \cos^2\theta - (\cos^2\theta + 2\sin\theta - 1) < 0$

$-2\sin\theta + 1 < 0$

$\therefore \sin\theta > \dfrac{1}{2}$　……㉮

$0 \le \theta < 2\pi$이므로 오른쪽 그림에서 θ의 값의 범위는

$\dfrac{\pi}{6} < \theta < \dfrac{5}{6}\pi$

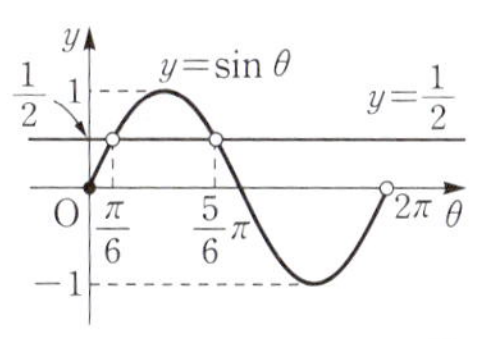

……㉯

따라서 $\alpha = \dfrac{\pi}{6}$, $\beta = \dfrac{5}{6}\pi$이므로

$\sin(\beta - \alpha) = \sin\left(\dfrac{5}{6}\pi - \dfrac{\pi}{6}\right) = \sin\dfrac{2}{3}\pi = \dfrac{\sqrt{3}}{2}$

……㉰

답 $\dfrac{\sqrt{3}}{2}$

단계	채점요소	배점
㉮	판별식을 이용하여 허근을 가질 $\sin\theta$의 값의 범위 구하기	40 %
㉯	θ의 값의 범위 구하기	40 %
㉰	$\sin(\beta - \alpha)$의 값 구하기	20 %

0725 $A + B + C = \pi$이므로

ㄱ. $\sin\left(\dfrac{B+C}{2}\right) = \sin\left(\dfrac{\pi - A}{2}\right)$

$= \sin\left(\dfrac{\pi}{2} - \dfrac{A}{2}\right)$

$= \cos\dfrac{A}{2}$ (참)

ㄴ. $\tan(B+C) = \tan(\pi - A) = -\tan A$ (거짓)

ㄷ. $\tan A + \tan(B+C) = \tan A + \tan(\pi - A)$

$\qquad\qquad\qquad\quad = \tan A - \tan A = 0$ (참)

ㄹ. $\cos(B+C) = \cos(\pi - A) = -\cos A$이므로

$\quad -\cos A > 0$에서 $\cos A < 0$

$\quad \dfrac{\pi}{2} < A < \pi$이므로 삼각형 ABC는 둔각삼각형이다. (거짓)

따라서 옳은 것은 ㄱ, ㄷ이다.

답 ㄱ, ㄷ

0726 $A + C = \pi$, $B + D = \pi$이므로

$C = \pi - A$, $D = \pi - B$

ㄱ. $\sin A + \sin B + \sin C + \sin D$

$\quad = \sin A + \sin B + \sin(\pi - A) + \sin(\pi - B)$

$\quad = 2(\sin A + \sin B) > 0$ ($\because$ $0 < A < \pi$, $0 < B < \pi$) (거짓)

ㄴ. $\cos A + \cos B + \cos C + \cos D$

$\quad = \cos A + \cos B + \cos(\pi - A) + \cos(\pi - B)$

$\quad = \cos A + \cos B - \cos A - \cos B = 0$ (참)

ㄷ. $\tan A + \tan B + \tan C + \tan D$

$\quad = \tan A + \tan B + \tan(\pi - A) + \tan(\pi - B)$

$\quad = \tan A + \tan B - \tan A - \tan B = 0$ (참)

따라서 옳은 것은 ㄴ, ㄷ이다.

답 ㄴ, ㄷ

0727 $10\theta = 2\pi$에서 $5\theta = \pi$이므로

① $\sin 6\theta = \sin(5\theta + \theta) = \sin(\pi + \theta) = -\sin\theta$

$\quad \therefore \sin\theta + \sin 6\theta = 0$

② $\sin(-5\theta) = -\sin 5\theta = -\sin\pi = 0$

$\quad \sin\theta \ne 0$이므로 $\sin\theta + \sin(-5\theta) \ne 0$

③ $\cos 4\theta = \cos(5\theta - \theta) = \cos(\pi - \theta) = -\cos\theta$

$\quad \therefore \cos 2\theta + \cos 4\theta = \cos 2\theta - \cos\theta \ne 0$

④ $\cos 4\theta = \cos(5\theta - \theta) = \cos(\pi - \theta) = -\cos\theta$

$\quad \cos 6\theta = \cos(5\theta + \theta) = \cos(\pi + \theta) = -\cos\theta$

$\quad \therefore \cos 4\theta = \cos 6\theta$

⑤ $\sin\theta$는 점 P_1의 y좌표이고, $\cos 3\theta$는 점 P_3의 x좌표이므로

$\quad \sin\theta \ne \cos 3\theta$

답 ④

0728 방정식 $\sin\pi x = \dfrac{3}{10}x$의 서로 다른 실근의 개수는

$y = \sin\pi x$의 그래프와 직선 $y = \dfrac{3}{10}x$의 교점의 개수와 같다.

$y = \sin\pi x$의 주기는 $\dfrac{2\pi}{\pi} = 2$이므로 함수 $y = \sin\pi x$와

$y = \dfrac{3}{10}x$의 그래프를 그리면 다음 그림과 같다.

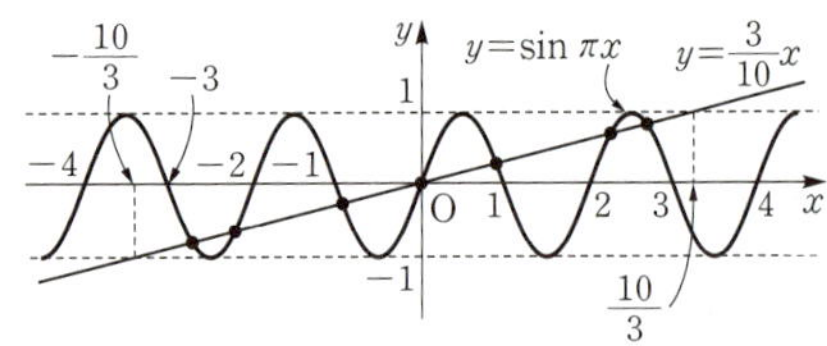

위의 그림에서 두 그래프의 교점의 개수가 7이므로 주어진 방정식의 서로 다른 실근의 개수는 7이다.

답 ④

0729 $0 \leq x \leq 2\pi$에서 방정식 $\sin x = \cos 2x$의 실근의 개수는 $y = \sin x$와 $y = \cos 2x$의 그래프의 교점의 개수와 같다.

$0 \leq x \leq 2\pi$에서 함수 $y = \sin x$와 $y = \cos 2x$의 그래프를 그리면 다음 그림과 같다.

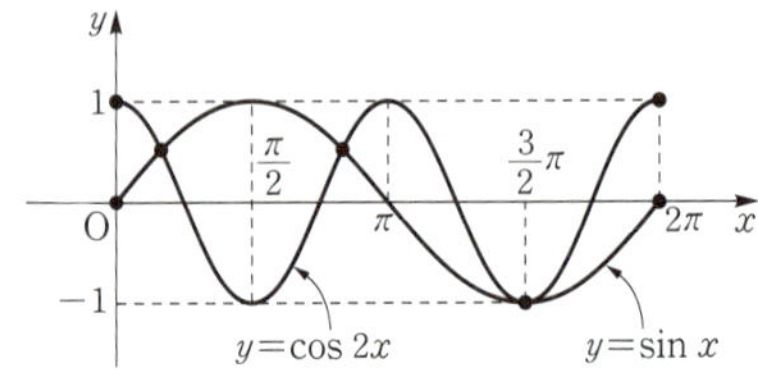

위의 그림에서 두 그래프의 교점의 개수가 3이므로 주어진 방정식의 서로 다른 실근의 개수는 3이다.

답 3

0730 방정식 $|\cos 2x| = \dfrac{2}{\pi}x$의 서로 다른 실근의 개수는

$y = |\cos 2x|$의 그래프와 직선 $y = \dfrac{2}{\pi}x$의 교점의 개수와 같다.

$y = |\cos 2x|$의 주기는 $\dfrac{\pi}{2}$이므로 함수 $y = |\cos 2x|$와 $y = \dfrac{2}{\pi}x$

의 그래프를 그리면 다음 그림과 같다.

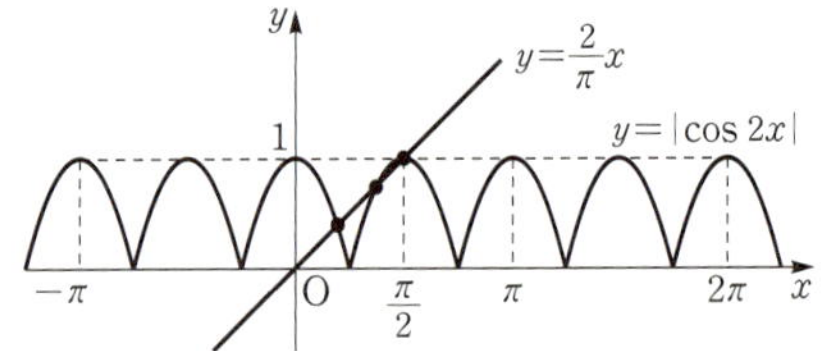

위의 그림에서 두 그래프의 교점의 개수는 3이므로 주어진 방정식의 서로 다른 실근의 개수는 3이다.

답 3

0731 $f(x) = \sqrt{1 - \cos^2 \pi x} = \sqrt{\sin^2 \pi x} = |\sin \pi x|$

이고 $y = |\sin \pi x|$의 주기는 $\dfrac{\pi}{\pi} = 1$이다.

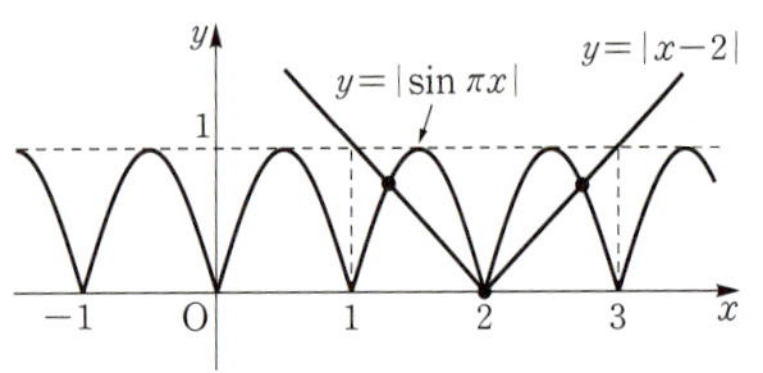

위의 그림에서 $f(x) = |\sin \pi x|$와 $g(x) = |x - 2|$의 그래프의 교점의 개수가 3이므로 방정식 $f(x) - g(x) = 0$,

즉 $f(x) = g(x)$의 서로 다른 실근의 개수는 3이다.

답 ②

0732 각 함수의 주기를 구해 보면 다음과 같다.

① 2π　　　　② 2π　　　　③ π

④ $\dfrac{\pi}{\frac{1}{2}} = 2\pi$　　　⑤ $\dfrac{2\pi}{\frac{1}{2}} = 4\pi$

따라서 주기가 가장 긴 것은 ⑤이다.

답 ⑤

0733 함수 $f(x)$가 모든 실수 x에 대하여 $f(x+8) = f(x)$를 만족시키므로 함수 $f(x)$는 주기함수이고 주기를 p라 할 때, $pn = 8$을 만족시키는 정수 n이 존재해야 한다.

① 함수의 주기가 $\dfrac{2\pi}{\pi} = 2$이므로 $2 \times 4 = 8$

② 함수의 주기가 $\dfrac{2\pi}{\frac{3}{2}\pi} = \dfrac{4}{3}$이므로 $\dfrac{4}{3} \times 6 = 8$

③ 함수의 주기가 $\dfrac{2\pi}{\frac{5}{2}\pi} = \dfrac{4}{5}$이므로 $\dfrac{4}{5} \times 10 = 8$

④ 함수의 주기가 $\dfrac{2\pi}{\frac{\pi}{3}} = 6$이므로 $6n = 8$을 만족시키는 정수 n이

존재하지 않는다. 따라서 $f(x+8) = f(x)$를 만족시키지 않는다.

⑤ 함수의 주기가 $\dfrac{\pi}{2\pi} = \dfrac{1}{2}$이므로 $\dfrac{1}{2} \times 16 = 8$

답 ④

0734 ① 최댓값은 $1 + 1 = 2$이다.

② 최솟값은 $-1 + 1 = 0$이다.

③ 주기는 $\dfrac{2\pi}{2} = \pi$이다.

④ $f(0) = \sin\left(-\dfrac{\pi}{4}\right) + 1 = -\sin\dfrac{\pi}{4} + 1 = -\dfrac{\sqrt{2}}{2} + 1 = \dfrac{2 - \sqrt{2}}{2}$

따라서 그래프는 점 $\left(0, \dfrac{2 - \sqrt{2}}{2}\right)$를 지난다.

⑤ $f(x) = \sin\left(2x - \dfrac{\pi}{4}\right) + 1 = \sin 2\left(x - \dfrac{\pi}{8}\right) + 1$

따라서 $y = \sin 2x$의 그래프를 x축의 방향으로 $\dfrac{\pi}{8}$만큼, y축의 방향으로 1만큼 평행이동한 것이다.

답 ⑤

0735 $y=\cos 2x+1$의 그래프를 x축의 방향으로 $\frac{\pi}{2}$만큼 평행이동하면

$$y=\cos 2\left(x-\frac{\pi}{2}\right)+1=\cos (2x-\pi)+1$$
$$=\cos (\pi-2x)+1$$
$$=-\cos 2x+1$$

이 함수의 그래프를 y축에 대하여 대칭이동하면
$$y=-\cos (-2x)+1=-\cos 2x+1$$

답 ④

0736 $(g\circ f)(x)=g(f(x))=-3f(x)+2$
$$=-3(a\sin x-b)+2$$
$$=-3a\sin x+3b+2$$

이때 $a>0$에서 $-3a<0$
최댓값이 11이므로
$$|-3a|+3b+2=11$$
$$3a+3b=9 \qquad \therefore a+b=3 \qquad \cdots\cdots\ \bigcirc$$
최솟값이 -13이므로
$$-|-3a|+3b+2=-13$$
$$-3a+3b=-15 \qquad \therefore a-b=5 \qquad \cdots\cdots\ \bigcirc$$
$\bigcirc$, $\bigcirc$을 연립하여 풀면 $a=4$, $b=-1$
$$\therefore ab=4\cdot(-1)=-4$$

답 -4

0737 주어진 그래프에서 함수의 주기가 $\frac{2}{3}\pi-\left(-\frac{\pi}{3}\right)=\pi$이고 $a>0$이므로
$$\frac{2\pi}{a}=\pi \qquad \therefore a=2$$
주어진 함수의 그래프는 $y=\cos 2x+1$의 그래프를 x축의 방향으로 $-b$만큼 평행이동한 것이므로
$$-b=-\frac{\pi}{3} \qquad \therefore b=\frac{\pi}{3}$$
$$\therefore ab=2\cdot\frac{\pi}{3}=\frac{2}{3}\pi$$

답 $\dfrac{2}{3}\pi$

0738 함수 $y=\tan ax$의 주기가 2π이므로 $\frac{\pi}{a}=2\pi$
$$\therefore a=\frac{1}{2}$$
함수 $y=\tan \frac{1}{2}x\ (0\le x<3\pi)$의 그래프와 x축 및 직선 $y=\frac{1}{2}$로 둘러싸인 부분의 넓이는 가로의 길이가 2π, 세로의 길이가 $\frac{1}{2}$인 직사각형의 넓이와 같다.
따라서 구하는 넓이는
$$2\pi\cdot\frac{1}{2}=\pi$$

답 π

0739 $\cos (\pi+\theta)=-\cos \theta$, $\tan (2\pi-\theta)=-\tan \theta$
$$\sin \left(\frac{5}{2}\pi+\theta\right)=\cos \theta,\ \sin (3\pi-\theta)=\sin \theta$$
$$\tan (-\theta)=-\tan \theta,\ \cos \left(\frac{3}{2}\pi-\theta\right)=-\sin \theta$$
$\therefore$ (주어진 식)
$$=\frac{(-\cos \theta)(-\tan \theta)}{\cos \theta}-\frac{\sin \theta(-\tan \theta)}{-\sin \theta}$$
$$=\tan \theta-\tan \theta$$
$$=0$$

답 ③

0740 $\cos^2 (\pi-\theta)=\cos^2 \theta$이므로
$$\cos^2 \frac{\pi}{10}=\cos^2 \frac{9}{10}\pi$$
$$\cos^2 \frac{2}{10}\pi=\cos^2 \frac{8}{10}\pi$$
$$\cos^2 \frac{3}{10}\pi=\cos^2 \frac{7}{10}\pi$$
$$\cos^2 \frac{4}{10}\pi=\cos^2 \frac{6}{10}\pi$$
또한 $\cos^2 \left(\frac{\pi}{2}-\theta\right)=\sin^2 \theta$이므로
$$\cos^2 \frac{\pi}{10}+\cos^2 \frac{4}{10}\pi=\cos^2 \frac{\pi}{10}+\sin^2 \frac{\pi}{10}=1$$
$$\cos^2 \frac{2}{10}\pi+\cos^2 \frac{3}{10}\pi=\cos^2 \frac{2}{10}\pi+\sin^2 \frac{2}{10}\pi=1$$
$$\therefore \left(\cos^2 \frac{\pi}{10}+\cos^2 \frac{2}{10}\pi+\cdots+\cos^2 \frac{9}{10}\pi\right)-\cos^2 \frac{\pi}{2}$$
$$=2\left(\cos^2 \frac{\pi}{10}+\cos^2 \frac{2}{10}\pi+\cos^2 \frac{3}{10}\pi+\cos^2 \frac{4}{10}\pi\right)$$
$$+\cos^2 \frac{5}{10}\pi-\cos^2 \frac{\pi}{2}$$
$$=2\left(\cos^2 \frac{\pi}{10}+\cos^2 \frac{2}{10}\pi+\cos^2 \frac{3}{10}\pi+\cos^2 \frac{4}{10}\pi\right)$$
$$=2(1+1)=4$$

답 ①

0741 $y=|\cos x-a|+2a$에서
$$\cos x=t$$로 놓으면 $-1\le t\le 1 \qquad \cdots\cdots\ \bigcirc$
주어진 함수는 $y=|t-a|+2a$이므로 $\bigcirc$의 범위에서
$t=a$일 때 최솟값 1을 가지므로 $2a=1 \qquad \therefore a=\frac{1}{2}$
따라서 $y=\left|t-\frac{1}{2}\right|+1$이므로
$t=-1$일 때 최댓값은 $\frac{5}{2}$이다.

답 $\dfrac{5}{2}$

0742 $y=\sin^2 x-\cos x-a$
$$=(1-\cos^2 x)-\cos x-a$$
$$=-\cos^2 x-\cos x+1-a$$

이때 $\cos x=t$로 놓으면 $0\le x\le \frac{\pi}{2}$에서 $0\le t\le 1$이고

주어진 함수는
$$y=-t^2-t+1-a=-\left(t+\frac{1}{2}\right)^2+\frac{5}{4}-a$$
따라서 오른쪽 그림에서 $t=0$일 때
최댓값은 $1-a$이므로

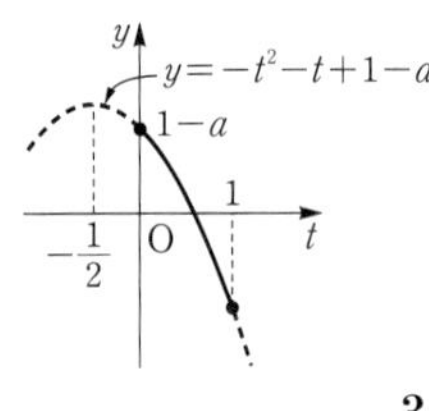

$$1-a=\frac{1}{4} \quad \therefore a=\frac{3}{4}$$

답 $\dfrac{3}{4}$

0743 $y=\dfrac{\sin\theta+\cos\theta}{3\cos\theta-\sin\theta}=\dfrac{\dfrac{\sin\theta}{\cos\theta}+1}{3-\dfrac{\sin\theta}{\cos\theta}}=\dfrac{\tan\theta+1}{3-\tan\theta}$

이때 $\tan\theta=t$로 놓으면 $0\leq\theta\leq\dfrac{\pi}{4}$에서 $0\leq t\leq 1$이고
주어진 함수는
$$y=\frac{t+1}{3-t}=-\frac{t+1}{t-3}$$
$$=-\frac{(t-3)+4}{t-3}=-\frac{4}{t-3}-1$$

따라서 오른쪽 그림에서

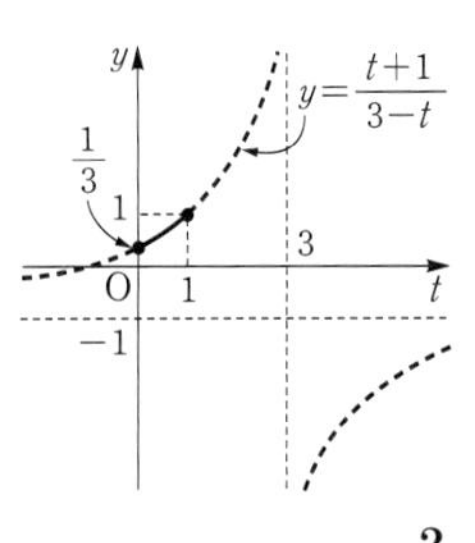

$t=1$일 때 최댓값 $\alpha=1$
$t=0$일 때 최솟값 $\beta=\dfrac{1}{3}$
$$\therefore \alpha-\beta=1-\frac{1}{3}=\frac{2}{3}$$

답 $\dfrac{2}{3}$

0744 $\sin\left(\dfrac{\pi}{2}-\theta\right)=\cos\theta$, $\sin(\pi-\theta)=\sin\theta$,

$\sin\left(\dfrac{3}{2}\pi-\theta\right)=-\cos\theta$, $\sin(2\pi-\theta)=-\sin\theta$

이므로 주어진 방정식은
$$\cos\theta+\sin\theta=-\cos\theta-\sin\theta$$
$$2\sin\theta=-2\cos\theta,\ \sin\theta=-\cos\theta$$
$$\therefore \tan\theta=-1$$
따라서 $0\leq\theta\leq 2\pi$에서 주어진 방정식의 해는
$$\theta=\frac{3}{4}\pi \text{ 또는 } \theta=\frac{7}{4}\pi$$
이므로 모든 θ의 값의 합은 $\dfrac{3}{4}\pi+\dfrac{7}{4}\pi=\dfrac{5}{2}\pi$

답 ④

0745 $\log(\sin\theta)-\log(\cos\theta)=\dfrac{1}{2}\log 3$에서

$$\log\left(\frac{\sin\theta}{\cos\theta}\right)=\log\sqrt{3},\ \frac{\sin\theta}{\cos\theta}=\sqrt{3}$$

$$\tan\theta=\sqrt{3} \quad \therefore \theta=\frac{\pi}{3}\left(\because 0<\theta<\frac{\pi}{2}\right)$$

답 $\dfrac{\pi}{3}$

0746 $\sqrt{3}\sin^2 x-2\sin x\cos x-\sqrt{3}\cos^2 x=0$의 양변을 $\cos^2 x$로 나누면

$$\sqrt{3}\left(\frac{\sin x}{\cos x}\right)^2-2\left(\frac{\sin x}{\cos x}\right)-\sqrt{3}=0$$
$$\sqrt{3}\tan^2 x-2\tan x-\sqrt{3}=0$$
$$(\sqrt{3}\tan x+1)(\tan x-\sqrt{3})=0$$
$$\therefore \tan x=-\frac{1}{\sqrt{3}} \text{ 또는 } \tan x=\sqrt{3}$$

$\dfrac{\pi}{2}<x<\dfrac{3}{2}\pi$에서

(i) $\tan x=-\dfrac{1}{\sqrt{3}}$일 때, $x=\dfrac{5}{6}\pi$

(ii) $\tan x=\sqrt{3}$일 때, $x=\dfrac{4}{3}\pi$

(i), (ii)에서 $x=\dfrac{5}{6}\pi$ 또는 $x=\dfrac{4}{3}\pi$

따라서 모든 근의 합은 $\dfrac{5}{6}\pi+\dfrac{4}{3}\pi=\dfrac{13}{6}\pi$

답 $\dfrac{13}{6}\pi$

0747 $y=x^2-2x\sin\theta-\cos^2\theta$
$$=(x-\sin\theta)^2-\sin^2\theta-\cos^2\theta$$
$$=(x-\sin\theta)^2-1$$
꼭짓점의 좌표는 $(\sin\theta,\ -1)$이고 이 점이 직선 $y=2\sqrt{3}x+2$ 위에 있으므로
$$-1=2\sqrt{3}\sin\theta+2,\ \sin\theta=-\frac{\sqrt{3}}{2}$$
$$\therefore \theta=\frac{4}{3}\pi \text{ 또는 } \theta=\frac{5}{3}\pi\ (\because 0\leq\theta<2\pi)$$

답 $\theta=\dfrac{4}{3}\pi$ 또는 $\theta=\dfrac{5}{3}\pi$

0748 $\cos A=-\dfrac{1}{2}$이므로 $A=\dfrac{2}{3}\pi\ (\because 0<A<\pi)$

이때 삼각형의 세 내각의 크기의 합은 π이므로
$$A+B+C=\pi \quad \therefore B+C=\pi-A$$
$$\therefore \sin\frac{B+C-2\pi}{2}=\sin\frac{\pi-A-2\pi}{2}$$
$$=\sin\left(-\frac{\pi}{2}-\frac{A}{2}\right)$$
$$=-\sin\left(\frac{\pi}{2}+\frac{A}{2}\right)$$
$$=-\cos\frac{A}{2}=-\cos\frac{\pi}{3}$$
$$=-\frac{1}{2}$$

답 ②

0749 $\sin^2\alpha+\cos^2\alpha=1$이므로 $\cos\alpha=\dfrac{1}{3}$을 대입하면
$$\sin^2\alpha+\left(\frac{1}{3}\right)^2=1$$
$$\therefore \sin\alpha=\frac{2\sqrt{2}}{3}\ (\because 0<\alpha<\pi)$$

사각형 ABCD가 원에 내접하므로 $\alpha+\beta=\pi$

$\sin \alpha=\sin (\pi-\beta)=\sin \beta=\dfrac{2\sqrt{2}}{3}$

$\cos \alpha=\cos (\pi-\beta)=-\cos \beta=\dfrac{1}{3}$ $\quad\therefore \cos \beta=-\dfrac{1}{3}$

$\therefore \tan \beta=\dfrac{\sin \beta}{\cos \beta}=-2\sqrt{2}$

답 $-2\sqrt{2}$

0750 방정식 $\cos x=-\dfrac{3}{4}$의 두 근이 α, β이므로 함수

$y=\cos x$의 그래프와 직선 $y=-\dfrac{3}{4}$의 교점의 x좌표는 α, β이
다.

오른쪽 그림에서 함수 $y=\cos x$의
그래프의 대칭성에 의하여

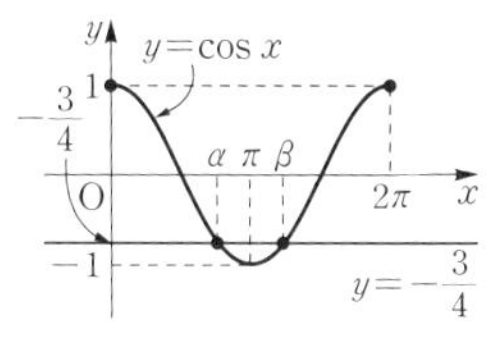

$\dfrac{\alpha+\beta}{2}=\pi$이므로 $\alpha+\beta=2\pi$

$\therefore \sin (\alpha+\beta)=\sin 2\pi=0$

답 ③

0751 $y=\sin 2x$의 주기는 $\dfrac{2\pi}{2}=\pi$이므로 $y=\sin 2x$의 그래
프는 다음과 같다.

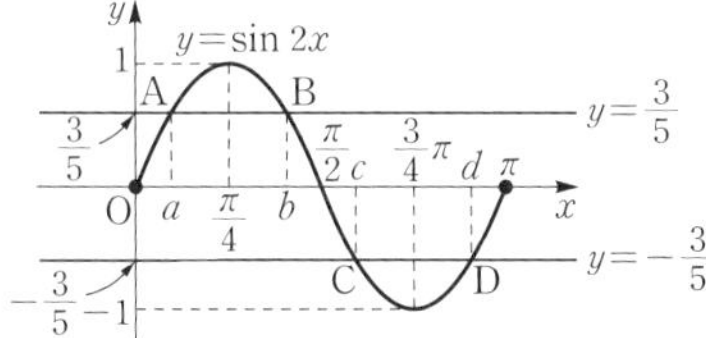

두 점 A, B는 직선 $x=\dfrac{\pi}{4}$에 대하여 대칭이므로

$\dfrac{a+b}{2}=\dfrac{\pi}{4}$ $\quad\therefore a+b=\dfrac{\pi}{2}$ $\qquad \cdots\cdots$ ㉠

두 점 C, D는 직선 $x=\dfrac{3}{4}\pi$에 대하여 대칭이므로

$\dfrac{c+d}{2}=\dfrac{3}{4}\pi$ $\quad\therefore c+d=\dfrac{3}{2}\pi$ $\qquad \cdots\cdots$ ㉡

두 점 B, C는 점 $\left(\dfrac{\pi}{2},\ 0\right)$에 대하여 대칭이므로

$\dfrac{b+c}{2}=\dfrac{\pi}{2}$ $\quad\therefore b+c=\pi$ $\qquad \cdots\cdots$ ㉢

㉠, ㉡, ㉢에서

$a+2b+2c+d=(a+b)+(b+c)+(c+d)$

$\qquad\qquad\qquad =\dfrac{\pi}{2}+\pi+\dfrac{3}{2}\pi=3\pi$

답 3π

0752 $2\sin^{2} x-3\sin \left(\dfrac{\pi}{2}+x\right)\geq 2\cos x-4\cos^{2} x$에서

$2\sin^{2} x-3\cos x\geq 2\cos x-4\cos^{2} x$

$2(1-\cos^{2} x)-3\cos x\geq 2\cos x-4\cos^{2} x$

$2\cos^{2} x-5\cos x+2\geq 0$

$(2\cos x-1)(\cos x-2)\geq 0$

그런데 $\cos x-2<0$이므로

$\cos x\leq\dfrac{1}{2}$

$0\leq x<2\pi$이므로 오른쪽 그림에서

$\cos x\leq\dfrac{1}{2}$의 해는

$\dfrac{\pi}{3}\leq x\leq\dfrac{5}{3}\pi$

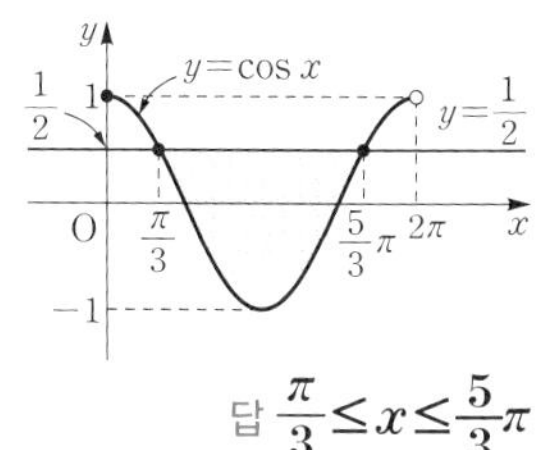

답 $\dfrac{\pi}{3}\leq x\leq\dfrac{5}{3}\pi$

0753 $\sin^{2} x+\sin x=\cos^{2} x+\cos x$에서

$(\sin^{2} x-\cos^{2} x)+(\sin x-\cos x)=0$

$(\sin x-\cos x)(\sin x+\cos x)+(\sin x-\cos x)=0$

$(\sin x-\cos x)(\sin x+\cos x+1)=0$

$\therefore \sin x-\cos x=0$ 또는 $\sin x+\cos x+1=0$

(i) $\sin x=\cos x$일 때

$x=\dfrac{\pi}{4}$ 또는 $x=\dfrac{5}{4}\pi$ ($\because 0\leq x<2\pi$)

(ii) $\sin x+\cos x+1=0$일 때

$\sin x+1=-\cos x$ $\qquad\cdots\cdots$ ㉠

양변을 제곱하면

$\sin^{2} x+2\sin x+1=\cos^{2} x$

$\sin^{2} x+2\sin x+1=1-\sin^{2} x$

$2\sin x(\sin x+1)=0$

$\therefore \sin x=0$ 또는 $\sin x=-1$

$\therefore x=0$ 또는 $x=\pi$ 또는 $x=\dfrac{3}{2}\pi$ ($\because 0\leq x<2\pi$)

그런데 $x=0$은 ㉠을 만족시키지 못하므로

$x=\pi$ 또는 $x=\dfrac{3}{2}\pi$

(i), (ii)에서 구하는 모든 근은 $\dfrac{\pi}{4}$, π, $\dfrac{5}{4}\pi$, $\dfrac{3}{2}\pi$이므로

$a=4$, $b=\dfrac{3}{2}\pi$, $c=\dfrac{\pi}{4}$

$\therefore a\cos (b+c)=4\cos \dfrac{7}{4}\pi=4\cos \left(2\pi-\dfrac{\pi}{4}\right)$

$\qquad\qquad\qquad =4\cos \dfrac{\pi}{4}=2\sqrt{2}$

답 $2\sqrt{2}$

0754 모든 실수 x에 대하여 $f(x+p)=f(x)$를 만족시키는

양수 p의 최솟값이 4π이므로 함수 $f(x)=a\sin b\left(x+\dfrac{\pi}{2}\right)+c$

의 주기는 4π이다.

$b>0$이므로 $\dfrac{2\pi}{b}=4\pi$

$\therefore b=\dfrac{1}{2}$

한편, 함수 $f(x)$의 최댓값이 1, 최솟값이 -3이고 $a>0$이므로

$a+c=1,\ -a+c=-3$

위의 두 식을 연립하여 풀면

$a=2,\ c=-1$

❹

$\therefore abc=2\cdot\dfrac{1}{2}\cdot(-1)=-1$

❺

답 -1

단계	채점요소	배점
㉮	b의 값 구하기	50%
㉯	$a,\ c$의 값 구하기	40%
㉰	abc의 값 구하기	10%

0755 $\left\{\sin\left(\dfrac{\pi}{2}+\theta\right)+\cos\left(\dfrac{3}{2}\pi+\theta\right)+1\right\}^2$

$=2\sin(\pi-\theta)\cos(2\pi-\theta)+3$에서

$(\cos\theta+\sin\theta+1)^2=2\sin\theta\cos\theta+3$

㉮

$\sin^2\theta+\cos^2\theta+1+2(\sin\theta\cos\theta+\sin\theta+\cos\theta)$

$=2\sin\theta\cos\theta+3$

$2+2\sin\theta\cos\theta+2(\sin\theta+\cos\theta)=2\sin\theta\cos\theta+3$

$\sin\theta+\cos\theta=\dfrac{1}{2}$

㉯

$(\sin\theta+\cos\theta)^2=\left(\dfrac{1}{2}\right)^2$

$\sin^2\theta+2\sin\theta\cos\theta+\cos^2\theta=\dfrac{1}{4}$

$1+2\sin\theta\cos\theta=\dfrac{1}{4}$

$\therefore \sin\theta\cos\theta=-\dfrac{3}{8}$

㉰

답 $-\dfrac{3}{8}$

단계	채점요소	배점
㉮	주어진 식을 간단히 정리하기	30%
㉯	$\sin\theta+\cos\theta$의 값 구하기	30%
㉰	$\sin\theta\cos\theta$의 값 구하기	40%

0756 $\sin\left(x-\dfrac{\pi}{2}\right)=-\cos x,\ \cos\left(x+\dfrac{\pi}{2}\right)=-\sin x$이므로

$y=\sin^2\left(x-\dfrac{\pi}{2}\right)+\cos\left(x+\dfrac{\pi}{2}\right)$

$=\cos^2 x-\sin x$

$=(1-\sin^2 x)-\sin x$

$=-\sin^2 x-\sin x+1$

㉮

이때 $\sin x=t$로 놓으면 $-\pi\leq x\leq\pi$에서 $-1\leq t\leq 1$이고 주어진 함수는

$y=-t^2-t+1=-\left(t+\dfrac{1}{2}\right)^2+\dfrac{5}{4}$

㉯

따라서 오른쪽 그림에서

$t=-\dfrac{1}{2}$일 때 최댓값은 $\dfrac{5}{4}$,

$t=1$일 때 최솟값은 -1이므로

최댓값과 최솟값의 합은

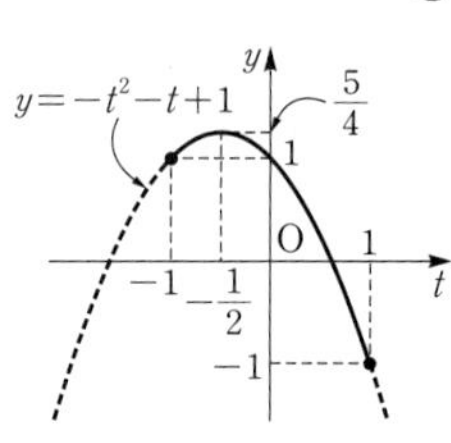

$\dfrac{5}{4}-1=\dfrac{1}{4}$

㉰

답 $\dfrac{1}{4}$

단계	채점요소	배점
㉮	함수의 식 정리하기	40%
㉯	$\sin x=t$로 치환하기	20%
㉰	최댓값과 최솟값의 합 구하기	40%

0757 x에 대한 이차방정식 $x^2+2\sqrt{2}x\cos\theta+3\sin\theta=0$이 실근을 가지려면 판별식을 D라 할 때

$\dfrac{D}{4}=(\sqrt{2}\cos\theta)^2-3\sin\theta\geq 0$

㉮

$2\cos^2\theta-3\sin\theta\geq 0$

$2(1-\sin^2\theta)-3\sin\theta\geq 0$

$2\sin^2\theta+3\sin\theta-2\leq 0$

$(2\sin\theta-1)(\sin\theta+2)\leq 0$

이때 $\sin\theta+2>0$이므로

$2\sin\theta-1\leq 0$

$\therefore \sin\theta\leq\dfrac{1}{2}$

㉯

$\dfrac{\pi}{2}\leq\theta\leq\dfrac{3}{2}\pi$이므로 오른쪽 그림에서 주어진 방정식이 실근을 갖도록 하는 θ의 값의 범위는

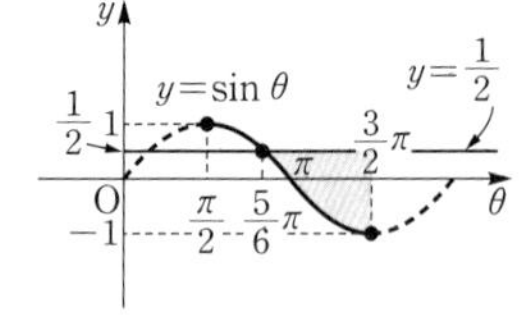

$\dfrac{5}{6}\pi\leq\theta\leq\dfrac{3}{2}\pi$

㉰

답 $\dfrac{5}{6}\pi\leq\theta\leq\dfrac{3}{2}\pi$

단계	채점요소	배점
㉮	판별식을 이용하여 실근을 가질 부등식 세우기	30%
㉯	$\sin\theta$의 값의 범위 구하기	40%
㉰	θ의 값의 범위 구하기	30%

0758 $\dfrac{1+5}{2}=3$이므로 함수 $y=a\cos bx$

의 그래프는 직선 $x=3$에 대하여 대칭이다.

$y=a\cos bx$의 그래프는 오른쪽 그림과 같

으므로 이 함수의 주기는 6이다.

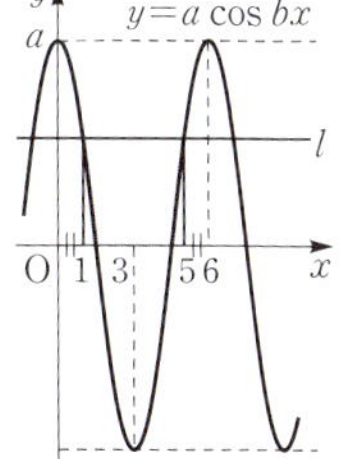

즉 $\dfrac{2\pi}{b}=6$ $\therefore b=\dfrac{\pi}{3}$

이때 $f(x)=a\cos\dfrac{\pi}{3}x$로 놓으면

$f(1)=a\cos\dfrac{\pi}{3}=\dfrac{a}{2}$

또 색칠한 직사각형의 넓이가 20이므로

$4\cdot\dfrac{a}{2}=20$ $\therefore a=10$

답 **10**

0759 $\tan 179°=\tan(180°-1°)=-\tan 1°$

$\tan 159°=\tan(180°-21°)=-\tan 21°$

$\tan 139°=\tan(180°-41°)=-\tan 41°$

$\tan 119°=\tan(180°-61°)=-\tan 61°$

$\tan 99°=\tan(180°-81°)=-\tan 81°$

$\therefore A+B$

$=(\tan 1°+\tan 179°)+(\tan 21°+\tan 159°)$

$\qquad\qquad +\cdots+(\tan 81°+\tan 99°)$

$=(\tan 1°-\tan 1°)+(\tan 21°-\tan 21°)$

$\qquad\qquad +\cdots+(\tan 81°-\tan 81°)$

$=0$

답 **0**

0760 $\cos^2 x+(a+2)\sin x-(2a+1)>0$에서

$(1-\sin^2 x)+(a+2)\sin x-(2a+1)>0$

$\sin^2 x-(a+2)\sin x+2a<0$

$\therefore (\sin x-2)(\sin x-a)<0$

모든 실수 x에 대하여 $\sin x-2<0$이므로

$\sin x-a>0$

$\therefore \sin x>a$

이 부등식이 모든 실수 x에 대하여 성립하려면

$a<-1$

답 $a<-1$

0761 이차방정식 $x^2-(4\cos\theta)x+6\sin\theta=0$의 판별식을

D라 할 때, 이 이차방정식이 서로 다른 두 양의 실근을 가지려면

(i) $\dfrac{D}{4}=4\cos^2\theta-6\sin\theta>0$

$\quad 4(1-\sin^2\theta)-6\sin\theta>0$

$\quad 2\sin^2\theta+3\sin\theta-2<0$

$\quad (2\sin\theta-1)(\sin\theta+2)<0$

$\quad 0\leq\theta<2\pi$에서 $\sin\theta+2>0$이므로

$\quad 2\sin\theta-1<0$

$\quad \therefore \sin\theta<\dfrac{1}{2}$

(ii) 두 근의 합 : $4\cos\theta>0$ $\therefore \cos\theta>0$

(iii) 두 근의 곱 : $6\sin\theta>0$ $\therefore \sin\theta>0$

(i), (ii), (iii)에서 $0<\sin\theta<\dfrac{1}{2}$, $\cos\theta>0$

오른쪽 그림에서 $0<\theta<\dfrac{\pi}{6}$이므로

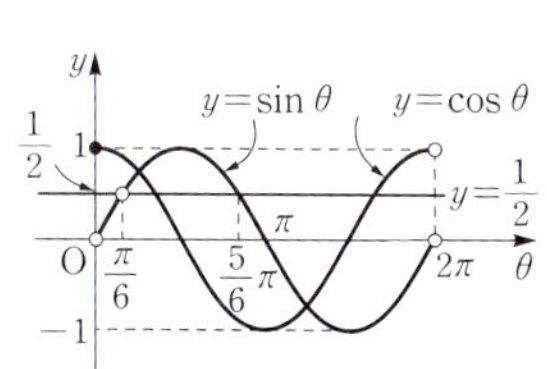

$\alpha=0$, $\beta=\dfrac{\pi}{6}$

$\therefore \sin\alpha+\cos\beta$

$\quad=\sin 0+\cos\dfrac{\pi}{6}$

$\quad=0+\dfrac{\sqrt{3}}{2}=\dfrac{\sqrt{3}}{2}$

답 ②

07 | 삼각함수의 활용

📖 교과서 문제 정/복/하/기

본문 97쪽

0762 사인법칙에 의하여 $\dfrac{c}{\sin 45^\circ}=\dfrac{4}{\sin 60^\circ}$ 이므로

$c \sin 60^\circ=4 \sin 45^\circ$, $\dfrac{\sqrt{3}}{2}c=2\sqrt{2}$

$\therefore c=\dfrac{4\sqrt{2}}{\sqrt{3}}=\dfrac{4\sqrt{6}}{3}$

답 $\dfrac{4\sqrt{6}}{3}$

0763 사인법칙에 의하여 $\dfrac{b}{\sin 30^\circ}=\dfrac{5}{\sin 45^\circ}$ 이므로

$b \sin 45^\circ=5 \sin 30^\circ$, $\dfrac{\sqrt{2}}{2}b=\dfrac{5}{2}$

$\therefore b=\dfrac{5}{\sqrt{2}}=\dfrac{5\sqrt{2}}{2}$

답 $\dfrac{5\sqrt{2}}{2}$

0764 사인법칙에 의하여 $\dfrac{a}{\sin 30^\circ}=\dfrac{12}{\sin 120^\circ}$ 이므로

$a \sin 120^\circ=12 \sin 30^\circ$, $\dfrac{\sqrt{3}}{2}a=6$

$\therefore a=\dfrac{12}{\sqrt{3}}=4\sqrt{3}$

답 $4\sqrt{3}$

0765 사인법칙에 의하여 $\dfrac{1}{\sin A}=\dfrac{\sqrt{2}}{\sin 135^\circ}$ 이므로

$\sqrt{2} \sin A=\sin 135^\circ$

$\therefore \sin A=\dfrac{\sqrt{2}}{2}\cdot\dfrac{1}{\sqrt{2}}=\dfrac{1}{2}$

$0^\circ<A<180^\circ$ 이므로 $A=30^\circ$ 또는 $A=150^\circ$

그런데 $A+C<180^\circ$ 이어야 하므로

$A=30^\circ$

답 30°

0766 사인법칙에 의하여 $\dfrac{2}{\sin 30^\circ}=\dfrac{2\sqrt{2}}{\sin B}$ 이므로

$2 \sin B=2\sqrt{2} \sin 30^\circ$

$\therefore \sin B=2\sqrt{2}\cdot\dfrac{1}{2}\cdot\dfrac{1}{2}=\dfrac{\sqrt{2}}{2}$

$0^\circ<B<180^\circ$ 이므로 $B=45^\circ$ 또는 $B=135^\circ$

답 45° 또는 135°

0767 사인법칙에 의하여 $\dfrac{2}{\sin 45^\circ}=\dfrac{\sqrt{6}}{\sin C}$ 이므로

$2 \sin C=\sqrt{6} \sin 45^\circ$

$\therefore \sin C=\sqrt{6}\cdot\dfrac{\sqrt{2}}{2}\cdot\dfrac{1}{2}=\dfrac{\sqrt{3}}{2}$

$0^\circ<C<180^\circ$ 이므로 $C=60^\circ$ 또는 $C=120^\circ$

답 60° 또는 120°

0768 사인법칙에 의하여 $\dfrac{\sqrt{3}}{\sin 60^\circ}=2R$

$\therefore R=\dfrac{\sqrt{3}}{\dfrac{\sqrt{3}}{2}}\cdot\dfrac{1}{2}=1$

답 1

0769 $A+B+C=180^\circ$ 이므로

$A=180^\circ-(100^\circ+50^\circ)=30^\circ$

사인법칙에 의하여 $\dfrac{6}{\sin 30^\circ}=2R$

$\therefore R=\dfrac{6}{\dfrac{1}{2}}\cdot\dfrac{1}{2}=6$

답 6

0770 $b=c=2$ 에서 $\triangle ABC$는 $B=C$인 이등변삼각형이므로

$B=C=\dfrac{1}{2}(180^\circ-120^\circ)=30^\circ$

사인법칙에 의하여 $\dfrac{2}{\sin 30^\circ}=2R$

$\therefore R=\dfrac{2}{\dfrac{1}{2}}\cdot\dfrac{1}{2}=2$

답 2

0771 $\triangle ABC$의 외접원의 반지름의 길이를 R라 하면

사인법칙에 의하여 $\dfrac{12}{\sin 150^\circ}=2R$

$\therefore R=\dfrac{12}{\dfrac{1}{2}}\cdot\dfrac{1}{2}=12$

따라서 $\triangle ABC$의 외접원의 넓이는

$\pi\cdot 12^2=144\pi$

답 144π

0772 코사인법칙에 의하여

$a^2=5^2+7^2-2\cdot 5\cdot 7\cdot\cos 60^\circ$

$\quad=25+49-2\cdot 5\cdot 7\cdot\dfrac{1}{2}=39$

$a>0$ 이므로 $a=\sqrt{39}$

답 $\sqrt{39}$

0773 코사인법칙에 의하여

$b^2=3^2+6^2-2\cdot 3\cdot 6\cdot\cos 60^\circ$

$\quad=9+36-2\cdot 3\cdot 6\cdot\dfrac{1}{2}=27$

$b>0$이므로 $b=\sqrt{27}=3\sqrt{3}$

답 $3\sqrt{3}$

0774 코사인법칙에 의하여

$c^2=12^2+6^2-2\cdot12\cdot6\cdot\cos120°$

$\quad=144+36-2\cdot12\cdot6\cdot\left(-\dfrac{1}{2}\right)=252$

$c>0$이므로 $c=\sqrt{252}=6\sqrt{7}$

답 $6\sqrt{7}$

0775 코사인법칙에 의하여

$\cos A=\dfrac{5^2+(3\sqrt{2})^2-1^2}{2\cdot5\cdot3\sqrt{2}}=\dfrac{7}{5\sqrt{2}}=\dfrac{7\sqrt{2}}{10}$

답 $\dfrac{7\sqrt{2}}{10}$

0776 코사인법칙에 의하여

$\cos B=\dfrac{2^2+(2\sqrt{3})^2-2^2}{2\cdot2\cdot2\sqrt{3}}=\dfrac{3}{2\sqrt{3}}=\dfrac{\sqrt{3}}{2}$

$0°<B<180°$이므로 $B=30°$

답 $30°$

0777 $\triangle ABC$의 넓이를 S라 하면

$S=\dfrac{1}{2}\cdot8\cdot12\cdot\sin30°$

$\quad=\dfrac{1}{2}\cdot8\cdot12\cdot\dfrac{1}{2}=24$

답 24

0778 $\triangle ABC$의 넓이를 S라 하면

$S=\dfrac{1}{2}\cdot6\cdot5\cdot\sin120°$

$\quad=\dfrac{1}{2}\cdot6\cdot5\cdot\dfrac{\sqrt{3}}{2}=\dfrac{15\sqrt{3}}{2}$

답 $\dfrac{15\sqrt{3}}{2}$

0779 $\triangle ABC$의 넓이를 S라 하면

$S=\dfrac{1}{2}\cdot8\cdot9\cdot\sin135°$

$\quad=\dfrac{1}{2}\cdot8\cdot9\cdot\dfrac{\sqrt{2}}{2}=18\sqrt{2}$

답 $18\sqrt{2}$

0780 $\triangle ABC$의 넓이를 S라 하면

$S=\dfrac{1}{2}\cdot\sqrt{3}\cdot20=10\sqrt{3}$

답 $10\sqrt{3}$

0781 내접원의 반지름의 길이를 r라 하면

$\dfrac{1}{2}\cdot r\cdot18=18\qquad\therefore r=2$

답 2

0782 $B=D=60°$이므로

$\square ABCD=2\cdot3\cdot\sin60°$

$\qquad=2\cdot3\cdot\dfrac{\sqrt{3}}{2}=3\sqrt{3}$

답 $3\sqrt{3}$

0783 $A+B=180°$이므로 $A=45°$

$\therefore \square ABCD=3\cdot4\cdot\sin45°$

$\qquad=3\cdot4\cdot\dfrac{\sqrt{2}}{2}=6\sqrt{2}$

답 $6\sqrt{2}$

0784 $C=A=150°$이므로

$\square ABCD=4\cdot5\cdot\sin150°$

$\qquad=4\cdot5\cdot\dfrac{1}{2}=10$

답 10

0785 $\square ABCD=\dfrac{1}{2}\cdot10\cdot14\cdot\sin120°$

$\qquad=\dfrac{1}{2}\cdot10\cdot14\cdot\dfrac{\sqrt{3}}{2}=35\sqrt{3}$

답 $35\sqrt{3}$

0786 $A+B+C=180°$이므로

$A=180°-(45°+75°)=60°$

사인법칙에 의하여 $\dfrac{a}{\sin60°}=\dfrac{8}{\sin45°}$이므로

$a\sin45°=8\sin60°,\ \dfrac{\sqrt{2}}{2}a=4\sqrt{3}$

$\therefore a=4\sqrt{6}$

답 ②

0787 사인법칙에 의하여 $\dfrac{6}{\sin120°}=\dfrac{b}{\sin30°}$이므로

$b\sin120°=6\sin30°,\ \dfrac{\sqrt{3}}{2}b=3$

$\therefore b=2\sqrt{3}$

답 ⑤

0788 사인법칙에 의하여 $\dfrac{2}{\sin B}=\dfrac{2\sqrt{3}}{\sin120°}$이므로

$2\sqrt{3}\sin B=2\sin120°$

$$\therefore \sin B = \frac{1}{2}$$

$0°<B<180°$이므로 $B=30°$ 또는 $B=150°$

그런데 $B+C<180°$이어야 하므로 $B=30°$

$$\therefore A=180°-(30°+120°)$$
$$=30°$$

답 ②

0789 $\angle ABC=90°$, $\angle ABD=60°$이므로

$\angle DBC=90°-60°=30°$

또 $\triangle ABC$는 $\overline{AB}=\overline{BC}$인 직각이등변삼각형이므로

$\angle BAC=\angle BCA=45°$

한편, 한 호에 대한 원주각의 크기는 같으므로

$\angle BDC=\angle BAC=45°$

따라서 $\triangle BCD$에서 사인법칙에 의하여

$\dfrac{\overline{CD}}{\sin 30°}=\dfrac{\overline{BC}}{\sin 45°}$이므로

$\overline{BC}\sin 30°=\overline{CD}\sin 45°$, $6\sqrt{2}\cdot\dfrac{1}{2}=\overline{CD}\cdot\dfrac{\sqrt{2}}{2}$

$$\therefore \overline{CD}=6$$

답 6

0790 사인법칙에 의하여 $\dfrac{\sqrt{6}}{\sin 60°}=\dfrac{b}{\sin 45°}$이므로

$b\sin 60°=\sqrt{6}\sin 45°$, $\dfrac{\sqrt{3}}{2}b=\sqrt{3}$

$$\therefore b=2$$

또 $\dfrac{\sqrt{6}}{\sin 60°}=2R$에서

$$R=\dfrac{\sqrt{6}}{\frac{\sqrt{3}}{2}}\cdot\dfrac{1}{2}=\sqrt{2}$$

답 $b=2,\ R=\sqrt{2}$

0791
$$\sin A+\sin B+\sin C=\frac{a}{2R}+\frac{b}{2R}+\frac{c}{2R}$$
$$=\frac{a+b+c}{2R}$$
$$=\frac{a+b+c}{2\cdot 10}=\frac{3}{2}$$

$$\therefore a+b+c=\frac{3}{2}\cdot 20=30$$

답 ⑤

0792 선분 BD를 그으면 $\triangle ABD$에서 사인법칙에 의하여

$\sin A=\dfrac{\overline{BD}}{2\cdot 3}=\dfrac{\overline{BD}}{6}$

또 $\triangle BCD$에서 사인법칙에 의하여

$\sin C=\dfrac{\overline{BD}}{2\cdot 6}=\dfrac{\overline{BD}}{12}$

$$\therefore \frac{\sin A}{\sin C}=\frac{\frac{\overline{BD}}{6}}{\frac{\overline{BD}}{12}}=2$$

답 ②

0793 $A+B+C=\pi$이므로

$A+B=\pi-C$

따라서 $\sin(A+B)=\sin(\pi-C)=\sin C$이므로

$5\sin(A+B)\sin C=5\sin^2 C=4$

$$\therefore \sin^2 C=\frac{4}{5}$$

이때 $0°<C<180°$에서 $\sin C>0$이므로

$$\sin C=\frac{2}{\sqrt{5}}$$

$\triangle ABC$의 외접원의 반지름의 길이를 R라 하면 사인법칙에 의하여

$$c=2R\sin C=2\cdot\sqrt{5}\cdot\frac{2}{\sqrt{5}}=4$$

답 4

0794 $A+B+C=180°$이고, $A:B:C=1:2:3$이므로

$$A=180°\times\frac{1}{6}=30°$$
$$B=180°\times\frac{2}{6}=60°$$
$$C=180°\times\frac{3}{6}=90°$$

$$\therefore a:b:c=\sin 30°:\sin 60°:\sin 90°$$
$$=\frac{1}{2}:\frac{\sqrt{3}}{2}:1$$
$$=1:\sqrt{3}:2$$

답 ③

0795 $\dfrac{a+b}{4}=\dfrac{b+c}{5}=\dfrac{c+a}{5}=k\ (k>0)$라 하면

$a+b=4k$, $b+c=5k$, $c+a=5k$

세 식을 연립하여 풀면

$a=2k$, $b=2k$, $c=3k$

$$\therefore \sin A:\sin B:\sin C=a:b:c=2k:2k:3k$$
$$=2:2:3$$

답 ②

0796 $a-2b+c=0$ …… ㉠

$3a+b-2c=0$ …… ㉡

㉠$+2\times$㉡을 하면

$7a-3c=0$ $\therefore a=\dfrac{3}{7}c$ …… ㉢

㉢을 ㉠에 대입하면

$\dfrac{3}{7}c-2b+c=0$ $\therefore b=\dfrac{5}{7}c$

$\therefore \sin A : \sin B : \sin C = a : b : c$
$$= \frac{3}{7}c : \frac{5}{7}c : c$$
$$= 3 : 5 : 7$$

답 ①

0797 $A+B+C=\pi$이므로
$$\sin(A+B) : \sin(B+C) : \sin(C+A)$$
$$= \sin(\pi-C) : \sin(\pi-A) : \sin(\pi-B)$$
$$= \sin C : \sin A : \sin B$$
$$= c : a : b$$
$$= 5 : 4 : 7$$
즉 $a : b : c = 4 : 7 : 5$이므로
$a=4k$, $b=7k$, $c=5k$ $(k>0)$로 놓으면
$$\frac{a^2+b^2+c^2}{ac} = \frac{(4k)^2+(7k)^2+(5k)^2}{4k \cdot 5k} = \frac{90k^2}{20k^2} = \frac{9}{2}$$

답 $\dfrac{9}{2}$

0798 삼각형 ABC의 외접원의 반지름의 길이를 R라 하면 사인법칙에 의하여
$$\sin A = \frac{a}{2R}, \ \sin B = \frac{b}{2R}, \ \sin C = \frac{c}{2R}$$
이것을 주어진 식에 대입하면
$$(b-c) \cdot \frac{a}{2R} = b \cdot \frac{b}{2R} - c \cdot \frac{c}{2R}$$
$$(b-c)a = b^2 - c^2$$
$$(b-c)a - (b-c)(b+c) = 0$$
$$(b-c)\{a-(b+c)\} = 0$$
그런데 삼각형의 두 변의 길이의 합은 나머지 한 변의 길이보다 크므로
$$a-(b+c) \neq 0 \qquad \therefore b=c$$
따라서 삼각형 ABC는 $b=c$인 이등변삼각형이다.

답 ③

0799 삼각형 ABC의 외접원의 반지름의 길이를 R라 하면 사인법칙에 의하여
$$\sin A = \frac{a}{2R}, \ \sin B = \frac{b}{2R}$$
이것을 주어진 식에 대입하면
$$a \cdot \frac{a}{2R} = b \cdot \frac{b}{2R}, \ a^2 = b^2$$
$$\therefore a = b \ (\because a>0, \ b>0)$$
따라서 삼각형 ABC는 $a=b$인 이등변삼각형이다.

답 ④

0800 $\cos^2 A = 1 - \sin^2 A$, $\cos^2 B = 1 - \sin^2 B$, $\cos^2 C = 1 - \sin^2 C$이므로 주어진 식에 대입하면
$$(1-\sin^2 A) - (1-\sin^2 B) - (1-\sin^2 C) = -1$$

이 식을 정리하면
$$\sin^2 A = \sin^2 B + \sin^2 C \qquad \cdots\cdots \ \bigcirc$$
이때 삼각형 ABC의 외접원의 반지름의 길이를 R라 하면 사인법칙에 의하여
$$\sin A = \frac{a}{2R}, \ \sin B = \frac{b}{2R}, \ \sin C = \frac{c}{2R}$$
이것을 $\bigcirc$에 대입하면
$$\left(\frac{a}{2R}\right)^2 = \left(\frac{b}{2R}\right)^2 + \left(\frac{c}{2R}\right)^2$$
$$\therefore a^2 = b^2 + c^2$$
따라서 삼각형 ABC는 $A=90°$인 직각삼각형이다.

답 ④

0801 코사인법칙에 의하여
$$b^2 = 3^2 + 6^2 - 2 \cdot 3 \cdot 6 \cdot \cos 60°$$
$$= 9 + 36 - 2 \cdot 3 \cdot 6 \cdot \frac{1}{2} = 27$$
$b>0$이므로 $b=3\sqrt{3}$
이때 $\triangle ABC$의 외접원의 반지름의 길이를 R라 하면 사인법칙에 의하여
$$\frac{3\sqrt{3}}{\sin 60°} = 2R$$
$$\therefore R = \frac{3\sqrt{3}}{2\sin 60°} = \frac{3\sqrt{3}}{2 \cdot \frac{\sqrt{3}}{2}} = 3$$
따라서 $\triangle ABC$의 외접원의 넓이는
$$\pi \cdot 3^2 = 9\pi$$

답 ③

0802 코사인법칙에 의하여
$$b^2 = c^2 + a^2 - 2ca \cos B$$
$$(3\sqrt{2})^2 = (2\sqrt{3})^2 + a^2 - 2 \cdot 2\sqrt{3} \cdot a \cdot \cos 60°$$
$$a^2 - 2\sqrt{3}a - 6 = 0$$
$$\therefore a = 3 + \sqrt{3} \ (\because a>0)$$

답 $3+\sqrt{3}$

0803 평행사변형 ABCD에서 $B=60°$이므로 $A=120°$
$\triangle ABD$에서 코사인법칙에 의하여
$$\overline{BD}^2 = 5^2 + 3^2 - 2 \cdot 5 \cdot 3 \cdot \cos 120°$$
$$= 25 + 9 - 2 \cdot 5 \cdot 3 \cdot \left(-\frac{1}{2}\right) = 49$$
$\overline{BD}>0$이므로 $\overline{BD}=7$

답 7

0804 사인법칙에 의하여
$$\frac{7\sqrt{3}}{\sin A} = 2 \cdot 7$$

$$\therefore \sin A = \frac{\sqrt{3}}{2}$$

그런데 $90° < A < 180°$이므로 $A = 120°$

따라서 코사인법칙에 의하여

$$(7\sqrt{3})^2 = b^2 + (2b)^2 - 2 \cdot b \cdot 2b \cos 120°$$

$$147 = b^2 + 4b^2 + 2b^2$$

$$7b^2 = 147, \ b^2 = 21$$

$$\therefore b = \sqrt{21} \ (\because b > 0)$$

답 ②

0805 $3a + 2b - 3c = 0$ ······ ㉠

$4a - 4b + c = 0$ ······ ㉡

㉠ $\times 2 +$ ㉡을 하면

$10a - 5c = 0$ $\therefore c = 2a$ ······ ㉢

㉢을 ㉡에 대입하면

$4a - 4b + 2a = 0$ $\therefore b = \dfrac{3}{2}a$

따라서 코사인법칙에 의하여

$$\cos A = \frac{\left(\frac{3}{2}a\right)^2 + (2a)^2 - a^2}{2 \cdot \frac{3}{2}a \cdot 2a} = \frac{7}{8}$$

답 $\dfrac{7}{8}$

0806 $(a+b) : (b+c) : (c+a) = 5 : 7 : 6$이므로 양수 k에 대하여

$a + b = 5k$ ······ ㉠

$b + c = 7k$ ······ ㉡

$c + a = 6k$ ······ ㉢

라 하자. ㉠ $+$ ㉡ $+$ ㉢을 하면

$$2(a+b+c) = 18k$$

$$\therefore a + b + c = 9k$$ ······ ㉣

㉣ $-$ ㉡을 하면 $a = 2k$

㉣ $-$ ㉢을 하면 $b = 3k$

㉣ $-$ ㉠을 하면 $c = 4k$

따라서 코사인법칙에 의하여

$$\cos B = \frac{(2k)^2 + (4k)^2 - (3k)^2}{2 \cdot 2k \cdot 4k} = \frac{11}{16}$$

답 ⑤

0807 코사인법칙에 의하여

$$\cos C = \frac{4^2 + 5^2 - 7^2}{2 \cdot 4 \cdot 5} = -\frac{1}{5}$$

㉮

$0° < C < 180°$에서 $\sin C > 0$이므로

$$\sin C = \sqrt{1 - \cos^2 C} = \frac{2\sqrt{6}}{5}$$

㉯

따라서 $\triangle ABC$의 외접원의 반지름의 길이를 R라 하면 사인법칙에 의하여

$$\frac{7}{\sin C} = 2R$$

$$\therefore R = \frac{7}{2\sin C} = \frac{7}{\frac{4\sqrt{6}}{5}} = \frac{35\sqrt{6}}{24}$$

㉰

답 $\dfrac{35\sqrt{6}}{24}$

단계	채점요소	배점
㉮	$\cos C$의 값 구하기	30%
㉯	$\sin C$의 값 구하기	30%
㉰	외접원의 반지름의 길이 구하기	40%

0808 $\overline{CF} = \overline{CH} = \sqrt{6^2 + 3^2} = 3\sqrt{5}$

$\overline{FH} = \sqrt{3^2 + 3^2} = 3\sqrt{2}$

따라서 $\triangle CFH$에서 코사인법칙에 의하여

$$\cos \theta = \frac{(3\sqrt{5})^2 + (3\sqrt{5})^2 - (3\sqrt{2})^2}{2 \cdot 3\sqrt{5} \cdot 3\sqrt{5}} = \frac{4}{5}$$

답 ④

0809 가장 긴 변의 대각이 최대각이므로 최대각의 크기를 θ라 하면 코사인법칙에 의하여

$$\cos \theta = \frac{1^2 + (2\sqrt{2})^2 - (\sqrt{13})^2}{2 \cdot 1 \cdot 2\sqrt{2}} = \frac{-4}{4\sqrt{2}} = -\frac{\sqrt{2}}{2}$$

$0° < \theta < 180°$이므로 $\theta = 135°$

따라서 $\triangle ABC$의 최대각의 크기는 $135°$이다.

답 $135°$

0810 $\sqrt{a^2 + ab + b^2} > \sqrt{a^2} = a > b$이므로 $\sqrt{a^2 + ab + b^2}$이 가장 긴 변의 길이이다.

이때 가장 긴 변의 대각이 최대각이므로 최대각의 크기를 θ라 하면 코사인법칙에 의하여

$$\cos \theta = \frac{a^2 + b^2 - (\sqrt{a^2 + ab + b^2})^2}{2ab} = -\frac{1}{2}$$

$0° < \theta < 180°$이므로 $\theta = 120°$

따라서 $\triangle ABC$의 최대각의 크기는 $120°$이다.

답 $120°$

0811 사인법칙에 의하여

$$\sin A : \sin B : \sin C = a : b : c = 3 : 5 : 7$$

이므로 최소각은 A이다.

이때 $a = 3k$, $b = 5k$, $c = 7k$ $(k > 0)$라 하면 코사인법칙에 의하여

$$\cos \theta = \cos A = \frac{(5k)^2 + (7k)^2 - (3k)^2}{2 \cdot 5k \cdot 7k} = \frac{13}{14}$$

답 ②

0812 $\dfrac{2a-b}{2}=\dfrac{2b-c}{3}=\dfrac{4c-5a}{5}=k \ (k>0)$라 하면

$2a-b=2k$, $2b-c=3k$, $4c-5a=5k$

세 식을 연립하여 풀면

$a=3k$, $b=4k$, $c=5k$

                           ⑦

이때 가장 짧은 변의 길이가 a이므로 A가 최소각이다.

                           ④

따라서 코사인법칙에 의하여

$$\cos\theta=\cos A=\dfrac{(4k)^2+(5k)^2-(3k)^2}{2\cdot 4k\cdot 5k}=\dfrac{4}{5}$$

                           ㉰

답 $\dfrac{4}{5}$

단계	채점요소	배점
⑦	a, b, c를 k를 사용하여 나타내기	40%
④	A가 최소각임을 알기	20%
㉰	$\cos\theta$의 값 구하기	40%

0813 사인법칙에 의하여

$\sin A:\sin B:\sin C=a:b:c=3:5:7$

$a=3k$, $b=5k$, $c=7k \ (k>0)$라 하면 코사인법칙에 의하여

$$\cos C=\dfrac{(3k)^2+(5k)^2-(7k)^2}{2\cdot 3k\cdot 5k}=-\dfrac{1}{2}$$

$0°<C<180°$이므로 $C=120°$

답 ④

0814 $\triangle ABC$의 외접원의 반지름의 길이를 R라 하면 사인법칙에 의하여

$$\sin A=\dfrac{a}{2R}, \ \sin B=\dfrac{b}{2R}, \ \sin C=\dfrac{c}{2R}$$

이므로

$$\left(\dfrac{a}{2R}+\dfrac{b}{2R}\right):\left(\dfrac{b}{2R}+\dfrac{c}{2R}\right):\left(\dfrac{c}{2R}+\dfrac{a}{2R}\right)=7:9:10$$

즉 $(a+b):(b+c):(c+a)=7:9:10$

$a+b=7k$, $b+c=9k$, $c+a=10k \ (k>0)$라 하고 세 식을 연립하여 풀면

$a=4k$, $b=3k$, $c=6k$

따라서 코사인법칙에 의하여

$$\cos A=\dfrac{(3k)^2+(6k)^2-(4k)^2}{2\cdot 3k\cdot 6k}=\dfrac{29}{36}$$

답 ⑤

0815 $\triangle ABC$의 외접원의 반지름의 길이를 R라 하면 사인법칙에 의하여

$$\sin A=\dfrac{a}{2R}, \ \sin B=\dfrac{b}{2R}, \ \sin C=\dfrac{c}{2R}$$

이므로

$$\dfrac{6a}{2R}=\dfrac{2\sqrt{3}b}{2R}=\dfrac{3c}{2R} \qquad \therefore 6a=2\sqrt{3}b=3c$$

각 변을 6으로 나누어 $a=\dfrac{b}{\sqrt{3}}=\dfrac{c}{2}=k \ (k>0)$라 하면

$a=k$, $b=\sqrt{3}k$, $c=2k$

코사인법칙에 의하여

$$\cos A=\dfrac{(\sqrt{3}k)^2+(2k)^2-k^2}{2\cdot\sqrt{3}k\cdot 2k}=\dfrac{3}{2\sqrt{3}}=\dfrac{\sqrt{3}}{2}$$

$0°<A<180°$이므로 $A=30°$

답 ⑤

0816 $\cos A=\dfrac{b^2+c^2-a^2}{2bc}$, $\cos C=\dfrac{a^2+b^2-c^2}{2ab}$

이것을 주어진 식에 대입하면

$$a\cdot\dfrac{a^2+b^2-c^2}{2ab}=c\cdot\dfrac{b^2+c^2-a^2}{2bc}$$

$a^2+b^2-c^2=b^2+c^2-a^2$

$a^2=c^2$

$\therefore a=c \ (\because a>0, \ c>0)$

따라서 $\triangle ABC$는 $a=c$인 이등변삼각형이다.

답 ③

0817 $\cos A=\dfrac{b^2+c^2-a^2}{2bc}$, $\cos B=\dfrac{c^2+a^2-b^2}{2ca}$

이것을 주어진 식에 대입하면

$$a\cdot\dfrac{c^2+a^2-b^2}{2ca}-b\cdot\dfrac{b^2+c^2-a^2}{2bc}=c$$

$(c^2+a^2-b^2)-(b^2+c^2-a^2)=2c^2$

$\therefore a^2=b^2+c^2$

따라서 $\triangle ABC$는 빗변의 길이가 a인 직각삼각형이다.

답 ④

0818 $\tan A\sin A=\tan B\sin B$에서

$$\dfrac{\sin A}{\cos A}\cdot\sin A=\dfrac{\sin B}{\cos B}\cdot\sin B$$

$\therefore \cos B\sin^2 A=\cos A\sin^2 B$ ······ ㉠

$\triangle ABC$의 외접원의 반지름의 길이를 R라 하면

$\sin A=\dfrac{a}{2R}$, $\sin B=\dfrac{b}{2R}$이고,

$\cos A=\dfrac{b^2+c^2-a^2}{2bc}$, $\cos B=\dfrac{c^2+a^2-b^2}{2ca}$이므로

이것을 ㉠에 대입하면

$$\dfrac{c^2+a^2-b^2}{2ca}\cdot\dfrac{a^2}{4R^2}=\dfrac{b^2+c^2-a^2}{2bc}\cdot\dfrac{b^2}{4R^2}$$

$a(c^2+a^2-b^2)=b(b^2+c^2-a^2)$

$a^3+ac^2-ab^2=b^3+bc^2-a^2b$

$a^3-b^3+(a-b)c^2+(a-b)ab=0$

$(a-b)(a^2+2ab+b^2+c^2)=0$

$\therefore a=b \ (\because a>0, \ b>0, \ c>0)$

따라서 $\triangle ABC$는 $a=b$인 이등변삼각형이다.

답 ②

0819 $\triangle ABC=\triangle ABD+\triangle ADC$이므로 $\overline{AD}=x$라 하면

$$\frac{1}{2}\cdot4\sqrt{3}\cdot3\sqrt{3}\cdot\sin 60°$$
$$=\frac{1}{2}\cdot4\sqrt{3}\cdot x\cdot\sin 30°+\frac{1}{2}\cdot x\cdot3\sqrt{3}\cdot\sin 30°$$
$$9\sqrt{3}=\sqrt{3}x+\frac{3\sqrt{3}}{4}x,\ \frac{7\sqrt{3}}{4}x=9\sqrt{3}$$
$$\therefore x=\frac{36}{7}$$

따라서 $\overline{AD}$의 길이는 $\dfrac{36}{7}$이다.

답 ④

0820 $\triangle ABC$의 넓이를 S라 하면

$$S=\frac{1}{2}\cdot4\cdot c\cdot\sin 135°=\frac{1}{2}\cdot4\cdot c\cdot\frac{\sqrt{2}}{2}=2$$
$$\therefore c=\sqrt{2}$$

따라서 코사인법칙에 의하여

$$a^2=4^2+(\sqrt{2})^2-2\cdot4\cdot\sqrt{2}\cdot\cos 135°$$
$$=16+2-2\cdot4\cdot\sqrt{2}\cdot\left(-\frac{\sqrt{2}}{2}\right)=26$$

$a>0$이므로 $a=\sqrt{26}$

답 $\sqrt{26}$

0821 $\overgroup{AB}:\overgroup{BC}:\overgroup{CA}=3:4:5$이므로

$$\angle AOB=360°\cdot\frac{3}{3+4+5}=90°$$
$$\angle BOC=360°\cdot\frac{4}{3+4+5}=120°$$
$$\angle COA=360°\cdot\frac{5}{3+4+5}=150°$$

$\triangle ABC$의 외접원의 반지름의 길이가 2이므로

$$\triangle ABC=\triangle AOB+\triangle BOC+\triangle COA$$
$$=\frac{1}{2}\cdot2\cdot2\cdot\sin 90°+\frac{1}{2}\cdot2\cdot2\cdot\sin 120°$$
$$+\frac{1}{2}\cdot2\cdot2\cdot\sin 150°$$
$$=2(\sin 90°+\sin 120°+\sin 150°)$$
$$=2\left(1+\frac{\sqrt{3}}{2}+\frac{1}{2}\right)$$
$$=3+\sqrt{3}$$

답 ⑤

0822 $\triangle ABC$의 넓이를 S라 하면

$$S=\frac{1}{2}\cdot5\cdot8\cdot\sin 60°$$
$$=\frac{1}{2}\cdot5\cdot8\cdot\frac{\sqrt{3}}{2}$$
$$=10\sqrt{3}$$

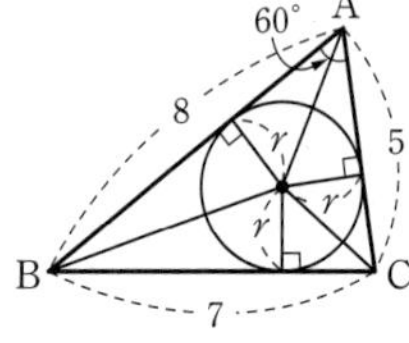

따라서 $\triangle ABC$의 내접원의 반지름의 길이를 r라 하면

$$S=\frac{1}{2}r(a+b+c)$$에서

$$10\sqrt{3}=\frac{1}{2}r(7+5+8)$$
$$10\sqrt{3}=10r$$
$$\therefore r=\sqrt{3}$$

답 ③

0823 헤론의 공식에서 $s=\dfrac{9+10+11}{2}=15$이므로 $\triangle ABC$의 넓이를 S라 하면

$$S=\sqrt{15(15-9)(15-10)(15-11)}$$
$$=30\sqrt{2}$$

㉮

$$S=\frac{abc}{4R}$$에서 $30\sqrt{2}=\frac{9\cdot10\cdot11}{4R}$

$$\therefore R=\frac{33\sqrt{2}}{8}$$

㉯

$$S=\frac{1}{2}r(a+b+c)$$에서 $30\sqrt{2}=\frac{1}{2}r(9+10+11)$

$$30\sqrt{2}=15r$$
$$\therefore r=2\sqrt{2}$$

㉰

$$\therefore R-r=\frac{33\sqrt{2}}{8}-2\sqrt{2}=\frac{17\sqrt{2}}{8}$$

㉱

답 $\dfrac{17\sqrt{2}}{8}$

단계	채점요소	배점
㉮	헤론의 공식을 이용하여 $\triangle ABC$의 넓이 구하기	30%
㉯	R의 값 구하기	30%
㉰	r의 값 구하기	30%
㉱	$R-r$의 값 구하기	10%

0824 $\sin A:\sin B:\sin C=a:b:c=2:3:3$이므로 $a=2k,\ b=3k,\ c=3k\ (k>0)$라 하고 $\triangle ABC$의 넓이를 S라 하면

헤론의 공식에서 $s=\dfrac{2k+3k+3k}{2}=4k$이므로

$$S=\sqrt{4k(4k-2k)(4k-3k)(4k-3k)}$$
$$=2\sqrt{2}k^2$$
$$=8\sqrt{2}$$
$$k^2=4$$
$$\therefore k=2\ (\because k>0)$$

따라서 $\triangle ABC$의 둘레의 길이는

$$a+b+c=8k=16$$

답 16

0825 헤론의 공식에서 $s=\dfrac{8+12+10}{2}=15$이므로 삼각형

ABC의 넓이를 S라 하면

$S=\sqrt{15(15-8)(15-12)(15-10)}=15\sqrt{7}$

이때 $S=\dfrac{1}{2}\cdot\overline{CA}\cdot\overline{CB}\cdot\sin C$이므로

$15\sqrt{7}=\dfrac{1}{2}\cdot10\cdot12\cdot\sin C \qquad \therefore \sin C=\dfrac{\sqrt{7}}{4}$

한편, 점 D는 변 BC를 $1:3$으로 내분하므로

$\overline{CD}=9$

또 $0^\circ<C<90^\circ$에서 $\cos C=\sqrt{1-\sin^2 C}=\sqrt{1-\left(\dfrac{\sqrt{7}}{4}\right)^2}=\dfrac{3}{4}$

따라서 $\triangle$ACD에서 코사인법칙에 의하여

$\dfrac{3}{4}=\dfrac{10^2+9^2-\overline{AD}^2}{2\cdot10\cdot9}$

$\therefore \overline{AD}=\sqrt{46}$

답 $\sqrt{46}$

0826 $\triangle$ABD의 넓이는

$\dfrac{1}{2}\cdot4\cdot8\cdot\sin 30^\circ=\dfrac{1}{2}\cdot4\cdot8\cdot\dfrac{1}{2}=8$

$\triangle$BCD의 넓이는 헤론의 공식을 이용하면

$s=\dfrac{8+8+2}{2}=9$이므로

$\sqrt{9(9-8)(9-8)(9-2)}=3\sqrt{7}$

따라서 사각형 ABCD의 넓이 S는

$S=\triangle\text{ABD}+\triangle\text{BCD}=8+3\sqrt{7}$

답 $8+3\sqrt{7}$

0827 $\overline{BD}$를 그으면 $\triangle$ABD에서 코사인법칙에 의하여

$\overline{BD}^2=5^2+3^2-2\cdot5\cdot3\cdot\cos 120^\circ$

$\qquad=25+9-2\cdot5\cdot3\cdot\left(-\dfrac{1}{2}\right)=49$

$\therefore \overline{BD}=7$

$\triangle$ABD의 넓이는

$\dfrac{1}{2}\cdot5\cdot3\cdot\sin 120^\circ=\dfrac{1}{2}\cdot5\cdot3\cdot\dfrac{\sqrt{3}}{2}=\dfrac{15\sqrt{3}}{4}$

$\triangle$BCD의 넓이는 헤론의 공식을 이용하면

$s=\dfrac{8+3+7}{2}=9$이므로

$\sqrt{9(9-8)(9-3)(9-7)}=6\sqrt{3}$

$\therefore \square\text{ABCD}=\triangle\text{ABD}+\triangle\text{BCD}$

$\qquad=\dfrac{15\sqrt{3}}{4}+6\sqrt{3}=\dfrac{39\sqrt{3}}{4}$

답 ④

0828 $\overline{BD}$를 그으면 $\triangle$BCD에서 코사인법칙에 의하여

$\overline{BD}^2=4^2+8^2-2\cdot4\cdot8\cdot\cos 60^\circ$

$\qquad=16+64-2\cdot4\cdot8\cdot\dfrac{1}{2}=48$

$\therefore \overline{BD}=\sqrt{48}=4\sqrt{3}$

$\angle$CBD$=\theta$라 하면 사인법칙에 의하여

$\dfrac{4}{\sin\theta}=\dfrac{4\sqrt{3}}{\sin 60^\circ}, \sin\theta=\dfrac{1}{2}$

$\therefore \theta=30^\circ$ 또는 $\theta=150^\circ$

그런데 $\theta<B=75^\circ$이므로 $\theta=30^\circ$

$\therefore \angle\text{ABD}=75^\circ-30^\circ=45^\circ$

$\therefore \square\text{ABCD}=\triangle\text{ABD}+\triangle\text{BCD}$

$\qquad=\dfrac{1}{2}\cdot3\cdot4\sqrt{3}\cdot\sin 45^\circ+\dfrac{1}{2}\cdot4\cdot8\cdot\sin 60^\circ$

$\qquad=\dfrac{1}{2}\cdot3\cdot4\sqrt{3}\cdot\dfrac{\sqrt{2}}{2}+\dfrac{1}{2}\cdot4\cdot8\cdot\dfrac{\sqrt{3}}{2}$

$\qquad=3\sqrt{6}+8\sqrt{3}$

답 $3\sqrt{6}+8\sqrt{3}$

0829 $\triangle$ABC에서 코사인법칙에 의하여

$\cos B=\dfrac{7^2+8^2-13^2}{2\cdot7\cdot8}=-\dfrac{1}{2}$

$90^\circ<B<180^\circ$이므로

$B=120^\circ$

따라서 평행사변형 ABCD의 넓이 S는

$S=7\cdot8\cdot\sin 120^\circ=7\cdot8\cdot\dfrac{\sqrt{3}}{2}=28\sqrt{3}$

답 ⑤

0830 평행사변형 ABCD에서 $\overline{AD}=\overline{BC}=4$이고 넓이가 $4\sqrt{2}$

이므로

$2\cdot4\cdot\sin A=4\sqrt{2} \qquad \therefore \sin A=\dfrac{\sqrt{2}}{2}$

$90^\circ<A<180^\circ$이므로 $A=135^\circ$

답 ④

0831 $\triangle$ABC에서 코사인법칙에 의하여

$(3\sqrt{3})^2=3^2+\overline{BC}^2-2\cdot3\cdot\overline{BC}\cdot\cos 60^\circ$

$27=9+\overline{BC}^2-3\overline{BC}$

$\overline{BC}^2-3\overline{BC}-18=0$

$(\overline{BC}-6)(\overline{BC}+3)=0$

$\therefore \overline{BC}=6$

따라서 평행사변형 ABCD의 넓이 S는

$S=3\cdot6\cdot\sin 60^\circ=3\cdot6\cdot\dfrac{\sqrt{3}}{2}=9\sqrt{3}$

답 $9\sqrt{3}$

0832 사각형 ABCD의 넓이가 $3\sqrt{3}$이므로

$\dfrac{1}{2}\cdot4\cdot\overline{AC}\cdot\sin 120^\circ=3\sqrt{3}$

$\dfrac{1}{2}\cdot4\cdot\overline{AC}\cdot\dfrac{\sqrt{3}}{2}=3\sqrt{3}$

$\therefore \overline{AC}=3$

답 3

0833 두 대각선이 이루는 예각의 크기를 θ라 하면 사각형 ABCD의 넓이가 8이므로

$\dfrac{1}{2}\cdot 4\cdot 8\cdot \sin\theta=8$, $\sin\theta=\dfrac{1}{2}$

$\therefore \theta=30°$ 또는 $\theta=150°$

그런데 θ는 예각이므로 $\theta=30°$

답 ②

0834 사각형 ABCD의 넓이가 2이므로

$\dfrac{1}{2}\cdot a\cdot b\cdot \sin 30°=2$

$\dfrac{1}{2}ab\cdot \dfrac{1}{2}=2$ $\quad\therefore ab=8$

$\therefore a^2+b^2=(a+b)^2-2ab=6^2-2\cdot 8=20$

답 **20**

0835 두 대각선의 길이를 p, q라 하면

$p+q=8$에서 $q=8-p>0$

$\therefore 0<p<8$

사각형 ABCD의 넓이를 S라 하면

$S=\dfrac{1}{2}pq\sin 60°$

$\quad=\dfrac{1}{2}p(8-p)\cdot \dfrac{\sqrt{3}}{2}$

$\quad=\dfrac{\sqrt{3}}{4}(-p^2+8p)$

$\quad=-\dfrac{\sqrt{3}}{4}(p-4)^2+4\sqrt{3}$

따라서 사각형 ABCD의 넓이의 최댓값은 $4\sqrt{3}$이다.

답 ②

유형 up

본문 105쪽

0836 $\triangle$ABC에서 $A+B+C=180°$이므로

$C=180°-(60°+75°)=45°$

사인법칙에 의하여 $\dfrac{50}{\sin 45°}=\dfrac{\overline{BC}}{\sin 60°}$이므로

$\overline{BC}=\sin 60°\cdot \dfrac{50}{\sin 45°}=\dfrac{\sqrt{3}}{2}\cdot \dfrac{50}{\frac{\sqrt{2}}{2}}=25\sqrt{6}\,(\mathrm{m})$

따라서 두 지점 B, C 사이의 거리는 $25\sqrt{6}\,\mathrm{m}$이다.

답 ③

0837 $C=180°-(50°+70°)=60°$

삼각형 ABC의 외접원의 반지름의 길이를 R라 하면 사인법칙에 의하여

$\dfrac{5}{\sin 60°}=2R$

$\therefore R=\dfrac{5}{2\sin 60°}=\dfrac{5}{2\cdot \frac{\sqrt{3}}{2}}=\dfrac{5\sqrt{3}}{3}$

따라서 구하는 물통의 부피는

$\pi\cdot\left(\dfrac{5\sqrt{3}}{3}\right)^2\cdot 9=75\pi$

답 **75π**

0838 오른쪽 그림과 같이 두 건물 위의 끝의 두 지점을 각각 A, C라 하고, 지면 위의 두 지점을 B, D라 하자.

$\triangle$ABC에서

$\angle BAC=15°+90°=105°$, $\angle ABC=90°-45°=45°$이므로

$\angle ACB=180°-(105°+45°)=30°$

사인법칙에 의하여 $\dfrac{\overline{BC}}{\sin 105°}=\dfrac{30}{\sin 30°}$이고

$\sin 105°=\sin(90°+15°)=\cos 15°=\dfrac{\sqrt{6}+\sqrt{2}}{4}$이므로

$\overline{BC}=\dfrac{30}{\sin 30°}\cdot \sin 105°=\dfrac{30}{\frac{1}{2}}\cdot \dfrac{\sqrt{6}+\sqrt{2}}{4}$

$\quad=15(\sqrt{6}+\sqrt{2})\,(\mathrm{m})$

$\triangle$CBD에서

$\overline{CD}=\overline{BC}\sin 45°=15(\sqrt{6}+\sqrt{2})\cdot \dfrac{\sqrt{2}}{2}$

$\quad=15(\sqrt{3}+1)\,(\mathrm{m})$

따라서 옆 건물의 높이는 $15(\sqrt{3}+1)\,\mathrm{m}$이다.

답 **$15(\sqrt{3}+1)$ m**

0839 $\triangle$ACB에서 코사인법칙에 의하여

$\overline{AB}^2=50^2+60^2-2\cdot 50\cdot 60\cdot \cos 60°$

$\quad=2500+3600-2\cdot 50\cdot 60\cdot \dfrac{1}{2}$

$\quad=3100$

$\therefore \overline{AB}=10\sqrt{31}\,(\mathrm{m})$

따라서 두 나무 A, B 사이의 거리는 $10\sqrt{31}\,\mathrm{m}$이다.

답 ②

0840 $\overline{CD}=x$ m라 하면 $\triangle$ACD에서

$\tan 30°=\dfrac{x}{\overline{AC}}$ $\quad\therefore \overline{AC}=\sqrt{3}x\,(\mathrm{m})$

또 $\triangle$BCD는 $\angle BCD=90°$인 직각이등변삼각형이므로

$\overline{BC}=\overline{CD}=x\,(\mathrm{m})$

따라서 $\triangle$ABC에서 코사인법칙에 의하여

$10^2=(\sqrt{3}x)^2+x^2-2\cdot \sqrt{3}x\cdot x\cdot \cos 30°$

$100=3x^2+x^2-2\cdot \sqrt{3}x\cdot x\cdot \dfrac{\sqrt{3}}{2}$

$x^2=100$

$\therefore x=10\ (\because x>0)$

따라서 가로등의 높이는 10 m이다.

답 ⑤

0841 오른쪽 그림의 원뿔의 옆면의
전개도에서 구하는 최단 거리는 선
분 AP의 길이이다.
이때 원뿔의 밑면의 둘레의 길이가
2π이므로

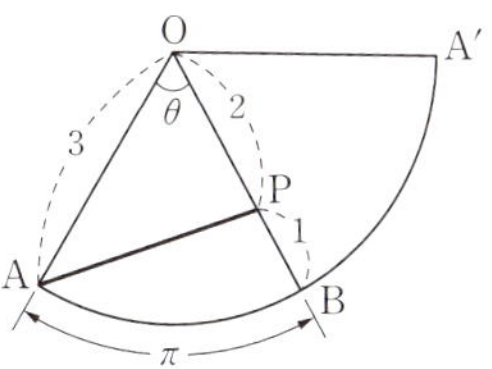

$$\overset{\frown}{AB}=\frac{1}{2}\overset{\frown}{AA'}=\frac{1}{2}\cdot2\pi=\pi$$

부채꼴 OAB의 중심각의 크기를 θ라 하면

$3\cdot\theta=\pi$에서 $\theta=\dfrac{\pi}{3}$

따라서 $\triangle$OAP에서 코사인법칙에 의하여

$$\overline{AP}^2=3^2+2^2-2\cdot3\cdot2\cdot\cos\frac{\pi}{3}$$
$$=9+4-2\cdot3\cdot2\cdot\frac{1}{2}=7$$

$\therefore \overline{AP}=\sqrt{7}$

답 $\sqrt{7}$

0842 $A+B+C=180°$이므로
$A=180°-(60°+75°)=45°$

사인법칙에 의하여 $\dfrac{a}{\sin 45°}=\dfrac{\sqrt{6}}{\sin 60°}$이므로

$$a=\frac{\sqrt{6}}{\sin 60°}\cdot\sin 45°=\frac{\sqrt{6}}{\frac{\sqrt{3}}{2}}\cdot\frac{\sqrt{2}}{2}=2$$

$$\therefore \frac{a}{\cos A}=\frac{2}{\cos 45°}=\frac{2}{\frac{\sqrt{2}}{2}}=2\sqrt{2}$$

답 ②

0843 현 AB와 접선 AC가 이루는
각의 크기가 $60°$이므로 오른쪽 그림과
같이 호 AB에 대한 원주각, 즉
$\angle$APB의 크기도 $60°$이다.

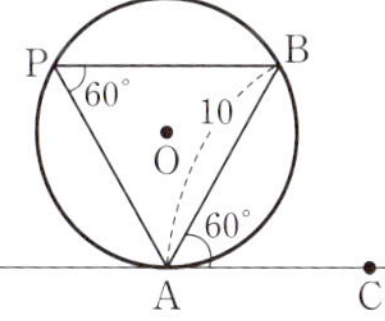

이때 원 O의 반지름의 길이를 R라 하
면 $\triangle$ABP에서 사인법칙에 의하여

$$\frac{10}{\sin 60°}=2R$$

$$\therefore R=\frac{10}{2\sin 60°}=\frac{10\sqrt{3}}{3}$$

따라서 원 O의 넓이는

$$\pi\cdot\left(\frac{10\sqrt{3}}{3}\right)^2=\frac{100}{3}\pi$$

답 ⑤

0844 $\triangle$ABC의 외접원의 반지름의 길이를 R라 하면

$$\sin A=\frac{a}{2R},\ \sin B=\frac{b}{2R},\ \sin C=\frac{c}{2R}$$

$$\therefore \sin A+\sin B+\sin C=\frac{a}{2R}+\frac{b}{2R}+\frac{c}{2R}$$
$$=\frac{a+b+c}{2R}=\frac{4}{2\cdot1}=2$$

답 ④

0845 $\overline{CD}=2$이므로 직각삼각형 BCD에
서 $\overline{BD}=\sqrt{4^2+2^2}=2\sqrt{5}$
$\triangle$ABD의 외접원의 반지름의 길이를 R라
하면 $A=45°$이므로

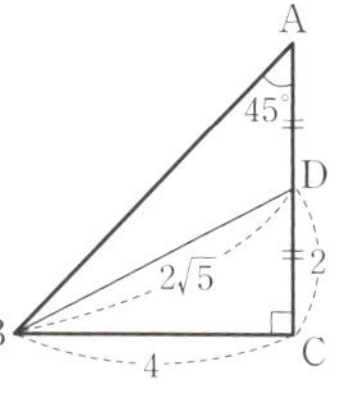

$$2R=\frac{2\sqrt{5}}{\sin 45°}=2\sqrt{10}$$

$\therefore R=\sqrt{10}$

답 $\sqrt{10}$

0846 $\triangle$ABC의 외접원의 반지름의 길이를 R라 하면 사인법
칙에 의하여

$$\sin A=\frac{a}{2R},\ \sin B=\frac{b}{2R}$$

이므로 이것을 주어진 식에 대입하면

$$\sqrt{3}\cdot\frac{a}{2R}=\frac{b}{2R}$$

$$\therefore b=\sqrt{3}a \qquad\qquad \cdots\cdots ㉠$$

이때 $C=90°$이므로 직각삼각형 ABC에서 피타고라스 정리에
의하여

$a^2+(\sqrt{3}a)^2=10^2,\ 4a^2=100,\ a^2=25$

$\therefore a=5,\ b=5\sqrt{3}\ (\because ㉠)$

$$\therefore \triangle ABC=\frac{1}{2}\cdot5\cdot5\sqrt{3}=\frac{25\sqrt{3}}{2}$$

답 ④

0847 $2a-b=9k,\ 2b-c=6k,\ 2c-a=k\ (k>0)$라 하고
세 식을 연립하여 풀면
$a=7k,\ b=5k,\ c=4k$

$\therefore a:b:c=7:5:4$

$$\therefore \sin A:\sin B:\sin C=a:b:c$$
$$=7:5:4$$

답 ⑤

0848 $3a-2b+c=0,\ a+2b-3c=0$을 연립하여 풀면
$c=2a,\ b=\dfrac{5}{2}a$

$\therefore \sin A:\sin B:\sin C=a:b:c$
$$=a:\frac{5}{2}a:2a=2:5:4$$

$\sin A=2k,\ \sin B=5k,\ \sin C=4k\ (k>0)$라 하면

$$\frac{\sin B}{\sin A}+\frac{\sin C}{\sin B}+\frac{\sin A}{\sin C}=\frac{5k}{2k}+\frac{4k}{5k}+\frac{2k}{4k}$$
$$=\frac{5}{2}+\frac{4}{5}+\frac{1}{2}=\frac{19}{5}$$

답 $\dfrac{19}{5}$

0849 코사인법칙에 의하여
$$(2\sqrt{5})^2=a^2+(2\sqrt{2})^2-2\cdot a\cdot 2\sqrt{2}\cdot\cos 45°$$
$$20=a^2+8-2\cdot a\cdot 2\sqrt{2}\cdot\frac{\sqrt{2}}{2}$$
$$a^2-4a-12=0$$
$$(a-6)(a+2)=0$$
$$\therefore a=6\ (\because a>0)$$

답 ①

0850 코사인법칙에 의하여
$$c^2=a^2+b^2-2ab\cos C \qquad \cdots\cdots \ \ominus$$
$c^2-3ab=(a-b)^2$에서
$$c^2-3ab=a^2-2ab+b^2$$
$$c^2=a^2+b^2+ab \qquad \cdots\cdots \ \bigcirc\!\!\!\!L$$
$\ominus$, $\bigcirc\!\!\!\!L$에서 $\cos C=-\dfrac{1}{2}$
$$\therefore C=120° \ (\because 0°<C<180°)$$

답 ④

0851 코사인법칙에 의하여
$$\overline{BC}^2=x^2+\left(\frac{4}{x}\right)^2-2\cdot x\cdot\frac{4}{x}\cdot\cos 120°$$
$$=x^2+\frac{16}{x^2}-2\cdot x\cdot\frac{4}{x}\cdot\left(-\frac{1}{2}\right)$$
$$=x^2+\frac{16}{x^2}+4$$

이때 $x^2>0$, $\dfrac{16}{x^2}>0$이므로 산술평균과 기하평균의 관계에 의하여
$$x^2+\frac{16}{x^2}\geq 2\sqrt{x^2\cdot\frac{16}{x^2}}=2\sqrt{16}=8$$
$$\left(\text{단, 등호는 } x^2=\frac{16}{x^2},\ \text{즉 } x=2\text{일 때 성립한다.}\right)$$
즉 $\overline{BC}^2\geq 8+4=12$이므로
$$\overline{BC}\geq\sqrt{12}=2\sqrt{3}$$
따라서 $\overline{BC}$의 길이의 최솟값은 $2\sqrt{3}$이다.

답 ⑤

0852 정사각형 ABCD의 한 변의 길이를 $3a\ (a>0)$라 하면
직각삼각형 ABE에서
$$\overline{BE}=\sqrt{a^2+(3a)^2}=\sqrt{10}a$$
이때 $\overline{BE}=\overline{BF}$이므로 $\overline{BF}=\sqrt{10}a$
직각삼각형 DEF에서

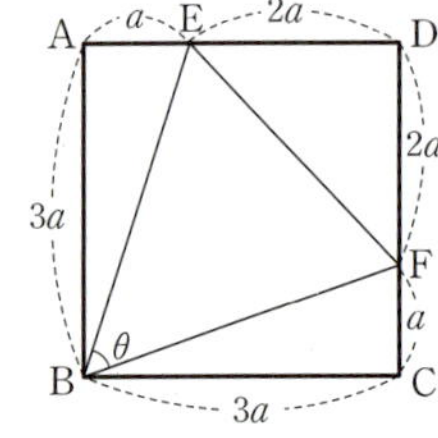

$$\overline{EF}=\sqrt{(2a)^2+(2a)^2}=2\sqrt{2}a$$
따라서 $\triangle BEF$에서 코사인법칙에 의하여
$$\cos\theta=\frac{(\sqrt{10}a)^2+(\sqrt{10}a)^2-(2\sqrt{2}a)^2}{2\cdot\sqrt{10}a\cdot\sqrt{10}a}$$
$$=\frac{12a^2}{20a^2}=\frac{3}{5}$$

답 ②

0853 $\overline{AD}\parallel\overline{BC}$이므로 $\angle DAC=\angle BCA$
$\overline{AC}=x$, $\angle DAC=\angle BCA=\theta$라 하면
$\triangle ABC$에서 코사인법칙에 의하여
$$\cos\theta=\frac{10^2+x^2-6^2}{2\cdot 10\cdot x}=\frac{x^2+64}{20x} \qquad \cdots\cdots \ \ominus$$
또 $\triangle ACD$에서 코사인법칙에 의하여
$$\cos\theta=\frac{x^2+4^2-8^2}{2\cdot x\cdot 4}=\frac{x^2-48}{8x} \qquad \cdots\cdots \ \bigcirc\!\!\!\!L$$
$\ominus$, $\bigcirc\!\!\!\!L$에서
$$\frac{x^2+64}{20x}=\frac{x^2-48}{8x},\ 3x^2=368,\ x^2=\frac{368}{3}$$
$$\therefore x=\frac{4\sqrt{69}}{3}$$

답 ⑤

0854 $5-x$가 가장 짧은 변의 길이이므로
$$\cos 30°=\frac{(5+x)^2+5^2-(5-x)^2}{2(5+x)\cdot 5}$$
$$\frac{\sqrt{3}}{2}=\frac{25+10x+x^2+25-(25-10x+x^2)}{10(5+x)}$$
$$5\sqrt{3}+\sqrt{3}x=4x+5$$
$$(4-\sqrt{3})x=5\sqrt{3}-5$$
$$\therefore x=\frac{5\sqrt{3}-5}{4-\sqrt{3}}=\frac{15\sqrt{3}-5}{13}$$

답 $\dfrac{15\sqrt{3}-5}{13}$

0855 사인법칙에 의하여
$$a:b:c=\sin A:\sin B:\sin C=7:5:3$$
$a=7k$, $b=5k$, $c=3k\ (k>0)$라 하면 코사인법칙에 의하여
$$\cos A=\frac{(5k)^2+(3k)^2-(7k)^2}{2\cdot 5k\cdot 3k}=-\frac{1}{2}$$
$0°<A<180°$이므로 $A=120°$
$\triangle ABC$의 외접원의 반지름의 길이를 R라 하면 사인법칙에 의하여
$$\frac{3}{\sin 120°}=2R$$
$$\therefore R=\frac{3}{2\sin 120°}=\frac{3}{\sqrt{3}}=\sqrt{3}$$
따라서 $\triangle ABC$의 외접원의 넓이는
$$\pi\cdot(\sqrt{3})^2=3\pi$$

답 ③

0856 $\triangle ABC$에서 $A+B+C=\pi$이므로
$\sin(B+C)=\sin(\pi-A)=\sin A$
$\triangle ABC$의 외접원의 반지름의 길이를 R라 하면
$\sin A=\dfrac{a}{2R}$, $\sin B=\dfrac{b}{2R}$, $\cos C=\dfrac{a^2+b^2-c^2}{2ab}$
이므로 주어진 식에 대입하면
$4\cdot\dfrac{a}{2R}=a^2\cdot\dfrac{b}{2R}\cdot\dfrac{a^2+b^2-c^2}{2ab}$
$\therefore\ a^2+b^2-c^2=8$

답 **8**

0857 외접원 O의 반지름의 길이를 R라 하면
$6+8+10=2\pi R$
$\therefore\ R=\dfrac{12}{\pi}$
중심각의 크기는 호의 길이에 비례하므로
$\angle AOB=360°\times\dfrac{6}{24}=90°$
$\angle BOC=360°\times\dfrac{8}{24}=120°$
$\angle COA=360°\times\dfrac{10}{24}=150°$
$\therefore\ \triangle ABC=\triangle AOB+\triangle BOC+\triangle COA$
$\quad=\dfrac{1}{2}\cdot\left(\dfrac{12}{\pi}\right)^2\cdot\sin 90°+\dfrac{1}{2}\cdot\left(\dfrac{12}{\pi}\right)^2\cdot\sin 120°$
$\qquad\qquad\qquad\quad+\dfrac{1}{2}\cdot\left(\dfrac{12}{\pi}\right)^2\cdot\sin 150°$
$\quad=\dfrac{72}{\pi^2}\left(1+\dfrac{\sqrt{3}}{2}+\dfrac{1}{2}\right)$
$\quad=\dfrac{36}{\pi^2}(3+\sqrt{3})$
따라서 $a=36$, $b=3$이므로
$a+b=36+3=39$

답 **39**

0858 $\overline{AD}=x$라 하면
$\triangle ABC=\triangle ABD+\triangle ACD$이므로
$\dfrac{1}{2}\cdot6\cdot3\cdot\sin 120°=\dfrac{1}{2}\cdot6\cdot x\cdot\sin 60°+\dfrac{1}{2}\cdot3\cdot x\cdot\sin 60°$
$\dfrac{18\sqrt{3}}{4}=\dfrac{6\sqrt{3}}{4}x+\dfrac{3\sqrt{3}}{4}x$
$\dfrac{9\sqrt{3}}{4}x=\dfrac{18\sqrt{3}}{4}$
$\therefore\ x=2$
따라서 $\overline{AD}$의 길이는 2이다.

답 **2**

0859 $a+c=10$에서 $c=10-a>0$
$\therefore\ 0<a<10$
$\triangle ABC$의 넓이를 S라 하면

$S=\dfrac{1}{2}\cdot a\cdot(10-a)\cdot\sin 30°$
$\quad=\dfrac{1}{2}\cdot a\cdot(10-a)\cdot\dfrac{1}{2}=\dfrac{1}{4}(-a^2+10a)$
$\quad=-\dfrac{1}{4}(a-5)^2+\dfrac{25}{4}$
따라서 $\triangle ABC$의 넓이의 최댓값은 $\dfrac{25}{4}$이다.

답 $\dfrac{25}{4}$

0860 평행사변형 ABCD의 넓이가 $10\sqrt{3}$이므로
$4\cdot5\cdot\sin B=10\sqrt{3}$ $\therefore\ \sin B=\dfrac{\sqrt{3}}{2}$
$90°<B<180°$이므로 $B=120°$
따라서 $\triangle ABC$에서 코사인법칙에 의하여
$\overline{AC}^2=4^2+5^2-2\cdot4\cdot5\cdot\cos 120°$
$\quad=16+25-2\cdot4\cdot5\cdot\left(-\dfrac{1}{2}\right)=61$
$\therefore\ \overline{AC}=\sqrt{61}$

답 ①

0861 사각형 ABCD에서 $\overline{AC}=p$, $\overline{BD}=q$, $\overline{AC}$와 $\overline{BD}$가 이루는 각의 크기를 θ라 하면
사각형 ABCD의 넓이가 100이므로
$\dfrac{1}{2}pq\sin\theta=100$
새로운 사각형의 넓이를 S라 하면
$S=\dfrac{1}{2}\cdot0.8p\cdot1.1q\cdot\sin\theta$
$\quad=0.8\cdot1.1\cdot\dfrac{1}{2}pq\sin\theta$
$\quad=0.8\cdot1.1\cdot100=88$

답 **88**

0862 대각선의 길이를 a라 하면 등변사다리꼴의 넓이가 16이므로
$\dfrac{1}{2}\cdot a\cdot a\cdot\sin 30°=16$, $\dfrac{1}{2}a^2\cdot\dfrac{1}{2}=16$
$a^2=64$ $\therefore\ a=8\ (\because\ a>0)$
따라서 구하는 대각선의 길이는 8이다.

답 ③

0863 직각삼각형 ABC에서
$\cos 30°=\dfrac{30}{\overline{BC}}$
$\therefore\ \overline{BC}=20\sqrt{3}\ (m)$
$\angle ADB=90°$이므로 직각삼각형 ABD에서
$\cos 60°=\dfrac{\overline{BD}}{30}$
$\therefore\ \overline{BD}=15\ (m)$
$\triangle BCD$에서 $\overline{CD}=x$ m라 하면 코사인법칙에 의하여

$$\begin{aligned}
x^2 &= \overline{BC}^2 + \overline{BD}^2 - 2\cdot\overline{BC}\cdot\overline{BD}\cdot\cos 30° \\
&= (20\sqrt{3})^2 + 15^2 - 2\cdot 20\sqrt{3}\cdot 15\cdot\cos 30° \\
&= 525
\end{aligned}$$

$$\therefore x = 5\sqrt{21} \ (\because x > 0)$$

따라서 두 지점 C, D 사이의 거리는 $5\sqrt{21}\,$m이다.

답 $5\sqrt{21}\,$m

0864 x에 대한 이차방정식

$$(\cos A + \cos B)x^2 + 2x\sin C + (\cos A - \cos B) = 0$$

이 중근을 가지므로 이 이차방정식의 판별식을 D라 하면

$$\begin{aligned}
\frac{D}{4} &= \sin^2 C - (\cos A + \cos B)(\cos A - \cos B) \\
&= \sin^2 C - (\cos^2 A - \cos^2 B) = 0
\end{aligned}$$

$$\sin^2 C - (1 - \sin^2 A) + (1 - \sin^2 B) = 0$$

$$\sin^2 C + \sin^2 A = \sin^2 B$$

㉮

$\triangle$ABC의 외접원의 반지름의 길이를 R라 하면

$$\left(\frac{c}{2R}\right)^2 + \left(\frac{a}{2R}\right)^2 = \left(\frac{b}{2R}\right)^2$$

$$\therefore b^2 = a^2 + c^2$$

따라서 $\triangle$ABC는 $B = 90°$인 직각삼각형이다.

㉯

답 $B = 90°$인 직각삼각형

단계	채점요소	배점
㉮	중근을 가질 조건 구하기	70%
㉯	삼각형의 모양 구하기	30%

0865 코사인법칙에 의하여

$$\cos C = \frac{6^2 + b^2 - 3^2}{2\cdot 6\cdot b} = \frac{b^2 + 27}{12b} = \frac{b}{12} + \frac{9}{4b}$$

㉮

이때 $\dfrac{b}{12} > 0$, $\dfrac{9}{4b} > 0$이므로 산술평균과 기하평균의 관계에 의하여

$$\frac{b}{12} + \frac{9}{4b} \geq 2\sqrt{\frac{b}{12}\cdot\frac{9}{4b}} = \frac{\sqrt{3}}{2}$$

$\left(\text{단, 등호는 } \dfrac{b}{12} = \dfrac{9}{4b}\text{일 때 성립한다.}\right)$

㉯

따라서 $\cos C$의 최솟값은 $\dfrac{\sqrt{3}}{2}$이고 $\dfrac{b}{12} = \dfrac{9}{4b}$이므로

$$b^2 = 27 \qquad \therefore b = 3\sqrt{3} \ (\because b > 0)$$

㉰

답 $3\sqrt{3}$

단계	채점요소	배점
㉮	$\cos C$를 b에 대한 식으로 나타내기	30%
㉯	$\cos C$의 최솟값 구하기	40%
㉰	b의 값 구하기	30%

0866 $a+b = 7k$, $b+c = 5k$, $c+a = 6k$ $(k > 0)$라 하고 세 식을 연립하여 풀면

$$a = 4k, \ b = 3k, \ c = 2k$$

㉮

헤론의 공식에서

$$s = \frac{4k + 3k + 2k}{2} = \frac{9}{2}k\text{이므로}$$

$\triangle$ABC의 넓이를 S라 하면

$$\begin{aligned}
S &= \sqrt{\frac{9}{2}k\left(\frac{9}{2}k - 4k\right)\left(\frac{9}{2}k - 3k\right)\left(\frac{9}{2}k - 2k\right)} \\
&= \sqrt{\frac{9}{2}k\cdot\frac{1}{2}k\cdot\frac{3}{2}k\cdot\frac{5}{2}k} \\
&= \frac{3\sqrt{15}}{4}k^2
\end{aligned}$$

㉯

따라서 $\dfrac{3\sqrt{15}}{4}k^2 = 3\sqrt{15}$이므로

$$k^2 = 4 \qquad \therefore k = 2 \ (\because k > 0)$$

㉰

$$\therefore a = 4k = 4\cdot 2 = 8$$

㉱

답 8

단계	채점요소	배점
㉮	a, b, c를 k를 사용하여 나타내기	30%
㉯	헤론의 공식을 이용하여 $\triangle$ABC의 넓이 구하기	40%
㉰	k의 값 구하기	20%
㉱	a의 값 구하기	10%

0867 $\angle$CPD $= \theta$라 하면 $\triangle$CDP에서 코사인법칙에 의하여

$$\cos\theta = \frac{2^2 + 4^2 - 4^2}{2\cdot 2\cdot 4} = \frac{1}{4}$$

㉮

$\sin^2\theta + \cos^2\theta = 1$이고, $0° < \theta < 180°$에서 $\sin\theta > 0$이므로

$$\sin\theta = \sqrt{1 - \left(\frac{1}{4}\right)^2} = \frac{\sqrt{15}}{4}$$

㉯

$$\therefore \square ABCD = \frac{1}{2}\cdot\overline{AC}\cdot\overline{BD}\cdot\sin\theta = \frac{1}{2}\cdot 7\cdot 8\cdot\frac{\sqrt{15}}{4} = 7\sqrt{15}$$

㉰

답 $7\sqrt{15}$

단계	채점요소	배점
㉮	$\cos\theta$의 값 구하기	40%
㉯	$\sin\theta$의 값 구하기	20%
㉰	$\square$ABCD의 넓이 구하기	40%

0868 $\triangle$ABC에서 사인법칙에 의하여 $\sin A = \dfrac{a}{2R}$이므로

$$\frac{a}{R} = 2\sin A$$

이때 $\dfrac{a}{R}$, 즉 $2\sin A$가 정수이어야 하므로

$2\sin A=k$ (k는 정수)라 하면 $\sin A=\dfrac{k}{2}$

그런데 $0°<A<180°$에서 $0<\sin A\leq1$이므로

$0<\dfrac{k}{2}\leq1$ $\therefore 0<k\leq2$

$\therefore k=1$ 또는 $k=2$

$k=1$일 때, $\sin A=\dfrac{1}{2}$ $\therefore A=30°$ 또는 $A=150°$

$k=2$일 때, $\sin A=1$ $\therefore A=90°$

따라서 A의 값은

$A=30°$ 또는 $A=90°$ 또는 $A=150°$

답 30°, 90°, 150°

0869 $\triangle\text{ABC}$는 $\overline{\text{AB}}=\overline{\text{AC}}$인 이등변삼각형이고 $A=120°$이므로

$C=\dfrac{1}{2}(180°-120°)=30°$

이때 $\overline{\text{CP}}=x$ $(x>0)$라 하면 $\triangle\text{BCP}$에서 코사인법칙에 의하여
$$\begin{aligned}\overline{\text{BP}}^2&=x^2+8^2-2\cdot x\cdot8\cdot\cos30°\\&=x^2+64-2\cdot x\cdot8\cdot\dfrac{\sqrt{3}}{2}\\&=x^2-8\sqrt{3}x+64\end{aligned}$$
$$\begin{aligned}\therefore \overline{\text{BP}}^2+\overline{\text{CP}}^2&=(x^2-8\sqrt{3}x+64)+x^2\\&=2x^2-8\sqrt{3}x+64\\&=2(x-2\sqrt{3})^2+40\end{aligned}$$
따라서 $\overline{\text{BP}}^2+\overline{\text{CP}}^2$의 최솟값은 40이다.

답 ⑤

0870 $\overline{\text{AC}}$를 그으면 $\triangle\text{ABC}$에서 코사인법칙에 의하여
$$\begin{aligned}\overline{\text{AC}}^2&=2^2+(\sqrt{6}-\sqrt{2})^2-2\cdot2\cdot(\sqrt{6}-\sqrt{2})\cdot\cos135°\\&=4+8-4\sqrt{3}-2\cdot2\cdot(\sqrt{6}-\sqrt{2})\cdot\left(-\dfrac{\sqrt{2}}{2}\right)=8\end{aligned}$$

$\therefore \overline{\text{AC}}=2\sqrt{2}$

또 $\triangle\text{ABC}$에서 사인법칙에 의하여

$\dfrac{2\sqrt{2}}{\sin135°}=\dfrac{2}{\sin(\angle\text{BCA})}$

$2\sqrt{2}\sin(\angle\text{BCA})=2\sin135°$

$\sin(\angle\text{BCA})=\dfrac{1}{2}$

$\therefore \angle\text{BCA}=30°$ 또는 $\angle\text{BCA}=150°$

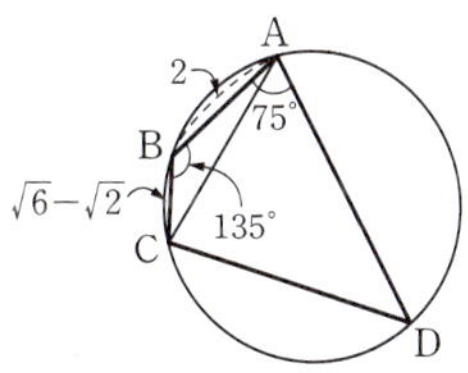

그런데 $\angle\text{B}+\angle\text{BCA}<180°$이어야 하므로

$\angle\text{BCA}=30°$

따라서 $\angle\text{BAC}=180°-(135°+30°)=15°$이므로

$\angle\text{CAD}=75°-15°=60°$

한편, 사각형 ABCD는 원에 내접하므로 대각의 크기의 합이 $180°$이다.

$\therefore D=180°-B=180°-135°=45°$

따라서 $\triangle\text{ACD}$에서 사인법칙에 의하여

$\dfrac{\overline{\text{CD}}}{\sin60°}=\dfrac{2\sqrt{2}}{\sin45°}$, $\overline{\text{CD}}\sin45°=2\sqrt{2}\sin60°$

$\dfrac{\sqrt{2}}{2}\overline{\text{CD}}=2\sqrt{2}\cdot\dfrac{\sqrt{3}}{2}$

$\therefore \overline{\text{CD}}=2\sqrt{3}$

답 $2\sqrt{3}$

0871 ㄱ. $a=5$이면 $\triangle\text{ABC}$는 $A=90°$인 직각삼각형이므로 $\overline{\text{BC}}$는 원의 지름이다.

$\therefore R=\dfrac{5}{2}$ (참)

ㄴ. 사인법칙에 의하여 $a=2R\sin A$이므로

$a=2\cdot4\cdot\sin A=8\sin A$ (참)

ㄷ. 코사인법칙에 의하여

$\cos A=\dfrac{3^2+4^2-a^2}{2\cdot3\cdot4}=\dfrac{25-a^2}{24}$

$1<a\leq\sqrt{13}$에서 $1<a^2\leq13$이므로

$\dfrac{1}{2}\leq\dfrac{25-a^2}{24}<1$

$\therefore \dfrac{1}{2}\leq\cos A<1$ $\therefore 0°<A\leq60°$

따라서 A의 최댓값은 $60°$이다. (참)

그러므로 ㄱ, ㄴ, ㄷ 모두 옳다.

답 ⑤

08 등차수열과 등비수열

📖 교과서 문제 정복하기

0872 $3-1=2$에서 공차가 2이므로 주어진 수열은
$1,\ 3,\ \boxed{5},\ \boxed{7},\ 9,\ \cdots$

답 **5, 7**

0873 $5-10=-5$에서 공차가 -5이므로 주어진 수열은
$20,\ \boxed{15},\ 10,\ 5,\ \boxed{0},\ \cdots$

답 **15, 0**

0874 첫째항이 3, 공차가 3이므로
$a_n=3+(n-1)\cdot 3=3n$

답 $a_n=3n$

0875 첫째항이 -1, 공차가 4이므로
$a_n=-1+(n-1)\cdot 4=4n-5$

답 $a_n=4n-5$

0876 $a_n=4+(n-1)\cdot 3=3n+1$
$\therefore a_{10}=3\cdot 10+1=31$

답 **31**

0877 $a_n=-2+(n-1)\cdot 5=5n-7$
$\therefore a_{10}=5\cdot 10-7=43$

답 **43**

0878 공차를 d라 하면 $a_1=5$, $a_8=40$에서
$5+(8-1)d=40,\ 7d=35\qquad \therefore d=5$

답 **5**

0879 공차를 d라 하면 $a_1=-5$, $a_6=-40$에서
$-5+(6-1)d=-40,\ 5d=-35\qquad \therefore d=-7$

답 **-7**

0880 x를 1과 19의 등차중항이라 하면
$x=\dfrac{1+19}{2}=10$

답 **10**

0881 공차는 -3이므로 3을 제 n 항이라 하면
$a_n=33-3(n-1)=3\qquad \therefore n=11$
$\therefore S_{11}=\dfrac{11(33+3)}{2}=198$

답 **198**

0882 공차는 3이므로 41을 제 n 항이라 하면
$a_n=2+3(n-1)=41\qquad \therefore n=14$
$\therefore S_{14}=\dfrac{14(2+41)}{2}=301$

답 **301**

0883 $\dfrac{30\{2\cdot 2+(30-1)\cdot 2\}}{2}=930$

답 **930**

0884 $\dfrac{30\{2\cdot 4+(30-1)\cdot(-2)\}}{2}=-750$

답 **-750**

0885 $\dfrac{6}{3}=2$에서 공비가 2이므로 주어진 수열은
$3,\ 6,\ \boxed{12},\ \boxed{24},\ 48,\ \cdots$

답 **12, 24**

0886 $\dfrac{-2}{2}=-1$에서 공비가 -1이므로 주어진 수열은
$2,\ -2,\ \boxed{2},\ \boxed{-2},\ 2,\ \cdots$

답 **2, -2**

0887 첫째항이 0.1, 공비가 0.1이므로
$a_n=0.1\cdot(0.1)^{n-1}=0.1^n$

답 $a_n=0.1^n$

0888 첫째항이 2, 공비가 $\sqrt{2}$이므로
$a_n=2\cdot(\sqrt{2})^{n-1}$

답 $a_n=2\cdot(\sqrt{2})^{n-1}$

0889 첫째항이 1, 공비가 3이므로
$a_n=1\cdot 3^{n-1}=3^{n-1}\qquad \therefore a_{10}=3^9$

답 3^9

0890 첫째항이 2, 공비가 -3이므로
$a_n=2\cdot(-3)^{n-1}\qquad \therefore a_{10}=2\cdot(-3)^9$

답 $2\cdot(-3)^9$

0891 공비를 r라 하면 $a_1=\dfrac{2}{27}$, $a_4=2$에서
$\dfrac{2}{27}\cdot r^3=2,\ r^3=27\qquad \therefore r=3$

답 **3**

0892 공비를 r라 하면 $a_1=1$, $a_5=\dfrac{1}{81}$에서
$1\cdot r^4=\dfrac{1}{81}\qquad \therefore r=\dfrac{1}{3}$

답 $\dfrac{1}{3}$

0893 $S_5 = \dfrac{2 \cdot (4^5 - 1)}{4 - 1} = \dfrac{2}{3}(4^5 - 1) = 682$

답 **682**

0894 공비는 $\dfrac{1}{2}$이므로 $\left(\dfrac{1}{2}\right)^9$을 제 n 항이라 하면

$a_n = 1 \cdot \left(\dfrac{1}{2}\right)^{n-1} = \left(\dfrac{1}{2}\right)^9 \qquad \therefore n = 10$

$\therefore S_{10} = \dfrac{1 \cdot \left\{ 1 - \left(\dfrac{1}{2}\right)^{10} \right\}}{1 - \dfrac{1}{2}} = 2 \left\{ 1 - \left(\dfrac{1}{2}\right)^{10} \right\}$

답 $2\left\{1 - \left(\dfrac{1}{2}\right)^{10}\right\}$

0895 첫째항이 2, 공비가 4이므로

$\dfrac{2 \cdot (4^n - 1)}{4 - 1} = \dfrac{2}{3}(4^n - 1)$

답 $\dfrac{2}{3}(4^n - 1)$

0896 첫째항이 1, 공비가 $\dfrac{1}{3}$이므로

$\dfrac{1 \cdot \left\{ 1 - \left(\dfrac{1}{3}\right)^n \right\}}{1 - \dfrac{1}{3}} = \dfrac{3}{2} \left\{ 1 - \left(\dfrac{1}{3}\right)^n \right\}$

답 $\dfrac{3}{2}\left\{1 - \left(\dfrac{1}{3}\right)^n\right\}$

유형 익히기

본문 114~125쪽

0897 첫째항이 20, 공차가 -3인 등차수열이므로

$a_n = 20 + (n - 1) \cdot (-3) = -3n + 23$

$-3n + 23 = -118$에서 $n = 47$

따라서 주어진 등차수열에서 -118은 제 47 항이다.

답 **제 47 항**

0898 등차수열의 일반항 $a_n = An + B$ (A, B는 상수)의 첫째항은 $A + B$이고 공차는 A이므로 등차수열 $\{a_n\}$의 첫째항을 a, 공차를 d라 하면

(1) $a = -4 + 14 = 10$, $d = -4$

$\quad \therefore ad = 10 \cdot (-4) = -40$

(2) $a = -\dfrac{1}{2} + \dfrac{3}{2} = 1$, $d = -\dfrac{1}{2}$

$\quad \therefore ad = 1 \cdot \left(-\dfrac{1}{2}\right) = -\dfrac{1}{2}$

답 (1) -40 (2) $-\dfrac{1}{2}$

0899 공차를 d라 하면

$d = \dfrac{1}{2} - \dfrac{1}{3} = \dfrac{1}{6}$이므로

$a = \dfrac{1}{3} - \dfrac{1}{6} = \dfrac{1}{6}$, $b = \dfrac{1}{2} + \dfrac{1}{6} = \dfrac{2}{3}$

$\therefore b - a = \dfrac{2}{3} - \dfrac{1}{6} = \dfrac{1}{2}$

답 ③

0900 $\{a_n\}$이 등차수열이면 a_n은 n에 대한 일차 이하의 다항식이다.

ㄱ. 수열 $\{3\}$은 공차가 0인 등차수열이다.

ㄴ. $2n + 1$은 n에 대한 일차식이므로 수열 $\{2n + 1\}$은 등차수열이다.

ㄷ. $2n^2 - 1$은 n에 대한 이차식이므로 수열 $\{2n^2 - 1\}$은 등차수열이 아니다.

ㄹ. $\sqrt{n - 1}$은 n에 대한 일차식이 아니므로 수열 $\{\sqrt{n - 1}\}$은 등차수열이 아니다.

ㅁ. 2^{n+1}은 n에 대한 일차식이 아니므로 수열 $\{2^{n+1}\}$은 등차수열이 아니다.

ㅂ. $3 - 2n$은 n에 대한 일차식이므로 수열 $\{3 - 2n\}$은 등차수열이다.

따라서 등차수열인 것은 ㄱ, ㄴ, ㅂ의 3개이다.

답 **3**

0901 등차수열 $\{a_n\}$의 첫째항을 a, 공차를 d라 하면

$a_8 = 26$에서 $a + 7d = 26$ $\qquad$ ······ ㉠

$a_6 : a_{10} = 5 : 8$에서 $8a_6 = 5a_{10}$

$8(a + 5d) = 5(a + 9d)$

$\therefore 3a - 5d = 0$ $\qquad$ ······ ㉡

㉠, ㉡을 연립하여 풀면

$a = 5$, $d = 3$

따라서 $a_n = 5 + (n - 1) \cdot 3 = 3n + 2$이므로

$a_{30} = 3 \cdot 30 + 2 = 92$

답 ③

0902 등차수열 $\{a_n\}$의 첫째항을 a, 공차를 d라 하면

$a_2 = 10$에서 $a + d = 10$ $\qquad$ ······ ㉠

$a_5 = 43$에서 $a + 4d = 43$ $\qquad$ ······ ㉡

㉠, ㉡을 연립하여 풀면 $a = -1$, $d = 11$

$\therefore a_n = -1 + (n - 1) \cdot 11 = 11n - 12$

$11n - 12 = 758$ $\qquad \therefore n = 70$

답 ④

0903 등차수열 $\{a_n\}$의 첫째항을 a, 공차를 d라 하면

$a_2 + a_6 = (a + d) + (a + 5d) = 20$

$\therefore a + 3d = 10$ $\qquad$ ······ ㉠

$a_4+a_5=(a+3d)+(a+4d)=24$

$\therefore 2a+7d=24$ $\qquad\qquad$ ...... ㉡

㉠, ㉡을 연립하여 풀면 $a=-2$, $d=4$

$\therefore a_{10}=a+9d=-2+9\cdot4=34$

답 **34**

0904 등차수열 $\{a_n\}$의 공차를 d라 하면

$a_n=-6+(n-1)d$ $\qquad\qquad\qquad$ ㉮

이때 제2항과 제6항은 절댓값이 같고 부호가 반대이므로

$a_2+a_6=0$

$(-6+d)+(-6+5d)=0$

$6d=12$ $\quad\therefore d=2$ $\qquad\qquad\qquad$ ㉯

$\therefore a_n=-6+(n-1)\cdot2=2n-8$ $\qquad\qquad$ ㉰

$\therefore a_{10}=2\cdot10-8=12$ $\qquad\qquad\qquad$ ㉱

답 **12**

단계	채점요소	배점
㉮	a_n을 식으로 나타내기	20%
㉯	공차 구하기	40%
㉰	a_n 구하기	20%
㉱	a_{10} 구하기	20%

0905 등차수열 $\{a_n\}$의 첫째항을 a, 공차를 d라 하면

제3항이 63이므로 $a_3=a+2d=63$ $\qquad$ ...... ㉠

제10항이 35이므로 $a_{10}=a+9d=35$ $\qquad$ ...... ㉡

㉠, ㉡을 연립하여 풀면 $d=-4$, $a=71$

$\therefore a_n=71+(n-1)\cdot(-4)=-4n+75$

$-4n+75<0$에서 $n>18.75$

이때 n은 자연수이므로 처음으로 음수가 나오는 항은 제19항이다.

답 ②

0906 $a_n=-62+(n-1)\cdot5=5n-67$

$5n-67>0$에서 $n>13.4$

이때 n은 자연수이므로 처음으로 양수가 나오는 항은 제14항이다.

답 ③

0907 등차수열 $\{a_n\}$의 첫째항을 a, 공차를 d라 하면

$a_n=a+(n-1)d$

제10항과 제16항은 절댓값이 같고 부호가 반대이므로

$a_{10}+a_{16}=0$

$(a+9d)+(a+15d)=2a+24d=0$

$\therefore a=-12d$

이때 $a>0$이므로 $d<0$

$a_n=a+(n-1)d=-12d+(n-1)d$

$\quad=(n-13)d$

$(n-13)d<0$에서 $d<0$이므로

$n-13>0$ $\quad\therefore n>13$

따라서 처음으로 음수가 나오는 항은 제14항이다.

답 **제14항**

0908 등차수열 1, a_1, a_2, a_3, $\cdots$, a_n, 100의 공차를 d라 하면

$100=1+(n+2-1)d$, $99=(n+1)d$

$\therefore \dfrac{99}{d}=n+1$

이때 n은 자연수이므로 $\dfrac{99}{d}$도 자연수이어야 한다.

따라서 보기 중 $\dfrac{99}{d}$의 값이 자연수가 되도록 하는 d의 값은 $\dfrac{9}{11}$이다.

답 ④

0909 등차수열 3, x, y, z, 23의 공차를 d라 하면

$23=3+4d$ $\quad\therefore d=5$

$x=3+d=3+5=8$, $y=x+d=8+5=13$,

$z=y+d=13+5=18$

답 $x=8,\ y=13,\ z=18$

0910 -20을 첫째항이라 하면 100은 제$(n+2)$항이다. 공차가 4이므로

$100=-20+4(n+1)$

$120=4(n+1)$, $n+1=30$

$\therefore n=29$

답 **29**

0911 등차수열 3, a_1, a_2, a_3, $\cdots$, a_n, 108의 공차를 d라 하면

$3+(n+1)d=108$

$(n+1)d=105=3\cdot5\cdot7$

위의 식에서 1보다 큰 최소의 자연수인 공차는 3이므로

$n+1=35$ $\quad\therefore n=34$

답 **34**

다른풀이 $(n+1)d=105$에서 $d=\dfrac{105}{n+1}$

이때 d는 1보다 큰 자연수이므로 순서쌍 (n, d)는

$(2, 35)$, $(4, 21)$, $(6, 15)$, $(14, 7)$, $(20, 5)$, $(34, 3)$

따라서 최소의 자연수인 공차는 3이므로 $n=34$

0912 수열 $\{a_n\}$에서 $2x=-9+(-1)$

$\therefore x=-5$

수열 $\{b_n\}$에서 $2y=-1+5$ $\therefore y=2$

$\therefore x+y=-3$

답 ③

0913 $f(x)=ax^2+x+4$라 하면 $f(1)$, $f(2)$, $f(3)$이 이 순서대로 등차수열을 이루므로

$2f(2)=f(1)+f(3)$

$2(4a+2+4)=(a+1+4)+(9a+3+4)$

$8a+12=10a+12$

$\therefore a=0$

답 ③

0914 $\log a$, $\log 3$, $\log b$가 이 순서대로 등차수열을 이루므로

$2\log 3=\log a+\log b$, $\log 3^2=\log ab$

$\therefore ab=9$

a, b는 서로 다른 자연수이므로

$a=1$, $b=9$ 또는 $a=9$, $b=1$

따라서 두 자연수 a, b의 합은

$a+b=10$

답 **10**

0915 삼차방정식의 세 근을 $a-d$, a, $a+d$라 하면 삼차방정식의 근과 계수의 관계에 의하여

$(a-d)+a+(a+d)=6$, $3a=6$ $\therefore a=2$

따라서 주어진 방정식의 한 근이 2이므로 $x=2$를 방정식에 대입하면

$2^3-6\cdot 2^2+2k+24=0$, $2k=-8$ $\therefore k=-4$

답 ④

0916 등차수열을 이루는 세 수 a, b, c를 각각 $x-d$, x, $x+d$ $(d>0)$라 하면

조건 ㈎에서

$a+b+c=(x-d)+x+(x+d)=3x=15$ $\therefore x=5$

조건 ㈏에서

$abc=(x-d)\cdot x\cdot(x+d)=5(5-d)(5+d)=-55$

$25-d^2=-11$

$d^2=36$ $\therefore d=6 \; (\because d>0)$

$a=x-d=-1$, $b=x=5$, $c=x+d=11$

$\therefore a^2+b^2+c^2=(-1)^2+5^2+11^2$

$\qquad\qquad\qquad =1+25+121=147$

답 **147**

0917 (1) 등차수열을 이루는 네 수를

$a-3d$, $a-d$, $a+d$, $a+3d$ $(d>0)$라 하면

네 수의 합이 8이므로

$(a-3d)+(a-d)+(a+d)+(a+3d)=8$

$4a=8$ $\therefore a=2$

가장 큰 수는 가장 작은 수의 3배이므로

$2+3d=3(2-3d)$

$12d=4$ $\therefore d=\dfrac{1}{3}$

따라서 네 수는 1, $\dfrac{5}{3}$, $\dfrac{7}{3}$, 3이므로 네 수의 곱은

$1\cdot\dfrac{5}{3}\cdot\dfrac{7}{3}\cdot 3=\dfrac{35}{3}$

(2) 등차수열을 이루는 세 수를

$a-d$, a, $a+d$ $(d>0)$라 하면

빗변의 길이가 15이므로

$a+d=15$ ······ ㉠

직각삼각형이므로

$(a+d)^2=(a-d)^2+a^2$

$a(a-4d)=0$ $\therefore a=4d \; (\because a\neq 0)$

$a=4d$를 ㉠에 대입하면

$a=12$, $d=3$

따라서 세 변의 길이가 9, 12, 15이므로 구하는 넓이는

$\dfrac{1}{2}\cdot 9\cdot 12=54$

답 (1) $\dfrac{35}{3}$ (2) **54**

0918 등차수열 $\{a_n\}$의 첫째항을 a, 공차를 d라 하면

$a_6=a+5d=44$ ······ ㉠

$a_{18}=a+17d=116$ ······ ㉡

㉠, ㉡을 연립하여 풀면 $a=14$, $d=6$

첫째항부터 제 n 항까지의 합이 280이므로

$\dfrac{n\{2\cdot 14+(n-1)\cdot 6\}}{2}=280$

$3n^2+11n-280=0$, $(n-8)(3n+35)=0$

$\therefore n=8$ 또는 $n=-\dfrac{35}{3}$

그런데 n은 자연수이므로 $n=8$

답 ②

0919 $a_n=3+2(n-1)=39$

$\therefore n=19$

따라서 첫째항부터 제 19 항까지의 합은

$S_{19}=\dfrac{19\cdot(3+39)}{2}=399$

답 **399**

0920 $S_n=\dfrac{n(15-3)}{2}=6n=60$에서 $n=10$

즉 제 10 항이 -3이므로

$a_{10}=15+9d=-3$ $\therefore d=-2$

$\therefore a_5=15+4d=15+4\cdot(-2)=7$

답 7

0921 등차수열 $\{a_n\}$의 공차를 d라 하면

$a_1=6$, $a_{10}=-12$에서

$6+(10-1)d=-12$ $\therefore d=-2$

㉮

$\therefore a_n=6+(n-1)\cdot(-2)=-2n+8$

㉯

$\therefore |a_1|+|a_2|+|a_3|+\cdots+|a_{20}|$

$=|6|+|4|+|2|+|0|+|-2|+|-4|+\cdots+|-32|$

$=(6+4+2+0)+(2+4+\cdots+32)$

$=12+\dfrac{16(2+32)}{2}$

$=284$

㉰

답 284

단계	채점요소	배점
㉮	공차 구하기	30%
㉯	일반항 구하기	20%
㉰	$|a_1|+|a_2|+|a_3|+\cdots+|a_{20}|$의 값 구하기	50%

0922 $24+a_1+a_2+a_3+\cdots+a_n+(-44)$

$=24+(-120)+(-44)=-140$

즉 $\dfrac{(n+2)\{24+(-44)\}}{2}=-140$에서

$n+2=14$ $\therefore n=12$

답 12

0923 첫째항이 -9, 끝항이 31, 항수가 $(n+2)$인 등차수열

이고 첫째항부터 끝항까지의 합이 231이므로

$\dfrac{(n+2)(-9+31)}{2}=231$, $11(n+2)=231$

$n+2=21$ $\therefore n=19$

따라서 31은 제 21 항이므로

$-9+(21-1)d=31$ $\therefore d=2$

답 ④

0924 첫째항이 2, 제 $(n+2)$항이 37이므로

$2+(n+1)d=37$

$\therefore (n+1)d=35$

모든 항이 자연수이므로 가능한 순서쌍 $(n,\ d)$는

$(4,\ 7)$, $(6,\ 5)$, $(34,\ 1)$

이 등차수열의 합은

$\dfrac{(n+2)(2+37)}{2}=\dfrac{39}{2}(n+2)$

이므로 $n=4$일 때 최소가 되고, 최솟값은

$\dfrac{39}{2}\cdot6=117$

답 117

0925 등차수열 $\{a_n\}$의 첫째항을 a, 공차를 d라 하면

$S_{10}=\dfrac{10\{2a+(10-1)d\}}{2}=145$

$\therefore 2a+9d=29$

······ ㉠

$S_{20}-S_{10}=\dfrac{20\{2a+(20-1)d\}}{2}-145=445$

$\therefore 2a+19d=59$

······ ㉡

㉠, ㉡을 연립하여 풀면 $a=1$, $d=3$

따라서 제 21 항부터 제 30 항까지의 합은

$S_{30}-S_{20}=\dfrac{30\{2+(30-1)\cdot3\}}{2}-590$

$=1335-590=745$

답 ⑤

0926 등차수열 $\{a_n\}$의 첫째항을 a, 공차를 d라 하면

$S_5=\dfrac{5\{2a+(5-1)d\}}{2}=70$

$\therefore a+2d=14$

······ ㉠

$S_{10}=\dfrac{10\{2a+(10-1)d\}}{2}=190$

$\therefore 2a+9d=38$

······ ㉡

㉠, ㉡을 연립하여 풀면 $a=10$, $d=2$

$\therefore S_{15}=\dfrac{15\{2\cdot10+(15-1)\cdot2\}}{2}=360$

답 360

0927 등차수열 $\{a_n\}$의 첫째항을 a, 공차를 d라 하면

$S_{10}=a_1+a_2+\cdots+a_{10}$

$=a+(a+d)+\cdots+(a+9d)=55$

$S_{20}-S_{10}=a_{11}+a_{12}+\cdots+a_{20}$

$=(a+10d)+(a+11d)+\cdots+(a+19d)$

$=S_{10}+10d\cdot10=55+100d$

$=210-55=155$

$100d=100$ $\therefore d=1$

$\therefore S_{15}-S_5=a_6+a_7+\cdots+a_{15}$

$=(a+5d)+(a+6d)+\cdots+(a+14d)$

$=S_{10}+5d\cdot10=55+50=105$

답 ④

다른풀이 등차수열 $\{a_n\}$의 첫째항을 a, 공차를 d라 하면

$S_{10}=\dfrac{10\{2a+(10-1)d\}}{2}=55$

$$\therefore 2a+9d=11 \qquad\qquad \cdots\cdots\ \bigcirc$$

$$S_{20}=\frac{20\{2a+(20-1)d\}}{2}=210$$

$$\therefore 2a+19d=21 \qquad\qquad \cdots\cdots\ \bigcirc$$

$\bigcirc$, $\bigcirc$을 연립하여 풀면 $a=1$, $d=1$

$$\therefore S_{15}-S_5=\frac{15\{2\cdot1+(15-1)\cdot1\}}{2}-\frac{5\{2\cdot1+(5-1)\cdot1\}}{2}$$

$$=120-15=105$$

0928 $a_n=-\dfrac{5}{2}+(n-1)\cdot\dfrac{1}{3}=\dfrac{1}{3}n-\dfrac{17}{6}$

제 n 항에서 처음으로 양수가 나온다고 하면

$$a_n=\frac{1}{3}n-\frac{17}{6}>0 \qquad \therefore\ n>\frac{17}{2}=8.5$$

즉 제 9 항부터 양수이므로 첫째항부터 제 8 항까지의 합이 최소가
된다. 따라서 구하는 n의 값은 8이다.

답 8

0929 등차수열 $\{a_n\}$의 공차를 d라 하면

S_{17}이 최댓값이므로 $a_{17}\geq0$, $a_{18}<0$에서

$$100+16d\geq0,\ 100+17d<0$$

$$\therefore\ -\frac{25}{4}\leq d<-\frac{100}{17}$$

즉 $-6.25\leq d<-5.\times\times\times$ 에서 d는 정수이므로

$d=-6$

$$\therefore a_{10}=100+(10-1)\cdot(-6)=46$$

답 ②

0930 등차수열 $\{a_n\}$의 첫째항을 a, 공차를 d라 하면

$a_5=11$에서 $a+4d=11 \qquad \cdots\cdots\ \bigcirc$

$a_{15}=-9$에서 $a+14d=-9 \qquad \cdots\cdots\ \bigcirc$

$\bigcirc$, $\bigcirc$을 연립하여 풀면 $a=19$, $d=-2$

제 n 항에서 처음으로 음수가 나온다고 하면

$$a_n=19+(n-1)\cdot(-2)=-2n+21<0$$

$$\therefore\ n>\frac{21}{2}=10.5$$

즉 제 11 항부터 음수이므로 제 10 항까지의 합이 최대이다.
따라서 구하는 최댓값은

$$S_{10}=\frac{10\{2\cdot19+9\cdot(-2)\}}{2}=100$$

답 **100**

0931 등차수열 59, a_1, a_2, a_3, $\cdots$, a_k, 32의 모든 항의 합이
455이므로

$$\frac{(k+2)(59+32)}{2}=455$$

$$k+2=10 \qquad \therefore\ k=8$$

㉮

이 등차수열의 공차를 d라 하면 첫째항이 59, 제 10 항이 32이므로

$$59+9d=32 \qquad \therefore\ d=-3$$

㉯

$a_1=59-3=56$이므로 제 n 항에서 처음으로 음수가 나온다고
하면

$$a_n=56-3(n-1)<0 \qquad \therefore\ n>\frac{59}{3}=19.\times\times\times$$

등차수열 $\{a_n\}$은 제 20 항부터 음수이므로 첫째항부터 제 19 항까
지의 합이 최대이다.

㉰

$$\therefore S_{19}=\frac{19\{2\cdot56+18\cdot(-3)\}}{2}=551$$

㉱

답 **551**

단계	채점요소	배점
㉮	k의 값 구하기	20 %
㉯	공차 구하기	20 %
㉰	합이 최대가 되는 항 구하기	30 %
㉱	S_n의 최댓값 구하기	30 %

0932 두 자리 자연수 중 7로 나누었을 때 2가 남는 수는

16, 23, 30, $\cdots$, 93

즉 첫째항이 16이고 공차가 7인 등차수열이므로 93을 제 n 항이
라 하면

$$a_n=16+7(n-1)=93 \qquad \therefore\ n=12$$

$$\therefore S_{12}=\frac{12\cdot(16+93)}{2}=654$$

답 ④

0933 50 이하의 자연수 중에서 4의 배수는

4, 8, 12, $\cdots$, 48

이 수열은 첫째항이 4, 끝항이 48, 항수가 12인 등차수열이므로
그 합은

$$\frac{12(4+48)}{2}=312$$

50 이하의 자연수 중에서 6의 배수는

6, 12, 18, $\cdots$, 48

이 수열은 첫째항이 6, 끝항이 48, 항수가 8인 등차수열이므로
그 합은

$$\frac{8(6+48)}{2}=216$$

한편, 50 이하의 자연수 중에서 12의 배수는

12, 24, 36, 48

이 수열은 첫째항이 12, 끝항이 48, 항수가 4인 등차수열이므로
그 합은

$$\frac{4(12+48)}{2}=120$$

따라서 50 이하의 자연수 중에서 4 또는 6의 배수의 총합은

$312+216-120=408$

답 **408**

0934 6으로 나누면 5가 남는 수는

$5, 11, 17, 23, 29, 35, \cdots$

8로 나누면 3이 남는 수는

$3, 11, 19, 27, 35, \cdots$

이들의 공통인 수로 이루어진 수열을 크기순으로 나열하면

$11, 35, 59, \cdots$

따라서 수열 $\{a_n\}$은 첫째항이 11, 공차가 24이므로

$a_1+a_2+\cdots+a_8=\dfrac{8\{2\cdot11+(8-1)\cdot24\}}{2}=760$

답 ③

0935 $S_n=-3n^2+2n$에서

$a_1=S_1=-3+2=-1$

$a_{10}=S_{10}-S_9$

$\quad=(-3\cdot10^2+2\cdot10)-(-3\cdot9^2+2\cdot9)$

$\quad=-55$

$\therefore a_1+a_{10}=-1-55=-56$

답 ②

0936 $S_n=a_1+a_2+\cdots+a_n=n^2+kn$이라 하면

$a_8=S_8-S_7=(8^2+8k)-(7^2+7k)$

$\quad=15+k$

또한 $T_n=b_1+b_2+\cdots+b_n=2n^2+n$이라 하면

$b_8=T_8-T_7=(2\cdot8^2+8)-(2\cdot7^2+7)$

$\quad=31$

$a_8=b_8$이므로

$15+k=31 \qquad \therefore k=16$

답 **16**

0937 $S_n=-(n-2)^2+k$에서

(i) $n\geq2$일 때,

$\quad a_n=S_n-S_{n-1}$

$\quad\quad=\{-(n-2)^2+k\}-\{-(n-3)^2+k\}$

$\quad\quad=-2n+5$ ······ ㉠

(ii) $n=1$일 때,

$\quad a_1=S_1=-1+k$

$a_1=-1+k$는 ㉠에 $n=1$을 대입한 것과 같아야 하므로

$-1+k=-2+5 \qquad \therefore k=4$

$\therefore a_1=-1+4=3$

$\therefore a_1+k=3+4=7$

답 **7**

0938 $S_n=n^2+3n+1$에서

$a_n=S_n-S_{n-1}$

$\quad=(n^2+3n+1)-\{(n-1)^2+3(n-1)+1\}$

$\quad=2n+2 \ (n\geq2)$

$a_1=S_1=5$

$\therefore a_1+a_3+a_5+a_7+a_9=5+\dfrac{4(8+20)}{2}$

$\quad\quad\quad\quad\quad\quad\quad\quad=5+56=61$

답 **61**

0939 등비수열 $\{a_n\}$의 첫째항을 a, 공비를 r라 하면

$a_2=ar=2$ ······ ㉠

$a_5=ar^4=16$ ······ ㉡

㉡÷㉠을 하면 $r^3=8 \qquad \therefore r=2$

$r=2$를 ㉠에 대입하면 $a=1$

$\therefore a_{10}=ar^9=1\cdot2^9=512$

답 ③

0940 $a_n=2\cdot3^{1-2n}$에서

$a_1=2\cdot3^{-1}=\dfrac{2}{3}, \ a_2=2\cdot3^{-3}=\dfrac{2}{27}$

따라서 공비는

$\dfrac{a_2}{a_1}=\dfrac{\frac{2}{27}}{\frac{2}{3}}=\dfrac{3}{27}=\dfrac{1}{9}$

답 **첫째항 : $\dfrac{2}{3}$, 공비 : $\dfrac{1}{9}$**

0941 (1) 첫째항이 $\dfrac{1}{4}$, 공비가 $\dfrac{-\frac{1}{2}}{\frac{1}{4}}=-2$이므로

$a_n=\dfrac{1}{4}\cdot(-2)^{n-1}$

즉 $\dfrac{1}{4}\cdot(-2)^{n-1}=256$에서

$(-2)^{n-1}=1024=(-2)^{10}$

$n-1=10 \qquad \therefore n=11$

따라서 256은 제 11 항이다.

(2) 첫째항이 $\sqrt{2}+1$, 공비가 $\dfrac{1}{\sqrt{2}+1}=\sqrt{2}-1$이므로

$a_n=(\sqrt{2}+1)(\sqrt{2}-1)^{n-1}$

$\therefore a_{100}=(\sqrt{2}+1)(\sqrt{2}-1)^{99}$

$\quad\quad\quad=(\sqrt{2}+1)(\sqrt{2}-1)(\sqrt{2}-1)^{98}$

$\quad\quad\quad=(\sqrt{2}-1)^{98}$

답 (1) **제 11 항** (2) $(\sqrt{2}-1)^{98}$

0942 등비수열 $\{a_n\}$의 첫째항을 a, 공비를 r라 하면

$a_1+a_2=a+ar$

$\quad\quad\quad=a(1+r)=3$ ······ ㉠

$$a_1a_2+a_1a_3=a\cdot ar+a\cdot ar^2$$
$$=a^2r(1+r)=12 \qquad\qquad \cdots\cdots ㉡$$

㉡$\div$㉠을 하면 $ar=4$

$\therefore a_1a_2a_3=a\cdot ar\cdot ar^2=a^3r^3=(ar)^3=4^3=64$

답 ⑤

0943 등비수열 $\{a_n\}$의 공비를 r라 하면

$(a_1+a_2):(a_3+a_4)=1:\sqrt{2}$에서

$(a_1+a_1r):(a_1r^2+a_1r^3)=1:r^2=1:\sqrt{2}$이므로 $r^2=\sqrt{2}$

$\therefore a_3:a_7=a_1r^2:a_1r^6=1:r^4=1:(r^2)^2=1:2$

답 ①

0944 등비수열 $\{a_n\}$의 첫째항을 a, 공비를 r라 하면

$\dfrac{a_{12}}{a_2}=\dfrac{ar^{11}}{ar}=r^{10}$, $\dfrac{a_{13}}{a_3}=\dfrac{ar^{12}}{ar^2}=r^{10}$, $\cdots$, $\dfrac{a_{21}}{a_{11}}=\dfrac{ar^{20}}{ar^{10}}=r^{10}$

이므로

㉮

$\dfrac{a_{12}}{a_2}+\dfrac{a_{13}}{a_3}+\dfrac{a_{14}}{a_4}+\cdots+\dfrac{a_{21}}{a_{11}}=10r^{10}=20$

$\therefore r^{10}=2$

㉯

$\therefore \dfrac{a_{50}}{a_{30}}=\dfrac{ar^{49}}{ar^{29}}=r^{20}=(r^{10})^2=2^2=4$

㉰

답 4

단계	채점요소	배점
㉮	각 항을 r에 대한 식으로 나타내기	40%
㉯	r^{10}의 값 구하기	40%
㉰	$\dfrac{a_{50}}{a_{30}}$의 값 구하기	20%

0945 등비수열 $\{a_n\}$의 첫째항을 a, 공비를 r라 하면

$a_3=ar^2=4 \qquad\qquad \cdots\cdots ㉠$

$a_6=ar^5=32 \qquad\qquad \cdots\cdots ㉡$

㉡$\div$㉠을 하면

$r^3=8 \qquad \therefore r=2 \ (\because r는 실수)$

$r=2$를 ㉠에 대입하면 $a=1$

$\therefore a_n=1\cdot 2^{n-1}=2^{n-1}>2000$

이때 $2^{10}=1024$, $2^{11}=2048$이므로

$n-1\geq 11 \qquad \therefore n\geq 12$

따라서 처음으로 2000보다 커지는 항은 제12항이다.

답 ③

0946 등비수열 $\{a_n\}$의 첫째항을 a, 공비를 r라 하면

$a_2=ar=40 \qquad\qquad \cdots\cdots ㉠$

$a_5=ar^4=5 \qquad\qquad \cdots\cdots ㉡$

㉡$\div$㉠을 하면

$r^3=\dfrac{1}{8} \qquad \therefore r=\dfrac{1}{2} \ (\because r는 실수)$

$r=\dfrac{1}{2}$을 ㉠에 대입하면 $a=80$

$\therefore a_n=80\cdot\left(\dfrac{1}{2}\right)^{n-1}<\dfrac{1}{50}$

즉 $2^{n-1}>4000$에서 $2^{11}=2048$, $2^{12}=4096$이므로

$n-1\geq 12 \qquad \therefore n\geq 13$

따라서 조건을 만족시키는 자연수 n의 최솟값은 13이다.

답 13

0947 등비수열 $\{a_n\}$의 첫째항을 a, 공비를 r라 하면

$a_2+a_3=ar+ar^2=ar(1+r)=6 \qquad\qquad \cdots\cdots ㉠$

$a_3+a_4=ar^2+ar^3=ar^2(1+r)=-18 \qquad\qquad \cdots\cdots ㉡$

㉡$\div$㉠을 하면 $r=-3$

$r=-3$을 ㉠에 대입하면 $a=1$

$a_n=1\cdot(-3)^{n-1}=(-3)^{n-1}$이므로

$\left|\dfrac{1}{a_n}\right|=\left(\dfrac{1}{3}\right)^{n-1}>\dfrac{1}{1000}$

즉 $3^{n-1}<1000$에서 $3^6=729$, $3^7=2187$이므로

$n-1\leq 6 \qquad \therefore n\leq 7$

따라서 조건을 만족시키는 자연수 n의 값은 $1, 2, 3, \cdots, 7$이므로 구하는 합은

$1+2+\cdots+7=28$

답 28

0948 공비를 r라 하면 첫째항이 3이고 제12항이 40이므로

$40=3\cdot r^{11} \qquad \therefore r^{11}=\dfrac{40}{3}$

$\therefore a_2a_9=(3r^2)\cdot(3r^9)=9r^{11}=9\cdot\dfrac{40}{3}=120$

답 ⑤

0949 첫째항이 18, 공비가 $\dfrac{1}{3}$이고 $\dfrac{2}{729}$는 제$(n+2)$항이므로

$18\cdot\left(\dfrac{1}{3}\right)^{n+1}=\dfrac{2}{729}=\dfrac{2}{3^6}$

$\left(\dfrac{1}{3}\right)^{n+1}=\dfrac{1}{3^8}=\left(\dfrac{1}{3}\right)^8$

$n+1=8 \qquad \therefore n=7$

답 ③

0950 공비를 r라 하면 첫째항이 1이고 제12항이 2이므로

$r^{11}=2$

$a_1=r$, $a_2=r^2$, $a_3=r^3$, $\cdots$, $a_{10}=r^{10}$이므로

$$a_1 a_2 a_3 \cdots a_{10} = r \cdot r^2 \cdot r^3 \cdots \cdot r^{10}$$
$$= r^{1+2+3+\cdots+10}$$
$$= r^{55} = (r^{11})^5 = 2^5 = 32$$

답 ⑤

0951 첫째항이 2이고 제 $(n+2)$항이 512이므로
$$2 \cdot r^{n+1} = 512$$
$$\therefore r^{n+1} = 256 = 2^8$$
이를 만족시키는 자연수 r과 n의 순서쌍 (r, n)은
$(2, 7)$, $(4, 3)$, $(16, 1)$
따라서 $n+r$의 최솟값은
$$4+3=7$$

답 **7**

0952 세 수 $x-1$, $x+2$, $4x+1$이 이 순서대로 등비수열을 이루므로
$$(x+2)^2 = (x-1)(4x+1)$$
$$x^2+4x+4 = 4x^2-3x-1$$
$$\therefore 3x^2-7x-5=0$$
따라서 모든 상수 x의 값의 합은 이차방정식의 근과 계수의 관계에 의하여 $\dfrac{7}{3}$이다.

답 ④

0953 $f(2)=3a+4$, $f(0)=a$, $f(-1)=1$
이때 세 수 $3a+4$, a, 1이 이 순서대로 등비수열을 이루므로
$$a^2 = (3a+4) \cdot 1, \quad a^2-3a-4=0$$
따라서 모든 상수 a의 값의 합은 이차방정식의 근과 계수의 관계에 의하여 3이다.

답 ③

0954 1, 3, a가 이 순서대로 등비수열을 이루므로
$$3^2 = a \quad \therefore a=9$$
2, b, 18이 이 순서대로 등비수열을 이루므로
$$b^2=36 \quad \therefore b=6 \, (\because b>0)$$
1, 2, c가 이 순서대로 등비수열을 이루므로
$$2^2=c \quad \therefore c=4$$
$c(=4)$, 12, d가 이 순서대로 등비수열을 이루므로
$$12^2=4d \quad \therefore d=36$$
$$\therefore a+b+c+d=55$$

답 **55**

0955 1, a, b가 이 순서대로 등차수열을 이루므로
$$2a=1+b \quad \therefore b=2a-1 \qquad \cdots\cdots\ \boxdot$$
a, $\sqrt{3}$, b가 이 순서대로 등비수열을 이루므로

$$(\sqrt{3})^2 = ab \quad \therefore ab=3 \qquad \cdots\cdots\ \boxdot$$
㉠을 ㉡에 대입하면 $a(2a-1)=3$
$$2a^2-a-3=0, \ (2a-3)(a+1)=0$$
$$\therefore a=\frac{3}{2} \ \text{또는} \ a=-1$$
그런데 a는 정수이므로 $a=-1$
$a=-1$을 ㉠에 대입하면 $b=-3$
$$\therefore a^2+b^2=10$$

답 **10**

0956 이차방정식의 근과 계수의 관계에 의하여
$$\alpha+\beta=6, \ \alpha\beta=4$$
α, p, β가 이 순서대로 등차수열을 이루므로
$$2p=\alpha+\beta=6 \quad \therefore p=3$$
α, q, β가 이 순서대로 등비수열을 이루므로
$$q^2=\alpha\beta=4 \quad \therefore q=2 \, (\because q>0)$$
따라서 이차항의 계수가 1이고 3, 2를 두 근으로 하는 이차방정식은
$$x^2-(3+2)x+3\cdot2=0$$
$$\therefore x^2-5x+6=0$$

답 ⑤

0957 등차수열의 공차를 d라 하면
$$a+b=a+(a+3d)=(a+d)+(a+2d)$$
$$=x+y=5 \qquad \cdots\cdots\ \boxdot$$

㉮

등비수열의 공비를 r라 하면
$$ab=a\cdot ar^3=ar\cdot ar^2=pq=6 \qquad \cdots\cdots\ \boxdot$$

㉯

㉠, ㉡에서 a, b는 t에 대한 이차방정식 $t^2-5t+6=0$의 두 근이므로
$$(t-2)(t-3)=0 \quad \therefore t=2 \ \text{또는} \ t=3$$
$a<b$이므로 $a=2$, $b=3$

㉰

$$\therefore a^2-b^2=4-9=-5$$

㉱

답 **−5**

단계	채점요소	배점
㉮	$a+b$의 값 구하기	20%
㉯	ab의 값 구하기	20%
㉰	a, b의 값 구하기	50%
㉱	a^2-b^2의 값 구하기	10%

0958 등비수열을 이루는 세 실수를 a, ar, ar^2이라 하면
$$a+ar+ar^2=a(1+r+r^2)=13 \qquad \cdots\cdots\ \boxdot$$
$$a\cdot ar\cdot ar^2=(ar)^3=27 \quad \therefore ar=3 \qquad \cdots\cdots\ \boxdot$$

ⓒ에서 $a=\dfrac{3}{r}$을 ㉠에 대입하면

$\dfrac{3}{r}(1+r+r^2)=13,\ 3r^2-10r+3=0$

$(3r-1)(r-3)=0\qquad\therefore r=\dfrac{1}{3}$ 또는 $r=3$

$\therefore a=9$ 또는 $a=1$

따라서 세 실수는 1, 3, 9이므로 가장 큰 수는 9이다.

답 ④

0959 주어진 삼차방정식의 세 실근을 a, ar, ar^2이라 하면 삼차방정식의 근과 계수의 관계에 의하여

$a+ar+ar^2=k$ $\qquad\cdots\cdots$ ㉠

$a^2r+a^2r^2+a^2r^3=56$ $\qquad\cdots\cdots$ ㉡

$a\cdot ar\cdot ar^2=64$ $\qquad\cdots\cdots$ ㉢

㉢에서 $(ar)^3=64$ $\qquad\therefore ar=4$ $\qquad\cdots\cdots$ ㉣

㉡에서 $ar(a+ar+ar^2)=56$

㉠, ㉣을 대입하면

$4k=56\qquad\therefore k=14$

답 14

0960 두 곡선 $y=x^3-4x^2+14x$, $y=3x^2+k$가 서로 다른 세 점에서 만나므로 $x^3-4x^2+14x=3x^2+k$, 즉 $x^3-7x^2+14x-k=0$은 서로 다른 세 실근을 갖는다.

세 실근을 a, ar, ar^2이라 하면 삼차방정식의 근과 계수의 관계에 의하여

$a+ar+ar^2=a(1+r+r^2)=7$ $\qquad\cdots\cdots$ ㉠

$a^2r+a^2r^2+a^2r^3=a^2r(1+r+r^2)=14$ $\qquad\cdots\cdots$ ㉡

$a\cdot ar\cdot ar^2=a^3r^3=(ar)^3=k$ $\qquad\cdots\cdots$ ㉢

㉡÷㉠을 하면 $ar=2$

이를 ㉢에 대입하면

$2^3=k\qquad\therefore k=8$

답 8

0961 직육면체의 가로, 세로의 길이와 높이를 각각 a, ar, ar^2이라 하면

직육면체의 모서리의 길이의 합이 104이므로

$4a(1+r+r^2)=104$

$\therefore a(1+r+r^2)=26$ $\qquad\cdots\cdots$ ㉠

직육면체의 겉넓이가 312이므로

$2(a^2r+a^2r^2+a^2r^3)=312$

$a^2r(1+r+r^2)=156$ $\qquad\cdots\cdots$ ㉡

㉡÷㉠을 하면

$ar=\dfrac{156}{26}=6$

따라서 직육면체의 부피는

$a\cdot ar\cdot ar^2=(ar)^3=6^3=216$

답 216

0962 등비수열 $\{a_n\}$의 첫째항을 a, 공비를 r라 하면

$a_3=ar^2=32$ $\qquad\cdots\cdots$ ㉠

$a_6=ar^5=4$ $\qquad\cdots\cdots$ ㉡

㉡÷㉠을 하면 $r^3=\dfrac{1}{8}\qquad\therefore r=\dfrac{1}{2}$

㉠에서 $a\cdot\left(\dfrac{1}{2}\right)^2=32\qquad\therefore a=128$

따라서 첫째항이 128, 공비가 $\dfrac{1}{2}$인 등비수열의 첫째항부터 제10항까지의 합 S_{10}은

$S_{10}=\dfrac{128\cdot\left\{1-\left(\frac{1}{2}\right)^{10}\right\}}{1-\frac{1}{2}}=256\cdot\left\{1-\left(\dfrac{1}{2}\right)^{10}\right\}=256-\dfrac{1}{4}$

$\therefore S_{10}+\dfrac{1}{4}=256$

답 ②

0963 등비수열 $\{a_n\}$의 첫째항을 a, 공비를 r라 하면

$a_2:a_5=1:27$에서

$27a_2=a_5$

$27ar=ar^4$

$r^3=27\qquad\therefore r=3\ (\because r$는 실수$)$

$a_{11}-a_1=ar^{10}-a=a(r^{10}-1)=3^{10}-1$

따라서 등비수열 $\{a_n\}$의 첫째항부터 제10항까지의 합 S_{10}은

$S_{10}=\dfrac{a(r^{10}-1)}{r-1}=\dfrac{3^{10}-1}{3-1}=\dfrac{3^{10}-1}{2}$

답 ①

0964 등비수열 $\{a_n\}$의 첫째항을 a, 공비를 r라 하면

$a_1+a_3=a+ar^2=a(1+r^2)=15$ $\qquad\cdots\cdots$ ㉠

$a_3+a_5=ar^2+ar^4=ar^2(1+r^2)=60$ $\qquad\cdots\cdots$ ㉡

㉡÷㉠을 하면

$r^2=4\qquad\therefore r=-2\ (\because r<0)$

$r=-2$를 ㉠에 대입하면

$a\{1+(-2)^2\}=15\qquad\therefore a=3$

따라서 등비수열 $\{a_n\}$의 첫째항부터 제10항까지의 합 S_{10}은

$S_{10}=\dfrac{3\cdot\{1-(-2)^{10}\}}{1-(-2)}=1-2^{10}=-1023$

답 -1023

0965 공비는 $2x+1$이고 $x\neq0$에서 $2x+1\neq1$이므로 첫째항부터 제n항까지의 합 S_n은

$S_n=\dfrac{1\cdot\{(2x+1)^n-1\}}{2x+1-1}=\dfrac{(2x+1)^n-1}{2x}$

답 $\dfrac{(2x+1)^n-1}{2x}$

0966 첫째항부터 제n항까지의 합을 S_n이라 하면 첫째항은 x, 공비는 $\dfrac{1}{x+1}$이므로

(i) $\dfrac{1}{x+1}\neq1$, 즉 $x\neq0$일 때,

$$S_n=\dfrac{x\left\{1-\left(\dfrac{1}{x+1}\right)^n\right\}}{1-\dfrac{1}{x+1}}=(x+1)\left\{1-\left(\dfrac{1}{x+1}\right)^n\right\}$$

$$=x+1-\left(\dfrac{1}{x+1}\right)^{n-1}$$

(ii) $\dfrac{1}{x+1}=1$, 즉 $x=0$일 때,

모든 항이 0이므로 $S_n=0$

답 $x\neq0$일 때 $x+1-\left(\dfrac{1}{x+1}\right)^{n-1}$, $x=0$일 때 $\mathbf{0}$

0967 첫째항이 1, 공비가 x이므로

$x=1$인 경우, $S_n(1)=\underbrace{1+1+\cdots+1}_{n\text{개}}=n$

$x\neq1$인 경우, $S_n(x)=\dfrac{1\cdot(x^n-1)}{x-1}=\dfrac{x^n-1}{x-1}$

$\therefore S_n(1)+S_n(2)=n+\dfrac{2^n-1}{2-1}=n+2^n-1$

답 ③

0968 등비수열 $\{a_n\}$의 첫째항을 a, 공비를 r라 하면

$$\dfrac{a(r^{10}-1)}{r-1}=2 \qquad\qquad \cdots\cdots \text{㉠}$$

$$\dfrac{ar^{10}(r^{10}-1)}{r-1}=12 \qquad\qquad \cdots\cdots \text{㉡}$$

㉡$\div$㉠ 을 하면 $r^{10}=6$

따라서 제21항부터 제30항까지의 합은

$$\dfrac{ar^{20}(r^{10}-1)}{r-1}=(r^{10})^2\cdot\dfrac{a(r^{10}-1)}{r-1}=6^2\cdot2=72$$

답 ②

0969 등비수열 $\{a_n\}$의 첫째항을 a, 공비를 r라 하면

$S_{10}=a_1+a_2+\cdots+a_{10}=a(1+r+\cdots+r^9)=2$

$S_{20}-S_{10}=a_{11}+a_{12}+\cdots+a_{20}$

$\qquad\qquad=ar^{10}(1+r+\cdots+r^9)$

$\qquad\qquad=66-2=64$

$\therefore r^{10}=32$

모든 항이 양수이므로

$r=\sqrt{2}$

답 $\sqrt{2}$

0970 등비수열 $\{a_n\}$의 공비를 r라 하면

$S_{2n}-S_n=r^n S_n$

$1275-75=r^n\cdot75 \qquad \therefore r^n=16$

$S_n=\dfrac{5\cdot(r^n-1)}{r-1}=75$에 $r^n=16$을 대입하면

$\dfrac{5\cdot(16-1)}{r-1}=75 \qquad \therefore r=2$

$\therefore a_1+a_3+a_5+\cdots+a_{2n-1}$

$=5+5r^2+5r^4+\cdots+5r^{2n-2}$

$=\dfrac{5\cdot\{(r^2)^n-1\}}{r^2-1}=\dfrac{5\cdot(16^2-1)}{2^2-1}=425$

답 **425**

0971 등비수열 $\{a_n\}$의 첫째항을 a, 공비를 r라 하면

$a_2=ar=3 \qquad\qquad \cdots\cdots \text{㉠}$

$a_5=ar^4=24 \qquad\qquad \cdots\cdots \text{㉡}$

㉡$\div$㉠ 을 하면

$r^3=8 \qquad \therefore r=2 \ (\because r\text{는 실수})$

$r=2$를 ㉠에 대입하면

$2a=3 \qquad \therefore a=\dfrac{3}{2}$

첫째항부터 제 n 항까지의 합을 S_n이라 하면

$$S_n=\dfrac{\dfrac{3}{2}(2^n-1)}{2-1}=\dfrac{3}{2}(2^n-1)$$

$S_n>720$에서

$\dfrac{3}{2}(2^n-1)>720, \ 2^n-1>480$

$\therefore 2^n>481$

이때 $2^8=256, \ 2^9=512$이므로

$n\geq9$

따라서 첫째항부터 제9 항까지의 합이 처음으로 720보다 커진다.

답 **9**

0972 첫째항부터 제 n 항까지의 합을 S_n이라 하면

$$S_n=\dfrac{1\cdot\left\{1-\left(\dfrac{1}{2}\right)^n\right\}}{1-\dfrac{1}{2}}=2-\dfrac{1}{2^{n-1}}$$

$|2-S_n|<0.01$에서

$\left|2-\left(2-\dfrac{1}{2^{n-1}}\right)\right|<0.01, \ \dfrac{1}{2^{n-1}}<\dfrac{1}{100}$

$\therefore 2^{n-1}>100$

이때 $2^6=64, \ 2^7=128$이므로

$n-1\geq7 \qquad \therefore n\geq8$

따라서 n의 최솟값은 8이다.

답 ③

0973 등비수열 $\{a_n\}$의 공비를 r라 하면

$(a_1+a_2):(a_3+a_4)=1:4$

$a_3+a_4=4(a_1+a_2)$

$a_1r^2+a_1r^3=4(a_1+a_1r)$

$r^2=4 \qquad \therefore r=2 \ (\because r>0)$

$S_n=\dfrac{a_1(2^n-1)}{2-1}>100a_1$

$2^n-1>100 \ (\because a_1>0) \qquad \therefore 2^n>101$

이때 $2^6=64$, $2^7=128$이므로 $n\geq7$
따라서 자연수 n의 최솟값은 7이다.

답 7

0974 $2S_n+1=5^n$에서 $S_n=\dfrac{5^n-1}{2}$

(i) $n\geq2$일 때,
$$
\begin{aligned}
a_n&=S_n-S_{n-1}\\
&=\frac{5^n-1}{2}-\left(\frac{5^{n-1}-1}{2}\right)\\
&=\frac{5^{n-1}}{2}(5-1)=2\cdot5^{n-1} \quad\cdots\cdots\ \text{㉠}
\end{aligned}
$$

(ii) $n=1$일 때,
$$a_1=S_1=\frac{5^1-1}{2}=2$$

$a_1=2$는 ㉠에 $n=1$을 대입한 것과 같으므로
$a_n=2\cdot5^{n-1}$
따라서 $a=2$, $r=5$이므로 $a-r=-3$

답 ②

0975 $S_n=2^n-2$에서
$a_n=S_n-S_{n-1}=(2^n-2)-(2^{n-1}-2)=2^{n-1}$ $(n\geq2)$
이고 $a_1=S_1=0$
$\therefore a_1+a_3+a_5=0+2^2+2^4=20$

답 ②

0976 (i) $n\geq2$일 때,
$$
\begin{aligned}
a_n&=S_n-S_{n-1}\\
&=3^{n-1}+k-(3^{n-2}+k)\\
&=2\cdot3^{n-2} \quad\cdots\cdots\ \text{㉠}
\end{aligned}
$$

(ii) $n=1$일 때,
$$a_1=S_1=1+k$$

$a_1=1+k$는 ㉠에 $n=1$을 대입한 것과 같아야 하므로
$1+k=\dfrac{2}{3}$ $\therefore k=-\dfrac{1}{3}$

답 $-\dfrac{1}{3}$

0977 $S_n=2n^2-n+1$에서
$$
\begin{aligned}
a_n&=S_n-S_{n-1}\\
&=(2n^2-n+1)-\{2(n-1)^2-(n-1)+1\}\\
&=4n-3 \quad(n\geq2)
\end{aligned}
$$
이고 $a_1=S_1=2$

이때 $a_{2n}=8n-3$이므로
$a_{2n+2}-a_{2n}=\{8(n+1)-3\}-(8n-3)=8$
따라서 수열 $\{a_{2n}\}$의 공차는 8이다.

답 8

0978 수열 $\{a_n\}$이 등비수열이므로 수열 $\left\{\dfrac{1}{a_n}\right\}$도 등비수열이다. 수열 $\left\{\dfrac{1}{a_n}\right\}$의 첫째항을 a, 공비를 r라 하면

$$T_3=\frac{a(1-r^3)}{1-r}=\frac{1}{4} \quad\cdots\cdots\ \text{㉠}$$

$$T_6=\frac{a(1-r^6)}{1-r}=\frac{a(1-r^3)(1+r^3)}{1-r}=1 \quad\cdots\cdots\ \text{㉡}$$

㉡÷㉠을 하면 $1+r^3=4$ $\therefore r^3=3$
$$
\begin{aligned}
\therefore T_9&=\frac{a(1-r^9)}{1-r}=\frac{a(1-r^3)(1+r^3+r^6)}{1-r}\\
&=\frac{1}{4}(1+3+3^2)=\frac{13}{4}
\end{aligned}
$$

답 ⑤

0979 등비수열 $\{a_n\}$의 첫째항을 a, 공비를 r라 하면
$a_n=ar^{n-1}$
$\therefore 3a_n-a_{n+1}=3ar^{n-1}-ar^n=(3-r)ar^{n-1}$
이때 수열 $\{3a_n-a_{n+1}\}$은 첫째항이 $(3-r)a$이고 공비가 r인 등비수열이므로
$r=-3$
$(3-r)a=18$에서 $a=3$
따라서 $a_n=3\cdot(-3)^{n-1}$이므로
$a_2=3\cdot(-3)=-9$

답 -9

0980 10년 말의 원리합계를 S만 원이라 하면
$$
\begin{aligned}
S&=100(1+0.05)+100(1+0.05)^2+\cdots+100(1+0.05)^{10}\\
&=\frac{100(1+0.05)\{(1+0.05)^{10}-1\}}{0.05}\\
&=\frac{100\times1.05\times0.6}{0.05}\\
&=1260 \text{ (만 원)}
\end{aligned}
$$

답 1260만 원

0981 철수의 2027년 말의 원리합계를 S_1만 원이라 하면
$$
\begin{aligned}
S_1&=10(1+0.1)+10(1+0.1)^2+\cdots+10(1+0.1)^{10}\\
&=\frac{10\times1.1\times(1.1^{10}-1)}{1.1-1}=176 \text{ (만 원)}
\end{aligned}
$$

㉮

영희의 2027년 말의 원리합계를 S_2만 원이라 하면
$$
\begin{aligned}
S_2&=15+15(1+0.06)+15(1+0.06)^2+\cdots+15(1+0.06)^9\\
&=\frac{15(1.06^{10}-1)}{1.06-1}=200 \text{ (만 원)}
\end{aligned}
$$

㉯

따라서 두 원리합계의 차액은
$$S_2-S_1=200-176=24 \ (\text{만 원})$$

······ ⓒ

답 24만 원

단계	채점요소	배점
㉮	철수의 원리합계 구하기	40 %
㉯	영희의 원리합계 구하기	40 %
㉰	두 사람의 원리합계의 차액 구하기	20 %

0982 1년 후의 적립금의 원리합계는
$$a(1+0.01)+a(1+0.01)^2+\cdots+a(1+0.01)^{12}$$
$$=\frac{a\times1.01\times(1.01^{12}-1)}{1.01-1}$$
$$=1000000$$
$$\therefore a=\frac{1000000\times0.01}{1.01(1.01^{12}-1)}$$
$$=\frac{10000}{1.01(1.13-1)}$$
$$=76161.\times\times\times$$
따라서 a의 값은 76200이다.

답 ⑤

0983 두 직선과 선분의 교점의 x좌표를 t라 할 때 선분의 길이를 $f(t)$라 하면
$$f(t)=a(t-1)-t=at-a-t=(a-1)t-a$$
그러므로 주어진 14개의 선분의 길이는 등차수열을 이룬다.
따라서 구하는 선분의 길이의 합은
$$\frac{14(3+42)}{2}=315$$

답 ③

0984 $\overline{BH}=a-d$, $\overline{CH}=a$, $\overline{AB}=a+d$라 하면
$\triangle ABH\backsim\triangle CBA$이므로
$$\overline{AB}:\overline{BH}=\overline{CB}:\overline{BA}$$
즉 $(a+d):(a-d)=(2a-d):(a+d)$
$$(a+d)^2=(a-d)(2a-d)$$
$$a^2=5ad$$
$$\therefore a=5d \ (\because a>0)$$

······ ㉮

따라서 $\overline{AB}=a+d=5d+d=6d$,
$\overline{BC}=2a-d=10d-d=9d$, $\overline{AC}=5$이므로 피타고라스 정리에 의하여
$$81d^2=36d^2+25, \ 45d^2=25$$
$$d^2=\frac{5}{9} \quad \therefore d=\frac{\sqrt{5}}{3} \ (\because d>0)$$

······ ㉯

따라서 선분 BC의 길이는
$$9d=9\cdot\frac{\sqrt{5}}{3}=3\sqrt{5}$$

······ ⓒ

답 $3\sqrt{5}$

단계	채점요소	배점
㉮	a와 d 사이의 관계 나타내기	40 %
㉯	d의 값 구하기	30 %
㉰	선분 BC의 길이 구하기	30 %

0985 수열 $\{a_n\}$은 첫째항이 3, 공비가 -2인 등비수열이므로
$$a_n=3\cdot(-2)^{n-1}$$
이때 $A_n(n, a_n)$, $B_n(n, 0)$, $B_{n+1}(n+1, 0)$이므로 삼각형 $A_nB_nB_{n+1}$의 넓이는
$$S_n=\frac{1}{2}\cdot|a_n|\cdot1=\frac{1}{2}\cdot3\cdot|-2|^{n-1}\cdot1=\frac{3}{2}\cdot2^{n-1}$$
즉 수열 $\{S_n\}$은 첫째항이 $\frac{3}{2}$, 공비가 2인 등비수열이므로
$$S_1+S_3+S_5+S_7+S_9=\frac{3}{2}(1+2^2+2^4+2^6+2^8)$$
$$=\frac{3}{2}\cdot\frac{1\cdot(4^5-1)}{4-1}=\frac{4^5-1}{2}$$

답 ④

0986 ☆ 모양의 도형의 넓이는 형 S_1의 넓이는 12개의 합동인 작은 정삼각형의 넓이의 합과 같다. 도형 S_1에서 작은 정삼각형의 한 변의 길이를 a라 하면 $\sqrt{3}a=2\sqrt{3}$이므로 $a=2$
따라서 S_1의 넓이는
$$12\cdot\frac{\sqrt{3}}{4}\cdot2^2=12\sqrt{3}$$
또한 S_n과 S_{n+1}은 닮은 도형이고 닮음비가 2 : 1이므로 넓이의 비는 4 : 1이다.
따라서 S_{10}의 넓이는
$$12\sqrt{3}\cdot\left(\frac{1}{4}\right)^9=3\sqrt{3}\cdot\left(\frac{1}{4}\right)^8=\frac{3\sqrt{3}}{2^{16}}$$

답 ④

0987 등차수열 $\{a_n\}$의 첫째항을 a, 공차를 d라 하면
$a_2=8$에서 $a+d=8$

······ ㉠

$a_6:a_{10}=5:8$에서
$$(a+5d):(a+9d)=5:8$$
$$5(a+9d)=8(a+5d), \ 3a=5d$$
$$\therefore a=\frac{5}{3}d$$

······ ㉡

$\bigcirc$을 $\bigcirc$에 대입하면

$\dfrac{8}{3}d=8$ $\quad\therefore d=3,\ a=5$

$\therefore a_{20}=5+19\cdot3=62$

답 62

0988 $a_n=3+(n-1)d=4d$이므로

$nd-5d=-3$ $\quad\therefore (n-5)d=-3$

이때 $n,\ d$가 모두 자연수이므로

$n=2$일 때, $d=1$

$n=4$일 때, $d=3$

따라서 모든 자연수 d의 값의 합은 $1+3=4$

답 ②

0989 등차수열 $\{a_n\}$의 첫째항을 a, 공차를 d라 하면

$a_5=a+4d=-35$ $\qquad\cdots\cdots$ ㉠

$a_{10}=a+9d=-20$ $\qquad\cdots\cdots$ ㉡

㉠, ㉡을 연립하여 풀면

$a=-47,\ d=3$

$\therefore a_n=-47+(n-1)\cdot3=3n-50$

$3n-50>0$에서 $3n>50$

$\therefore n>\dfrac{50}{3}=16.\times\times\times$

따라서 처음으로 양수가 되는 항은 제 17 항이다.

답 ④

0990 등차수열 $\{a_n\}$의 첫째항을 a, 공차를 d라 하고, 첫째항부터 제 n 항까지의 합을 S_n이라 하면

$a_{20}=a+19d=-15$ $\qquad\cdots\cdots$ ㉠

$S_{20}=\dfrac{20(2a+19d)}{2}=270$ $\qquad\cdots\cdots$ ㉡

㉠, ㉡을 연립하여 풀면 $a=42,\ d=-3$

$\therefore S_{30}=\dfrac{30\cdot\{2\cdot42+29\cdot(-3)\}}{2}=-45$

답 ②

0991 첫째항이 -10이고 제 $(n+2)$항이 30이므로 첫째항부터 제 n 항까지의 합을 S_n이라 하면

$S_{n+2}=-10+120+30=140$

이때 주어진 수열이 등차수열이므로

$S_{n+2}=\dfrac{(n+2)(-10+30)}{2}=140$

$10(n+2)=140,\ n+2=14$

$\therefore n=12$

답 ②

0992 등차수열 $\{a_n\}$의 첫째항을 a, 공차를 d라 하면

$a_4=a+3d=12$ $\qquad\cdots\cdots$ ㉠

$a_9=a+8d=-38$ $\qquad\cdots\cdots$ ㉡

㉠, ㉡을 연립하여 풀면 $a=42,\ d=-10$

제 n 항에서 처음으로 음수가 나온다고 하면

$a_n=42+(n-1)\cdot(-10)$

$\quad=-10n+52<0$

$\therefore n>5.2$

즉 제 6 항부터 음수이므로 제 5 항까지의 합이 최대가 된다.

답 5

0993 60보다 작은 자연수 중에서 3의 배수는

$3,\ 6,\ 9,\ \cdots,\ 57$

이 수열은 첫째항이 3, 끝항이 57, 항 수가 19인 등차수열이므로 그 합은

$\dfrac{19(3+57)}{2}=570$

60보다 작은 자연수 중에서 4의 배수는

$4,\ 8,\ 12,\ \cdots,\ 56$

이 수열은 첫째항이 4, 끝항이 56, 항 수가 14인 등차수열이므로 그 합은

$\dfrac{14(4+56)}{2}=420$

한편, 60보다 작은 자연수 중에서 12의 배수는

$12,\ 24,\ 36,\ 48$

이 수열은 첫째항이 12, 끝항이 48, 항 수가 4인 등차수열이므로 그 합은

$\dfrac{4(12+48)}{2}=120$

따라서 60보다 작은 자연수 중에서 3 또는 4로 나누어떨어지는 수의 총합은

$570+420-120=870$

답 870

0994 $a_1=S_1=1^2+p\cdot1=3$에서 $p=2$

$\therefore S_n=n^2+2n$

$a_2=S_2-S_1$에서

$a_2=(2^2+2\cdot2)-(1^2+2\cdot1)=5$

한편, 수열 $\{a_n\}$은 등차수열이므로

$d=a_2-a_1=5-3=2$

$\therefore p+d=2+2=4$

답 ④

0995 $S_n=-2n^2+8n+1$에서

$a_n=S_n-S_{n-1}$

$\quad=(-2n^2+8n+1)-\{-2(n-1)^2+8(n-1)+1\}$

$\quad=-4n+10\ (n\geq2)$

$a_1=S_1=7$

$a_n=-4n+10<0$에서 $n>2.5$

즉 처음으로 음수가 되는 항은 제 3 항이므로

$$|a_1|+|a_2|+|a_3|+\cdots+|a_{10}|$$
$$=a_1+a_2-(a_3+a_4+\cdots+a_{10})$$
$$=7+2+\frac{8\cdot(2+30)}{2}=9+128=137$$

답 137

0996 $S_n=n^2-2n+4$에서

(i) $n\geq2$일 때,
$$a_n=S_n-S_{n-1}$$
$$=(n^2-2n+4)-\{(n-1)^2-2(n-1)+4\}$$
$$=2n-3 \qquad \cdots\cdots \text{㉠}$$

(ii) $n=1$일 때,
$$a_1=S_1=1-2+4=3$$

그런데 $a_1=3$은 ㉠에 $n=1$을 대입한 것과 같지 않으므로
$$a_1=3,\ a_n=2n-3\ (n\geq2)$$

ㄱ. $a_2=2\cdot2-3=1$ (참)

ㄴ. $a_3=2\cdot3-3=3,\ a_4=2\cdot4-3=5$
$$a_3-a_1=3-3=0,\ a_4-a_2=5-1=4$$
$$\therefore a_3-a_1\neq a_4-a_2\ \text{(거짓)}$$

ㄷ. $a_n=2n-3>100$에서 $n>51.5$

그러므로 구하는 자연수 n의 최솟값은 52이다. (참)

따라서 옳은 것은 ㄱ, ㄷ이다.

답 ③

0997 등비수열 $\{a_n\}$의 공비를 r라 하면
$$r=\frac{a_{n+1}}{a_n}=\frac{3\cdot2^{-2n}}{3\cdot2^{2-2n}}=\frac{1}{2^{-2n+2n}}=\frac{1}{4}$$

답 ②

0998 3, 6, 12, $\cdots$는 첫째항이 3이고, 공비가 2인 등비수열이므로
$$a_n=3\cdot2^{n-1}>300$$

즉 $2^{n-1}>100$에서 $2^6=64,\ 2^7=128$이므로
$$n-1\geq7 \qquad \therefore n\geq8$$

따라서 처음으로 300보다 커지는 항은 제8항이다.

답 제8항

0999 $a_2,\ a_k,\ a_8$이 이 순서대로 등차수열을 이루므로
$$k=5$$

또한 $a_1,\ a_2,\ a_5$가 이 순서대로 등비수열을 이루므로 $a_2{}^2=a_1a_5$에서
$$(a_1+6)^2=a_1(a_1+24),\ 12a_1=36$$
$$\therefore a_1=3$$
$$\therefore k+a_1=5+3=8$$

답 ②

1000 철수가 만든 등차수열의 공차를 d라 하면

첫째항이 2, 제5항이 32이므로
$$2+4d=32 \qquad \therefore d=\frac{15}{2}$$

따라서 철수가 넣은 세 양수의 합 a는
$$a=(2+d)+(2+2d)+(2+3d)$$
$$=6+6d=6+6\cdot\frac{15}{2}=51$$

영희가 만든 등비수열의 공비를 r라 하면 첫째항이 2, 제5항이 32이므로
$$2\cdot r^4=32$$
$$r^4=16 \qquad \therefore r=2\ (\because r>0)$$

따라서 영희가 넣은 세 양수의 합 b는
$$b=4+8+16=28$$
$$\therefore a-b=51-28=23$$

답 23

1001 세 양수 $x,\ y,\ z$가 이 순서대로 등비수열을 이루므로 $y=xr,\ z=xr^2\ (r>0)$이라 하면
$$x+y+z=x(1+r+r^2)=\frac{31}{2} \qquad \cdots\cdots \text{㉠}$$
$$\frac{1}{x}+\frac{1}{y}+\frac{1}{z}=\frac{1}{x}\left(1+\frac{1}{r}+\frac{1}{r^2}\right)=\frac{1}{x}\cdot\frac{1+r+r^2}{r^2}$$
$$=\frac{x(1+r+r^2)}{(xr)^2}=\frac{31}{8} \qquad \cdots\cdots \text{㉡}$$

㉡$\div$㉠을 하면
$$(xr)^2=4 \qquad \therefore xr=2\ (\because xr>0)$$
$$\therefore xyz=x\cdot xr\cdot xr^2=(xr)^3=8$$

답 8

1002 세 수 $a^n,\ 2^3\cdot3^4,\ b^n$이 이 순서대로 등비수열을 이루므로
$$(2^3\cdot3^4)^2=a^n b^n$$
$$\therefore 2^6\cdot3^8=(ab)^n$$

$a,\ b,\ n$이 모두 자연수이려면 n은 6과 8의 공약수, 즉 2의 약수이어야 한다. 이때 n은 2 이상의 자연수이므로
$$n=2$$
$$\therefore ab=2^3\cdot3^4=648$$

답 648

1003 주어진 등비수열의 공비를 r, 첫째항부터 제 n 항까지의 합을 S_n이라 하면
$$S_n=\frac{2(1-r^n)}{1-r}=\frac{2-2r^n}{1-r}$$
$$=\frac{2-r\cdot2r^{n-1}}{1-r}$$
$$=\frac{2-32r}{1-r}=22$$
$$2-32r=22-22r \qquad \therefore r=-2$$
$$\therefore x_4=2\cdot(-2)^4=32$$

답 ⑤

1004 $a_1+a_3+a_5+\cdots+a_{2n-1}=3^n-1$에서
$$a_{2n-1}=(3^n-1)-(3^{n-1}-1)=(3-1)\cdot3^{n-1}$$
$$=2\cdot3^{n-1}$$
등비수열 $\{a_n\}$의 공비를 r라 하면 $a_1=2$, $a_3=6$이므로
$$\frac{a_3}{a_1}=r^2=3$$
$r>0$이므로 $r=\sqrt{3}$
$$\therefore a_4=a_1\cdot r^3=2\cdot(\sqrt{3})^3=6\sqrt{3}$$

답 $6\sqrt{3}$

1005 MN의 약수는 M의 약수와 N의 약수의 곱으로 표현
되므로 자연수 MN의 모든 양의 약수의 합은
$$(1+2+2^2+\cdots+2^5)(1+3+3^2+\cdots+3^6)$$
$$=\frac{1\cdot(2^6-1)}{2-1}\cdot\frac{1\cdot(3^7-1)}{3-1}$$
$$=\frac{(2\cdot2^5-1)(3\cdot3^6-1)}{2}$$
$$=\frac{(2M-1)(3N-1)}{2}$$

답 ①

1006 $b_n=\log_2 a_n$이라 하면 $b_1+b_2+\cdots+b_n=\dfrac{n^2+3n}{2}$

(i) $n\geq2$일 때,
$$b_n=\left(\frac{n^2+3n}{2}\right)-\left\{\frac{(n-1)^2+3(n-1)}{2}\right\}=n+1 \ \cdots\cdots\ \text{㉠}$$

(ii) $n=1$일 때, $b_1=\dfrac{1^2+3\cdot1}{2}=2$

$b_1=2$는 ㉠에 $n=1$을 대입한 것과 같으므로
$$b_n=n+1$$
즉 $\log_2 a_n=n+1$이므로
$$a_n=2^{n+1}=2^2\cdot2^{n-1}$$
따라서 등비수열 $\{a_n\}$의 첫째항부터 제 10 항까지의 합은
$$\frac{2^2(2^{10}-1)}{2-1}=4092$$

답 ④

1007 두 수열 $\{a_n\}$, $\{b_n\}$은 각각 공차가 -3, 2이고 첫째항을
각각 a, b라 하면
$$a_n=a+(n-1)\cdot(-3)=-3n+3+a$$
$$b_n=b+(n-1)\cdot2=2n-2+b$$
$$\therefore 3a_n+2b_n=3(-3n+3+a)+2(2n-2+b)$$
$$=(3a+2b)+(n-1)\cdot(-5)$$
따라서 등차수열 $\{3a_n+2b_n\}$의 공차는 -5이다.

답 ①

1008 $a_n=1\cdot\left(\dfrac{1}{2}\right)^{n-1}=\left(\dfrac{1}{2}\right)^{n-1}$

ㄱ. $a_{2n}=\left(\dfrac{1}{2}\right)^{2n-1}=\dfrac{1}{2}\cdot\left(\dfrac{1}{4}\right)^{n-1}$

따라서 수열 $\{a_{2n}\}$은 첫째항이 $\dfrac{1}{2}$, 공비가 $\dfrac{1}{4}$인 등비수열이
다. (참)

ㄴ. $S_n=\dfrac{1\cdot\left\{1-\left(\frac{1}{2}\right)^n\right\}}{1-\frac{1}{2}}=2\cdot\left\{1-\left(\frac{1}{2}\right)^n\right\}=2-\left(\dfrac{1}{2}\right)^{n-1}$

$$\therefore 2-S_n=\left(\frac{1}{2}\right)^{n-1}$$

따라서 수열 $\{2-S_n\}$은 첫째항이 1, 공비가 $\dfrac{1}{2}$인 등비수열이
다. (참)

ㄷ. $a_{n+1}-2a_n=\left(\dfrac{1}{2}\right)^n-2\cdot\left(\dfrac{1}{2}\right)^{n-1}=-\dfrac{3}{2}\cdot\left(\dfrac{1}{2}\right)^{n-1}$

따라서 수열 $\{a_{n+1}-2a_n\}$은 첫째항이 $-\dfrac{3}{2}$, 공비가 $\dfrac{1}{2}$인 등
비수열이다. (참)

따라서 옳은 것은 ㄱ, ㄴ, ㄷ이다.

답 ⑤

1009 매년 5월 1일마다 a만 원씩 저축한다고 하면 5년 후의
원리합계는
$$a(1+0.1)+a(1+0.1)^2+a(1+0.1)^3$$
$$+a(1+0.1)^4+a(1+0.1)^5$$
$$=\frac{1.1a(1.1^5-1)}{1.1-1}$$
$$=\frac{1.1a(1.6-1)}{0.1}$$
$$=6.6a=3300$$
$$\therefore a=\frac{3300}{6.6}=500 \ (만 \ 원)$$

답 ⑤

1010 곡선 $y=x(x+4)(x-1)$과 직선 $y=k$의 교점의 x좌
표는 방정식 $x^3+3x^2-4x=k$의 세 근이므로
$x^3+3x^2-4x-k=0$의 세 근이 α, β, γ이다.

㉮

이때 α, β, γ가 이 순서대로 등차수열을 이루므로 $\alpha=\beta-d$,
$\gamma=\beta+d$라 하면 이차방정식의 근과 계수의 관계에 의하여
$(\beta-d)+\beta+(\beta+d)=-3 \quad \therefore \beta=-1$

㉯

즉 $\beta=-1$이 $x^3+3x^2-4x-k=0$의 근이므로
$-1+3+4-k=0 \quad \therefore k=6$

㉰

답 6

단계	채점요소	배점
㉮	곡선과 직선의 교점의 x좌표가 방정식 $x^3+3x^2-4x=k$의 세 근임을 알기	30%
㉯	근과 계수의 관계를 이용하여 β의 값 구하기	40%
㉰	k의 값 구하기	30%

1011 주어진 등차수열의 첫째항을 a, 공차를 d라 하고, 첫째항부터 제 n 항까지의 합을 S_n이라 하면

$$S_{20}=\frac{20(2a+19d)}{2}=120$$

$$\therefore 2a+19d=12 \quad \cdots\cdots \text{㉠}$$

㉮

$$S_{30}=\frac{30(2a+29d)}{2}=300$$

$$\therefore 2a+29d=20 \quad \cdots\cdots \text{㉡}$$

㉯

㉠, ㉡을 연립하여 풀면

$$a=-\frac{8}{5},\ d=\frac{4}{5}$$

㉰

$$\therefore S_{10}=\frac{10(2a+9d)}{2}$$
$$=10a+45d$$
$$=10\cdot\left(-\frac{8}{5}\right)+45\cdot\frac{4}{5}$$
$$=20$$

㉱

답 20

단계	채점요소	배점
㉮	S_{20}을 이용하여 식 세우기	30%
㉯	S_{30}을 이용하여 식 세우기	30%
㉰	주어진 수열의 첫째항 a와 공차 d 구하기	20%
㉱	S_{10} 구하기	20%

1012 등비수열 $\{a_n\}$의 첫째항을 a, 공비를 r라 하면

$a_1+a_2+a_3=5$에서

$$a+ar+ar^2=a(1+r+r^2)=5 \qquad \cdots\cdots \text{㉠}$$

$a_4+a_5+a_6=30$에서

$$ar^3+ar^4+ar^5=ar^3(1+r+r^2)=30 \qquad \cdots\cdots \text{㉡}$$

㉮

㉡÷㉠을 하면

$$r^3=6$$

㉯

$$\therefore \frac{a_4+a_6}{a_1+a_3}=\frac{ar^3+ar^5}{a+ar^2}=\frac{ar^3(1+r^2)}{a(1+r^2)}=r^3=6$$

㉰

답 6

단계	채점요소	배점
㉮	조건에 맞는 식 세우기	40%
㉯	r^3의 값 구하기	20%
㉰	$\dfrac{a_4+a_6}{a_1+a_3}$의 값 구하기	40%

1013 주어진 등비수열의 첫째항부터 제 n 항까지의 합을 S_n이라 하면 첫째항은 $2x$, 공비는 $\dfrac{1}{2x+1}$이므로

㉮

(i) $\dfrac{1}{2x+1}\neq 1$, 즉 $x\neq 0$일 때,

$$S_n=\frac{2x\left\{1-\left(\dfrac{1}{2x+1}\right)^n\right\}}{1-\dfrac{1}{2x+1}}$$

$$=(2x+1)\left\{1-\left(\frac{1}{2x+1}\right)^n\right\}$$

$$=2x+1-\left(\frac{1}{2x+1}\right)^{n-1}$$

㉯

(ii) $\dfrac{1}{2x+1}=1$, 즉 $x=0$일 때,

모든 항이 0이므로 $S_n=0$

㉰

$$\therefore x\neq 0일\ 때\ 2x+1-\left(\frac{1}{2x+1}\right)^{n-1},\ x=0일\ 때\ 0$$

㉱

답 $x\neq 0$일 때 $2x+1-\left(\dfrac{1}{2x+1}\right)^{n-1}$, $x=0$일 때 $\mathbf{0}$

단계	채점요소	배점
㉮	주어진 등비수열의 첫째항과 공비 구하기	20%
㉯	(공비)$\neq 1$일 때 S_n 구하기	30%
㉰	(공비)$=1$일 때 S_n 구하기	30%
㉱	S_n 구하기	20%

1014 등비수열 $\{a_n\}$의 첫째항을 a, 공비를 r라 하면

$$a_1+a_2+a_3+\cdots+a_n=\frac{a(1-r^n)}{1-r}=30$$

$$a_{2n+1}+a_{2n+2}+a_{2n+3}+\cdots+a_{3n}$$
$$=ar^{2n}+ar^{2n+1}+ar^{2n+2}+\cdots+ar^{3n-1}$$
$$=\frac{ar^{2n}(1-r^n)}{1-r}=\frac{a(1-r^n)}{1-r}\cdot r^{2n}$$
$$=30r^{2n}=270$$

$$r^{2n}=9$$

$$\therefore (r^n)^2=3^2$$

그런데 등비수열 $\{a_n\}$의 모든 항이 양수이므로 $r^n=3$

$$\therefore a_{n+1}+a_{n+2}+a_{n+3}+\cdots+a_{2n}$$
$$=ar^n+ar^{n+1}+ar^{n+2}+\cdots+ar^{2n-1}$$
$$=\frac{ar^n(1-r^n)}{1-r}$$
$$=\frac{a(1-r^n)}{1-r}\cdot r^n$$
$$=30\cdot 3$$
$$=90$$

답 90

1015 한 변의 길이가 3인 정사각형의 넓이가 9이므로

1회 시행 후 남아 있는 도형의 넓이는 $\dfrac{8}{9}\cdot 9$

2회 시행 후 남아 있는 도형의 넓이는 $\left(\dfrac{8}{9}\right)^2\cdot 9$

$$\vdots$$

n회 시행 후 남아 있는 도형의 넓이는 $\left(\dfrac{8}{9}\right)^n\cdot 9$

따라서 10회 시행 후 남아 있는 도형의 넓이는

$\left(\dfrac{8}{9}\right)^{10}\cdot 9=\dfrac{8^{10}}{9^9}=\dfrac{2^{30}}{3^{18}}$ 이므로

$p=30$, $q=18$

$\therefore p+q=48$

답 48

1016 등차수열 $\{a_n\}$의 공차를 d_1이라 하자.

조건 ㈎에서 $a_1=1$, $a_{10}=55$이므로

$55=1+9d_1$ $\quad$ $\therefore d_1=6$

$\therefore a_n=1+(n-1)\cdot 6=6n-5$

등차수열 $\{b_n\}$의 첫째항을 b, 공차를 d_2라 하자.

조건 ㈏에서 $b_2=7$, $b_7=27$이므로

$b+d_2=7$, $b+6d_2=27$

두 식을 연립하여 풀면

$b=3$, $d_2=4$

$\therefore b_n=3+(n-1)\cdot 4=4n-1$

두 집합 A, B의 원소가 모두 1 이상 50 이하의 자연수이므로

$a_n=6n-5\leq 50$에서 $n\leq\dfrac{55}{6}$

$b_n=4n-1\leq 50$에서 $n\leq\dfrac{51}{4}$

이때 $a_n=b_m$

즉 $6n-5=4m-1$, $3n=2(m+1)$ $\left(n\leq\dfrac{55}{6},\ m\leq\dfrac{51}{4}\right)$

을 만족시키는 자연수 n, m을 순서쌍 $(n,\ m)$으로 나타내면

$(2,\ 2),\ (4,\ 5),\ (6,\ 8),\ (8,\ 11)$

집합 $A\cap B$의 원소의 개수는 순서쌍 $(n,\ m)$의 개수와 같으므로

$n(A\cap B)=4$

답 4

09 | 수열의 합

📖 교과서 문제 정/복/하/기

본문 133쪽

1017 $\displaystyle\sum_{k=1}^{5} 2k = 2\cdot1+2\cdot2+2\cdot3+2\cdot4+2\cdot5$

$\qquad = 2+4+6+8+10$

답 풀이 참조

1018 $\displaystyle\sum_{i=1}^{5} 2^i = 2^1+2^2+2^3+2^4+2^5$

$\qquad = 2+4+8+16+32$

답 풀이 참조

1019 $\displaystyle\sum_{k=1}^{n} k^2 = 1^2+2^2+3^2+\cdots+n^2$

답 풀이 참조

1020 $1+3+3^2+\cdots+3^9 = \displaystyle\sum_{k=1}^{10} 3^{k-1}$

답 $\displaystyle\sum_{k=1}^{10} 3^{k-1}$

1021 $1+4+7+\cdots+25 = \displaystyle\sum_{k=1}^{9} (3k-2)$

답 $\displaystyle\sum_{k=1}^{9} (3k-2)$

1022 $6+6+6+6+6+6 = \displaystyle\sum_{k=1}^{6} 6$

답 $\displaystyle\sum_{k=1}^{6} 6$

1023 $\dfrac{1}{2}+\dfrac{1}{4}+\dfrac{1}{6}+\cdots+\dfrac{1}{2n} = \displaystyle\sum_{k=1}^{n} \dfrac{1}{2k}$

답 $\displaystyle\sum_{k=1}^{n} \dfrac{1}{2k}$

1024 $\displaystyle\sum_{k=1}^{10} (2a_k+3b_k) = 2\sum_{k=1}^{10} a_k + 3\sum_{k=1}^{10} b_k$

$\qquad = 2\cdot2+3\cdot3 = 13$

답 13

1025 $\displaystyle\sum_{k=1}^{10} (5a_k+2) = 5\sum_{k=1}^{10} a_k + \sum_{k=1}^{10} 2$

$\qquad = 5\cdot2+2\cdot10 = 30$

답 30

1026 $\displaystyle\sum_{k=1}^{10} (4k+2) = 4\sum_{k=1}^{10} k + \sum_{k=1}^{10} 2$

$\qquad = 4\cdot\dfrac{10\cdot11}{2}+2\cdot10 = 240$

답 240

1027 $\displaystyle\sum_{k=1}^{10} (2k^2-3k+1) = 2\sum_{k=1}^{10} k^2 - 3\sum_{k=1}^{10} k + \sum_{k=1}^{10} 1$

$\qquad = 2\cdot\dfrac{10\cdot11\cdot21}{6} - 3\cdot\dfrac{10\cdot11}{2}+1\cdot10$

$\qquad = 770-165+10$

$\qquad = 615$

답 615

1028 $\displaystyle\sum_{k=1}^{8} k(k+1)(k-1) = \sum_{k=1}^{8} (k^3-k)$

$\qquad = \displaystyle\sum_{k=1}^{8} k^3 - \sum_{k=1}^{8} k$

$\qquad = \left(\dfrac{8\cdot9}{2}\right)^2 - \dfrac{8\cdot9}{2} = 1260$

답 1260

1029 $1+2+3+\cdots+20 = \displaystyle\sum_{k=1}^{20} k = \dfrac{20\cdot21}{2} = 210$

답 210

1030 주어진 수열의 일반항 a_n은 $a_n = n^3$

∴ (주어진 식) $= \displaystyle\sum_{k=1}^{9} k^3 = \left(\dfrac{9\cdot10}{2}\right)^2 = 45^2 = 2025$

답 2025

1031 주어진 수열의 일반항 a_n은 $a_n = (n+4)^2$이므로

$(n+4)^2 = 15^2$에서 $n+4 = 15$ ∴ $n = 11$

∴ (주어진 식) $= \displaystyle\sum_{k=1}^{11} (k+4)^2$

$\qquad = \displaystyle\sum_{k=1}^{11} (k^2+8k+16)$

$\qquad = \displaystyle\sum_{k=1}^{11} k^2 + 8\sum_{k=1}^{11} k + \sum_{k=1}^{11} 16$

$\qquad = \dfrac{11\cdot12\cdot23}{6} + 8\cdot\dfrac{11\cdot12}{2}+16\cdot11$

$\qquad = 506+528+176$

$\qquad = 1210$

답 1210

1032 $\dfrac{1}{2\cdot3}+\dfrac{1}{3\cdot4}+\dfrac{1}{4\cdot5}+\cdots+\dfrac{1}{(n+1)(n+2)}$

$= \left(\dfrac{1}{2}-\dfrac{1}{3}\right)+\left(\dfrac{1}{3}-\dfrac{1}{4}\right)+\left(\dfrac{1}{4}-\dfrac{1}{5}\right)+\cdots+\left(\dfrac{1}{n+1}-\dfrac{1}{n+2}\right)$

$= \dfrac{1}{2}-\dfrac{1}{n+2} = \dfrac{n}{2(n+2)}$

답 $\dfrac{n}{2(n+2)}$

1033 $\displaystyle\sum_{k=2}^{20} \frac{1}{(k-1)k}$

$\displaystyle=\sum_{k=2}^{20}\left(\frac{1}{k-1}-\frac{1}{k}\right)$

$\displaystyle=\left(1-\frac{1}{2}\right)+\left(\frac{1}{2}-\frac{1}{3}\right)+\left(\frac{1}{3}-\frac{1}{4}\right)+\cdots+\left(\frac{1}{19}-\frac{1}{20}\right)$

$\displaystyle=1-\frac{1}{20}=\frac{19}{20}$

답 $\dfrac{19}{20}$

1034 $\displaystyle\sum_{k=1}^{8}(\sqrt{k}-\sqrt{k+1})$

$\displaystyle=(1-\sqrt{2})+(\sqrt{2}-\sqrt{3})+(\sqrt{3}-\sqrt{4})+\cdots+(\sqrt{8}-\sqrt{9})$

$\displaystyle=1-\sqrt{9}=-2$

답 -2

1035 $\displaystyle\sum_{k=1}^{80}\frac{1}{\sqrt{k+1}+\sqrt{k}}$

$\displaystyle=\sum_{k=1}^{80}(\sqrt{k+1}-\sqrt{k})$

$\displaystyle=(\sqrt{2}-1)+(\sqrt{3}-\sqrt{2})+(\sqrt{4}-\sqrt{3})+\cdots+(\sqrt{81}-\sqrt{80})$

$\displaystyle=-1+\sqrt{81}=8$

답 8

1036 $\displaystyle\sum_{k=1}^{99}\log\frac{k}{k+1}$

$\displaystyle=\log\frac{1}{2}+\log\frac{2}{3}+\log\frac{3}{4}+\cdots+\log\frac{99}{100}$

$\displaystyle=\log\left(\frac{1}{2}\cdot\frac{2}{3}\cdot\frac{3}{4}\cdot\cdots\cdot\frac{99}{100}\right)$

$\displaystyle=\log\frac{1}{100}=-2$

답 -2

1037 $S=1+2\cdot2+3\cdot2^2+\cdots+9\cdot2^8+10\cdot2^9$

$\begin{aligned}-)\,2S=\quad\; 2+2\cdot2^2+\cdots+8\cdot2^8+\ 9\cdot2^9+10\cdot2^{10}\end{aligned}$

$-S=1+\quad2+\quad2^2+\cdots+\quad2^8+\quad2^9-10\cdot2^{10}$

$\displaystyle\qquad=\frac{2^{10}-1}{2-1}-10\cdot2^{10}$

$=2^{10}-1-10\cdot2^{10}$

$=-9\cdot2^{10}-1$

$\therefore S=9\cdot2^{10}+1$

답 $9\cdot2^{10}+1$

1038 주어진 수열을 군수열로 나타내면

$(1),\ (3,3),\ (5,5,5),\ (7,7,7,7),\ \cdots$

즉 제 n 군에 있는 각 항은 $2n-1$이고, 제 n 군의 항의 개수는 n

이므로 제 1 군부터 제 n 군까지의 항의 개수는

$\displaystyle\sum_{k=1}^{n}k=\frac{n(n+1)}{2}$

제 8 군까지의 항의 개수는 $\dfrac{8\cdot9}{2}=36$이므로 제 40 항은

제 9 군의 4번째 항이다.

따라서 제 40 항은 $2\cdot9-1=17$이다.

답 17

1039 $\displaystyle\sum_{k=1}^{20}a_k=a_1+a_2+a_3+\cdots+a_{19}+a_{20}$

$$=\overbrace{(a_1+a_2)+(a_3+a_4)+\cdots+(a_{19}+a_{20})}^{\;2k\;\text{꼴}}\atop{(2k-1)\,\text{꼴}}$$

$\displaystyle=\sum_{k=1}^{10}(a_{2k-1}+a_{2k})$

$=5\cdot10^2=500$

답 ②

1040 ① $\underbrace{2+4+6+\cdots+2(n}_{a_n=2n}{+1)=\sum_{k=1}^{n+1}2k}$ $(n+1)$개

② $\underbrace{1+3+\cdots+15}_{a_n=2n-1}=\displaystyle\sum_{k=1}^{8}(2k-1)$ 8개

③ $\underbrace{1+2+4+\cdots+2^n}_{a_n=2^{n-1}}=\displaystyle\sum_{k=1}^{n+1}2^{k-1}$ $(n+1)$개

④ $\underbrace{1-1+1-1+1-1}_{a_n=(-1)^{n-1}}=\displaystyle\sum_{k=1}^{6}(-1)^{k-1}$ 6개

⑤ 수열 $9,\ 3,\ 1,\ \cdots,\ \left(\dfrac{1}{3}\right)^{n-3}$ 은 첫째항이 9, 공비가 $\dfrac{1}{3}$인 등비수

열이므로 일반항은

$\displaystyle a_n=9\cdot\left(\frac{1}{3}\right)^{n-1}=3^2\cdot\left(\frac{1}{3}\right)^{n-1}=\left(\frac{1}{3}\right)^{n-3}$

$\displaystyle\therefore 9+3+1+\cdots+\left(\frac{1}{3}\right)^{n-3}=\sum_{k=1}^{n}\left(\frac{1}{3}\right)^{k-3}$

따라서 옳지 않은 것은 ③이다.

답 ③

1041 $\displaystyle\sum_{k=1}^{2018}a_{k+1}-\sum_{n=2}^{2019}a_{n-1}$

$=(a_2+a_3+a_4+\cdots+a_{2019})-(a_1+a_2+a_3+\cdots+a_{2018})$

$=a_{2019}-a_1=105-5=100$

답 100

1042 $\displaystyle\sum_{k=1}^{20}ka_k=200$에서

$a_1+2a_2+3a_3+\cdots+20a_{20}=200$ $\cdots\cdots$ ㉠

$$\sum_{k=1}^{19} ka_{k+1}=100 \text{에서}$$

$$a_2+2a_3+3a_4+\cdots+19a_{20}=100 \qquad \cdots\cdots \text{ⓛ}$$

❹

㉠$-$ⓛ을 하면

$$a_1+a_2+a_3+\cdots+a_{20}=100$$

❺

$$\therefore \sum_{k=1}^{20} a_k=a_1+a_2+a_3+\cdots+a_{20}=100$$

❻

답 **100**

단계	채점요소	배점
❷	$\sum\limits_{k=1}^{20} ka_k=200$을 $\sum$를 사용하지 않고 나타내기	30%
❸	$\sum\limits_{k=1}^{19} ka_{k+1}=100$을 $\sum$를 사용하지 않고 나타내기	30%
❺	$a_1+a_2+a_3+\cdots+a_{20}$의 값 구하기	20%
❻	$\sum\limits_{k=1}^{20} a_k$의 값 구하기	20%

1043
$$\sum_{k=1}^{n}(a_k+b_k)^2=\sum_{k=1}^{n}(a_k^2+2a_kb_k+b_k^2)$$
$$=\sum_{k=1}^{n}a_k^2+2\sum_{k=1}^{n}a_kb_k+\sum_{k=1}^{n}b_k^2$$
$$=20 \qquad \cdots\cdots \text{㉠}$$

$$\sum_{k=1}^{n}(a_k-b_k)^2=\sum_{k=1}^{n}(a_k^2-2a_kb_k+b_k^2)$$
$$=\sum_{k=1}^{n}a_k^2-2\sum_{k=1}^{n}a_kb_k+\sum_{k=1}^{n}b_k^2$$
$$=8 \qquad \cdots\cdots \text{ⓛ}$$

㉠$-$ⓛ을 하면 $4\sum\limits_{k=1}^{n}a_kb_k=12$

$$\therefore \sum_{k=1}^{n}a_kb_k=3$$

답 **3**

1044
$$\sum_{k=1}^{20}(2a_k+b_k-1)=\sum_{k=1}^{20}2a_k+\sum_{k=1}^{20}b_k-\sum_{k=1}^{20}1$$
$$=2\sum_{k=1}^{20}a_k+\sum_{k=1}^{20}b_k-20$$
$$=2\cdot5+8-20$$
$$=-2$$

답 ①

1045 $\sum\limits_{j=1}^{n}a_j=n^2$에 $n=30$, $n=20$을 각각 대입하면

$$\sum_{j=1}^{30}a_j=900, \quad \sum_{j=1}^{20}a_j=400$$

$\sum\limits_{j=1}^{n}b_j=6n$에 $n=30$, $n=20$을 각각 대입하면

$$\sum_{j=1}^{30}b_j=180, \quad \sum_{j=1}^{20}b_j=120$$

$$\therefore \sum_{j=21}^{30}(2a_j-3b_j)$$
$$=2\sum_{j=21}^{30}a_j-3\sum_{j=21}^{30}b_j$$
$$=2\left(\sum_{j=1}^{30}a_j-\sum_{j=1}^{20}a_j\right)-3\left(\sum_{j=1}^{30}b_j-\sum_{j=1}^{20}b_j\right)$$
$$=2(900-400)-3(180-120)$$
$$=2\cdot500-3\cdot60=820$$

답 ②

1046
$$\sum_{k=1}^{10}\frac{5^k+3^k}{4^k}$$
$$=\sum_{k=1}^{10}\left(\frac{5}{4}\right)^k+\sum_{k=1}^{10}\left(\frac{3}{4}\right)^k$$
$$=\frac{\frac{5}{4}\left\{\left(\frac{5}{4}\right)^{10}-1\right\}}{\frac{5}{4}-1}+\frac{\frac{3}{4}\left\{1-\left(\frac{3}{4}\right)^{10}\right\}}{1-\frac{3}{4}}$$
$$=5\left\{\left(\frac{5}{4}\right)^{10}-1\right\}+3\left\{1-\left(\frac{3}{4}\right)^{10}\right\}$$
$$=5\cdot\left(\frac{5}{4}\right)^{10}-5+3-3\cdot\left(\frac{3}{4}\right)^{10}$$
$$=5\cdot\left(\frac{5}{4}\right)^{10}-3\cdot\left(\frac{3}{4}\right)^{10}-2$$

따라서 $a=5$, $b=-3$, $c=-2$이므로

$$a+b+c=0$$

답 ③

1047
$$5+55+555+\cdots+\underbrace{555\cdots5}_{20\text{개}}$$
$$=\frac{5}{9}(9+99+999+\cdots+\underbrace{999\cdots9}_{20\text{개}})$$
$$=\frac{5}{9}\{(10-1)+(10^2-1)+\cdots+(10^{20}-1)\}$$
$$=\frac{5}{9}\sum_{k=1}^{20}(10^k-1)$$
$$=\frac{5}{9}\left\{\frac{10(10^{20}-1)}{10-1}-20\right\}$$
$$=\frac{50\cdot10^{20}-950}{81}$$

따라서 $a=50$, $b=950$이므로

$$a+b=50+950=1000$$

답 ③

1048 주어진 수열의 제n항을 a_n이라 하면

$$a_n=1+2+2^2+2^3+\cdots+2^{n-1}=\frac{1\cdot(2^n-1)}{2-1}=2^n-1$$

$$S_n=\sum_{k=1}^{n}a_k=\sum_{k=1}^{n}(2^k-1)=\sum_{k=1}^{n}2^k-\sum_{k=1}^{n}1$$
$$=\frac{2\cdot(2^n-1)}{2-1}-n=2^{n+1}-2-n=2^{10}-11$$

$$\therefore n=9$$

답 **9**

1049 $\displaystyle\sum_{k=1}^{10} (2k-1)^2 + \sum_{k=1}^{10} (2k)^2$

$\displaystyle = \sum_{k=1}^{10} (8k^2-4k+1)$

$\displaystyle = 8\sum_{k=1}^{10} k^2 - 4\sum_{k=1}^{10} k + \sum_{k=1}^{10} 1$

$\displaystyle = 8\cdot\frac{10\cdot 11\cdot 21}{6} - 4\cdot\frac{10\cdot 11}{2} + 10$

$\displaystyle = 3080 - 220 + 10 = 2870$

답 **2870**

다른풀이 $\displaystyle\sum_{k=1}^{10} (2k-1)^2 + \sum_{k=1}^{10} (2k)^2$

$\displaystyle = (1^2+3^2+5^2+\cdots+19^2) + (2^2+4^2+6^2+\cdots+20^2)$

$\displaystyle = 1^2+2^2+3^2+\cdots+20^2$

$\displaystyle = \sum_{k=1}^{20} k^2$

$\displaystyle = \frac{20\cdot 21\cdot 41}{6} = 2870$

1050 $\displaystyle\sum_{k=2}^{n} (2k-1) = \sum_{k=1}^{n} (2k-1) - 1$

$\displaystyle = 2\sum_{k=1}^{n} k - n - 1$

$\displaystyle = 2\cdot\frac{n(n+1)}{2} - n - 1$

$\displaystyle = n^2 - 1 = 80$

$n^2 = 81$

$\therefore n = 9 \ (\because n \geq 2)$

답 **9**

1051 첫째항이 3, 공차가 2인 등차수열의 일반항 a_n은

$a_n = 3 + 2(n-1) = 2n+1$

$\displaystyle\therefore \sum_{k=1}^{15} (3a_k - 1) = \sum_{k=1}^{15} (6k+2)$

$\displaystyle = 6\sum_{k=1}^{15} k + \sum_{k=1}^{15} 2$

$\displaystyle = 6\cdot\frac{15\cdot 16}{2} + 15\cdot 2$

$\displaystyle = 750$

답 **750**

1052 $\displaystyle\sum_{k=1}^{11} (k-c)(2k-c)$

$\displaystyle = \sum_{k=1}^{11} (2k^2 - 3ck + c^2)$

$\displaystyle = 2\sum_{k=1}^{11} k^2 - 3c\sum_{k=1}^{11} k + \sum_{k=1}^{11} c^2$

$\displaystyle = 2\cdot\frac{11\cdot 12\cdot 23}{6} - 3c\cdot\frac{11\cdot 12}{2} + 11c^2$

$\displaystyle = 11c^2 - 198c + 1012$

$\displaystyle = 11(c-9)^2 + 121$

따라서 $c=9$일 때 최소가 된다.

답 ⑤

1053 $\displaystyle 6+7+8+\cdots+n = \sum_{k=6}^{n} k = \sum_{k=1}^{n} k - \sum_{k=1}^{5} k$

$\displaystyle = \frac{n(n+1)}{2} - \frac{5\cdot 6}{2}$

$\displaystyle = \frac{1}{2}(n^2+n) - 15 = 105$

$n^2 + n - 240 = 0, \ (n+16)(n-15) = 0$

$\therefore n = 15 \ (\because n$은 자연수$)$

답 ①

1054 주어진 수열의 제 n 항을 a_n이라 하면

$a_n = n^2(n+1)$

따라서 주어진 수열의 첫째항부터 제 10 항까지의 합은

$\displaystyle\sum_{k=1}^{10} a_k = \sum_{k=1}^{10} k^2(k+1) = \sum_{k=1}^{10} (k^3 + k^2)$

$\displaystyle = \sum_{k=1}^{10} k^3 + \sum_{k=1}^{10} k^2$

$\displaystyle = \left(\frac{10\cdot 11}{2}\right)^2 + \frac{10\cdot 11\cdot 21}{6}$

$\displaystyle = 3025 + 385 = 3410$

답 **3410**

1055 주어진 수열의 제 n 항을 a_n이라 하면

$a_n = n(21-n)$

$\displaystyle\therefore (\text{주어진 식}) = \sum_{k=1}^{20} k(21-k) = \sum_{k=1}^{20} (21k - k^2)$

$\displaystyle = 21\sum_{k=1}^{20} k - \sum_{k=1}^{20} k^2$

$\displaystyle = 21\cdot\frac{20\cdot 21}{2} - \frac{20\cdot 21\cdot 41}{6}$

$\displaystyle = 4410 - 2870 = 1540$

답 ④

1056 $\displaystyle S_n = \sum_{k=1}^{n} a_k = n^2$이므로

$a_n = S_n - S_{n-1} = n^2 - (n-1)^2$

$\displaystyle = 2n - 1 \ (n \geq 2)$

$a_1 = S_1 = 1^2 = 1$

$\therefore a_n = 2n - 1 \ (n \geq 1)$

$\displaystyle\therefore \sum_{k=1}^{5} a_k^2 = \sum_{k=1}^{5} (2k-1)^2 = \sum_{k=1}^{5} (4k^2 - 4k + 1)$

$\displaystyle = 4\sum_{k=1}^{5} k^2 - 4\sum_{k=1}^{5} k + \sum_{k=1}^{5} 1$

$\displaystyle = 4\cdot\frac{5\cdot 6\cdot 11}{6} - 4\cdot\frac{5\cdot 6}{2} + 5$

$\displaystyle = 220 - 60 + 5 = 165$

답 ③

1057 $S_n=\displaystyle\sum_{k=1}^{n} a_k=\dfrac{n}{n+1}$이므로

$a_n=S_n-S_{n-1}=\dfrac{n}{n+1}-\dfrac{n-1}{n}$

$\qquad=\dfrac{1}{n(n+1)}\ (n\geq2)$

$a_1=S_1=\dfrac{1}{1+1}=\dfrac{1}{2}$

$\therefore a_n=\dfrac{1}{n(n+1)}\ (n\geq1)$

$\therefore \displaystyle\sum_{k=1}^{10}\dfrac{1}{a_k}=\sum_{k=1}^{10} k(k+1)=\sum_{k=1}^{10} k^2+\sum_{k=1}^{10} k$

$\qquad\qquad=\dfrac{10\cdot11\cdot21}{6}+\dfrac{10\cdot11}{2}$

$\qquad\qquad=385+55=440$

답 440

1058 $S_n=\displaystyle\sum_{k=1}^{n} a_k=2^{n+1}-2$이므로

$a_n=S_n-S_{n-1}=(2^{n+1}-2)-(2^n-2)$

$\qquad=2^n\ (n\geq2)$

$a_1=S_1=2^2-2=2$

$\therefore a_n=2^n\ (n\geq1)$

$\therefore \displaystyle\sum_{k=1}^{n} a_{3k}=\sum_{k=1}^{n} 2^{3k}=\dfrac{2^3(8^n-1)}{8-1}=\dfrac{8}{7}(8^n-1)$

답 $\dfrac{8}{7}(8^n-1)$

1059 $a_1,\ a_2,\ a_3,\ \cdots,\ a_n$의 평균이 $n+1$이므로

$\dfrac{a_1+a_2+\cdots+a_n}{n}=n+1$

$\therefore a_1+a_2+\cdots+a_n=n(n+1)$

즉, $S_n=\displaystyle\sum_{k=1}^{n} a_k=n(n+1)$이므로

$a_n=S_n-S_{n-1}=n(n+1)-(n-1)n$

$\qquad=2n\ (n\geq2)$

$a_1=S_1=1\cdot(1+1)=2$

$\therefore a_n=2n\ (n\geq1)$

$\therefore \displaystyle\sum_{k=1}^{10} ka_k=\sum_{k=1}^{10} 2k^2=2\cdot\dfrac{10\cdot11\cdot21}{6}=770$

답 ①

1060 $\displaystyle\sum_{l=1}^{n}\left(\sum_{k=1}^{l} k\right)=\sum_{l=1}^{n}\dfrac{l(l+1)}{2}$

$\qquad\qquad=\dfrac{1}{2}\displaystyle\sum_{l=1}^{n}(l^2+l)$

$\qquad\qquad=\dfrac{1}{2}\left\{\dfrac{n(n+1)(2n+1)}{6}+\dfrac{n(n+1)}{2}\right\}$

$\qquad\qquad=\dfrac{n(n+1)(n+2)}{6}=56$

$n(n+1)(n+2)=6\cdot7\cdot8$에서 $n=6$

답 6

1061 $\displaystyle\sum_{i=1}^{10}\left(\sum_{k=1}^{5} i^2 k\right)=\sum_{i=1}^{10}\left\{i^2\left(\sum_{k=1}^{5} k\right)\right\}$

$\qquad\qquad=\displaystyle\sum_{i=1}^{10}\left(i^2\cdot\dfrac{5\cdot6}{2}\right)=15\sum_{i=1}^{10} i^2$

$\qquad\qquad=15\cdot\dfrac{10\cdot11\cdot21}{6}=5775$

답 ④

1062 $\displaystyle\sum_{m=1}^{4}\left[\sum_{l=1}^{m}\left\{\sum_{k=1}^{l}(2k-m+1)\right\}\right]$

$=\displaystyle\sum_{m=1}^{4}\left[\sum_{l=1}^{m}\left\{2\sum_{k=1}^{l} k+\sum_{k=1}^{l}(-m+1)\right\}\right]$

$=\displaystyle\sum_{m=1}^{4}\left[\sum_{l=1}^{m}\left\{2\cdot\dfrac{l(l+1)}{2}+(-m+1)l\right\}\right]$

$=\displaystyle\sum_{m=1}^{4}\left[\sum_{l=1}^{m}\{l^2+(-m+2)l\}\right]$

$=\displaystyle\sum_{m=1}^{4}\left\{\sum_{l=1}^{m} l^2+(-m+2)\sum_{l=1}^{m} l\right\}$

$=\displaystyle\sum_{m=1}^{4}\left\{\dfrac{m(m+1)(2m+1)}{6}+(-m+2)\cdot\dfrac{m(m+1)}{2}\right\}$

$=\displaystyle\sum_{m=1}^{4}\dfrac{m(m+1)\{(2m+1)+3(-m+2)\}}{6}$

$=\displaystyle\sum_{m=1}^{4}\dfrac{m(m+1)(-m+7)}{6}$

$=-\dfrac{1}{6}\displaystyle\sum_{m=1}^{4}(m^3-6m^2-7m)$

$=-\dfrac{1}{6}\left(\displaystyle\sum_{m=1}^{4} m^3-6\sum_{m=1}^{4} m^2-7\sum_{m=1}^{4} m\right)$

$=-\dfrac{1}{6}\left\{\left(\dfrac{4\cdot5}{2}\right)^2-6\cdot\dfrac{4\cdot5\cdot9}{6}-7\cdot\dfrac{4\cdot5}{2}\right\}$

$=-\dfrac{1}{6}(100-180-70)=25$

답 25

1063 $x^2-7x+10=0$의 두 근이 $m,\ n$이므로 근과 계수의 관계에 의하여 $m+n=7,\ mn=10$

㉮

$\therefore \displaystyle\sum_{i=1}^{m}\left\{\sum_{j=1}^{n}(i+j)\right\}=\sum_{i=1}^{m}\left(\sum_{j=1}^{n} i+\sum_{j=1}^{n} j\right)$

$\qquad\qquad=\displaystyle\sum_{i=1}^{m}\left\{ni+\dfrac{n(n+1)}{2}\right\}$

$\qquad\qquad=n\displaystyle\sum_{i=1}^{m} i+\dfrac{n(n+1)}{2}\sum_{i=1}^{m} 1$

$\qquad\qquad=n\cdot\dfrac{m(m+1)}{2}+\dfrac{mn(n+1)}{2}$

㉯

$\qquad\qquad=\dfrac{mn(m+n+2)}{2}$

$\qquad\qquad=\dfrac{10(7+2)}{2}=45$

㉰

답 45

단계	채점요소	배점
㉮	$m+n$, mn의 값 구하기	20%
㉯	안쪽에 있는 $\sum$부터 차례대로 풀기	50%
㉰	답 구하기	30%

단계	채점요소	배점
㉮	일반항 a_k 구하기	30%
㉯	a, b, c의 값 구하기	50%
㉰	$a+b+c$의 값 구하기	20%

1064 주어진 수열의 제 k 항을 a_k라 하면

$$a_k=k\{n-(k-1)\}=-k^2+(n+1)k$$

따라서 주어진 수열의 합은

$$\sum_{k=1}^{n} a_k=\sum_{k=1}^{n}\{-k^2+(n+1)k\}$$

$$=-\sum_{k=1}^{n}k^2+(n+1)\sum_{k=1}^{n}k$$

$$=-\frac{n(n+1)(2n+1)}{6}+(n+1)\cdot\frac{n(n+1)}{2}$$

$$=\frac{n(n+1)(n+2)}{6}$$

답 ①

1065 주어진 수열의 제 k 항을 a_k라 하면

$$a_k=\left(\frac{n+2k}{n}\right)^2=\left(1+\frac{2k}{n}\right)^2=1+\frac{4k}{n}+\frac{4k^2}{n^2}$$

따라서 주어진 수열의 합은

$$\sum_{k=1}^{n} a_k=\sum_{k=1}^{n}\left(1+\frac{4k}{n}+\frac{4k^2}{n^2}\right)$$

$$=\sum_{k=1}^{n}1+\frac{4}{n}\sum_{k=1}^{n}k+\frac{4}{n^2}\sum_{k=1}^{n}k^2$$

$$=n+\frac{4}{n}\cdot\frac{n(n+1)}{2}+\frac{4}{n^2}\cdot\frac{n(n+1)(2n+1)}{6}$$

$$=\frac{13n^2+12n+2}{3n}$$

답 ②

1066 수열 $1\cdot(2n-1)$, $2\cdot(2n-3)$, $3\cdot(2n-5)$, $\cdots$, $n\cdot 1$의 제 k 항을 a_k라 하면

$$a_k=k\{2n-(2k-1)\}=(2n+1)k-2k^2$$

㉮

$$\therefore 1\cdot(2n-1)+2\cdot(2n-3)+3\cdot(2n-5)+\cdots+n\cdot 1$$

$$=\sum_{k=1}^{n} a_k=\sum_{k=1}^{n}\{(2n+1)k-2k^2\}$$

$$=(2n+1)\cdot\frac{n(n+1)}{2}-2\cdot\frac{n(n+1)(2n+1)}{6}$$

$$=n(n+1)(2n+1)\left(\frac{1}{2}-\frac{2}{6}\right)$$

$$=\frac{n(n+1)(2n+1)}{6}$$

따라서 $a=1$, $b=2$, $c=1$이므로

㉯

$$a+b+c=4$$

㉰

답 4

1067 $x^2+4x+3=(x-n)Q(x)+a_n$이라 놓고 양변에 $x=n$을 대입하면

$$a_n=n^2+4n+3$$

$$\therefore \sum_{n=1}^{7}\frac{1}{a_n}=\sum_{n=1}^{7}\frac{1}{n^2+4n+3}$$

$$=\sum_{n=1}^{7}\frac{1}{(n+1)(n+3)}$$

$$=\frac{1}{2}\sum_{n=1}^{7}\left(\frac{1}{n+1}-\frac{1}{n+3}\right)$$

$$=\frac{1}{2}\left\{\left(\frac{1}{2}-\frac{1}{4}\right)+\left(\frac{1}{3}-\frac{1}{5}\right)+\left(\frac{1}{4}-\frac{1}{6}\right)\right.$$

$$\left.+\cdots+\left(\frac{1}{7}-\frac{1}{9}\right)+\left(\frac{1}{8}-\frac{1}{10}\right)\right\}$$

$$=\frac{1}{2}\left(\frac{1}{2}+\frac{1}{3}-\frac{1}{9}-\frac{1}{10}\right)$$

$$=\frac{14}{45}$$

답 $\dfrac{14}{45}$

1068 $S_n=2n^2+3n$이므로

$$a_n=S_n-S_{n-1}$$

$$=(2n^2+3n)-\{2(n-1)^2+3(n-1)\}$$

$$=4n+1\ (n\geq 2)$$

$$a_1=S_1=2+3=5$$

$$\therefore a_n=4n+1\ (n\geq 1)$$

$$\therefore (주어진\ 식)=\sum_{k=1}^{5}\frac{1}{a_k a_{k+1}}$$

$$=\sum_{k=1}^{5}\frac{1}{(4k+1)(4k+5)}$$

$$=\frac{1}{4}\sum_{k=1}^{5}\left(\frac{1}{4k+1}-\frac{1}{4k+5}\right)$$

$$=\frac{1}{4}\left\{\left(\frac{1}{5}-\frac{1}{9}\right)+\left(\frac{1}{9}-\frac{1}{13}\right)\right.$$

$$\left.+\cdots+\left(\frac{1}{21}-\frac{1}{25}\right)\right\}$$

$$=\frac{1}{4}\left(\frac{1}{5}-\frac{1}{25}\right)$$

$$=\frac{1}{25}$$

답 $\dfrac{1}{25}$

1069 $(g\circ f)(n)=g(f(n))=g(2n+1)$

$$=(2n+1-1)(2n+1+1)$$

$$=4n(n+1)$$

$$\therefore \sum_{n=1}^{11} \frac{8}{(g \circ f)(n)}$$

$$=\sum_{n=1}^{11} \frac{8}{4n(n+1)}=2\sum_{n=1}^{11}\left(\frac{1}{n}-\frac{1}{n+1}\right)$$

$$=2\left\{\left(1-\frac{1}{2}\right)+\left(\frac{1}{2}-\frac{1}{3}\right)+\cdots+\left(\frac{1}{11}-\frac{1}{12}\right)\right\}$$

$$=2\left(1-\frac{1}{12}\right)=\frac{11}{6}$$

답 $\dfrac{11}{6}$

1070 주어진 수열의 제 n 항을 a_n이라 하면

$$a_n=\frac{2n+1}{1^2+2^2+\cdots+n^2}=\frac{2n+1}{\dfrac{n(n+1)(2n+1)}{6}}$$

$$=\frac{6}{n(n+1)}=6\left(\frac{1}{n}-\frac{1}{n+1}\right)$$

$$\therefore (\text{주어진 식})=\sum_{k=1}^{10} a_k=6\sum_{k=1}^{10}\left(\frac{1}{k}-\frac{1}{k+1}\right)$$

$$=6\left\{\left(1-\frac{1}{2}\right)+\left(\frac{1}{2}-\frac{1}{3}\right)+\cdots+\left(\frac{1}{10}-\frac{1}{11}\right)\right\}$$

$$=6\left(1-\frac{1}{11}\right)=\frac{60}{11}$$

답 ②

1071 $S_n=\sum_{k=1}^{n} a_k=n^2+4n$이므로

$$a_n=S_n-S_{n-1}$$

$$=2n+3\ (n\geq 2)$$

$$a_1=S_1=1+4=5$$

$$\therefore a_n=2n+3\ (n\geq 1)$$

-- ㉮

$$\therefore \sum_{k=1}^{p} \frac{1}{a_k a_{k+1}}=\sum_{k=1}^{p} \frac{1}{(2k+3)(2k+5)}$$

$$=\frac{1}{2}\sum_{k=1}^{p}\left(\frac{1}{2k+3}-\frac{1}{2k+5}\right)$$

$$=\frac{1}{2}\left\{\left(\frac{1}{5}-\frac{1}{7}\right)+\left(\frac{1}{7}-\frac{1}{9}\right)\right.$$

$$\left.+\cdots+\left(\frac{1}{2p+3}-\frac{1}{2p+5}\right)\right\}$$

$$=\frac{1}{2}\left(\frac{1}{5}-\frac{1}{2p+5}\right)=\frac{2}{25}$$

-- ㉯

$$\frac{1}{5}-\frac{1}{2p+5}=\frac{4}{25},\ \frac{1}{2p+5}=\frac{1}{25}$$

$$2p+5=25$$

$$\therefore p=10$$

-- ㉰

답 10

단계	채점요소	배점
㉮	일반항 a_n 구하기	40%
㉯	$\sum\limits_{k=1}^{p} \dfrac{1}{a_k a_{k+1}}$ 간단히 하기	40%
㉰	p의 값 구하기	20%

1072 $a_n=\dfrac{1}{\sqrt{n+1}+\sqrt{n+2}}$

$$=\frac{\sqrt{n+1}-\sqrt{n+2}}{(\sqrt{n+1}+\sqrt{n+2})(\sqrt{n+1}-\sqrt{n+2})}$$

$$=-(\sqrt{n+1}-\sqrt{n+2})$$

$$=\sqrt{n+2}-\sqrt{n+1}$$

따라서 첫째항부터 제 n 항까지의 합은

$$\sum_{k=1}^{n}(\sqrt{k+2}-\sqrt{k+1})$$

$$=(\sqrt{3}-\sqrt{2})+(\sqrt{4}-\sqrt{3})+\cdots+(\sqrt{n+2}-\sqrt{n+1})$$

$$=\sqrt{n+2}-\sqrt{2}=\sqrt{2}$$

즉 $\sqrt{n+2}=2\sqrt{2}=\sqrt{8}$이므로

$$n+2=8 \qquad \therefore n=6$$

답 6

1073 $a_n=2+(n-1)\cdot 2=2n$이므로

$$\frac{1}{\sqrt{a_{k+1}}+\sqrt{a_k}}=\frac{1}{\sqrt{2k+2}+\sqrt{2k}}$$

$$=\frac{\sqrt{2k+2}-\sqrt{2k}}{(\sqrt{2k+2}+\sqrt{2k})(\sqrt{2k+2}-\sqrt{2k})}$$

$$=\frac{\sqrt{2k+2}-\sqrt{2k}}{2}$$

$$\therefore \sum_{k=1}^{15} \frac{1}{\sqrt{a_{k+1}}+\sqrt{a_k}}$$

$$=\frac{1}{2}\sum_{k=1}^{15}(\sqrt{2k+2}-\sqrt{2k})$$

$$=\frac{1}{2}\left\{(\sqrt{4}-\sqrt{2})+(\sqrt{6}-\sqrt{4})+\cdots+(\sqrt{32}-\sqrt{30})\right\}$$

$$=\frac{1}{2}(\sqrt{32}-\sqrt{2})=\frac{1}{2}(4\sqrt{2}-\sqrt{2})=\frac{3}{2}\sqrt{2}$$

답 ①

1074 $\dfrac{2}{\sqrt{k-1}+\sqrt{k+1}}$

$$=\frac{2(\sqrt{k-1}-\sqrt{k+1})}{(\sqrt{k-1}+\sqrt{k+1})(\sqrt{k-1}-\sqrt{k+1})}$$

$$=\sqrt{k+1}-\sqrt{k-1}$$

$$\therefore \sum_{k=1}^{80} \frac{2}{\sqrt{k-1}+\sqrt{k+1}}$$

$$=\sum_{k=1}^{80}(\sqrt{k+1}-\sqrt{k-1})$$

$$=(\sqrt{2}-0)+(\sqrt{3}-1)+(\sqrt{4}-\sqrt{2})$$

$$+\cdots+(\sqrt{80}-\sqrt{78})+(\sqrt{81}-\sqrt{79})$$

$$=0-1+\sqrt{80}+\sqrt{81}=8+4\sqrt{5}$$

답 $8+4\sqrt{5}$

1075 $l_n=\sqrt{n+1}-\sqrt{n}$이므로

$$\sum_{n=1}^{120} l_n=\sum_{n=1}^{120}(\sqrt{n+1}-\sqrt{n})$$

$$=(\sqrt{2}-1)+(\sqrt{3}-\sqrt{2})+\cdots+(\sqrt{121}-\sqrt{120})$$

$$=\sqrt{121}-1=11-1=10$$

답 10

1076 $S_n=\sum\limits_{k=1}^{n} a_k=\dfrac{n(n+1)}{2}$ 이므로

$a_n=S_n-S_{n-1}=\dfrac{n(n+1)}{2}-\dfrac{n(n-1)}{2}=n\ (n\geq 2)$

$a_1=S_1=1$

$\therefore a_n=n\ (n\geq 1)$

$\sum\limits_{k=1}^{14}\dfrac{2}{a_{k+2}\sqrt{a_k}+a_k\sqrt{a_{k+2}}}$

$=\sum\limits_{k=1}^{14}\dfrac{2}{(k+2)\sqrt{k}+k\sqrt{k+2}}$

$=2\sum\limits_{k=1}^{14}\dfrac{(k+2)\sqrt{k}-k\sqrt{k+2}}{(k+2)^2 k-k^2(k+2)}$

$=2\sum\limits_{k=1}^{14}\dfrac{(k+2)\sqrt{k}-k\sqrt{k+2}}{2k(k+2)}$

$=\sum\limits_{k=1}^{14}\left(\dfrac{1}{\sqrt{k}}-\dfrac{1}{\sqrt{k+2}}\right)$

$=\left(1-\dfrac{1}{\sqrt{3}}\right)+\left(\dfrac{1}{\sqrt{2}}-\dfrac{1}{\sqrt{4}}\right)+\left(\dfrac{1}{\sqrt{3}}-\dfrac{1}{\sqrt{5}}\right)$

$\qquad\qquad +\cdots+\left(\dfrac{1}{\sqrt{13}}-\dfrac{1}{\sqrt{15}}\right)+\left(\dfrac{1}{\sqrt{14}}-\dfrac{1}{\sqrt{16}}\right)$

$=1+\dfrac{1}{\sqrt{2}}-\dfrac{1}{\sqrt{15}}-\dfrac{1}{\sqrt{16}}$

$=1+\dfrac{\sqrt{2}}{2}-\dfrac{\sqrt{15}}{15}-\dfrac{1}{4}$

$=\dfrac{3}{4}+\dfrac{1}{2}\sqrt{2}-\dfrac{1}{15}\sqrt{15}$

$\therefore p=\dfrac{3}{4},\ q=\dfrac{1}{2},\ r=-\dfrac{1}{15}$

$$\text{답}\ \ p=\dfrac{3}{4},\ q=\dfrac{1}{2},\ r=-\dfrac{1}{15}$$

1077 $a_n=3\cdot 3^{n-1}=3^n$ 이므로

$\sum\limits_{n=1}^{20}\log_9 a_n=\sum\limits_{n=1}^{20}\log_9 3^n$

$\qquad\qquad =\sum\limits_{n=1}^{20} n\log_9 3$

$\qquad\qquad =\dfrac{1}{2}\sum\limits_{n=1}^{20} n$

$\qquad\qquad =\dfrac{1}{2}\cdot\dfrac{20\cdot 21}{2}=105$

$$\text{답}\ \ \mathbf{105}$$

1078 $\sum\limits_{k=1}^{39}\log_3\{\log_{2k+1}(2k+3)\}$

$=\log_3(\log_3 5)+\log_3(\log_5 7)+\cdots+\log_3(\log_{79} 81)$

$=\log_3(\log_3 5\cdot\log_5 7\cdots\cdots\log_{79} 81)$

$=\log_3\left(\dfrac{\log 5}{\log 3}\cdot\dfrac{\log 7}{\log 5}\cdots\cdots\dfrac{\log 81}{\log 79}\right)$

$=\log_3\left(\dfrac{\log 81}{\log 3}\right)$

$=\log_3(\log_3 81)$

$=\log_3 4$

$$\text{답}\ \ \textcircled{2}$$

1079 $S_n=\sum\limits_{k=1}^{n} a_k=\log\dfrac{(n+1)(n+2)}{2}$ 이므로

$a_n=S_n-S_{n-1}$

$\quad =\log\dfrac{(n+1)(n+2)}{2}-\log\dfrac{n(n+1)}{2}=\log\dfrac{n+2}{n}\ (n\geq 2)$

$a_1=S_1=\log 3$

$\therefore a_n=\log\dfrac{n+2}{n}\ (n\geq 1)$

$\therefore p=\sum\limits_{k=1}^{20} a_{2k}=\sum\limits_{k=1}^{20}\log\dfrac{2k+2}{2k}=\sum\limits_{k=1}^{20}\log\dfrac{k+1}{k}$

$\quad =\log\dfrac{2}{1}+\log\dfrac{3}{2}+\cdots+\log\dfrac{21}{20}$

$\quad =\log\left(\dfrac{2}{1}\cdot\dfrac{3}{2}\cdots\cdots\dfrac{21}{20}\right)$

$\quad =\log 21$

$\therefore 10^p=10^{\log 21}=21$

$$\text{답}\ \ \mathbf{21}$$

1080 주어진 수열을 군수열로 나타내면

$(1),\ (3,\ 1),\ (5,\ 3,\ 1),\ (7,\ 5,\ 3,\ 1),\ \cdots$

제 n 군의 항의 개수는 n이므로 제 1 군부터 제 n 군까지의 항의 개수는

$\sum\limits_{k=1}^{n} k=\dfrac{n(n+1)}{2}$

$n=13$일 때, $\dfrac{13\cdot 14}{2}=91$이므로 제 100 항은 제 14 군의 9번째 항이다.

각 군의 첫째항으로 이루어진 수열 $\{a_n\}$은 1, 3, 5, 7, $\cdots$이므로

$a_n=2n-1$

$a_{14}=2\cdot 14-1=27$이고, 각 군은 공차가 -2인 등차수열을 이루므로 제 14 군의 9번째 항은

$27+(9-1)\cdot(-2)=11$

$$\text{답}\ \ \textcircled{2}$$

1081 주어진 수열을 군수열로 나타내면

$(1),\ (2,\ 2),\ (3,\ 3,\ 3),\ (4,\ 4,\ 4,\ 4),\ (5,\ 5,\ 5,\ 5,\ 5),\ \cdots$

제 n 군의 항의 개수는 n이므로 제 1 군부터 제 n 군까지의 항의 개수 a_n은

$a_n=\sum\limits_{k=1}^{n} k=\dfrac{n(n+1)}{2}$

제 n 군의 각 항은 n이므로 12는 제 12 군에 속한다.

따라서 12가 마지막으로 나오는 항은 제 12 군의 12번째 항이므로

$a_{12}=\dfrac{12\cdot 13}{2}=78$

$\therefore m=78$

$$\text{답}\ \ \mathbf{78}$$

1082 제 n 군의 항의 개수는 n이므로 제 1 군부터 제 n 군까지의 항의 개수는

$$\sum_{k=1}^{n} k = \frac{n(n+1)}{2}$$

$n=31$일 때, $\dfrac{31 \cdot 32}{2}=496$이므로 500은 제 32 군의 수이다.

$\therefore m=32$

⓪

각 군은 공차가 1인 등차수열을 이루므로 제 32 군은

$(497,\ 498,\ 499,\ 500,\ \cdots)$

$\therefore l=4$

⓫

$\therefore m+l=32+4=36$

⓬

답 **36**

단계	채점요소	배점
㉮	m의 값 구하기	50 %
㉯	l의 값 구하기	40 %
㉰	$m+l$의 값 구하기	10 %

1083 제 n 군의 항의 개수는 $2n-1$이므로 제 1 군부터 제 n 군까지의 항의 개수는

$$\sum_{k=1}^{n}(2k-1)=2\sum_{k=1}^{n}k-\sum_{k=1}^{n}1=2\cdot\frac{n(n+1)}{2}-n=n^2$$

$10^2=100$이므로 제 100 항은 제 10 군의 마지막 항이다.

제 n 군의 합은

$$\sum_{k=1}^{n}k+\sum_{k=1}^{n-1}k=\frac{n(n+1)}{2}+\frac{n(n-1)}{2}=n^2$$

따라서 첫째항부터 제 100 항까지의 합은

$$\sum_{k=1}^{10}k^2=\frac{10\cdot11\cdot21}{6}=385$$

답 ②

1084 주어진 수열을 분모가 같은 것끼리 군으로 묶으면

$$\left(\frac{1}{1}\right),\ \left(\frac{1}{2},\ \frac{2}{2}\right),\ \left(\frac{1}{3},\ \frac{2}{3},\ \frac{3}{3}\right),\ \cdots$$

제 n 군의 모든 항의 분모는 n이므로 $\dfrac{8}{14}$은 제 14 군의 8번째 항이다.

제 n 군의 항의 개수는 n이므로 제 1 군부터 제 n 군까지의 항의 개수는 $\displaystyle\sum_{k=1}^{n}k=\frac{n(n+1)}{2}$

$n=13$일 때, $\dfrac{13\cdot14}{2}=91$, 즉 제 1 군부터 제 13 군까지의 항의 개수는 91이므로 제 14 군의 8번째 항은 $91+8=99$에서 제 99 항이다.

따라서 $\dfrac{8}{14}$은 제 99 항이다.

답 ④

1085 주어진 수열을 분자, 분모의 합이 같은 것끼리 군으로 묶으면

$$\left(\frac{1}{1}\right),\ \left(\frac{1}{2},\ \frac{2}{1}\right),\ \left(\frac{1}{3},\ \frac{2}{2},\ \frac{3}{1}\right),\ \cdots$$

제 n 군의 항의 개수는 n이므로 제 1 군부터 제 n 군까지의 항의 개수는 $\displaystyle\sum_{k=1}^{n}k=\frac{n(n+1)}{2}$

$n=11$일 때, $\dfrac{11\cdot12}{2}=66$이므로 제 70 항은 제 12 군의 4번째 항이다.

이때 $\dfrac{4}{p}$의 꼴이라 하면 제 12 군의 각 항의 분자, 분모의 합은 $12+1=13$이므로 $p+4=13$

$\therefore p=9$

따라서 제 70 항은 $\dfrac{4}{9}$이다.

답 $\dfrac{4}{9}$

1086 주어진 수열을 분모가 같은 것끼리 군으로 묶으면

$$\left(\frac{1}{2}\right),\ \left(\frac{2}{3},\ \frac{1}{3}\right),\ \left(\frac{3}{4},\ \frac{2}{4},\ \frac{1}{4}\right),\ \cdots$$

제 n 군의 모든 항의 분모는 $(n+1)$이므로 $\dfrac{11}{14}$은 제 13 군의 수이고 제 13 군은 $\dfrac{13}{14},\ \dfrac{12}{14},\ \dfrac{11}{14},\ \cdots$이므로 $\dfrac{11}{14}$은 제 13 군의 3번째 항이다.

제 n 군의 항의 개수는 n이므로 제 1 군부터 제 n 군까지의 항의 개수는 $\displaystyle\sum_{k=1}^{n}k=\frac{n(n+1)}{2}$

$n=12$일 때, $\dfrac{12\cdot13}{2}=78$이므로 제 13 군의 3번째 항인 $\dfrac{11}{14}$은 81번째 항이다.

답 ④

1087 주어진 수열을 분모가 같은 것끼리 군으로 묶으면

$$\left(\frac{1}{2}\right),\ \left(\frac{1}{4},\ \frac{3}{4}\right),\ \left(\frac{1}{8},\ \frac{3}{8},\ \frac{5}{8},\ \frac{7}{8}\right),\ \cdots$$

제 n 군의 항의 개수가 2^{n-1}이므로 제 1 군부터 제 n 군까지의 항의 개수는

$$1+2+4+\cdots+2^{n-1}=\sum_{k=1}^{n}2^{k-1}=\frac{2^n-1}{2-1}=2^n-1$$

$n=5$일 때, $2^5-1=31$이므로 제 50 항은 제 6 군의 19번째 항이다.

따라서 제 n 군의 m번째 항은 $\dfrac{2m-1}{2^n}$이므로 제 6 군의 19번째 항은 $\dfrac{2\cdot19-1}{2^6}=\dfrac{37}{64}$

따라서 $a=64,\ b=37$이므로

$a+b=101$

답 **101**

유형 Up

1088
$$S=1+2x+3x^2+4x^3+\cdots+nx^{n-1}$$
$$-)\ xS=\quad\ \ x+2x^2+3x^3+\cdots+(n-1)x^{n-1}+nx^n$$
$$(1-x)S=1+\ x+\ x^2+\ x^3+\cdots+\quad x^{n-1}-nx^n$$
$$=\frac{1-x^n}{1-x}-nx^n$$
$$=\frac{1-x^n-n(1-x)x^n}{1-x}$$
$$\therefore (1-x)^2S=1-x^n-n(1-x)x^n$$
$$=1-(1+n)x^n+nx^{n+1}$$

답 ⑤

1089 주어진 식을 S로 놓으면
$$S=1\cdot2+2\cdot4+3\cdot8+4\cdot16+\cdots+10\cdot2^{10}$$
$$-)\ 2S=\quad\ 1\cdot4+2\cdot8+3\cdot16+\cdots+9\cdot2^{10}+10\cdot2^{11}$$
$$-S=\quad 2+\ 4+\ 8+\ 16+\cdots+\ 2^{10}-10\cdot2^{11}$$
$$=\frac{2(2^{10}-1)}{2-1}-10\cdot2^{11}=2^{11}-2-10\cdot2^{11}$$
$$=-9\cdot2^{11}-2$$
$$\therefore S=9\cdot2^{11}+2$$

답 ③

1090
$$S=2\cdot\frac{1}{3}+4\cdot\left(\frac{1}{3}\right)^2+6\cdot\left(\frac{1}{3}\right)^3+\cdots+20\cdot\left(\frac{1}{3}\right)^{10}$$
$$-)\ \frac{1}{3}S=\quad\ 2\cdot\left(\frac{1}{3}\right)^2+4\cdot\left(\frac{1}{3}\right)^3+\cdots+18\cdot\left(\frac{1}{3}\right)^{10}+20\cdot\left(\frac{1}{3}\right)^{11}$$
$$\frac{2}{3}S=2\cdot\frac{1}{3}+2\cdot\left(\frac{1}{3}\right)^2+2\cdot\left(\frac{1}{3}\right)^3+\cdots+\ 2\cdot\left(\frac{1}{3}\right)^{10}-20\cdot\left(\frac{1}{3}\right)^{11}$$
$$=2\left\{\frac{1}{3}+\left(\frac{1}{3}\right)^2+\left(\frac{1}{3}\right)^3+\cdots+\left(\frac{1}{3}\right)^{10}\right\}-20\cdot\left(\frac{1}{3}\right)^{11}$$
$$=2\cdot\frac{\frac{1}{3}\left\{1-\left(\frac{1}{3}\right)^{10}\right\}}{1-\frac{1}{3}}-20\cdot\left(\frac{1}{3}\right)^{11}$$
$$=1-\left(\frac{1}{3}\right)^{10}-20\cdot\left(\frac{1}{3}\right)^{11}$$
$$=1-3\cdot\left(\frac{1}{3}\right)^{11}-20\cdot\left(\frac{1}{3}\right)^{11}$$
$$=1-23\cdot\left(\frac{1}{3}\right)^{11}$$
$$\therefore a=23$$

답 **23**

1091 위에서 2번째 줄 : $\underbrace{1,\ \ 3,}_{2}\ \underbrace{\ \ 5,}_{2}\ \underbrace{\ \ 7,}_{2}\ \cdots$

위에서 3번째 줄 : $\underbrace{1,\ \ 4,}_{3}\ \underbrace{\ \ 7,}_{3}\ \underbrace{\ \ 10,}_{3}\ \cdots$

위에서 4번째 줄 : $\underbrace{1,\ \ 5,}_{4}\ \underbrace{\ \ 9,}_{4}\ \underbrace{\ \ 13,}_{4}\ \cdots$

즉 위에서 n번째 줄은 첫째항이 1이고 공차가 n인 등차수열이다.
따라서 위에서 50번째 줄은 첫째항이 1이고 공차가 50인 등차수

열이고, 구하는 수는 제 30 항이므로
$$1+(30-1)\cdot50=1451$$

답 **1451**

1092 주어진 수열을 제 1 행부터 일렬로 나열하면
$$2,\ 4,\ 6,\ 8,\ 10,\ 12,\ 14,\ 16,\ 18,\ 20,\ \cdots$$
이므로 k번째의 수는 $2k$이다.
제 1 행부터 제 8 행까지의 항의 개수는
$$1+2+3+\cdots+8=\frac{8\cdot9}{2}=36$$
따라서 제 9 행의 4번째의 수까지의 항의 개수는 $36+4=40$
이므로 구하는 수는 $40\cdot2=80$이다.

답 **80**

1093 주어진 수열을 두 수의 곱이 같은 순서쌍끼리 군으로 묶으면
$$\{(1,\ 2),\ (2,\ 1)\},\ \{(1,\ 4),\ (2,\ 2),\ (4,\ 1)\},$$
$$\{(1,\ 8),\ (2,\ 4),\ (4,\ 2),\ (8,\ 1)\},\ \cdots$$
제 n 군의 순서쌍의 두 수의 곱이 2^n이고, 항의 개수는 $n+1$이다.
따라서 제 1 군부터 제 n 군까지의 항의 개수는
$$\sum_{k=1}^{n}(k+1)=\frac{n(n+1)}{2}+n=\frac{n(n+3)}{2}$$
$n=12$일 때, $\dfrac{12\cdot15}{2}=90$이므로 제 100 항은 제 13 군의 10번째 항이다.
이때 제 n 군의 k번째 항은 $(2^{k-1},\ 2^{n-k+1})$이므로 제 13 군의 10번째 항은 $(2^9,\ 2^4)$이다.
따라서 $a=2^9$, $b=2^4$이므로
$$a-b=2^9-2^4=496$$

답 **496**

시험에 꼭 나오는 문제

1094
$$\sum_{k=5}^{8}a_k=S_8-S_4=(2^8+8^2)-(2^4+4^2)$$
$$=320-32=288$$

답 ③

1095
$$\sum_{k=1}^{100}(k^2+k)-\sum_{k=3}^{100}(k^2+k)=\sum_{k=1}^{2}(k^2+k)$$
$$=(1^2+1)+(2^2+2)=8$$

답 **8**

1096

$$\sum_{k=1}^{5} k = 1+2+3+4+5$$

$$\sum_{k=2}^{5} k = 2+3+4+5$$

$$\sum_{k=3}^{5} k = 3+4+5$$

$$\sum_{k=4}^{5} k = 4+5$$

$$+\,)\ \sum_{k=5}^{5} k = 5$$

$$\overline{1+2\cdot2+3\cdot3+4\cdot4+5\cdot5=\sum_{k=1}^{5} k^2}$$

답 ②

1097 $x_1,\ x_2,\ x_3,\ \cdots,\ x_{10}$ 중 0의 개수를 a, 1의 개수를 b, 2의 개수를 c라 하면 $a+b+c=10$

$$\sum_{k=1}^{10} x_k = 0\cdot a+1\cdot b+2\cdot c=8$$

$$\therefore b+2c=8 \qquad \cdots\cdots\ \text{㉠}$$

$$\sum_{k=1}^{10} x_k^2 = 0^2\cdot a+1^2\cdot b+2^2\cdot c=12$$

$$\therefore b+4c=12 \qquad \cdots\cdots\ \text{㉡}$$

㉡$-$㉠을 하면 $2c=4$

$$\therefore a=4,\ b=4,\ c=2$$

$$\therefore \sum_{k=1}^{10} |x_k-1| = |-1|\cdot4+|0|\cdot4+|1|\cdot2=6$$

답 ③

1098

$$\sum_{k=1}^{n} (a_k^2+b_k^2) = \sum_{k=1}^{n} \{(a_k+b_k)^2-2a_kb_k\}$$

$$= \sum_{k=1}^{n} (a_k+b_k)^2-2\sum_{k=1}^{n} a_kb_k$$

$$= 30-2\cdot6=18$$

답 ①

1099

$$\sum_{k=11}^{20} (2a_k+b_k) = 2\sum_{k=11}^{20} a_k+\sum_{k=11}^{20} b_k$$

$$= 2\left(\sum_{k=1}^{20} a_k-\sum_{k=1}^{10} a_k\right)+\left(\sum_{k=1}^{20} b_k-\sum_{k=1}^{10} b_k\right)$$

$$= 2(55-35)+(40-25)$$

$$= 40+15$$

$$= 55$$

답 ④

1100

$$\sum_{j=0}^{n-1} (j+3) = 3+\sum_{j=1}^{n} (j+3)-(n+3)$$

$$= \sum_{k=1}^{n} (k+3)-n=\sum_{k=1}^{n} (k+3)-\sum_{k=1}^{n} 1$$

$$= \sum_{k=1}^{n} (k+2)$$

또 $\displaystyle\sum_{i=1}^{n} (2i+6)=\sum_{k=1}^{n} (2k+6)$이므로

$$\sum_{k=1}^{n} (5k+1)+\sum_{j=0}^{n-1} (j+3)-\sum_{i=1}^{n} (2i+6)$$

$$= \sum_{k=1}^{n} (5k+1)+\sum_{k=1}^{n} (k+2)-\sum_{k=1}^{n} (2k+6)$$

$$= \sum_{k=1}^{n} \{(5k+1)+(k+2)-(2k+6)\}$$

$$= \sum_{k=1}^{n} (4k-3)$$

답 ①

1101 주어진 수열의 제 n 항을 a_n이라 하면

$$a_n = 1+10+10^2+\cdots+10^{n-1}$$

$$= \frac{1\cdot(10^n-1)}{10-1}=\frac{10^n-1}{9}$$

따라서 첫째항부터 제 n 항까지의 합은

$$\sum_{k=1}^{n} a_k = \sum_{k=1}^{n} \frac{10^k-1}{9}=\frac{1}{9}\sum_{k=1}^{n} (10^k-1)$$

$$= \frac{1}{9}\left\{\frac{10\cdot(10^n-1)}{10-1}-n\right\}$$

$$= \frac{10^{n+1}-9n-10}{81}$$

답 ②

1102

$$\sum_{k=1}^{5} (ak+1) = a\sum_{k=1}^{5} k+\sum_{k=1}^{5} 1=a\cdot\frac{5\cdot6}{2}+5$$

$$= 15a+5=65$$

$$15a=60 \qquad \therefore a=4$$

답 **4**

1103 짝수의 제곱은 짝수이고, 홀수의 제곱은 홀수이므로

$$f(n^2)=\begin{cases} n^2 & (n\text{이 짝수}) \\ 1 & (n\text{이 홀수}) \end{cases}$$

$$\therefore \sum_{k=1}^{20} f(k^2)$$

$$= 1+2^2+1+4^2+\cdots+1+20^2$$

$$= \underbrace{(1+1+\cdots+1)}_{10\text{개}}+(2^2+4^2+\cdots+20^2)$$

$$= 10+\sum_{k=1}^{10} (2k)^2=10+4\sum_{k=1}^{10} k^2$$

$$= 10+4\cdot\frac{10\cdot11\cdot21}{6}$$

$$= 10+1540=1550$$

답 **1550**

1104 곡선 $y=x^2+x$와 직선 $y=nx+2$가 만나는 두 점 A, B의 좌표를 각각 $A(\alpha_n,\ \alpha_n^2+\alpha_n)$, $B(\beta_n,\ \beta_n^2+\beta_n)$이라 하면

$$a_n = \frac{\alpha_n^2+\alpha_n-0}{\alpha_n-0}=\alpha_n+1$$

$$b_n = \frac{\beta_n^2+\beta_n-0}{\beta_n-0}=\beta_n+1$$

$$\therefore a_n+b_n=\alpha_n+\beta_n+2$$

x에 대한 이차방정식 $x^2+x=nx+2$, 즉 $x^2-(n-1)x-2=0$
의 두 실근이 α_n, β_n이므로 근과 계수의 관계에 의하여
$$\alpha_n+\beta_n=n-1$$
$$\therefore \sum_{n=1}^{10}(a_n+b_n)=\sum_{n=1}^{10}(\alpha_n+\beta_n+2)=\sum_{n=1}^{10}(n+1)$$
$$=\frac{10\cdot11}{2}+10=65$$

답 **65**

1105 등차수열 $\{a_n\}$의 첫째항을 a, 공차를 d라 하면
$$a_6=a+5d=0 \quad \cdots\cdots ㉠$$
$$a_2=a+d=8 \quad \cdots\cdots ㉡$$
$㉠-㉡$을 하면 $4d=-8$
$$\therefore d=-2, \ a=10$$
$a_n=10-2(n-1)=-2n+12\geq0$에서 $n\leq6$
$$S_n=\sum_{k=1}^{n}|a_k|$$
$$=\sum_{k=1}^{n}|-2k+12|$$
$$=\sum_{k=1}^{6}(-2k+12)+\sum_{k=7}^{n}(2k-12)$$
$$=\frac{6(10+0)}{2}+\frac{(n-6)(2+2n-12)}{2}$$
$$=30+(n-6)(n-5)\geq120$$
즉 $(n-5)(n-6)\geq90$
$$n^2-11n-60\geq0, \ (n+4)(n-15)\geq0$$
$$\therefore n\geq15 \ (\because n\text{은 자연수})$$
따라서 S_n의 값이 처음으로 120 이상이 되는 n의 값은 15이다.

답 **15**

1106 $a_1=1$
$$a_2=2+2\cdot2$$
$$a_3=3+2\cdot3+3\cdot3$$
$$a_4=4+2\cdot4+3\cdot4+4\cdot4$$
$$\vdots$$
이므로
$$a_n=n+2n+3n+\cdots+n^2$$
$$=\sum_{k=1}^{n}kn=n\sum_{k=1}^{n}k$$
$$=n\cdot\frac{n(n+1)}{2}=\frac{1}{2}(n^3+n^2)$$
따라서 주어진 수열의 첫째항부터 제8항까지의 합은
$$\sum_{k=1}^{8}a_k=\sum_{k=1}^{8}\frac{1}{2}(k^3+k^2)=\frac{1}{2}\left(\sum_{k=1}^{8}k^3+\sum_{k=1}^{8}k^2\right)$$
$$=\frac{1}{2}\left\{\left(\frac{8\cdot9}{2}\right)^2+\frac{8\cdot9\cdot17}{6}\right\}$$
$$=\frac{1}{2}(1296+204)=750$$

답 **750**

1107
$$\sum_{n=1}^{5}\left(\sum_{k=1}^{n}2^{k+n-1}\right)=\sum_{n=1}^{5}\left(2^{n-1}\sum_{k=1}^{n}2^k\right)$$
$$=\sum_{n=1}^{5}\left\{2^{n-1}\cdot\frac{2(2^n-1)}{2-1}\right\}$$
$$=\sum_{n=1}^{5}2^{n-1}(2^{n+1}-2)=\sum_{n=1}^{5}(2^{2n}-2^n)$$
$$=\sum_{n=1}^{5}(4^n-2^n)$$
$$=\frac{4(4^5-1)}{4-1}-\frac{2(2^5-1)}{2-1}$$
$$=\frac{4(1024-1)}{4-1}-\frac{2(32-1)}{2-1}$$
$$=1364-62$$
$$=1302$$

답 **1302**

1108 (주어진 식)$\displaystyle=\sum_{k=1}^{10}\frac{1}{(3k-2)(3k+1)}$
$$=\sum_{k=1}^{10}\frac{1}{3}\left(\frac{1}{3k-2}-\frac{1}{3k+1}\right)$$
$$=\frac{1}{3}\sum_{k=1}^{10}\left(\frac{1}{3k-2}-\frac{1}{3k+1}\right)$$
$$=\frac{1}{3}\left\{\left(1-\frac{1}{4}\right)+\left(\frac{1}{4}-\frac{1}{7}\right)\right.$$
$$\left.+\cdots+\left(\frac{1}{28}-\frac{1}{31}\right)\right\}$$
$$=\frac{1}{3}\left(1-\frac{1}{31}\right)=\frac{1}{3}\cdot\frac{30}{31}=\frac{10}{31}$$

답 **①**

1109 $\displaystyle\sum_{k=1}^{n}\frac{1}{k(k+1)}$
$$=\sum_{k=1}^{n}\left(\frac{1}{k}-\frac{1}{k+1}\right)$$
$$=\left(1-\frac{1}{2}\right)+\left(\frac{1}{2}-\frac{1}{3}\right)+\left(\frac{1}{3}-\frac{1}{4}\right)+\cdots+\left(\frac{1}{n}-\frac{1}{n+1}\right)$$
$$=1-\frac{1}{n+1}$$
따라서 $1-\displaystyle\sum_{k=1}^{n}\frac{1}{k(k+1)}\leq\frac{1}{100}$에서
$$\frac{1}{n+1}\leq\frac{1}{100}, \ n+1\geq100$$
$$\therefore n\geq99$$
따라서 부등식을 만족시키는 자연수 n의 최솟값은 99이다.

답 **99**

1110 $\displaystyle a_n=\sum_{k=1}^{n}\frac{k^2}{2}=\frac{1}{2}\cdot\frac{n(n+1)(2n+1)}{6}$
$$=\frac{n(n+1)(2n+1)}{12}$$
$$\therefore \sum_{k=1}^{11}\frac{2k+1}{a_k}=\sum_{k=1}^{11}\left\{(2k+1)\cdot\frac{12}{k(k+1)(2k+1)}\right\}$$
$$=\sum_{k=1}^{11}\frac{12}{k(k+1)}=12\sum_{k=1}^{11}\left(\frac{1}{k}-\frac{1}{k+1}\right)$$

$$=12\left\{\left(1-\frac{1}{2}\right)+\left(\frac{1}{2}-\frac{1}{3}\right)+\cdots+\left(\frac{1}{11}-\frac{1}{12}\right)\right\}$$
$$=12\left(1-\frac{1}{12}\right)=11$$

답 ③

1111 이차방정식의 근과 계수의 관계에 의하여
$$\alpha_n+\beta_n=-4,\ \alpha_n\beta_n=-(2n-1)(2n+1)$$
$$\therefore \sum_{n=1}^{10}\left(\frac{1}{\alpha_n}+\frac{1}{\beta_n}\right)$$
$$=\sum_{n=1}^{10}\frac{\alpha_n+\beta_n}{\alpha_n\beta_n}=\sum_{n=1}^{10}\frac{-4}{-(2n-1)(2n+1)}$$
$$=\sum_{n=1}^{10}\frac{4}{(2n-1)(2n+1)}$$
$$=4\sum_{n=1}^{10}\frac{1}{2}\left(\frac{1}{2n-1}-\frac{1}{2n+1}\right)$$
$$=2\sum_{n=1}^{10}\left(\frac{1}{2n-1}-\frac{1}{2n+1}\right)$$
$$=2\left\{\left(1-\frac{1}{3}\right)+\left(\frac{1}{3}-\frac{1}{5}\right)+\cdots+\left(\frac{1}{19}-\frac{1}{21}\right)\right\}$$
$$=2\left(1-\frac{1}{21}\right)=\frac{40}{21}$$

답 ④

1112 $\displaystyle\sum_{k=1}^{n}\frac{1}{f(k)}$
$$=\sum_{k=1}^{n}\frac{1}{\sqrt{k+2}+\sqrt{k+3}}$$
$$=\sum_{k=1}^{n}\frac{\sqrt{k+2}-\sqrt{k+3}}{(\sqrt{k+2}+\sqrt{k+3})(\sqrt{k+2}-\sqrt{k+3})}$$
$$=\sum_{k=1}^{n}(\sqrt{k+3}-\sqrt{k+2})$$
$$=(\sqrt{4}-\sqrt{3})+(\sqrt{5}-\sqrt{4})+\cdots+(\sqrt{n+3}-\sqrt{n+2})$$
$$=\sqrt{n+3}-\sqrt{3}$$
즉 $\sqrt{n+3}-\sqrt{3}=3\sqrt{3}$이므로
$$\sqrt{n+3}=4\sqrt{3},\ n+3=48$$
$$\therefore n=45$$

답 **45**

1113 네 점 A_n, B_n, C_n, D_n의 좌표를 각각 구하면
$$A_n(-n,\ \sqrt{2n}),\ B_n(-n+1,\ \sqrt{2n-2}),$$
$$C_n(-n,\ 0),\ D_n(-n+1,\ 0)$$
이때 사각형 $A_nC_nD_nB_n$은 사다리꼴이므로 넓이는
$$S_n=\frac{1}{2}(\sqrt{2n}+\sqrt{2n-2})$$
$$\therefore \sum_{n=2}^{50}\frac{1}{S_n}=\sum_{n=2}^{50}\frac{2}{\sqrt{2n}+\sqrt{2n-2}}$$
$$=\sum_{n=2}^{50}\frac{2(\sqrt{2n}-\sqrt{2n-2})}{(\sqrt{2n}+\sqrt{2n-2})(\sqrt{2n}-\sqrt{2n-2})}$$
$$=\sum_{n=2}^{50}(\sqrt{2n}-\sqrt{2n-2})$$

$$=(\sqrt{4}-\sqrt{2})+(\sqrt{6}-\sqrt{4})+\cdots+(\sqrt{100}-\sqrt{98})$$
$$=-\sqrt{2}+\sqrt{100}=10-\sqrt{2}$$

답 $10-\sqrt{2}$

1114 $\displaystyle\sum_{k=1}^{n}\log\left(1+\frac{2}{k}\right)$
$$=\sum_{k=1}^{n}\log\left(\frac{k+2}{k}\right)$$
$$=\log\frac{3}{1}+\log\frac{4}{2}+\log\frac{5}{3}+\cdots+\log\frac{n+1}{n-1}+\log\frac{n+2}{n}$$
$$=\log\left(\frac{3}{1}\cdot\frac{4}{2}\cdot\frac{5}{3}\cdot\cdots\cdot\frac{n+1}{n-1}\cdot\frac{n+2}{n}\right)$$
$$=\log\frac{(n+1)(n+2)}{2}=1$$
즉 $\dfrac{(n+1)(n+2)}{2}=10$
$$n^2+3n-18=0,\ (n-3)(n+6)=0$$
이때 n은 자연수이므로 $n=3$

답 **3**

1115 주어진 수열을 군수열로 나타내면
$$(1),\ (10,\ 11),\ (100,\ 101,\ 110,\ 111),$$
$$\cdots,\ (100\cdots0,\ 100\cdots1,\ \cdots,\ 111\cdots1),\ \cdots$$
즉 제 n 군은 0과 1로 이루어진 n자리의 수이다.
제 n 군의 항의 개수는 2^{n-1}이므로 제 1 군부터 제 n 군까지의 항의 개수는
$$1+2+2^2+\cdots+2^{n-1}=\sum_{k=1}^{n}2^{k-1}=\frac{1\cdot(2^n-1)}{2-1}=2^n-1$$
$n=5$일 때, $2^5-1=31$이므로 제 33 항은 제 6 군의 2번째 항이다.
이때 제 6 군은 $(100000,\ 100001,\ \cdots)$이므로 제 33 항은 100001 이다.

답 ④

1116 주어진 수열을 군수열로 나타내면
$$\left(1,\ \frac{1}{2}\right),\ \left(1,\ \frac{1}{2},\ \frac{1}{4}\right),\ \left(1,\ \frac{1}{2},\ \frac{1}{4},\ \frac{1}{8}\right),\ \cdots$$
제 n 군의 항의 개수는 $(n+1)$이므로 제 1 군부터 제 n 군까지의 항의 개수는
$$\sum_{k=1}^{n}(k+1)=\frac{n(n+1)}{2}+n=\frac{n^2+3n}{2}$$
제 1 군의 마지막 항은 $\dfrac{1}{2}$, 제 2 군의 마지막 항은 $\dfrac{1}{4}$, 제 3 군의 마지막 항은 $\dfrac{1}{8}$, $\cdots$이므로 제 n 군의 마지막 항은 $\dfrac{1}{2^n}$이다.
$\dfrac{1}{64}=\dfrac{1}{2^6}$은 제 6 군의 마지막 항이고 제 1 군부터 제 6 군까지의 항의 개수는 $\dfrac{6^2+3\cdot6}{2}=27$
따라서 $\dfrac{1}{64}$은 제 27 항에서 처음으로 나타나므로 구하는 k의 최솟값은 27이다.

답 **27**

1117 $S=\sum\limits_{n=1}^{21}\dfrac{n}{2^n}$이라 하면

$$S=\dfrac{1}{2}+\dfrac{2}{2^2}+\dfrac{3}{2^3}+\cdots+\dfrac{21}{2^{21}}$$

$$-\Big)\ \dfrac{1}{2}S=\qquad\dfrac{1}{2^2}+\dfrac{2}{2^3}+\cdots+\dfrac{20}{2^{21}}+\dfrac{21}{2^{22}}$$

$$\dfrac{1}{2}S=\dfrac{1}{2}+\dfrac{1}{2^2}+\dfrac{1}{2^3}+\cdots+\dfrac{1}{2^{21}}-\dfrac{21}{2^{22}}$$

$$=\dfrac{\dfrac{1}{2}\left\{1-\left(\dfrac{1}{2}\right)^{21}\right\}}{1-\dfrac{1}{2}}-\dfrac{21}{2^{22}}$$

$$=\left\{1-\left(\dfrac{1}{2}\right)^{21}\right\}-\dfrac{21}{2^{22}}$$

$$=1-\dfrac{2}{2^{22}}-\dfrac{21}{2^{22}}$$

$$=\dfrac{2^{22}-23}{2^{22}}$$

$$\therefore S=\dfrac{2^{22}-23}{2^{21}}$$

이때 분모 2^{21}의 약수는 1을 제외하면 모두 2의 거듭제곱으로 짝수인데 분자 $2^{22}-23$은 홀수이므로 분모와 분자는 서로소이다.

$\therefore a=2^{22}-23,\ b=2^{21}$

$\therefore 2b-a=2^{22}-(2^{22}-23)=23$

답 23

1118 주어진 수열의 제 n 항을 a_n이라 하면

$$a_n=(2n-1)(2n+1)=4n^2-1$$

㉮

$$\therefore (\text{주어진 식})=\sum_{k=1}^{10}a_k=\sum_{k=1}^{10}(4k^2-1)$$

$$=4\sum_{k=1}^{10}k^2-\sum_{k=1}^{10}1$$

$$=4\cdot\dfrac{10\cdot11\cdot21}{6}-10$$

$$=1540-10=1530$$

㉯
답 1530

단계	채점요소	배점
㉮	일반항 a_n 구하기	40%
㉯	주어진 식의 값 구하기	60%

1119 $\sum\limits_{m=1}^{n}\left\{\sum\limits_{k=1}^{m}(2k+1)\right\}$

$$=\sum_{m=1}^{n}\left(2\sum_{k=1}^{m}k+\sum_{k=1}^{m}1\right)$$

$$=\sum_{m=1}^{n}\left\{2\cdot\dfrac{m(m+1)}{2}+m\right\}$$

$$=\sum_{m=1}^{n}(m^2+2m)$$

㉮

$$=\sum_{m=1}^{n}m^2+2\sum_{m=1}^{n}m$$

$$=\dfrac{n(n+1)(2n+1)}{6}+2\cdot\dfrac{n(n+1)}{2}$$

$$=\dfrac{n(n+1)(2n+7)}{6}=85$$

㉯

$$2n^3+9n^2+7n-510=0$$

$$(n-5)(2n^2+19n+102)=0$$

이때 n은 자연수이므로 $n=5$

㉰
답 5

단계	채점요소	배점
㉮	$\sum\limits_{k=1}^{m}(2k+1)$ 간단히 하기	40%
㉯	$\sum\limits_{m=1}^{n}\left\{\sum\limits_{k=1}^{m}(2k+1)\right\}$ 간단히 하기	40%
㉰	n의 값 구하기	20%

1120 $S_n=\sum\limits_{k=1}^{n}a_k=n^2+3n$이라 하면

$$a_n=S_n-S_{n-1}$$

$$=n^2+3n-\{(n-1)^2+3(n-1)\}$$

$$=2n+2\ (n\geq2)$$

$$a_1=S_1=1^2+3=4$$

$$\therefore a_n=2n+2\ (n\geq1)$$

㉮

$$\therefore \sum_{k=1}^{16}\dfrac{1}{a_k a_{k+1}}$$

$$=\sum_{k=1}^{16}\dfrac{1}{(2k+2)(2k+4)}$$

$$=\sum_{k=1}^{16}\dfrac{1}{4(k+1)(k+2)}$$

$$=\dfrac{1}{4}\sum_{k=1}^{16}\left(\dfrac{1}{k+1}-\dfrac{1}{k+2}\right)$$

$$=\dfrac{1}{4}\left\{\left(\dfrac{1}{2}-\dfrac{1}{3}\right)+\left(\dfrac{1}{3}-\dfrac{1}{4}\right)+\cdots+\left(\dfrac{1}{17}-\dfrac{1}{18}\right)\right\}$$

$$=\dfrac{1}{4}\left(\dfrac{1}{2}-\dfrac{1}{18}\right)$$

$$=\dfrac{1}{4}\cdot\dfrac{8}{18}=\dfrac{1}{9}$$

㉯
답 $\dfrac{1}{9}$

단계	채점요소	배점
㉮	일반항 a_n 구하기	50%
㉯	$\sum\limits_{k=1}^{16}\dfrac{1}{a_k a_{k+1}}$의 값 구하기	50%

1121 주어진 수열의 제 n 항을 a_n이라 하면

$$a_n = \frac{1}{(2n)^2 - 1} = \frac{1}{(2n-1)(2n+1)}$$
$$= \frac{1}{2}\left(\frac{1}{2n-1} - \frac{1}{2n+1}\right)$$

──────────────────────── ㉮

$\therefore$ (주어진 식)

$$= \sum_{k=1}^{n} a_k = \sum_{k=1}^{n} \frac{1}{2}\left(\frac{1}{2k-1} - \frac{1}{2k+1}\right)$$
$$= \frac{1}{2}\left\{\left(1 - \frac{1}{3}\right) + \left(\frac{1}{3} - \frac{1}{5}\right) + \cdots + \left(\frac{1}{2n-1} - \frac{1}{2n+1}\right)\right\}$$
$$= \frac{1}{2}\left(1 - \frac{1}{2n+1}\right) = \frac{n}{2n+1}$$

──────────────────────── ㉯

즉 $\dfrac{n}{2n+1} = \dfrac{20}{41}$ 이므로

$$41n = 40n + 20 \qquad \therefore n = 20$$

──────────────────────── ㉰

답 **20**

단계	채점요소	배점
㉮	일반항 a_n 구하기	40%
㉯	$\sum\limits_{k=1}^{n} a_k$ 구하기	40%
㉰	n의 값 구하기	20%

1122 주어진 수열의 제 n 항을 a_n이라 하면

$$a_n = \frac{1}{n(n+1)(n+2)} = \frac{1}{n+1} \cdot \frac{1}{n(n+2)}$$
$$= \frac{1}{n+1} \cdot \frac{1}{2}\left(\frac{1}{n} - \frac{1}{n+2}\right)$$
$$= \frac{1}{2}\left\{\frac{1}{n(n+1)} - \frac{1}{(n+1)(n+2)}\right\}$$

$\therefore$ (주어진 식)

$$= \sum_{k=1}^{10} a_k = \sum_{k=1}^{10} \frac{1}{2}\left\{\frac{1}{k(k+1)} - \frac{1}{(k+1)(k+2)}\right\}$$
$$= \frac{1}{2}\sum_{k=1}^{10} \frac{1}{k(k+1)} - \frac{1}{2}\sum_{k=1}^{10} \frac{1}{(k+1)(k+2)}$$
$$= \frac{1}{2}\sum_{k=1}^{10}\left(\frac{1}{k} - \frac{1}{k+1}\right) - \frac{1}{2}\sum_{k=1}^{10}\left(\frac{1}{k+1} - \frac{1}{k+2}\right)$$
$$= \frac{1}{2}\left\{\left(1 - \frac{1}{2}\right) + \left(\frac{1}{2} - \frac{1}{3}\right) + \cdots + \left(\frac{1}{10} - \frac{1}{11}\right)\right\}$$
$$\qquad - \frac{1}{2}\left\{\left(\frac{1}{2} - \frac{1}{3}\right) + \left(\frac{1}{3} - \frac{1}{4}\right) + \cdots + \left(\frac{1}{11} - \frac{1}{12}\right)\right\}$$
$$= \frac{1}{2}\left(1 - \frac{1}{11}\right) - \frac{1}{2}\left(\frac{1}{2} - \frac{1}{12}\right)$$
$$= \frac{5}{11} - \frac{5}{24} = \frac{65}{264}$$

따라서 $m = 264$, $n = 65$ 이므로

$$m + n = 329$$

답 **329**

1123 1의 오른쪽 아래 대각선 방향의 수를 나열하면

$$1, \ 9, \ 25, \ \cdots$$

즉 $1^2, \ 3^2, \ 5^2, \ \cdots, \ (2k-1)^2$ 이고, $(2k-1)^2$ 바로 위에 오는 수는

$$\{2(k-1)-1\}^2 + 1 = (2k-3)^2 + 1 \ (k \geq 2)$$

$169 = 13^2$ 이므로

$$2k - 1 = 13 \qquad \therefore k = 7$$

따라서 169 바로 위에 오는 수는

$$(2k-3)^2 + 1 = (2 \cdot 7 - 3)^2 + 1 = 122$$

답 **122**

1124 집합 A_{k+1}의 가장 작은 원소는 집합 A_k의 가장 작은 원소보다 크고 $n(A_k - A_{k+1}) = 3$이므로 집합 A_k의 가장 작은 원소 m_k는 첫째항이 3이고 공차가 $2 \times 3 = 6$인 등차수열의 일반항과 같으므로

$$m_k = 3 + 6(k-1) = 6k - 3$$

집합 A_k의 원소의 개수는 $(2k+3)$이므로 집합 A_k의 가장 큰 원소 M_k는

$$M_k = m_k + 2\{(2k+3) - 1\}$$
$$= (6k-3) + 2(2k+2) = 10k + 1$$
$$\therefore \sum_{k=1}^{10}(m_k + M_k) = \sum_{k=1}^{10}\{(6k-3) + (10k+1)\}$$
$$= \sum_{k=1}^{10}(16k - 2)$$
$$= 16\sum_{k=1}^{10} k - \sum_{k=1}^{10} 2$$
$$= 16 \cdot \frac{10 \cdot 11}{2} - 2 \cdot 10$$
$$= 880 - 20$$
$$= 860$$

답 **860**

10 수학적 귀납법

📖 교과서 문제 정복하기

본문 147쪽

1125 $a_{n+1}=2a_n+n$에서
$a_2=2a_1+1=2\cdot1+1=3$
$a_3=2a_2+2=2\cdot3+2=8$
$a_4=2a_3+3=2\cdot8+3=19$

답 **19**

1126 $a_{n+1}=na_n$에서
$a_2=a_1=-1$
$a_3=2a_2=2\cdot(-1)=-2$
$a_4=3a_3=3\cdot(-2)=-6$

답 **-6**

1127 $a_{n+2}=2a_{n+1}+a_n$에서
$a_3=2a_2+a_1=2\cdot3+1=7$
$a_4=2a_3+a_2=2\cdot7+3=17$

답 **17**

1128 $a_{n+1}=\dfrac{1}{a_n}+2$에서
$a_2=\dfrac{1}{a_1}+2=1+2=3$
$a_3=\dfrac{1}{a_2}+2=\dfrac{1}{3}+2=\dfrac{7}{3}$
$a_4=\dfrac{1}{a_3}+2=\dfrac{3}{7}+2=\dfrac{17}{7}$

답 **$\dfrac{17}{7}$**

1129 첫째항 $a_1=2$이고, 이웃하는 항들 사이의 관계를 살펴보면
$a_2-a_1=5-2=3$
$a_3-a_2=8-5=3$
$a_4-a_3=11-8=3$
$\vdots$
$a_{n+1}-a_n=3\ (n\geq1)$
따라서 수열 $\{a_n\}$의 귀납적 정의는
$a_1=2,\ a_{n+1}=a_n+3\ (n=1,\ 2,\ 3,\ \cdots)$

답 **$a_1=2,\ a_{n+1}=a_n+3\ (n=1,\ 2,\ 3,\ \cdots)$**

1130 첫째항 $a_1=10$이고, 이웃하는 항들 사이의 관계를 살펴보면
$a_2-a_1=6-10=-4$
$a_3-a_2=2-6=-4$
$a_4-a_3=-2-2=-4$
$\vdots$
$a_{n+1}-a_n=-4\ (n\geq1)$
따라서 수열 $\{a_n\}$의 귀납적 정의는
$a_1=10,\ a_{n+1}=a_n-4\ (n=1,\ 2,\ 3,\ \cdots)$

답 **$a_1=10,\ a_{n+1}=a_n-4\ (n=1,\ 2,\ 3,\ \cdots)$**

1131 첫째항 $a_1=1$이고, 이웃하는 항들 사이의 관계를 살펴보면
$a_2\div a_1=2\div1=2$
$a_3\div a_2=4\div2=2$
$a_4\div a_3=8\div4=2$
$\vdots$
$a_{n+1}\div a_n=2\ (n\geq1)$
따라서 수열 $\{a_n\}$의 귀납적 정의는
$a_1=1,\ a_{n+1}=2a_n\ (n=1,\ 2,\ 3,\ \cdots)$

답 **$a_1=1,\ a_{n+1}=2a_n\ (n=1,\ 2,\ 3,\ \cdots)$**

1132 첫째항 $a_1=9$이고, 이웃하는 항들 사이의 관계를 살펴보면
$a_2\div a_1=(-3)\div9=-\dfrac{1}{3}$
$a_3\div a_2=1\div(-3)=-\dfrac{1}{3}$
$a_4\div a_3=\left(-\dfrac{1}{3}\right)\div1=-\dfrac{1}{3}$
$\vdots$
$a_{n+1}\div a_n=-\dfrac{1}{3}\ (n\geq1)$
따라서 수열 $\{a_n\}$의 귀납적 정의는
$a_1=9,\ a_{n+1}=-\dfrac{1}{3}a_n\ (n=1,\ 2,\ 3,\ \cdots)$

답 **$a_1=9,\ a_{n+1}=-\dfrac{1}{3}a_n\ (n=1,\ 2,\ 3,\ \cdots)$**

1133 $a_{n+1}-a_n=-3$에서 주어진 수열은 공차가 -3인 등차수열이다. 이때 첫째항이 3이므로
$a_n=3+(n-1)\cdot(-3)=-3n+6$

답 **$a_n=-3n+6$**

1134 $a_{n+1}\div a_n=2$에서 주어진 수열은 공비가 2인 등비수열이다. 이때 첫째항이 3이므로
$a_n=3\cdot2^{n-1}$

답 **$a_n=3\cdot2^{n-1}$**

1135 $2a_{n+1}=a_n+a_{n+2}$에서 주어진 수열은 등차수열이고
$a_1=3,\ a_2-a_1=2-3=-1$
이므로 첫째항이 3, 공차가 -1이다.

$$\therefore a_n=3+(n-1)\cdot(-1)=-n+4$$

답 $a_n=-n+4$

1136 $a_{n+1}{}^2=a_n a_{n+2}$에서 주어진 수열은 등비수열이고

$a_1=1,\ a_2\div a_1=2\div1=2$

이므로 첫째항이 1, 공비가 2이다.

$$\therefore a_n=1\cdot2^{n-1}=2^{n-1}$$

답 $a_n=2^{n-1}$

1137 $a_{n+1}=a_n+4n$의 n에 1, 2, 3, $\cdots$, 9를 차례로 대입하여 변끼리 더하면

$$a_2=a_1+4\cdot1$$
$$a_3=a_2+4\cdot2$$
$$a_4=a_3+4\cdot3$$
$$\vdots$$
$$+\,)\ a_{10}=a_9+4\cdot9$$
$$\overline{\qquad a_{10}=a_1+\sum_{k=1}^{9}4k=1+4\cdot\frac{9\cdot10}{2}=181}$$

답 **181**

1138 $a_{n+1}-a_n=2n+1$의 n에 1, 2, 3, $\cdots$, 9를 차례로 대입하여 변끼리 더하면

$$a_2-a_1=2\cdot1+1$$
$$a_3-a_2=2\cdot2+1$$
$$a_4-a_3=2\cdot3+1$$
$$\vdots$$
$$+\,)\ a_{10}-a_9=2\cdot9+1$$
$$\overline{\qquad a_{10}-a_1=\sum_{k=1}^{9}(2k+1)}$$
$$\therefore a_{10}=a_1+\sum_{k=1}^{9}(2k+1)=3+2\cdot\frac{9\cdot10}{2}+9=102$$

답 **102**

1139 $a_{n+1}=\dfrac{n}{n+1}a_n$의 n에 1, 2, 3, $\cdots$, 9를 차례로 대입하여 변끼리 곱하면

$$a_2=\frac{1}{2}a_1$$
$$a_3=\frac{2}{3}a_2$$
$$a_4=\frac{3}{4}a_3$$
$$\vdots$$
$$\times\,)\ a_{10}=\frac{9}{10}a_9$$
$$\overline{\qquad a_{10}=\frac{1}{2}\cdot\frac{2}{3}\cdot\frac{3}{4}\cdot\cdots\cdot\frac{9}{10}a_1=\frac{1}{10}\cdot2=\frac{1}{5}}$$

답 $\dfrac{1}{5}$

1140 $a_{n+1}\div a_n=2^n$, 즉 $a_{n+1}=2^n a_n$의 n에 1, 2, 3, $\cdots$, 9를 차례로 대입하여 변끼리 곱하면

$$a_2=2^1 a_1$$
$$a_3=2^2 a_2$$
$$a_4=2^3 a_3$$
$$\vdots$$
$$\times\,)\ a_{10}=2^9 a_9$$
$$\overline{\qquad a_{10}=2^1\cdot2^2\cdot2^3\cdot\cdots\cdot2^9\cdot a_1}$$
$$=2^{1+2+3+\cdots+9}$$
$$=2^{\frac{9\cdot10}{2}}=2^{45}$$

답 2^{45}

1141 $n=k$일 때, 주어진 등식이 성립한다고 가정하면

$$\frac{1}{1\cdot2}+\frac{1}{2\cdot3}+\frac{1}{3\cdot4}+\cdots+\frac{1}{k(k+1)}=\frac{k}{k+1}$$

위의 식의 양변에 $\boxed{\dfrac{1}{(k+1)(k+2)}}$ 을 더하면

$$\frac{1}{1\cdot2}+\frac{1}{2\cdot3}+\frac{1}{3\cdot4}+\cdots+\frac{1}{k(k+1)}+\boxed{\frac{1}{(k+1)(k+2)}}$$
$$=\frac{k}{k+1}+\boxed{\frac{1}{(k+1)(k+2)}}$$
$$=\frac{k^2+2k+1}{(k+1)(k+2)}$$
$$=\frac{(k+1)^2}{(k+1)(k+2)}$$
$$=\boxed{\frac{k+1}{k+2}}$$

답 ㈎ $\dfrac{1}{(k+1)(k+2)}$ ㈏ $\dfrac{k+1}{k+2}$

1142 $a_{n+1}=a_n+2$에서 $a_{n+1}-a_n=2$이므로 수열 $\{a_n\}$은 공차가 2인 등차수열이다. 이때 첫째항이 2이므로

$$a_n=2+(n-1)\cdot2=2n$$
$$\therefore \sum_{k=1}^{n}\frac{1}{a_k a_{k+1}}$$
$$=\sum_{k=1}^{n}\frac{1}{2k\cdot2(k+1)}=\frac{1}{4}\sum_{k=1}^{n}\frac{1}{k(k+1)}$$
$$=\frac{1}{4}\sum_{k=1}^{n}\left(\frac{1}{k}-\frac{1}{k+1}\right)$$
$$=\frac{1}{4}\left\{\left(1-\frac{1}{2}\right)+\left(\frac{1}{2}-\frac{1}{3}\right)+\cdots+\left(\frac{1}{n}-\frac{1}{n+1}\right)\right\}$$
$$=\frac{1}{4}\left(1-\frac{1}{n+1}\right)$$
$$=\frac{n}{4(n+1)}$$

답 ④

1143 $a_{n+1}+3=a_n$에서 $a_{n+1}-a_n=-3$이므로 수열 $\{a_n\}$은 공차가 -3인 등차수열이다. 이때 첫째항이 100이므로
$$a_n=100+(n-1)\cdot(-3)=-3n+103$$
$a_k=13$에서 $-3k+103=13$
$$3k=90 \qquad \therefore k=30$$

답 **30**

1144 수열 $\{a_n\}$은 첫째항이 90, 공차가 $a_2-a_1=-4$인 등차수열이므로
$$a_n=90+(n-1)\cdot(-4)=-4n+94$$
$a_k<0$에서 $-4k+94<0$
$$\therefore k>\frac{94}{4}=23.5$$
따라서 $a_k<0$을 만족시키는 자연수 k의 최솟값은 24이다.

답 **24**

1145 수열 $\left\{\dfrac{1}{a_n}\right\}$은 첫째항이 $\dfrac{1}{a_1}=\dfrac{1}{4}$, 공차가 $\dfrac{1}{4}$인 등차수열이므로
$$\frac{1}{a_n}=\frac{1}{4}+(n-1)\cdot\frac{1}{4}=\frac{n}{4}$$
따라서 $a_n=\dfrac{4}{n}$이므로 $a_{20}=\dfrac{1}{5}$

답 $\dfrac{1}{5}$

1146 $a_{n+1}=3a_n$이므로 수열 $\{a_n\}$은 공비가 3인 등비수열이다. 이때 첫째항이 1이므로
$$a_n=3^{n-1}$$
$$\therefore \sum_{k=1}^{5} a_k=\frac{1\cdot(3^5-1)}{3-1}=121$$

답 ②

1147 $a_{n+1}{}^2=a_n a_{n+2}$이므로 수열 $\{a_n\}$은 등비수열이다. 이때 공비를 r라 하면
$$\frac{a_{11}}{a_1}+\frac{a_{13}}{a_3}+\frac{a_{15}}{a_5}+\frac{a_{17}}{a_7}=12$$에서
$$r^{10}+r^{10}+r^{10}+r^{10}=12, \quad 4r^{10}=12$$
$$\therefore r^{10}=3$$
$$\therefore \frac{a_{30}}{a_{10}}=r^{20}=(r^{10})^2=3^2=9$$

답 ④

1148 $\dfrac{a_{n+2}}{a_{n+1}}=\dfrac{a_{n+1}}{a_n}$이므로 수열 $\{a_n\}$은 등비수열이다. 이때 첫째항을 a_1, 공비를 r라 하면
$$S_3=\frac{a_1(r^3-1)}{r-1}=78 \qquad \cdots\cdots ㉠$$
$$S_6=\frac{a_1(r^6-1)}{r-1}=\frac{a_1(r^3-1)(r^3+1)}{r-1}=2184 \qquad \cdots\cdots ㉡$$

㉡$\div$㉠을 하면
$$\frac{S_6}{S_3}=r^3+1=\frac{2184}{78}=28$$
$$r^3=27 \qquad \therefore r=3$$

㉮

$r=3$을 ㉠에 대입하면
$$\frac{a_1(27-1)}{3-1}=78 \qquad \therefore a_1=6$$

㉯

$$\therefore S_8=\frac{6(3^8-1)}{3-1}=3(3^8-1)=19680$$

㉰

답 **19680**

단계	채점요소	배점
㉮	공비 구하기	50%
㉯	첫째항 구하기	20%
㉰	S_8 구하기	30%

1149 $a_{n+1}=a_n+4n-3$의 n에 $1,\ 2,\ 3,\ \cdots,\ n-1$을 차례로 대입하여 변끼리 더하면
$$a_2=a_1+4\cdot1-3$$
$$a_3=a_2+4\cdot2-3$$
$$a_4=a_3+4\cdot3-3$$
$$\vdots$$
$$+)\ a_n=a_{n-1}+4(n-1)-3$$
$$\overline{\qquad\qquad\qquad\qquad\qquad}$$
$$a_n=a_1+\sum_{k=1}^{n-1}4k-3(n-1)$$
$$=-3+4\cdot\frac{n(n-1)}{2}-3(n-1)$$
$$=2n^2-5n$$
$$\therefore \sum_{k=1}^{10} a_k=\sum_{k=1}^{10}(2k^2-5k)=2\cdot\frac{10\cdot11\cdot21}{6}-5\cdot\frac{10\cdot11}{2}=495$$

답 ⑤

1150 $\dfrac{1}{\sqrt{n+1}+\sqrt{n}}=\sqrt{n+1}-\sqrt{n}$이므로
$a_{n+1}=a_n+\sqrt{n+1}-\sqrt{n}$의 n에 $1,\ 2,\ 3,\ \cdots,\ n-1$을 차례로 대입하여 변끼리 더하면
$$a_2=a_1+\sqrt{2}-1$$
$$a_3=a_2+\sqrt{3}-\sqrt{2}$$
$$a_4=a_3+\sqrt{4}-\sqrt{3}$$
$$\vdots$$
$$+)\ a_n=a_{n-1}+\sqrt{n}-\sqrt{n-1}$$
$$\overline{\qquad\qquad\qquad\qquad\qquad}$$
$$a_n=a_1+\sqrt{n}-1=2+\sqrt{n}-1=\sqrt{n}+1$$
$a_k=\sqrt{k}+1=13$에서 $\sqrt{k}=12$
$$\therefore k=144$$

답 **144**

1151 $a_{n+1}=a_n+f(n)$에서 $f(n)=a_{n+1}-a_n$이므로

$$\sum_{k=1}^{n} f(k)=\sum_{k=1}^{n}(a_{k+1}-a_k)$$
$$=(a_2-a_1)+(a_3-a_2)+(a_4-a_3)+\cdots+(a_{n+1}-a_n)$$
$$=a_{n+1}-a_1$$
$$=a_{n+1}-1$$

이때 $\sum_{k=1}^{n} f(k)=n^2-1$이므로

$n^2-1=a_{n+1}-1$ $\quad\therefore a_{n+1}=n^2$

$\therefore a_n=(n-1)^2 \ (n=2, 3, 4, \cdots)$

$\therefore a_{11}=10^2=100$

답 100

1152 $(a_n+a_{n+1})^2=4a_na_{n+1}+4^n$에서

$(a_n+a_{n+1})^2-4a_na_{n+1}=4^n$

$\therefore (a_n-a_{n+1})^2=4^n$

이때 $a_{n+1}>a_n$이므로

$a_{n+1}-a_n=2^n$

n에 1, 2, 3, $\cdots$, 7을 차례로 대입하여 변끼리 더하면

$$a_2-a_1=2^1$$
$$a_3-a_2=2^2$$
$$a_4-a_3=2^3$$
$$\vdots$$
$$+\,)\ a_8-a_7=2^7$$
$$a_8-a_1=2^1+2^2+2^3+\cdots+2^7$$
$$=\frac{2\cdot(2^7-1)}{2-1}=2^8-2=254$$

$\therefore a_8=254+a_1=254+1=255$

답 255

1153 $a_{n+1}=\dfrac{n+2}{n}a_n$의 n에 1, 2, 3, $\cdots$, 29를 차례로 대입하여 변끼리 곱하면

$$a_2=\frac{3}{1}a_1$$
$$a_3=\frac{4}{2}a_2$$
$$a_4=\frac{5}{3}a_3$$
$$\vdots$$
$$a_{29}=\frac{30}{28}a_{28}$$
$$\times\,)\ a_{30}=\frac{31}{29}a_{29}$$
$$a_{30}=\frac{3}{1}\cdot\frac{4}{2}\cdot\frac{5}{3}\cdot\cdots\cdot\frac{30}{28}\cdot\frac{31}{29}\cdot a_1$$
$$=\frac{30\cdot31}{1\cdot2}\cdot1$$
$$=465$$

답 ④

1154 $a_{n+1}=5^n a_n$의 n에 1, 2, 3, $\cdots$, $n-1$을 차례로 대입하여 변끼리 곱하면

$$a_2=5^1a_1$$
$$a_3=5^2a_2$$
$$a_4=5^3a_3$$
$$\vdots$$
$$\times\,)\ a_n=5^{n-1}a_{n-1}$$
$$a_n=5^1\cdot5^2\cdot5^3\cdot\cdots\cdot5^{n-1}\cdot a_1$$
$$=5^{1+2+3+\cdots+(n-1)}\cdot1$$
$$=5^{\frac{(n-1)n}{2}}$$

$a_k=5^{66}$에서 $5^{\frac{(k-1)k}{2}}=5^{66}$

$\dfrac{(k-1)k}{2}=66$이므로

$(k-1)k=132,\ k^2-k-132=0$

$(k-12)(k+11)=0$ $\quad\therefore k=12$ 또는 $k=-11$

그런데 k는 자연수이므로 $k=12$

답 ③

1155 $\sqrt{n+2}\,a_{n+1}=\sqrt{n+1}\,a_n$에서

$a_{n+1}=\dfrac{\sqrt{n+1}}{\sqrt{n+2}}a_n$이므로 n에 1, 2, 3, $\cdots$, $n-1$을 차례로 대입하여 변끼리 곱하면

$$a_2=\frac{\sqrt{2}}{\sqrt{3}}a_1$$
$$a_3=\frac{\sqrt{3}}{\sqrt{4}}a_2$$
$$a_4=\frac{\sqrt{4}}{\sqrt{5}}a_3$$
$$\vdots$$
$$\times\,)\ a_n=\frac{\sqrt{n}}{\sqrt{n+1}}a_{n-1}$$
$$a_n=\frac{\sqrt{2}}{\sqrt{3}}\cdot\frac{\sqrt{3}}{\sqrt{4}}\cdot\frac{\sqrt{4}}{\sqrt{5}}\cdot\cdots\cdot\frac{\sqrt{n}}{\sqrt{n+1}}a_1$$
$$=\frac{\sqrt{2}}{\sqrt{n+1}}\cdot1=\frac{\sqrt{2}}{\sqrt{n+1}}$$

$\therefore \sum_{k=1}^{15}(a_ka_{k+1})^2$

$$=\sum_{k=1}^{15}\left(\frac{\sqrt{2}}{\sqrt{k+1}}\cdot\frac{\sqrt{2}}{\sqrt{k+2}}\right)^2$$
$$=4\sum_{k=1}^{15}\frac{1}{(k+1)(k+2)}$$
$$=4\sum_{k=1}^{15}\left(\frac{1}{k+1}-\frac{1}{k+2}\right)$$
$$=4\left\{\left(\frac{1}{2}-\frac{1}{3}\right)+\left(\frac{1}{3}-\frac{1}{4}\right)+\cdots+\left(\frac{1}{16}-\frac{1}{17}\right)\right\}$$
$$=4\left(\frac{1}{2}-\frac{1}{17}\right)$$
$$=4\cdot\frac{15}{34}=\frac{30}{17}$$

답 $\dfrac{30}{17}$

1156 $S_{n+1}=2S_n+3$의 양변에 n 대신 $n-1$을 대입하여 두 식을 빼면

$$S_{n+1}=2S_n+3$$
$$\underline{-\,)\;S_n\;=2S_{n-1}+3\;(n\geq2)}$$
$$a_{n+1}=2S_n-2S_{n-1}=2(S_n-S_{n-1})$$

이때 $S_n-S_{n-1}=a_n\,(n\geq2)$이므로 $a_{n+1}=2a_n\,(n\geq2)$ $\cdots\cdots$ ㉠

$S_2=2S_1+3$에서 $a_1+a_2=2a_1+3$이고 $a_1=S_1=1$이므로

$1+a_2=2\cdot1+3$ $\quad\therefore\;a_2=4$

㉠에서 수열 $\{a_n\}$은 첫째항이 1이고 둘째항부터 공비가 2인 등비수열이므로 $a_1=1$, $a_n=2^n\,(n\geq2)$

$\therefore\;a_{12}=2^{12}$

답 ②

1157 $S_n=2a_n-2\,(n=1,\,2,\,3,\,\cdots)$에서

$S_{n+1}=2a_{n+1}-2$

한편, $a_{n+1}=S_{n+1}-S_n\,(n=1,\,2,\,3,\,\cdots)$이므로

$a_{n+1}=2a_{n+1}-2-(2a_n-2)$

$\therefore\;a_{n+1}=2a_n$

따라서 수열 $\{a_n\}$은 첫째항이 $a_1=2$이고 공비가 2인 등비수열이므로

$a_n=2\cdot2^{n-1}=2^n$

따라서 $a_k=256$에서

$2^k=2^8$ $\quad\therefore\;k=8$

답 8

1158 $3S_n=a_{n+1}-2$의 양변에 n 대신 $n-1$을 대입하여 두 식을 빼면

$$3S_n=a_{n+1}-2$$
$$\underline{-\,)\;3S_{n-1}=a_n-2\;(n\geq2)}$$
$$3a_n=a_{n+1}-a_n$$

$\therefore\;a_{n+1}=4a_n\,(n\geq2)$ $\cdots\cdots$ ㉠

㉮

$3S_1=a_2-2$에서 $S_1=a_1=2$이므로

$3\cdot2=a_2-2$ $\quad\therefore\;a_2=6+2=8$

㉯

㉠에서 수열 $\{a_n\}$은 둘째항부터 공비가 4인 등비수열이고

$\dfrac{a_2}{a_1}=\dfrac{8}{2}=4$이므로 수열 $\{a_n\}$은 첫째항이 2, 공비가 4인 등비수열이다.

따라서 $a_n=2\cdot4^{n-1}$이므로

$a_5=2\cdot4^4=512$

㉰

답 512

단계	채점요소	배점
㉮	a_n의 관계식 구하기	30 %
㉯	a_2 구하기	20 %
㉰	a_5 구하기	50 %

1159 $a_1+a_2+\cdots+a_n=S_n$이라 하면

$a_{n+1}=3(a_1+a_2+\cdots+a_n)=3S_n$

그런데 $a_{n+1}=S_{n+1}-S_n=3S_n$이므로

$S_{n+1}=4S_n$

이때 $a_1=S_1=4$이므로 수열 $\{S_n\}$은 첫째항이 4, 공비가 4인 등비수열이다.

따라서 $S_n=4\cdot4^{n-1}=4^n$이므로

$a_n=S_n-S_{n-1}=4^n-4^{n-1}$
$\quad\;\;=3\cdot4^{n-1}\,(n\geq2)$

$\therefore\;a_9=3\cdot4^8=3\cdot2^{16}$

답 ③

1160 조건 ㈎, ㈏에서 $p(1)$이 참이므로 $p(2)$도 참이다.

또한 조건 ㈐에서 $p(2)$가 참이면 $p(4)$도 참이다.

ㄱ. $p(5)$는 주어진 조건에서 참, 거짓을 판별할 수 없다.

ㄴ. 조건 ㈐에서 $p(4)$가 참이면 $p(7)$도 참이고, 조건 ㈏에서 $p(7)$이 참이면 $p(8)$도 참이다.

ㄷ. 조건 ㈐에서 $p(8)$이 참이면 $p(13)$도 참이다.

따라서 참인 것은 ㄴ, ㄷ이다.

답 ④

1161 (i) $n=\boxed{2}$일 때, $p(n)$이 성립함을 보인다.

(ii) $n=k$일 때, $p(n)$이 성립한다고 가정하면

$\qquad n=\boxed{k+3}$일 때도 $p(n)$이 성립함을 보인다.

답 ④

1162 (ii) $n=\boxed{k}$일 때, ㉠이 성립한다고 가정하면

$1+2+2^2+\cdots+2^{k-1}=2^k-1$ $\cdots\cdots$ ㉡

㉡의 양변에 $\boxed{2^k}$을 더하면

$1+2+2^2+\cdots+2^{k-1}+\boxed{2^k}=2^k-1+\boxed{2^k}$
$\qquad\qquad\qquad\qquad\qquad\;\;=\boxed{2^{k+1}-1}$

따라서 $n=\boxed{k+1}$일 때도 ㉠이 성립한다.

답 ㈎ k ㈏ 2^k ㈐ $2^{k+1}-1$ ㈑ $k+1$

1163 (ii) $n=k$일 때, ㉠이 성립한다고 가정하면

$1+3+5+\cdots+(2k-1)=k^2$ $\cdots\cdots$ ㉡

㉡의 양변에 $\boxed{2k+1}$을 더하면

$1+3+5+\cdots+(2k-1)+\boxed{2k+1}=k^2+\boxed{2k+1}$
$\qquad\qquad\qquad\qquad\qquad\qquad=\boxed{(k+1)^2}$

답 ㈎ $2k+1$ ㈏ $(k+1)^2$

1164 (ii) $n=k$일 때, ㉠이 성립한다고 가정하면

$1^3+2^3+3^3+\cdots+k^3=(1+2+3+\cdots+k)^2$ $\cdots\cdots$ ㉡

㉡의 양변에 $\boxed{(k+1)^3}$을 더하면

$$1^3+2^3+3^3+\cdots+k^3+\boxed{(k+1)^3}$$
$$=(1+2+3+\cdots+k)^2+\boxed{(k+1)^3}$$
$$=\left\{\frac{k(k+1)}{2}\right\}^2+\boxed{(k+1)^3}$$
$$=\frac{(k+1)^2\{k^2+4(k+1)\}}{4}=\frac{(k+1)^2(k+2)^2}{4}$$
$$=\boxed{\left\{\frac{(k+1)(k+2)}{2}\right\}^2}$$

답 (가) $(k+1)^3$ (나) $\left\{\dfrac{(k+1)(k+2)}{2}\right\}^2$

1165 (ii) $n=k$일 때, ㉠이 성립한다고 가정하면

$$a_k=\boxed{\frac{2k-1}{k}}\text{에서}$$

$$a_{k+1}=\frac{4-a_k}{3-a_k}=\frac{4-\dfrac{2k-1}{k}}{3-\dfrac{2k-1}{k}}=\boxed{\frac{2k+1}{k+1}}=\frac{2(k+1)-1}{k+1}$$

답 (가) $\dfrac{2k-1}{k}$ (나) $\dfrac{2k+1}{k+1}$

1166 (ii) $n=k\ (k\geq4)$일 때, ㉠이 성립한다고 가정하면

$$1\cdot2\cdot3\cdots k>2^k \qquad\qquad \cdots\cdots ㉡$$

㉡의 양변에 $\boxed{k+1}$을 곱하면

$$1\cdot2\cdot3\cdots k\cdot(\boxed{k+1})>2^k\cdot(\boxed{k+1})>2^{k+1}$$

$$(\because k\geq4\text{이므로 } k+1>\boxed{2})$$

답 ①

1167 (ii) $n=k\ (k\geq2)$일 때, ㉠이 성립한다고 가정하면

$$1+\frac{1}{2}+\frac{1}{3}+\cdots+\frac{1}{k}>\frac{2k}{k+1} \qquad\cdots\cdots ㉡$$

㉡의 양변에 $\boxed{\dfrac{1}{k+1}}$을 더하면

$$1+\frac{1}{2}+\cdots+\frac{1}{k}+\boxed{\frac{1}{k+1}}>\frac{2k}{k+1}+\boxed{\frac{1}{k+1}}$$

이때 $n\geq2$이므로

$$\frac{2k}{k+1}+\frac{1}{k+1}-\frac{2(k+1)}{(k+1)+1}$$
$$=\frac{(2k+1)(k+2)-2(k+1)^2}{(k+1)(k+2)}$$
$$=\frac{k}{(k+1)(k+2)}>0$$

에서 $\dfrac{2k}{k+1}+\boxed{\dfrac{1}{k+1}}>\boxed{\dfrac{2(k+1)}{k+2}}$

$$\therefore 1+\frac{1}{2}+\cdots+\frac{1}{k}+\boxed{\frac{1}{k+1}}>\boxed{\frac{2(k+1)}{k+2}}$$

답 ④

1168 주어진 식의 양변에 n 대신 $n-1$을 대입하여 두 식을 빼면

$$a_{n+1}=a_1+2a_2+3a_3+\cdots+(n-1)a_{n-1}+na_n$$
$$-)\quad a_n=a_1+2a_2+3a_3+\cdots+(n-1)a_{n-1}$$
$$\overline{a_{n+1}-a_n=na_n}$$

위의 식의 양변을 a_n으로 나누면

$$\frac{a_{n+1}-a_n}{a_n}=n,\ \frac{a_{n+1}}{a_n}-1=n$$

$$\therefore \frac{a_{n+1}}{a_n}=n+1$$

따라서 $n=29$를 대입하면

$$\frac{a_{30}}{a_{29}}=29+1=30$$

답 ③

1169 $a_n+a_{n+1}=(-1)^n$의 n에 1, 2, 3, $\cdots$, $n-1$을 차례로 대입하면

$a_1+a_2=-1$에서 $a_2=-2$
$a_2+a_3=1$에서 $a_3=3$
$a_3+a_4=-1$에서 $a_4=-4$
$\vdots$

$$a_n=(-1)^{n+1}\cdot n\ (n=1,\,2,\,3,\,\cdots)$$
$$\therefore a_{15}+a_{20}+a_{25}=15-20+25=20$$

답 ②

1170 $(n+1)a_n=na_{n+1}-1$의 양변을 $n(n+1)$로 나누면

$$\frac{a_n}{n}=\frac{a_{n+1}}{n+1}-\frac{1}{n(n+1)}$$

$b_n=\dfrac{a_n}{n}$으로 놓으면

$$b_n=b_{n+1}-\frac{1}{n(n+1)}$$

$$\therefore b_{n+1}-b_n=\frac{1}{n(n+1)}$$

위의 식의 n에 1, 2, 3, $\cdots$, $n-1$을 차례로 대입하여 변끼리 더하면

$$b_2-b_1=\frac{1}{1\cdot2}$$
$$b_3-b_2=\frac{1}{2\cdot3}$$
$$b_4-b_3=\frac{1}{3\cdot4}$$
$$\vdots$$
$$+)\ b_n-b_{n-1}=\frac{1}{(n-1)n}$$
$$\overline{b_n-b_1=\sum_{k=1}^{n-1}\frac{1}{k(k+1)}}$$

$$\therefore b_n = b_1 + \sum_{k=1}^{n-1} \frac{1}{k(k+1)}$$
$$= \frac{a_1}{1} + \sum_{k=1}^{n-1}\left(\frac{1}{k}-\frac{1}{k+1}\right)$$
$$= 2 + \left\{\left(1-\frac{1}{2}\right)+\left(\frac{1}{2}-\frac{1}{3}\right)+\cdots+\left(\frac{1}{n-1}-\frac{1}{n}\right)\right\}$$
$$= 2 + 1 - \frac{1}{n}$$
$$= \frac{3n-1}{n}$$

$\dfrac{a_n}{n}=\dfrac{3n-1}{n}$이므로 $a_n = 3n-1$

$$\therefore \sum_{k=1}^{10} a_k = \sum_{k=1}^{10}(3k-1) = 3\cdot\frac{10\cdot 11}{2}-10 = 155$$

답 155

1171 수열 $\{a_n\}$은 첫째항이 $a_1 = 160\cdot\dfrac{3}{4}=120$이고 공비가 $\dfrac{3}{4}$인 등비수열이므로

$$a_n = 120\cdot\left(\frac{3}{4}\right)^{n-1}$$

$a_n < 50$에서 $120\cdot\left(\dfrac{3}{4}\right)^{n-1}<50$

$$\therefore 12\times\left(\frac{3}{4}\right)^{n-1}<5$$

양변에 상용로그를 취하면

$$\log 12 + (n-1)\log\frac{3}{4} < \log 5$$
$$2\log 2 + \log 3 + (n-1)(\log 3 - 2\log 2) < 1 - \log 2$$
$$(n-1)(2\log 2 - \log 3) > 3\log 2 + \log 3 - 1$$
$$(n-1)(0.6-0.48) > 0.9 + 0.48 - 1$$
$$0.12(n-1) > 0.38$$
$$n-1 > \frac{19}{6}$$
$$\therefore n > \frac{25}{6} = 4.\times\times\times$$

따라서 자연수 n의 최솟값은 5이다.

답 5

1172 첫날은 9 km를 뛰었으므로 $a_1 = 9$

훈련을 시작하여 2일째 되는 날은 전날 뛴 거리의 $\dfrac{4}{3}$배보다 2 km 적은 거리를 뛰므로 $a_2 = 9\cdot\dfrac{4}{3}-2 = 10$

마찬가지로 훈련을 시작하여 $(n+1)$일째 되는 날은 n일째 되는 날 뛴 거리의 $\dfrac{4}{3}$배보다 2 km 적은 거리를 뛰므로

$$a_{n+1} = \frac{4}{3}a_n - 2$$

답 $a_1 = 9,\ a_{n+1}=\dfrac{4}{3}a_n - 2$

1173 두 그릇 A와 B에 들어 있는 물의 총량은 3 L이므로 그릇 A에 들어 있는 물의 양이 a_n L이면 그릇 B에 들어 있는 물의 양은 $(3-a_n)$ L이다.

그릇 A에서 50 %의 물을 퍼내어 그릇 B에 부으면 그릇 B에 들어 있는 물의 양은

$$(3-a_n) + \frac{1}{2}a_n = 3 - \frac{1}{2}a_n$$

다시 그릇 B에서 50%의 물을 퍼내어 그릇 A에 부으면 그릇 A에 들어 있는 물의 양은

$$\frac{1}{2}a_n + \frac{1}{2}\left(3-\frac{1}{2}a_n\right) = \frac{1}{4}a_n + \frac{3}{2}$$

즉 $a_{n+1} = \dfrac{1}{4}a_n + \dfrac{3}{2}$이므로

$$p = \frac{1}{4},\ q = \frac{3}{2}$$
$$\therefore p + q = \frac{1}{4} + \frac{3}{2} = \frac{7}{4}$$

답 $\dfrac{7}{4}$

시험에 꼭 나오는 문제 본문 154~157쪽

1174 $a_n - 2a_{n+1} + a_{n+2} = 0$에서 $2a_{n+1} = a_n + a_{n+2}$이므로 수열 $\{a_n\}$은 등차수열이고 $a_1 = 4$, $a_2 - a_1 = 3$이므로 첫째항이 4, 공차가 3이다.

$$\therefore a_n = 4 + (n-1)\cdot 3 = 3n+1$$
$$\therefore \sum_{k=1}^{10} a_k = \sum_{k=1}^{10}(3k+1)$$
$$= 3\cdot\frac{10\cdot 11}{2} + 10$$
$$= 175$$

답 175

1175 $\dfrac{1}{a_{n+1}} - \dfrac{1}{a_n} = \dfrac{1}{3}$에서 수열 $\left\{\dfrac{1}{a_n}\right\}$은 첫째항이 $\dfrac{1}{a_1}=1$, 공차가 $\dfrac{1}{3}$인 등차수열이므로

$$\frac{1}{a_n} = 1 + (n-1)\cdot\frac{1}{3} = \frac{n+2}{3}$$

$a_n = \dfrac{3}{n+2}$ 이므로 $a_{10} = \dfrac{3}{12} = \dfrac{1}{4}$

답 ②

1176 $a_{n+1}{}^2 = a_n a_{n+2}$에서 수열 $\{a_n\}$은 등비수열이고 $a_1 = 3$, $a_2 = 9$이므로 공비는 $\dfrac{a_2}{a_1} = \dfrac{9}{3} = 3$이다.

$$\therefore a_n = 3\cdot 3^{n-1} = 3^n$$
$$\therefore a_{20} = 3^{20}$$

답 ③

1177 수열 $\{a_n\}$은 첫째항이 3, 공비가 -2인 등비수열이므로

$a_n=3 \cdot (-2)^{n-1} > 300$에서

$(-2)^{n-1} > 100$

따라서 자연수 n의 최솟값은 9이다.

답 ②

1178 $a_{n+1}=a_n+n+1$의 n에 1, 2, 3, $\cdots$, $n-1$을 차례로 대입하여 변끼리 더하면

$$a_2=a_1+1+1$$
$$a_3=a_2+2+1$$
$$a_4=a_3+3+1$$
$$\vdots$$
$$+\underline{)\ a_n=a_{n-1}+(n-1)+1}$$
$$a_n=a_1+\sum_{k=1}^{n-1}(k+1)$$
$$=1+\frac{(n-1)n}{2}+(n-1)$$
$$=\frac{n^2+n}{2}$$

$$\therefore \sum_{k=1}^{15}\frac{1}{a_k}=\sum_{k=1}^{15}\frac{2}{k^2+k}=\sum_{k=1}^{15}\frac{2}{k(k+1)}$$
$$=2\sum_{k=1}^{15}\left(\frac{1}{k}-\frac{1}{k+1}\right)$$
$$=2\left\{\left(1-\frac{1}{2}\right)+\left(\frac{1}{2}-\frac{1}{3}\right)+\cdots+\left(\frac{1}{15}-\frac{1}{16}\right)\right\}$$
$$=2\left(1-\frac{1}{16}\right)$$
$$=\frac{15}{8}$$

답 $\dfrac{15}{8}$

1179 $\dfrac{1}{(2n-1)(2n+1)}=\dfrac{1}{2}\left(\dfrac{1}{2n-1}-\dfrac{1}{2n+1}\right)$이므로

$a_{n+1}=a_n+\dfrac{1}{2}\left(\dfrac{1}{2n-1}-\dfrac{1}{2n+1}\right)$의 n에 1, 2, 3, $\cdots$, $n-1$을 차례로 대입하여 변끼리 더하면

$$a_2=a_1+\frac{1}{2}\left(1-\frac{1}{3}\right)$$
$$a_3=a_2+\frac{1}{2}\left(\frac{1}{3}-\frac{1}{5}\right)$$
$$a_4=a_3+\frac{1}{2}\left(\frac{1}{5}-\frac{1}{7}\right)$$
$$\vdots$$
$$+\underline{)\ a_n=a_{n-1}+\frac{1}{2}\left(\frac{1}{2n-3}-\frac{1}{2n-1}\right)}$$
$$a_n=a_1+\frac{1}{2}\left\{\left(1-\frac{1}{3}\right)+\left(\frac{1}{3}-\frac{1}{5}\right)+\left(\frac{1}{5}-\frac{1}{7}\right)\right.$$
$$\left.+\cdots+\left(\frac{1}{2n-3}-\frac{1}{2n-1}\right)\right\}$$
$$=a_1+\frac{1}{2}\left(1-\frac{1}{2n-1}\right)$$

$$=\frac{3}{25}+\frac{n-1}{2n-1}$$

$\dfrac{3}{25}+\dfrac{n-1}{2n-1}=\dfrac{3}{5}$에서 $\dfrac{n-1}{2n-1}=\dfrac{12}{25}$

$\therefore n=13$

따라서 $\dfrac{3}{5}$은 제13항이다.

답 ⑤

1180 $a_{n+1}=2^n a_n$의 n에 1, 2, 3, $\cdots$, 9를 차례로 대입하여 변끼리 곱하면

$$a_2=2a_1$$
$$a_3=2^2 a_2$$
$$a_4=2^3 a_3$$
$$\vdots$$
$$\times\underline{)\ a_{10}=2^9 a_9}$$
$$a_{10}=2\cdot 2^2\cdot 2^3\cdot\cdots\cdot 2^9\cdot a_1$$

$a_1=1$이므로

$a_{10}=2^{1+2+3+\cdots+9}=2^{\frac{9\cdot 10}{2}}=2^{45}$

$\therefore \log_2 a_{10}=\log_2 2^{45}=45$

답 45

1181 $\dfrac{a_{n+1}}{a_n}=1-\dfrac{1}{(n+1)^2}=\dfrac{n(n+2)}{(n+1)^2}$의 n에 1, 2, 3, $\cdots$, 9를 차례로 대입하여 변끼리 곱하면

$$\frac{a_2}{a_1}=\frac{1\cdot 3}{2^2}=\frac{1}{2}\cdot\frac{3}{2}$$
$$\frac{a_3}{a_2}=\frac{2\cdot 4}{3^2}=\frac{2}{3}\cdot\frac{4}{3}$$
$$\frac{a_4}{a_3}=\frac{3\cdot 5}{4^2}=\frac{3}{4}\cdot\frac{5}{4}$$
$$\vdots$$
$$\times\underline{)\ \frac{a_{10}}{a_9}=\frac{9\cdot 11}{10^2}=\frac{9}{10}\cdot\frac{11}{10}}$$
$$\frac{a_{10}}{a_1}=\frac{1}{2}\cdot\frac{11}{10}=\frac{11}{20}$$

$\therefore a_{10}=\dfrac{11}{20}a_1=\dfrac{11}{20}\cdot 20=11$

답 11

1182 $a_n+a_{n+1}=2n+1$ $(n=1, 2, 3, \cdots)$이므로

$$\sum_{k=1}^{12}a_k=(a_1+a_2)+(a_3+a_4)+(a_5+a_6)+\cdots+(a_{11}+a_{12})$$
$$=(2\cdot 1+1)+(2\cdot 3+1)+(2\cdot 5+1)+\cdots+(2\cdot 11+1)$$
$$=3+7+11+15+19+23$$
$$=\frac{6(3+23)}{2}=78$$

답 ③

1183 $2S_{n+1}=S_n+3$의 양변에 n 대신 $n-1$을 대입하여 두 식을 빼면

$$2S_{n+1}=S_n+3$$
$$-\ )\ \underline{2S_n=S_{n-1}+3\ (n\geq2)}$$
$$2S_{n+1}-2S_n=S_n-S_{n-1}$$

이때 $S_n-S_{n-1}=a_n\ (n\geq2)$이므로

$2a_{n+1}=a_n$, 즉 $a_{n+1}=\dfrac{1}{2}a_n\ (n\geq2)$

$2S_2=S_1+3$에서 $2(a_1+a_2)=a_1+3$이고 $a_1=S_1=1$이므로

$2(1+a_2)=4$

$\therefore a_2=1$

따라서 $a_1=1$, $a_n=a_2\cdot\left(\dfrac{1}{2}\right)^{n-2}=\left(\dfrac{1}{2}\right)^{n-2}\ (n\geq2)$이므로

$$S_{10}=a_1+\sum_{k=2}^{10}a_k=1+\dfrac{1\cdot\left\{1-\left(\dfrac{1}{2}\right)^9\right\}}{1-\dfrac{1}{2}}$$

$$=3-\left(\dfrac{1}{2}\right)^8$$

즉 $p=3$, $q=8$이므로

$p+q=11$

답 ⑤

1184 (가), (나)에서 $p(1)$이 참이므로 $p(3)$은 참이다.

(나)에서 $p(3)$이 참이면 $p(4)$도 참이다.

같은 방법으로 $p(5)$, $p(6)$도 참임을 알 수 있지만 $p(2)$의 참, 거짓은 알 수 없다.

답 ①

1185 (i) $n=1$일 때,

(좌변)$=\boxed{\dfrac{1}{2}}$, (우변)$=2-\dfrac{1+2}{2}=\boxed{\dfrac{1}{2}}$

이므로 ㉠이 성립한다.

(ii) $n=k$일 때, ㉠이 성립한다고 가정하면

$$\dfrac{1}{2}+\dfrac{2}{4}+\dfrac{3}{8}+\cdots+\dfrac{k}{2^k}=2-\dfrac{k+2}{2^k}\qquad\cdots\cdots ㉡$$

㉡의 양변에 $\boxed{\dfrac{k+1}{2^{k+1}}}$을 더하면

$$\dfrac{1}{2}+\dfrac{2}{4}+\dfrac{3}{8}+\cdots+\dfrac{k}{2^k}+\boxed{\dfrac{k+1}{2^{k+1}}}$$

$$=2-\dfrac{k+2}{2^k}+\boxed{\dfrac{k+1}{2^{k+1}}}$$

$$=2-\dfrac{k+3}{2^{k+1}}$$

$$=2-\dfrac{(k+1)+2}{2^{k+1}}$$

답 (가) $\dfrac{1}{2}$ (나) $\dfrac{k+1}{2^{k+1}}$

1186 (i) $n=1$일 때, $1^3+2\cdot1=3$은 3의 배수이므로 성립한다.

(ii) $n=k$일 때, k^3+2k가 3의 배수,

즉 $k^3+2k=3m$ (m은 자연수)이라 하면

$$(k+1)^3+2(k+1)$$
$$=k^3+3k^2+3k+1+2k+2$$
$$=(k^3+2k)+\boxed{3k^2+3k+3}$$
$$=3\boxed{m}+\boxed{3k^2+3k+3}$$

이므로 $n=k+1$일 때도 성립한다.

(i), (ii)에 의하여 모든 자연수 n에 대하여 n^3+2n은 3의 배수이다.

따라서 $f(k)=3k^2+3k+3$, $g(m)=m$이므로

$$\dfrac{g(18)}{f(1)}=\dfrac{18}{9}=2$$

답 2

1187 (ii) $n=k$일 때, ㉠이 성립한다고 가정하면

$$1+\dfrac{1}{\sqrt{2}}+\dfrac{1}{\sqrt{3}}+\cdots+\dfrac{1}{\sqrt{k}}\geq2-\dfrac{1}{\sqrt{k}}\qquad\cdots\cdots ㉡$$

㉡의 양변에 $\dfrac{1}{\sqrt{k+1}}$을 더하면

$$1+\dfrac{1}{\sqrt{2}}+\dfrac{1}{\sqrt{3}}+\cdots+\dfrac{1}{\sqrt{k}}+\dfrac{1}{\sqrt{k+1}}\geq2-\dfrac{1}{\sqrt{k}}+\dfrac{1}{\sqrt{k+1}}$$

그런데 모든 자연수 k에 대하여 $4k\geq k+1$이므로

$2\sqrt{k}-\sqrt{k+1}\geq0$이다.

$$\therefore\left(2-\dfrac{1}{\sqrt{k}}+\dfrac{1}{\sqrt{k+1}}\right)-\left(\boxed{2-\dfrac{1}{\sqrt{k+1}}}\right)$$

$$=\dfrac{2}{\sqrt{k+1}}-\dfrac{1}{\sqrt{k}}=\dfrac{\boxed{2\sqrt{k}-\sqrt{k+1}}}{\sqrt{k^2+k}}\geq0$$

즉 $2-\dfrac{1}{\sqrt{k}}+\dfrac{1}{\sqrt{k+1}}\geq\boxed{2-\dfrac{1}{\sqrt{k+1}}}$이 성립하므로

$$1+\dfrac{1}{\sqrt{2}}+\dfrac{1}{\sqrt{3}}+\cdots+\dfrac{1}{\sqrt{k+1}}\geq\boxed{2-\dfrac{1}{\sqrt{k+1}}}$$

따라서 $n=k+1$일 때도 ㉠이 성립한다.

답 ④

1188 $a_{n+2}-a_{n+1}=3(a_{n+1}-a_n)$에서 수열 $\{a_{n+1}-a_n\}$은 첫째항이 $a_2-a_1=3$, 공비가 3인 등비수열이므로

$$a_{n+1}-a_n=3\cdot3^{n-1}=3^n$$

위의 식의 n에 $1, 2, 3, \cdots, n-1$을 차례로 대입하여 변끼리 더하면

$$a_2-\ a_1\ =3$$
$$a_3-\ a_2\ =3^2$$
$$a_4-\ a_3\ =3^3$$
$$\vdots$$
$$+\ )\ \underline{a_n-a_{n-1}=3^{n-1}}$$
$$a_n-a_1=\sum_{k=1}^{n-1}3^k$$

$$\therefore a_n=a_1+\sum_{k=1}^{n-1}3^k$$

$$=a_1+\dfrac{3(3^{n-1}-1)}{3-1}$$

$$=\frac{3}{2}(3^{n-1}-1)+a_1$$

$a_5=\frac{3}{2}(3^4-1)+a_1=122$에서 $a_1=2$

$a_2-a_1=3$이므로 $a_2=a_1+3=2+3=5$

답 ④

1189 $\overline{P_nP_{n+1}}=a_n$이라 하면 규칙 ㈐에서

$$a_n=\frac{n-1}{n+1}a_{n-1}$$

위의 식의 n에 2, 3, 4, $\cdots$, k를 차례로 대입하여 변끼리 곱하면

$$a_2=\frac{1}{3}a_1$$

$$a_3=\frac{2}{4}a_2$$

$$a_4=\frac{3}{5}a_3$$

$$\vdots$$

$$a_{k-1}=\frac{k-2}{k}a_{k-2}$$

$$\times\ \Big)\ a_k=\frac{k-1}{k+1}a_{k-1}$$

$$a_k=a_1\cdot\frac{1}{3}\cdot\frac{2}{4}\cdot\frac{3}{5}\cdot\cdots\cdot\frac{k-2}{k}\cdot\frac{k-1}{k+1}=\frac{2}{k(k+1)}$$

따라서 $S_k=\frac{1}{2}a_k=\frac{1}{k(k+1)}=\frac{1}{k}-\frac{1}{k+1}$이므로

$$\sum_{k=1}^{10}S_k=\sum_{k=1}^{10}\left(\frac{1}{k}-\frac{1}{k+1}\right)$$

$$=\left(\frac{1}{1}-\frac{1}{2}\right)+\left(\frac{1}{2}-\frac{1}{3}\right)+\cdots+\left(\frac{1}{10}-\frac{1}{11}\right)$$

$$=1-\frac{1}{11}=\frac{10}{11}$$

따라서 $p=11$, $q=10$이므로

$p+q=21$

답 21

1190 수열 $\{a_n\}$은 첫째항이 2, 공차가 3인 등차수열이므로

$$a_n=2+3(n-1)=3n-1$$

㉮

$\sum_{k=1}^{n}a_k=\sum_{k=1}^{n}(3k-1)=3\cdot\frac{n(n+1)}{2}-n=155$에서

$3n^2+n-310=0$, $(n-10)(3n+31)=0$

그런데 n은 자연수이므로 $n=10$

㉯

답 10

단계	채점요소	배점
㉮	일반항 a_n 구하기	40%
㉯	n의 값 구하기	60%

1191 $a_{n+1}=\sqrt{a_na_{n+2}}$의 양변을 제곱하면 $a_{n+1}{}^2=a_na_{n+2}$이므로 수열 $\{a_n\}$은 등비수열이다. 이때 공비를 r라 하면

$a_4=3r^3=24$, $r^3=8$ $\quad\therefore r=2$

$\therefore a_n=3\cdot2^{n-1}$

㉮

$$\therefore \sum_{k=1}^{10}a_k=\sum_{k=1}^{10}3\cdot2^{k-1}=\frac{3(2^{10}-1)}{2-1}=3\cdot2^{10}-3$$

㉯

따라서 $p=3$, $q=3$이므로

$p-q=0$

㉰

답 0

단계	채점요소	배점
㉮	일반항 a_n 구하기	40%
㉯	$\sum_{k=1}^{10}a_k$의 값 구하기	30%
㉰	$p-q$의 값 구하기	30%

1192 $S_n=n^2a_n$의 양변에 n 대신 $n-1$을 대입하여 두 식을 빼면

$$\begin{aligned}S_n&=n^2a_n\\ -\ )\ S_{n-1}&=(n-1)^2a_{n-1}\ (n\geq2)\\ \hline a_n&=n^2a_n-(n-1)^2a_{n-1}\end{aligned}$$

즉 $(n^2-1)a_n=(n-1)^2a_{n-1}$이므로

$$a_n=\frac{n-1}{n+1}a_{n-1}\ (n\geq2)$$

㉮

위의 식의 n에 2, 3, 4, $\cdots$, 10을 차례로 대입하여 변끼리 곱하면

$$a_2=\frac{1}{3}a_1$$

$$a_3=\frac{2}{4}a_2$$

$$a_4=\frac{3}{5}a_3$$

$$\vdots$$

$$a_9=\frac{8}{10}a_8$$

$$\times\ \Big)\ a_{10}=\frac{9}{11}a_9$$

㉯

$$a_{10}=\frac{1}{3}\cdot\frac{2}{4}\cdot\frac{3}{5}\cdot\cdots\cdot\frac{8}{10}\cdot\frac{9}{11}\cdot a_1=\frac{1}{55}$$

㉰

답 $\dfrac{1}{55}$

단계	채점요소	배점
㉮	주어진 S_n의 관계식을 이용하여 a_n의 관계식 구하기	50%
㉯	n에 2부터 10까지 대입한 식 구하기	30%
㉰	a_{10} 구하기	20%

1193 $3+7+11+\cdots+(4n-1)=2n^2+n$ $\quad\cdots\cdots$ ㉠

(i) $n=1$일 때, (좌변)$=3$, (우변)$=2+1=3$

따라서 $n=1$일 때, ㉠이 성립한다.

$\qquad\qquad\qquad\qquad\qquad\qquad\qquad\qquad$ ㉮

(ii) $n=k$일 때, ㉠이 성립한다고 가정하면

$$3+7+11+\cdots+(4k-1)=2k^2+k \qquad \cdots\cdots \text{㉡}$$

$\qquad\qquad\qquad\qquad\qquad\qquad\qquad\qquad$ ㉯

㉡의 양변에 $4k+3$을 더하면

$$3+7+11+\cdots+(4k-1)+(4k+3)$$
$$=2k^2+k+4k+3$$
$$=2(k^2+2k+1)+k+1$$
$$=2(k+1)^2+(k+1)$$

따라서 $n=k+1$일 때도 ㉠이 성립한다.

(i), (ii)에 의하여 ㉠은 모든 자연수 n에 대하여 성립한다.

$\qquad\qquad\qquad\qquad\qquad\qquad\qquad\qquad$ ㉰

답 **풀이 참조**

단계	채점요소	배점
㉮	$n=1$일 때, 주어진 명제가 성립함을 보이기	30%
㉯	$n=k$일 때, 주어진 명제가 성립한다고 가정하기	20%
㉰	$n=k+1$일 때도 주어진 명제가 성립함을 보이기	50%

1194 $a_{n+1}+a_n=b_{n+1}-b_n$의 n에 1, 2, 3, $\cdots$, 9를 차례로 대입하여 변끼리 더하면

$$a_2+a_1=b_2-b_1$$
$$a_3+a_2=b_3-b_2$$
$$a_4+a_3=b_4-b_3$$
$$\vdots$$
$$+)\ a_{10}+a_9=b_{10}-b_9$$
$$2(a_1+a_2+\cdots+a_{10})-a_1-a_{10}=b_{10}-b_1$$

$$\therefore a_1+a_2+\cdots+a_{10}=\frac{1}{2}(a_1-b_1+a_{10}+b_{10})$$
$$=\frac{1}{2}(0+30)$$
$$=15$$

답 **15**

1195 (ii) $n=k$일 때, ㉠이 성립한다고 가정하면

$$a_k=\frac{1}{k+1}+\frac{1}{k+2}+\cdots+\frac{1}{3k+1}>1$$

이때

$$a_{k+1}=\frac{1}{k+2}+\frac{1}{k+3}+\cdots+\frac{1}{3k+4}$$
$$=a_k+\left(\frac{1}{3k+2}+\frac{1}{3k+3}+\frac{1}{3k+4}\right)-\boxed{\frac{1}{k+1}}$$

한편, $(3k+2)(3k+4)=9k^2+18k+8$이고

$(3k+3)^2=9k^2+18k+9$이므로

$$(3k+2)(3k+4)\boxed{<}(3k+3)^2$$

$$\therefore \frac{1}{3k+2}+\frac{1}{3k+4}=\frac{(3k+4)+(3k+2)}{(3k+2)(3k+4)}$$
$$=\frac{6k+6}{(3k+2)(3k+4)}$$
$$>\frac{6k+6}{(3k+3)^2}=\boxed{\frac{2}{3k+3}}$$

그런데 $a_k>1$이므로

$$a_{k+1}>a_k+\left(\frac{1}{3k+3}+\boxed{\frac{2}{3k+3}}\right)-\boxed{\frac{1}{k+1}}>1$$

답 ㈎ $\dfrac{1}{k+1}$　㈏ $<$　㈐ $\dfrac{2}{3k+3}$

1196 $\mathrm{P}_n(x_n)$이라 하면

$$x_{n+2}=\frac{3x_n+2x_{n+1}}{5}=\frac{3}{5}x_n+\frac{2}{5}x_{n+1}$$

$n=1$일 때

$x_3=\dfrac{3}{5}x_1+\dfrac{2}{5}x_2$에서 $x_1=0$, $x_2=8$이므로

$$x_3=\frac{16}{5}$$

$n=2$일 때

$x_4=\dfrac{3}{5}x_2+\dfrac{2}{5}x_3$에서 $x_2=8$, $x_3=\dfrac{16}{5}$이므로

$$x_4=\frac{3}{5}\cdot 8+\frac{2}{5}\cdot\frac{16}{5}=\frac{152}{25}$$

$n=3$일 때

$x_5=\dfrac{3}{5}x_3+\dfrac{2}{5}x_4$에서 $x_3=\dfrac{16}{5}$, $x_4=\dfrac{152}{25}$이므로

$$x_5=\frac{3}{5}\cdot\frac{16}{5}+\frac{2}{5}\cdot\frac{152}{25}=\frac{544}{125}$$

$$\therefore \mathrm{P}_5\left(\frac{544}{125}\right)$$

답 $\dfrac{544}{125}$

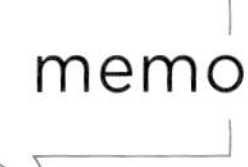
memo

개념원리
RPM

수학 I